国家语委科研项目（HQ135-40）成果

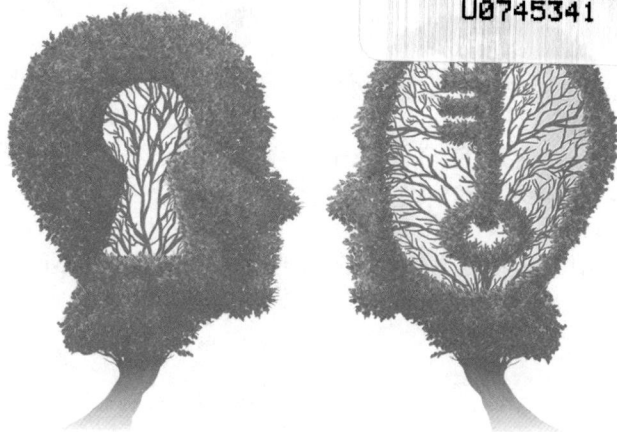

◎ 黄立鹤 著

老龄化与 老年语言学 引论

Introduction to
Aging and
Gerontolinguistics

上海外语教育出版社
SHANGHAI FOREIGN LANGUAGE EDUCATION PRESS

图书在版编目（CIP）数据

老龄化与老年语言学引论 / 黄立鹤著． -- 上海：
上海外语教育出版社，2022
ISBN 978-7-5446-7326-6

Ⅰ．①老… Ⅱ．①黄… Ⅲ．①人口老龄化—关系—老
年—语言学—研究 Ⅳ．①C924.24②H0

中国版本图书馆CIP数据核字(2022)第132451号

出版发行：**上海外语教育出版社**
（上海外国语大学内） 邮编：200083
电　　话：021-65425300 (总机)
电子邮箱：bookinfo@sflep.com.cn
网　　址：http://www.sflep.com
责任编辑：王叶涵

印　　刷：上海信老印刷厂
开　　本：635×965　1/16　印张 42.5　字数 694千字
版　　次：2022年8月第1版　2022年8月第1次印刷

书　　号：ISBN 978-7-5446-7326-6
定　　价：130.00元

本版图书如有印装质量问题，可向本社调换
质量服务热线：4008-213-263　电子邮箱：editorial@sflep.com

目 录

老龄化与老年语言学引论

序

迈向乐龄新时代

随着科技进步、医疗发展,人均寿命大大提升,加上出生率的下降,全球的人口结构逐渐迈向老龄化。欧洲是世界上最早进入人口老龄化的地区,而日本则是全球人口老龄化最严重的国家,其65岁以上人口比例达到了29%;2019年,全世界65岁以上的人口总数首度超越了5岁以下的人口总数。伴随着老年人口的增长,社会该如何因应便成了目前各国政府都必须正视的大问题。黄立鹤教授《老龄化与老年语言学引论》一书从学术理论上概述了中外近年来对相关议题的探讨,并辅以临床上的实践应用,用系统化的方法,为我国的老年语言学发展指引规划了一条清晰的路线。

黄教授的书包罗万象,不同研究专长的学者都可以从中得到启迪,围绕老年语言学展开研讨。我想对书中的一些内容发表一些个人看法。本书第三章针对正常和患病老人的语言蚀失和障碍等现象,有非常深入、细致的探讨,其中涉及 dementia 一词的翻译。这个词,台湾目前普遍称作"失智症",香港则叫作"脑退化症"或"认知障碍",本书则仍保留了"痴呆症"的译法。根据黄教授自己在本书第七章所说,"虽然这一名称在目前医学研究中仍然沿用,但已有人士呼吁改称为'失智症''智退症'或'认知症',并在非专业领域和场合中推广,以去除其'污名'。事实上,2013年公布的第五版《精神障碍诊断与统计手册》已将'痴呆'一词去除,用'神经认知障碍'代替。"[1]我也认为,"失智"一词其实更符合原意,因为该词的拉丁文前缀 de-,本来就有"远离、分开、剥夺、移除"等义,而词根 ment

---

[1]　引自第7.1.3节。

则是英文 mind(心智)之义,因此译为"痴呆",不仅严重污名化了该病症,更与原文意思相去甚远。正如本书第四章所述,"由于生理的老化,老年人不可避免地出现记忆减退等情况,这也使得社会往往将健忘、痴呆等消极的刻板印象加诸老年群体;而健忘、痴呆又增强了社会对老年人生活能力衰退、是弱势群体的消极印象。"[①]黄教授在第七章也强调,"大众媒介传播中所呈现的老年人身份形象会潜移默化地构建、巩固或重筑受众对于老年群体的看法、观念或印象,也会影响老年受众的自我认同与形象认知。老年人如果能构建起健康活跃、老有所为、积极向上的自我身份认同,无疑有助于推动自身向成功老龄迈进。"[②]因此我觉得,要彻底改变社会对老年人的消极、负面印象,首先必须为老年人正名,在各个场合都避免使用"痴呆"一类的歧视性语言。

既然谈到社会对老年人的刻板印象,我也想提供一次个人亲身的经历。2018 年 5 月,我应邀到北京做了一连三场的北京大学"大学堂"系列讲演,宿于北大博雅国际酒店。我一直喜欢游泳,所以到外地演讲时,通常会习惯性地在行李箱内塞进泳裤和泳帽。那天抵达酒店并和友人午饭后,我得知酒店有设施不错的室内恒温游泳池,正打算去游泳放松一下,却被柜台的工作人员告知,65 岁以上不得进入泳池。我当时虽已快满 85 岁,但每年夏季在香港几乎天天游泳,因此自然很不服气酒店有如此荒谬的规定。我让柜台的接待人员联络酒店经理,并在与经理一番交涉后,终于获准使用泳池。当然,我可以理解,酒店出于安全考量,不得不对使用游泳池人士的年龄设限,但随着老龄社会的来临,我们四周也不乏耄耋之龄却仍体态康健的人。禁止 65 岁以上老人游泳,不但显得不合时宜,更是剥夺了他们强身健体的机会。其实,美国国内有所谓的长者奥运(Senior Olympics)体育竞赛,1994 年于圣地亚哥举办时,在 100 米仰泳的参赛者中,就有百岁人瑞 Tom Lane[③];不少长者在七八十岁后,仍然思路敏捷,创造不断。例如《浮士德》的第二部,就写于 Goethe 70 多岁时,而歌剧《奥泰罗》,也是 Verdi 73 岁时才写成。还有知名的生物学家 Ernst Mayr,他在年届百岁时,还出版了最后一本著作《是什么让生物学独特》(*What Makes Biology Unique*)。希望政府和有关单位,能有更弹性变通的方

---

① 引自第 4.3.2.4 节。
② 引自第 7.1.2 节。
③ Perls, Thomas T. 2004. The oldest old. *Scientific American* 6.

式,两全其美地既顾及老人安全,又鼓励老人健身。

我对本书第四章"叙事医学"(narrative medicine)的内容特别有感触。"当个体生命故事不再延展,个体进入终结或者缺乏生命力的状态,不再认为自己的后续人生有任何更新,人生不会再有新篇章,这就进入了所谓的'叙事闭锁'状态,陷于叙事闭锁的老年人多数会失去故事叙述能力和社会交往能力,这种状态对老年人个体身心健康都极为不利。"①书中也特别指出,老年人面临着三重闭锁:职业、社会、家庭。这种闭锁,不免令人想到"只是近黄昏"的惆怅与无奈。为了终止这种闭锁状态,书中提出的建议是,"由于长期记忆保留的时间较长,分享个体故事、制作人生故事集等保留长期记忆的方式可以减缓记忆损害的进程,提升老年患者的生活意义感……相关研究表明,患者在参加人生回忆等活动之后,话语质量与语言流畅度有所提升。"②这一点之所以让我深有所感,是因为我自己也曾有这样的体验。我可以清楚记得半个世纪前和同事聚餐时对方说过什么话,却常常完全想不起上个月看过的电影情节。如果家庭和安老机构的照护者能对老年人这种长期记忆上的优势多加善用,相信对提高老人话语权、巩固其自信心、增强其生活满意度等,都一定有莫大的助益。

第七章提及的"成功老龄",是另一个值得推广的概念。这个词最早是由 Havighurst 在 1961 年提出,指"老年人具有内在幸福感并满意自己目前和过去的生活,能抵抗传统老化带来的衰退"。Rowe & Kahn(1987,1997)继而提出成功老龄的"三因素模型",也就是:1) 没有患病且无患病的高危因素;2) 保持身体和认知的高功能水平;3) 拥有良好的社会参与度(包括人际关系和生产性活动)。③ 黄教授引用了刘雪萍等学者的主张,从生理健康维度、心理功能维度、社会参与维度、生活满意度维度这四方面,构建中国文化下的成功老龄模型。其实,全书多处都有强调"中国"这两字,如中国特色的老年语言学、中国特色的适老语言服务和产品。既然老龄化是全球共同的挑战,为什么要强调中国特色呢? 这当然是因为,语言文化背景的差异对社交人际互动和家庭亲情伦理等都不无影响,正如黄教授在书中指出的那样,中医的就医过程比西医具有更多的言语沟通,中医提倡望闻问切,因此医生在与病人接触时,会给予更多的深入倾

---

① 引自第 4.4.1 节。
② 引自第 6.3.1.1 节。
③ 引自第 7.1.1 节。

听,言谈中也更易插入与医学专业话题无关的闲聊,并运用更多情感上的抚慰与沟通技巧。他举证 Jin & Tay(2017)的研究发现并说道:"中医问诊方面,虽然医生与老年患者的交谈存在很大比例的医学指标信息的收集和交流,但医生的提问仅有14%与老年患者的生活方式与心理社会问题有关。相应地,仅有11%的老年患者会向医生主动寻求生活方式方面的专业建议。而西医问诊方面,医生与老年患者均会对上述话题做出积极反应,通常会有更多的话轮。"[1]而这种中西医问诊时发话及沟通方式的差异可以由中医整体论(holism)来解释,"即中医认为人体是一个整体,某个局部功能障碍可能是由其他部位或身体整体功能紊乱引起的,这与患者的日常活动、饮食、环境及生活方式等密切相关。因此,中医医生会在问诊过程中与患者讨论一些看似与医学专业无关的话题,借此了解更多背景信息,用以综合考虑病症的诊断,给出更个性化的治疗建议。"[2]这么看来,中医的理念似乎更符合目前很流行的所谓个性化医疗(personalized medicine)或精准医疗(precision medicine)。老年人普遍不愿就医,中医注重倾听和沟通的特点使得其更容易被老年人接纳。因此,在偏乡或农村适度推广中医诊所,也有助于改善老年人对医疗系统的排斥,让他们在身心有恙时及早就诊。

最后,我还想就书内提到的认知储备发表些意见。现在坊间流行着一些能提升老人认知能力的产品,包括各种游戏性质的手机软件。黄教授正在研究针对老年人、旨在提升其认知能力的英语学习课程,希望老年人借由外语学习健脑强智。其实,不仅外语学习有助于提升认知功能,其他各式的才艺兴趣课程,如音乐(包括歌唱或乐器)、绘画、书法、烹饪、棋艺等,也都能拓宽老人的社交圈,让他们有更多机会和家人以外的朋友闲话家常,也能与志同道合的银发族一同享受终身学习的乐趣。正如黄教授所说,老年人学习的最终目的并不仅仅是提升语言、音乐、艺术能力,还包括增强自我效能、提高认知能力,因此课程设计可以更多样,以"促进老年阶段的社会互动,减缓认知能力衰退,助推个体的积极老龄化"。[3]

读者可以从书中获悉,世界各地的研究者都围绕老年语言学开展了各类研究。以中国台湾为例,除了黄教授提到的中正大学和联合大学系

---

① 引自第7.3.2.1节。
② 引自第7.3.2.1节。
③ 引自第7.2.3节。

统,新竹的清华大学认知与心智科学中心主任杨梵字教授也长期关注老化议题,并与我在香港理工大学的团队有合作研究项目。随着我国老龄化程度的不断加深,研究者应该重视老年语言学建设。

我为黄教授这本《老龄化与老年语言学引论》的出版感到由衷高兴,该书为我国老年语言学研究的构建与发展提供了详细、具体和明确的方向。年老虽是人生必经之路,但我们依然可以乐天知命、泰然自若地一同迎接乐龄的新时代!

王士元

(香港理工大学语言与认知科学讲座教授、北京大学名誉教授)

前 言

当前,全球人口老龄化趋势日益显著,包括中国在内的诸多国家均已步入"老年型"国家行列。人口老龄化问题是伴随中国城镇化进程而凸显的重大社会问题,老龄化趋势要求学术界加强老龄科学研究。

读者如果善于观察就会发现,老年人日常生活中在语言理解和表达上的"蛛丝马迹"可能反映了他们的身脑心状态。最常见的现象就是,不少老年人明明知道想要表达的意思,却话到嘴边说不出。有研究者基于美国白宫记者会的文字实录发现,美国前总统 Ronald Reagan 任期内的演讲水平有着显著的变化,包括使用特定名词的能力开始下降,常常重复念叨陈述,使用更多没有实际意义的填充词或空洞的短语等。之后,Reagan 被诊断为阿尔茨海默病(Berisha et al. , 2005)。著名爱尔兰小说家 Iris Murdoch 在被诊断为阿尔茨海默病的数年前就已经显露出会患上这一疾病的征兆。她的晚期作品中的词汇多样性显著下降,即某些单词的重复使用率显著上升(Gerrard et al. , 2005)。由此可见,阿尔茨海默病与老年人语言现象密切相关。事实上,早在 1910 年著名精神病学家 Emil Kraepelin 在其《精神病学及神经科学基础》(Foundations of Psychiatry and Neuroscience)中介绍阿尔茨海默病时就指出,语言混乱是明显症状。中国老年保健协会阿尔茨海默病分会和《健康时报》联合发布的《阿尔茨海默病患者家庭生存状况调研报告》显示,37. 73% 的老年人在最初确诊阿尔茨海默病时语言理解能力及表达能力有所下降,说明语言能力的变化是老年人及其亲属判断认知能力的重要外显标志。

不仅罹患认知障碍的老年人会有语言能力衰退现象,正常老年人因身脑心衰老,其日常语言交际也会受到影响。个体的健康有生理、心理和社会三个维度,因此衰老不仅是生理、心理过程,也是社会过程。但无论哪个维度,都与语言密切相关。事实上,语言表现不仅在生理上有直接体现,还反映着老年阶段的各种心理变化。同时,语言沟通也是老年人维持社会交际、构建个体身份的重要资源,更是促进社会健康、达到积极老龄化的重要资源。站在服务老龄事业高度的语言衰老及相关问题的研究,既要考察阿尔茨海默病、帕金森病及其他老年常见病症人群的言语交际、行为特征、认知方式、病理机制,以及这些方面与病程发展阶段之间的相关性,探究相关成果对早期诊断、预判、护理及高龄社区治理的影响与作用,也要研究成功及常态老化老年人的语言表现,促进个体实现"积极老龄化",服务老龄事业发展。这些具有学科交叉性质的基础及应用型研究将有力提升人类对正常衰老及快速老化过程、机制及特征的认识,是发展我国老龄事业、实现积极老龄化的基石,也是服务健康中国战略的重要方面。

对个体整个生命周期的发展进行全方位的研究具有深远的意义和广泛的价值,相关议题内涵丰富,包括认知、感知觉和运动、社会参与、人格心理等。例如,在心理学领域,国际学者关注个体在整个生命周期的发展变化过程,提出了一个从儿童心理学到老年心理学的相对完整的体系。但长期以来,我国学者对老年人语言能力变化的关注不够,因此在面向个体全生命周期语言知识体系的构建上贡献不足。我国缺乏全面阐述老年语言学内涵、方法与发展的系统性论著,不利于对老年语言现象的描写、对语言障碍机制的解释以及适老语言服务的开展。比起国际上相对成熟的老年语言学研究,国内的相关研究在研究格局、视角方法、知识体系等方面还存在较多问题。

探究老龄化与语言衰老之间的关系、发展老年语言学,兼具理论意义与实践价值。相关研究有助于认清人类语言发展的重要一端,从而全面展现语言在大脑认知退化状态下的功能表现,为揭示大脑在生命周期中的变化过程提供观测数据。这也是脑科学研究的重要内容。老年语言学研究还有重要的社会效益和临床价值,包括增加痴呆症早期筛查的数据形式和检测维度,为高龄化城镇建设、健康城市建设提供基础性研究数据等,对于打造高质量的为老服务和产品供给体系、积极推进健康中国建设具有重要意义,可以提升语言学界满足社会需求、为国家战略服务的能力。可以说,老龄化与语言衰老是我国在世界老龄化程度不断加剧的背景下需要重点关注的方向之一,是我国当前及接下来较长时间内在语言文字工作中亟须关注的现状，也是扎根中国大地、瞄准世界前沿的重要科学议题。

为推进我国老年语言学的发展，本书系统介绍了国际上老年语言学的发展态势及学科知识体系，将其概括为"一体两翼"："一体"是研究老年人语言衰老与障碍的特征及机制，"两翼"分别是研究和解决老龄社会中的各类语言交际问题，以及研发延缓或改善老年人语言能力退化的服务或技术。全书系统阐释了老年人在个体身心衰老及老龄社会背景下的语言交际特征、规律及影响因素，介绍了老年语言学的常用研究方法、临床应用价值及其与老龄社会治理的关系，突出了老年人语用层面的研究内容及多模态研究方法，同时对发展中国特色老年语言学提出了学科规划。需要指出的是，本书也凸显了笔者所在研究团队秉持多模态视角、基于多模态数据开展老年语言学研究的特色，介绍了该研究路径的理论基础、工作思路、基本方法，同时提供了部分实例。

本书共分为八章。

第一章介绍了人口老龄化背景、老龄科学发展与老年语言学的关系，同时阐述了老年语言学的形成背景、研究对象、学科范畴、学科任务、学科意义。

第二章在简略介绍人的自然寿命和衰老理论的基础上，阐述了老年人在生理（听力、发声等）、认知（记忆力、注意力［attention］、抑制能力、执行功能［executive function］、加工速度［processing speed］等）、心理（老年阶段心理问题、认知障碍老年人常见心理问题等）上的衰老状态与老年人语言理解和产出特征之间的关联，其中重点介绍了老年阶段的多模态感官衰老与语言蚀失现象。

第三章介绍了正常与疾病状态下的老年人语言表现，主要阐述具有显著敏感性语言蚀失与障碍的临床指标与症状。

第四章概述了老年语言学的研究维度，主要介绍目前国内外的相关研究视角和研究思路，对接的是老年语言学的研究范畴。

第五章归纳了老年语言学的常见研究方法，主要论述操作方法、语料类别、数据来源与对应的老年语言学研究层面和考察维度。

第三章至第五章的内容是相互连接、相辅相成的。以正常认知老化与罹患神经退行性疾病导致老年人社会交往与身份认同变化这一现象为例，第三章简要交代了这一现象，第四章则阐释了这一现象涉及的维度、层面及已有研究成果，而第五章则介绍了研究老年人身份认同变化的研究方法、数据来源。

第六章介绍了老年语言能力测评及相关神经心理学量表的优化、老年人认知干预与语言康复、老年就医临床会话与医疗决策沟通、阿尔茨海默病患者语篇语用障碍体系的构建及测定等问题,均属于老年语言学的临床应用范畴。

第七章介绍了运用语言交际活动提升老年人认知能力的方法与手段,包括老年人语言生活与成功老龄、适老语言服务与产品供给问题、多语经验与老年人认知储备;并重点论述了如何基于老年人语用交际提升老年人的社会参与,以及如何利用外语学习增加老年人认知储备、减缓语言认知能力下降。

第八章介绍了国际老年语言学发展对我国的启示、中国特色老年语言学的发展规划以及基于人工智能的老年语言学研究。

本书基于国外的前沿研究,结合笔者所在团队的研究成果,采用了较为宽广的跨学科视野,是具有一定领域创新意义和学科发展助推作用的引论式著作,兼具理论性和实践性,对我国老年语言学领域的研究与实践人才培养具有重要意义,适合从事老龄科学、语言学、心理学、社会学等研究和实践工作的相关人员阅读。

黄立鹤

第一章　人口老龄化与老年语言学研究

　　老年语言学是在世界人口老龄化程度不断加深的背景下诞生的,是语言学等领域的学者对老龄社会及老年个体语言问题的探究。本章将首先介绍老年语言学产生的背景,包括全球及部分国家或地区的人口老龄化现状,以及人类为研究老龄现象开展的老龄科学研究等。在此基础上,本章将对老年语言学的形成背景、研究对象、学科范畴、学科任务与学科意义进行阐释。

1.1　世界人口老龄化概述

　　人口老龄化(population aging/demographic aging)指个体老龄化聚积导致的总人口比率倾老现象。18 世纪前,世界人口在总量和总的年龄构成上是相对稳定的;18 世纪 60 年代起,欧洲兴起工业革命,经济的高速发展、生活质量的提高、医疗条件的改善使得欧洲人口死亡率降低,人口增长迅速,之后,整个世界人口也开始持续性大量增长。

　　平均预期寿命延长、总和生育率的下降是人口趋于老龄化的根本原因。根据 1956 年联合国发表的《人口老龄化及其社会经济后果》(*The Aging of Populations and Its Economic and Social Implications*)中确定的标准,一个国家或地区 65 岁以上老年人口占总人口比例超过 7%,就意味着这个国家或地区进入老龄化。1982 年维也纳老龄问题世界大会召开,确定 60 岁以上老年人口占总人口比例超过 10%,即意味着这个国家或地区进入严重老龄化。若 65 岁以上老年人口比例超过 14%,则进入"老龄社会";该

1

比例超过 20%,则进入"超老龄社会"。西方发达国家,特别是欧洲国家,率先进入老龄化阶段。20 世纪中叶,大多数发展中国家人口迅速增长,导致人口年轻化;进入 21 世纪,发展中国家开始进入人口老龄化阶段,但各国速度并不一致。

人口老龄化将成为 21 世纪最重要的社会趋势之一,几乎所有社会领域都受其影响,包括劳动力市场和金融市场,对住房、交通和社会医疗保障等商品和服务的需求,家庭结构和代际关系等。未来几十年,老年人口的大量增长将对人类社会生活的各个方面产生深刻影响,包括世界各国在公共保健体系、养老金和社会保障等相关方面的战略决策。

1.1.1 全球老龄化现状

21 世纪初,联合国发布了《世界人口老龄化:1950—2050》《老龄问题国际行动战略》等文件,将世界人口老龄化的特征和影响归结为四点:1)人口老龄化是前所未有的;2)人口老龄化是全球性的普遍事实;3)人口老龄化对人类生活的各方各面都会产生深刻影响;4)人口老龄化是持续且深远的(United Nations, 2002)。

目前,世界卫生组织规定,60 岁以上为老年人[①],但受社会经济发展程度与国家人口预期寿命等诸多因素影响,不同国家和地区对老年人年龄划分有所不同,如一些西方发达国家将 65 岁以上作为划分老年人的标准。联合国 2019 年《世界人口展望》(*World Population Prospects*)报告显示,2019 年全球 65 岁以上人口数有史以来首次超过了 5 岁以下人口数;据推测,2025 年 65 岁以上人口将是 5 岁以下儿童人口的两倍多,同时也将超过 15 到 24 岁人口数量的总和(United Nations, 2019)。世界老年人比例在 1950 年仅为 8%,在 2000 年增至 10%,预测到 2050 年,65 岁以上的老龄人口总数将近 20 亿,占总人口数的 21%,并将超过 14 岁以下儿童人口的总数。其中,非洲老龄人口总数将从 4,200 万上升到 2.05 亿,亚洲从 3.38 亿增加到 12.27 亿,欧洲从 1.48 亿增加到 2.21 亿,美洲从 9,600 万增加到 3 亿。

当前,在全世界 190 多个国家或地区中,有约 60 个已进入"老年型"国家行列。过去 30 年,澳大利亚和新西兰以及东亚和东南亚、欧洲和北

---

① 参考 http://www.who.int/healthinfo/survey/ageingdefnolder/en/index.html。

美等地区的中老年人在总人口中的比重迅速增加,预计到 2050 年这种情况仍将继续。其中,东亚和东南亚老年人口的增长将尤为显著。即使目前老年人口增长迟缓的地区,到 2050 年老年人口占比也将至少增加一倍(见表 1.1)。

表 1.1　未来可持续发展目标地区老龄人口占比预测
（United Nations, 2019）

Region	2019	2030	2050	2100
全球	9.1	11.7	15.9	22.6
撒哈拉以南非洲	3.0	3.3	4.8	13.0
北非与西亚	5.7	7.6	12.7	22.4
中亚与南亚	6.0	8.0	13.1	25.7
东亚与东南亚	11.2	15.8	23.7	30.4
拉丁美洲与加勒比海地区	8.7	12.0	19.0	31.3
澳大利亚/新西兰	15.9	19.5	22.9	28.6
大洋洲*	4.2	5.3	7.7	15.4
欧洲与北美洲	18.0	22.1	26.1	29.3
最不发达国家	3.6	4.2	6.4	15.3
内陆发展中国家	3.7	4.5	6.4	16.8
小岛屿发展中国家	8.7	11.9	16.7	23.7

＊ 不包含澳大利亚和新西兰。

　　人口老龄化问题引起了国际社会的关注,联合国及老龄化程度高的国家都组建了一些较为完善的老龄科研组织和机构,从自然科学和社会科学两个方面加强对老龄问题的综合研究。联合国于 1982 年在维也纳举行了第一届老龄问题世界大会,并先后做出了一系列重大决议,如《维也纳老龄问题国际行动计划》(*The Vienna International Plan of Action on Aging*)、《联合国老年人原则》(*United Nations Principles for Older Persons*) 等。

1991 年,联合国大会把每年 10 月 1 日定为"国际老人节"。1992 年,联合国大会通过了《世界老龄问题宣言》(*Proclamation on Ageing*)。毫无疑问,老龄化已成为这个时代发展的大背景,全世界都在面临着老龄人口增多和人口结构深度老化带来的问题与挑战。

1.1.1.1 欧洲地区

欧洲是世界上最早进入人口老龄化的地区,其老龄化进程开始于 19 世纪。法国是世界上最早进入老龄化社会的国家。早在 1865 年,法国 65 岁以上老年人口比例就超过了 7%,进入老龄化社会;瑞典紧随其后,1890 年 65 岁以上的老年人口达到总人口的 7%,是第二个在 19 世纪进入人口老龄化的国家。20 世纪,其他欧洲国家先后经历了人口老龄化,如英国和德国是在 1930 年进入老龄化社会的。[①] 到 20 世纪 20 年代末,所有西欧国家均已进入老龄化状态;第二次世界大战以后,原来年龄结构较为年轻的东欧、南欧国家也开始老龄化。

目前,欧洲国家的老龄化形势严峻。欧洲统计局的最新数据显示,2019 年,欧盟 27 国 65 岁以上老龄人口达 9,050 万,占总人口的 20.3%,已整体步入"超高龄社会"。到 2050 年,65 岁以上人口将达到 1.298 亿,占总人口的 29.4%。[②]

随着欧洲老龄人口规模的不断扩大,欧洲多国社会养老负担不断加重,老年人抚养比不断下降,政府的相关福利支出也成倍增长,从而造成政府赤字规模不断扩大。目前欧洲发达国家多采取"现收现付"的养老模式,即当前的劳动就业人口缴纳养老金,从而供养同一时期的退休人员。但是这一政策受到劳动人口比例持续下降的巨大挑战,养老金和相关支出面临缺口,探索多元化社会养老方式势在必行。与此同时,人口老龄化对欧洲的劳动力市场造成巨大压力,使欧洲经济活力下降。

在这样的时代背景下,欧洲国家不断探索新的养老体系改革方案,致力于完善福利支出体系,减轻政府财政压力。李慧、孙东升(2016)总结的欧洲国家养老机制改革主要措施包括:

养老保障私营化。近三分之一的欧盟国家实现了部分养老保障私营

---

① 数据来源:http://news.sohu.com/20061001/n245627681.shtml。
② 2019 年英国尚未正式脱欧,本小节讨论欧盟情况时均将英国包括在内。数据来源为人民网:http://world.people.com.cn/n1/2020/1218/c1002-31970582.html。

化,在公共养老金计划之外建立强制、私人管理和基金积累的第二支柱。在丹麦、爱尔兰、荷兰等国家强制实行雇主提供养老金的政策,国家社会保障制度只提供最低退休生活保障的养老机制。同时,德国、西班牙等国也形成了基本保险加补充保险的两支柱体制。

英国养老保险制度改革通过降低国家养老金支付水平来减少支出,并通过延迟退休来增加积累,引入个人养老金计划以增加收益,加强监管来促进稳定。目前,英国养老金基本可划分为三大支柱:国家养老金信用账户和国家基本养老金、国家第二养老金和职业养老金、个人养老金。第一支柱具有强制性和全覆盖性,实行现收现付制,与员工收入水平无关,保证员工退休后的最低生活需要;第二支柱为雇主为职工选择并帮助其加入的一种养老金计划,雇主需要按一定比例缴纳费用;第三支柱是个人养老金,由于职业养老金的快速发展,个人养老金参加人数近年来有所下降。

大力发展老年照料和老年护理事业也是欧洲国家采取的主要方式。例如,荷兰政府建立了反年龄歧视局,以推动消除年龄歧视,大幅度修改了各项养老保险法律,推行"首先是家庭,其次是社区,最后才是保险机构"的老年人养老护理原则,形成了家庭、社区、保险机构共同负责的老年人护理机制,支持家庭成员护理生活尚能自理的老年人。这样,社会保险机构就能把工作重点放在生活不能自理、需要救助的对象身上。在老年护理方面,荷兰通过提供相关公共服务设施,如住房、交通设施的人性化设计和改造,提供预防性保健照料知识等措施,为老年病人和残疾老年人提供看护服务(张慧敏,2015)。

弹性退休制度。几乎所有欧盟国家都出台了逐步提高退休年龄的政策,鼓励推迟退休年龄,实行灵活退休制度,并制定了老龄工人就业率目标。例如,德国从 1972 年起就已实行弹性退休年龄制度,凡年满 63 岁男性可自行决定继续工作或是退休,并且在 2012 年前将退休年龄逐步提高到 65 岁,引入"部分退休选择权",鼓励退休者选择半日制等方式继续参加工作,到 2031 年时退休年龄将提高至 67 岁。可见,德国政府主要是通过延迟退休来缓解养老金压力的,在这一点上德国政府先后延迟了失业人群、长期缴纳保费的人群、妇女、残障人士的退休年龄,体现了循序渐进的特点。

其他国家也各有自己的计划。例如,法国计划到 2023 年时,将退休年龄提高至 67 岁;丹麦到 2030 年时退休年龄为 68 岁;比利时 2025 年时退休年龄将提升至 66 岁,2030 年时进一步提升至 67 岁。这些延长退休年龄的措施旨在扩大养老金缴费人数、提升缴费年限,补充养老金收入,开源节流,努力缓解养老压力。

在欧债危机、难民危机和新冠疫情危机等多重危机的背景下,欧洲各国也针对本国的财政问题和社会问题,试图对现有的养老政策做出改革,以积极应对日益严峻的老龄化问题。例如,德国养老保险制度改革就一直处于动态过程中。德国基督教民主联盟指出,不断上升的养老金成本不能仅由缴费者吸收,应该对法定养老保险进行额外缴费;联邦政府也希望对商业养老金进行改革。

鼓励生育与移民。在应对人口均衡发展问题时,德国于 2003 年成立了家庭政策联盟,即政府和企业实施一系列促进家庭人口增长的刺激计划,创造有利于家庭的工资环境。政府将生育和社会投资等同起来,将孩子视为最有价值的投资对象。总体而言,当今德国生育政策不仅鼓励多生,而且提倡优质育儿。德国在工作家庭内部分工方面的工作做得越来越多、越来越细,在资金投入方面也毫不落后(桑助来,2016)。

此外,为缓解人口老龄化带来的劳动力短缺问题,德国政府一开始采取了日渐宽松的移民政策,一是投资移民,二是人才移民,移民对于德国人口平衡发挥了重要作用。2012 年欧盟蓝卡系统正式启用。这一系统通过制定更加简洁有效的人才迁移法规,方便了移居德国的国外专业劳动力进入其国内劳动力市场(汪然,2015)。但是,自德国前总理默克尔喊出"我们能做到"以来,德国国内各政党和德国基督教民主联盟、德国基督教社会联盟内部对于难民政策是否有益于解决德国人口问题持不同态度,且怀疑和批评居多,德国社会在移民和难民政策方面发生严重分歧,对于接受移民和难民能否缓解社会劳动力问题持分化态度,移民来到德国能否真正融入德国劳动市场也值得怀疑。

1.1.1.2 美国

美国从 20 世纪 40 年代进入老龄化社会,按照 65 岁以上老人占全部人口的 7% 为进入老龄化社会的标准来计算,1990 年美国 65 岁以上老人占总人口的 12.3%,预计到 2025 年将达到 20.7%(江涌,2004)。美国的社保制度最早从 20 世纪 30 年代开始,在之后的 70 年中稳固发展,形成了以社会保险制度为核心,以国家、企业、个人三方共同组成的养老金计划为支撑,建立了养老机构和居家养老服务并重的养老机制。

社会保险制度。美国社会保险制度分为社会养老保险、补充退休养老保险及个人养老保险。个人养老保险主体是任何具有资金收益的人群,这些人群同时还可享受一定的税收优惠政策。个人养老保险分为政府实施的社会保障医疗计划、团体保险计划以及个人投保的商业医疗保险计划。因美国以自由市场经济为主,其养老产业也都是以自由市场为主,约有84%的居民选择采取商业保险的模式,老年人可根据意愿决定参选何种保险及如何保险(刘婷、余晶波,2019)。

养老金政策。美国的养老金政策主要提供全民性养老计划、企业退休金计划、个人退休计划三方面的支持,约各占一般美国人退休收入的40%、40%、20%。全民性养老计划作为强制性社会保障金,是民众从政府获取的保障,是低收入老年人养老金的主要来源。每个人参加工作后,公司和雇员都必须按照有关法律交纳一定比例的社会保险税,到65岁退休时即可从中受益,提前退休会扣减适当比例的收益。企业退休金计划是通过有关法律以税收优惠等形式来鼓励企业与雇员共同缴费的基金式养老保险,公司为雇员的退休金计划投入的资金在一定限额内可作为营业费用列支,并从其应纳税款中扣除,而雇员根据退休金计划交纳的资金也可从其应纳税款中扣除或享受税收减免(郭丽君等,2019)。个人退休计划指个人通过投资等方式为自己储备养老金,虽然美国的个人储蓄率很低,但多数美国家庭都参与了股市投资、基金投资等。

养老服务机构与居家养老服务体系。在美国,能够提供养老服务的机构主要有以下五种:护理院,主要服务需要短期康复、长期护理或临终关怀的老年人;老年公寓,主要服务生活能够自理或半自理的老年人,侧重于生活照料;日间照护中心,主要为老年人提供餐食、康乐活动、健康检查等服务;家庭照护,主要为居家老年人提供上门服务;养老社区,为健康且收入较高的55岁以上老年人提供中高端居住和配套服务(张孟强、任姗姗,2019)。养老社区提供两种建设模式,"活跃退休社区"(active adult retirement community)与"持续照料退休社区"(continue care retirement community)。前者是以满足健康活跃老人的养老需求为目标而建设的商业住宅项目,后者则通过人性化的规划和建筑设计、全面的照顾和医疗服务以及科学合理的运营,为65岁以上追求生活品质的老人提供一种新的养老模式(赵曼丽、宋彦,2017)。

居家养老服务主要分为以下四种(张孟强、任姗姗,2019):生活自理型服务,主要面向70岁至80岁之间、生活能够自理的老年人;生活协助型服务,主要面向80岁以上、没有重大疾病但生活需要照护的老年人;特殊护理服务,主要面向有慢性疾病的老年人、术后恢复期老年人以及失忆失智老年人；持续护理服务，主要面向失能、半失能老年人。

美国健康养老政策的特点。综览美国健康养老政策的实施与推进，李俊、王红漫（2018）总结了以下六个特点：

1）老年人权益保障，包括疾病控制和健康促进，均有专门法律依据，并随着人口老龄化程度加深不断完善。

2）非常重视预防和健康影响因素，从营养保障、定期疾病筛查、口腔健康等角度防止老年人患病；重视居家和社区原地养老；通过保持老年人参与社会活动，保障老年人心理健康。

3）重视循证医学和实证研究对健康养老的作用，注重健康养老实践与研究相结合。

4）关注老年人及其照护者，在提升照护者照护老年人能力的同时，也提升照护者照护自我的能力，而非仅仅关注老年人。

5）疾病控制与健康促进工作参与方不局限于卫生部门，而是采取多部门合作的方式开展。美国的健康养老事业具有民政社会服务和医疗卫生服务紧密结合的先天优势，在实践中也非常重视各种健康养老相关的医疗和社会服务整合。

6）政府外包或购买服务的方式在老年人疾病控制和健康促进工作中比较普遍。

1.1.1.3 加拿大

据加拿大统计局预测，2041 年，加拿大老年人口比重将达到 24%，老年人口规模将达到 920 万人（穆光宗，2014）。加拿大作为世界上养老机制较为健全的发达国家，为了照顾不同阶层、不同人群，创建了一套丰富多样的养老体系，以养老金体系为基础，构建丰富的养老服务机构网，满足不同人群的养老需求。

养老金体系。1966 年加拿大政府通过设立就业养老保险（加拿大退休金计划）调节养老金，目前的养老金体系较好地结合了市场性和福利性，由政府养老金、私人养老金、个人储蓄的税务优惠等部分组成（王建武，2018）。

年老金（Old Age Security，OAS）出自联邦政府税款，是几乎每个加拿大公民和大多数移民都有份领取的养老收入。按规定，在加拿大定居满 10 年，年满 65 岁后有资格领取，定居满 40 年才有资格全额领取。

养老金（Canada Pension Plan，CPP）是除魁北克外的加拿大其他各省都在实施的退休计划(魁北克省有自己的计划,称作"魁北克退休计划"[Quebec Pension Plan, QPP])。它的主要来源(50%以上)是雇员和雇主按1:1的比例从月工资中储蓄。这个比例在1965年养老金制度建立时为各3.6%,如今已涨到9.9%。养老金还包括残疾补贴、配偶补贴和儿童补贴等,即使养老金领取者本人去世,他的配偶、未成年子女也可以按规定享受一定补贴。

养老储蓄基金(Registered Retirement Savings Plan, RRSP)由专门的基金负责运作,养老基金收入会占个人养老收入的35%左右,只有从事固定工作者才可参加,且工作年限越短,退休后收益也越少。许多加拿大人都会参加养老储蓄基金和私人养老金计划,这种基金是给予固定职业者的一种福利。这部分养老收入的本金完全来自劳动者本人,政府不出一分钱;本金可进行各种金融投资,但政府对高风险投资有限制,参加者本人也有权选择稳健、平衡、冒险等多种不同投资组合,风险越高,回报也越高,反之亦然(陶短房,2018)。

养老服务机构。加拿大各种养老机构提供了多层次的养老服务,以满足不同群体的养老需求。

公立养老机构和教会机构主要针对丧失生活能力或低收入老人提供护理和临终服务,收费较低或不收费。加拿大公立养老院每个居民都可以申请入住,但床位有限需要排队,往往等待时间很长。

非营利养老机构主要针对中等收入老人,一般收费不高,根据所在地区和服务的不同档次,每月从1,000到2,000多加元不等(乔尚奎等,2014)。

营利性养老院一般比较高档,主要针对中高收入群体。营利性养老院的子类型更加丰富多彩,根据服务内容和老人需求的不同,它可以细分为老人公寓(seniors apartment)、独立生活社区(independent living community)、协助生活社区(assisted living community)等。老人公寓为最基础的老人院,一般只提供居所和基本活动场所和设施,主要接受55岁以上的"年轻老人",住在这里的老人都可以自由出入,这些老人多数身体状况良好,自理能力较强。独立生活社区主要针对一些有基本自理能力但还需要有人照料的老人。协助生活社区主要接受失去独立生活能力的老人。这些老人不能完全独立生活,需要不同程度的个人服务及医疗帮助。因此,失忆老人看护(Memory Care)就属于此类。

1.1.1.4 澳大利亚

澳大利亚目前的人口总数刚刚超过 2,200 万,其中 65 岁以上人口占 13.6%,接近 300 万。据估计,这一数字到 2050 年将增至 23%。

为了应对老龄化的挑战,澳大利亚国家福利署于 1997 年由国会法案批准设立,承担起为澳大利亚公民提供社会服务和养老金的责任。20 世纪 90 年代,澳大利亚开始推行自己的"三支柱"模式。这一模式包括国家财政支付的基本养老金、雇主缴费的强制退休年金(superannuation)以及公民个人自愿缴费的退休年金。

国家养老金。国家养老金由财政收入支付。所有的公民都有资格申请养老金,女性的申请年龄是 60 岁以上,男性的申请年龄是 65 岁以上。国家养老金的补偿比率较低,仅仅能为公民提供基本的生活保障。即便如此,国家养老金的发放也需要经过严格的收入与财产调查,多收入来源或高收入水平者领取的养老金会相应地缩减。约 75% 的澳大利亚人都在领取一定数量的国家养老金。

强制退休年金。1992 年,澳大利亚开始采用强制退休年金制度,这是一种覆盖所有在职职工的标准化养老体系。目前,所有雇主必须支付工资的 12% 进入雇员的个人养老账户,有些雇主还单独与雇员签订协议,为其提供更高比率的退休年金。个体经营者则可以建立自管的养老账户。国民 55 岁后即可动用退休年金,可以一次性领取全部或部分退休年金,也可以分月领取(华安德、宋阳旨,2014)。目前澳大利亚养老基金涵盖总人数约为 1,100 万,总金额约 1.3 万亿澳元,到 2035 年有望增至 6.1 万亿澳元。

老年人综合保健服务。澳大利亚有比较完善的专门针对老年人的综合保健服务,各级政府部门、非政府组织负责筹资、管理和提供老年人综合保健服务。澳大利亚老年人保健系统通过政府补贴、使用者付费和志愿者志愿服务筹资(陈红敬、饶克勤、钱军程,2014)。老年人综合保健服务主要分为养老院养老服务和社区保健服务两种类型。

1.1.1.5 日本

日本的老龄化自 20 世纪 70 年代开始,之后进展非常迅速,80 年代起就开始加速,现在已是世界范围内老龄化程度最高的国家。根据日本内阁府《高龄社会白皮书(2021 年版)》的数据显示,截至 2020 年 10 月 1 日(日本令和 2 年 10 月 1 日),日本总人口 1 亿 2,571 万,其中 65 岁以上人口达 3,619 万,占总人口的 28.8%。

近年来,老龄化给日本社会带来了不可忽视的影响,日本社会的家庭功能渐渐趋于弱化。日本在介护保险制度的基础上,推行社区综合照护体系,促进社区与各种产学官民合作,建立了各阶段老年人(从初步迈入老年阶段的老年人到需要看护的老年人)的全程服务。

介护保险制度。随着老龄社会发展以及需要护理的老年人人数增加、护理时长增加等原因,日本老年人的护理需求越来越大。为此,日本政府出台了公共介护保险制度,这是一种民营机构福利服务,旨在将养老市场化(楼苏萍等,2016)。1997 年,日本国会通过《介护保险法》,于 2000年 4 月 1 日起实施;2020 年对其进行了最新修订。该法规定,第 1 号被保险人为 65 岁以上的老人,其保险金由地方政府征收;第 2 号被保险人为40 岁以上、未满 65 岁的医疗保险的加入者,其保险金作为医疗保险一起从工资扣除。另外,该介护保险还包括了对痴呆症老年人的照护等。[①]

但是,公共介护保险制度下企业退出照护市场的情况经常发生,很大程度影响了照护市场服务供给的数量、服务品质和稳定性水平。后进入市场的企业因为民众对其信心不足而往往顾客较少。此外,市场化导致企业盈利性意图的突显和扩张,使选择民营福利服务的部分老人支出持续上升。一方面,从政府政策层面看,介护制度的高度普及有利于进一步加强普惠制度的老年护理。但另一方面,市场存在护理机构严重短缺的问题。城市人口不得不面临长时间的等待,而大量所谓"护理难民"又拼命想进入护理机构以便获得长期护理。与之相关的另外一个问题是,日本长期以来缺乏合格的护理人员。糟糕的工作条件和低廉的工资收入使得这一职业领域的应聘者数量很少,流动性非常大(巴克豪斯、张天伟,2019)。

地域综合照护体系。2005 年日本修订《介护保险法》时,加强了各地域紧密联系和综合型的养老照护服务。目前,日本正致力于地域综合照护体系的建设,在地域综合支援中心的协调下,以小规模多功能居家养老为核心,将现有的服务(上门照护、日托服务、短期入住等)进行整合,以最大限度地满足老年人不同年龄阶段、不同身体健康状况下的不同需求。

这样的综合照护体系,是指在日本政府统一的法律指导下,各级市县

---

① 可参考日本厚生劳动省 2021 年 5 月(令和 3 年 5 月)公开的《介护保险制度概要》,数据来源:https://www.mhlw.go.jp/stf/seisakunitsuite/bunya/hukushi_kaigo/kaigo_koureisha/gaiyo/index.html。

区医疗、福祉单位、民间团体、商业公司协同形成的综合照护系统,资源可共享、整体可协调的照护服务。日本各地有着自己各不相同的照护系统。例如,东京都和千叶县就有不同的综合照护系统,其中千叶县各地区还有不同综合照护系统,但这些区域的照护系统都符合日本的介护保险法等法规。

为了实现这一体系,日本政府按照自助(疾病预防和延长健康寿命等自身的护理)、互助(家人、亲戚、地域的支援)、共助(对护理保险、医疗保险服务等的利用)、公助(针对生活困难者的对策、生活保护支付等行政服务)的理念,将区域内的居民、养老设施、医疗机构、社会团体、志愿者等各种资源一体化,共同服务于整个社区(文婧,2020),协同推进养老照护服务。

1.1.2 中国老龄化现状

1949 年中华人民共和国成立以来,中国老龄人口规模逐渐扩大,近10 年加速走高的趋势明显。根据陈卫(2016)的总结,中国社会的人口年龄结构变化可以大致分为四个阶段:

1) 20 世纪 50—60 年代为年轻化阶段,人民生活水平得到提高,医疗卫生条件得到极大改善,死亡率大幅下降而出生率仍然保持着很高的水平,促使中国人口增长迅速,且增加的人口主要集中在 0—14 岁,人口年龄结构更加年轻。

2) 20 世纪 70—80 年代为成年化阶段,计划生育政策的实施导致我国妇女总和生育率急速下降,少儿人口比重减少,老年人口比重增加,劳动力年龄人口比例增加,人口金字塔呈现出底部收缩的趋势。

3) 20 世纪 90 年代,老龄化开始出现,我国进入低生育率时期,生育率降到更替水平以下并且持续走低。2000 年第五次人口普查时劳动年龄人口比重为 70%,65 岁以上老年人口比重达到 7%,我国成为"老年型人口年龄结构"为主的国家,进入老龄化社会。

4) 2000 年以来,我国老龄化发展加速,生育率持续走低,人口增长趋势大大放缓。2010 年第六次人口普查结果显示,我国 60 岁以上人口达到1.78 亿人,占总人口的 13.26%,相比 2000 年增长了 3 个百分点,我国人口年龄结构持续走向老龄化,老龄化正在进入加速推进阶段;2020 年第七次人口普查结果显示,60 岁以上人口达到 2.64 亿人,占总人口比重相比2010 年增长了 5.44 个百分点,人口老龄化程度进一步加深。

从 2000 年正式步入老龄化社会开始,中国人口结构正逐渐走向深度老龄化。从 2022 年、2036 年和 2053 年开始,我国将分别进入急速、深度和重度人口老龄化阶段;在深度人口老龄化阶段,我国老年人口比例将超过 30%。届时,我国将成为世界上人口老龄化形势最为严峻的国家。

从中国社会人口年龄结构变化第四个阶段的数据可以看出,2010 年至 2020 年的老龄化速度明显快于 2000 年至 2010 年的老龄化速度。专家认为,这主要与 20 世纪 50 年代第一次出生高峰所形成的人口队列已相继进入老年期有关。在接下来的"十四五"期间,20 世纪 60 年代第二次出生高峰所形成的更大规模人口队列也会相继跨入老年期,届时老年人口增长速度会更快(翟振武,2021)。

毫无疑问,人口老龄化已经成为我国面临的巨大挑战。我国的老龄化呈现人数增量规模大、速度快、保障尚不完善、高龄化态势显著、地区和城乡之间不均衡等特征,由此带来的种种问题在国际上无先例可循;同时,这也是一次发展的机遇,我国作为老龄化发展最为迅猛的国家之一,亟须探索出一条具有中国特色的积极应对老龄化之路,加强老龄科学研究,实现全球老龄化大背景下的可持续发展,并为其他国家提供中国智慧与中国经验。此外,中国大陆地区老年人口的结构性要素具有变动性。在人口老龄化演进过程中,老年群体的性别、年龄结构与空间分布稳态与动态并存,存在不同的发展模式(曾通刚、赵媛,2019),如老年群体中女性占比始终高于男性的情况(贾云竹、谭琳,2012)、地域辽阔导致的地区(省际)差异及不均衡发展下出现的城乡倒置现象(林宝,2018)等。

我国港澳台地区也需要面对人口老龄化问题。据香港特区政府统计处 2020 年发布的未来 50 年香港人口推算报告的预计,未来香港人口将持续高龄化,65 岁以上老龄人口在未来 20 年将增加近一倍,人数由 2019 年的 132 万上升至 2039 年的 252 万;老龄人口超过 250 万的情况将维持最少 30 年,预计在 2069 年达 258 万。[①] 根据 2021 年澳门特区政府统计暨普查局发布的人口普查数据,与 2011 年比较,老年人口(65 岁以上)大幅增加 1.07 倍至 82,800 人。由于人口老龄化情况持续,老年人口抚养比率由 10 年前的 8.9% 增至 16.6%,[②] 预计到 2036 年,澳门人口中 65 岁以上老年

[①]　参考 https://www.censtatd.gov.hk/en/data/stat_report/product/B1120015/att/B112001508202020XXXXB0100.pdf。

[②]　参考 https://www.dsec.gov.mo/Censos2021/zh-CN/#media。

人将占总人口的 20.7%（高玉华，2017）。台湾早在 1993 年就已进入老龄化社会，2014 年的老年人口已达 11.53%，推估至 2025 年可能增至 20% 以上，成为超高老龄社会（刘远文等，2018）。

我国港澳台地区应对老龄化社会的措施与经验同样具有借鉴意义。

香港老年社会福利服务逐步形成了政府、企业与民间社会组织之间的三方合作机制。民间社会组织包括各类非政府组织、慈善组织、社会团体、基金会等。这些不同层次、不同规模的社会组织不仅充当着政府与老年服务需求群体之间的中介，传递养老服务政策与诉求信息，而且更多地在实务领域直接向老年受众提供多样化的老年社会福利服务（王海英、梁波，2014）。同时，近年来香港特区政府大力推动健康老龄化，并将其列为未来创新科技发展的四大重点领域之一。作为特区政府推进创新科技发展的重要平台，香港科学园将健康老龄化下的"智能居家养老"作为其重点打造的方向之一，希望以此鼓励公众和机构使用创新科技，以缓解人口老化的社会问题（王鹏，2014）。

近 20 年来，澳门特区政府一直着力打造以初级卫生保健系统、专科卫生保健和善终服务为一体的优质老年健康服务体系。澳门特区政府于 1984 年引入了初级卫生保健系统，现已建成覆盖全澳门的医疗服务网站，并且实现了与医院的双向转诊。年满 65 岁的公民可在公立的专科医院免费就诊；对于私立医院，澳门特区政府则以购买床位和服务的形式对其进行资助。同时，澳门特区政府也构建了相对立体的照护体系，为身体机能受损、无法独自生活、缺乏照护的老年人提供公益性的护理服务；特区政府还资助社会组织为体弱或缺乏照护的老年人提供家居照护服务；另外，社区内的日间中心成为综合全面的老年人服务机构，与卫生中心共同构成了老年人健康服务体系的基层生态（张天齐等，2020）。

台湾地区的老年人口比率在 1993 年便超过了 7%，进入老龄化社会。据台湾地区的发展委员会 2016 年的统计，台湾地区于 2018 年 3 月正式迈入高龄社会。伴随着"少子化"情况加剧，未来台湾社会的扶养负担会日益加重，甚至将影响台湾的竞争力和经济发展。为此，台湾地区于 1983 年在县市开始推动志工居家服务，发展至 2017 年，长期照护服务内容涵盖照护服务、人力培育、财源配置等（刘远立、郑忠伟、饶克勤，2018）。2015 年，台湾地区发布《长期照顾服务量能提升计划》，为老人及失能者提供从健康、亚健康阶段至临终关怀全方位的照护服务，并借统一服务窗口为老年人提供长期照护服务，提升照护者与被照护者的生活质量，进而促进长期照护产业的发展以及为老年人提供优质、平价且普及的长期照护服务。

1.2　老龄科学与老年语言学研究

全球人口老龄化趋势日益显著,我国人口老龄化持续加深,国内外关于老龄科学(Aging Science)的研究不断深入,相关研究兼具理论意义与实践价值。老龄科学目前已在现有成果基础上结合现实发展走向,不断推进研究纵深、拓宽研究视野,以促成系统性、整合性、战略性的老龄科学学科体系。目前,该领域的研究呈现出多种研究思路、视角方法及理论模型。

1.2.1　老龄科学的学科发展

在全球老龄化发展的进程中,迎接老龄社会并应对其深入发展的科学研究也应运而生。

老年科学研究起源于老年生物学和老年医学,邬沧萍等(1999)在梳理老年学发展历程时指出,老年学(Gerontology)及其前驱老年医学(Geriatrics)的词根都来自希腊文。geron 在希腊文里义为“老人”(old man),geras 为“老龄”(old age)。15 世纪末,意大利研究老年的医生 Gabiele Zerbi 曾著《老年卫生学》(*Gerontomica*),将老年卫生学概括为关于老年人的护理和生活方式的科学。Nasher 在 1909 年第一次正式使用 geriatrics 这一术语。在 1944 年美国老年学会成立后,学界固定使用 gerontology 一词作为学科名称。1946 年,美国开始发行学术刊物《老年学》(*Journal of Gerontology*),标志着老年学学科的确立。1950 年,国际老年学学会召开,会议对老年学未来的发展提出新的构思,将行为与社会科学及社会研究、计划、实践等纳入研究范围,老年学的学科范畴从自然科学扩展到社会科学领域。

现代老年学有三个主要分支:早先的生物老年学(Biological Gerontology,含临床老年学[Clinical Gerontology])、后来的老年心理学(Geropsychology)以及新近的社会老年学(Social Gerontology)。老年学在西方许多国家已经形成非常成熟的学科体系,美国起步最早。20 世纪 70 年代前后,美国的大学、学院就已开设老年学课程,如成立于 1975 年的美国南加州大学戴维斯老龄科学应用研究和管理学院,这座学院是创立最早、规模最大、世界排名第一的老龄科学研究学院,开设本科至博士课程,覆盖有关老年研究的生物、政治等多学科领域。80 年代初期,美国社区学院中有三分之一至一半开设了一门或数门老年学课程。另外,美国有关老年学的研讨班、培训班、电视讲座也很多样。

我国老年学的研究起步较晚,初期的研究主要限于老年医学领域,研究人员大多是从事临床工作的医务工作者和学者。党的十一届三中全会后,老年学研究呈现出崭新的面貌;1982 年,中国老龄问题全国委员会成立;1986 年中国老年学会成立,我国科研人员在老年学学科方面的翻译和研究成果相继问世,许多从事社会科学研究的专家学者和老龄工作者加入了老年学的研究队伍,我国老年学多学科研究格局开始形成(邬沧萍等,1999)。

经过长期发展,国际人口科学发展日新月异,新方法、新理论、新流派层出不穷。与此同时,中国老龄人口的研究也迅速向深度和广度推进。随着老龄化进程的不断深入,老年学学科的建设不断被注入新理念,新视野不断拓宽。

中国老龄科学研究中心副主任党俊武(2014)指出,在研究老龄社会的学科体系建设上,应当实现从老年学到老龄科学的转变与拓升,从学科群的建设中更宏观、全面地探索和把握老龄社会。这一转向的必要性由多个方面决定:

一是老龄科学的研究对象需从微观层面的老年人个体转移到宏观层面的老龄社会上来。老龄问题是复合性问题,用源于老年医学的老年学统领整个学科群会导致对学科的认识理解狭窄甚至偏误,各分支学科间缺乏紧密逻辑勾连。在"老龄科学"这一宏观学科概念的统领下,传统的老龄问题研究就成了老龄社会条件下诸多具体问题的纵深推进与深入考量。

二是老龄科学的研究方法要求向多学科整合转变,摒弃分支学科具体研究的守成倾向和主属学科的本位思想。围绕老龄科学开展的各侧面研究应相互渗透、相互卷入、相互缠绕,并落脚于多学科整合的探索与路径。

三是老龄科学的研究目的、使命和任务应着眼于老龄社会的长远命运。老龄社会面临的问题是复杂的、现实的,也是全局的、未来的,老龄科学旨在构建系统性的理论分析框架,以解决现实问题为中心,站在战略高度看待当今社会。我们应用"老龄科学"取代"老年学"作为研究老龄社会相关学科群的总名称,将研究的终极目的从解决老龄问题转变到建设新的理想老龄社会上来。

老年学向老龄科学转变拓升的过程,是理论建构的完善过程,是对老龄社会整体结构性问题的解释。老龄科学能够以更宏大的视野关照老龄化社会形态的运行规律,以不断更新的研究视角、思维模式跟进社会发展,立足经济、政治、文化、社会、生态的新发展与新变化,基于一般的理论分析框架,研讨老龄社会中物质保障、自然科学、文化价值、人文关怀乃至国际竞争,构建逻辑完善、交叉整合的学科话语体系(党俊武,2019)。

1.2.2　老龄科学与老年语言学

从学科发展史来看,老龄科学作为复杂的交叉学科群,已有研究成果涉及人口学、经济学、社会学、哲学、法学、教育学、管理学、心理学、伦理学、体育学、精神病学、生物学、医学、营养学、康复学、护理学等多个学科。在老年健康、老年医学领域的研究实现长足发展时,国外研究者关注到老年人大脑认知变化等在其语言特征各个层级的表现,形成了"**老年语言学**"(Gerontolinguistics)这一新兴的交叉学科领域。老年语言学正进一步丰富老龄科学的理论内涵,同时具备临床价值和社会效益,具有成为独立学科的合理性及必要性,且有自己的发展历史与学科支撑。

站在老龄科学的整体格局上看,老年语言学所涉及的研究与应用内容包括但不限于人口、社会、经济、科技这四个方面。下文将简要介绍老年语言学与这四个方面的关系。

1.2.2.1　老年语言学与人口

随着社会发展,生育率与死亡率下降,人口的平均寿命延长,老年人口规模扩大,加上人口迁移等因素的影响,老年群体与老龄社会人口环境产生的互动关系受到越来越多的重视。人口学科的研究囊括老年人的退休与再就业、迁移与流动、老年性别结构、老年家庭结构及相应的社会保障制度等多个层面,同时,人口学者对老龄化社会趋势的预测对社会政策的制定具有特殊价值(李晶,2019)。

这些人口变化的信息对于研究语言的增长与衰退也至关重要,人口学与老年人的语言实践、老年语言学的学科研究均具有相关性,如针对老年人口语能力退化开展的干预与康复、老年人照护过程中的语言沟通问题、老年人照护幼儿时的语言示范、语言资源在不同年龄阶层的分配等（李嵬,2019）。

人口因素和人口事件可能会对语言产生重大影响。人口老龄化以及老年人口的健康状况也会对人们的语言使用方式产生深刻影响,尤其是在老年人的晚年生活中（李嵬,2019:20）。例如,中国正面临严峻的人口老龄化问题,同时,双职工父母在孩子养育方面面临时间精力分配不均的问题,因此大批（外）祖父母承担起照顾低龄儿童及青少年的责任。祖辈陪伴孙辈度过了童年或更长的时间,祖孙两代人之间存在的大量言语交际可能会对孙辈的言语行为产生重要影响（Arpino,Gumà & Julià,2017）。（外）祖父母语言是否具有与父母不同的语言示范？其对幼童语言发展有何影响？这些都是人口老龄化背景下人口与语言之间颇具社会价值的研究议题。

在欧洲,移民人口老龄化后产生的语言蚀失现象也是人口问题与老年语言学研究的重要话题之一。在 20 世纪,移民成为欧洲很多国家的重要劳动力,随着时间推移与社会发展,老年移民的社会交往、语言交际特征成为他们积极老龄以及试图融入当地老年社区的阻碍之一。例如,在老年移民群体中,"语言复原"（language reversion）现象时常发生,即随着年龄增长,老年人会更加倾向于使用原来的第一语言,而不是移民后的当地语言（de Bot & Clyne,1989；Schmid,2002；Keijzer,2007）。该现象与老年移民退休后的生活环境、交往对象密切相关,基于同乡人群的交往时间显著上升,工作职业环境下的交际显著下降,导致第二语言能力发生蚀失,甚至不同语言的显著性在大脑中发生了神经机制的改变（de Bot & van der Hoeven,2011:126－127）。

老年人词汇提取（word-retrieval）困难的主要原因是认知能力下降。但国外有研究发现,老年人词汇提取困难的主要因素除了认知衰老,还有波士顿命名测验（Boston Naming Test,BNT）中与老年人表现相关的性别（Ross & Lichtenberg,1998）、教育水平（Ross,Lichtenberg & Christensen,1995）和种族（Clark-Cotton et al.,2007）等人口统计学因素（Henderson et al.,1998）。其中,教育水平低的老年女性词汇命名表现最差（Goral et al.,2007）。Snitz et al.（2009）基于动物词语流畅性测验（Animal Fluency Test）和印第安纳大学表征测验（Indiana University Token Test）[1],通过多

---

[1] 该测验在神经心理研究中被用于评估被试言语理解能力,包括言语顺序的即时记忆广度以及句法理解能力,同时涉及工作记忆等执行能力（Unverzagt et al.,1999）。

元有序 logistic 回归统计方法,对年龄、性别、教育程度及种族等人口统计学变量与语言能力的关系进行了分析。该研究样本总量为 2,036 个,即 2,036 名母语为英语的 65 岁以上美国老年人(区分白人与黑人)。研究自 1992 年开始,历时 12 年。研究发现,在印第安纳大学表征测验中,年龄、性别、教育程度及种族都会对得分产生影响:年龄较小、受教育年限长的白人女性通常得分较高;在动物词语流畅性测验中,年龄较小、受教育年限长的白人通常得分较高。总体上,年龄和受教育程度是主要影响因素。

当然,需要注意的是,这些研究主要是探究上述人口统计学因素与老年人语言能力测试表现的直接相关性,其背后的深层机制性问题尚待讨论。例如,两性是否在认知衰退速率和程度上有差异?教育水平是否可以改善认知储备水平,从而间接影响老年期的认知表现?在社会公平尚有缺陷的情况下,不同种族是否会由于受教育机会不均等,产生受教育水平差异并进一步影响认知发展与认知储备?联系到我国老年人人口素质的实际情况,相关领域学者今后也可尝试探索多种人口统计学因素对老年人语言能力的影响。

人口老龄化是经济发展和社会进步的结果,老年人口也同样是宝贵的财富和资源。在人口变化的新型社会形态中,老年语言学研究将以语言为切入点,发掘老年人力资源,助推相应社会资源创造与分配合理化。

1.2.2.2　老年语言学与社会

随着老年人口在社会总人口中占比的逐步上升,老年人在老龄社会中的主流位置被进一步探讨。老年群体从边缘性向主流性、重要性转移的过程中,老龄科学在基础研究层面对其中突出的社会问题进行调查、描述、解释和分析,在社会语境中展开研究。在这一视角下,老年语言学考察老年人的基本交际特征、身份形象构建、情感表达特征等问题,将语用维度与社会维度结合,为社会结构的适应性调整提供了新思路。

例如,李晶(2019)对老年人与老龄化社会的互动进行总结,认为在互动过程中老年群体参与社会决策与社会管理的能动性增强,独居与空巢问题导致了家庭形态变化,老人利益诉求凸显,代际矛盾激化的同时代际沟通出现新模式,老年教育发展推动教育结构变化等。在寻求适应与均衡的过程中,涌现出对老年人在社会交互中的表达、交际、识别、理解及其背后折射出的心理行为、身份认同、刻板印象、情感诉求、社会关系等的系列研究。另外,采用社会学的概念、理论、方法有助于进一步探讨老年语言变异、老年话语策略、老年语言传承、老年语言适应、老年语言服务及老年语言性别差异等话题(方小兵,2019)。

1.2.2.3 老年语言学与经济

老年人口增多会造成劳动人口不足、养老金支付与社会保险压力增大、退休年龄延迟及医疗负担加大等问题,社会经济运行成本因此增加。于是,银发经济的相关行业被催生,新型产业兴起,相关投资需求增大。其中,适老语言服务与产品的开发与市场投放将进一步促进可持续老龄服务供给。

黄立鹤、张弛(2020a)分别从老年人经济行为与经济结构的角度探寻了老龄化背景下适老语言服务与产品的利好性。从微观层面看,老年人听力辅助、阅读辅助等器具的研发与老龄友好型语言信息体系建设、老年疾病康复治疗中谈话疗法的应用、老年人外语学习与健脑强智工作的开展、适用于汉语与方言的语言认知评估及相应的人文关怀措施的实施等,可以推动老年人各类照护需求;从宏观层面看,适老语言服务与产品体系的构建将形成"老年人从各类语言需求出发购买语言产品及服务,又通过产品及服务扩大语言内需"的良性影响路径,促进老年人语言消费,推动"老年消费经济",完善经济结构中老龄产业与语言产业的转型升级。

1.2.2.4 老年语言学与科技

互联网时代的崛起与人工智能时代的到来为老年语言学的研究提供了全新的路径。智能采集老年健康数据、提供健康咨询或紧急救助服务、监测老年人身体状态等新方法适应"智慧健康养老"理念,促进了老龄服务照护效率,提升了老年人自我健康管理能力(向运华、王晓慧,2019)。同时,涉及多个交叉学科的老年语言学得以充分依托人工智能、"互联网+"等技术,通过物联网、移动互联网、云储存、大数据、人机交互等为老龄语言研究提供多源异构数据,拓展研究维度(黄立鹤,2019a)。

除针对老年语言学学科的基础规律研究外,新兴科技的引入提供了疾病诊断、语言训练、延缓衰老、信息交流的新渠道与新方式,如基于语音交互的机器人、衰老与疾病的检测、针对日常生活信息记录的个性化服务等。从语言需求的维度满足老年人的精神与物质需求,将会带来一系列重要的临床意义和社会效益。

1.3 老年语言学学科概述

老年语言学主要围绕老年个体和群体的语言衰老现象及其产生机制以及老龄社会的语言问题展开。长期以来,老年人的语言问题或多或少地受到多个领域的研究者或临床医生关注,获得了多维度的探讨;其他与老年人相关的领域或行业对老年人的语言问题也有所涉及,包括临床语言学、神经科学、老年医学等。但总体来看,与老年人有关的学科长期以来一直致力于老年疾病、老年护理、老年心理健康和老年社会问题等研究,对老年语言现象的关注相比之下则略显不足(顾曰国,2019)。即便如此,这并不等于说老年语言学不应该有合法的身份,它在某种程度上已经客观存在,至少在国外是如此。

一个研究领域能否成为独立的学科分支,取决于多种因素。Thomas Samuel Kuhn 在其著名的《科学革命的结构》(*The Structure of Scientific Revolution*)一书中谈及研究范式与科学进步的问题。笔者认为,一个研究领域或学科分支能否相对独立,也需要满足 Kuhn 所论及的相关条件。下面将结合老年语言学的研究现状略做分析,以审视老年语言学是否应该具有"合法"语言学分支学科的身份。

一是老年语言学学科存在相对固定、体系化的研究对象。老年语言学的研究对象是正常老年人及特殊群体老年人(如罹患精神或神经退行性疾病的老年人),研究内容为老年人的语言特征及其身心机制,老年人的语言交际与社会互动特征以及为提升老年人语言生活质量而进行的认知康复、语言实践与技术研发等。同时,随着学科的发展,新的命题和假说也会出现(Foucault, 1971:15)。这一点将在本书1.3.2中详述。

二是研究者形成了共同的思维方式和认识论。国外研究者认为,研究老年人的语言现象具有重要意义,既有构筑学理的学术价值,也有服务临床的应用价值。老年语言学研究旨在构建老年人群语言能力变化的相关知识体系,研究成果可囊括语言学、老年医学、神经科学的学科内涵,拓展学科界面,对罹患神经退行性疾病的老年人的早期诊断、预判、护理以及高龄社区治理等问题具有重要意义。该领域的研究是在世界老龄化程度不断加剧背景下产生的兼具理论与实际意义的学术问题。

三是研究者可根据研究需要选择多种研究路径。在一个研究领域中,要系统解决各类问题,研究者应当掌握一系列研究工具,具备选择多种研究路径的可能,这一点也将在本书第五章中详述。笔者所在研究团队秉持多模态视角、基于多模态视角开展老年语言学研究,5.8节将会介绍该研究路径的理论基础、工作思路、基本方法及研究实例。

四是老年语言学研究共同体已逐步形成。从研究团队上看,国外许多大学或研究机构成立了老年语言研究中心,对各类老年人语言现象开展了持续深入的多学科研究,始于1976年的美国波士顿大学语言衰老研究项目(Language in the Aging Brain Project)便是典范之一。目前,国内老年语言学研究共同体也正在逐步形成。来自语言学、心理学、神经科学、医学等多种学科的研究者从多个层面对老年人语言现象开展研究,个别高校或研究机构还建立了专门的老年语言学研究机构,如同济大学老龄语言与看护研究中心等。

上文是从四个研究现状来看老年语言学成为独立研究领域或分支学科的标准。下面将从形成背景、研究对象、学科范畴、学科任务以及学科意义这几个方面进一步加以论述。

1.3.1 老年语言学的形成背景

前文已述,老年语言学的形成背景与世界人口老龄化密切相关。老龄化背景下,对老年人语言现象的研究具有重要的理论意义、临床价值和社会效益。基于研究对象、研究方法、侧重维度、理论渊源、理论应用等多个视角,语言学可被划分成诸多研究分支。老年语言学是为研究老年个体及老年社会的语言现象、特征与机制而形成的一个语言学分支领域。老年语言学的兴起与语言学学科的自身完善、脑认知学科等相关学科的发展、临床诊断与康复的实际需要以及老龄化的社会背景等诸多原因有关:

一是语言学学科范畴与知识体系正日臻完善,学者们开始更加关注全生命周期的语言现象、特殊人群的语言能力、老龄社会的语言问题等。老年是生命历程中一个重要的阶段,个体在该阶段会表现出许多特有的语言现象,相关研究将进一步丰富语言学自身的学科知识体系。

二是脑认知学科的发展促使研究者对语言功能这一高级认知功能的变化规律进行深入探究。语言功能是大脑认知功能的重要组成部分,语言能力退化是老年人认知功能退化在日常生活中的直接外在体现,语言能力的发展、蚀失和障碍与认知功能的发展、衰老和损伤紧密相关。因此,相关研究可推进对大脑认知退化过程与机制的深入认识。

三是阿尔茨海默病、帕金森病、脑卒中等老年疾病的早期诊断、病程研判、治疗康复需要更多衡量标准与显性指标物。临床上对认知障碍患者进行语言能力评估已成共识(田金洲,2012),但目前语言标志物尚不充分;同时,语言认知训练对相关疾病的管控有重要价值,方法、成效等尚需进一步研究。

四是老龄化趋势日益严峻,因老年人语言使用而造成的社会问题逐渐显现。相关研究可促进老年人语言康复,推进老龄社会信息公平,改善老年人互动交际环境,从而建立和完善符合老年人言语交际特点的交流渠道与沟通方式,提供优质的老龄服务。

正是基于上述原因,国外老龄化程度较高的发达国家已加紧开展老年人语言现象的研究(黄立鹤,2015a)。西方学者很早就关注到老年人特有的语言现象。早在20世纪60年代,就有学者开始了老年人言语加工问题的研究(如Wetherick,1965;Riegel,1968)。1973年,Luce Irigaray出版了法语专著《痴呆症的语言问题》(*Le langage des déments*)。在该书的引言中,作者指出,她试图超越一个世纪以来对痴呆症患者语言障碍的临床神经学个案观察,基于实际数据对患者的语言障碍进行系统分类。Irigaray(1973)对32名痴呆症患者的话语产出及会话应答的错误类型进行了研究分类,将该类语言障碍与典型失语症区分开来,指出语言障碍对阿尔茨海默病等痴呆类型是必要的临床诊断依据,并分析了患者产出话语中的各类语言障碍——从语音到词汇、语义和语用。Irigaray(1973)在20世纪70年代能够率先关注并系统研究痴呆症患者的语言问题,即便在老龄化很早到来的西方社会也是具有一定开创性的,拓展了彼时心理语言学的视野(Obler,1981)。

随后,德国学者Lütjen(1978)在探究老年人找词困难时率先使用了gerontolinguistics(老年语言学)一词,并且将其定义为"对老年人语言行为的研究"。Cohen(1979:412)指出,老年心理语言学(Geriatric Psycholinguistics)是尚未开拓的处女地。Kynette & Kemper(1986)在实证性研究论文的开篇对该表述予以了肯定。需要注意的是,Cohen在"老年心理语言学"中使用了"心理"二字。事实上,在早期及之后很长一段时间内,有国外学者认为该领域主要研究老年人语言系统的性质、结构与变化规律等问题,因而发展心理学、心理语言学等研究范式成为国外老年语言学研究的重要方向(de Bot，2007)。

进入 20 世纪 90 年代，Makoni(1997)使用 gerontolinguistics 一词指代从社会语言学视角对老年人与照护者之间话语进行的研究。由此可见，国外老年语言学研究立足对老年人特有语言现象及机制的考察，脱胎于心理学研究范式，并较早从社会语言学视角开展研究，随后的研究内涵与外延不断扩大，最终形成了今天的发展图景。

在我国，传统上，对正常老年人语言能力变化的研究属于认知老化领域，主要由我国心理学界的学者承担；对罹患神经退行性疾病的特殊群体老年人语言障碍的研究主要隶属于医学界的神经内科领域；与此同时，神经科学等领域的学者在对认知老化的神经机制开展研究时，也会涉及语言作为认知一部分的老化神经机制。但在语言学界，关注或从事老年人语言能力变化研究的学者极为少见。2001 年，罗倩、彭聃龄在《当代语言学》上发表《痴呆症的语言研究》一文，可以算作我国语言学学术期刊开始关注老年人语言障碍的代表之一。近年来，我国学者开始认识到老年语言学研究的理论与实际意义，逐步开启并拓展了该领域的研究，发表了一系列成果。

1.3.2　老年语言学的研究对象

老年语言学首先研究的是老年人因正常生理及认知老化、罹患精神疾病或神经退行性疾病等而产生的语言蚀失或表达习惯变化等问题。同时，它还研究正常老年人及特殊群体老年人在老龄社会中的语言交际特点、个体言语认知康复以及如何延缓语言认知能力退化、促进积极老龄化等问题。"一体两翼"的老年语言学学科内涵由此形成。

顾曰国用图 1.1 说明了老年个体的语言现象分类问题。

据此，老年语言现象可以分为两个大类：无损和有损。无损是指老年人语言使用状况与同年龄段的语言常态并无差别，称为"语常"；虽无差别但临时偶然发生语言使用错误，且可以自纠，属于"语误"，即不经意说错话、嘴边失言、写错字等。由正常衰老或其他原因诱发的语损称为"语蚀"(language attrition)，若老年人罹患生理或心理疾病而导致语言能力蚀失，则是"语障"(language impairment)(顾曰国，2019)。以上老年人"语常""语误""语蚀""语障"等各类老年人语言现象及其与生心理之间的机制关系，都是老年语言学的研究内容。除此之外，从社会语言学、话语分析

老年人（60岁以上）

语言有损

语言无损

语言使用现象

使用常态

偏离常态

语常
无失误

语误
临时，自纠

□ 不经意说错
□ 嘴边失言
□ 一时想不起
　名字
□ 错别字

按某语言学理论
进行分层描述

描写层面

语音
音系
句法
语义
语用
语语

可观察到的
行为分类

听
说
读
写
人际交流

语损
持续，不能自纠

语蚀
正常衰老蚀失
跟正常中年人对比

理解（听觉）
说（发音器官）
读（视觉）
写（视觉，动作）

语障
身脑心疾病引发的
使用障碍

以失语系统作为蓝本对
障碍进行分类描述

□ 音韵障碍
□ 命名性失语症
□ 语法缺失
□ 语用障碍
□ 等等

脑损伤部位
与程度分类

损伤区域

＞ 布洛克区
＞ 维尼克区
＞ 所有语言区
＞ 左基地神经节
＞ 左前额叶皮质
＞ 等

失语症

□ 布洛卡氏失语
□ 维尼克氏失语
□ 传导性失语
□ 大范围失语
□ 皮质下失语
□ 皮质中枢间失语
□ 等

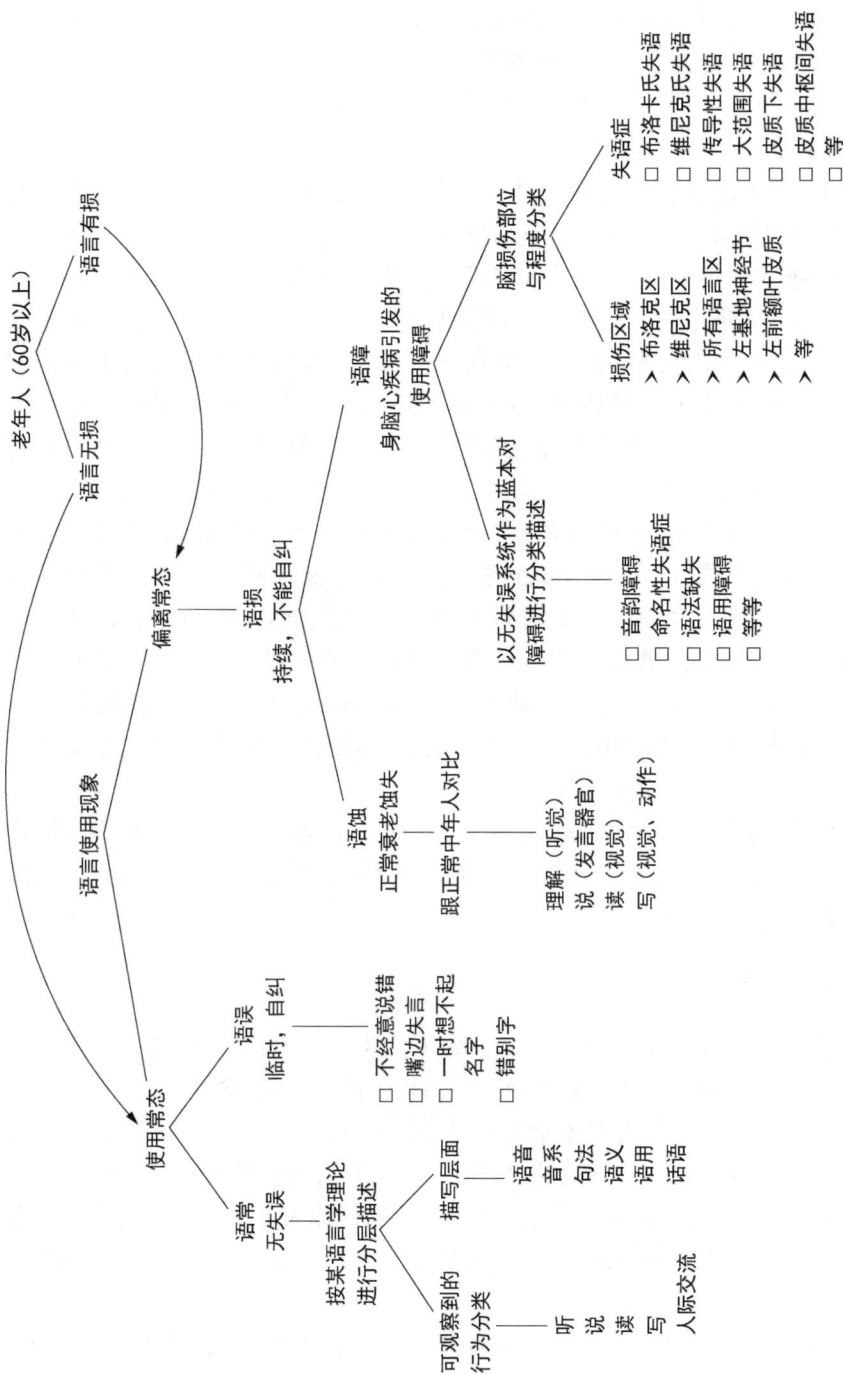

图 1.1 老年人语言现象分类（顾曰国，2020：25）

等层面考察与老年人言语交际相关的话题,老年人的言语特征、交际策略、身份认同,老年人与其他年龄层交互中的歧视、偏见现象,多语老年人语言衰老过程,以及受教育、年龄等外在因素影响,老年人特有的语言风格等,都是老年语言学的研究内容。

另外,老龄社会中老年个体在日常语言生活的各个方面以及面向老年人的适老语言产品及其服务开发等,也在老年语言学的范畴之内。这些研究很大程度是建立在对"语常""语误""语蚀""语障"等基础研究之上的,旨在促进老年人生活质量的提升与老龄社会的发展。例如,老年人诊疗互动与看护沟通特点及策略研究,罹患重大或特殊疾病老年人的就医会话特征与心理疏导研究,老年人生理特点与老龄友好型社会语言信息建设研究,老年人临终关怀、安宁疗护与丧慰研究,老年人外语学习与健脑强智研究等,都是具有现实意义的研究内容。在应用研究上,为了保持或改善语言能力,人们对老年人进行临床语言认知康复,其中涉及诸多语言技术研发或应用研究,如正常老年人群和罹患精神疾病或神经退行性疾病的老年人群的多模态语料库建设、正常老年人及神经退行性疾病老年人言语和非言语行为特征提取与机器识别、基于人工智能技术的阿尔茨海默病评估系统研发、大数据技术辅助的认知障碍早期辅助诊断开发等,以及用以促进老年人语言认知康复、满足语言生活关怀实际需求的适老语言服务与产品供给等。

因此,老年个体在语言使用中表现出的"语常""语误""语蚀""语障"现象是基础性概念,对老年语言学尤为关键,也是最为重要的研究内容。下面将分别予以介绍。

1.3.2.1 语常

在研究老年人语言能力时,需要将正常老年人语言使用状况作为常态参照系,我们称之为"(衰老期)语言能力常态",即"语常"[①]。

语常是针对老年人的正常生理及心理衰老而言的。随着年龄的增长,在典型的生理衰老或心理变化情况下,老年人的发音器官、认知能力、心理状态等发生改变,导致其日常活动中的言语行为发生改变,形成不同于儿童、青年、中年等年龄段,在老年期相对常态性的语言使用状态及语言能力。

---

① 按照顾曰国(2019)的区分,除了(衰老期)"语常",还有(儿童)发育发展期"语常"、(成年人)稳定期"语常"。

老年人"语常"这个概念,与老年人健康状况及成功老龄程度密切相关。顾曰国(2019)把老年人分为四个大类:1)超康健老人,≥80岁,身脑心无临床疾病,积极生活年龄跟实际生命年龄几乎同步;2)成功老龄老人,≥70岁,身脑心无临床疾病,但积极生活年龄跟实际生命年龄有距离;3)通常老龄老人,≥60岁,患有正常老龄化所引发的身脑心老年性临床疾病,无智力衰退;4)痴呆症老人,≥60岁,有身脑心疾病或损伤引发的智力衰退。超康健老人和成功老龄老人的语言使用可以保持非常好的状态,可以与老年之前的语言使用状态保持基本不变[①],这个状态应当是老年人语常的上限值。之所以这样区分,是因为要将老年人的语言能力与其身心健康状态连接起来,并且每个人的语常是与自己过往的状态("基线"状态)相比,而不是用统一的测量标准加以衡量。这一点对于评估不同文化程度、身心状态的老年人的语言能力至关重要。

那么,语常如何测量呢? 首先我们要区分能力与行为、理解与产出这两对概念(顾曰国,2019)。语常能力是指身脑心能够正常学习和使用自然语言的能力,即正常老年人语言能力的常模数据。语常行为是老年人为了某个语言交际目的调用语常能力的行为。前者内化于身脑心,后者可直接或间接观察。语常理解即老年人能够正常听懂谈话或阅读文字材料;语常产出即能够正常说话或书写。在临床上,老年人语常实际上是通过对大量不同年龄段健康老年人的语言理解行为与产出行为进行测量并确定参考值范围后建立的。

这个参考值范围的确定需要通过对大规模正常老年人的理解行为与产出行为进行长期观察、记录及描写,从而确定某一特定年龄阶段中大部分正常老年人语言能力各层指标观察值的波动范围及跨年龄段的正常变化趋势,以此确定老年人的常态理解能力与产出能力。临床上,对老年人语常行为的调查可以根据各种认知量表中的语言检测项展开。但是,目前临床仅通过量表进行老年人语言能力参考范围值的确定并不完全可行。因为从语言层级覆盖面看,神经心理学量表的设计虽已包括了多个语言层级,涵盖语音、句法、语义、语用,但多关注语义流畅性及命名(记忆力)维度,离真实全面地评估语言能力尚有距离。另外,除极少数语言能

---

① 基本不变并不是指完全不变。事实上,老年人相对于壮年期的语言使用状态有所变化是一定存在的。例如,发音器官衰老等原因造成的音质改变等客观存在(Reubold, Harrington & Kleber, 2010),这是因为老年人必然衰老,衰老是人类正常的生命现象。

力量表(如功能性语言沟通量表[Functional Linguistic Communication Inventory, FLCI])外,很少有量表关注语言表达的多模态维度。事实上,在语言表达中,特别在语用层面上,语用障碍存在多模态补偿现象(也称为"代偿")(Perkins, 2007)。例如,当阿尔茨海默病患者语用交际中的多模态互动发生异常,实施言语行为的话语量会减少,借助体貌或动作等手段进行多模态补偿的情况会增多。因此,要系统、多维地确定老年人语常,就需要进行长期动态随访,建立起大型人群队列研究,构建综合指标体系,将量表语言检测项的诱导语料与基于自然语料的研究成果相结合,从概念推演型常模、相对标准型常模、概率型常模等多种类型入手,对常规监测渠道和定向监测渠道收集的资料进行相互比较验证,才能建立相对完善的老年人语言能力常态模型。

需要注意的是,老年人语常并不是指与稳定成年人(如年轻人、中年人等)相比的语言使用状况及语言能力,而是指老年人群体中的相对常态。这里可以用临床医学上的例子作类比:老年人因机体生理功能、内分泌功能的减退,对各类代谢监控的减弱,随着年龄增长出现血糖、胆固醇、尿酸及肌酐含量增高的情况(张改云,2011),血压值也可能相对偏高。这种增高是随着增龄而发生的正常机体老化,是与中青年组平均基线进行对比而得出的。一般而言,这种老化是绝对的(当然有个体差异,如某些老年人身体基础非常好,与自身中青年阶段相比没有出现上述四个血液指标的变化),而且随着年龄增长,老化程度加深,类比到老年语言学上就是老年人语言能力的绝对衰老,这个过程就是所谓的"语蚀",并且各年龄段的老年人语常也并非一成不变,而是随着年龄增长自然呈现出缓慢的变化趋势。但是,这些血液指标相对增高并没有判断机体疾病发生的临床意义,是属于老年临床医学上的正常范围。从老年语言学的范畴来看,老年人的语常可与其类比。但是,如果出现医学统计学意义上的正常范围之外的高值或低值,则提示某种疾病的发生,这可类比老年人的语障。

对老年人语常的描写,包括但不仅限于语音、词汇、句法、语义、语用、话语维度,相关研究既要寻找跨语言的共同性,也要关注不同语种的差异性。目前,国内外尚未对不同年龄段老年人的语言常态进行多维度、系统性的描写与总结。

1.3.2.2 语误

语误是人们在说话时无意的、非习惯性的偏离言语计划所致的错误

（Dell，1986）。而《剑桥语言百科全书》（*The Cambridge Encyclopedia of Language*）对口误（slip of the tongue）的定义是"正常人在言语交流中不由自主地偏离想要表达的语音、语义、词汇或语法形式的失误现象。而多数情况下，说话者会很快地发现并纠正错误"（王小潞、汪运起，2010：21）。

语误可以从多个维度上进行分类。若从语误包含的语言单位来分，可分为：1）与音素相关的语误；2）与词有关的语误；3）与词素有关的语误。若从语误的特点来分，可将语误分为非语境语误与语境语误。前者指与正在表达的语言材料无关的语误，后者指与正在表达的语言材料有关的语误（Dell，Burger & Svec，1997；陈俊、张艳辉，2008）。若从说话者是否意识到自己的口误这一角度来分，可以分为有意识口误和无意识口误。已经进入意识活动的，即口误之后说话者立刻能够意识到自己口误的，是有意识的口误；而没有进入意识活动的，即口误之后说话者不能意识到自己口误的，是无意识的口误。在日常交际中，有意识口误是指说话者话语一说出后便能发现自己的错误，大多数情况下都能立即纠正自己的语误；而说话人脑子里想的是 A，说出来却是 B，直至别人提醒才意识到自己发生了口误，则是无意识的口误（王小潞、汪运起，2010：23－24）。

任何年龄段的正常人在任何场景下都有语误现象，因而语误具有广泛的跨年龄与跨情景性。Garnham et al.（1981）发现，正常成年人平均每一千个词中就会发生一到两次语误，其他年龄段或特殊群体则有更高的语误率。例如，Wijnen（1982）发现，年幼儿童有更高的语误率，二至三岁的幼儿语误率是成人的七倍；Schwartz et al.（1994）发现，失语症患者在其自发语言中的语误率是正常成人的数百倍（转引自陈俊、张艳辉，2008）；老年人的语误每年平均达 100 次左右（Schwartz，2002：3）。一般情况下，老年人的语误数量与频率要比年轻人高，其原因可能是增龄导致的大脑联想网络（associative network）链接减弱，尤其是在语义与音系层面，但也有证据表明，老年人语言知识相对丰富也是语误增多的原因之一（Schwartz，2002：139）。

在老年人的各类语误中，口误和非流利（dysfluency）两种现象研究较多。在英语中，口误多表现为音节或者是单词的位置发生错位，如将 barn door 念为 darn bore，或者将 I'm writing a letter to my mother 错说为 I'm writing a mother to my letter；汉语中的口误也有类似表现。口误研究可以基于对自然语料的观察，在一定量语料内统计分析各类口误的形式与频率,也可基于实验方法探究其形成机制。非流利现象则主要是言语中无意义的停顿或词汇插入、重复或重音呈现以及语调错误。一般而言,老年人的非流利现象比年轻人多,多数由词汇提取困难造成,并且一定程度上老年人可以重新提取对的词汇(Abrams & Farrell, 2010:49-74)。

口误是说话者在清醒状态下发生的言语错误,但其内部根源是大脑信息加工时出现的冲突和紊乱,包括概念之间的互换、替换、增加和省略。思维的并行处理与言语的线性表达使得人们经常会发生一些有意识的或无意识的口误现象(王小潞、汪运起,2010)。说话者在意识到自己产生语误后能够自纠,有的甚至有能力在话语说出之前就能察觉并纠正言语错误(Blackmer & Mitton, 1991)。这说明,人脑存在着对自身言语生成的自我监听机制,这些机制甚至在清晰发声之前便开始监听。老年人如果能够纠正自己说话过程中的语误,说明其元语言意识和自我监控能力相对保留。这可以用 Levelt(1983)提出的快速"内部监听环路"(the inner loop)理论加以解释。若不能自纠,则这种监听机制有可能"失灵"。

目前,用以解释语误产生机制的言语生成模型通常有三个(顾曰国,2019)。

第一个是 Levelt(1989)提出的言语产出模型,它把大脑视为一个极其复杂的信息处理系统。该模型主要由"概念形成机制"(conceptulizer)、"形式合成机制"(formulator)和"发生机制"(articulator)三部分构成。从说话人交流意图产生到自然发声交谈,整个过程可以分为六个子系统:1)概念性策划系统,负责在大脑中生成先语言信息,即概念型结构,大脑需要调用话语模型、场景知识、百科知识等资源合成将要表达的信息内容;2)话语策划系统,负责把概念型结构转化为跟某种特定语言相结合的语言信息结构,涉及语法编码和语音编码两个步骤,同时为接下来的发音活动做好准备(此时产生的是内在无声语);3)发声系统,则是将语言结构转化为实际的话语,确保语言计划的顺利执行;4)听觉系统,该系统使说话人能够实时监听自己说出的话;5)话语理解系统,大脑调用话语理解机制解析自己说出的话语,检查言语表达问题;6)心理词汇系统,该系统是话语策划系统和话语理解系统在运作时都需要使用的词汇资源。这六个子系统之间的相互关系如图 1.2 所示。

语误主要与语音编码过程有关,这一现象发生在先语言信息和实际语音产出之间,这个阶段需要同时调用心理词汇系统和词形生成。发生

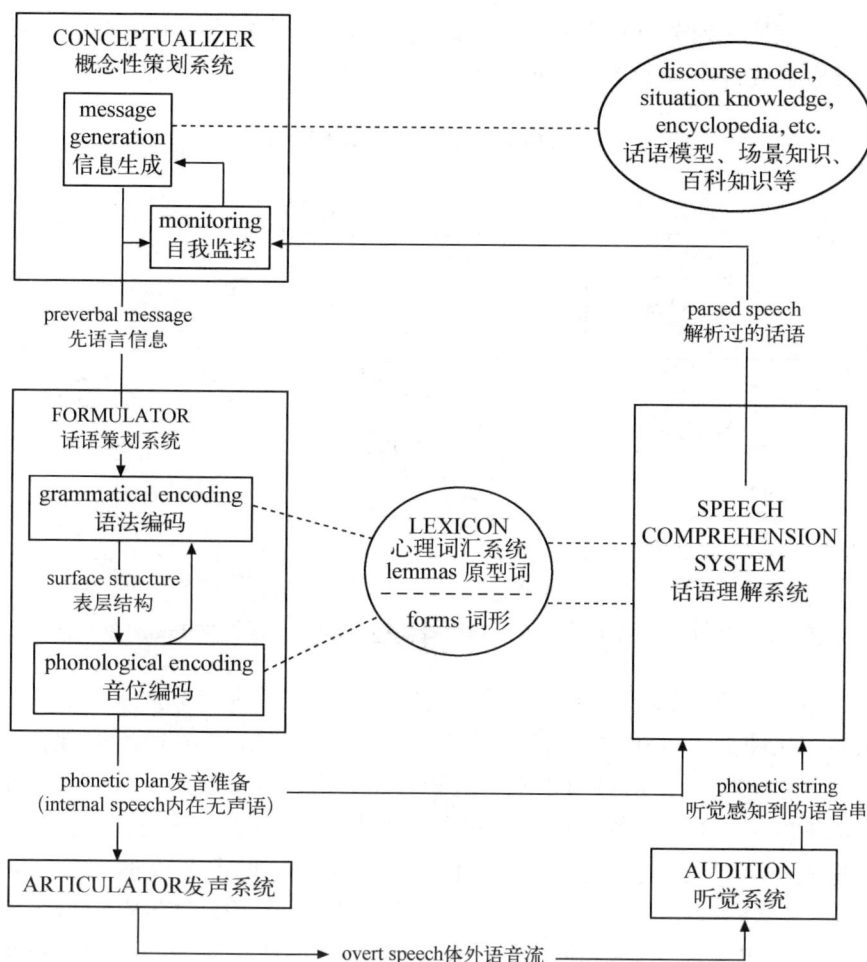

图 1.2　Levelt 言语产出模型(顾曰国,2019)

语误时,心理词汇系统能找到表达相关概念的词汇,但在音位编码的过程中发生了错误。有相关研究表明,老年人的语义、语音联结减弱,从而容易发生语误(本书 4.2.1 节将进行详细介绍)。如果老年人能够发现语误,并实现自我纠错,则该过程发生在听觉系统和话语理解系统之间(顾曰国,2019)。

　　第二个是 Dell,Lisa & William(1997)提出的语误的序列位置模型。该模型包括四个节点:计划节点、现在内容节点、过去内容节点、未来内容节点。计划节点以不同的权重连着过去、现在、未来三个时间指向的内容节点。正是计划节点与不同时间指向的内容节点的权重变化导致了提前语误或延缓语误的产生。该模型如图 1.3 所示。

SERIAL CONTROL OF PHONOLOGY

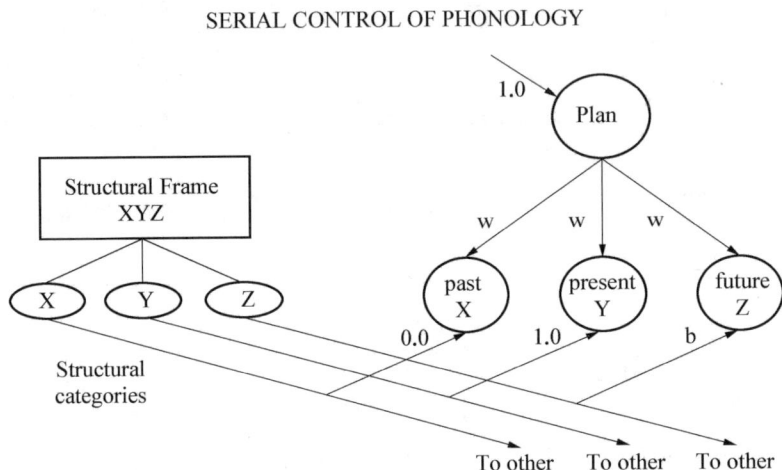

图 1.3　Dell 等人的言语产生序列位置模型（Dell, Lisa & William, 2008）

　　结构框架（structural frame）通过发送信号到三个内容节点来控制系列顺序。从图 1.3 可知，给所有属于过去范畴的元素赋权 0，给所有现在范畴的元素赋权 1，给所有属于未来范畴的元素赋权 b（b 是一个代表预期激活水平的正值）。这些信号连同输入信息与计划节点复合之后，会改变净权重（w），从而使得过去节点的权重变成了 0，现在节点的权重变成了 w，未来的权重变成 bw。过去和未来节点的激活比例会影响语言产出的延缓或提前倾向。在正常言语系统中，增加现在时间指向内容权重的同时也会增加未来时间指向内容的权重，于是未来的相对激活以过去的激活为代价，提前倾向系统增加了。但是增加过去的激活不会增加对现在或未来时间指向内容的激活，使得延缓倾向系统增加（陈俊、张艳辉，2008）。

　　第三个是 Vousden et al.（2000）的 OSCAR 模型（如图 1.4 所示）。

　　该模型与音素的顺序及音节结构有关。音节信号是一个内在的动态控制信号，起着调节音节的激活顺序和结构的作用。音节信号由一系列振荡器（oscillator）组成，其动力随时间改变，相近的音素更为相似。音节信号使音素结构具有独特性，虽然不同音素的状态不同，但相近音素状态相似，因此距离相近的音素更易同时激活。不同频率的振荡器组成了一

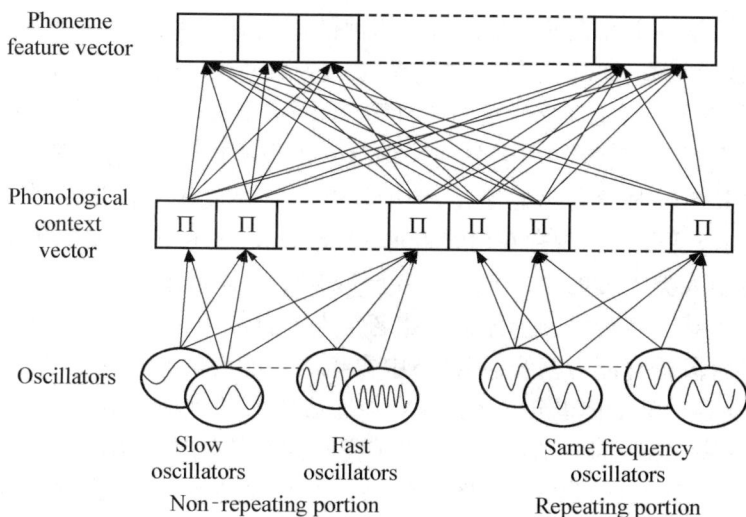

Phoneme feature vector

Phonological context vector

Oscillators

Slow oscillators Fast oscillators

Non-repeating portion

Same frequency oscillators

Repeating portion

图1.4 OSCAR模型的结构(Vousden et al., 2008)

系列不重复的信号要素,相同频率的振荡器组成了重复的信号要素。音素的产生与语音向量(vector)相关,语音向量的属性和结构是由振荡器决定的。在嘈杂的环境中,若振荡器频率相似,那么与语音向量相似的非目标音素可能也会被激活。也就是说,语音向量越相似,与之相关的音素越容易被激活,从而导致言语失误。

上述三个模型为解释语误的发生机制提供了思路。总的来说,语误属于偶发性的临时失态。研究表明,老年人话语中的语误一般是可自纠的,但也可能因认知障碍衰变为不可自纠的语障。因此,对老年人语误的研究可以为早期发现、提前预判某些认知障碍提供有价值的预警信息(顾曰国,2019)。

1.3.2.3 语蚀

母语和其他外语能力因年龄或环境改变等而减退的现象均称为"语蚀"。语蚀是非病理(non-pathological)因素引起的(Köpke & Schmid,2004:5)。在老年语言学中,我们将"语蚀"定义为因正常衰老而引发的语言蚀失现象。这一点与二语或多语习得中的"语蚀"不同,在二语或多语习得中,双语或者多语使用者由于某种语言使用的减少或停止,使语言能力随着时间推移而逐渐减退,即"语蚀"。

从生命周期语言使用状况的整体上看,老年人相对于年轻人或中年人的语蚀是一定存在的。造成母语语蚀的原因有很多,包括大脑机制(可塑性、激活阈值、抑制、皮质下结构参与)、认知过程(记忆力、语言能力、识读水平、任务相依性)及其他外在因素(Köpke, 2007)。在日常生活中,虽有老年人"伶牙俐齿""口若悬河",但这最多说明在语义、语用等层面上的能力较其年轻时没有明显退化,但因发音器官衰老等原因造成的语音不清、音质改变等仍客观存在(Reubold, Harrington & Kleber, 2010),这是因为衰老是人类正常的生命现象。要研究某个个体或群体老年人的语蚀,一般是将某个年龄段的个体或群体老年人语言能力情况与该个体自身的中青年阶段语言能力基线、某群体中青年语言能力的平均水平进行对比。例如,要了解某个体老年人在70岁时句法能力的蚀失情况,则需要采集其在50岁、60岁时句法能力的数据(我们称为其句法能力在某个年龄段的基线,这种数据可以是其产出的书面写作文本),然后通过统计方法与其70岁时的句法产出数据进行对比,得出结论;如果要研究某个年龄段群体老年人(如70岁)的句法能力,除采集该群体50岁、60岁时的句法产出文本(通常要具有统计意义的一定数量)外,还可以采用横断面研究方法(cross-sectional study),即在控制变量的基础上,在共时层面采集一定数量的50岁、60岁老年人的句法产出文本,与70岁群体老年人进行对比。

老年人的生理衰老是多方面的,其中有很多方面会直接影响语言理解与产出。在日常生活中,最直观的就是语音方面的变化。随着生理年龄的增长,老年人的发音生理器官及相关组织会发生改变,包括:声带结构与长度的改变,脸部肌肉、咀嚼肌以及咽肌松弛弱化导致的老年人喉部下垂,许多男性喉软骨发生的骨化、钙化,黏膜腺体发生的退化,肺部失去弹性,胸腔硬化,呼吸肌弱化,等等。这些变化会导致肺容积和呼吸动力改变,肺活量减少,残气量增加等,从而导致老年人说话语音的改变,产生语音层面的蚀失现象(参考 Linville, 2004; Tarafder, Datta & Tariq, 2012)。现象包括:语音共振峰整体频率降低,声音震颤,音量整体下降,最大音强下降,嘈杂环境发音难以辨认,舌部等生理控制能力减弱而产生元音央化等(Linville, 2001; Linville & Fisher, 1985; Scukanec, Petrosino & Squibb, 1991; Xue & Hao, 2003)。另外,从日常经验还可得知,老年人在语速上也较年轻人更为缓慢,老年人在音节、句内部分和句子之间的停延时间均比年轻人长20%至25%(Smith, Wasowicz & Preston, 1987);老年女性在更年期前后基频下降趋势十分显著,而老年男性基频下降趋势相对缓和(Linville，2001；Martin，1997)。

　　语蚀还体现在词汇、句法、语义、语用及话语等方面。例如,老年人在生活中感受最深的语言退化现象是"忘词"或"找不到合适的词",即"词汇提取困难"。另外,老年人在成语表达(idiom production)方面较年轻人有更大的困难,包括表达不完整或错误(Conner et al.，2011)、颠倒或不再会使用等;老年人的词汇丰富程度会有一定程度的下降,老年人对新词的敏感性也会有所下降;老年人对复杂程度较高、使用频率较低的句法结构的把控能力会有所下降;语义控制加工能力的减弱也可能会影响老年人在词汇语义检索任务中的表现;老年人的语篇语用能力也可能发生一定程度的变化。

　　关于因正常生理、心理衰老而导致的老年人语言能力蚀失在语音、词汇、句法、语义、语用、话语等方面的具体体现,本书将在 3.1 小节予以详述。

1.3.2.4　语障

　　一般认为,语言与衰老研究的重要发源是研究者对痴呆及其语言障碍的研究,西方国家较早的研究成果是前文介绍过的 Irigaray 出版的《痴呆症的语言》。可以说,对"语障"的研究是老年语言学的重要起源之一。

　　老年人语言能力衰退如果主要是由罹患某些疾病(包括生理或精神障碍)引发,则属于"语障"(顾曰国,2019)。语障和语蚀的表现形式有时无异,如音质及语音特征改变、词汇提取困难(通常说的"忘词")、词汇丰富度及句法复杂度下降、谈话缺乏重点或较易偏题、语篇理解能力下降、书写能力退化等。但两者形成的原因及机制完全不同。在临床医学上,老年人语蚀与正常衰老关联,而老年人语障则与老年人的身脑心疾病关联(顾曰国,2019)。

　　语障可由多种原因引发,老年人语障较为常见的诱发原因是罹患阿尔茨海默病、帕金森病、脑卒中、老年失语症等神经退行性疾病或老年抑郁等心理障碍,其障碍体现在语音、词汇、句法、语义、语用等各个层面。学界对此类特殊老年人的语言特征、神经功能退化对言语活动的影响等方面进行了探究,研究最多的是阿尔茨海默病和帕金森病导致的语言能力下降。患阿尔茨海默病的老年人语言能力损害随着病程的进展而逐步发生。已有研究发现,语义和语用层面的损害较多且更为明显(Bayles & Boone，1982);由于认知损害的原因,词汇、语义和语用层面上的损害已经出现在轻度阿尔茨海默病中(Taler & Phillips, 2008; Tsantali, Economidis & Tsolaki, 2013)。帕金森病作为一种渐进性神经退行性疾病,可导致肌肉僵硬,受累结构的活动范围受限。如果言语产生相关的结构受累,则造成言语障碍。例如,典型的帕金森病患者有说话声音响度低下、气息声产生等症状。这是因为帕金森病患者胸壁肌肉僵硬,胸廓运动幅度减少,肺活量减少。同时,帕金森病患者在喉部、腭咽部和唇部可能损失了气流,在通过构音器官控制气流方面存在困难。有时口腔内压力不能达到正常水平,有些声音如塞音、摩擦音则需要在唇部聚积足够的压力才能发出(万勤,2016:146)。

但是,目前国内外对老年心理障碍的言语特征探究相对较少。事实上,对具有老年抑郁等心理障碍的老年人群言语特征进行充分描写,能够为提前预判相关心理障碍提供预警标志物。这一方面的研究还需要引起更多重视。

总的来说,由于发生各类生理性和病理性衰老,老年人的发音器官、认知能力等发生改变,其言语行为因而发生改变,其中既有相对常态性的语言现象,也包含着一些特有的语言受损现象,包括在罹患疾病状态下因认知衰退及大脑组织结构性改变而发生的语言能力退化。如果把正常老年人语言使用状况作为常态参照系,称之为(衰老期)"语常",临时失态则是"语误";如果持续性地偏离常态且不能自纠,则产生"语蚀"和"语障"。这四种情况基本涵盖了老年语言现象的各个类别。但需要注意的是,老年"语常""语误""语蚀"和"语障"都不能仅仅停留在对老年语言现象的描写上,更重要的是,语言现象描写是为了临床医学服务(顾曰国,2020)。这也是老年语言学的研究者未来需要努力的方向。

1.3.3　老年语言学的学科范畴

老年语言学的学科范畴可以从概念范畴、内容范畴和方法范畴三个方面加以探讨。概念范畴是老年语言学中支持各类研究的核心概念,主要来自语言学及相邻学科(心理学、认知科学、社会学等)领域,如"语常""语误""语蚀""语障"等概念;内容范畴主要是指老年语言学的研究内容,可以用"一体两翼"加以概括,如认知老化与语言加工、语言产出与社会交际、特殊群体老年人语言研究、适老语言服务与产品开发等;方法范畴是指用以研究老年语言现象以及进行适老语言产品或服务研发的理论维度、研究方法、技术路线等。过往的成果既有试验研究，也有基于对自然情境言语互动观察的研究；既有定量研究，亦有定性研究。概念范畴已在 1.3.2 节予以详述，内容范畴将在本书第四章中进行详述，方法范畴将在本书的第五章中加以介绍。本节将首先从"一体两翼"的整体格局对老年语言学的内容范畴加以讨论，随后介绍老年语言学学科范畴所具有的鲜明学科交叉属性。

1.3.3.1　"一体两翼"的老年语言学格局

目前，国际上的老年语言学呈现出包括描述性、阐释性及应用性研究的"一体两翼"格局。"一体"是研究老年人语言衰老与障碍的特征及机制，包括因正常生理及认知老化导致的语言衰老以及罹患精神或神经退行性疾病导致的语言障碍表现及机制研究。"两翼"分别是指：1）研究和解决老龄社会中的各类语言交际问题；2）研发延缓或改善老年人语言能力退化的服务或技术。

1.3.3.1.1　"一体"：老年人语言衰老与障碍的特征及机制研究

进入老年阶段后，个体面临的语言问题主要是由生理性和病理性衰老导致的语言能力退化与临床语言障碍。因此，在语音、词汇、语法、语义、语用等各个语言层级上构建的脑病理变化及正常认知退化下语言能力变化的相关知识体系构成了老年语言学"一体两翼"中的"一体"，属于丰富老年语言学和脑老化核心知识体系的基础性学理探索。

生理性衰老是指成熟期后出现的生理性退化过程，病理性衰老是指包括各种疾病在内的外在因素所导致的老年性变化。无论是生理性还是病理性衰老，都会导致老年人的语言行为发生改变。语言衰老可以分为典型衰老（生理性）和非典型衰老（病理性），它既是老年人在正常老化过程中的显性表现，也是反映特殊老年人（如罹患阿尔茨海默病、帕金森病、中风等疾病的老年人）疾病发展的重要指标。老年人的典型语言衰老包括词汇提取困难、谈话缺乏重点或较易偏题、音质及其他语音特征改变、词汇丰富度及句法复杂度下降、阅读及语篇理解能力变化、书写能力退化等。由阿尔茨海默病等神经退行性疾病引起的非典型语言衰老会对老年人的语言能力造成严重损伤，包括说话内容空洞、前言不搭后语、自我/他者意识及场景意识模糊甚至丧失、出现谵妄及激越、某些类型言语行为显著变化等，病程后期则出现少言、缄默等症状。

国际上，研究老年人言语感知、理解与产出特征及其认知老化机制

（Araujo et al. ，2011；Cummings，2017；Roncero & de Almeida，2014；Shafto & Tyler，2014；Sherratt & Bryan，2019），以及脑功能认知与罹患脑疾病老年人语言障碍的神经机制（Aggio，Ducatti & de Rose，2018；Pekkala et al. ，2013），既是西方老年语言学的研究起点，也是核心领域（黄立鹤、张弛，2020b）。相关研究涉及老年人语音、词汇、形态句法、语义、语用、阅读理解、书面表达等方面的退化特征及障碍表现。其中，老年人语用话语研究是老年语言学的重点维度之一。在对老年人语用话语的相关研究中，痴呆症人群的语用障碍研究逐渐受到重视，考察维度包括语用标记、衔接与连贯、话题维护、言语行为、身份意识等（Davis & Guendouzi，2013；Davis & Maclagan，2018；Fraser，2016；Guendouzi & Savage，2017；Lai，2014）。同时，由于语用交际是多模态行为，语用障碍存在多模态补偿现象，近年来国际上的相关研究还包括考察老年人语用表达时的多模态特征以及阿尔茨海默病患者在语用交际中韵律、表情、动作的互动异常现象。从国内来看，20 世纪 90 年代起，我国研究者围绕认知老化等问题开展了大量研究，涉及感觉功能、加工速度、加工容量等基本认知过程及影响老年人认知能力的因素（国家自然科学基金委员会、中国科学院，2011：144），但老年人认知老化、认知障碍与语言能力变化关系等方面的研究亟须深入。

1.3.3.1.2 "两翼"：老龄社会中的各类语言交际问题研究、适老语言服务及临床应用研究

1. 老龄社会中的各类语言交际问题研究

由于个体在老年阶段具有独特的社会角色，并伴随相应的心理特点，语言沟通与社会交往特征区别于其他年龄段。相关问题涉及老年人在健康医疗、养老照护、乐龄教育、社区活动等情景中的语言沟通，老年人语言交际与身份构建、代际沟通、成功老龄等之间的关系，老年人社会参与及语言欺诈识别，媒体话语中的老年形象构建，特殊群体老年人的语言沟通与社会参与，以及老年人临终关怀与语言抚慰等。因此，有学者指出老年语言学研究范畴应当包括上述在老龄社会中出现的语言问题。20 多年前，国际上就有社会语言学家提出要将年龄视为社会语言学研究中的重要变量，倡导"将人口老龄化纳入社会语言学理论"（库尔马斯，2019），探究老年人的生命历程发展与语言能力、媒体话语与老年刻板印象、痴呆症患者的社会互动与个人身份维护、老年人社会参与及语言欺诈识别、老年人的人际与疾病叙事，研究代与代之间如何通过会话互动协调关系，老年

人如何通过语言构建个体身份,老年人如何在不同场合下建立符合年龄的言行标准,等等。

语言是这种人文关怀最直接、最重要的体现手段之一。以老年人就医与照护中的语言沟通问题为例,探究如何提升老年人就医与照护中的语言沟通效率,如何在语言沟通中体现老年人的知情权,如何保护老年个体隐私、维护社交面子,如何在照护沟通中体现语言关怀、尊重自主性等,都是老龄社会中现实的语言问题。在该议题下的相关研究可包括:生命与疾病观念在就医互动中的体现,老年人诊疗与看护沟通策略与技巧,罹患重大或特殊疾病、临终老年人的就医会话特征与语言照护研究,老年人就医互动中的冲突性话语及医患关系研究,背景差异性与老年人就医会话互动的关系研究,老年人生理特点与就医及照护环境的语言信息建设,等等。

对上述这些问题的研究与实践,体现了老年语言学与医学人文、养老照护的交汇点,有助于提升就医与照护活动中的人文关怀,体现老龄社会背景下对生命伦理问题的关注,其根本目的是提升就医与照护的服务质量,充分体现对老年人的生命尊重与价值关怀。

2. 适老语言服务及临床应用

因生理特点与社会交往需要,老年人对语言服务、语言产品及临床应用有着全面的、特殊的需求。在开展基础性学理研究的同时,老年语言学的应用性研究有助于正常老年人保持语言能力、适应老龄社会语言生活,促进特殊群体老年人言语认知康复,延缓语言认知能力退化。老年语言学这一"翼"的目的主要是立足老年语言学基础研究,着力解决老龄社会中突出的语言问题,构建多维度、精细化的适老语言服务、技术和产品形态,服务老龄社会发展与老年人语言生活质量提升。

首先是面向常态老龄人群的语言需求的应用研究。这一类研发主要包括以语言、文字符号为载体的语言知识产品与服务。有研究发现,在简易精神状态量表(Minimum Mental State Examination,MMSE)测试中,勤于阅读的老年人得分更高,说明阅读经历有助于减缓认知能力衰退。因此,我国应大力发展形式多样、内涵丰富的语言文化产品体系,促进老年人阅读,提高老龄人口素质。语言技术产品是信息传播的重要载体,应打造以常态老龄人群为受众的语言技术"软件"与"硬件",增强老年人接收与筛选多模态信息的能力,加速信息化老龄社会建设。还有研究表明,多语能力对于老年期生活具有积极的影响,还可有效增加认知储备、推迟痴呆症发病时间。因此，如何进行外语课程开发与健脑强智应用，也是值得关注的问题。

其次是面向特殊群体老年人的语言服务。听障或罹患阿尔茨海默病、帕金森病、中风等疾病的人群，其语言功能发生障碍后，语言服务和语言产品需求集中在疾病诊疗与康复等方面，主要用于提高其语言交际质量。研究者可根据阿尔茨海默病、帕金森病、抑郁症、脑卒中及其他老年常见病症人群的言语交际与行为特征，编制专门针对老年人语言能力蚀失的评估量表，提升神经退行性疾病的家庭预判、临床筛查、病程评估效度（黄立鹤、王晶、李云霞，2019）。研究者还应融合现有认知障碍评估量表的语言指标与日常行为观测指标，基于多模态语料库方法与模式识别技术，开发基于人工智能技术的老年人阿尔茨海默病评估、筛查与诊断系统，通过语言训练等保持老年人语言理解和产出能力等。

1.3.3.2　老年语言学的学科交叉属性

我们首先来看"老年语言学"的命名范畴。语言学内部存在多个分类视角，对应着多个语言学研究的分支领域。例如，以语言的多种属性或维度区分，可形成"神经语言学""社会语言学""演化语言学"等研究领域；以研究方法或范式区分，存在"语料库语言学""计量语言学""实验语言学"等研究领域；以研究对象或语料范畴区分，可形成"儿童语言学""老年语言学"等研究领域。由于分类维度不同，这些分支的研究内容可能会有重叠。例如，对老年人神经退行性疾病发生机制与其语言产出之间关系的研究，从研究对象上说，属于老年语言学的范畴；若从与语言相关的维度上说，则应在神经语言学之列，同时又属于临床语言学①范畴。又比如，基于语料库方法、计量学方法对老年人语篇产出的分析，也横跨了多个语言学分支领域。

有些读者会认为，老年语言学不就是研究老年人语言障碍的吗？有这样的误解，主要是因为长期以来人们普遍容易把个体老龄化与罹患疾病联系在一起。个体衰老的确会带来疾病，但疾病和障碍并不是个体进

---

① 老年语言学与临床语言学有重合之处。根据 Crystal（1984）、Cummings（2008）、Perkins（2011）等对临床语言学的定义，其研究范畴是对言语缺陷患者言语产出的描述、评估和干预，焦点是病理语言，其中包括因阿尔茨海默病产生的语言障碍。对因阿尔茨海默病产生的语言障碍的研究是老年语言学的核心内容之一。但是，正常老年人的"语常"现象及语言风格等研究属于老年语言学范畴，并不在临床语言学之中。

入老年阶段的全部。在这一点上,McDonald(2014)强调过两者间的区别。老龄化是生命体与环境长期互动耗损下对抗力下降引起的功能变化及体力衰减,生病是动物或植物自身正常功能受损的过程。对于生命个体来说,老年性疾病跟老龄化的关联当然很重要。然而,老龄化遵循的是生物学上的普遍规律,用生物老年学鼻祖 Leonard Hayflick 的话来说,"老龄化并不等同于疾病,因为老龄化所引发的变化,不同于任何疾病所引发的改变"。从这个意义上说,仅仅通过疾病模型探索老龄化是于事无补的(McDonald,2014:10)。

　　总的来说,老年语言学与神经语言学、心理语言学、临床语言学、病理语言学等既有紧密联系和交叉,又有显著区别。例如,神经语言学考察语言习得、生成和理解的生理机制和心理机制,探究语言与脑的关系,这的确是老年人语言能力变化阐释性研究的重要方面,但尚未包含老年人语言理解与产出的描写性研究内涵;心理语言学的研究对象是语言的心理过程,覆盖老年个体言语活动的心理过程,但没有涉及老年人语言产出的其他维度及老龄社会的语言问题;临床语言学研究语言障碍的神经基础、认知机制与康复方法,主要研究的显然是各类语言障碍,而老年人除了有神经退行性疾病等导致的语言障碍问题,更多的是有自然衰老情况下的语言蚀失问题以及老龄社会环境下的语用交际问题,这些都与"障碍"无关;病理语言学学科的主要建设偏向儿童语言障碍及言语嗓音问题,对老年人的语言障碍问题关注不够,同样也无法覆盖老年语言学的"非障碍"研究部分;语言康复学虽然涉及老年人中风、老年失语症等疾病的言语康复问题,但这些问题显然只是老年人语言问题的一小部分。

　　从上述分析可知,老年语言学是以老年个体所面临的各类语言问题描写及机制阐释为研究对象的语言学分支学科。

　　我们再来讨论老年语言学的学科交叉属性。以知识源流为依据的划分方法虽然可反映出分支学科与母体学科之间的衍生关系,但忽视了交叉学科研究对象的特殊性。跨学科①研究描述则可采用任何本学科以外的方法、项目和研究活动来研究一个课题(胡壮麟,2012:16)。老年语言学研究涉及多个语言学分支领域,同时,研究者还时常采用医学、神经科学、社会学、人工智能等学科的方法探索某个老年人的语言现象或进行实践应用、技术研发。因此,老年语言学具有跨学科属性。

---

① 从广义上说,跨学科接近于我国所说的"交叉学科"(金哲,1994)。

从语言学内部看,老年语言学相关研究分别从语音、词汇、语法、语义、语用、话语等层面对老年人的语言加以现象描写、特征分析和机制解释,涉及语言学内部的多个子领域,包括神经语言学、心理语言学、语音学、词汇学、句法学、语义学、语用学、话语分析、社会语言学等。从老龄化程度高的西方国家相关研究来看,这些国家的学者主要从两个方面探寻老年人语言衰老现象的解释机制(Nicholas et al., 1998):一是从语言学范畴内部寻找原因,包括词汇提取、话语产出与语言理解等方面的考察;二是从语言学范畴外部考察,即携手神经、心理、认知等多个学科进行解释,包括老年人工作记忆(working memory)衰退、非相关信息抑制能力下降、认知加工减退以及大脑神经变化等。

另外,患有阿尔茨海默病或帕金森病等神经退行性疾病的特殊群体老年人语言表现也是学界的重点关注对象,相关研究对此类特殊老年人的语言特征、神经功能退化对言语活动的影响等方面进行了探讨。例如,痴呆症是一种神经退行性疾病,指包括记忆、感知、性格及认知能力在内的大脑功能退化。国外研究者尤其关注痴呆症者语言退化现象及典型变化过程,以及这类患者在语音、句法、语义、语用等方面的变化,该类研究是国外痴呆症语言研究的重要组成部分(罗倩、彭聃龄,2001)。这些研究也都横跨了多个语言学分支。

再从特殊群体老年人的语障研究来看学科交叉属性问题。正常老年人及罹患神经退行性疾病的老年人语言能力衰退的神经机制、疾病病理、治疗康复等问题,属于从分子、细胞及行为水平研究人脑机理的脑科学范畴;该类人群的语言能力衰退表现及机制研究,药物、靶向及认知治疗对语言能力衰退的延缓作用,家庭预判及医学检测中的语言能力评估研究,患病及高危人群看护、认知训练及高龄社区治理研究等,这些问题的考察又融合了医学、社会学、管理学等学科体系;语言与感知、记忆、思维、情感、意识等紧密相关,语言理解与产出研究及言语治疗等问题,属于认知科学范畴;如何利用现代科技,对人脑的语言功能进行模仿,对语言能力衰退及其干预进行辅助,属于人工智能研究及应用范畴(黄立鹤,2019a)。

已有研究表明,受β-淀粉样蛋白代谢异常或清除障碍影响,海马体和大脑皮质等脑区的负荷增加,导致海马体和皮质神经元死亡,进而引起脑萎缩。海马体掌司情绪、情景记忆等,该部分受损会导致患者难以搜索过往的记忆,并阻碍新记忆的形成,还会影响空间记忆和方位定向。在语言表现上,患者会出现言语行为重复、时空指向错乱、场景意识模糊甚至出现妄想等症状;影像学检查可发现海马体积萎缩;脑脊液 β-淀粉样蛋白及磷酸化 tau 蛋白浓度等生化指标也可提示海马区损害程度。这就形成了语言表现数据、神经心理学测验结果、解剖学表现形态、生化指标的统一证据链,横跨了语言学、神经认知科学、心理学、医学等学科领域的探究。

还有学者认为,老年语言学学科范畴与老年学的学科范畴密切相关(Sugatani,2008:92)。这一观点至少也说明了老年语言学的学科交叉属性,因为老年学本质上是学科交叉的。

同时,值得关注的是,老年语言学与心理语言学密切相关。心理语言学将心理学与语言学的理论及方法相结合,研究语言和语言使用的各个方面,包括理解、产生、获得与发展,以及语言与认知的关系等,旨在探索和揭示语言的心理机制和神经基础(杨玉芳,2017:2)。可以说,在西方学界,老年语言学始于西方学者对老年人心理认知老化及老年人记忆与语言关系的研究,这也是几十年来老年人语言研究的主线。从认知老化路径着手的语言蚀失研究主要考察认知衰退对老年人语言理解、产出及语言加工所带来的负面影响,以及通过语言衰老这一现象考察其背后密切相关的认知老化过程。

老年人的认知老化特征主要表现为加工速度、记忆力、抑制能力等方面发生衰退或减弱,认知老化研究主要是对感知功能、加工速度和工作记忆等方面随年龄衰退的现象进行解释,大脑组织的结构性退化是这些认知功能减弱的主要原因。在老年阶段,以生理为基础的知觉、记忆和推断等能力有所下降,但并非所有认知加工都随年龄增加而衰退,有一些相对稳定(Radvansky & Dijkstra,2007)。例如,与词汇概念、言语理解有关的晶体智力(crystalized intelligence)①就保持不变(白学军等,2012);基于要点的加工(gist-based processing)和语义激活(semantic activation)扩展等也不变。这些均属于情境模型加工(situation model processing)范畴,是与具体语境信息相关的理解与记忆。因此,并非语言能力的所有方面均随年龄增加而退化。Wingfield & Grossman(2006)认为神经更替中的可塑现象是保持老年人语言理解能力相对稳定的主要原因。陈奕秀(2008)发现老年

①　"晶体智力"的概念最初于 1963 年由美国心理学家 Raymond Cattell 提出,是指应用先前已获得的知识经验的能力,是构成一般智力(general intelligence)的因素之一。其对应的是流体智力(fluid intelligence),是指在混乱状态中发现意义(新知识)、解决新问题的能力。

人并非在生理和认知运作等各方面都发生衰退,而是在处理语义的运作方式上发生了改变,且在实时语言理解时更倾向于利用和整合韵律信息(Steinhauer et al.,2010)。又如,心理语言学研究发现,双语者的认知优势在认知储备(cognitive reserve)方面起到了很好的促进作用,有助于抑制正常的认知老化。认知储备可使个体在正常老化过程中保持认知功能正常运作,并推迟痴呆症的发作(杨玉芳,2017:539)。

再从老年人语言蚀失研究的自身发展历史来看,早期对老年人言语现象的研究具有较强的心理学属性。因此,有研究者将老年语言学视为心理学的分支,认为其主要研究老年人语言系统的性质、结构及其变化规律、言语交往问题,基本内容包括老年语音、音位、词汇、语法、修辞、文字等以及老年人语言风格的灵活性、阅读技能障碍、双语老人第二语言的丧失等(林崇德、杨治良、黄希庭,2003:723)。目前,采用发展心理学、心理语言学的研究范式考察老年人语言蚀失现象是国外的新兴方向(de Bot,2007)。

除了与心理语言学关系密切,老年人的诸多言语交际特点及障碍的产生还多源于心理因素或心理障碍,例如,罹患重大疾病、即将离世的老年人的会话分析,罹患老年抑郁症、阿尔茨海默病人群的心理障碍与话语特征等,这些病征也需要语言学与心理学的联手研究。

总之,研究正常老年人的语言使用状况,以及罹患某些疾病的特殊老年人的语言蚀失现象、规律及机制等基础性问题,描述并阐释各类老年人在语音、词汇、语法、语义、语用、话语等各个语言层级上的表现以及与老年人各类语言生活相关的问题,甚至开展改善老年人语言能力的临床实践、技术研发,都属于"老年语言学"的学科范畴。由于老年人语言生活和语言现象涉及面广,老年语言学还可以用李宇明(2018)对语言学的三大分野来概括该学科分支的涉及领域。李宇明(2018)提出,语言学是一个横跨人文科学、社会科学、自然科学和工程技术的学科群,若按照语言研究内容来划分,有三大分野:语言科学、语言技术学、语言艺术学。类似地,老年语言学在语言科学层面的研究是指,从物理、生理、心理、病理等自然科学的属性探究老年人语言能力变化的规律及机制;语言技术学层面则涉及提升老年人语言能力的技术研发;在语言艺术层面则指研究和开发以语言、文字符号为载体的语言艺术产品与服务等。因此,总体来看,无论是概念范畴、内容范畴还是方法范畴,老年语言学都呈现出横跨自然科学、社会科学和人文科学的态势。

1.3.4　老年语言学的学科任务

老年语言学以基础性学理探索为核心内容,其研究目的在于丰富脑老化与老年语言学的知识体系,阐释老龄社会环境下老年人语用交际的特征。老年语言学还以其基础性研究的应用拓展为己任,目的是促进老年人生活质量提升与老龄社会发展。与此同时,老年语言学具有面向临床应用的特征,在方法上与循证医学一致。

1.3.4.1　学理探索:丰富脑老化与老年语言学的核心知识体系

语言功能是大脑认知的重要组成部分,语言能力的变化是老年人认知功能退化在日常生活中的直接外在体现。老年语言学研究的核心是在语音、词汇、语法、语义、语用、修辞等各个语言层级上构建脑病理变化及正常认知退化下的语言行为相关知识体系,涉及言语感知与产出两个大类,从而促进对大脑认知退化过程的探究,丰富脑老化的语言认知维度知识。

目前,国内外在丰富脑老化与老年语言学的核心知识体系方面的成果主要包括认知老化与语言理解、语言产出与社会交际、特殊老年群体语言研究三个方面。近十年,相关研究成果日益丰富,其中既有从语言学范畴内部开展的现象描写与归纳,也有跨学科联手进行的机制阐释工作。在认知老化与语言理解研究中,研究者主要通过语言衰老现象考察其背后的认知老化过程,这是西方老年人语言衰老研究的起点;语言产出与社会交际研究则主要考察老年人在口语和书面语表达及社会语用交际中的特点;在针对特殊老年群体的语言研究中,研究者主要集中于患有各类神经退行性疾病的老年人,分析其语言特征、神经功能退化对语言行为的影响等(黄立鹤,2015a:17-20)。

同时,阿尔茨海默病、帕金森病及抑郁症三类疾病患者的语音、句法及语义障碍研究也是该领域的研究重点,另有学者关注脑卒中、失认症(agnosia)、失用症(apraxia)带来的言语感知与产出障碍。除此之外,各类特殊人群的语用障碍研究也日益受到重视。

上述研究丰富了语言学自身的学科知识体系,同时有助于认清大脑认知衰老机制。

1.3.4.2 应用拓展：促进老年人生活质量提升与老龄社会发展

在开展基础性学理研究的同时,越来越多的研究者开始将老年语言学研究应用于老年人健康及生活质量提升等方面,包括:研究成功及常态老化人群的语言表现,促进老年人"积极老龄化";考察阿尔茨海默病、帕金森病、抑郁症、脑卒中及其他老年常见病症人群的言语交际、行为特征、认知方式及病理机制,推动研究成果应用于有关疾病的早期诊断、预判、康复及护理;融合现有认知障碍评估量表的语言指标与日常行为观测指标,基于多模态语料库方法与模式识别技术,开发基于人工智能技术的老年人阿尔茨海默病评估、筛查与诊断系统等。

例如,临床上对认知障碍患者进行语言能力评估已成共识,但目前语言标志物尚不充分,量表更多关注语义和命名(记忆力)维度,较少涉及语音、句法和语用等多个语言维度的测评,且我国多借用国外研究成果及评估量表。因此,有必要基于大型队列随访的言语数据,采集历时自然话语语料,关注多模态数据,编制专门针对老年人语言能力蚀失的评估量表,以基于言语特征实现提升阿尔茨海默病等神经退行性疾病的家庭预判、临床筛查、病程评估效度(黄立鹤、王晶、李云霞,2019)。

与此同时,充分利用各类技术开展言语治疗,服务正常老年人语言能力保持及特殊群体老年人语言认知康复,延缓语言认知退化,也是老年语言学应用实践的重要方面。实践证明,除药物治疗外,语言治疗是帮助脑卒中、帕金森病、阿尔茨海默病老年人康复的重要手段。例如,对于脑卒中老年人而言,构音障碍的治疗、失语症的治疗,均可采用舒尔氏刺激疗法(Schuell's Stimulation Approach,即通过强听觉刺激,同时配合视、触、嗅等多模态感官促进语言刺激效果)、交流效果促进法(promoting aphasics communication effectiveness, PACE,即利用接近试用交流的对话结构、信息在治疗师和患者之间交互传递,调动患者残存的语言功能,改善交流技能),同时,励-协夫曼言语治疗(Lee Silverman Voice Treatment, LSVT)可改善患者音量和声调(陈卓铭,2019:674,691);对于痴呆症老年人,可通过听或阅读故事训练语言理解能力,通过讲述故事情节或写故事片段训练语言表达能力(陈卓铭,2019:695-696)。近年来,国外还有研究表明,双(多)语经验能够有效增加认知储备,防止老年阶段认知能力减退(Kavé et al. , 2008;Gold et al. , 2013)。Craik,Bialystok & Freedman(2010)更是发现,阿尔茨海默病患者中有双语或多语经验的人发病年龄比单语者迟五年左右,并能有效抵御轻度认知障碍(mild cognitive impairment, MCI)(Ossher et al., 2013)。总的来说,外语学习作为认知训练的重要形式,在预防痴呆症上具有直接行为与神经生理学证据(程凯文、邓颜蕙、尧德中,2014)。今后,关于老年人学习外语,所学语种、教学方法、外语教学的具体实施方案以及外语学习对延缓认知衰老、抵御阿尔茨海默病的作用等问题仍待研究。

1.3.4.3　临床服务:进行相关疾病的前期预判与康复干预

老年语言学的临床服务主要是指面向罹患神经退行性疾病或精神疾病的老年人的语言认知能力评估、辅助诊断及语言康复,以及在老年群体中借助语言标志物进行的认知筛查、语言认知训练等方面。

以阿尔茨海默病为例,已有研究发现,阿尔茨海默病患者在语音、句法、语义、语用及语篇组合方面都有障碍。因此,语言障碍特征的提取在认知评估及临床诊断中占有一席之地,而认知能力评估是阿尔茨海默病辅助检查的重要方面。鉴于此,老年语言学对包括阿尔茨海默病在内的罹患神经退行性疾病或精神疾病的老年人的语言障碍进行系统化描写,能够为认知评估及家庭预判提供重要的外显标志物。通过对现行主要的认知筛查量表、总体认知功能评定量表及语言专项量表中的语言能力检测项目①进行分析可发现,现有神经心理学量表的设计虽已包括多个语言层级,涵盖语音、句法、语义、语用,但多关注语义流畅性及命名(记忆力)维度。目前相关评估中的语言能力项目尚不够全面,且评估项未涉及韵律特征、体貌表现等多模态视角的语言能力,阿尔茨海默病老年人在语用交际中语调变化减少、面部表情减弱等重要提示线索也没有被系统纳入临床评估。因此,如何提升认知能力评估量表中语言检测项目的科学性、客观性和全面性,如何提升阿尔茨海默病人群早期预判与辅助诊断的精确性,如何利用大数据技术实现计算机辅助阿尔茨海默病的临床诊断,都是老年语言学研究的重要应用方面。目前我国临床评估多借用国外研究

---

① 筛查量表包括:简易精神状态量表、蒙特利尔认知评估量表(基础版)(Montreal Cognitive Assessment-Basic, MoCA-B)、马蒂斯痴呆评定量表(Dementia Rating Scale, DRS)。总体认知功能评定量表包括:阿尔茨海默病评估量表认知评分(Alzheimer's Disease Assessment Scale, ADAS-cog)、严重损害量表(Severelmpairment Battery, SIB)、临床痴呆评定量表(Clinical Dementia Rating, CDR)。语言专项神经心理学量表包括:波士顿命名测验、言语流畅性测验(Verbal Fluency Test, VFT)、西方失语成套测验(Western Aphasia Battery, WAB)和汉语失语成套测验(Aphasia Battery in Chinese, ABC)等。

成果及翻译量表,但这些成果及量表并非都符合国情。我国的老年语言学研究需要大力开展母语为汉语的正常老年人语言认知常模构建以及认知量表的研制,并将其应用于我国神经退行性疾病或精神疾病的家庭预判、临床筛查及病程评估等方面。

同时,相关队列研究表明,71岁至75岁时老年人认知衰老程度最为显著,若能在科学预判基础上实施早期治疗,效果较好。此时,在临床上进行认知干预延缓衰退的效果也最为明显。研究者可以探究言语交际训练对健康老年人以及言语治疗配合其他医学手段对阿尔茨海默病、帕金森病老年患者语言能力衰退的减缓作用,分析此类训练及治疗手段在临床上的可行性并尝试制定具体的实施方案。已有相关研究表明,对老年人实施包括促进言语交际、记忆力训练在内的多模态认知干预方案(Multimodal Intervention),将提升认知训练的有效性,实现积极老龄化。

相应地,构音障碍、言语与交流障碍也是老年人脑卒中、帕金森病等重要的外显标志物,在家庭预判、临床辅助诊断中也具有重要意义;临床上也有针对这些老年疾病的言语治疗方案,如构音改善训练、语音训练、舒尔氏刺激疗法、交流效果促进法等(陈卓铭,2019)。

另外,为满足正常老年人语言认知训练与特殊群体老年人语言康复而开发的适老语言产品与服务,包括言语治疗技术、言语康复产品、言语干预方案等,在临床上也具有重要意义。例如,言语治疗中有针对阿尔茨海默病人群的语言能力训练,包括听、阅读故事以及讲述、写故事以训练语言理解能力及表达能力;我国研究者开发的应用于痴呆症干预的"早老(痴呆)干预系统 ZM13.1"中也包含语言能力这一维度的训练(陈卓铭,2019)。

总之,老年人随着年龄的增长,若出现命名困难、词不达意、语句不通、语言空洞等语言现象,则显示其语言能力及认知能力受损。语言表现作为显著的外显特征能反映阿尔茨海默病等疾病的神经病理变化,这就意味着我们应该重视老年人语言现象的多维方面,研究的维度涉及越多,对于疾病的生理变化信息的掌握就越多,从而能够提供更加合理、可靠的临床参考。对疾病在言语层面上表征的汇总,不仅可为目前临床诊断提供参考标志物,更能推动各类产品与服务在临床上的应用。

1.3.5 老年语言学的学科意义

老年语言学兼具人类语言与语言学学科发展、脑机制及认知衰老认识、临床与老龄社会服务等多个学科意义。具体而言：

一是完整认识人类语言发展过程。语言学家对儿童语言发展给予了高度关注，因为其涉及"人类如何习得语言"这一理论问题。相比之下，对老年人语言变化的研究相对欠缺。老年人的语言衰老与儿童的语言习得是人类语言发展的重要两端，是人们认识自身语言而进行基础研究的重要部分。从人一出生开始，包括语言功能在内的诸多方面都处在历时变化的过程中。客观、科学地记录、归纳人类一生语言变化的现象与特征，并在此基础上探究语言变化的原因和规律，是语言研究应当重视的课题。因此，研究者有必要像重视儿童语言习得与发展那样关注老年人的语言衰老过程，绘制出人类整个生命周期中的语言发展机制或规律的路线图，从而丰富语言学学科的自身知识体系。从语言学学科看，其学科范畴与知识体系正日臻完善，开始更加注重儿童、老年人及其他特殊人群的语言现象及其背后机制。老年是生命历程中的一个重要阶段，老年人群会表现出许多特有的语言现象，相关研究将进一步丰富语言学自身的学科知识体系，实现对人类全部语言现象进行描写、分析与阐释的学科任务。

二是增强对人类脑老化规律的科学阐释力。人类对大脑的探索长期以来都是一个重要课题。从学术史上看，无论是对大脑区域结构的划分，还是对大脑认知功能的探索，语言与大脑的关系始终是人们认知大脑的重要起点。语言功能是大脑认知的重要组成部分，语言能力变化是老年人认知功能退化在日常生活中的直接外在体现，语言能力的发展、蚀失与障碍和认知功能的发展、衰老与损伤紧密相关。因此，相关研究可推进对大脑认知退化过程与机制的深入认识。认知语言学、神经语言学、临床语言学、脑科学、心理学等学科分支均从不同视角和学科路径对语言与大脑认知的关系进行探索，试图解开大脑之谜。因此，开展老年语言学研究是揭示大脑自身变化的重要路径。

三是具有实际的临床价值和重要的社会效益。随着医学科技的高度发展，人类生命周期将整体延长，诸多发达国家的老年人比例不断增加，全球老年人数持续增加，世界步入老龄化社会。如何改善老年人的生活质量、满足老年人的生活需要是老龄化社会必须思索的重要问题。临床上对认知障碍患者进行语言能力评估已成共识（田金洲，2012），但目前语言标志物尚不充分，阿尔茨海默病、帕金森病、中风等老年疾病的早期诊断、病程研判、治疗康复需要更多衡量标准与显性指标物；语言认知训练还对相关疾病的非药物干预等有重要价值，尚需对其方法、成效等开展进一步研究。对老年人语言衰老现象和规律的研究,是提供语言训练、延缓衰老、建立和完善适合老年人言语交际特点的信息交流渠道与方式,是促进信息交流公平的基础,将会带来一系列重要的临床意义和社会效益,应当成为世界各国应对人口老龄化战略的重要基础研究。

另外,老年语言学具有明显的学科交叉属性,既与自然科学紧密相关,也体现着哲学社会科学维度。因此,大力发展老年语言学,对我国语言学的学科体系、学术体系、话语体系建设具有积极的推动作用,是新时代我国语言学发展的新增长点。

第二章　身脑心衰老与老年语言现象

　　老年是整个人生的一部分,衰老也是人类必经的生命阶段。正常衰老或老化,是指一种逐步的、与时间有关的生物过程,该过程是在"退化作用"超过"再生或生长作用"时发生的(霍耶、路丁,2008:45)。正常老化导致的生物性衰退与疾病带来的损害相比,前者相对轻微缓和,后者迅速强烈。

　　就汉语来说,"衰"指"衰减""衰退"或"衰弱","老"指"老年"或"老化"。近年来,英语中与之相关的词包括 aging、senescence 等。确切地说,aging 是"增龄"的意思,自身并不与衰老直接相关。正如 Finch(1990)在其主编的《长寿、衰老与基因组》(*Longevity, Senescence, and the Genome*)一书中所指出的,许多成年机体随年龄增加产生的变化对生命力或寿命并没有不利影响,这相当于现在"成功老龄"的相关概念。但 aging 在使用中因为约定俗成具有了"衰老"之义。

　　在我国,最早的医学典籍《黄帝内经》就揭示了人体生命规律及自然寿命,其中蕴含着丰富的抗衰老思想,奠定了我国传统医学的抗老防衰理论基础。例如,《素问·上古天真论》《灵枢·天年》对人体衰老的原因、老年的征象特点均有所描述。秦汉时代的《神农本草》《抱朴子内篇》《名医别录》等著述中多有对延年益寿药物的记载。宋元时期陈直、邹铉所著《奉老养亲书》《寿亲养老新书》等都是当时论述人体衰老的名著(马永兴、俞卓伟,2008:124-125)。近现代以来,衰老问题逐渐成为医学、老年学等科学领域的关注热点。

　　国外衰老研究可从公元 4 世纪的 Hippocrates 谈起,他将衰老视为"天生热量的消耗"。19 世纪起,西方开始了对抗老延寿的探索(马永兴、俞卓伟,2008:124-125)。直到1909年,Ignatz L. Nascher对生命晚期疾病的医疗原则进行了专门论述,强调了社会因素对老年病的影响,并首次提倡使用geriatrics(老年医学)一词。随后,西方对衰老问题及老年医学问题的探索发展迅速。

20世纪50年代以来,随着人口老龄化的日益严峻,衰老问题日益受到重视。目前,比较公认有关衰老的特点包括:1)积累性,衰老是轻度或微量变化长期积累的表现,并且就目前科技水平来看不可逆转;2)普遍性,衰老是同种生物在大致相同时间范围内可以表现出来的现象,几乎所有生物都有衰老过程;3)渐进性,衰老是个持续渐进的演变过程;4)内生性,衰老源于生物固有的特性(如遗传);5)危害性,衰老过程一般对生存不利,使功能下降乃至丧失,最后走向死亡。

国内外就老年人衰老研究提出了多种模型,并逐渐意识到衰老过程是多种因素共同作用的结果,从而形成了衰老多因素变化模型。事实上,个体老龄化是内外因素共同作用的结果,这些因素从不同角度影响着衰老过程,因此有学者将衰老视为一个受到多种因素影响的动态过程(Carozza & Shafi, 2016)。本章主要介绍老年人在生理、认知、心理等方面的老化情况,这些都是导致老年人语言老化的根本原因。

2.1 人的自然寿命与衰老理论

自古以来,人们一直追求"长寿",我国历代古书记载中也有不少古人寻求"长命百岁"或"长生不老"之术的记录。随着人们逐渐意识到衰老是生命过程的必然规律,东西方的学者们开始探索人类寿命的极限以及延长人类寿命的方法。

随着人类社会的进步与科学技术的发展,学者们对人类寿命以及衰老过程的了解与探索更加深入、全面,生物学、医学、老年学等多个领域涌现出数百种衰老理论,有些学者还从不同角度对这些衰老理论进行了分类归纳。众多衰老理论虽然提出视角、阐释维度可能不同,但均旨在厘清衰老现象、本质及过程,为延缓个体衰老、提高老年生命质量提供理论依据,同时为阐明老年疾病发病机制提供线索。这些理论可应用于卫生保健及临床实践中,为实现健康老龄化、积极老龄化及延长人类寿命作出贡献。

本节将对自然寿命和生命周期进行探讨,并介绍衰老的影响因素和几种主流的衰老理论。

2.1.1 自然寿命与生命周期

自然寿命指的是人类在进化过程中保持身体各器官状态健康稳定的平均寿命的最高尺度,也就是人类寿命的极限。对于"人类自然寿命是多少?"这一问题,学界尚无确切答案。我国古代用"天年"一词来表达自然寿命。天年,即天赋的年寿,出自明代张溥《五人墓碑记》中的"尽其天年"。《尚书》中说"一曰寿,百二十岁也";《黄帝内经》的《素问·上古天真论》说"上古之人,春秋皆度百岁,而动作不衰……而尽终其天年,度百岁乃去";《灵枢·天年》中有提到"人之寿百岁而死""百岁乃得终";等等。可见,中国古人认为人的自然寿命应该是百岁以上。

现代科学通过各种推算方法均认为人的自然寿命应在百岁以上。西方学者基本支持"人类自然寿命约为 120 岁"的观点。例如,生物学家 Hayflick & Moorhead(1961)通过实验发现,人类细胞的分裂次数是有限的,最多只能分裂 50 次(后经论证发现为 56 次),并通过细胞分裂周期计算出人类自然寿命应为 120 岁左右。其他方法也得出类似结论:生长期推算法认为,人的自然寿命应为 100—175 岁;性成熟期推算法认为,人的自然寿命应为 112—150 岁。

可以看出,对"人类自然寿命究竟为多少"的回答以及人类自然寿命的测算方式尚未统一,其根本原因在于,自然寿命实际上是一项理论建构,目前任何学者都不可能对个体的自然寿命进行真正的观察或测算。在没有任何外在风险因素的情况下从遗传上赋予个体寿命极限,这种方法主要被用于估计人类寿命的理论上限,以及当前时代的预期寿命与这一理论寿命可实现状态的对比(Olshansky, Carnes & Cassel, 1990)。相应地,学者们更多关注人类的寿命是否有上限以及这个上限为多少。例如,Einmahl, Einmahl & de Haan(2019)根据在 1986—2015 年期间死亡的最低年龄为 92 岁的荷兰居民的数据,采用极值理论,推测男女性的平均寿命估计上限分别为 114.1 岁和 115.7 岁左右。目前普遍认为的人类最长寿的纪录保持者是享年 122.45 岁的 Jeanne Calment(Lenart et al., 2021; Vijg & Le Bourg, 2017),但不排除有其他未被记录或未被发现的长寿者。

　　然而,不论在我国还是在其他国家,实际能活到百岁以上的老人并不多。这主要是因为遗传、环境、生活水平、生活方式等多种因素促使了疾病的发生和衰老的早到,甚至直接引起死亡,所以人的实际寿命远远低于自然寿命。学者们逐渐认识到,自然寿命是一种不太可能实现的"理想"状态,其关注点也转移到人类寿命的影响因素、个体衰老过程等其他方面上。事实上,关于人类极限寿命的讨论主要应是生物学上的问题,而不是统计学上的(Nerman,2018)。人的寿命受多种生物因素和非生物因素的共同影响。从生物学视角来看,人类寿命的有限性是个体衰老的必然结果,这可能是由自由基的持续积累、染色体的端粒不断缩短、细胞逐渐衰老凋亡等原因导致的。从遗传上看,Pearl & Pearl(1934)很早就提出"直系祖先寿命指数"(total immediate ancestral longevity,TIAL)的概念,这一概念作为遗传与长寿关系的标志,反映着祖先长寿对后代寿命的正向影响;朱志明等(1986)通过配对调查与参考国内外资料,总结出寿命遗传方面的三个优势,即多代连续长寿遗传优势、母性长寿遗传优势和长寿家族后代子孙的第一、二胎长寿优势。从环境上看,物理化学环境、生物环境和社会经济环境都会在一定程度上影响个体寿命。例如,空气质量、环境温度会对寿命产生影响(马永兴、俞卓伟,2008:131);烟酒过量、高饱和脂肪饮食、定期锻炼的缺乏等生活方式不利于长寿(Adams,1970);社会支持、生活满意度也与人的寿命密切相关(Yorgason et al.,2018)。值得注意的是,个体的语言能力也是寿命的预测因素之一。Snowden et al.(1999)根据修女早年自传中的思想密度和语法复杂度探究了早年语言能力和晚年死亡率之间的关系,发现两者之间呈较强的负相关关系:早年思想密度减少一个单位,晚年死亡率增加约49%。早年的低语言能力可能反映了个体认知和神经系统的次优发展,继而增加对与衰老有关的衰退和疾病过程的敏感性,导致晚年的高死亡率。总的来看,人类寿命受多种因素的影响,遗传、环境、生活方式等因素促使了疾病的发生和衰老速度的加快,甚至直接引起死亡,这也是人类预期寿命远远低于自然寿命的原因之一。对衰老这一人生必经阶段的研究将有助于人们了解机体衰老过程中的某些规律,为预防与治疗疾病、增进健康、提高生命质量提供理论依据,进而促使人们通过医疗卫生实践延长个体寿命,促进积极老龄化。

　　从人类寿命的整体历程来看,个体在发育和成长过程中,生理、认知和社会情感因素不断发展与相互影响,形成了寿命整个历程的不同发展期,包括产前期、婴儿期、童年早期、童年中期和后期、青春期、成年早期、成年中期、成年后期这八个时期(Santrock, 2019：14 - 15)，各时期的特征如下：

产前期：指从受孕到出生的发展期。该时期内从一个单细胞生长到一个具有大脑和行为能力的有机体，发生时间约为9个月。

婴儿期：指从出生到18或24个月的发展期。该时期是一个极其依赖成人的时期。许多心理活动都刚刚开始,例如语言、象征性思维、感觉运动协调、社会学习等。

童年早期：指从3岁至5岁的发展期。这一时期有时被称为"学龄前时期"。幼儿学习变得更加自立,发展入学准备技能,并花费较多时间与同伴玩耍。一年级通常标志着童年早期的结束。

童年中期和后期：指从约6岁至10岁或11岁的发展期,大约相当于小学阶段。儿童掌握了阅读、写作和算术的基本技能,并正式接触更大范围的世界和文化。"成就"是儿童在这一时期的核心主题,其自我控制能力也随之增强。

青春期：指从童年向成年早期过渡的发展期,大约在10岁至12岁开始,在18岁至21岁结束。青春期开始时,身体发生明显变化,如身高和体重急剧增加,身体轮廓发生变化等。该发展期内强调对独立和身份的追求,思想也更具有逻辑性、抽象性和理想化,倾向于在家庭之外度过更多时间。

成年早期：指从20多岁至30多岁的发展期。这是一个建立个人和经济独立的时期,许多人可能在事业上取得进展,选择一个伴侣建立家庭并养育子女。

成年中期：指从大约40岁至60岁的发展期。该时期内,个体倾向于增强个人及社会参与和责任感,并协助下一代成为有能力的、成熟的人,以及在自身事业上达到并保持满意状态。

成年后期：指从60岁或70岁开始,一直持续到死亡的发展期。这是一个人生回顾、退休、适应新的社会角色以及体力和健康下降的时期。

Santrock(2019)还强调了不同发展期之间的关联性。生命周期研究的一个关键因素是要考虑个体在一个发展期内的发展如何与另一个发展期相联系。例如,如果个体在青春期有抑郁问题,那么这可能与其生命早期的经历以及最近和当前的经历有关。这也体现了生命周期视角下个体发育和发展的核心特点,即发展发生在整个生命周期中。在该视角下的个体发展是终身的、多维的、多方向的、多学科的和有背景的,并且是一个涉及成长、维持和调节损失的过程(Baltes, 1987; Baltes, Lindenberger & Staudinger, 2006)。

在这八个发展期中,成年后期的时间跨度最长。全球人口老龄化日益加重,因此针对成年后期,尤其是老年阶段的相关研究引起了研究者的关注与重视(Bangerter et al. , 2017；Frankenmolen et al. , 2018；Orkaby et al. , 2018)。Baltes & Smith(2003)认为，低龄老年人在身体和认知方面有很大的潜力，保留了大部分的认知能力，并能主动制定策略来应对衰老的得失；而高龄老年人的认知能力受到较大损害，这些老年人经历慢性压力的积累，会变得相对虚弱。但也有研究表明，高龄老人在其生理和认知能力的保留程度上仍存在相当大的差异(Mejia et al. , 2017)。可以看出，衰老究竟给老年人身体与认知方面带来了怎样的变化，还需要多因素、多角度的深入研究。老年期是生命周期中的重要一环，老年人是不可忽视的社会宝贵资源，对老年期生理与认知衰老的机制和规律的研究，可为临床上延缓衰老、预防与治疗老年疾病等相关干预措施提供理论基础，在社会层面也将有助于更有针对性地促进个体积极老龄化的实现。

2.1.2　衰老理论

衰老是一种不可避免的复杂自然现象，对衰老原因及机制的解释始终是生物学、医学、老年学等研究领域的重要课题，来自相关研究领域的学者已提出上百种衰老理论，其中比较重要的有自由基学说、端粒缩短学说、程序衰老理论、免疫学说、神经内分泌学说等。例如，Harman(1956)提出的自由基学说认为，衰老过程源于自由基对细胞及组织的损害，具体表现为有氧呼吸过程中产生的自由基会导致累积性的氧化损伤，从而导致衰老和死亡；Hayflick 提出的端粒缩短学说认为，端粒可以维持染色体结构的稳定，保证其不会丢失或重组，但端粒会随着细胞分裂而变短，当端粒缩短到一定长度时，细胞就会停止增殖，发生衰老并死亡(Hayflick，1961；转引自马永兴、俞卓伟，2008：148)；神经内分泌学说则主张衰老是由于神经元和相关激素的功能消耗，并认为下丘脑-垂体-肾上腺轴(HPA axis)是衰老的主要调控者(Mobbs，1996)。

针对从各个角度提出的众多衰老理论，学者们提出了关于衰老理论的不同分类方法。有学者认为，衰老理论主要可以分为程序性学说和错误学说两大类(Davies，1998；Semsei，2000)；有学者从遗传和环境的角度将衰老理论分为遗传学说和非遗传学说(Hayflick，1983)；我国学者结合国情，考虑我国中医药文化特色，将衰老理论分为中医及历史上的学说、现代衰老学说、生物性衰老学说三类(马永兴、俞卓伟，2008：144－146)。

然而,不论是哪种分类方法,上述衰老理论多试图从某个单一角度来解释所有的衰老机制,但衰老是多因素、综合性的复杂机制,内外环境及基因间存在复杂的相互关系,因此很难用单一学说统一解释(Kirkwood, 2008)。

Semsei(2000)认识到衰老的多因素性,他认为,人的衰老过程是由一系列内部因素(如基因)和外部因素(如能量变化、物质获取、信息互动)的总和共同决定的。他将影响人衰老的外部影响因素和内部影响因素分列如下(见图2.1):

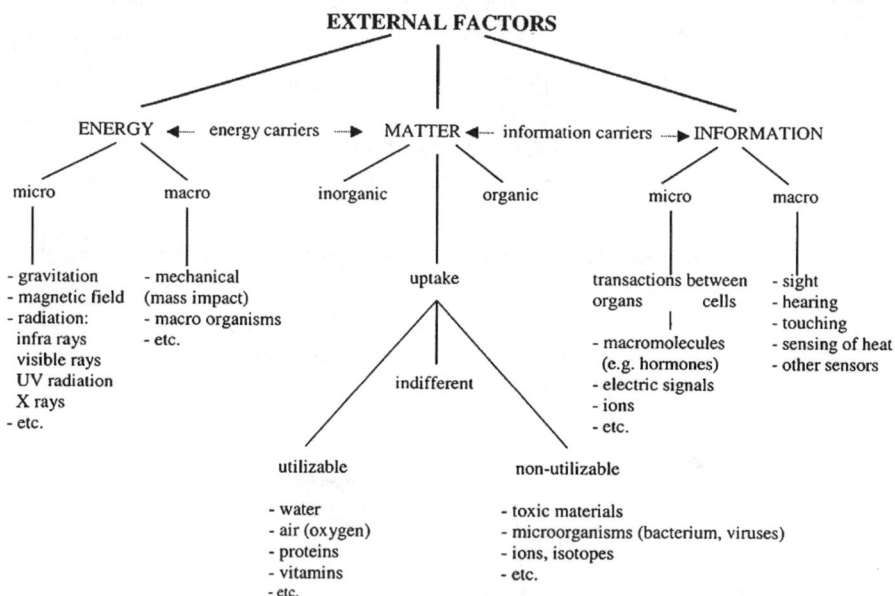

图 2.1　影响人衰老的各类因素(Semsei, 2000:97)

由图2.1可知,外部影响因素有三种表现形式:物质(matter)、能量(energy)和信息(information)。这些形式互相联系、影响,相关变化会影响个体机体的衰老过程。例如,环境中的紫外线辐射(UV radiation)可能会导致基因的改变,从而改变细胞的主要组成部分,影响细胞的衰老过程;个体对外部某些物质(如氧气、水、氨基酸、维生素等)的不良吸收和暂时缺乏也会引起个体内稳态的改变,从而降低有机体各个器官的运作功能,降低细胞或有机体的最大寿命,改变衰老进程;外界的细菌和病毒可以通过对生物体造成破坏而导致动态平衡失衡,例如,病毒对生物体的遗传信息(遗传物质和调控)的影响很大。细胞数量的变化从根本上影响着个体器官的功能,造成组织和细胞系统功能下降,从而可能导致生物体寿命缩短。信息影响是指个体通过各种感官接收到外界的信息,这些信息对生理(如新陈代谢)、心理(对个体及社会的心理态度)产生影响。例如,个体通过视觉或听觉接收到某人亲属死亡的信息,这会很大程度上影响该个体的心理精神状态,进而影响神经内分泌系统及免疫系统,这就是为何长期负面心理会加速生理老化的原因。

个体衰老的内部因素历来是研究重点,细胞膜学说、线粒体学说、端粒缩短学说、程序衰老理论、免疫学说等众多衰老理论已对大部分内部因素进行了详细讨论与阐述。与这些理论不同的是,Semsei(2000)强调了遗传器、细胞内介质、细胞器、细胞膜等内部因子间的相互影响(见图 2.2)。

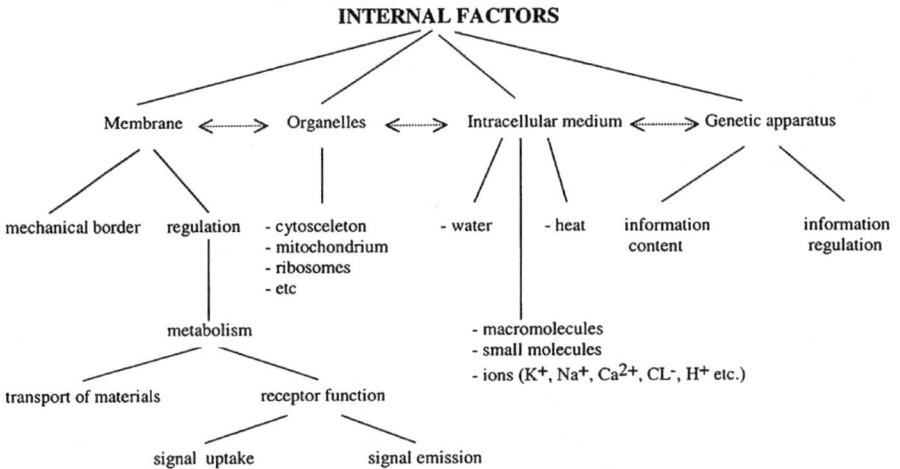

INTERNAL FACTORS

图 2.2　细胞衰老的内部因素(Semsei, 2000:99)

除此之外,Semsei 还关注了未被过多讨论的液体基因组(fluid genom)这一内部因素。"液体基因组"这一概念强调基因组的流动性,即遗传器具有自我调节的特质,如基因的倍增、重组、逆转录、转座等。这些流动的变化可能不会直接对遗传调节产生明显的作用,但累积到一定程度后将会影响基因结构和基因调节。在特殊情况下,这些变化会导致疾病,而在其他情况下,这些变化只会使生物体进入"衰老"这一信息状态,最后导致死亡。

过去很多学者认为,生命体包括人类,其器官和外部形态都是按照基因蓝图发育和生长的,这属于基因决定论。之后的表观遗传学(Epigenetics, Hallgrimsson & Hall,2011)对基因决定论做了较大的修订,认为基因蓝图离开了后天发展环境就不可能产生生命体,因此后天环境同样重要。另外,生命体有很大的可塑性,各个生命体一生的发展历程是基因和环境不断互动的结果。在这样的背景下,基因表型老化(phenotypic aging)理论(Ferrucci & Orini,2018)产生了。有学者因此提出了"表观遗传时钟"(epigenetic clock)的概念,通过甲基化图谱来判断生物年龄,更好地从生理层面测量年龄(Horvath & Raj,2018)。这种基于DNA甲基化数据的衰老生物标志物能够使整个生命过程中任何组织的年龄估计变得更加准确,即避免了直接通过出生年龄来衡量衰老,而是看个体的生理功能实际衰退情况,比如认知上是否出现障碍等。这种方法将发育和维持过程与生物衰老联系起来,形成了关于生命过程的统一理论。需要注意的是,基因表型老化理论中的"老化",与"老龄化"在概念上并非同义。老化发生在生命体的全过程中。换句话说,人类生命体从受精卵开始,一方面在发育成长,一方面也在老化,趋向死亡。生命体早期发育成长力量远远大于老化的力量。而老龄化指生命体进入老化力量远远大于成长力量的阶段。

图2.3演示了基于多个脏器DNA甲基化水平的年龄估计方法。图中实线表示实际年龄(chronological age)中表观遗传年龄的平均加速情况。基因表型年龄为非线性的,在生命体发育成长过程中,其变化是巨大的。在生命的第一年,基因表观年龄增长速率非常快,之后以非线性的方式逐渐下降,直到20岁左右开始稳定在一个较慢的恒定速率上。这条线以上的个体表现出正向表观遗传年龄加速(positive epigenetic age acceleration),可理解为比同龄人的衰老程度要大。正向表观遗传年龄加速会对多种病理和年龄相关的功能产生影响,从而导致阿尔茨海默病、心血管疾病、癌症等;相反,低于这条线的个体表现出负向表观遗传年龄加速(negative epigenetic age acceleration),可理解为比同龄人的衰老程度要小。

基因表型老化理论对于评估老年人健康状态十分重要。老年综合评估(Comprehensive Geriatric Assessment,CGA)是用于评估老年阶段基因表型老化最重要的工具(Pilotto & Martin,2018)。目前,我国正在推广综合老年评估,国家已公布了《老年能力评估规范》,旨在从多维度跨学科的角度对老年人在医学、躯体功能、精神心理、社会参与、生活质量及环境等方面的功能状况及存在问题进行全面评估。基于这一工具,研究者可以对老年人进行全面的健康评估,建立老年人健康状况基线及老年人口健

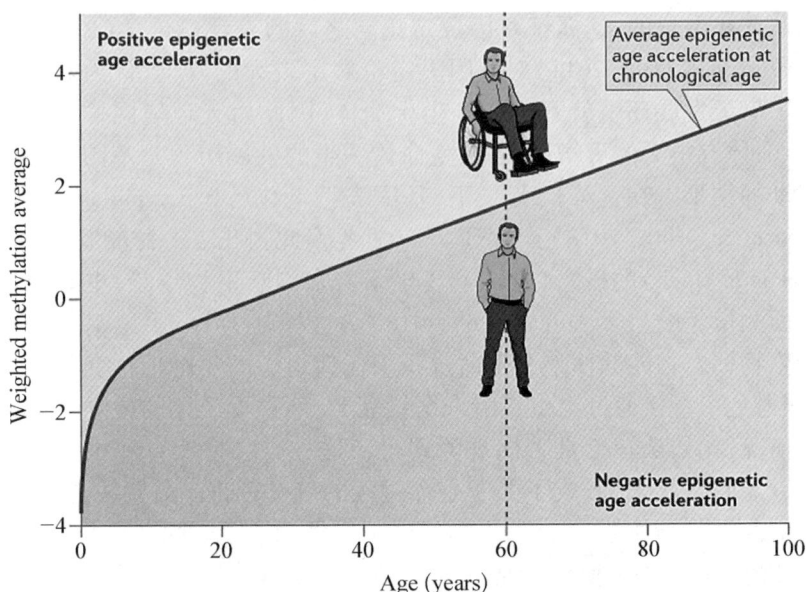

图 2.3　基于多脏器 DNA 甲基化的年龄和年龄加速图
（Horvath & Raj，2018：375）

康状况常模,还可以利用老年人口基线数据之间的对比预测基因表型老化的速度(accelerated aging),这对于提前干预老化无疑是十分有益的。

2.2　老年人生理老化

衰老和遗传有密切关系,因遗传特点不同衰老速度也不一样。例如,《黄帝内经》中有"火形之人多不寿暴死"之说,这是体质遗传的最早记载。先天禀赋强则身体壮盛、不易衰老;反之,先天禀赋弱则身体憔悴、较易衰老。除了遗传因素,衰老的轨迹或速度还可能受到早期生长和发育过程中所经历事件的显著影响,环境和生活方式的选择也是影响衰老速度的重要因素。因此,每一个体生理老化的程度和速度、受影响的生理系统以及开始生理老化的年龄都可能不同(McDonald,2014),但不论如何变化,生理老化仍是个体生长发展的普遍现象,是进行性的、不可逆的。

现代医学研究表明,生理增龄伴随着老年人多种器官及系统的渐进性功能衰退,是包括神经退行性疾病在内的一系列衰老相关重大疾病的关键诱因。由于人类细胞种类多样,组织器官具有异质性和复杂性,因此包括大脑在内的各种组织器官在生理衰老过程中呈现出不同的变化过程与衰老特性。老年人生理老化发生在机体从宏观到微观的不同水平(马永兴、俞卓伟,2008:132-138)。整体水平上,老年人身高体重均有所下降,视力、听力减弱,须发皆白,反应速度减慢;组织与器官水平上,一些生理系统或组织器官(如皮肤组织、消化系统、泌尿系统等)的衰老通常情况下不会增加罹患疾病或死亡的风险,而有些生理系统(如循环系统、神经系统和骨骼系统)的老化容易导致死亡率或发病率增加,还有一些组织器官(如肝脏和肺部),在生理增龄过程中只表现出极其微小的变化;细胞水平上,体内细胞数量减少,线粒体、内质网等细胞结构也随生理增龄而逐渐减少。

本节将介绍与老年人语言能力直接相关的生理变化,主要包括听力能力下降和发音器官衰老。

2.2.1　听力能力下降

听力是老年人有效沟通的必要条件,各种原因导致的听力受损会直接影响老年人的语言沟通能力,还会影响其维持社会关系的有效性,降低自我效能,从而对成功老龄构成威胁。世界卫生组织(2021)估计,60岁以上人群中,超过25%的人受到残疾性听力损失的影响,听力损失的风险随着老年人增龄而急剧增加。[①] 目前,年龄相关性听力损失(age-related hearing loss)发病率日益增高,且会导致一系列相关的负面健康后果。对其早期识别有助于改善痴呆症、社交孤独以及情感孤独等老年人生理、心理障碍,也是改善老年人言语理解、沟通效率、社交参与和健康老龄化的关键问题之一。

机体在老化过程中,由于听觉器官功能衰退,老年人会发生老年性听力损失,主要是螺旋神经节细胞萎缩或耳蜗基底膜功能改变导致的。在临床上,初期主要表现为高频听力损失,并逐渐发展为中频、低频听力损失。老年性听力损失患者常伴高调持续耳鸣,导致老年人在言语识别中出现重听、耳背现象,老年患者由此出现言语识别功能障碍,对言语交际产生负面影响(张红蕾等,2019)。在日常生活中,老年人自我报告称能够听到人们说话(元音听得见),但听不清具体单词(辅音听不见),这种情况

在音频较低、音强较高的声音中更为显著。

值得注意的是,在充满压力和挑战的听力环境中,患有年龄相关性听力损失的老年人通常记忆言语信息的能力较差(发生短期记忆困难),这是因为他们非常努力地进行沟通,所以留下来用于记忆的认知储备就变得较少。换言之,当倾听/理解以及与他人交流是一种挑战时,认知储备往往会被占据,导致剩余的认知储备不足以记住别人的说话内容(Baltes & Lindenberger,1997;Peelle et al.,2011)。

老年人听力能力下降还会影响其认知能力,反过来说,听力损失是老年人罹患痴呆症中可预防的相关危险因素。流行病学研究证据表明,获得性感音神经性耳聋与痴呆症之间存在关联,在随访中,听力受损的老年被试被发现认知能力下降幅度很大。其中,听力损失大于 40 分贝(频率为 1,000 赫兹和 2,000 赫兹)的老年人(平均听力阈值为 58 分贝)随着时间推移认知受损最为严重(Peters,Potter & Scholer,1988)。研究表明,若听力受损的老年人长期缺乏治疗,听力损失导致的听觉刺激减少会改变中央大脑功能,从而对认知过程产生影响。一项对 1,984 名老年人(平均年龄为 77 岁)进行的前瞻性调查显示,听力受损的老年人罹患认知功能障碍的风险比听力正常的同龄人高 40%(Lin et al.,2013);而相比听力正常或轻度听力受损的老年人,中度或重度听力受损的老年人日后患痴呆症的风险更大。其原因主要是,听力能力下降会导致老年人缺乏社会互动,直接导致社会隔离、抑郁心理与痴呆症发病。反过来,恢复中老年人听力和沟通能力的相关治疗可能有助于中老年人保持较好的社会参与度,促进认知刺激,维持大脑健康,推迟痴呆症的发病(Weinstein & Ellen,2019)。另外,需要引起重视的是,如果老年人的视觉与听觉同时受损,造成双重感觉障碍(dual sensory impairment,DSI),他们认知能力受到的影响将更为严重,这可能会加速老年人产生认知衰退或罹患痴呆症(Swenor et al.,2013)。

在临床上,医生在讨论医患沟通时很少提到的是,听力损失引起的"误听"或"误解"经常发生。大多数关于医患沟通的研究很少考虑或提到参与者的听力状况(Cohen et al.,2017)。这也给老年语言学的实践维度提供了新的需要加强的空间。

2.2.2 发音器官老化

老年人因为生理老化,发音生理器官及相关组织会发生改变,包括:

声带的结构与长度改变,通常声带萎缩无光泽,弹性纤维和肌纤维减少,垂直运动度减小;脸部肌肉、咀嚼肌以及咽肌松弛弱化导致老年人喉部下垂,喉肌和喉部的弹性组织发生萎缩性变化,导致老年人发音响度减弱;喉软骨常有钙化或骨化,通常男性喉软骨发生骨化、钙化时间比女性早,到 80 岁几乎可完全骨化;黏膜腺体发生退化;肺部失去弹性,胸腔硬化,呼吸肌弱化等;年龄增加使老年人换气功能下降,导致说话时断续停延增加,换气次数上升(马永兴、俞卓伟,2008)。这些生理衰老会改变肺容积和呼吸动力,使得肺活量减少、残气量增加等,从而导致老年人说话语音特征的改变。(参考 Linville, 2004; Tarafder, Datta & Tariq, 2012)、语音共振峰整体频率的降低(Linville & Fisher, 1985; Scukanec, Petrosino & Squibb, 1991; Xue & Hao, 2003)等。其他语音问题还包括声音震颤、音量整体下降、嘈杂环境发音难以辨认等。

口腔轮替运动速率是衡量言语产生过程中舌部运动灵活程度以及言语清晰度的一个重要指标,临床上经常利用口腔轮替运动作为评估运动性言语障碍患者口腔动作灵活度与协调性的能力(曹英娇,2001)。口腔轮替运动速率会因说话者生理年龄的不同,在速度、动作协调度与时间掌握度上产生差异,国外学者曾建立老年人口腔轮替运动速率的参考数据(Kreul, 1972; Ptacek et al., 1966)。研究发现,因生心理老化,老年人组(年龄分布为 65 岁至 90 岁,平均年龄为 73 岁)的口腔轮替运动平均速率为 3.55 音节/秒,明显比成年人低(陈玫霖,2009)。另外,老年人的发音器官也可能产生问题,如罹患运动性言语障碍,即由肌肉控制障碍引起的言语障碍。

构音障碍也是老年人常见的语言障碍表现,这是一种由于神经系统病变而影响言语产生过程中结构功能的言语障碍,被认为是语言病理学中最常见的获得性障碍。以神经系统受影响的区域区分,构音障碍有五种类型:1)松弛性构音障碍,其主要特征是发音肌肉(嘴唇、舌头、软腭)无力,具有发音不精确、音量低和鼻音过大的特点,可见于脑干中风和进行性球麻痹;2)失调性构音障碍,其主要特征是语速减慢、不适当的重读、音量波动以及呼吸和发声的协调不良,常见于多发性硬化症;3)痉挛性构音障碍,其突出特征包括发音质量刺耳、紧张或窒息,发音不准确,韵律不规则,最常见的原因是中风;4)运动过强型构音障碍,其主要病因是亨廷顿舞蹈病,语音特征包括声音颤抖,速率、音调和音量发生变化以及发音不精确;5)运动性构音障碍,主要与帕金森病有关,其特征是音量和音调单调、压力降低、发音不准确、不适当的沉默、说话时间短及气息刺耳的嗓音(Ashley, Duggan & Sutcliffe, 2006)。由于发音是一个高度复杂的包括运动计划、执行和反馈等多个环节的过程,关键环节的功能障碍可能会导致发出的声音无法让人理解。一般认为,大约33%的脑损伤患者存在构音障碍;8%的脑瘫患者存在构音障碍;退行性神经疾病患者的构音障碍发生率从19%到100%不等(Enderby, 2000:248)。

2.3 老年人认知老化

探究老年人语言能力的变化,必须关注其大脑认知在各个方面的整体老化情况。认知老化是指个体成熟之后,认知能力会随着年龄增长而不断衰退(余林,2014:2),表现为老年人认知加工时拥有的资源(包括工作记忆、注意力、加工速度、执行功能等)减少。本节首先介绍脑老化过程中的脑区变化情况,然后再详细介绍记忆力、注意力、抑制能力、执行功能以及加工速度等方面的老化情况。

2.3.1 脑区变化

脑老化是指个体在增龄过程中,大脑结构、化学物质及相关功能变化的累加,是整个变化过程累积的总和(朱明伟、王鲁宁,2014)。已有研究表明,增龄并不会引起大脑神经系统的全面老化,老化主要发生在前额叶皮层、前颞叶皮层、海马区等大脑某些特定区域。基于脑成像,研究者发现,与老年人语言能力衰退相关的大脑结构变化主要包括:脑半球功能不对称,大脑去分化能力降低;脑白质、脑灰质的密度和体积改变(Y. Yang et al., 2014),致使大脑语言网络(language network)中的脑区内连接密度降低,脑区间连接增强(Shafto & Tyler, 2014);大脑上纵束(superior longitudinal fasciculus)部分的白质组织完好性降低;执行功能脑区的老化(何文广,2017);等等。

通过系列动态神经影像可以观察到,老年人的大脑呈现"老年脑"特征,包括皮质脑沟增宽,脑室和脑池轻度扩大,常两侧对称,可同时伴有大脑半球纵裂前部及小脑扁桃体周围蛛网膜下腔扩大,一些神经核团萎缩。组织病理学也可见脑老化征象,如神经元内脂褐素增多,皮质浅表出现大量淀粉样小体,神经元颗粒空泡变性以及神经原纤维缠结(neurofibrillary tangle, NFT)和神经炎性斑(neurotic plaque, NP, 又称老年斑[senile plaque, SP])少量出现等,图2.4展示了老年人的大脑特征(朱明伟、王鲁宁,2014,转引自顾曰国、黄立鹤,2020:32)。

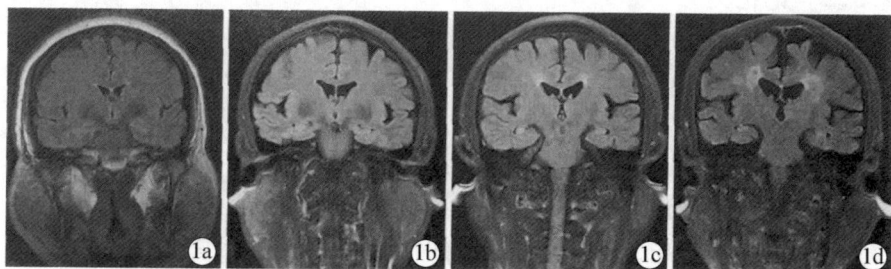

1a: 60岁老年人;1b: 70岁老年人;1c: 80岁老年人;1d: 90岁老年人

图 2.4　冠状位 FLAIR 成像显示的健康老年人皮质脑沟及脑室系统的增龄性变化(朱明伟、王鲁宁,2014)

增龄对大脑额叶和颞叶的影响最为显著(Bartzokis et al., 2001; Raz et al., 2005),尤其是大脑额叶区,其脑体积缩小较早且较迅速。也有研究显示,眶额皮质(orbitofrontal cortex)缩小更迅速(LaMar & Resnick, 2004),其他受影响区域还包括杏仁核(Grieve et al., 2005)、前扣带回皮质(Pardo et al., 2007)、基底核(Williams et al., 2006)等。有学者就此提出了额叶老化假说(frontal lobe hypothesis of cognitive aging)(Dempster, 1992)。该理论认为,随着年龄的增长,前额叶皮质缩小是健康老年人执行功能显著下降的主要原因。近年来,该假说得到了神经影像学研究的支持,多项研究表明,老年人额叶皮质相对于其他脑区的体积有较大减少,并且更多影响执行功能。

另外,在某些任务条件下,老年人比年轻人表现出更高的脑区神经活动水平(Cabeza et al., 1997)。有研究认为,这可能是对老年人神经元效率低下的一种补偿,即通过调用更多额外的神经资源来弥补这种增龄带来的神经元不足,以提高加工绩效(Reuters-Lorenz & Cappell, 2008)。

目前,学界对脑老化过程中的生理、生化和组织形态学变化的确切机制尚不十分清楚,相关的解释性学说包括遗传学因素、蛋白质变性、细胞凋亡、线粒体功能障碍等,普遍认为蛋白质变性或异常聚集较具说服力。目前研究结果显示,与个体脑老化及相关神经变性疾病的组织形态学改变相关的蛋白质主要有：tau 蛋白、α-突触共核蛋白（α-Syn）、Tar DNA 结合蛋白 43（TDP-43）、β-淀粉样蛋白（Aβ）等（朱明伟、王鲁宁，2014：162）。

2.3.2　记忆力

Kesner(1986,1998,2007)提出了基于事件、基于知识和基于规则的记忆系统，可以通达由感知觉、时间、空间、语言和情感组成的信息或属性。这些属性在记忆系统内部或不同记忆系统之间以独特的方式交互，类似于在多个记忆系统的框架内进行并行信息处理。该模型指出了各个信息属性和记忆系统所依赖的大脑区域，如语言属性在基于事件、基于知识和基于规则的记忆系统中分别依赖海马体、后顶叶皮质、韦尼克区、布洛卡区以及侧前额叶等。

加拿大认知心理学家 Endel Tulving 认为，记忆的类型按照储存方式可分为长期记忆和短期记忆，前者包括情景记忆、语义记忆（semantic memory）和程序记忆，后者包括知觉表征和短期记忆。记忆老化（memory aging）是指正常老年个体的记忆随着年龄增长而出现衰退的现象。老年人的记忆改变一般可分为三种：一是老年人稳定的记忆减退，即良性衰老性健忘，这属于正常衰老的范畴；二是进展性的轻度认知障碍（progressive mild cognitive impairment，pMCI），在此之前可能还存在主观认知下降（subjective cognitive decline，SCD）的情况，这些病症都具有发展成痴呆症的危险，但尚未达到痴呆的诊断标准；三是痴呆综合征，属于疾病状态（余林，2014：137）。老年人记忆力下降的情况有个体差异，影响因素很多，包括生物学因素、社会环境因素、心理学因素等。

记忆老化理论很多，包括加工速度理论、抑制控制理论、执行衰退理论、加工资源理论等。限于篇幅，本节无法一一介绍，这里主要介绍语义记忆、情景记忆、自传体记忆（autobiographical memory）、工作记忆等随年龄增长而变化的情况。一般认为，老年人的记忆缺陷主要出现在长期记忆中的情景记忆中，而对注意力需求最小的记忆（如感觉记忆、内隐记忆和语义启动）变化相对较小（Balota, Dolan & Duchek, 2000）。另外，程序记忆似乎也在老年阶段相对完好；前瞻性记忆在某些情况下没有年龄差异，而在另一些情况下老年人不如年轻人（高云鹏、胡军生、肖健，2013：98－99）。

2.3.2.1　语义记忆

语义记忆是指关于世界的事实与一般知识,包括关于各种物体和词汇的知识。研究发现,中年人从语义记忆中产生语言信息的流畅性略逊于青壮年,而老年人则显示出显著的下降(Enmarkeret al., 2006;Nyberg et al., 2003)。

与语义记忆存在较大联系的语言现象称为"语义启动效应"(semantic priming effect,又称"概念启动")。语义启动效应最早由 Meyer & Schvancvcldt(1971)发现,指当个体对某个词汇加工后,通常会对与其语义相关的词汇做出更快更准确的反应。例如,在词汇判断任务中,将"学校"作为启动刺激时,它会促进被试对目标刺激"学生"的判断反应。研究发现,语义启动可能存在两个过程,分别是自动加工过程(激活的自动扩散)和控制加工过程(注意加工)。在自动加工过程中,语义记忆中的语义表征是一个根据不同语义概念间的联结强度组织起来的语义网络系统。概念作为结点,通过各种联系在语义网络中相互联结。当某启动词被加工时,相应结点被激活,同时这种激活会扩散到网络中其他相应结点,导致再认阈限降低,对相关靶词(目标词)反应时间缩短。语义网络中结点的激活时间与概念间距离正相关。在控制加工过程中,被试看到启动刺激时会产生一个与启动刺激词义相同或相近的词汇列表,若靶词属于这一词汇列表,那么对靶词的反应将得到促进(宋娟、吕勇,2006;周亮等2009)。利用事件相关电位(ERPs)进行研究可发现,脑电成分 N400 是语义启动的焦点。N400 是出现在潜伏期 300 毫秒到 600 毫秒之间的负波,与其相关的脑区包括海马回、海马旁回、杏仁核、前舌回、颞中区上部(Guillem,Rougier & Claverie, 1999)。在词汇判断任务中,如果靶词与启动词相关,激活在结点间的自动扩散过程反映在脑电成分就是 N400 的波幅下降;如果靶词与启动词无关,那么就要提取更多的资源,N400 增大(宋娟、吕勇,2006:77)。从语义启动的脑机制研究上看,启动效应主要体现在两方面:特定脑区活动的减弱和增强。目前,利用事件相关功能磁共振成像(event-related functional magnetic resonance imaging, efMRI)技术对语义启动中自动加工过程的脑机制研究表明,颞叶在语义启动中起着重要的作用(Copland et al., 2003);颞叶部分区域和前额下侧区域与自动语义启动相关(Schacter & Buckner, 1998);在语义联想启动中,左额叶和颞叶区域有活动性变化(Blaxton et al., 1996)。另有研究者(Mummery,

Shallice & Price，1999）使用正电子发射断层显像（PET）技术研究词汇判断任务,发现左颞叶前区和前扣带回这两个区域的激活水平随相关词对比例的上升而下降,且伴随相关词汇比例的上升，右顶上叶、右侧运动前区皮质的活动也有下降趋势。该结果与 Rossell et al.（2001）用功能磁共振成像（fMRI）技术研究的结果相似。

　　语义记忆对于研判阿尔茨海默病具有重要意义,其功能退化被认为是阿尔茨海默病最早的标志,它甚至会出现于轻度认知障碍中。目前常见的语义记忆表现检测方法有物体命名、面孔识别、言语流畅性测验、语义启动任务、词汇决定任务、语义客体检索检测和错误记忆等（见表 2.1）。

表 2.1　常用语义记忆表现检查方法（黎莹、关汉添、周钰,2020：5239）

检查项目	流　　　程
物体图片命名	向被试展示常见的物体图片,常见类别包括有生命类物体和无生命类物体,要求被试逐一说出图片所代表的物体名称。蒙特利尔认知评估量表中被试需要对犀牛、狮子、骆驼进行命名,时间限制为 1 分钟。简易认知状态量表则需要被试命名两种物品（铅笔、手表）。中文版波士顿命名测验需要被试命名 30 种物品图片,20 秒内不正确或不能回答则提供语义线索,提供语义线索 20 秒后仍不能回答或不正确,则进行选择命名。记录正确命名、提示命名、选择命名三部分的正确率。
著名面孔识别	依次向被试展示影响力持续至少 15 年的人物(如毛泽东)的图片,通常为 40 张,要求被试说出图片所表示的人物姓名。错误率较高的图片将会被剔除。如果被试不能说出图片说呈现人物的名字,若提供两种语义细节也可以视为正确。
言语流畅性测验	被试就某一范畴在规定时间(1 分钟或 90 秒)内列举尽量多的例子,以产生的词语数量来测量。常用范畴有动物、蔬菜、水果、F 或 A 开头的单词。蒙特利尔认知评估量表中要求被试 1 分钟内尽量多地说出动物的名字,多于或等于 11 个则得 1 分。
语义启动任务	先向被试呈现一个启动词,紧接呈现目标词或者非词刺激,被试需快速、准确判断呈现的刺激是词还是非词,记录被试的反应时和错误率。
词汇决定任务	向被试呈现 1 个单词,要求被试判断是真词或假词。记录被试的反应时和错误率。

检查项目	流　　程
语义客体 检索测验	同一组单词派生 56 对词对,包括有意义配对(如 humps 和 desert 与 camel 有关)和无意义配对(如 humps 与 monitor),被试判断两个词语之间是否有联系,记录正答率。
错误记忆	被试学习多组有语义联系的词,每组词都有语义联系,在随后的测试中加入和之前学过的词有语义联系的新词,被试判断该词是否学习过,包括学习过的旧词、相关新词与无关新词。常用错误记忆范式作为实验范式,以虚报率为测量指标。

这些检测方法已广泛应用于临床诊断和研究。已有研究表明,轻度认知障碍患者存在一定程度的由多种原因造成的语义记忆损害(王鹏云、李娟,2009：935)。但是,轻度认知障碍患者的语义测验成绩受到任务难度和类型的影响较大,简单的图片命名任务和有较强语义联系的启动任务不容易发现轻度认知障碍患者和正常老年人(NC)之间的差异,而言语流畅性等测验又涉及较多的非语义记忆的成分。只有灵敏度高的语义记忆测验可以区分轻度认知障碍与正常老化,而且一些研究也发现,语义记忆的缺损可以预测轻度认知障碍向痴呆症的转归(Estevez-Gonzalez et al.,2004；Saxton et al.,2004)。因此,语义记忆测验在早期鉴别轻度认知障碍以及预测其向痴呆症转归方面可以起到重要的辅助作用(王鹏云、李娟,2009：935)。同时,研究阿尔茨海默病中语义记忆损害的模式和性质,也具有重要的理论和实践意义。

2.3.2.2　情景记忆

情景记忆(episodic memory)是在语义记忆的基础上发展起来的(Tulving,1984),与语义记忆有许多共同的特征,但也有自己的特点。从神经解剖学上讲,情景记忆与海马体和前额叶皮质有关,这两个区域在正常衰老时容易发生功能下降,而在阿尔茨海默病中会受到更大程度的损害。另外,杏仁核、尾状核和周边皮质等对情景记忆也有贡献。Helkala et al.(1996)的研究还提示,载脂蛋白 E(ApoE)基因与情景记忆显著相关。

情景记忆属于远事记忆系统,是指对过去某个时间、地点特定事件的记忆,是人类最高级、成熟最晚、也是受老化影响最大的记忆系统。情景记忆内容通常包含感觉-知觉-概念-情感的概括特征,强调三个概念的结合: 自我(self)、自主意识①(autonoetic awareness)和主观感知时间(subjectively sensed time)(Tulving,2001)。Tulving(1983,2002)认为,情景记忆系统是人类独有的,且是一种发育较晚的能力,是人类概念系统发生发展的重要基础,其在认知进化方面达到了某种程度上的顶峰,能够将人类与其他物种区分开来。但是,目前也有研究表明,情景记忆可能进化为多个物种共有的记忆系统,部分物种确实表现出基于情景记忆的客观行为特征。但这些人类以外的物种只能够在很短的时间内保留情景记忆,没有概念语境对这些情景信息加以构建,无法从情景记忆中对相关信息进行抽象,也没有自传体记忆,无法推动概念系统的发展(Conway,2008: 27)。

已有诸多研究表明,衰老会对情景记忆造成负面影响。纵向研究表明,这种影响通常发生于 65 岁至 70 岁之间(Ronnlund et al.,2005)。情景记忆使得个体能够在记忆中检索到相关事件发生的时空信息,在此基础上,包含了个体对过去事件个性化、情绪化的体验,具有一定的细节性。与年轻人相比,老年人在提取情景语境的细节方面存在缺陷。目前,该记忆类型已成为认知老化研究的重点。在轻度认知障碍及阿尔茨海默病中,情景记忆受损已成为学界公认的事实,并已经列为轻度认知障碍及阿尔茨海默病的筛查指标之一,尤其可作为早期诊断阿尔茨海默病的敏感性指标(盛建华、高之旭,2000: 244)。这是因为神经解剖学研究发现,神经原纤维缠结与情景记忆的测量结果显著相关,老年人大脑颞叶腹内侧部的 tau 蛋白磷酸化病理通常发生在临床痴呆症发生之前,它们的存在与认知损害,特别是与情景记忆的损害有关(Mitchell et al.,2002)。

情绪是个体情景记忆的重要语境线索(Allen,Kaut & Lord,2008),有助于相关记忆的唤起。年龄会影响情感激活水平。老年人在某种刺激下的情绪激活水平相对于年轻人较低。对于老年人群,情绪强度与记忆力的鲜活程度没有关系;但对年轻人来说,情绪强度是记忆唤起程度的预测

---

① 需注意的是,自主意识(autonoetic awareness)与自我意识(self-awareness)不同。前者是指个体对自身当下心理状态的感知,包括认知、情绪等,后者则是一种更高级的认知能力,需要个体在认知上不仅感知当下,还要具有时间维度上的连续性(包括对过去的回忆和对未来的计划)。从这一点上说,自主意识还与自传体记忆有关。阿尔茨海默病有不同的病程,可能会累及自我意识和自主意识,使患者有不同的语言行为表现。

因素（Cohen & Faulkner，1989）。

情景记忆受损的主要原因在于老年人对新信息的编码存在缺陷（Granholm & Butters，1988；Greene et al.，1996）。阿尔茨海默病患者在情景记忆上的受损情况也如此。研究发现，阿尔茨海默病患者难以对需要回忆的单词与单词的检索线索之间的语义关系进行编码，即使能够完成编码，他们也无法在回忆单词时成功利用这些编码（Granholm & Butters，1988）。另外，顺行性情景记忆（anterograde episodic memory）损害（遗忘患病后发生的事）是较早出现的特征，可能比其他认知缺陷提前很多年发生（Hodges，2000）。

2.3.2.3　自传体记忆

自传体记忆是指个体对与过往生活相关事件的记忆，是人类最复杂的记忆类型（Conway，1995），也有学者翻译成"生命历程记忆"（温颖茜、滴石，2019：60）。关于自传体记忆的心理学研究起始于20世纪80年代，学界对这类记忆十分关注，有专门学术论著进行研讨，如Berntsen & Rubin（2012）就对自传体记忆的神经基础、社会文化因素、毕生发展过程、研究方法及研究议题等进行了全面介绍。

Tulving认为情景记忆接收和贮存关于个人特定时间的情境或事件，以及这些事件的时间-空间联系的信息，是对个人在一定时空里发生的事件的记忆，具有自传体的性质（转引自张志杰、黄希庭，2003：34）；也有学者认为自传体记忆包含情景记忆。但是，大多学者认为自传体记忆与情景记忆应当严格区分。从约定俗成的范围上说，对情景记忆的研究侧重通过实验室诱导数据探究记忆诸方面，而对自传体记忆的研究则通常不在实验室；虽然两者在某种程度上均为"自传体式"，都包括情境界限信息和有意回忆，但只有那些有关事件的一般特征或发生过程、基本含义的长时回忆才独立出来被称作自传体记忆，其表征中包含了个体的体验与解释（王沛，1998：3），即必须包含个人意义，这也是它的定义性特征。

神经心理学和脑成像研究发现，自传体记忆主要定位于颞叶与海马区。特别是海马体，它是保持和提取自传性记忆中事件细节记忆的生理基础，但这些记忆对应于自传性记忆结构中的较低层级，大多数并没有保留丰富的感知信息，而是被转化和同化为更高阶的自传性表征，并且随着时间的推移更具图式化或成为语义记忆，与此相关的脑区包括新皮质（neocortex）等（Moscovitch，2012：108）。但是，目前相关脑区定位尚未取得一致结论：以脑损伤病人为研究对象的神经心理学研究发现，自传体记忆主要涉及右侧颞叶与海马区的功能，而对正常人的脑成像研究却表明，提取自传体记忆事件时主要的激活部位是左侧颞叶与海马区（杨红升，2004）。另有脑成像研究发现，人们在提取自传体记忆时，依赖于由外侧前额叶皮质（PFC）介导的控制过程以及由背顶叶皮质（DPC）介导的自上而下的注意过程（St. Jacques，2012：116）。

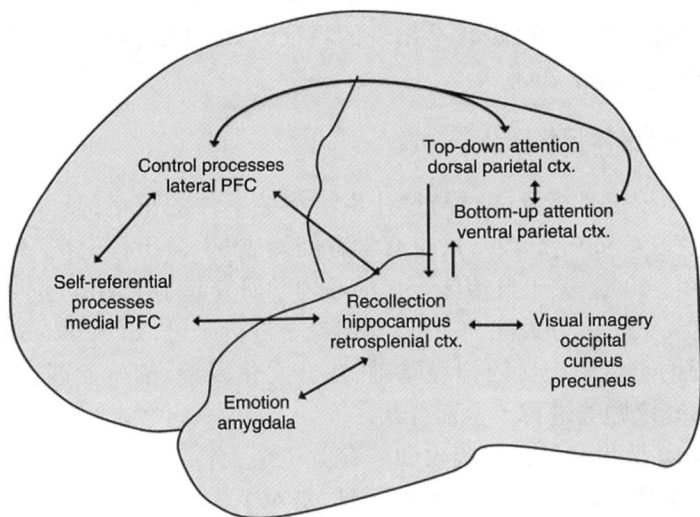

图 2.5　通常涉及自传体记忆提取的大脑区域示意图
（St. Jacques，2012：117）

　　学界也针对自传体记忆提出了一些认知理论，包括复制理论、图式化理论以及结构重建和部分重建理论（张志杰、黄希庭，2003：34－36）。有学者（Greene，Hodges & Baddeley，1995；张宏宇、许燕，2011）对研究自传体记忆的方法与工具进行了总结，主要有两种：一种是在固定的时间内，让被试回忆过去发生的事件，然后由实验员对被试回忆内容的概括性和具体性进行评定；另一种是测验评估，评估工具包括自传体记忆测验（Autobiographical Memory Test）（Williams & Broadbent，1986）、自传体记忆访谈（Autobiographical Memory Interview）（Kopelman，Wilson & Baddeley，1989）以及自传体流畅性测验（Autobiographical Fluency Test）（Dritschel et al.，1992）等。

　　总的来看，自传体记忆是各种特征在不同等级或水平上结合起来的一种复杂的记忆。自传体记忆本身内容的复杂性决定了它结构的复杂性,其内容主要包括语言叙述(verbal narrative)、呈现具体细节的意象(imagery)以及情绪(emotion)等(张宏宇、许燕,2011)。表2.2为自传体记忆与情景记忆、语义记忆的区别特征。

表 2.2　自传体记忆与情景记忆、语义记忆的区别特征(王沛,1998:4)

特征 (characteristic)	记忆类型(memory type)			
	自传体记忆	自传体事实	情景记忆	语义记忆
自我参照(self reference)	高	高	低	低且极少
认识体验(experience of remembering)	一直出现	可能出现	普遍但非一直出现	极少出现
个人解释(personal interpretation)	频繁出现	极少	极少	极少
真实性(veridicality)	有改动	高	高	表现出社会一致性
记忆持续期(duration of memory)	几年	几年	几天	几年
情境具体化的感觉与知觉属性(context specific sensory and perceptual attributes)	一直出现	可能出现但很少	一直出现	从未出现
想象(imagery)	频繁出现	可能出现但极少	频繁出现	可能出现但极少

虽然自传体记忆、情景记忆、语义记忆分属不同的记忆类型,但研究发现,三者之间具有重要的联系。自传体知识(autobiographical knowledge)为情景记忆提供概念语境(conceptual context),而情景记忆又为概念知识提供了基础(Conway,2008)。

在正常老化过程中,与其他记忆类型一样,自传体记忆也会老化,表现为老年人对过往人生历程中某些事件的记忆模糊、错位或颠倒。研究发现,对人生历程各种事件的记忆中,某些事件(如具有人生转折意义或标志性的事件、结果重要或者个人参与程度较高的事件)的记忆相对不易丢失;但由于提取效率的变化,在与自传体记忆相关的回忆中获取情节细节的能力会随年龄增长而下降。另外,罹患退行性神经疾病(如阿尔茨海默病)的患者,其人生历程中事件的记忆也会受到损伤,表现为对事件的发生背景、发生顺序记忆模糊,无法厘清事件之间的相关性等,其自传体记忆的损伤体现在信息提取加工、执行功能及记忆存储等方面;阿尔茨海默病患者对自传体记忆的有意抑制加工(intentional inhibitory processes)能力也会受损(El Haj et al.,2011)。即便在轻度认知障碍的早期,也有患者对个别事件无法回忆的现象。在对人生历程时间进行回忆与谈论时,痴呆症老年人往往会采用迂回的补偿策略,围绕回忆事件展开叙事,而不是针对事件本身进行较多讨论。

自传体记忆具有自我功能(self function)、社会功能(social function)、指导功能(directive function)(Blunk,2003)。这些功能都与老年人认知老化背景下的语言表达密切相关。以自我功能为例,相关问题包括:正常老年人在社会交往中的自我身份、对过往历程时间的自传体记忆及语用交际表达之间的关系,阿尔茨海默病老年人随病程发展自我意识的减弱及丧失与自传体记忆中"自我"的关系等。再以社会功能为例,研究表明,自传体记忆在建立、维持与增强社会关系方面具有重要作用,老年人过往经历的自传体记忆也会对其老年阶段的社会交往、语用交际及话语方式产生影响(Blunk,2003)。

老年语言学研究要重视对自传体记忆及其包含的情感内容的讨论,因为记忆型情感可能与老年人的言语产出(特别是罹患神经退行性疾病老年人的言语产出)相关。罹患神经退行性疾病的老年人激发自传体记忆中的积极事件及其伴随的积极记忆型情感,是否对其认知加工及言语产出具有正面作用,是值得研究的课题。黄立鹤(2018a)在研究现场即席话语中的施事行为时,区分了即席型情感与记忆型情感(也称为"述说情感")。在该研究中,这两种情感是为了区分说话人在实施言语行为时以及说话人论及事件发生时伴随的情感,目的是考察说话人实施某个言语行为时是否真实表现出应该伴随的情感,从而使得实施行为"圆满"(具体参阅黄立鹤,2018a:91-92)。这里的记忆型情感与自传体记忆中的情感内容基本一致。老年人自传体记忆、记忆型情感及言语或书面产出之间的关系值得今后进一步探究。

自传体记忆与多模态机制也有密切关系。Damasio(1989)指出,自传体记忆具有多模态机制。大量的神经解剖学和神经生理学研究表明,当个体经历事件时,相关信息储存于多个相关的大脑皮质区,即事件中不同类别的信息储存于不同皮质区中,但各皮质区之间具有丰富的同步联结。基于这些不同的多个单模态记忆储存,大脑通过"捆绑机制"(binding mechanism)形成对该事件的记忆,同时又形成记忆的"无模态"(amodal)储存。联系语言来看,人类不需要通过语言符号,而是需要通过多模态感官处理信息产生记忆。之后,人类又可以通过语言进行再次编码,将体验说出来,而这种说出来的语言则具有"无模态"特征,即"语言不依附于任何一个感官系统","正是语言的无模态性才使得语言可以用来表达任何一种模态的数据"(顾曰国,2016:495)。同样,在老年语言学研究中,研究者也可采取多模态机制与自传体记忆结合的视角,开展对正常衰老和罹患神经退行性疾病老年人的前沿研究。另外,基于叙事方法、个案分析方法、民族志方法、生命历程与毕生发展方法等的老年语言学研究,也都可涉及自传体记忆这一研究视角。

2.3.2.4　工作记忆

工作记忆是由 Baddeley & Hitch(1974)在短时记忆基础上提出的一个记忆系统,具有信息暂时储存和信息加工两大认知功能,在学习、语言理解、推理等高级认知活动中发挥着重要作用。有学者将工作记忆归于短时记忆(余林,2014),但也有部分学者认为短时记忆和工作记忆没有类别区分,而是存在量的差异,差别主要在于它们对执行加工操作的需求不同(李鹤、何清华等,2009)。Baddeley & Hitch(1974)将工作记忆视为一个连续体,其中一端是信息保持任务,执行加工操作很少,主要用到信息的有限存储功能;另一端是阅读和操作广度任务,对执行加工的需求较大。

随着年龄的增长,工作记忆的存储容量和信息加工都会受到限制。研究表明,许多工作记忆任务之间确实存在年龄差异。较年轻人而言,老年人在各种任务中的表现欠佳,就是因为工作记忆受到限制(Balota, Dolan & Duchek, 2000)。一些研究显示,衰老会改变工作记忆回路。李鹤、何清华等(2009)通过分析 16 篇在权威期刊上发表的工作记忆功能性神经影响研究报告做出总结,在言语材料的保持上,最可靠、最一致的年龄差异出现在前额叶区域,并且老年组一些激活方面的差异与记忆成绩的差异相关。无论两个年龄组的行为表现水平是否匹配,老年人和年轻人倾向于在相同的任务中激活不同的脑区,这表明他们利用了不同的神经机制。

结合诸多学者的研究来看,工作记忆的执行加工功能及其神经机制更容易受老化影响。Dobbs & Rule(1989)比较了 30 岁至 70 岁五个年龄组被试在工作记忆任务上及时存储和执行加工操作的差异,发现在主要考察存储功能的任务中,被试年龄差异很小,且研究者无法根据年龄预测被试任务表现;而在对加工需求较高的任务中,被试年龄差异明显,可用于预测被试成绩。一些学者结合行为学测试结果提出了补偿假说,即在老化的大脑中,额外的前额叶区域激活可以提供功能补偿,有助于提高老年人的记忆成绩。这一观点得到了实验数据的支持(Rypma et al., 2001)。

语言与工作记忆存在紧密联系。Daneman & Carpenter(1980)提出的工作记忆容量观认为,工作记忆容量影响个体在认知活动中的加工和储存能力。作为一项高级认知功能,语言产出和理解会受到工作记忆容量的限制(金霞,2012)。Kemper et al. (1989)曾经使用 WAIS－R 测验(Wechsler, 1981)来检测成年人逆向数字广度(backward digit span)与语言复杂度(每个话语单位[utterance]中平均小句的数量)之间的关系。工作记忆容量也决定了同一时间个体产出句子的层级关系数量,因为每增加一个从句关系,都会给工作记忆增加负担。大量研究表明,工作记忆容量对口语产出有相当重要的制约作用,对母语口语流利度、二语口语流利度、口语准确度、句法复杂度等语言指标存在重要影响(Daneman, 1991; Forkkamp, 1999; Mota, 2003)。

有学者提出"工作记忆话语假说"(Working Memory Discourse Hypothesis, Stine & Wingfield, 1990),认为老年人语言衰老是工作记忆存储和加工能力随年龄增长而衰退的结果。老年人在工作记忆中的存储容量较小,使得他们在理解和产出语言时,特别是在处理大量语言信息、记忆事件或使用情景记忆时,处于劣势。许多研究表明,老年人在阅读或聆听文本后回忆起的细节较少,特别是当段落相对复杂的时候。65 岁至 79 岁的老年人因较大的工作记忆缺陷,在整合句子信息进行推理的任务中表现较差(Cohen, 1979)。Hasher et al. (1988)通过将工作记忆、阅读理解和老化联系起来发现,工作记忆抑制能力下降会导致阅读理解加工速率降低。

需要注意的是,注意力与工作记忆也密切相关。实际上,很难将注意力容量与工作记忆容量区分开,因为大多数工作记忆的调用都会涉及注意力资源。另外,对于老年人记忆力下降背后的主要原因,学界目前有两种不同的看法：Zacks & Hasher（1994）提出，抑制性缺陷是与增龄衰老相关的记忆缺陷的主要原因；但 Jacoby（1999）则认为，有意识的记忆缺陷是导致老年人记忆力下降的主要原因。因此，老年人记忆力下降的临床表现，到底是抑制力下降还是有意识的记忆障碍引起的，以及两者之间是什么关系等一系列问题，仍需进一步研究。但可以肯定的是，这两者都是由认知控制缺陷引起的。因此，下两节将主要介绍老年人在注意力、抑制能力等方面的变化。

2.3.3　注意力

"注意"是认知心理学中的一个重要概念，是心理活动或意识对一定对象的指向与集中（余林，2014：5），是用于某个信息加工过程的认知资源或心理努力。人们通过注意系统调控、整理纷繁复杂的信息，选择其中一部分进行进一步加工。范烨（2009）总结出注意具有的几种特征。首先，注意是一种有限的心理资源。Kahneman & Tversky（1973）将注意描述成一个单一有限的资源库，处理来自外部的所有信息。Liu & Wickens（1992）扩展了 Kahneman 的理论，提出注意由多个相互独立的资源库构成，分管听觉、视觉等不同功能。这些资源库虽容量有限，但相互独立，可被同时分配到各种任务之中。这也解释了为什么人们可以同时处理几个不同感觉通道的信息，如边抄课文边听音乐。第二，注意是一个连续体。Posner（1995）根据大量研究结果将注意分为警觉（alertness）、定位（orientation）和察觉（detection）三个网络。警觉为处理信息做好了一般性的准备；定位将注意指向某些类型，排除其他类型的信息；察觉分为有意识察觉和无意识察觉，特指在认知上注意到某一特定信息。三个网络相互独立又彼此关联。注意还可以分为选择性注意和分散性注意，前者是个体在同时呈现的两种或两种以上的刺激中选择一种进行注意，而忽略另外的刺激，如驾驶车辆、在嘈杂的环境中和人对话等活动都需要选择注意的参与；后者指个体在同一时间对两种或两种以上的刺激进行注意，将注意资源分配到不同的活动中，如在打电话的时候做饭（余林，2014：5）。

注意力在语言习得和语言加工中同样具有重要作用。心理语言学家 Levelt（1983）关注注意对语言产出的监控，认为通过注意系统和言语理解系统，说话人可以对自己的话语进行监控，纠正话语错误。认知语言学家

Talmy 在 2007 年提出"语言的注意系统",认为在一个语言环境中,说话人产出的语言表达不会同等重要地出现在听话人的注意中,说话人所表达的概念内容会有不同程度的凸显(salience/prominence)。语言自身的机制内部存在一个注意系统,对所表达概念的不同部分分配了不同程度的注意,促进人们对语言的加工理解。Schmidt 在 1990 年提出"注意假说"(Noticing Hypothesis),认为"注意是一个将输入转化为吸入(intake)的必要充分条件",强调认知机制对输入的处理和作用(转引自陈方,2006:19)。Skehan(1998)的信息处理模式(information processing model)强调,大脑对语言输入的加工处理记忆引发了中介语系统的发展,其核心就是"注意"。二语习得领域在过去的 30 多年里非常重视"注意力"的概念。一些学者认为,有意识地帮助学生将焦点注意转向与某一学习领域密切相关的重要特征形式,能促进语言习得以及信息的保存。例如,在习得句法时注意词序和句子意义之间的关系(范烨,2009:57)。焦点注意在语言学习中的作用也有实验数据的支撑。Alanen(1992)设计了芬兰语的方位后缀学习实验,实验发现,凡是能注意到方位后缀的学生都能成功习得该语言知识点,而没有注意到的学生未能习得。我们从上述研究中可以看到注意力在语言加工及语言习得中的重要作用。

研究显示,在 50 岁至 60 岁期间,老年人的大部分认知能力开始退化,而注意和加工速度从 30 岁起就呈现稳定的下降趋势(张占军,2018:155)。在老化过程中,约有 50% 的老年人可能会受到注意缺陷障碍的困扰,在一些复杂的注意任务中,如选择注意和分配注意,研究者往往能观察到显著的年龄效应,老年人的表现比年轻人差。周珊珊等(2006)运用注意网络测试,观察了 30 名老年人和 30 名年轻人的警觉、定向和执行控制等注意网络功能,结果显示,正常老化老年被试的注意网络出现异常,对外界反应的灵敏性下降,警觉功能较青年被试减弱,并且对外界事物反应迟钝,动作协调能力下降,执行控制网络的反应延长,平均反应速度减慢。研究者认为这可能与脑老化过程中神经元缺失和神经递质等生化改变密切相关。神经解剖病理研究显示,老年脑的额叶和内侧颞叶区域神经元缺失明显,而生理学、行为学研究也表明,老年人额叶功能的衰退与年龄增长明显相关。警觉注意与大脑额叶及脑内的去甲肾上腺素递质系统密切相关。研究发现,老年人大脑,特别是额叶中的去甲肾上腺递质的含量下降,受体密度发生改变,支持年龄相关的警觉效应的异常和额叶功能的衰退有关(周珊珊等,2006:118)。

伴随着注意功能的衰退,老年人在日常生活中表现出对周围世界的觉察力降低,自发活动减少,语言使用能力下降,受疾病侵袭导致注意力快速衰退的老年人更是如此。一些研究显示,相比正常衰退老年人,48.5%的脑卒中失语症患者存在注意缺陷。在加工复杂语言任务或多个操作施加的任务需求增加时(如双任务范式),大部分失语症患者会由于注意资源容量不足或分配障碍导致任务成绩下降(裴倩、张通、宋鲁平,2015:297)。对失语症患者的注意能力训练可以改善其语言加工能力。郭连荣(2019)给予脑卒中失语症患者三个月的注意康复训练,发现接受注意训练后的患者在语言理解、复述、阅读、书写等语言功能上有显著提高;裴倩、张通、宋鲁平(2015)通过应用软件对卒中后失语症患者进行强化注意训练,结果显示,注意训练对患者双任务范式的字形、字义加工能力有明显改善。

2.3.4　抑制能力

抑制控制是一种基础认知机制,是阻止、压抑无关信息或行为,排除或减少无关信息对认知加工的影响的一种主动压抑过程,经常与工作记忆、流体智力、语言加工等高级认知功能联系在一起。

工作记忆是一个对信息进行临时存储和加工的容量有限的系统。Hasher 等人(Hasher & Zacks, 1988; Hasher, Zacks & May, 1999)提出的抑制衰退理论首次将抑制能力和工作记忆联系在一起,认为抑制能力的衰退影响工作记忆对当前信息的加工,进而导致其他认知功能受损。他们讨论区分了抑制能力对工作记忆的三种作用:1)通达(access),仅允许有关的信息进入工作记忆,同时抑制与当前任务无关的信息的激活;2)删除(delete),排除已经进入工作记忆的无关信息,或与之前加工目标有关但与现在加工目标无关的信息;3)压抑(restraint),抑制工作记忆内占优势但不适当的反应,同时允许弱势但适当的反应。抑制有助于降低工作记忆中偏离目标的认知激活水平,并促进有效的记忆加工,抑制能力减弱会导致工作记忆混乱,输入新的相关信息的能力也会有所减弱。有效的加工需要激活相关信息,更需要抑制无关信息。

流体智力是指在混乱复杂的状态中发现意义(新知识)、解决新问题的能力,使得个体能够在复杂环境下灵活应变。近年来,抑制控制和流体智力的关系越来越受到研究者的重视。Dempster & Corkill(1999)认为,前额叶是抑制控制的神经基础,额叶的衰退及病变会影响个体的抑制能力,同时前额叶的变化也被认为是包括流体智力在内的许多高级认知功能发展变化的原因,因此他们认为抑制控制是流体智力不可缺少的一部分。Friedman 等人(2006)使用结构方程模型研究了抑制、工作记忆、任务转换和流体智力之间的关系,研究结果表明,工作记忆和流体智力的相关性最高,抑制控制和流体智力也有中等程度的相关。Unsworth et al. (2009)发现,抑制优势反应的潜变量和流体智力的潜变量有高达 0.76 的相关性。国内研究者也表明,抑制对流体智力年老化起到重要的中介作用(王君、陈天勇,2012:1774)。

抑制控制与语言加工息息相关,贯穿词汇、句法、语篇等各个层级的语言加工过程。在词汇层面上 Gernsbacher & Faust(1991)指出,在加工同形异义词或同音异义词时,由于抑制机制的存在,与上下文无关的词义信息或音位信息不会被充分激活。Gernbacher & Robertson(1995)通过实验证实了该理论。在回指和前指的理解中,抑制机制可以阻止其他非指称对象或未被标记概念的激活,来保证被标记过的概念在心理表征中具有突显效果,使理解加工更加顺畅。在句法加工中,特别是在前文有类似句法结构的加工环境下,人们需要抑制机制的参与来阻止有干扰作用的句法结构的激活。在语篇理解层面,Gernsbacher, Keysar & Robertson(1995)提出结构建构框架理论(Structure Building Framework),认为语言理解的目的是要建构一个连贯的心理表征。构建表征的建造材料是记忆单元,记忆单元由输入的信息自动激活,信息一旦激活便传递加工信号,增强相关记忆单元的激活并抑制其他无关记忆单元的激活。因此,记忆单元的激活水平受到增强(enhancement)和抑制(suppression)两种认知加工机制的调节。结构建构框架用已建立的心理结构来说明对新信息的增强与抑制作用,点明了抑制对语篇加工的重要影响(周治金、陈永明、杨丽霞,2002:376)。

老年人随年龄增加,抑制能力出现衰退。因此,与增龄衰老相关的认知表现缺陷可能是由抑制能力降低引起的。已有研究表明,对无关信息的有效抑制是因为工作记忆中央执行系统(central executive system)对注意力的有效分配。换言之,注意力资源好的个体能够有效抑制无关信息,较少受到干扰影响。老年人在认知加工时无关信息无法被抑制,导致其在工作记忆加工相关信息时受到干扰,加工及储存能力下降。抑制能力的下降使得老年人在日常交际中的效率受到负面影响。因此,抑制效率话语假说(Inhibitory Efficiency Discourse Hypothesis)认为,随着年龄的增

长,老年人语言能力会受到抑制无关思想和刺激能力下降的影响
(Hasher & Zacks,1988)。抑制能力减弱会严重影响语篇理解,导致老年
人从记忆中提取重要信息以及形成可理解语篇发生困难;同时,老年人在
解决问题和阅读理解任务时不太善于抑制无关的环境干扰,体现了抑制
能力的减弱或对非目标信息的更多关注(Santos,2016)。在 Connelly,
Hasher & Zacks(1991)的研究中,被试被要求阅读一些插入的与短文有关
或无关的词汇。研究结果发现,与年轻被试相比,老年被试读得更慢,完
成短文后题目的正确率也更低。Connelly 等人认为,这是因为老年人相比
年轻人,排除无关信息的能力更差,在阅读的时候更容易被插入的干扰词
汇打断(转引自王君、陈天勇,2012:1771)。在语言产出上,有研究者认
为正常老年人经常会不切题地唠叨,也是其抑制能力减弱的结果。

　　另外,语言加工中抑制能力的个体差异与某些疾病也有关系。Faust,
Gernsbacher & Smith(1997)对比分析了阿尔茨海默病患者和健康老年人
在歧义句理解上的表现,发现阿尔茨海默病患者在抑制歧义词中与句子
无关词义的表现上明显不如健康对照组。Duchek,Balota & Thessing
(1998)比较了年轻人、健康老年人、轻度阿尔茨海默病患者和中度阿尔茨
海默病患者在语篇理解中对各种干扰信息的抑制能力,发现在健康群体
中,抑制能力随年龄增长而降低,而阿尔茨海默病患者抑制干扰信息的能
力最差,且会随病程降低。

2.3.5　执行功能

　　执行功能是指对认知操作进行协调和控制的能力,对认知过程的影
响非常广泛,具有非领域特异性(陈天勇、李德明,2003:710)。执行功能
含义相当广泛,目前尚未有统一明确的定义。一般而言,狭义的执行功能
多指压制不合适反应的抑制控制能力,而广义的执行功能是个体许多认
知形成的过程,涉及计划、决策、协调、排除、监控及日常生活所必需的认
知操作。也有学者将执行功能的含义进一步扩大至社会认知、精神理论、
决策和风险承担(Godefroy et al.,2010)。随着执行功能内容的不断扩
充,对执行功能的研究会变得越发复杂,也更有意义。

　　执行功能的发展与人类各项认知功能的发展密切相关。研究显示,
执行功能在婴儿1岁左右出现,在幼儿时期逐步提高,青春期达到成熟,
从一开始的未分化结构逐渐分化发展成不同的心理能力(杨晓辉,2017)。

执行功能在语言学习加工中同样发挥重要作用。语言学习包括词汇积累、语法习得、快速匹配、扩展和联想,这些能力的发展都离不开执行功能的参与。信息加工理论认为,个人从环境中获取信息输入,随后使用包括执行功能在内的各种认知过程来操作、组织和存储这些信息。语言发展就需要使用这种认知处理系统从各种途径吸收和整合信息,需要一定的认知控制和灵活性才能有效地发展语言能力(刘玉娟,2019:91)。

执行功能老化可能是其他认知功能随增龄衰退的主要原因。认知老化的执行衰退假说认为,相比于其他一般认知能力,执行功能随增龄衰退更快,是引起人们日常认知功能(记忆、推理、视觉空间能力)衰退的主要原因(张占军,2018:163)。大量神经心理学和脑成像数据表明,额叶(特别是前额叶)是执行功能重要的物质基础。随着年龄的增加,前额叶在皮层萎缩和神经元丧失、树突分支减少和轴突髓鞘结构破坏(白质退行性变化)、一些神经递质浓度降低和受体数量减少(如多巴胺系统的退化)等方面比其他脑区更明显(余林,2014:7),这可能是造成执行功能等认知能力下降的原因。执行功能的下降会进一步导致工作记忆损害。Baddeley(1979)指出,工作记忆由一个中央执行系统记忆语音回路(phonological loop)和视空间缓冲区(visual-spatial sketchpad)两个子系统组成。中央执行系统负责两个子系统之间的资源调配。有研究者指出,工作记忆中的机械保持能力及其内在神经机制几乎不受正常老化的影响,但工作记忆中的执行加工成分及其神经机制更容易受老化影响。执行加工能对保持操作的衰退提供补偿,但保持操作不能对执行功能进行补偿,因此执行功能衰退得更加明显(李鹤、何清华等,2009)。一些研究者提出,"抑制""工作记忆"和"注意"等概念可能只反映了执行功能的一个侧面,研究者通过对执行功能年老化的研究,可对抑制、工作记忆和注意能力等的减退做出统一解释(陈天勇、李德明,2003:710)。

以往研究认为,执行控制随着年龄的增长会出现一般性衰退,但随着对执行功能分类内容的扩充,研究者发现,年龄对执行控制各个方面存在不同的影响。一些研究显示,老年人虽然在注意保持的效率上有所下降,但对错误的监控能力基本没有变化(陈天勇、李德明,2003),并且虽然与工作记忆相关的内容调控执行功能下降,但注意焦点执行功能未随年龄发生衰退(彭华茂、申继亮、王大华,2009)。这也说明,执行功能是人类认知结构中最复杂的组成部分,不是某单一执行结构。

除增龄因素外,执行功能衰退也受疾病影响。帕金森病可导致五个认知领域的损耗,包括执行功能、注意力、工作记忆、语言和视空间障碍,其中以执行功能障碍表现较为突出(李彦、王丽娟、张玉虎,2016)。研究表明,有10.1%的帕金森病患者存在执行功能障碍,对这一认知损伤的及时评估发现可以避免一些事故的发生,如交通意外等(Aksan et al.,2015)。阿尔茨海默病患者的执行功能损害同样明显,主要表现在抽象、综合判断、处理能力差于健康老年人。Swanberg et al. (2004)发现,约60%的患者具有执行功能障碍,导致生活能力下降,表现为易受干扰、不能专心、决策失误等。另外,具有执行功能障碍的患者常伴有自知力下降,患者否认患病,不愿就诊,不知服药,坚持去做不能胜任的工作,增加了意外发生的风险(孙厚亮等,2006)。

2.3.6 加工速度

虽然在对年龄与认知能力的关系的研究中,众多学者从不同角度提出了多种理论猜测,对年龄与认知能力的关系进行了解释,但加工速度始终是研究最多的影响因子之一。加工速度是一个抽象概念,是一种理论性的心理结构,表征个体执行多种不同认知操作的快慢程度,一般体现在三个层次上:感觉运动速度(sensorimotor speed)、知觉速度(perceptual speed)和认知速度(recognition speed)。感觉运动速度最基础,反映了个体对刺激迅速做出简单反应的能力,类似于基本的神经传导速度;知觉速度反映了个体对刺激迅速做出知觉判断等反应的能力,如判断两个形状是否相同;认知速度涉及更高级的认知活动,如记忆、联想等(罗婷、焦书兰,2002)。

在认知老化领域,加工速度被认为是一个重要的影响因子,是许多认知操作得以实现的重要因素。Birren早在1965年就提出了有关速度是独立的认知影响因素的设想,Cerella在1985年提出信息加工速率(information processing rate)理论,都强调加工速度的重要性。Salthouse于1985年提出的加工速度理论(Processing Speed Theory)更是认知老化研究领域内最为成熟、影响力最大的理论。该理论认为,加工速度减慢是认知能力年老减退的主要原因,加工速度在年龄和一般认知能力之间起着一种重要的中介作用。这一观点也得到其他学者的支持。例如,Finkel & Pederson(2000)应用定量遗传学和其他统计学方法进行研究得出,认知总变量的78%与速度因素相关,在与年龄相关的认知变量中,89%的认知变量依赖速度因素;

在与年龄无关（遗传和环境等）的认知变量中,74%的认知变量依赖速度。因此速度因素对于"与年龄相关"和"与年龄无关"的认知变量都非常重要（李德明等,2004）。范宏振等（2015）分别在我国六大行政区选取了16个取样点,对七个年龄段的群体进行调查研究,发现50岁之前,年龄不仅通过加工速度对工作记忆及推理能力存在间接作用,还存在直接影响;但在50岁之后,年龄对工作记忆和推理能力的影响主要来源于加工速度的间接作用。

同时,加工速度理论还解释了加工速度影响认知能力的内在作用机制。加工速度理论提出了限时机制（limited time mechanism）和同时机制（simultaneity mechanism）来解释加工速度与认知的关系。限时机制是指当需要在一段给定时间内完成一系列认知操作时,较快的加工速度能保证所有认知操作都及时有效地完成,若加工速度太慢,就会导致前期认知操作占用大量时间,使得后面的操作受到时间限制,难以按时或有效地完成。同步机制主要解释了加工速度是如何影响认知操作的质量的。在处理需要各部分任务同步进行的复杂任务中,加工速度较慢会导致前面加工的结果在后面加工需要时出现丢失或无法提取的情况。在相关加工操作能够快速执行时,同步比较容易,而加工速度变慢会使得前期结果出现数量或质量上的损失（罗婷、焦书兰,2002）。

加工速度衰退对语言加工同样产生影响。母语习得相关研究发现,婴儿语言能力的发展与加工速度等认知能力的发展密切相关（Rose, Feldman & Jankoski, 2009）,语言障碍儿童语言加工的速度慢于正常儿童。即便这些语言障碍儿童掌握了句法知识,但因为无法快速加工语言,导致不能识别词的屈折变化,从而表现出较差的语言能力（陈宝国、胡琳,2012）。在二语习得领域,陈宝国、胡琳（2012）通过操纵句子呈现的速度,考察加工速度因素对晚期第二语言学习者句法加工的影响,实验结果表明,加工速度缓慢是导致晚期第二语言学习者句法加工困难的重要因素之一。赵微（2004）采用因素实验设计,通过正常学生与听力损伤学生的对比实验研究,探讨汉语学习困难的学生视觉加工速度和视觉瞬间信息整合的特征,结果表明,汉语学习困难的学生存在视觉加工速度不足以及汉语语言文字视觉加工困难（具有特异性）。这再次证明加工速度对语言加工的重要性。有关成人在句子加工方面的研究发现,老年人对复杂句式的加工速度较慢且更容易犯错,这导致老年人对语篇的推理判断变差（范琳、孙莉、王震,2021）。

2.3.7　脑老化的相关机制与假说

长期以来,学者们提出了各类基于大脑老化的机制与假说,包括工作记忆衰退理论、脑功能补偿机制、去分化假说以及时间补偿假说(Temporal Hypothesis for Compensation)等。

Baddeley(2012)将工作记忆归结为一套由语音回路、视空间缓冲区以及中央执行系统构成的认知系统,语言活动包括语音信息的提取、存储和编码,话语意图构建,注意资源分配,言语策略改变等在该系统内得以实现。工作记忆衰退理论认为,工作记忆容量不足和抑制能力不足均会导致语言认知老化,如舌尖现象(tip of the tongue,TOT)的出现可以解释为工作记忆容量不足导致语音信息提取失败,同时抑制能力下降致使老年人难以抑制干扰词的激活(毛晓飞等,2019)。

脑功能补偿机制是指,基于神经的可塑性,临近脑区会承担老化脑区或受损脑区相应功能的机制,老年人大脑两半球功能非对称性减弱模型(Hemispheric Asywonetry Reduction in Older Adults,HAROLD)(Cabeza,2002)、老化中由后向前转移模型(Posterior-anterior Shift in Aging,PASA)(Grady et al.,1994)、补偿相关神经环路利用假说(Compensation-related Utilization of Neural Circuits Hypothesis,CRUNCH)(Reuter-Lorenz & Cappell,2008)以及认知老化支架理论(Scaffolding Theory of Aging and Cognition,STAC)(Reuter-Lorenz & Park,2014)先后提出均反映出,当语言区域老化或受到损伤时,大脑能够调节神经变化对语言功能区进行重组与修复(韩笑、梁丹丹,2019)。当语言加工需求能在其他认知任务中概念化时,就能够抵消认知老化带来的相关影响(Kliegl et al.,1999)。Wingfield & Grossman(2006)针对老年人在部分视听觉能力下降及认知加工速度减慢的情况下,语言理解能力在正常衰老过程中通常会保持相对完好的事实,提出了句子理解的双成分模型,包括位于左半球外侧裂周区的核心句子加工区域以及支持理解长句子或句法复杂句子所需的工作记忆和其他资源的相关区域,以描述健康老年人在理解句子时新大脑区域的补偿性激活,解释老年人在此方面的表现能够与年轻人保持一致的原因。基于血氧水平、依赖功能磁共振成像等技术的研究已经表明,由于不同皮质区域随年龄增长面积减小的程度并不相通,当某些任务所调用的大脑皮质资源较少时,额外的大脑区域会被激活,从而产生神经资源的补偿性分配现象。例如,研究者通过脑成像技术发现,左侧背侧、额下部和右侧颞顶区会被激活,以补偿左侧颞顶叶下降的活性。这一现象充分体现了个体大脑功能神经的适应性和可塑性,即在成年后如果某些神经资源减少,大脑也会支持利用现有资源优化目标实现。

去分化假说主要是指由于增龄,大脑网络中神经调节效率降低,神经元表征差异减少,导致大脑去分化,引起老年语言加工机制的退化。Martins,Joanette & Monchi(2015)认为,大脑的这种增龄性去分化可被视为神经补偿。然而,无论 HAROLD 模型还是 PASA 模型,都是老年人大脑去分化在脑化活动上的特殊表现形式。他进一步观察后发现,老年人在加工句法、语音和语义时的脑激活时间会出现延迟。因此,他提出了时间补偿假说,认为语言加工存在增龄性延迟,而这种延迟可通过牺牲加工速度得到补偿。

传统观点认为,心理认知发展是单向的、不可逆的,即个体进入老年阶段后,认知功能的总体趋势是下降的,表现在视听觉衰退、记忆力下降、学习新知识的能力下降、语言能力下降等。但是,毕生发展观及近年来的一系列研究发现,虽然在因增龄而导致的认知衰退情况下,老年人会出现加工速度减慢、工作记忆容量变小、抑制能力下降以及启动认知过程能力下降等状况,但并非所有认知加工能力都随着年龄增加而衰退,有一些会相对稳定(Radvansky,1999;Radvansky & Dijkstra,2007),如晶体智力、基于要点的加工和语义激活扩展等,这些均属于情境模型加工范畴,即与具体语境信息相关的理解与记忆。情境模型加工是一种更初级的思维形式,相比于其他认知维度在老年阶段保持较好。情境模型是指人们在社会信息加工过程中形成的关于具体事件和情节的知识,包括三种基本信息:时空框架、实体集合及实体之间的各种相互关系(Radvansky & Zacks,1997)。情境模型对可能存在的情境进行结构塑造,成为一个在认知加工中可被利用的模型,从而在今后的社会信息理解过程中被启用(王沛、胡林成,2002:285)。

老年人的晶体智力是指应用先前已获得的知识经验的能力(Cattell,1963),是构成一般智力的因素之一,一般不随年龄的增长而减退。晶体智力对应的是流体智力,后者是指在混乱复杂的状态中发现意义(新知识)、解决新问题的能力。另外,还有一些能力非但不减退,而且还继续增强,如抽象思维能力等。

老年个体即使在神经生物学层面存在较为严重的病理特征,也能依旧保持较好认知功能,对此令人困惑的问题,有学者提出了认知老化支架理论(Park & Reuter-Lorenz,2009),概念模型见图 2.6。

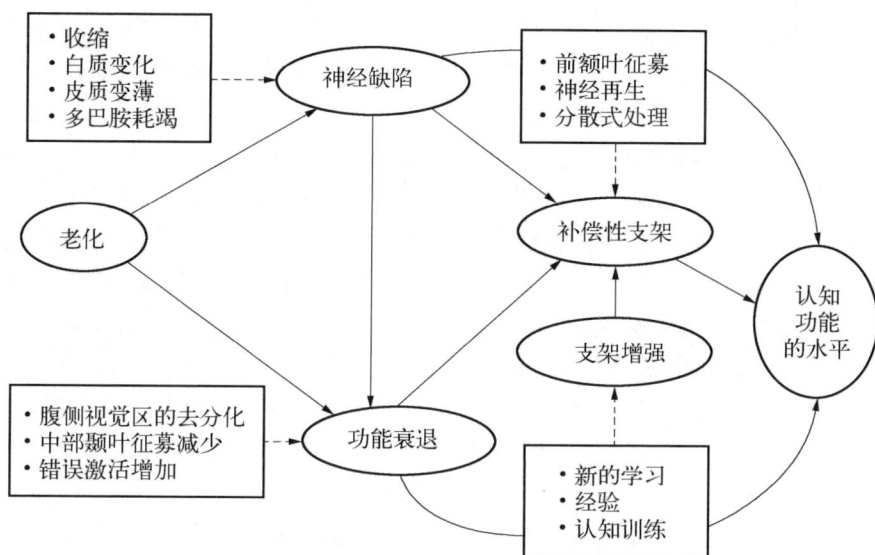

图 2.6　认知老化支架理论的概念模型（转引自余林，2014）

该理论提供了一个大脑认知老化补偿的模型，前额叶皮质是大脑中最灵活的部分，衰老大脑中的"支架"加工主要在该结构中。这是一个动态的脑适应过程，在该过程中，前额叶征募的补偿、新神经再生和神经加工的分散式处理提供了形成神经支架、实现保护性重组的机制。这种带有补偿性功能的神经支架的构建是贯穿一生的正常过程，它涉及在各个年龄段中使用和发展互补的、可供选择的神经回路来实现特定认知目标。其中，新的支架的形成与日常经验积累、学习新知识或技能、认知训练等密不可分，支架还能对部分由结构和功能衰退而引起的认知老化给予一定保护。该理论为神经可塑性、老年个体神经病理与认知表现之间的不匹配性等特点提供了很好的解释。当然，这种支架构建也不是不受限制。与年龄相关的神经可塑性能力下降必然会限制老化大脑的支架构建能力（Burke & Barnes，2006）。当衰老持续进行，大脑认知对补偿性支架的需求超过了神经可塑性和重组的能力，老年人会更为明显地表现出认知能力的下降。例如，包括阿尔茨海默病等严重神经退行性疾病的神经病理最终会使得这种支架发生坍塌，认知能力表现受损（Park & Reuter-Lorenz，2009）。

语言是大脑的高级认知功能。但个体整体认知功能与语言功能之间的关系到底如何，目前尚未得到清楚解释，学界也未完全达成共识，但至少体现在三个方面：第一个是儿童语言习得过程中，语言能力发展与整体认知发展的关系。前贤时哲对此关注很多，由此引发了乔姆斯基语言器官论、福德言语模块论与皮亚杰经验建构主义、多模态充盈论等理论之间的争鸣（顾曰国，2015）。这也是人们讨论语言与大脑关系的重要起点。第二个是脑外伤或脑疾病造成的语言功能丧失或损伤，起始于大脑布洛卡区和威尔尼克区的发现，引发了语言中枢与其他脑区关系的讨论。这一点也是研究热点。第三个是大脑老化与老年人语蚀、语障的关系。这一点国外学者已经进行了持续性讨论，而我国学者对此的关注和研究还远远不够，尤其是大脑老化与母语为汉语的老年人语蚀、语障的关系。母语为汉语的老年人语言加工脑区不同于母语为英语等其他语言（涉及更多外侧裂周区，并延伸至左额中回）的老年人（Wu et al，2015），其脑整体认知衰老与语言能力退化有何特殊性，是兼具理论性和实践性的议题。

很大一部分的老年人语言蚀失现象研究始于研究者对老年人认知老化的研究，相关研究主要是对感知功能、加工速度和工作记忆等方面随年龄增长而衰退的现象进行描写和阐释，认为大脑组织的结构性退化是这些认知功能减弱的主要原因。因此，探讨老年语言学，需要了解老年人认知老化的情况。大脑整体认知功能老化会引起语言功能的变化，但目前学界对语言加工老化有两种观点，即领域一般论和领域特殊论。领域一般论认为，语言加工老化源自一般性感知觉（如听觉等）和一般性认知功能（如工作记忆、执行功能、注意力、抑制控制等）的衰退；领域特殊论则认为，老化出现在某个特定的语言认知加工过程中，语言功能会呈现出特殊的衰退或保留（Taylor & Burke，2002，转引自肖容、梁丹丹、李善鹏，2020：1）。

无论如何，老年人整体的认知老化都会在多个方面影响其语言能力，这是不争的事实。目前，学界有关老年人语言理解与产出能力下降的认知原因有三个基本假设：1）认知减缓话语假说（Cognitive Slowing Discourse Hypothesis）（G. Cohen，1988）；2）工作记忆话语假说（Stine & Wingfield，1990）；3）抑制效率话语假说（Hasher & Zacks，1988）。

另外，性别差异、教育背景、社会关系、特殊疾病等因素也会影响认知老化进程及认知功能发展，继而影响语言能力。有研究表明，两性间大脑语言网络及对应脑区变化方式不同（Madhavan et al.，2014）：男性更易出现认知退化，而女性执行功能脑区退化的进程更快；教育背景更好的老年人认知退化进程更慢（Reas et al.，2017）；来自配偶的正向社会支持会让男性保持更好的认知功能并减缓认知退化，而对女性而言，同样情况的出现只来自子嗣或友人的正向社会支持（Liao & Scholes，2016）。

2.4　老年人心理变化

在老年阶段,生理衰老与心理变化互相影响。对老年人心理活动特点与变化规律进行研究的科学是老年心理学(Gerontological Psychology),属于发展心理学的重要分支。总的来说,老年人心理变化主要包括两个维度,一是老年人的感知觉、记忆、思维等,属于"心理认知"范畴。Schaie(1994)提出从五种基本心理能力来考察成年期认知功能的发展变化,包括归纳推理能力(inductive reasoning)、空间定向能力(spatial orientation)、数字能力(number skills)、语义能力(verbal ability)、词汇流畅能力(word fluency)。研究者可以从这些基本心理能力来考察老年阶段的心理认知变化特点、过程与机制。二是老年人的情绪情感、人格、人际关系等,即在日常生活中的心理健康,甚至是临终心理等。国外对个体在老年阶段的心理特征与变化研究相当深入,范围也很广。我国对老年人心理认知老化的研究成果较多,对心理健康等方面的研究也已经展开。

老年心理状态与老年语言学密切相关,主要体现在这两个维度的老年心理知识体系都会对老年人的语言能力、语用交际产生影响。例如,由于心理认知的老化,老年人在数字能力、语义能力和词汇流畅能力等方面有所下降,进而影响语言能力;因神经退行性疾病等的影响,某些老年人的一些心理认知能力受损,进而语言理解和语言产出的连贯性、流畅性、语法复杂度、词汇多样性等方面受到负面影响。从生命历程的角度来看,老年人语用表达的变化与其过往经历及所引发的情感也有关系。即便是罹患痴呆症等疾病,也可能出现激越等心理情绪障碍,在语言表达中直接体现。

2.3节已基本介绍了心理认知层面的老化情况,包括记忆力、注意力、抑制能力、执行功能、加工速度等,这些认知老化对老年人语言能力的影响是直接的,也是本书花大部分笔墨所探讨的内容。本小节将简单介绍健康老年人及认知障碍老年人在情绪情感、人格、人际关系等方面的特点及其与语言能力的关系。

2.4.1　老年阶段的心理衰老问题

生理衰老可导致老年人一系列的心理变化,反过来,老年阶段的心理及精神状态在很大程度上会影响衰老进程。心理积极向上、精神状态饱满的老年人在一定程度上能够延缓衰老,而心理消极或精神萎靡,可导致衰老提前或加速。目前,学界对于"心理衰老如何测量""标准是什么"等问题并没有共识,有研究者选择采用主观评定的方法对老年人心理衰老进行评测。

老年阶段的心理衰老与老年人在日常生活中的语言沟通及社会参与等密切相关,因此,对语言理解、语言产出等方面的分析有时需要考虑老年人的心理特征。本节将从情绪情感、人格及人际关系、衰老患病及临终心理三个方面介绍老年人的心理衰老情况。

2.4.1.1　老年人的情绪情感

在老年情绪研究方面,早期研究者通过大样本调查分析发现,老年人情绪反应相对迟钝,会体验到较多的消极情绪(Malatesta, 1981);但近年来的研究逐渐发现,老年人并不一定会有更多消极情绪,他们在主观体验、外显表情、生理反应这三个情绪基本成分上与年轻人几乎没有差异,相反还可能体验到更多积极情绪,对情绪控制更好(Carstensen, Mikels & Mather, 2006)。老年人的这种较好情绪体验和幸福感与其身体素质的降低、认知能力的老化形成了对比,即所谓的"老化悖论"(the paradox of aging)(高云鹏、胡军生、肖健,2013:155-156)。这一悖论与老年人社会交往、人际关系等密切相关。斯坦福大学心理学家 Laura Carstensen 就此提出了社会情绪选择理论(Socioemotional Selectivity Theory),对这一悖论加以阐释。近年来,社会情绪选择理论对社会行为的动机研究以及老年人认知与注意的积极效应研究影响较大。Long & Carstensen(1994)认为,随着人们年龄的增长,社交网络的规模会变小。这是因为,按照社会情绪选择理论,在老年阶段,老年人会有选择地减少社交网络,避免因为庞大的社交网络和丰富的细节记忆而"分散自己"。因此,老年人有选择地构建了一个社会和认知世界,更愿意与具有亲密情感关系的社会伴侣一起体验,并且更多地将生活中情绪体验的意义作为生活的目标,因此更愿意且更善于调节情绪,从而获得满足感,使情感回报最大化(Carstensen, Fung & Charles, 2003:118-119)。换言之,尽管老年人的社会关系网络通常比年轻人小,但他们的关系会体现出强烈的社会融合感。此外,老年人经常报告他们在关系中有更多的情感投资,因为他们已经放弃了与更多外围关系的联系(Pennebaker & Stone, 2003)。

有研究者发现,老年人情绪生理反应的总量有所降低(Levenson et al.,1991),但老年人对所有基本情感种类的辨识能力并非都有所下降。例如,年轻人对厌恶较难辨识,而老年人对此则相对擅长;相反,悲伤是年轻人最容易辨识的情感,而老年人则对悲伤较难辨识(Ruffman et al.,2008:872)。根据研究者收集的被试自我报告的情绪发展情况来看,人们在一生中情绪发展的总体特征为负面情绪水平下降,积极情绪水平稳定或略有上升(Pennebaker & Stone,2003)。在情绪频率方面,人们的消极情绪频率随着时间的推移而下降,而积极情绪保持显著稳定(Charles,Reynolds & Gatz,2001)。从中年到老年早期,积极情绪略有增加(Mroczek & Kolarz,1998)。更有研究通过对人们日常生活中的情绪体验进行抽样发现,消极情绪在大约 60 岁之前会随年龄稳步下降,但积极情绪体验的频率与年龄无关(Carstensen et al.,2000)。综上可见,年龄对人们的消极情绪影响更大,且两者之间呈现负相关变化,对积极情绪则影响较小,一般呈现为正相关的变化。

事实上,老年人对积极情感的偏好是因为在注意和记忆中会出现"积极情绪效应"。所谓的"积极效应",是指老年人在注意、记忆中对积极情绪信息所表现出的偏好。老年人较为关注情绪目标,对于与情绪有关的信息会分配更多的资源,从而表现出偏好。研究者通过点探测任务(Dot-Probe Task)的行为学实验发现,老年人探测到消极情绪脸后有回避对其注意的倾向(Carstensen,Mikels & Mather,2006);研究者通过脑成像研究也发现,虽然老年人与年轻人在观看情绪图像时杏仁核的活动都有增加,但老年人观看积极图像时的杏仁核活动显著高于观看消极图像时的杏仁核活动,而年轻人并无这种差异(Mather et al.,2004)。另外,老年人会比年轻人花更多的时间关注选项的积极特征,关注选项消极特征的时间较少(Mather,Knight & McCaffrey,2005)。

老年人的多种记忆类型中都存在积极情绪效应。例如,老年人的工作记忆中情绪信息会表现出积极效应(Mikels et al.,2005);有研究者通过对年轻人、中年人和老年人的再认与回忆研究发现,尽管再认和回忆的总体成绩随着年龄增长而下降,但是对积极材料与消极材料的再认和回忆比率会随着年龄增长而上升(Charles,Mather & Carstensen,2003);当回忆自己原来所做的选择时,老年人比年轻人更加关注情绪满足;在自传体记忆中,老年人也比年轻人更可能表现出积极效应;纵向研究发现,被试年龄越大,主观报告提及的童年时期快乐程度就越高(高云鹏、胡军生、肖虽然在一般情况下,消极情绪体验会随年龄增长而减少,但不同类别的消极情绪(如愤怒、悲伤、恐惧和厌恶)随着年龄增长而变化的情况不尽相同。例如,对照实验发现,当老年人和年轻人同时被要求重温以前的愤怒事件以及使他们感受到被贬低的录音对话时,老年人比年轻人表现出更少的愤怒情感;当老年人和年轻人都接触到悲伤刺激或回忆过往悲伤事件时,两个年龄组呈现的悲伤程度并无差异,但当悲伤刺激是描述老年人特别关心的话题(如死亡、衰老或疾病等)时,他们会表现出更多悲伤情感;恐惧、厌恶等情感方面,老年人与年轻人基本一致,但在某些条件或刺激下(如恐惧强化的惊吓反应、特定医疗手术等),两个年龄段呈现出的情感强度不同(Chen & Anderson, 2018:419-421)。与消极情绪相比,积极情绪的体验似乎随着年龄的增长而变化减小,研究发现,积极情绪的体验似乎在个体60岁至70岁之后略有下降,当然导致该下降的一个可能原因是,个体在老年阶段中经历积极事件的频率降低了。

另外,对情绪复杂性体验的能力可能随着年龄的增长而增加。在相似的情绪条件下,年轻人可能经历相对单一和特定的某种情绪,而老年人更有可能在同一时间经历多种情绪。例如,有研究发现,向年轻人和老年人同时展示描绘不公正场面的电影片段之后,年轻人更有可能报告相对单一的主要情绪(如厌恶或愤怒),但老年人报告的情绪异质性更强(如厌恶、愤怒、蔑视和悲伤等混合情绪)。换言之,与年轻人相比,老年人在应对引发情绪的情况时往往会经历更复杂的情绪模式(Chen & Anderson, 2018:419-421)。

老年男性和老年女性的情绪感知存在差异。老年男性在感知情绪中的面部表情方面不如老年女性。这种表现差异可能是由于两性对脸部的注意区域不同,研究发现,女性更多地关注眼部区域,而男性更多地关注嘴部区域(Isaacowitz, Livingstone & Castro, 2017:5)。

在情绪控制方面,老年人采用的逃避、抑制和被动依赖别人等被动情绪调节策略显著多于年轻人(莫书亮、孙葵、周宗奎,2012),有较好的情绪调控能力。相关大脑成像研究表明,老年人的自发情绪调节能力比年轻人强。但是,老年人在情绪调节过程中表现出不同的大脑活动模式,表明老年人在情绪调节过程中的认知困难更大(Isaacowitz, Livingstone & Castro, 2017:2-3)。

老年人的情绪情感特点与其语言交际特征、社会参与等密切相关,本书将在 2.4.3 节进行讨论。

2.4.1.2　老年人的人格及人际关系

在传统心理学研究中,作为稳定特质的人格范畴与作为动态过程的认知范畴,两者处于分离的研究状态。但近年来研究者发现,人格特质不同的老年个体认知老化进程存在很大差异。人格的五因素模型把人格分为五个维度:开放性(extraversion)、外向性(openess to experience)、尽责性(conscientious ness)、神经质性(neuroticism)和宜人性(agreeableness)。总体上,具有积极人格特质(开放性、外向性、尽责性)的老年个体在晚年可以相对较好地保持认知功能,使之不下降或者很少下降;而具有消极人格特质(神经质性、宜人性)的老年个体,其认知功能则会快速下降,还可能罹患痴呆症等认知损害疾病。

首先,开放性被认为是五大人格中与认知老化关系最为密切的人格特质,且这方面的相关性研究结论基本一致,即高开放性个体具有更好的认知功能:高开放性个体通常具有好奇心、想象力、创造性,具有对知识的渴望及产生新颖观点的能力,而低开放性个体更倾向于墨守成规,参与各种活动的热情大大减弱(Costa & McCrae, 1992),使老年个体的语言沟通与社会参与情况受到影响,从而影响认知能力。其次,高外向性与认知老化情况的关联研究结果不尽相同,另有一些研究者发现,中等外向性对减缓认知老化具有积极作用,是认知能力的保护性因素。第三,对于具有认知优势的老年个体来说,高尽责性是高听觉加工能力、高工作记忆能力的有效预测因子。第四,神经质性是认知障碍的危险因素,近年来,学界发现了更多神经质性对认知老化具有负面影响的证据。最后,目前对宜人性与认知老化关系的研究较少,但现有的多数研究表明,宜人性与认知老化有一定关联,宜人性低的个体把自己的利益放在别人的利益之上,会产生敌对、愤世嫉俗、多疑、复仇、无情等特质。但在多元分析中,宜人性不是独立预测变量。这说明,该特质在认知老化中可能是与其他人格特质共同发挥了作用。当然,这些研究因样本、方法、年龄等不同,结论存在一定差异性,但老年个体的人格、认知与社会参与等互相影响,从而也影响老年人的语言交际,是客观事实(余林,2014:124 - 134)。

人格的内涵极其丰富,主要特征可以概括为整体性、稳定性、独特性及社会性。整体性要求我们将个体视为各种心理机能的综合整体,是各个部分相互联系、协调一致运作的结果;稳定性是指人格具有跨时间的持久稳定特点,且具有跨情景一致性;独特性是个体人格的自我差异性;社会性是指人格既是社会化的对象,也是社会化的结果(高云鹏、胡军生、肖健,2013：175–177)。老年人的人格与其语用互动、社会交往密切相关,我们应当通过具体社会参与和语言沟通对老年人人格进行分析。基于这一点,我国语言学家顾曰国(2013)提出了老年语言学研究的"鲜活整人模型"(详见5.8.2节的介绍)以及"社会己"的维度,其中就包括个体的人格要素。一般而言,个体进入老年期以后,因体质、经历、教育水平、经济收入、职业发展、政治待遇、兴趣爱好、气质性格等不同,会有不同的人格类型分化,包括成熟型、退缩型、防御型、愤怒型等。另外,老年人在日常生活中可能会表现出某些人格障碍现象,包括偏执、冷漠、焦虑、厌烦、倒退等。

另外,老年人对自我的认知可以包括多个维度,如个体形象、个性人格、社会角色等。自我认知是会发生改变的,进入老年阶段,老年人对自我的认知也会随着年龄增长发生变化,并且与周围人对其的认知、媒体对其的形象构建等互相影响。老年人的身体逐渐衰老,心理发生变化,自我认知相应改变,老年阶段的社会关系也会发生较大变化,且这两个方面会互相影响。一般而言,年纪越大,离死亡越近,老年人就会失去更多亲友,如再不有意识地进行社会参与或社区活动,其社交网络就会逐渐萎缩,从而导致社交孤立,使老年人的身心健康甚至是语言能力受到影响。研究者可通过会话(话语)或文本对老年人自我认知、社会形象等加以解构与分析,这也是老年语言学的重要研究内容。本书将在4.3.2节中探讨老年人的自我身份和社会形象问题。

就社会心理学而言,老年个体主观感受到的年龄意义与其在社会交往中的角色定位多数情况下是相适应、相匹配的,但有时也会发生一定程度的错位。根据著名的波恩老龄化纵向研究(Bonn Longitudinal Study of Aging),对个体行为影响最大的不是客观上的变化,而是个体对变化的主观认知。同样的人生事件(如退休),不同老年个体对其认知不同,导致其后的社会参与程度不同,适应能力的程度也不同,也相应地构建了不同的老年个体形象(Moody & Sassar, 2015)。

2.4.1.3　老年人的衰老患病及临终心理

身心疾病会对老年人的心理及行为产生很大负面影响,如积极情绪下降、注意力分散、动机下降以及心理感受不良等,甚至导致心理疾病。

这里主要介绍帕金森病以及抑郁症对老年人心理的影响。

帕金森病会给老年人带来巨大心理压力,导致患者出现较为普遍的消极情绪。其中,抑郁是帕金森病的常见心理并发病症:国外研究者预计,约有 25%—70% 的帕金森病患者同时患有抑郁(Cummings, 1992; Shulman et al. , 2002);我国研究者发现,帕金森病患者并发抑郁的比例约为 52.38%(高国栋等,2009)。

老年抑郁症因患病率有所增高而逐渐受到重视。由于诊断标准和取样不同,不同研究对老年抑郁症患病率的统计不尽相同。例如,袁杰等(2011)基于美国精神疾病诊断标准(DSM-IV)对上海浦东新区 60 岁以上老年人抑郁症患病率进行调查,调查结果显示,抑郁障碍的患病率为 19.09%,其中重度抑郁障碍 3.56%、恶劣心境 11.11%、轻度抑郁障碍 2.45%;杨展等(2017)基于 2013 年中国健康与养老追踪调查(China Health and Retirement Longitudinal Study,CHARLS)统计数据发现,中国老年人整体抑郁症状发生率为 26.8%,城市老年人抑郁症状发生率(16.4%)显著低于农村(30%),自评健康好、无慢性病、社会参与度高的老年男性抑郁症状较低,文盲和小学文化程度的老年人抑郁症状发生率高于初中及以上老年人群。

从当前的流行病学调查来看,我国调查发现的中国老年人重度抑郁发病率相当于美国调查结果显示的老年抑郁症整体发病率(高云鹏、胡军生、肖健,2013:314)。我国老年人罹患抑郁症等心理障碍的风险很大,有些致因具有明显的国情因素:1)从全国整体来看,目前我国的老龄健康知识普及以及全方位的养老服务(特别是满足精神文化需求方面的服务)仍处于亟须建设、完善的初级阶段,心理障碍问题亟待重视。我国老年人整体上对心理健康的认知与重视程度相对较低,很大一部分老年人甚至其家属亲友都尚未充分重视老年阶段心理健康问题,因此实际潜在的老年抑郁患者数可能更大。2)我国社会经济正值快速发展期,空巢老人数量不断增加,这一群体的抑郁等心理健康问题需要引起高度重视。已有初步统计显示,我国空巢老年人抑郁比例高达 73.27%,其中的中、重度抑郁患者达 9.9%(苏丹等,2012)。另外,独居老年人和无子女老年人数量的增长也史无前例。这类群体面临的心理障碍风险还可能高于空巢老年人群体。3)我国患病老年人数量为世界之最,失能老年人数量增长触目惊心。数据表明,我国慢性病发病情况十分严峻,老年常见病发病率居高不下。慢性病可导致老年人过早死亡、过早失能。调查发现,我国有超过

1.8亿的老年人患有慢性病,患有慢性病的比例高达75%,失能、部分失能老年人约4,000万。[1] 另外,我国老年人的健康预期寿命数据值得高度重视。根据世界卫生组织2021年发布的报告,在2019年,我国人口整体预期寿命为77.4岁,健康预期寿命为68.5岁。[2] 换言之,中国居民平均有近九年的晚年生活需要带病生存。

即便没有罹患上述重大疾病,老年人因为处在人生阶段的末期,最终都要面对临终状态,因此老年临终心理与应对显得尤为重要。传统上,"死亡"在我国是令人忌讳的话题。一般来说,老、病、死三个过程是相对分开的,当老年人进入患致命性疾病且无法治愈的阶段,就要面临死亡。这个过程如果相对短暂,将对老年人及其亲属产生巨大的心理冲击。有研究发现,老年人对死亡的认识与其他年龄段的成年人相比是不同的,绝症老年人跟健康老年人相比,其心理上与死亡距离相对更近,对死亡的恐惧是其他人群无法体会的(温颖茜、滴石,2019)。

老年患者在面对死亡将近时会产生多个阶段的心理变化过程。美国精神医学专家Kubler-Ross(1969,1981,1991)在对几百个临终老年患者进行观察与访谈的基础上,概括了老年人面对死亡时的心理变化过程,包括否认、讨价还价、沮丧、接受。当然,并非所有老年人都会经历所有阶段,有时顺序也有所不同。也有研究者将老年人对待死亡的情感态度分为三大类,包括自然式接受(认为死亡是生命过程中自然、不可或缺的部分)、趋近式接受(相信来生存在,不害怕死亡)、逃避式接受(当生命充满艰辛苦难时选择逃避)。

老年人在面对死亡时还会存在死亡焦虑(death anxiety),包括对躯体变化的担忧、对时间流逝的意识、对伴随而来的痛苦和紧张的担忧、对智力和情绪变化的担忧等(Kastenbaum,2000)。对死亡焦虑程度的测量较为直接的是直接测量法,如死亡焦虑量表(Death Anxiety Scale, DAS, Templer,1970)。一些国家和地区编制或修订了适合自己文化和情况的量表,如阿拉伯地区死亡焦虑量表(Arabic Scale of Death Anxiety, Abdel-Khalek,2004)、西班牙地区死亡恐惧量表(Collett-Lester Fear of Death Scale,Lester,1990),但我国尚无自主开发的死亡焦虑量表或死亡恐惧量

---

[1] 参考 http://health. people. com. cn/n1/2019/0730/c14739 – 31264748. html.
[2] 2022年7月12日,国家卫生健康委员会发布《2021年我国卫生健康事业发展统计公报》,我国居民2021年人均预期寿命为78.2岁。

表。直接测量法简单方便,但也受到一些研究者的批评,因为潜意识里的恐惧有时无法得到反映,而且有时被试可能不愿意透露真实想法。在这种情况下,Schulz & Salthouse(1999:334-335)总结了三种死亡焦虑的间接测量方法,词汇联想测验(Word Association Test)、颜色词干扰测验(Color Word Interference Test)和幻灯片呈现测验(Death Anxiety Slideshow Measure)。前两者均与语言密切相关:词汇联想测验假定死亡焦虑较强的个体对与死亡有关的词语联想要慢于对中性词的联想;颜色干扰词测验假定死亡焦虑较强的个体在阅读电脑屏幕上呈现的词语时,与死亡有关的词语的阅读速度会慢于中性词的阅读速度。幻灯片呈现测验中,老年被试被先后展示与死亡相关的词汇及其图片与中性词及其图片,前者如"墓地",具有死亡焦虑的被试在看待此类图片时心率会发生明显的变化。

另外,从叙事医学和话语分析的角度来看,老年人在日常生活情景或医院临床语境下的会话都可能显示其与疾病、死亡的相关心理状态。本书将在4.4.1节介绍老年人在罹患重大疾病或濒死阶段的话语、安宁疗护话语与老年心理问题,即从语言分析的角度来看待该老龄现象。

上述这些问题都是我国老龄化进程中凸显的严峻现实,在老龄化背景下,抑郁等心理健康问题必须引起高度重视,否则老年人的交际沟通、社会参与情况将受到严重影响,不利于积极老龄化的实现。

2.4.2　认知障碍老年人的常见问题

研究表明,神经退行性疾病患者可能出现五种常见情绪症状,包括焦虑(anxiety)、抑郁情绪(dysphoric mood)、淡漠(apathy)、去抑制化(disinhibition)和欣快(euphoric mood)等(Levenson,Sturm & Haase,2014)。

焦虑是多种神经退行性疾病的常见症状,大多数轻度认知障碍和阿尔茨海默病患者都被报告有焦虑症状(Apostolova & Cummings,2008;Spalletta et al.,2010)。有焦虑症状的患者会对之前没有压力的事件或活动表示担忧,如离家外出(Tripathi & Vibha,2010)。有些认知障碍患者对特定事物表现出焦虑,包括社交场合、污染的环境、某特定生物或物体、某特定事件等;有些患者则表现出更广泛的焦虑,即对普遍事件或事物都感到担心和忧虑(Levenson,Sturm & Haase,2014)。戈多综合征(Godot syndrome)被归类为焦虑的一种变体,是痴呆症患者可能出现的一种心理症状,表现为患者反复询问即将发生的事件,有严重的焦虑情绪。约有1.6%—4.6%的阿尔茨海默病患者会出现这种症状,这可能是认知能力下降造成的(T. Chen et al.,2016)。阿尔茨海默病患者常见的焦虑表现还包括恐惧(如害怕被单独留下)、紧张、不安和烦躁等(Ferretti et al.,2001)。

抑郁情绪在认知障碍患者中也很常见,主要表现为情感低落、悲观、无助、无望等(中华医学会精神医学分会老年精神医学组,2017)。虽然痴呆症患者的抑郁症状与认知正常老年人的抑郁症状十分相似(Chemerinski et al.,2001),但痴呆症患者抑郁情绪的某些表现,如易怒、社会活动减少,可能比其他表现更常见(Olin et al.,2002)。抑郁的轻度认知障碍患者通常表现出悲伤、哭泣和无望(Apostolova & Cummings,2008;Lopez et al.,2005),这种悲伤感在抑郁的阿尔茨海默病患者中也很常见(Spalletta et al.,2010)。额颞叶痴呆(fronto temporal dementia,FTD)患者则不同,该类患者的抑郁情绪更多地表现为冷漠和社会退缩,少有悲伤感(Blass & Rabins,2009;Levenson,Sturm & Haase,2014)。阿尔茨海默病患者在中晚期有很大比例会出现抑郁症状,但由于语言能力下降,临床医生和照护者很难识别该群体的抑郁症。因此,当注意到下列一种或多种情况时,应考虑患者是否伴随抑郁症:1)经常情绪低落,丧失乐趣;2)自我贬低,表达死亡意向;3)痴呆症发病前有家庭或个人抑郁症史(Tripathi & Vibha,2010)。

淡漠是一个多维概念,包括认知、行为和情感方面的一系列症状,如动机缺乏,社交活动、言语交流和情感反应明显减少等(Raimo et al.,2019)。这些症状在阿尔茨海默病、额颞叶痴呆、帕金森病等认知障碍疾病中都很常见(Chow et al.,2009;Spalletta et al.,2010;Starkstein et al.,1992)。在阿尔茨海默病和其他痴呆症的早期和中期阶段,高达50%的患者对日常活动缺乏兴趣、社交活动减少、缺乏主动性(Tripathi & Vibha,2010)。但不同类型的痴呆症患者可能会表现出不同形式的淡漠,例如,有研究者对比阿尔茨海默病患者与额颞叶痴呆患者的淡漠形式发现,阿尔茨海默病患者的淡漠与焦虑情绪更相关,情感淡漠的额颞叶痴呆患者更易伴随冲动、强迫等症状(Chow et al.,2009)。此外,阿尔茨海默病患者的淡漠症状很容易被误认为重度抑郁症的症状,临床上必须将两者区分开,因为这两种情绪症状的治疗方法不同。例如,在药物治疗上,抑郁情绪患者可能需要抗抑郁药物治疗,而淡漠患者则可能需要使用胆碱酯酶抑制剂治疗(Tripathi & Vibha,2010)。

去抑制综合征患者由于参与自我监控、冲动控制和情绪调节的控制系统失衡,常表现出行为冲动、行为不恰当、情绪不稳定等症状,其他相关症状包括哭泣、言语攻击、对他人和物体的身体攻击、运动性激越、自我破坏性行为等(Levenson, Sturm & Haase, 2014;Tripathi & Vibha, 2010)。该情绪症状在额颞叶痴呆患者中很常见,并且是行为异常型额颞叶痴呆的核心诊断标准之一(Rascovsky et al. , 2007)。临床报告表明,额颞叶痴呆患者经常对陌生人过于热情,在社交活动中犯错而不感到尴尬或羞愧,这种社会不恰当行为可能是由患者自我意识情绪反应能力的缺陷造成的(Sturm et al. , 2008)。

欣快情绪在多数神经退行性疾病中是罕见的,但在额颞叶痴呆中相对常见,发病率高达 40%(Hirono et al. , 1999;Liu et al. , 2004)。患者往往表现出明显的欣快情绪,如大笑、戏谑、过度热络等,也易有更多寻求奖励的行为,如暴饮暴食、赌博、过度使用药物和酒精等(Mendez et al. , 2006)。由于大量症状重叠,表现出欣快情绪的额颞叶痴呆患者极有可能被诊断为双相情感障碍,增加临床诊断的困难(Woolley et al. , 2001)。

认知障碍老年人易表现出上述情绪症状。同时,有学者发现,有焦虑、抑郁等情绪症状的老年人更有可能患认知障碍疾病。例如,Gimson et al. (2018)对有关焦虑诊断和痴呆症长期风险的研究进行了系统回顾,发现中年期的显著焦虑症状与至少 10 年后的痴呆风险增加有关;Apostolova & Cummings(2008)回顾了有关伴随轻度认知障碍的神经精神症状相关研究发现,具有抑郁、淡漠、焦虑、易怒等情绪特征的伴随轻度认知障碍患者比没有这些特征的患者更容易患阿尔茨海默病。由此可以看出,关注老年人的情绪与心理问题,不仅有助于提高认知障碍老年患者的生活质量,也有助于预防和延缓神经退行性疾病的发生。

总的来看,认知障碍通常会给老年人的认知状态、行为方式等方面带来巨大变化,对老年人的心理产生消极影响。不同类型、不同病程的痴呆症患者会表现出不同的常见病症。例如,Lyketsos et al. (2000)在一项社区人口调查中发现:阿尔茨海默病患者易妄想,血管性痴呆(vascular dementia, VD)患者易有抑郁情绪;路易体痴呆(lewy body dementia, LBD)患者比阿尔茨海默病患者更易出现视幻觉(Ala et al. , 1997);额颞叶痴呆患者更容易冲动,有暴力或反社会行为等(Miller et al. , 1997)。不论何种认知障碍类型,患者普遍具有一种或多种神经精神症状,这些症状不仅会影响患者的机体功能表现,也会增加照护者的经济和心理负担。

　　研究表明，即使是中晚期的痴呆症患者也具有情感表达需求。Lawton，van Haitsma & Krapper(1996)研究了痴呆症患者和健康老年人的情绪表达，发现在痴呆症患者中，所有的基本情绪都在一定程度上存在。当然，痴呆症造成的语言和认知障碍会对老年人表达情感的方式造成很大的限制。例如，当痴呆症患者交流情感时，该群体可能会尝试通过非语言行为和喊叫等方式来实现。相关情绪如果没有被照护人员发现并得到回应，就可能导致老年患者更为过激的喊叫或其他行为。但在实际情况中，有严重认知障碍的老年患者的抑郁情绪往往被忽视，这也是导致其行为问题的原因之一。因此，照护人员应正视认知障碍患者的情绪表达与心理健康，以恰当的方式与患者进行沟通交流。

2.4.3　老年心理问题与语言能力

　　抑郁、淡漠等情绪与心理问题常伴随老年认知障碍疾病而产生和发展，使老年人的认知与语言能力衰退或损害，生活质量严重降低，影响老年人的日常生活与人际交往。

　　抑郁症在老年群体中十分常见，且通常伴有明显的认知功能障碍，即情景记忆、信息处理速度、执行功能等多方面的认知能力衰退(Luppa et al.，2012)，也会影响语言能力。研究发现，老年抑郁症患者在包括波士顿命名测验、字母流畅性测验、类别流畅性测验中得分较低(Ganguli et al.，2006)。同时，老年抑郁症患者在语音、语义等多个方面的语言能力会发生退化。语音方面，老年人患抑郁症会影响一些与言语产出有关的认知和生物系统，包括工作记忆、语音回路、发音模式以及肌肉控制等(Cummins et al.，2015)。这些影响可能会导致抑郁症患者出现语速变慢、音域缩小、音调下降和发音错误等语言现象(Cummins et al.，2015；Hollien，1980)。有研究者曾这样描述抑郁症患者的声音："低沉、缓慢、犹豫、单调，有时口吃，在说出一个词之前尝试多次，在句子中间声音变哑"(Kraepelin，1921)。

　　老年抑郁症患者在言语流畅性测验中表现较差。例如，Tam & Lam(2012)发现华裔老年晚发型抑郁症患者在类别流畅性测验和延迟回忆测试中的表现均比健康老年人差，但略好于轻度认知障碍患者。言语流畅性测验依赖于聚类(clustering)和转换(switching)两个主要过程的协调使用：聚类指的是在特定音位或语义域中产生词汇的能力，而转换是指从当前域转移到另一音位或语义域的能力(Troyer et al., 1997)。Fossati et al.(2003)对比了抑郁症患者与健康对照被试在语音流畅性和语义流畅性测验上的表现,发现抑郁症患者在语义流畅性测验中产生的词比对照组少,在语音流畅性测验中表现正常。先前研究也发现了抑郁症患者在语义流畅性测验上的缺陷(Calev, Nigal & Chazan, 1989; Tarbuck & paykel, 1995)。Fossati et al.(2003)认为,抑郁症患者在语义流畅性方面的不足可能与转换能力下降有关,即在执行任务时较难从一个语义域切换至另一个语义域,从而反映了抑郁症患者更普遍的执行能力下降和额叶功能紊乱问题。

　　老年抑郁症患者执行能力的损害与语言能力衰退有着密切关系。Sexton et al.(2012)认为,老年抑郁症患者在执行功能、处理速度、情景记忆和语言技能等领域的表现均比健康老年人差,其中执行功能的衰退或处理速度的降低就能够解释患者情景记忆和语言能力方面为何会衰退。在患有晚期抑郁症(伴有或不伴有痴呆症)的情况下,执行障碍综合征的存在会影响患者的认知状态,患者经常表现出与额叶障碍相关的言语流畅性改变和计划缺陷(Elliott et al., 1997)。

　　老年抑郁症患者语言能力的衰退还体现在命名能力的下降上。Butters et al.(2004)在探究老年抑郁症患者神经心理功能特点及影响因素时,使用波士顿命名测验、关键词测验(Spot-the-Word Test)等四种任务评估了未患痴呆症的老年重度抑郁症患者的语言能力,发现老年抑郁症患者在命名测试中的表现明显差于健康老年被试,在其他方面则与健康老年人无显著差异。该研究还发现,信息加工速度和教育水平与老年抑郁症患者的语言能力密切相关,心室萎缩程度也会对其产生一定影响。类似地,Sexton et al.(2012)在评估老年抑郁症患者认知能力时也发现了该类群体在命名能力上的缺陷。

　　具体来说,不同抑郁程度的老年人语言能力损伤不同,重度抑郁症老年患者在命名测试、复述任务、抽象能力测试等方面的得分明显低于轻中度抑郁症老年患者,表明重度抑郁症患者的认知功能损害更为严重,在执行功能、语言能力上尤为明显(张闻宇等,2020)。首次发作年龄也会对老年抑郁症患者认知功能产生不同的影响。王艳华等(2016)发现,早发型与晚发型的老年抑郁症患者存在相似程度的记忆障碍,但晚发型患者的执行功能障碍更严重。

　　淡漠也与语言能力衰退有关,淡漠症状使得认知功能加速衰退,影响患者与照护者的生活质量(Merrilees et al., 2013; Starkstein, 2006)。与抑郁症类似,有淡漠症状的老年人通常在言语流畅性测验中表现较差,Wen & Lee(2009)考察了淡漠症状在晚年抑郁症患者的认知功能障碍方面的作用,发现有淡漠症状的该类患者在言语流畅性上有缺陷,而在物体命名任务中无明显缺陷。他们进一步推测,淡漠可能是晚年抑郁症患者执行功能障碍的主要原因,淡漠症状似乎损害了介导认知执行功能的额叶-纹状体环路。其研究学者也发现了淡漠症状对老年人言语流畅性与执行功能的消极影响(Montoya-Murillo et al., 2019;Onyike et al., 2007)。

帕金森病患者常表现出淡漠症状,该症状也会影响言语流畅性。例如,研究发现,有淡漠症状的患者在音位和语义生成的言语流畅性测验上的表现均明显差于无淡漠症状的患者(Zgaljardic et al., 2007);同样,Isella et al.(2002)将患者按照淡漠量表(Apathy Scale)得分分为三组,发现淡漠量表得分越高的患者在字母和类别流畅性测验中得分越低。此外,与名词相比,患者在处理某些动词时有困难。Wolff et al.(2021)探究了淡漠症状与帕金森病患者动词/动作流畅性困难的关系,发现淡漠症状中的行为淡漠维度与动词/动作流畅性困难有一定的关联,即主动发起行动的障碍与较少主动产生动词有关,暗示行为淡漠可能是导致患者行动语言缺陷的另一因素。

抑郁和淡漠还可以通过影响感觉运动系统来影响语言。Kernot,Bossomaier & Bradbury(2017)比较了两位著名作家的小说中感官形容词的使用情况,其中,Iris Murdoch 被诊断患有阿尔茨海默病并被报告有抑郁和淡漠症状,而 P. D. James 则健康长寿。研究发现,在最后 12 年的写作中,Murdoch 对感官形容词的使用比 James 多,但 Murdoch 对嗅觉词的使用很少。先前研究表明,情绪低落和淡漠会影响前额叶边缘网络的功能,而这部分与处理嗅觉的大脑区域重叠,因此,抑郁症会降低患者的嗅觉能力(Croy et al., 2014)。因此有研究者指出,嗅觉感觉词可能可以帮助识别早期抑郁和淡漠症状(Kernot,Bossomaier & Bradbury, 2017)。

总的来看,老年人的情绪与心理问题极有可能损害认知功能和语言能力,影响老年人的日常交际与生活质量,增加照护者和社会的负担。

2.5 身脑心状态与老年语言现象的关联

本节主要论述两个问题:一是按照老年阶段身脑心衰老状态的标准,区分四个大类的老年群体,以及各个群体的语言表现;二是介绍老年人因增龄而导致的多模态感官系统衰老情况,以及基于该现实搭建的老年语言现象多模态研究框架。

2.5.1 老年群体分类与语言现象

老年人的身脑心状态分别指前述的生理老化状态、认知老化状态、心理老化状态。前文已述,我们从老年人身脑心健康的状态,将老年人分为四个大类:超康健老人、成功老龄老人、通常老龄老人、痴呆症老人(顾曰国,2020)。这四类老年人的年龄段是从我们研究者的视角划分的,因此是动态变化的。例如,以 2000 年的研究者视角为例。当年 80 岁的老人,身脑心无临床疾病者为超康健者;同一年 70 岁的老人,身脑心无临床疾病者为成功老龄者。70 岁老人到 2010 年 80 岁时仍保持身脑心无临床疾病者,则划为超康健者。以此类推。

需要指出的是,第四个分类之所以把痴呆症老年人列为单独的一类,是因为在老年群体中,以阿尔茨海默病为主要类型的痴呆症能够引发显著的语障,引起迅速的语言能力衰退,是国际上老年语言学研究的重点。但是,罹患老年性精神病(如动脉硬化性精神病)的老年人也会表现为智力减退、性格改变及精神障碍,在言语行为上具有一些显著特征,因此也应该归为第四类。鉴于此,笔者建议对第四类在范围上适当拓展,即第四类老年人应当包括罹患老年性精神病的老年人,对应以老年神经退行性疾病及老年性精神病为主要病因的语言障碍研究。

之所以要对老年群体按照身脑心状态进行划分,是因为这四类老年人跟老年人的各类语言现象分类(包括语常、语误、语蚀、语障等)有很强的关联性。从本质上说,从语常、语误到语蚀、语障,老年人的各类语言现象及各类语言能力是由其身脑心状态决定的。例如,超康健老人和成功老龄老人的生理、认知及心理老化状态并没有显著影响语言能力,因此该群体的语言现象及相应能力是语常和语误,即无损态;通常老龄老人的生理、认知及心理老化过程影响了其语言能力,因此该群体可能从语常、语误的状态进入了语蚀状态,甚至因为老化程度的加深导致语障;而痴呆症老人(当然也包括罹患精神疾病的老年人)由于认知、心理急速衰变,在研究时已经出现语障现象,随着病程的发展,该群体可能完全缄默,最终失去语言能力。

顾曰国(2020)进一步指出,超康健老人和成功老龄老人的"积极生活年龄"还可以进一步细分:1)完全积极生活年龄;2)部分积极生活、部分消极生活年龄;3）消极生活年龄;4）被动生活(如植物人)年龄。在语言使用现象及语言能力方面也作类似的再次区分:1）完全主动社交话语活动;2）部分主动、部分被动社交话语活动;3）被动社交话语活动;4）无社交话语活动。

据此,以出生年龄 60—100 岁为标尺,不同老年人群与老年语言现象之间的关联示意图(见图 2.7)。

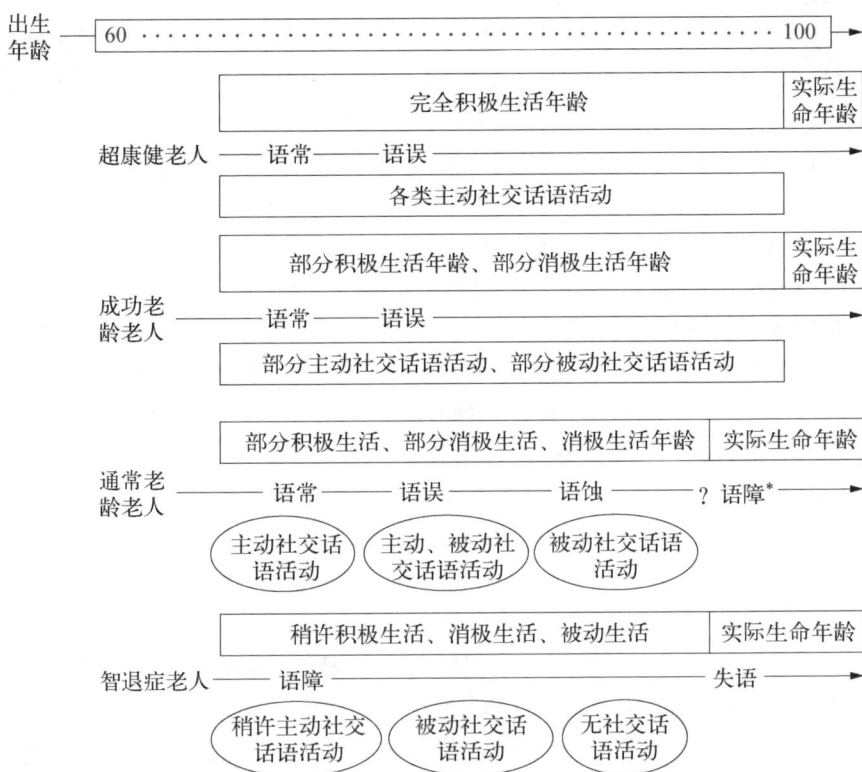

* ? 表示有可能发生。

图 2.7　老年人群与老年语言现象关联示意图(顾曰国,2020)

当然,现实中不同老年人群的语言现象往往是错综复杂的,有时多个语言现象可能交织出现。图 2.7 是顾曰国(2020)根据现有的实际语料与已有研究初步观察而构建的概念图,只是老年语言学研究的初步指引,对此图的进一步细致刻画、分类甚至调整需要老年语言学从多个维度进行深入研究后方可完成。

2.5.2　多感官模态衰老与语言现象

在生命历程的末端,视觉和听觉等多种感官模态在老龄化或老年疾病的作用下发生老化衰退。老年人感官模态的衰老直接与语言现象相关,且在笔者倡导的研究范式中,感官模态的衰老还与老年人语言现象的多模态研究模型及操作方法密切相关。因此,本节主要介绍老年人的多种感官模态衰老问题。

年龄增长对老年人的感官模态几乎都有负面影响。从整个生命历程发展的老年末端来看,老年人的感知与产出模态是注定要衰老的,这是目前科技条件下不可逆转的现实。这种多模态感官衰老、效率下降或者障碍发生都会影响老年人的语言理解和产出,由此产生语误、语蚀、语障现象。

不同感官模态的衰老程度和速度都不一样。例如,老年人听觉模态下降[①]、视觉模态下降都会影响老年人言语交际,包括老年人语音感知能力下降、情绪感知能力下降等,从而造成言语交际效率下降;视觉和听觉模态往往随着年龄增长而相对显著下降,一般而言,70 岁后下降的速度有所增加;而体感和味觉模态的年龄差异较小,但其中的温度感觉、触觉和咸味味觉的年龄差异相对显著。这些躯体感觉模态的年龄差异可能与老年人周围神经系统或中枢神经系统的变化有关(Guergova & Dufour, 2011),也与老年人的皮肤变化有关,皮肤变化包括弹性蛋白、胶原蛋白和皮下脂肪的丢失等。当然,大脑的补偿功能在一定程度上会弥补受损感官模态对语言认知的影响,在言语交际中帮助老年人实现一定的交际目的,以抵消增龄导致的单一感觉模态衰老所带来的损害结果,这就是所谓的补偿机制(详见后文对 Perkins[2007]相关理论的介绍)。

老年人进行包括言语交际在内的日常生活活动需要大脑具有提取、组织和处理信息的能力。在与外界的互动中,信息通过感知模态被接收、加工,并与先前的记忆、经验及知识产生关联,以产生反馈,这种现象就是"感官整合"(sensory integration) (Carriot, Jamali & Cullen, 2015;Freiherr et al. , 2013)。例如,视觉模态、听觉模态与体感模态(somatosensory modal)的整合,嗅觉模态与味觉模态的整合等。按照脑科学或生理学的

---

① 　但低频听力影响较小,可参考 Stevens et al. (1998) 。

定义，"模态"是指感官及其相应的神经系统（Kolb & Whishaw，2005：135），"多模态"是人类通过感官跟外部环境之间的一种互动方式。在与外界互动过程中，人们往往调用多种感官模态，这种由多个单感官模态参与的信息整合过程被称为"多模态整合"（multimodal integration），也称为"跨模态整合或多感官整合"（crossmodal integration/multisensory integration）（Dieuleveult et al.，2017）。现有研究表明，说话人参与自然会话时，多个大脑区域及相应的信息处理系统同时工作，大脑处理区域互相补偿、支持和勾连，从而在人们与外界互动、进行会话交际的过程中进行多模态处理（黄立鹤，2018a：322）。换言之，人们（包括老年人）与外界的互动、言语交际本质上是多模态的，大脑需进行多模态整合。

随着年龄的增长，老年人各个感官模态以及执行功能、记忆力、抑制控制能力等都会下降，从而导致多模态整合能力的变化。虽然老年人与年轻人在多模态感知条件下的反应都比在单模态感知条件下的反应更快、更准确，但几乎每个试验都发现，老年人的反应时要比年轻人更长。这是因为大脑的多模态整合能力和效率在年轻人和老年人身上有所不同。以视觉模态及体感模态为例，研究发现，老化对视觉-体感跨模态的形状辨别时间和正确率均有影响，但单模态的形状辨别不受影响；老年人在进行视觉-体感双模态整合时反应时长显著变短，即反应时效应，而且老年人更多受益于视觉-听觉双模态的定向线索（audio-visual orienting cues）；而年轻人在视觉-听觉双模态整合、听觉-体感双模态整合上有更多正向效应（Mahoney et al.，2011，2012）。

老年人倾向于整合更多环境中的多种感官模态信息，他们会尽量采用互动环境中的每一个信息来最大限度地利用多模态整合，而这种整合可以帮助老年人提高注意力。但是，与年轻人相比，老年人在相关任务中的正确率仍然较差，且他们在选择性注意任务中需要更多的时间来准确执行；同时，老年人正确辨析互动环境中干扰性模态信息的能力和效率下降，从而不容易高效正确地整合与当下任务直接相关的信息，而年轻人会更倾向于权衡互动环境中存在的多种模态信息，以便合理使用。

多模态整合涉及对无关信息或干扰因素的抑制，称为"感官噪音"（sensory noise）。互动环境中常出现干扰因素或不准确的信息，这往往会对老年人的模态整合造成更大负面影响，也就是说，老年人在抑制无关信息方面的能力较差，使得他们自己在进行整合多感官模态信息时工作量增加，结果是老年人对与当前任务无关的信息也进行了整合，这一点与本书 2.3.4 节介绍的老年人认知抑制控制能力下降一致。而年轻人需要进行选择性注意时，大脑中多感官模态区域的增强会被抑制，促使他们忽略无关的信息并进行更为高效的信息整合，最后完成任务。

另外，多模态整合涉及自上而下（top-down）和自下而上（bottom-up）两个过程。其中，自上而下的过程是指对多模态整合的控制，这种控制受到预期、目标等多种因素的驱动；自下而上的过程受到互动环境中模态信息突显性特征的驱动，通常需要调动多种感官模态的信息刺激以引起注意。研究表明，老年人不能正确使用自下而上的多模态整合过程，即利用信息显著性权衡信息重要性、进行选择性整合的能力下降（Dieuleveult et al.，2017：8）。在老年人自下而上的多模态整合过程中，各个模态的相对影响也不尽相同，例如，视觉模态就相对占据主导地位（Koppen & Spence，2007）。除此之外，随着年龄的增长，认知控制的灵活性下降，老年人会表现出对自上而下加工较多的依赖（吴瑕、钟希平、姜云鹏，2022），这说明老年人的多模态整合过程和模式会受到年龄增长的影响。多模态整合机制不仅在物体识别、情绪感知和认知处理过程中具有重要的作用，还与老年人的自传体记忆相关。以往对自传体记忆线索提取的研究大多集中在单模态线索，而多模态线索对老年人自传体记忆提取及影响的相关研究较少。近年来的研究发现，视觉和听觉模态是提取信息激活自传体记忆的主要输入模态，其中视觉模态又比听觉模态对检索记忆的贡献更大（Willander，Sikström & Karlsson，2015）。这一发现对如何基于多模态线索，激活老年人自传体记忆，利用语言资源或方法延缓认知衰退具有重要意义。本书在 5.8 节及 6.3.3 节将详细解释如何基于多模态数据研究老年人语言问题，并介绍有关提升老年人语言认知能力的多模态干预等方面的问题。

综上，老年人的多模态整合方式和效率相比年轻人都有一定变化，这种变化的背后有其神经解剖学原因，颞叶体积减小是主要原因之一。从人的生命历程来看，35 岁以后大脑体积开始减少（Hedman et al.，2012），其中前额叶皮质和纹状体受到的影响最大，额叶前部白质、颞叶、小脑蚓部、小脑半球和海马体的体积也随着年龄增长而减少。这些脑区都在多模态整合过程中发挥着重要作用。除了脑区面积的变化，老年人对脑区的调用方式也有所改变，老年人在面对多模态任务时，会比年轻人调用更多的脑区，有研究者认为这可能是为了补偿因增龄而受影响的认知功能（Dieuleveult et al.，2017：8），即正常脑老化过程中，老年人会出现脑神经补偿现象。

　　总体上说,感知觉老化、认知老化、语言蚀失三者之间的关系仍待进一步研究。秉持多模态维度、基于多模态数据来探讨老年人感知、产出模态衰老与其语言表现的关系,可用于对老年人各类语言现象的描述性、阐释性研究,还可用于提升老年人语言认知能力的多模态干预。

第三章　正常与疾病状态下的老年人语言表现

　　进入老年阶段后,个体面临的语言问题主要是生理性和病理性衰老导致的语言能力退化与临床语言障碍,以及社会角色变化造成的语言交际问题。生理性衰老是指成熟期后出现的生理性退化过程,其中包括致使很多老年人语言能力退化的大脑认知衰老;病理性衰老指老年性疾病(如痴呆症、脑卒中、帕金森病、高血压及糖尿病等)造成的大脑组织结构改变会导致认知能力下降、语言障碍,可表现在语音、词汇、句法、语义及语用等多个语言层级。本章主要围绕正常老龄与语言能力蚀失、老年常见疾病与语言障碍等议题展开论述。在这一领域开展的老年语言学研究,其主要任务是对正常老年人进行特征描写、规律总结与机制阐释。

3.1　正常老龄与老年人语言蚀失

　　语言与衰老(language and aging)已成为国际应用语言学领域的重要话题。著名的劳特利奇(Routledge)出版社于 2011 年出版的《应用语言学手册》(*The Routledge Handbook of Applied Linguistics*)就专列出一章"语言与衰老"。

　　本节主要介绍正常老龄化背景下,老年个体在语言各个层面发生的语言蚀失及其背后原因。由于篇幅所限,这里仅介绍一些典型的研究成果,其他相关研究内容将在本书 4.1 节做进一步论述。

3.1.1 语音层面的蚀失

在语音层面,蚀失具体表现为语音理解和语音产出两方面的困难。

语音理解方面,随着年龄增长,个体语音感知能力的衰退会造成理解障碍,甚至进一步导致产出障碍。语音理解障碍主要体现在老年人声调感知和韵律感知层面的变化上。在声调感知方面,有学者以母语为闽南话的被试为对象进行研究,研究发现,即使老年人听觉敏锐度在正常范围内,老年人的声调感知范畴界限也和年轻人有显著不同(陈慈薇,2014)。这主要由两个原因造成:第一,增龄会使老年人外周听觉敏感度和中央听觉功能发生衰退,声音频率编码功能减弱(Lister et al., 2011; Schneider & Pichora-Fuller, 2000)。第二,一般性高级认知功能的衰退也会削弱声调感知,尤其是在高级认知功能参与较多的注意状态之下(Kennedy & Raz, 2009)。例如,注意控制等高级认知功能的下降就可导致声调感知能力下降(Yang et al., 2015)。在韵律感知层面,大多数研究发现,老年人随着年龄增长,对韵律的感知能力会下降。但也有研究发现,老年人在以词重音(word stress)为线索传递韵律信息的感知上没有明显变化(Wingfield, Lindfield & Goodglass, 2000)。总体来说,老年人语音感知能力在增龄过程中既有衰退也有保留。衰退与保留看似矛盾,却与老年人调用的补偿机制存在潜在关联(本书将在后文予以介绍)。

语音产出方面,随年龄增长,老年人的语音产出会发生一系列变化。例如,Linville(2001),Reubold, Harrington & Kleber(2010)等学者都对年龄增长与语音变化之间的关系进行了深入探讨。一般而言,老年个体的语音有以下特征:1)语音基频发生变化。老年女性在衰老过程中,基频(F_0)会下降30 Hz左右,尤其在女性进入更年期前后(开始逐渐步入老年阶段),下降趋势更为显著;老年男性基频下降趋势较为缓和,但在50岁左右也有约30 Hz的下降幅度(Linville, 2001; Martin, 1997),这种基频的变化在即席话语中比朗读时更为明显。2)声音震颤。3)嘈杂环境下发音难以辨认。4)呼吸及发音器官的生理性改变,导致男性和女性的最大音强均有所下降(Linville, 2001)。5)元音央化,老年人发音尤其老年男性发音中的元音央化较为明显,这可能要归因于舌部等生理器官控制能力的减弱。6)语速,老年人在语速上也较年轻人更为缓慢。Smith, Wasowicz & Preston(1987)曾要求10位健康老年人与10位年轻人分别以正常语速和快速语速说话。统计显示,老年人在音节、句内部分和句子之间的停延时间均比年轻人长 20% 至 25%。

老年人语音特征随增龄发生的变化会影响到周围人对其印象的形成及人际沟通。听话者可以从老年人的各种语音特征来判断其所处的年龄段。对于男性老年人,平均音量(强度)和音量标准差与实际年龄、感知年龄正相关;对于女性老年人,平均音调、音调标准差和颤音与实际年龄、感知年龄正相关(Hummert, Mazloff & Henry, 1999)。

总的来看,国外对老年人生理衰老与语音理解和产出的研究比较多元,包括了从语音感知到韵律特征的维度。目前国内的相关研究也正在起步,今后应多开展母语为汉语或其他少数民族语言的语音层面蚀失研究。

3.1.2　词汇层面的蚀失

在日常生活中,老年人说话随着年龄增长会发生物品名称到嘴边却说不出,成语俗语说错、颠倒或不再会使用,词汇流畅性降低,屈折形态加工困难等语言退化现象。

老年人在生活中感受最深的语言退化现象是"忘词"或"找不到合适的词",即词汇提取困难,也称为"舌尖现象"。Nicholas et al. (1985)对整个生命周期中成年人的名词和动词提取进行了对比试验,认为老年人在命名测验中得分降低的主要原因还是词汇提取困难。国外研究结果表明,大学生每周大约会经历一到两次舌尖现象,60 岁至 70 岁老年人遇到舌尖现象的频率略高一些,而 80 岁以上老年人遇到舌尖现象的频率几乎是大学生的两倍(Heine et al., 1999)。

根据传递缺陷假说(Transmission Deficit Hypothesis),舌尖现象的主要产生机制是词汇的语音形式与语义形式之间连接的减弱降低了两者之间的启动速度或启动强度,从而导致传递障碍(Burke et al., 1991)。类似地,随着年龄的增长,成语或习语的整体表达与其各组成部分之间的连接及激活程度会有所减弱。这就导致了老年人在日常生活中说成语或习语时,会出现只能说某个字词而一下子说不出完整表达的情况。

即便是健康老年人,在成语表达方面较年轻人也有更大的困难,表现为表达不完整或错误。Conner et al. (2011)对比了 40 名年轻人(18—30岁)和 40 名健康老年人(60—85 岁)在故事叙述(Story narration)任务中的成语表达情况,发现健康老年人的成语表达正确率显著低于年轻人;年龄与成语正确率在青年组呈正相关,而在老年组呈负相关,这表明对熟悉成语的掌握至少持续到 30 岁左右。在每组中,波士顿命名测验①的分数与故事任务的表现相关。

老年人的词汇流畅性降低,表现为冗余性词汇重复、增塞语增多等,在临床测验中每分钟说出的同类词汇数量有所下降。

国外还有学者对增龄衰老是否对印欧语系的语言屈折形态产出产生影响开展了研究。他们在母语为德语的老年人与年轻人对比研究中发现,规则的屈折形态加工在老年人中是稳定的,而不规则屈折加工的某些方面可能与词汇表征的长期记忆存储或正字法加工、语音加工有关,因此老年人的加工效率可能较低(Reifegerste, Elin & Clahsen, 2018)。Royle et al. (2019)则比较了母语为法语的老年人和年轻人在屈折形态、正字法加工及语义加工等方面的表现。研究发现,老年人的规则屈折形态加工与正字法加工能力基本持平;老年人在理解时的不规则屈折形态加工能力有一定程度的损伤。因此,根据目前的研究尚不能得出增龄衰老对形态加工没有影响的结论。

3.1.3 形态句法层面的蚀失

认知老化过程中,老年人在产出认知载荷较高的形态句法时会遇到困难。随着年龄的增长,老年人对复杂程度较高、使用频率较低的句法结构把控能力下降,从复杂句子中回忆命题信息和模仿句子的能力也逐渐下降。有研究者探究了年龄增长与产出句子语法复杂度的关联。他们基于 15 年追踪数据绘制了老年人语法复杂度变化曲线,发现曲线大约在 75 岁前基本稳定,之后是一个大幅度的下降;随着时间的推移,语法复杂度会进一步下降(Kemper, Thompson & Marquis, 2001)。当然,语法复杂度受不同因素(年龄、性别、会话主题等)影响而有所差异,但这些多重变量背后可能有两个潜在恒定的因素,即工作记忆和执行功能(Kemper, 2015)。例如,老年人言语产出中的包孕复句使用数量及复杂程度就与其工作记忆和执行功能密切相关。随着年龄增长,老年人工作记忆容量下降,执行功能老化,使得其在产出某些句子时更倾向于认知负担较小的形

---

① 美国波士顿大学开发的命名试验,是研究词汇提取困难的常用测试方法。

式。例如,老年人在口语与书面语中均倾向于使用右向拓展结构(right-branching construction)(Kemper et al.,1989),这里的右向是相对于主句谓语的位置而言的。例如,"She's awfully young *to be running a nursery school for our church.*"这一句中,to be running a nursery school for our church 就是通过 She's awfully young 向右拓展而来的;左向拓展结构使说话者的工作记忆负担更重,因此,老年人较少使用"The girl *who runs a nursery school for our church* is awfully young."这种左向拓展结构。

老年人的形态句法加工能力下降有其背后的脑机制原因。从句子加工时的脑区域变化与增龄之间的关系来看,虽然反映句子加工的老年人和年轻人两组被试脑电成分 P600(500—800 毫秒时间窗内的平均波幅,反映句子加工情况)的潜伏期数值、波幅基本相同,但在大脑空间的分布有所不同。年轻被试的 P600 在后部电极上较大,在前部较小,在右侧较类似的左半球部位稍大;老年人被试的 P600 分布广泛(包括更多额叶部位),且两侧对称。总的来看,随着年龄增长,P600 的分布有两方面不同:1)额部面积更大,2)两侧更对称。其他相关研究也发现,与年轻人相比,老年人在进行包括情节记忆、语义提取以及工作记忆提取和编码在内的许多感知和记忆活动时,其大脑(特别是额叶区域)较少发生侧向激活,并且,大脑前额叶活动较少偏侧化(Reuter-Lorenz et al.,1999;2000)。因此,老年人更可能将处理负荷分配至两个脑半球以补偿大脑效率降低导致的认知不足(Kemmer et al.,2004)。图 3.1 显示了 P600 在年轻人和老年人的大脑空间中的分布差异。

但是,并非所有语言加工能力都会随着年龄增长、认知老化而发生退化。语言加工需求若能在其他认知任务中概念化,就能够抵消认知老化带来的相关影响(Kliegl et

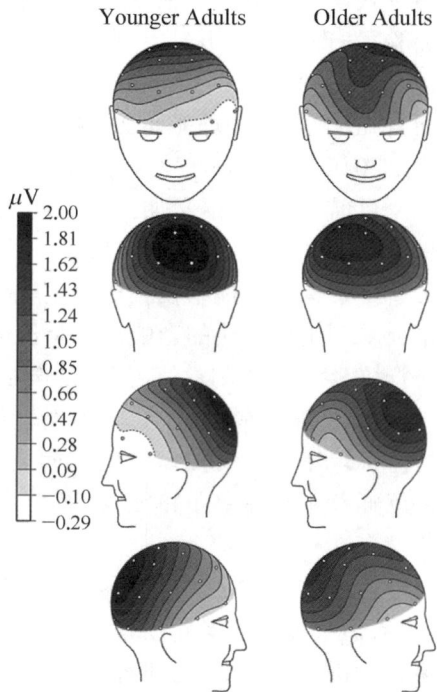

图 3.1　P600 脑电成分在老年人和年轻人脑空间上的分布差异

al. , 1999）。同样地,前文 2. 3. 7 节已述,并非所有认知加工能力都随着年龄增加而衰退,有一些相对稳定（Radvansky, 1999; Radvansky & Dijkstra, 2007）,如晶体智力、基于要点的加工和语义激活扩展等。这些没有衰退或衰退程度较小的认知加工对老年人的语言能力保持起到了重要的支撑作用。

3.1.4　语义层面的蚀失

语义认知是较为复杂的认知活动,受到语义表征、语义控制、言语工作记忆等主体性因素的制约。语义认知机制并不是语言认知所特有的,而是与人类一般执行认知能力的老化有着紧密关联。过往认为,老年人的语义记忆受增龄因素造成的功能衰退影响较小。一些研究表明,在语义记忆相关测验（如词语、图画联想和分类等测验）中,认知健康老年人与年轻人的表现并不存在显著差异。但是,也有研究者通过词汇语义联想方式设计了脑事件相关电位实验,进行了三种词汇语义相关度的判断测验,发现老年人并非在生理和认知运作等各方面变得较差,而在处理语义加工的运作方式上产生了改变（陈奕秀,2008）,如老年人较年轻人而言在实时语言理解时更倾向于利用和整合韵律信息（Steinhauer et al. , 2010）。

目前,学界为语义加工能力在年龄增长过程中保持相对稳定的现象提供了三种解释（Mayr & Kliegl, 2000: 40）:一是负责语义加工的大脑神经解剖结构与其他结构相比变化较小,已有证据表明,并非所有大脑区域都会受到生理老化的影响。二是虽然语义记忆衰退可能与其他认知功能一样,但终生的"刻意练习"可能会抵消一部分衰退的影响。然而,在现实生活中,"刻意练习"语义知识的情况较少,因此"终生经验"的解释力还有待验证。三是语义知识结构的构成是相对复杂冗余的,即语义节点之间的联通并不只有一条路径,如果某一路径因为增龄而发生问题,其他路径仍然存在。

需要注意的是,尽管语义加工能力在年龄增长过程中能够保持相对稳定,但个体进入老年阶段后一些神经解剖学结果仍然显现出语义认知老化的迹象。例如,有研究表明,在正常衰老过程中,老年人大脑的神经元发生了明显变化,变化主要发生在语义控制加工对应的脑区（Lacombe et al. , 2015）。

近年来,也有更多的神经学研究结果继续支持语义认知老化的观点。因此,一些研究者主张老年人也存在语义认知老化,语义认知老化更多体现在涉及选择、抑制、整合、维持等的语义控制任务,语义认知过程需要认知控制,而认知控制能力随增龄会出现衰退趋势,造成语义控制能力的衰退。语义控制能力的下降会进一步使个体的概念知识快速提取与检索的效率下降,从而影响到相应任务的语言生成,造成阅读理解水平的下降。有研究者提出,老年人在句子理解中主要依赖自下而上的词汇特征来指导单词的语义通达,由此,阅读文本语境对老年人词汇语义加工有明显影响(程士静、何文广,2020:1159)。另外,言语工作记忆能力的衰退也是造成语义认知老化的原因(程士静、何文广,2020:1161)。

个体在语义层面的另一种蚀失现象是语义密度(idea density)下降。我们常会发现,在日常生活中,老年人会围绕某个话题反复迂回地谈论,话语冗长且简洁性不够,也就是民间所说的"啰嗦"。有研究者发现,语义密度或信息密度是否下降与老年人整体认知能力和语义记忆密切相关,认知评估分数低的一般单位句子命题内容的信息密度就较低(Kemper et al.,1993)。该现象是语用能力下降的表现,也是语义层面的问题,后者就表现为老年个体的语义密度下降。

老年人的语义启动效应也会发生变化。语义启动是以启动刺激的语义、概念特征(如词义)为启动条件,使对目标刺激的反应得到促进的过程。已有研究发现,老年阿尔茨海默病患者在语义启动上存在缺陷。患者在长短刺激间隔下均没有发生启动效应,表明该人群在长时程下没有使用期待策略,在短时程下自动扩散过程也不完整(宋娟、吕勇,2006)。

3.1.5　语用话语层面的蚀失

语用话语层面蚀失首先表现在语篇理解方面。有研究表明,老年人在阅读语篇时快速、有效地利用上下文信息预测单词的能力有所下降。例如,Federmeier & Kutas(2005)发现,老年人快速利用限制性句子语境信息的能力有所下降,这可能与其因增龄导致的语境信息加工进程延迟和工作记忆资源受限有关;Federmeier et al.(2003)也发现,尽管老年人在时间和形式上表现出与年轻人相似的词汇联想效应,但在健康老年人样本中,诱发的脑电成分 N400 效应延迟了 200 毫秒以上。另外,随着年龄的增长,加工速度和工作记忆能力的下降会影响预设(presupposition)加工。在在线语言理解中,当预设涉及心理表征要求时,老年人会表现出更高的加工成本(Domaneschi & Di Paola, 2019)。

语篇产出上,老年人的典型表现之一是离题啰嗦(off-topic verbosity)。一般认为,离题啰嗦是老年人话语产出时最显著的特征,学界将其称为"赘言现象"。严重的偏题赘言现象又叫"混乱话题转移"(disruptive topic shift),是指说话时存在说到一半戛然而止的短语、翻来覆去说的话和毫无意义的词语等问题,常见于患有痴呆症的老年人;也有症状较轻的表现形式,如拥有内在逻辑却没有紧扣主题的自传性自述等,可发生于一般老年人身上。对于偏题赘言现象的成因,心理学研究有不同看法。多数研究者认为,该现象主要是因为老年个体认知的抑制能力下降了,即阻止离题信息渗透到思想和话语中的能力减弱了;但也有研究者发现,偏题赘言程度与测验任务类型有关,老年个体在回答开放性、具有自传体性质的问题时,要比在图片描述任务中产生更多的偏题赘言现象(Kreuz & Roberts, 2019)。

语用话语层面的蚀失的另一表现是语篇的衔接性和连贯性较差。在语用能力中,语篇表达是重要的意向内容。语篇是一系列口语或书面语中语篇单位的连贯组合体,这些单位可以在句子边界内或跨越句子边界连接在一起,形成一个层级的逻辑结构。语篇衔接是指语篇成分之间语言要素在结构上或语义上形成各种关系,是考量句子内部和句子之间关系的重要指标,可以通过代词指称(指称衔接)、动词时态(时间衔接)或连接词等其他语言成分体现。若没有合理使用这些成分,就会导致句子层面的语篇错误,或者对句子的逻辑产生负面影响。语篇连贯是指语篇话题保持连接顺畅,如一个话语(句子)在主题上与前一个或整体上的话语内容关系有多密切等(Dijkstra et al., 2002b: 54)。话语产出中整体连贯和局部连贯表现不同,这是因为受认知老化的影响,老年人有限的认知资源无法覆盖从发声到整个对话过程中整个信息处理过程的持续激活。相较于局部连贯和衔接,老年人话语产出的整体连贯、简洁性和对会话主题的清晰阐述需要更多的认知资源。因此,其话语产出的整体连贯等语篇特征更容易发生障碍(Dijkstra et al., 2002b)。本书将在 6.4 节中系统阐释评估老年人篇章语用障碍的指标体系。

3.1.6　情感与言语理解及产出能力变化

在日常交际中,说话人通过对音高、节奏、响度和音质等方面的变化,传递说话时伴随的情感。老年人感知情感韵律的能力一般会有所下降(Orbelo et al.，2005)。

3.1.6.1　情感韵律理解能力变化

从整体上看,对情感韵律的理解能力与年龄增长呈负相关关系。

语调是情感韵律的要素核心之一,具有很强的情感传递功能。在日常话语中,说话人通常以语调来表达情感或态度。国际上对老年人情感韵律理解的研究也关注语调这一角度。研究发现,对于老年人来说,理解通过语调传递的情感较为困难。这可能是因为语调受语境因素影响,同样的调型调模在不同语境下可以有各异的解读(Seddoh et al.，2020),而根据语境判断语调传达的情感对认知的各方面要求较高,对老年人来说难度较大。

在日常说话双方面对面的多模态互动中,情感不仅通过韵律传递,通常还由说话人通过表情等表现。若单独从表情这一模态信息来看,老年人在气愤、悲伤与恐惧等情感的表情辨识能力上弱于年轻人,但对厌恶这一情感的识别能力可能优于后者(Calder et al.，2003)。即使结合韵律与表情两个因素,某些情感(如气愤、悲伤等)对老年人来说仍然较难识别(Ryan，Murray & Ruffman，2010)。Ruffman et al.(2008)对年龄增长与情感理解的关系进行了荟萃分析,相关研究从四个模态或模态组合入手研究了老年人情感理解能力的变化,即表情、声音、体态、表情与声音结合。分析发现老年人在上述四个模态或模态组合下对包括气愤、悲伤、恐惧、厌恶、吃惊、高兴等基本情感的识别能力都有所下降,且老年人对消极情感线索的感知准确率更低(Malatesta et al.，1987),即老年人对消极情感韵律的感知能力要弱于积极情感韵律的感知能力。例如,老年人在气愤和悲伤等消极情感的韵律辨识能力与年轻人相比差距最大(Allen & Brosgole，1993；Ruffman et al.，2008：871)。老年人甚至对手势身姿所反映的消极情绪感知正确率也较低,他们更有可能将其误认为中性情感(Montepare et al.，1999)。

过往研究推测,老年人的情感韵律理解能力下降的主要原因有两个:

一是增龄导致的听力下降,二是增龄对认知能力的影响。但已有越来越多的研究对这两个原因提出质疑。一方面,初步研究显示,只要经过简易精神状态量表等评估没有显示认知损害,并且在安静环境下响度足够,老年人外周听力就足以为其情感韵律理解提供支持。换言之,老年人只要具备基本交际能力,听力损害就不是影响其情感韵律理解能力的主要因素;另一方面,有研究者认为,认知老化并不是情感韵律理解能力下降的主因。例如,Mitchell(2007)研究发现,即使控制了认知老化(如言语记忆与注意力加工能力的下降)、抑郁情绪、听力下降等多种因素,老年人仍然难以识别通过语调传递的情感意义(高兴、悲伤等)。这表明老年人情感韵律理解问题与认知老化和听力下降等因素之间没有紧密联系。目前来看,因增龄导致的外周听力损失及认知能力下降与老年人情感韵律理解之间的关系仍待进一步验证,很有可能是多种因素导致了老年人情感韵律理解能力下降。鉴于此,对老年人情感韵律理解困难的机制探索可能要与增龄对情感识别的影响研究结合起来,而后者被认为与神经系统随增龄而发生的改变有关(Ruffman et al. , 2008:864)。发生改变的神经系统包括:受听觉信息激活的多个脑部区域,主要是额叶神经网络(Mitchell et al. , 2003);与听觉情感信息加工相关的神经网络,包括脑岛、腹侧前额叶皮层、颞叶皮层、脑桥、尾状核等(Morris, Scott & Dolan, 1999);视听信息结合的情感表达神经网络,集中在颞叶,包括杏仁核、颞上沟回、梭形回、颞内回以及丘脑(thalamic)(Ethofer et al. , 2006;Kreifelts et al. , 2007;Pourtois et al. , 2005)。更加确切细致的工作机制尚待研究,目前研究者提出了积极偏差(positivity bias,或称"积极效应")、整体认知减退、神经心理变化三个角度对情感韵律理解能力的变化加以解释。也有研究者就以上维度结合对情感韵律理解能力的变化加以审视。

总体来看,目前对老年人情感韵律理解的研究尚有不足。例如,从研究方法上看,绝大多数的研究向老年被试提供传递情感的简单句,随后让其判断其中蕴含的情感类别,使用的工具包括情绪感知测验(Emotional Perception Test)、语调缺失评估量表(Aprosodia Battery)等;鲜有研究基于日常会话中的真实语料开展,因此无法回答"情感韵律理解能力的相对减弱是否会影响老年人的日常交际"这一问题。另外,对老年人的态度情感(attitudinal prosody)关注也不足,此类情感通常是说话人在会话交际中通过更加微妙的线索加以传递的。

3.1.6.2　情感对口语产出的影响

焦虑情感下人们产出的言语错误(包括口误、重复和舌尖现象等)均会增加(Mahl,1956)。消极情感材料会引起人们的焦虑及相应应激反应,抑制言语产生的过程(Burbridge, Larsen & Barch, 2005)。已有研究发现,当老年人面对消极情感材料时,其言语会比年轻人产生更多不流畅现象。例如,当年轻人和老年人都被要求描述中性和消极情绪的材料时,年轻人描述中性图片和消极图片的言语流畅性相似,而老年人在描述消极图片时言语出现更多不流畅现象(Castro & James, 2014)。

消极情感也会对老年人言语产生负面影响,目前有两种解释:第一种是"认知资源竞争说",即个体认知资源是有限的,无论是积极情绪还是消极情绪,相比中性情绪,都会使个体产生与当前认知任务无关的思维活动,从而占据更多认知资源。老年人在消极情绪启动的条件下,需要一定认知资源来调节,因此干扰了口语产出过程。同时,消极情绪给老年人带来压力,工作记忆对压力特别敏感,从而导致口误或不流畅现象(Burbridge, Larsen & Barch, 2005)。第二种是注意力角度的解释,即口语产生过程中的情绪会占据个体的注意力,从而对语言加工任务产生干扰,尤其消极情绪内容占用的注意力资源更多,因此干扰效应更加明显(张清芳,2019:235-236)。

老年人在注意和记忆活动中存在着的"积极效应",即老年人对积极情绪材料的加工维持得较好,表现出对积极信息的偏向(伍麟、邢小莉,2009)。有研究者认为,增龄会使得老年个体对于负面情绪的注意有所降低(Mather & Carstensen, 2003;Murphy & Isaacowitz, 2008)。不少研究已经证实老年人记忆中的"积极效应"。本书2.3.2.3节中已述,在老年人各种记忆类型中,自传体记忆是指与个体过往生活中相关事件的记忆,是人类最复杂的记忆类型(Conway, 1995)。人们回忆过往事件的时候可能涉及事件本身的细节,也可能引发对个体事件体验的情感。因此,情感是自传体记忆的主要组成部分(Rubin, 1995:3)。相关研究发现,在激发个体的自传体记忆、回忆自己个人信息时,老年人会出现积极效应(Kennedy, Mather & Carstensen, 2004)。也就是说,老年人在回忆过往与自己相关的事件历程时,更加倾向于回忆起积极情绪,或者对过往相关事件伴随的消极情绪强度记忆有所弱化。这种"积极效应"可能对其话语产生量有一定影响。日常经验告诉我们,谈及过往经历中某些带有积极情绪的相关事件时,老年人往往会兴致较高地围绕相关事件开始谈论,话语量有所增加。这种"积极效应"在笔者团队所构建的多模态语料库中也有实例,该老年人 80 多岁,罹患阿尔茨海默病,谈及过往经历(当年在生产队当队长,是种地能手),该老年人表现出积极的情绪,并且反复谈论该段经历,话语量明显增多。当然,自传体记忆中积极正面的情绪与老年人言语产出之间是否具有正相关关系,需要进一步的验证。另外,随着年龄的增长,老年人也倾向使用更多积极情感词汇,消极情感词汇的使用较少(Pennebaker & Stone,2003)。

3.1.7 阅读理解与书面表达能力变化

3.1.7.1 阅读及语篇理解能力

老年人的阅读及语篇理解能力均与其认知能力的变化密切相关,工作记忆的老化对语言理解能力和阅读理解能力具有显著影响。Cohen(1979)指出,认知能力的减弱对口语语篇的理解具有直接影响,如果换成书面语篇进行阅读理解测试,则语篇理解能力的测试结果可能提高,因为被试可在一定程度上自行调节认知速度。换言之,与年轻人相比,老年人在进行语篇理解时能够更"有效"地进行时间资源分配,从而保持其对语篇的整体处理能力(Stine-Morrow & Miller,1999);Federmeier & Kutas(2005)通过事件相关电位试验发现,老年人利用语境信息辅助进行语义加工的能力下降,而词汇加工能力与年轻人对照组相比基本相同。在汉语文本中插入词间空格,使得材料中的词更加清晰和突显,可以促进老年人对汉语词汇的识别。这说明老年人随着年龄的增长,以生理为基础的知觉、记忆和推断等有所下降,而与词汇概念、言语理解有关的晶体智力是保持不变的(白学军、郭志英、曹玉肖等,2012)。

相关研究发现,老年人的阅读较年轻人的有以下特点:

1)注视次数多,阅读速度低。老年人在句子阅读中对单个词注视时间更长,从而导致整个句子的阅读时间延长。

2)眼跳幅度大,词跳读率高。老年人的加工系统在注视某个词时可能更倾向于猜测下一个词的内容,在阅读中发生更多的跳读(王丽红等,2012)。另外,虽然相比年轻人,老年人在句子理解时预测其后可能出现的词汇的能力较弱,但该现象具有个体差异性,归类流畅性(category fluency)测验表现好的老年人就与年轻人具有类似的预测能力(Federmeier,Kutas &

Schul,2010)。同时,在预视中,老年人会提取字形信息以加速汉字识别,语音信息则不发挥作用(张兰兰、闫国利、王丽红,2011)。

3)回视次数多。老年人在阅读过程中的回视次数增多。

4)词汇加工的效率低,词频效应(word frequency effect)更为明显。老年人对高频词的识别显著快于对低频词的识别。

5)知觉广度范围小,知觉广度不对称程度低。知觉广度范围指一次注视中获取有用信息的范围。老年人的阅读模式和加工策略与年轻人不同,其阅读知觉广度发生老化,可能与老年人逐渐下降的工作记忆容量有关(王丽红等,2010)。

3.1.7.2　书面表达及书写能力

现有对老年人书面表达及书写能力的研究大多基于印欧语系语言,而基于汉语的研究还很少。语言加工过程具有语言类型学差异,以少数类似的语言为研究对象的研究成果并不能揭示所有语言书写加工和书面表达的全部本质。就西方语言而言,写作者必须处理特定音素与字母的复杂关系(张清芳,2019:244)。目前,汉语书写机制研究主要集中在汉语失写症、汉语书写产生过程中的音韵激活,词频效应和音节频率效应、计划过程和执行过程之间的关系等方面(张清芳,2019:265-276)。这些研究只有少数涉及老年人认知老化情况下与年轻人的差异研究,多数并没有涉及老年人的情况。不同类群老年人的书写特征与机制,以及认知老化背景下口语产出与书写产出在机制上的关系,都是今后应该加强研究的领域。

总的来说,首先,正常老年人在衰老过程中语义知识相对完整,除了可能在书面表达中遇到词汇提取困难、语法结构相对简单的问题,其他书面表达能力基本保持;但也有研究发现,老年人的语法复杂度、命题内容等方面的确存在老化衰退,特别是70岁以后的老年人。一些研究者通过控制实验发现,在言语输出的句法复杂程度上,老年人较年轻人而言复杂程度较低(Antonenko et al.,2013;Kemper & Kemtes,1999;Kemper,Herman & Lian,2003;Kemper,Herman & Liu,2004)。Kemper,Herman & Liu(2004)对此的解释是,老年人工作记忆的下降使得其在生成长句和复杂结构时有困难,但句法加工能力并没有随着年龄的增长而变化。不同类别的老年人书写能力衰退情况还不同,有研究认为,以往拼写能力较差的老年人随着年龄的增长,此项能力下降较为显著,而以往拼写能力较好的老年人则没有退化现象(Margolin & Abrams, 2007)。

其次,老年人整体上书写速度会变慢。老年人的平均书写潜伏期(999 ms)长于年轻人(794 ms)(王成,2015);老年人从语义信息将激活传递到正字法词典和语音词典的速度与年轻人相当,但是正字法和语音之间信息的相互传递晚于年轻人(王成,2015),因此老年人正字法加工水平和语音加工水平之间的联结有所减弱(Burke et al.,1991),造成老年人认知能力整体发生变化(何洁莹、张清芳,2017:1491)。

老年人在汉语书写过程中,词汇频率和音节频率影响了书写产生的计划阶段。何洁莹、张清芳(2017)利用事件相关电位技术,考察了60岁以上老年人汉语词汇书写过程中词汇频率效应(词频效应)和音节频率效应的时间进程。所谓词频效应,是指人们对高频词的识别快于对低频词的识别;与词频效应的机制类似,如果在音韵词典中存储了音节表征,那么在口语或书写产生过程中提取音节时也会表现出音节频率效应,即在图画命名任务中,图画名称的音节频率高,对其命名的潜伏期要短于音节频率低的图画(杨群、张清芳,2015)。在书写产生的早期阶段,词频效应与音节频率效应独立发生,早期词频效应可能来源于正字法词典中信息的提取,早期音节频率效应可能来自音韵词典中对音节的提取,且词频效应早于音节频率效应发生;在书写产生的晚期阶段,词频和音节频率之间存在交互。音韵信息在书写产生过程中被激活,并在较晚阶段影响了正字法编码过程(张清芳,2019:303)。

3.2 老年人常见疾病及语言障碍表现

中国老年人口基数大,人口老龄化进程快,老年人慢性病患病率高。根据中国老年社会追踪调查数据,我国老年人的慢性病患病率为 73.52%,排在最前面的四个疾病分别是:高血压、心脏病/冠心病、糖尿病、脑血管病(含中风)(翟振武等,2021:54-56)。一些常见于老年人群的生理、心理疾病可引发不同程度的语言障碍。对相关老年疾病及其语言障碍进行研究,既有助于对疾病症状及发病机制研究的进一步细化,又可在一定程度上为疾病的家庭预判提供语言学标志物及警示。

本节主要介绍老年人常见疾病及语言障碍表现,包括脑卒中、各类认知障碍、帕金森病、老年失语症、高血压与糖尿病以及老年期心理障碍等。

3.2.1　脑卒中

脑卒中,又称"脑血管意外"(cerebral vascular accident,CVA),俗称"中风",是世界范围内常见的脑血管疾病,具有发病率高、死亡率高和致残率高的特点,对中老年人生命健康危害极大。脑卒中是我国居民第一大死亡原因和成年人残障的第一大病因(Zhou et al.,2019)。根据《中国脑卒中防治报告 2020》数据,2019 年我国 40 岁以上人群现患和曾患卒中人数约为 1,704 万;《2018 中国卫生健康统计提要》显示,全国每年死于脑卒中的患者高达 196 万。2018 年 12 月,临床医学类综合期刊《新英格兰医学杂志》(*The New England Journal of Medicine*)刊登了一篇研究全球不同地区中风发生风险的论文,论文中的数据显示,与其他国家相比,中国是全球脑卒中发病风险最高的地方,风险率达 39.3%。在全球的新发中风患者中,中国占比约 40%(Johnson et al.,2019;Valery et al.,2018)。

脑卒中会导致脑细胞发生不可逆坏死,该部分脑组织所负责的功能就会受到影响。由于脑卒中患者脑部受损区域及受损程度不同,病情发展及表现各有差异。如果病情较重,患者会产生肢体运动障碍,一侧身体瘫痪;如果影响到舌咽神经,患者会出现吞咽困难的状况;如果负责情绪的区域受损,患者将表现出抑郁等情绪异常;如果负责语言的区域受损,患者则会表现出说话不清或理解困难等语言功能障碍。

3.2.1.1　脑卒中病理介绍

脑卒中是一种脑部血管阻塞或血管突然破裂引起脑组织损伤的急性脑血管疾病,主要包括缺血性卒中(chemic stroke)和出血性卒中(hemorrhagic stroke)两大类。缺血性卒中占所有卒中的 75%—90%,出血性卒中占 10%—25%。

缺血性脑卒中又称脑梗死,主要是颅脑动脉严重狭窄或是其他部位血栓脱落引起的颅脑动脉继发性堵塞,包括血栓形成性脑梗死、栓塞性脑梗死等。常见症状为一侧身体瘫痪、感觉障碍等,患者初期会出现头痛、恶心、呕吐等症状,严重时会出现面瘫、舌头瘫痪、不能说话或写字等症状。缺血性脑卒中的常见诱因包括:脑动脉粥样硬化(cerebral atherosclerosis)、动脉炎等血管病变疾病,房颤(atrial fibrillation)或心脏瓣膜病等容易引起心脏附壁血栓的心脏病,高血压,糖尿病,明显超重等。

出血性卒中是指动脉内压力过高、动脉畸形、动脉壁薄弱等导致的局部动脉破裂出血,包括脑出血(intracerebral hemorrhage)和蛛网膜下腔出血(subarachnoid hemorrhage),常见表现有头痛、头晕、恶心呕吐、意识障碍、血压增高、瞳孔改变,有时可伴有抽搐、尿失禁以及一侧身体偏瘫和脖子发硬等。出血性脑卒中发病率低于缺血性脑卒中,但是预后差,死亡率和病残率均高于缺血性脑卒中。出血性脑卒中的常见诱因包括:高血压、脑淀粉样血管病(cerebral amyloid angiopathy)、脑血管畸形、脑动脉瘤(cerebral aneurysms)、脑肿瘤、血液病等(中华医学会神经病学分会等,2017)。

3.2.1.2　脑卒中患者语言障碍特征

通常情况下,卒中患者会由于左侧大脑损害产生理解和运用语言符号的障碍,并且其右侧运动机能的减弱会影响发音器官。Vidovic, et al. (2011)针对900多名脑卒中患者进行了语言障碍方面的研究,该研究中的数据显示,约有82.37%的卒中患者会出现各种语言障碍,包括构音障碍和失语症,后者又包括感觉性失语、运动性失语、混合型失语等。失语症在卒中患者中出现的比例可达30.25%,而在Sinanović et al. (2011)的研究中,该比例则高达42.40%。失语症主要根据流利程度、理解力及命名能力分为以下几类:布洛卡失语症(运动性失语症,又称表达性失语症,expressive aphasia)、威尔尼克失语症(感觉性失语症,sensory aphasia)、传导性失语症(conductive aphasia)、完全性失语症(global aphasia)、命名性失语症(anomic aphasia)、经皮质运动性失语症(transcortical motor aphasia)、经皮质感觉性失语症(transcortical sensory aphasia)、经皮质综合性失语症(mixed transcortical aphasia)。脑卒中语言障碍的传统分类法是按脑卒中受损类型或受损程度划分,本节将从语言学角度出发,结合国内外研究文献,从语音、词汇、句法、语义、语用和话语等多个层面介绍脑卒中患者的语言障碍特征。

3.2.1.2.1　语音层面

脑卒中患者在语音层面的语言障碍主要与构音障碍或失用症相关。

构音障碍指患者听觉正常,能正确选择词汇和遵循语法规则,但在精确控制音量、重音、音调时发生困难。构音障碍是中枢或周围神经系统病变导致的言语肌肉麻痹或运动不协调所致,大脑通路到肌肉本身的病变都可引起,在脑卒中患者中发生率为30%—40%(王红、陈卓铭,2006)。研究发现,卒中发生在左半球的患者更容易出现构音障碍(Urban et al.,

2006）。其中,痉挛性构音障碍发生人数占卒中后构音障碍发生人数的87.8%（王红、陈卓铭,2006）。与卒中相关联的痉挛性构音障碍主要表现有以下四个维度：1）韵律过剩（prosodic excess）：重音过多,语速缓慢；2）发音共鸣能力不足（articulatory-resonatory incompetence）：辅音不精确,元音失真,鼻音过重；3）韵律不全（prosodic insufficiency）：音调响度单一,重音减弱,短语变短；4）发声狭窄（phonatory stenosis）：音调低,粗糙音,音调中断,语速慢（Darley, Aronson & Brown, 1969a, 1969b）。患有严重构音障碍的脑卒中患者需要不断重复词语才能使听话人理解（Ropper, 1987）。还有一些脑卒中患者无法协调舌头、嘴唇、下颚肌肉的运动,因此出现发音困难、语速缓慢、语句中断等情况（Pedersen et al., 2001）。

脑卒中患者的语音韵律生成也会受到影响,这可能与卒中患者右半球受损有关。值得注意的是,患有不同类型失语症的脑卒中患者在语音层面有不同表现。如运动性失语的脑卒中患者因为节奏、韵律和重音受损会出现"电报式"发音（telegrammatism）,同时在发音时会遗漏某些音素；完全性失语患者则几乎丧失发音能力,只能发出单个词或新造的词（neologism）（Sinanović et al., 2011）。

3.2.1.2.2　词汇-句法层面

词句的加工大致分为三个阶段：第一阶段主要是鉴别输入单词的语法分类（如名词、虚词等）以及在此基础之上建立局部初始语法结构；第二阶段是句法和语义信息相互投映阶段和主题角色配置阶段；第三阶段是上述各种信息的整合以及再分析、再加工阶段。在这些过程中,左颞叶负责加工编码在心理词典中的单词类别及意义,左额下回和左颞中回负责构建和加工句子在水平方向上的语义关系,左额叶负责构建和分析各种语法关系,其中左额下回不仅是语法加工的场所,还是工作记忆资源的所在地（尤志珺等,2004）。

脑卒中患者在句法生成方面会出现多种障碍。例如,Kljajevic, Vranes-Grujicic & Raskovic（2018）研究发现,右半球卒中患者根据句子选择正确的空间介词及图片-隐喻连线的概率较低,说明脑卒中患者对功能性词语理解和使用存在障碍。除此之外,脑卒中患者的句法生成还存在词语在句法结构中出现位置错误、人称代词错用等情况（Stephen & Leslie, 1992）。

语法加工涉及较广泛的大脑神经网络,卒中患者的句法理解能力下降主要与卒中在脑部的发生位置相关。布洛卡区与语法记忆密切相关,因此,左额颞叶神经网络系统的损伤会导致不同程度的语法缺失（Caplan,

Alpert & Waters，1998；Fiebach，Schlesewsky & Friederici，2001；Friederici，2002）。Caplan，Hildebrandt & Makris（1996）分别选取了46名左半球卒中患者、14名右半球卒中患者和21名正常人作为被试，测试他们利用句法结构理解句子意义的能力，研究结果表明，脑卒中患者对句法复杂的语句理解能力明显低于正常人。其中，左半球卒中患者比右半球卒中患者表现更差。CT检查结果则表明：双侧半球均参与语法加工，而且以左半球加工为主，右半球加工为辅。在其另一项研究中，左半球卒中失语症患者和正常人在判断一对意义相同但句法复杂性不同的句子时，脑卒中患者判断失误更多，反应时间更长，受句子句法复杂性影响更大（Caplan & Waters，2003）。尤志珺等（2004）对脑卒中后汉语语法缺失患者的研究结果同样证实了以上观点。

此外，双语者的两种语言句法能力受损程度也有差异。Tschirren（2011）等人研究发现，法语为第二语言，英语、德语、意大利语或西班牙语为第一语言的脑卒中患者，其第二语言句法能力比第一语言受损更为严重。但是，我国曾出现过多个脑卒中后第一语言汉语句法能力暂时丧失，但能简单用第二语言英语表达的案例。[①]

3.2.1.2.3 语义层面

脑卒中患者在语义层面的语言障碍首先表现为找词困难。找词困难可广泛见于各种类型的脑卒中后失语症，其中最常见的是命名性失语症。该类患者的自发性言语（spontaneous speech）生成比较容易，句子有时长度更长但内容空洞，信息量有限。这是因为患者无法及时准确找到合适词语，从而选择通过描述特征或寻找同义词进行补偿（Sinanović et al.，2011）。许多研究证实，像找词困难这一类的词语加工与产出障碍与脑卒中患者短期记忆、工作记忆受损相关。患者在工作记忆任务中的表现与语言障碍的严重程度、阅读理解的能力有明显相关性（Sung et al.，2009；Wright & Shisler，2005）。

其次，脑卒中后患者的动作动词（action verb）和抽象动词（abstract verb）处理能力均受到损害。脑卒中后，患者运动感知区域（sensory-motor area）受损与动作词加工处理（action verb processing）障碍间存在因果联系。Riccardi et al.（2019）的研究发现，左额叶下回与右半球初级和次级感觉运动区之间的静息态功能连接（resting-state functional connectivity）断

---

① 见 http://www.xinhuanet.com/politics/2015-02/02/c_127448509.htm。

裂时,动作动词语义相对抽象动词语义受损更为严重;另一方面,左前颞中回出现明显损害时,抽象动词语义受损更严重。另有研究发现,脑卒中失语症患者对语义关系远的字词组合的理解优于语义关系近的组合(王育新、张本恕,2007)。

3.2.1.2.4　篇章-语用层面

语言功能作为认知功能的一部分,与认知功能的其他领域有着密切关系。与原发性语言障碍不同,认知-沟通障碍是由一个或多个认知过程的功能受损引起的。

卒中后失语症患者语言交流功能与认知功能的定向、空间知觉、视知觉和思维运作有着密切的关联。常伴有非语言性认知功能的损害,继而引发认知-沟通障碍(于增志等,2012)。Yvonne et al.(2010)的研究发现,卒中患者叙事性话语中整体连贯(global coherence)表现明显差于局部连贯(local coherence),对话题的维持能力较差。Glosser & Deser(1991)认为,这是因为患者话语中整体连贯和局部连贯的维持均需要认知资源的参与,且两者认知过程不同,但该假说可信性及具体机制还有待进一步的证实。另外,有认知-沟通障碍的卒中患者可能很难在对话中集中注意力、不偏题、记住信息、准确做出回应、理解笑话或隐喻、遵循指示等。

因卒中后受损半球不同,患者的语用交际障碍表现存在差异(Goldsmith,1994)。左半球卒中患者话题发起能力下降、信息传达准确性降低、言语行为数量减少、对语言单位的理解能力下降、对复杂有意图的手势理解能力降低;右半球卒中患者语用能力障碍则主要包括:对语篇整体结构的组织能力下降,语句冗长,话轮转换能力下降,整合信息并提取主要观点的能力下降,非文字意义理解能力下降,对韵律、面部表情和眼神交流等其他模态所传达的信息理解能力下降等(Linebaugh et al.,2006;Prutting & Kirchner,1987;Wilcox & Davis,2005)。

3.2.2　主观认知下降与轻度认知障碍

一般认为,老年人从出现主观认知下降到轻度认知功能障碍,通常是5—10年时间,而轻度认知障碍阶段通常持续3—5年后进入阿尔茨海默病阶段。因此,临床上对主观认知下降和轻度认知功能障碍愈加重视,希望能够延迟甚至阻断其进入阿尔茨海默病阶段。本小节主要介绍这两个阶段的相关情况。

3.2.2.1 主观认知下降

随着人口老龄化及老年人健康意识的增强,对认知能力下降的主观自述医疗咨询越来越常见。这种现象称为主观认知下降(subjective cognitive decline,SCD),是指个体主观上认为自己的持续性记忆或认知功能较之前的正常状态有所减弱,但在客观的神经心理测验中处在正常范围内,因而在临床实践中这些老年人通常被认为是健康的。目前国际上也没有将主观认知下降列入包括《国际疾病与相关健康问题统计分类》(第 10 版)(ICD-10)、《国际疾病分类》(第 11 版)(*International Classification of Diseases*,ICD-11)和《精神障碍诊断和统计手册》(第 5 版)(*Diagnostic and Statistical Manual of Mental Disorders*,DSM-Ⅴ)的目录。

早在 1982 年,Reisberg et al.(1982)面向原发性退行性痴呆症老年人使用总体衰退量表(Global Deterioration Scale)时,就报告了这种没有临床诊断、心理测量数据或认知功能下降证据但老年人主观报告认知下降的情况,他们将其定义为"非常轻度的认知减退"。"主观认知下降"这个概念则率先由德国科隆大学 Frank Jessen 教授提出,并且 Jessen 建立了相应的研究框架。在他的倡导下,国际上成立了主观认知下降倡议工作组(Subjective Cognitive Decline Initiative [SCD-I] Working Group),旨在研究和制定主观认知下降的概念框架和研究标准等(Jessen et al.,2014)。目前,已有证据表明,主观认知下降人群增加了日后认知能力下降以及进展至轻度认知障碍甚至阿尔茨海默病的风险,因此主观上认为持续性认知能力下降的个体的确有可能正处于阿尔茨海默病的超早期。虽然多数主观认知下降并不会发展至痴呆,但主观认知下降确实可预示部分人群的认知功能未来可能下降。Dufouil,Fuhrer & Alpérovitch(2005)针对法国733 名年龄在 59 岁至 71 岁之间的老年人开展了为期四年的前瞻性研究,他们通过神经心理测量、脑磁共振成像扫描等方法发现,老年人主观认知下降与之后客观评估发现的认知衰退相关,能够在较早阶段提示老年人的认知衰退;但老年个体的主观抱怨对未来认知衰退的预测价值与其基线认知表现(开始该前瞻性研究时的认知评估结果)无关。Mitchell et al.(2014)通过荟萃分析发现,14% 的主观认知下降老年人认知能力会持续下降且最终发展为痴呆症,27% 的老年人将来会演变为轻度认知障碍。有多项前瞻性研究表明,主观认知下降平均发生在痴呆症诊断前 10 年左右。还有一些基于标志物的研究也发现,主观认知下降人群具有和阿尔茨海默病患者类似特征性的病理改变①(Sun et al.,2015；王晓妮等,2015)。因此,可以说,如果部分主观认知下降之后发展为轻度认知障碍甚至阿尔茨海默病,则这部分主观认知下降处于认知障碍的临床前期。但需要指出的是,目前临床专家普遍认为,现有知识尚不足以全面界定阿尔茨海默病临床前阶段中主观认知下降的具体特征,这些特征和表现往往因人而异且多变,因此目前无法将主观认知下降作为诊断临床前阿尔茨海默病的必然阶段(Jessen et al.,2014)。

Jessen et al.(2014)曾提出,主观认知下降的具体特征以促进主观认知下降的确诊,包括:1)主观下降主要在记忆功能方面,而不在其他方面;2)主观认知下降发病后五年内更能预测阿尔茨海默病发生率;3)主观认知下降的发病年龄≥60岁;4)个体主诉担心患有主观认知减退的症状;5)个体感觉和同龄人相比执行能力衰退。此外,还有三个条件会增加主观认知下降的特异性:1)有知情者观察并确认老年个体发生了认知下降;2)老年个体有载脂蛋白 Eε4(APOEε4)基因型;3)老年个体有阿尔茨海默病的生物标志物。

目前临床上较为常用的主观认知下降诊断方法是神经心理学检查、脑脊液标志物检查、影像学标志物检查等。神经心理学检查是相对简单有效、方便快捷的筛查手段,已经得到较广范围的认可,而后两者的检查是否准确尚未有统一定论。因此,临床还应在主观认知下降具体特征和各项检查的基础上研发新的评估问卷进行诊断,以提升诊断特异性和准确度(王冰飞等,2018)。

近年来,有关主观认知下降的评估问卷(量表)研发工作不断发展,我国对国际上已有问卷的改编主要基于语言验证(建立等效的语言)和文化验证(由于不同的思考方式认知,修订基于文化恰当的措辞和潜在的误解),但目前尚缺乏有关中国人的常模(王冰飞等,2018)。目前,主要问卷包括:1)主观认知下降问卷(Subjective Cognitive Decline Questionnaire)(Rami et al.,2014),由自评和他评两个部分组成。自评主要指被试对自己在记忆力、语言能力、执行功能方面认知能力的评定;2)萨尔格学院主

---

① 但是,阿尔茨海默病的生物标志物与主观认知下降之间联系的研究尚需深入,目前还没有纵向研究监测老年个体从正常到主观认知下降,再到罹患阿尔茨海默病的整个认知能力下降过程,以及相应的生物标志物变化过程。

观认知障碍问卷(Sahlgrenska Academy Self-reported Cognitive Impairment Questionnaire)(Eckerström et al., 2013),由两个维度组成,维度一是对记忆力、注意力、反应速度、执行能力、语言混合领域等方面的测评,维度二则是被试与10年前、25岁时的自己相比的认知功能下降情况,包括记忆力、注意力、完成工作的速度、执行功能、语言能力(听说读写)、视空间功能、一般认知功能的下降情况。3)主观记忆抱怨问卷(Subjective Memory Complaints Questionnaire),由 Schmand et al.(1996)开发。该问卷(见表3.1)包含10个关于日常记忆任务是否困难的问题,被试可进行打分,打分范围为0分(没有抱怨)到21分(最常抱怨)。其中,与语言能力相关的问题有两个,即问题3(针对专有名词的检索困难——"你曾经忘记过家人或朋友的名字吗?")和问题6(词汇检索困难——"你在寻找特定词汇方面有困难吗?")。

表 3.1　主观认知下降测试内容

Question	Score range
1. Do you have any complaints concerning your memory?	0—3
2. Do other people find you forgetful?	0—2
3. Do you ever forget names of family members or friends?	0—3
4. Do you often forget where things are left?	0—3
5. Do you often use notes to avoid forgetting things?	0—2
6. Do you ever have difficulties in finding particular words?	0—1
7. Did you ever lose your way in your neighborhood?	0—1
8. Do you think more slowly than you used to?	0—2
9. Do your thoughts ever become confused?	0—2
10. Do you have concentration problems?	0—2

除以上三种问卷(量表)外,也有研究者对其他常用量表进行了比较和分析。例如,Rabin et al.(2015)系统比较了八个国家、五种语言的19项评估老年人主观认知下降情况的项目,包括34个自我报告量表、640个

认知自我报告条目。这些项目可分为八个认知维度,包括记忆力、注意力和加工速度、语言能力、执行能力、基本计算和算术任务、个人方向和时空能力、一般认知能力、视觉空间技能。值得注意的是,观察这些自我报告量表和认知自我报告条目可以发现,它们都包含老年人对自己语言能力的评估。

需要指出的是,主观认知下降并没有明确的临床诊断标准(患者在认知评估中的分数高于筛查临界值),而是通过老年个体自己报告的主观认知下降感觉加以判断。现实中,老年人自我感知到认知能力下降的原因纷繁复杂,既有生理上的,又有心理上的,使得主观认知下降的具体特征难以把握,无法作为一个临床诊断实体而存在。例如,老年常见的脑部疾病(如阿尔茨海默病、帕金森病、脑血管病、炎症性脑病和头部创伤等神经退行性疾病)会导致认知功能下降。同时,大多数精神障碍和亚临床精神疾病(最常见的是抑郁、焦虑和睡眠障碍)、一些常见疾病(包括代谢性疾病[如糖尿病]、内分泌疾病[如甲状腺功能障碍]、高血压、心脏病、贫血、肝脏疾病、肾脏疾病、感染性疾病和营养缺乏等)、药物(如镇静剂、抗胆碱药、阿片类药物和皮质类固醇)的过度使用等也都会影响认知。除此之外,躯体障碍、自我监控的敏感性、某些个性特征(如神经质)和对痴呆症的恐惧等,也都会引发老年人对认知衰退的担忧(Jessen et al.,2020:3),使老年人在很大程度上增加与年龄相关的认识变化体验,并在临床上主诉认知下降。因此,老年人主观自述认知能力下降在临床上并没有很强的特异性。

老年人会感知到多种认知功能的下降趋势,其中包括记忆、语言等,因此有研究者提出了"主观记忆抱怨"(subjective memory complaints,SMCs)以及"主观认知抱怨"(subjective cognitive complaints,SCCs)的概念。

在主观认知下降中,老年人会感到多种认知功能的下降,而语言是其中的重要部分。与主观认知下降相关的语言问题可以分为两个方面:一个是老年个体的"主观抱怨",即临床和研究中存在的"主观语言能力下降"或称"主观语言抱怨"(subjective language complaints,SLC),另一个是部分语言能力检测项目发现的主观认知下降老年个体具有的语言能力损害。那么,老年个体的主观语言抱怨与他们实际的语言能力之间到底有无关系呢?Kim,Lee & HyangHee(2015)基于多元回归分析研究了老年人主观感知的语言能力下降与其在言语流畅性、句子理解和命名能力测验(波士顿命名测验)中客观表现之间的关系。研究发现,命名测验反映的是词汇提取困难问题,这是主观语言抱怨最为典型的表现;但主观语言抱怨与句子理解能力、言语流畅性没有关系。Maruta & Martins(2019)针对语言指标与主观语言抱怨的关系开展了长达 5 年、面向 402 名老年被试的前瞻性纵向研究。该研究首先通过神经心理评估确定被试在注意力、加工速度、记忆力、执行功能和语言能力等方面的基线水平,并对275 名被试(68.4%)进行了 4.9(±0.6)年的随访评估。结果发现,有主观语言抱怨的被试在语义流畅性方面的表现明显低于无主观语言抱怨的被试;与日常生活相关的语言问题主要是在交谈中找不到特定词汇,少部分老年被试对于记住家人和朋友的名字也有困难。通过这些研究可以发现,老年个体的某些语言指标与其主观语言抱怨之间的确存在相关性。

主观认知下降与主观语言抱怨的范畴并不完全相同。因此,有研究者进一步探索了语言指标与主观认知下降之间的关系。例如,Nikolai et al.(2018)对有主观认知下降的老年人进行了言语流畅性测验,包括音素流畅性测验(Phonetic Verbal Fluency, PVF)和语义流畅性测验(Semantic Verbal Fluency, SVF)等。这些测验让被试根据提示在有限时间内说出能想到的所有动物、水果或蔬菜的名称,或者以某个字母或音素开头的单词。研究发现,这些老年人在第 30 秒到第 60 秒的时间间隔内产生的蔬菜类词汇较少,而且在动物类词汇中发生类别转换的情况较多。因此,该研究认为这些特征可作为主观认知下降老年人群早期细微的认知障碍指标,因为这可能是海马功能障碍的早期迹象,并可能先于其他更为明显的认知损害出现。

日常生活中的部分语言能力下降呈现出较早的敏感性,即语言能力下降一旦出现,就预示着老年个体的主观认知下降,并且与部分病理状态具有相关性,呈现出一定的特异性。Verfaillie et al.(2019)的研究证实了这一结论。与其他研究采用相对局限的语言能力测评方法不同,这项研究以 63 例主观认知下降老年人的自发连续性话语为研究语料,考察了淀粉样蛋白状态与各个语言指标之间的相关性。老年人的自发连续性话语源于三个开放式任务,包括描述经典的"偷饼干图"(cookie-theft picture)、"抽象画"和"星期天活动"。录音转写之后,Verfaillie 等人考察了以下参数:特定词的出现比率(实词、频率副词、具体和抽象名词以及填充词)、词汇复杂性(词汇频率、类符比)和句法复杂度(发展水平量表)。研究发现,19 名老年个体(占总样本的 30%)淀粉样蛋白水平较高,但在常规神经心理量表测验中与其他个体相比没有差异;高水平的淀粉样蛋白与话语中出现较少具体名词、较少实词相关,但不与句法复杂度、词汇复杂度相关。

语义流畅性测验是研究主观认知下降与轻度认知障碍、阿尔茨海默病在语言能力损害上差异的典型方法,研究发现,轻度认知障碍被试的表现差于主观认知下降被试(Nutter-Upham et al. , 2008)。在语义流畅性测验中的动词类别流畅性产出任务(尽可能多地说出动词)中,Östberg et al. (2005)发现,主观认知障碍与轻度认知障碍的被试之间存在显著差异,轻度认知障碍被试的语言能力已经有所损害,因此动词类别流畅性是区分这两组人群的有效试验任务之一;Macoir, Lafay & Hudon(2019)证实了这一点,研究发现,主观认知下降被试在动作命名的表现处于健康被试和轻度认知障碍被试之间。一般认为,由于语言(形态和句法的复杂性)、语义(客体和动作概念的不同组织)和加工负荷的差异,动词加工比对象词加工更为复杂,从而导致主观认知下降的词汇检索困难。

总的来说,主观认知下降是老年人主观上的判断,因此是否能够察觉自己认知能力下降受到多种因素影响。对自身语言能力下降的抱怨在独居或有抑郁症状的老年群体中尤其常见,其中找词困难最为显著。临床经验和相关研究提示我们,一些语言表现具有较高的敏感性和特异性,能够提示老年人在认知方面可能存在受损的问题,应当引起临床上的重视。

3.2.2.2　轻度认知障碍

对于老年人出现的认知功能下降但又达不到痴呆症的状态,过去临床提出过多个概念。1962 年,Kral 首先提出了"良性老年性健忘"(benign senescent forgetfulness),用以描述正常的、轻微的、无进行性加重的记忆力下降。但是,该概念缺乏神经心理学可操作性的评价标准,因此在之后的临床实践中较少得到应用;1982 年,Hughes 等人提出"可疑痴呆"(questionable dementia)的概念,用以描述那些虽没有痴呆但有认知障碍的患者;1986 年,美国国立精神卫生研究所(National Institute of Mental Health)提出了"年龄相关性记忆障碍"(age-associated memory impairment)的概念,诊断标准为年龄在 50 岁以上,主诉存在记忆力逐步下降的情况,日常生活受到影响,且神经心理测试结果比年轻成年人的同类指标至少低一个标准差,表现为较弱的记忆能力受损;同时,大脑功能完好,无痴呆诊断和其他已知的产生认知障碍的病因(如脑卒中、脑损伤等)。相关追踪研究发现,年龄相关性记忆障碍可以作为痴呆症的前驱症状,超过三分之一的年龄相关性记忆障碍患者最终会发展为痴呆症。其他类似的术语还包括"与年龄相关性认知功能下降"(aged-related cognitive decline,ARCD)、"非痴呆性认知损害"(cognitive impairment-no dementia,CIND)等(贾建平,2008:149)。

1982年,Reisberg等人率先提出"轻度认知障碍"这一术语,用以描述总体衰退量表的第三级(轻度认知功能减退,可有记忆力、注意力和所从事的工作能力的减退)。随后,越来越多的研究者开始关注轻度认知障碍,不断细化临床诊断标准和各类临床表现,并且将其作为窥探痴呆的重要临床阶段。

表3.2呈现了数十年来研究者提出的与轻度认知障碍相关的各种概念(贾建平,2008:150)。

表3.2　与轻度认知障碍相关的各种概念

相 关 概 念	研究者及提出年代	临 床 标 准	有无特定认知测试
良性老年健忘症	Kral(1962)	记忆主诉	无
可疑痴呆(QD)	Hughes et al.(1982)	认知障碍	无
年龄相关性记忆障碍(AAMI)	Crook et al.(1986)	经正式记忆测试证实记忆损害	无
晚年健忘症(late-life forgetfulness)	Blackford & Larue(1989)	一半以上的记忆测验①中的成绩比同年龄段正常老年人的低1—2个标准差	无
年龄相关的记忆下降(age-associated cellular decline)	Levy(1994)	任何正规认知测试发现认知损害	无

① 相关测验包括言语测验和非言语测验,言语测验主要包括:雷伊听觉语言学习延迟测验(Rey Auditory Verbal Learning Test with Delay)、韦氏记忆量表(Wechsler Memory Scale,WMS)中的逻辑记忆和联想学习测验;非言语测验主要包括:本顿视觉保持测验(Benton Visual Retention Test)、视觉识别记忆测验(Visual Recogniton Memory Test)等。

续　表

相 关 概 念	研究者及 提出年代	临 床 标 准	有无特定 认知测试
年龄相关性认知功 能下降（ARCD）	DSM-IV（1994）	客观认知功能下降	无
轻度认知下降（MCD）	ICD-10（1993）	记忆、学习和注意力障碍	无
非痴呆性认知损害 （CIND）	Graham et al.（1997）	限制性记忆下降和简易 精神状态量表评分低	有
轻度认知障碍（MCI）	Petersen et al.（1999）	主诉记忆损害，认知检查 有损害，总体智力功能 正常	无

最新研究表明，轻度认知障碍是包含两个分组、四个亚型的异质性综合征，即：1）遗忘型轻度认知障碍，是最常见的亚型，指单一记忆缺陷（单域）或记忆缺陷加上另一个认知域的缺陷，如语言功能、视空间结构技能或执行功能（多域）；2）非遗忘型轻度认知障碍，指存在记忆功能外的单域或多域的独立认知功能障碍，但记忆力保留。目前，轻度认知障碍普遍被视为阿尔茨海默病的前期，随着病程发展，患者有 35% 至 85% 的可能存在神经精神方面的问题，包括冷漠、抑郁、焦虑和激越等。在《精神障碍诊断和统计手册》（第 5 版）中，该阶段称为轻度神经认知障碍（Agronin，2015：40 - 41）。对轻度认知障碍进行深入研究和临床诊断，有助于尽早发现和筛选出阿尔茨海默病高危人群，对预防或推迟阿尔茨海默病的发生具有显著意义。因此，临床上高度重视轻度认知障碍的亚型细分及标志物的提取。图 3.2 为根据 Agronin（2015：40）绘制的轻度认知障碍及各亚型的诊断流程图。

从病因和发病机制上看，轻度认知障碍患者脑组织中存在淀粉样老年斑、神经原纤维缠结（尤其在海马体、杏仁体、内嗅皮质中可见）、小梗死灶和路易小体等；患者血清中 tau 蛋白、Aβ1 - 42 及磷酸化 tau（P-tau）浓度异常，且与疾病的严重程度相关。载脂蛋白 E4（ApoE-4）基因在各亚型患者中存在比例接近 31.4%，而正常人群中存在的比率仅为 19.2%（Agronin，2015：40 - 41）。轻度认知障碍分型的异质性使其发病机制变得相对复杂，且有差异性。以遗忘型轻度认知障碍为例，其病因主要是胆

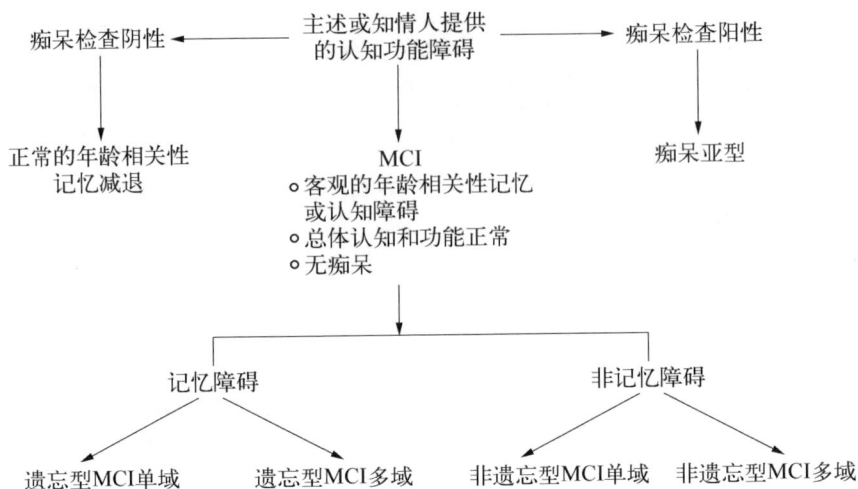

图 3.2　轻度认知障碍及各亚型的诊断流程图

碱能神经功能降低、自由基失衡、神经内分泌改变等;从病理上看,遗忘型轻度认知障碍患者常见海马体萎缩,各种亚型中均存在颞叶内侧萎缩、白质异常强化等。在临床上,患者脑电图的皮质 α 频率较年龄匹配正常对照组低。

　　从临床表现看,虽然轻度认知障碍类似临床前期的阿尔茨海默病,但患者主要表现为记忆力下降,虽然其他认知功能也有降低,但无全面的认知功能降低。轻度认知障碍患者记忆功能受损以延迟的情节记忆缺损为主,最早受损的是言语性情节记忆,其后是视觉性情节记忆;轻度认知障碍患者的词语流畅性、命名等语义记忆在最初阶段并不受损,词语即刻回忆能力也无明显下降,但轻度认知障碍患者词语流畅性和画钟试验在后阶段可能比正常老年人差;注意力不集中也是轻度认知障碍患者的常见症状;患者还常伴有轻度焦虑、抑郁、易激惹、病理性赘述、轻度人格和情感障碍等(贾建平,2008:151–152)。

　　国际上,Alexander et al.(2015)对 1995—2014 年间欧洲地区与轻度认知障碍有关的研究进行了系统综述和元分析,结果显示,欧洲人群轻度认知障碍的患病率估计在 2.5% 到 14.9% 之间。根据最新流行性病学调查(Jia et al.,2020a),我国在 2015—2018 年间轻度认知障碍患病率为15.5%,约有 3,877 万人(见图 3.3)。我国老年人口基数大,因此尽早筛查发现轻度认知障碍并提供及时干预很有必要,能够延缓或推迟老年人

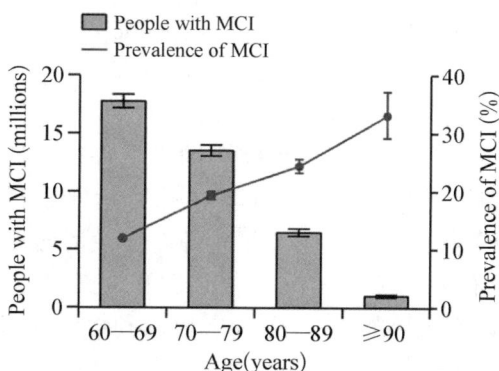

图 3.3　中国 2015—2018 年轻度认知障碍患病率

进入阿尔茨海默病阶段。

针对轻度认知障碍患者言语性情节记忆较早受损的临床特征,临床上通常使用听觉词语学习测验(Auditory Verbal Learning Test)来对老年人进行评估。该测验有 12 个词语,评估人员念完一遍后会要求被试立即回忆,并记录回忆出的正确词语个数,同样的做法重复三次,用以测试被试的"即刻回忆"。之后,评估人员会要求被试记住这 12 个词语并分别在 5 分钟及 20 分钟后再回忆,评估人员会记录回忆出的正确词语个数,即"短延迟回忆"与"长延迟回忆"。郭起浩等(2007)编制了汉语的听觉词语学习测验在社区老人中的常模,并列出该测验在不同年龄段的划界分,轻度认知障碍在 55—59 岁、60—69 岁及 70—79 岁的测验总分划界分分别为 23 分、27 分和 17 分。

轻度认知障碍会导致语言出现相关损害。研究发现,轻度认知障碍患者在语音-音系层、词汇-语义层等均有不同程度的语言功能损害特征,在部分话语-语用层面也有表现。

在语音-音系层,轻度认知障碍患者语音表现中最凸显的特征是犹豫时间变长且频率变多、即席话语语速变缓等(Hoffmann et al., 2010; Roark et al., 2011);在图片描述中出现语音错误,如音素替换或增加等。例如,Cummings(2020:75)报告了一位 71 岁的老年患者,他在"偷饼干图"看图说话任务中描述男孩是如何从凳子上摔倒时,错把 tipping 说成了 tripping。

在词汇-语义层,轻度认知障碍患者在图片描述任务中会出现少量词汇屈折形态变化的错误以及句法错误;患者的词汇语义损害出现较早,且出现明显的找词困难,会出现语义角色(semantic role)使用错误。一般而言,遗忘型轻度认知障碍老年人比认知健康老年人产生的语义单位和词汇更少,概念密度也更小(Cummings,2020:77-79)。例如,Ahmed et al.(2013b)对15名尸检确诊阿尔茨海默病的患者进行了研究,每位患者均在进入阿尔茨海默病阶段前有6个月至18个月达到临床和神经心理学标准的轻度认知障碍阶段。对这些患者进行连续性话语分析后发现,在轻度认知障碍阶段,有11名患者在句法复杂性和语义内容等方面有缺陷;6名患者表现出言语产生障碍,4名患者出现流利性错误,2名患者在词汇语义上表现出变化。

在话语-语用层面,当人称代词所指称的角色发生变化时,轻度认知障碍患者不能在话语中明确表示指称转移。如在"偷饼干图"看图说话任务中,患者用 she 同时指代女儿和妈妈,无法将指称在女儿和妈妈之间转换;患者存在一定程度的句子理解障碍,对叙述性文本主旨和细节的回忆和识别能力受损,阅读理解能力也可能相应受损(Johnson & Lin,2014)。

总体上看,轻度认知障碍老年人的语言能力优于阿尔茨海默病患者,且能够纠正自己的语误,说明其元语言意识和自我监控能力相对保留。

3.2.3 痴呆症

中国古代文献中较早就有关于"痴病"的记载。例如,先秦时代的《山海经·北山经》中说"(人鱼)食之无痴疾";汉代扬雄的《方言·第十》说"痴,骏也";《说文解字·疒部》中说"痴,不慧也";清代段玉裁注"痴者,迟钝之意"。需要注意的是,中国古代所称"痴病"并不专指现代医学上的痴呆症,而是与呆傻、精神疾病等混用,如明代《正字通·疒部》中说:"痴,《方言》借称癫狂病。"明清两代还有一些医家论及脑与心理的关系问题,如王清任著《医林改错》创立"脑髓说",提出了"灵机记性在脑"的主张,并论述了脑的生理构成成分和生理解剖结构,梳理了脑与某些病理变化的关系(刘义等,2014)。在英语中,dementia 在词源上来自拉丁语的 de(丢失)、men(心智)、tia(状态),本义即"失去心智的状态"(吴国良等,2014)。

目前,中国各类痴呆患者人数居世界第一,已成为致使中国 65 岁以上老年人残疾的主要原因之一,患病率逐渐上升。近年来,许多学者对中国痴呆症患病率进行了研究,但对中国痴呆症患病率长期趋势的研究很少。根据 Jia et al. (2020b) 最新的流行病学调查, 我国各类痴呆症的总体患病率为 6.0%, 其中阿尔茨海默病患病率为 3.9%, 血管性痴呆患病率为 1.6%, 其他痴呆患病率为 0.5%。农村各类痴呆症和阿尔茨海默病的患病率明显高于城市, 这可能是因为农村地区的教育水平较低 (Jia et al., 2020a)。据此估算, 中国 60 岁以上人群中有 1,507 万人患有各类痴呆, 其中患阿尔茨海默病为 983 万, 血管性痴呆为 392 万, 其他痴呆症为 132 万。

3.2.3.1　阿尔茨海默病

3.2.3.1.1　阿尔茨海默病的病理机制及诊断

阿尔茨海默病是一种起病隐匿且以进行性认知功能损害为临床特征的神经退行性疾病, 是最常见的痴呆症类型, 俗称 "老年痴呆症"。该病以大脑皮层内神经炎性斑和神经纤维缠结为病理特征, 患者脑区弥漫性受损。

目前阿尔茨海默病诊断标准以临床表现为基础, 参考病史、精神状态、认知和心理学检查结果, 并排除其他导致痴呆的疾病。阿尔茨海默病的第一个临床诊断标准是 1984 年由美国国立神经语言障碍与卒中研究所 (National Institute of Neurological and Communicative Disorders and Stroke, NINCDS) 和阿尔茨海默病及相关疾病协会 (Alzheimer's Disease and Related Disorders Association, ADRDA) 工作组联合制订的, 称为 "NINCDS-ADRDA 标准", 以记忆损害为核心指标, 纳入生物指标物, 成为应用最广泛的阿尔茨海默病临床诊断标准。此后, 两套阿尔茨海默病标准又先后问世: 1993 年世界卫生组织发布的《国际疾病分类》(第 10 版)(ICD-10, 目前最新版本为 ICD-11)、1994 年美国精神病学会发布的《精神障碍诊断和统计手册》(第 4 版)(DSM-Ⅳ, 目前最新版本为 DSM-V)也先后被纳入阿尔茨海默病的临床诊断标准 (America Psychiatric Association, 2000: 2022)。

随着对阿尔茨海默病病理生理机制理解的逐渐深入和临床研究的需要, 2005 年, 国际血管性行为与认知障碍学会 (International Society for Vascular Behavioral and Cognitive Disorders, VAS-COG) 上, 多个国家的研究人员组成国际工作组 (international working group, IWG), 开始启动国际阿尔茨海默病诊断标准的更新工作, 于 2007 年正式发表了被称为 IWG-1 的诊断标准 (目前最新版本为 IWG-2)。新标准通过确认神经心理特征与生物标志物, 实现阿尔茨海默病的主动识别诊断。其中, IWG-1 标准强调阿尔茨海默病是一个连续过程,记忆损害是核心特征,并将轻度认知功能障碍阶段也纳入诊断范围。2014 年修订的 IWG-2 还将生物标志物分为诊断标志物和进展标志物,区分了非典型阿尔茨海默病和混合性阿尔茨海默病的诊断标准(唐毅,2017)。

2011 年,在原先 NINCDS-ADRDA 诊断标准的基础上,美国国家老龄化研究所(National Institute on Aging, NIA)和阿尔茨海默病学会(Alzheimer's Association, AA)发布了新的痴呆症诊断标准,即 NIA-AA 标准。该标准继续强调阿尔茨海默病的连续性,指出病理生理变化在临床症状出现前的 15 年至 20 年就已经开始,并分为阿尔茨海默病临床前阶段(1 期、2 期、3 期)、阿尔茨海默病源性轻度认知障碍阶段以及阿尔茨海默病源性痴呆阶段。这使得阿尔茨海默病的临床诊断很大程度上前移了,对早发现、早诊断该疾病具有很强的临床指导意义。

国际上将编写和推广诊断标准和防治指南作为改善认知障碍发病困境的重要途径。以 2021 年为例,据国际阿尔茨海默病协会(Alzheimer's Disease International, ADI)估计,全球 75% 的痴呆症患者没有得到诊断。在一些低收入和中等收入国家,这一比例可能高达 90%。在这些国家,耻辱感和对痴呆症缺乏认识仍然是诊断的主要障碍。因此,国际阿尔茨海默病协会发布的《2021 年世界阿尔茨海默病报告》(*World Alzheimer Report 2021*)以“诊断”为专题,呼吁要围绕痴呆症的预警信号和诊断标准,在各地开展提高对阿尔茨海默病认识的相关工作。我国也注重开展这方面的工作,先后公布了《中国防治认知功能障碍专家共识》、《2007 血管性认知功能损害的专家共识》、《中国老年期痴呆防治指南》、《中国痴呆症诊疗指南》(*Chinese Guidelines for the Diagnosis and Treatment of Alzheimer's Disease and Other Dementias*, CGD)等文件。同时,我国注重发掘祖国医学在诊疗认知障碍方面的资源,如由中国中医科学院牵头编写的亚洲和西太平洋地区《血管性痴呆中医临床实践指南》,由中国痴呆临床实践指南工作组(Chinese Workgroup of Clinical Practice Guidelines for Dementia, CWGD)查证中医药研究文献证据编写的适用于我国临床阿尔茨海默病及其他类型痴呆诊断的《中国痴呆诊疗指南》(田金洲,2012)。

目前,国内外专家一致认为,语言标志物是阿尔茨海默病诊断的重要参考。《精神障碍诊断和统计手册》(第 5 版)指出,成年人的神经认知功能障碍不仅限于学习和记忆问题,还包括复杂的注意力、执行功能、知觉和运动能力、社会认知和语言能力等方面的问题。《2021 年世界阿尔茨海默病报告》中专设有一章"Language in normal ageing and dementia",明确将语言作为重要的标志物,建议照护人员应该提升对老年人语言表现的敏感度,并从语言表现区分认知是正常老化还是病理变化。

《精神障碍诊断和统计手册》(第5版)中,在诊断标准的认知领域部分,单独将语言(包括运动性语言[命名、流畅性、语法和句法]和感觉性语言)作为诊断依据。相关的认知评估项包括:

1)运动性语言

●命名:对证命名(confrontational naming),即识别物品或图片并说出其正确名称(命名常见物品不足以识别轻微损害)。

●流畅性:要求患者在一分钟内按语义(如动物)分类或按语音(如以f开头)说出尽可能多的词语。

●语法和句法:统计患者遗漏或错误使用的冠词、介词、助动词等(在命名和流畅性测验中观察到的错误,评定错误发生频率,并与正常口误相比较)。

2)感觉性语言:要求患者理解词语定义或判断物品有无生命。

具体诊断标准如下:

1)轻度认知障碍:患者明显找词困难;存在用一般性词语代替专有名词的情况;语法错误包括细微的遗漏或冠词、介词、助动词等的不正确使用;言语稍显急促;符合社交礼仪的停顿可能变少。

2)显著认知障碍:患者理解和表达语言存在重大困难;通常使用通用表达,如"那个东西"和"你知道我的意思",更喜欢用一般性代词而不是具体名字;认知损害严重时,可能不记得亲密朋友和家人的名字;出现个人特意的词语用法、语法错误、自发性言语表达和表达简单;通常在发生缄默之前,会出现刻板语言、模仿言语和自动言语。

在国内,《中国老年期痴呆防治指南(2021)》等也已将语言症状列为阿尔茨海默病的核心临床标准之一(于恩彦,2021)。专家达成共识,波士顿命名测验或等级命名测验等可以检测阿尔茨海默病早期的语言功能损害特征。同时,国内相关学者一直提倡要注重阿尔茨海默病患者的临床语言标志物研究(顾曰国、黄立鹤,2020;黄立鹤,2021;黄立鹤、王晶、李云霞,2019)。

3.2.3.1.2　阿尔茨海默病口语产出障碍

Weiner et al.(2008)在1986年至2003年间,对疑似阿尔茨海默病患者进行标准化精神病学检查和神经心理学测试,其中涉及的语言检测项包括发音、词汇提取能力、流利性、重复、对证命名、语义（类别）流畅性等。研究显示，整体上老年被试在简易精神状态评价量表与临床痴呆评定量表的得分与上述其他各语言检测项的表现得分密切相关。从临床诊断的标准上说，流利性、动物命名、对证命名等表现受损随认知损害严重程度提升而增多。

从临床上看，首先，阿尔茨海默病患者的语言能力损害并不是在各个层面同步发生的，词汇、语义和语用层面上的损害通常出现在轻度阿尔茨海默病中（Taler & Phillips, 2008; Tsantali, Economidis & Tsolaki, 2013），语音和句法都可能相对完好（Croot et al., 2000）。其次，阿尔茨海默病患者的语言障碍存在较强的异质性特点，这是因为受累的语言功能区不同，阿尔茨海默病弥漫性的脑萎缩可对不同语言功能区及语言网络产生程度不一的影响（乔园等，2014：434）。例如，已有研究发现，语义和语用层面的损害相较于句法层面更多、更明显（Bayles & Boone, 1982）。

阿尔茨海默病患者的语音产出能力是学界的关注重点。尽管不少研究表明，阿尔茨海默病患者的语音产出能力在早期没有显著损伤（Croot et al., 2000），但在中后期，患者在这方面会有简化与退化。目前对语音项的评估多采用患者的自发性言语语料，任务态也由单一的看图说话扩展到朗读等其他方面。例如，Meilán et al.（2012）利用语音分析软件 Praat 对 21 名阿尔茨海默病患者进行语音分析，发现无声片段的比例与神经心理学测试的整体分数显著相关，从而能以较低的资源和时间成本判别阿尔茨海默病。2014 年，他们又发现，根据语音中断比例（the percentage of voice breaks）、语音周期数（number of periods of voice）、语音中断数（number of voice breaks）、语音摆振（shimmer）、振幅扰动商（amplitude perturbation quotient）和噪声谐波比（noise-to-harmonics ratio）等参数表征阿尔茨海默病患者的准确度可达 84.8%（Meilán et al. 2014）；Fraser et al.（2016）使用梅尔倒频谱系数（Mel Frequency Cepstral Coefficients, MFCC）对患者的语音信息进行分析，将声学特征与人耳感知相匹配，得出发音率（phonation rate）拥有更高的感知价值；Hoffmann et al.（2010）报告了匈牙利母语阿尔茨海默病患者在不同时期的特征，最终发现，犹豫率（hesitation ratio）在阿尔茨海默病病程前期显著高于正常组，并提出可将此指标作为临床实践的参考指标；López-de-Ipiña（2013）借助分形维数等非线性特征，尝试通过智能算法获得阿尔茨海默病患者的语音特征。在进行朗读任务时，Martínez-Sánchez et al.（2013）发现，阿尔茨海默病患者的语音清晰度下降,发音时间效率降低,停顿次数和停顿比例增加。基于语音速率(speech rate)区分阿尔茨海默病患者的准确度可达80%(特异性74.2%、灵敏度77.1%),因此,口语朗读流利度可作为客观研究和量化阿尔茨海默病言语障碍的工具。另外,还有一系列研究表明,与健康老年人对照组相比,阿尔茨海默病患者在情感加工能力上表现出显著缺陷,尤其是在韵律任务上;患者在各个阶段对情感韵律的理解和产出能力均受到损伤(Horley, Reid & Burnham, 2010),且情感语调加工能力受损早于其他层级的语言能力损害(Taler et al., 2008)。但是,情感韵律理解能力损害对于阿尔茨海默病并不具有特异性。

在词汇语义方面,阿尔茨海默病患者一般会有词汇提取困难,其中最常见的障碍是命名不能(anomia)和语义流畅性受损(Appell, Kertesz & Fisman, 1982;Bayles, Kaszniak & Tomoeda, 1987)。健康老年人通常对高频词和低频词的命名基本相同,而阿尔茨海默病患者对低频词命名准确率较低(Pekkala et al., 2013)。词语流畅性被视为患者语言障碍的一大标志,包括语义流畅性、语音流畅性和图片命名能力。Laws, Duncan & Gale(2010)的荟萃分析表明,语义流畅性较语音流畅性和图片命名两项任务有更大的规模效应,且出现时间更早。还有研究者通过将语义流畅性和语音流畅性作为表征进行对比得出结论:若患者语音流畅性差于语义流畅性,则可能为额叶受损,反之则可能为典型的颞叶受累(Braak & Braak, 1996)。除此之外,基于语义相关测试(Semantic Association Test,SAT)的实验表明,患者的命名和语义加工相互独立(Visch-Brink et al., 2004),命名任务需要从语义记忆中提取;Duong et al. (2006)的实验表明,这种命名障碍是记忆提取失败的表现,患者抑制功能下降,因此会在有意提取记忆时出现异常。患者发生的事物命名困难或错误类型包括语音、语义、视图相关以及迂回赘言①。另外,研究显示,轻度阿尔茨海默病患者在言语交际中多使用重复性语义资源,出现用上位词代替具体名词的现象,也反映出患者在词汇提取方面的困难(赵俊海,2012)。

虽然健康老年人也可能发生词汇提取困难的问题,但阿尔茨海默病患者与健康老年人的词汇提取困难有着不同的认知原因。健康老年人的词汇提取困难反映了心理词汇的语义及语音层面之间连接的问题,使其

---

① circumlocution,即与事物概念及命名无直接相关性的描述,但有研究者认为这是被试对词汇提取困难的直接补偿方法。

在口语产出时找不到或找错目标词的语音形式,从而在口语上表现为说不出或说错某个词;而对阿尔茨海默病患者来说,一般认为他们是心理词库中语义层面的功能受到了损害,属于名词性资源的蚀失,因此,他们会在命名任务中表现为语义类别错误。除此之外,阿尔茨海默病患者的词汇提取困难也有其背后的脑机制原因,通过脑成像技术研究发现,患者词汇提取困难主要与负责语义加工的左颞叶脑区受损有关。

阿尔茨海默病患者在命名与语义流畅性方面的障碍迫使其使用其他词语策略达成交际目的,这导致阿尔茨海默病患者在各类词汇的使用上与正常老年人存在差别。Bucks et al.(2000)通过四个词汇测量维度考察了健康老年人与阿尔茨海默病患者之间的区别,包括每 100 个单词中出现的名词比例(开放词类)、代词比例(封闭词类)、形容词比例(开放词类)和动词比例(开放词类)。名词比例(N-rate)是一种简单衡量被试名词使用能力的指标,对患者找词障碍具有较高的灵敏度;代词比例(P-Rate)被用来量化间接指称的使用能力;形容词比例(A-rate)在即席话语研究中较少涉及,但它是衡量被试言语产出质量的重要变量之一;动词比例(V-rate)则是一种常用的语言变量,反映了言语整体流利性。研究发现,患者每 100 个单词的名词比例,即产生的名词平均数,明显较低,未来还可以进一步细化探究不同类别的名词比例是否也有差异;代词比例也有显著差异,患者平均每 100 个单词中使用 23.7 个代词,而健康老年人平均只使用 15.8 个代词;形容词比例和动词比例也相对较高。除以上研究外,也有其他针对阿尔茨海默病患者词性使用的研究得出了相似结论。March,Wales & Pattison(2006)发现,阿尔茨海默病患者一般会更多使用依赖语境的指示词,包括人称代词、地点副词等;刘建鹏、赵俊海、杜惠芳(2017)基于语料库(Talkbank)研究患者的话语正式度时也得出了相似结论。不仅如此,基于阿尔茨海默病患者的词性研究(Jarrold et al.,2014),如对名词-动词比、代词-名词比、动词频率统计后研究者发现,患者更多使用代词,较少使用名词,对复杂名词也会使用常用动词描述代替,且语言重复性强,词汇丰富性低。

如果将词汇按照功能词和实体词划分,阿尔茨海默病患者在这两类词汇的使用上也存在典型特征。在功能词方面,患者表现为使用代词、动作性动词、动词搭配介词和副词使用过多,而时空、状态性介词和冠词的使用频率偏低;Altmann,Kempler & Andersen(2001)在判断患者能否正确使用语法功能词时发现,患者最常出现的错误是缺失所需的功能词(主要是助动词、指示词和代词），同时患者还会出现一系列介词、不及物动词与反身代词误用等。在实体词方面，患者表现为动作性的物质过程高于健康老年人，而心智过程、关系过程和存在过程这些表征事物及事物静态属性和关系的比例则较低（刘建鹏，2019）；患者与正常组对比，对于动词第三人称单数和过去时规则变化等的标记不再敏感或不能选择恰当的屈折标记（Sajjadi et al.，2012）。

目前国内外对于句法系统是否受损争议较大。多数研究认为，阿尔茨海默病患者在早期阶段句法能力保持相对完好。但随着病程发展，句法复杂度会有所简化，例如，使用简单句表达语义简单的内容，产出短小、重复、片段化的语句，并最终选择缄默与互动无应答（Hamilton，1994）。在"偷饼干图"看图说话任务中，Orimaye et al.（2017）对99名阿尔茨海默病疑似患者的话语进行研究，发现阿尔茨海默病患者会使用更少的句法成分，包括并列句、主从句、省略句等，且述位结构简单，出现更多词汇重复、语法更正、错误修订现象。但是，也有一些国外的研究目前对于患者句法系统是否受损尚有争议，如Kavé & Levy（2003b）认为患者的句法能力受损并不明显。根据目前研究来看，患者的句法能力总体上保持稳定，特别是对一些相对简单和核心句法规则的掌握，仍然保持稳定。Lyons et al.（1994）通过对轻度阿尔茨海默病患者口语转写语料的分析，发现其话语的60%在句法结构上正确完好，而正常老年人在该方面的正确率为69%；两者相比，前者的句法相对简单、话语长度较短。Kavé & Levy（2003a）通过对阿尔茨海默病患者在线（online）及离线（offline）任务的测试发现，他们与正常老年人一样，对时态与人称、动词及物性、错误较为敏感；主谓一致等句法能力在话语产出时也与正常老年人基本一致（Almor et al.，2001）。

另外，阿尔茨海默病患者在理解词汇和句子语义上存在损害。有研究发现，患者在图画叙事中句法结构相对完整，但语义模糊、语义结构混乱（Kemper et al.，1994）。随着病程发展，患者在书面语中的语义表达能力也随之下降。患者在语义理解与产出上的障碍可能与其语义记忆受损有关。患者在初期阶段的非字面（如隐喻、成语等）意义理解能力相对保留，随着病程发展及患者语义记忆能力持续受损，隐喻和成语理解能力均有受损，但隐喻和成语是比喻语言的不同方面，故受损情况并不一致。对于成语，老年人通常是以整体形式在语义记忆中加以提取的；而在隐喻理解中，老年人必须提取特定且显著的语义特征，特别面对新的或不常见的隐喻形式时,老年人必须进行新的语义属性提取与理解过程。换言之,老年人可以通过一定的认知策略去重新理解隐喻,但无法使用认知策略再去理解已在语义记忆中丢失的成语(Papagno,2001)。另外值得注意的是,虽然同样是对隐喻的理解,阿尔茨海默病患者对常规隐喻和新奇隐喻的理解能力有所不同。传统的、常规的隐喻已经编码在心理词典中,只需要提取特定短语的含义就可理解;而新奇的隐喻需要创造新的语义联系来理解,需要在特定的短语中提取多个词义,因此大脑激活范围更广。Fujimoto et al.(2019)使用新奇隐喻作为测试材料,发现阿尔茨海默病患者在理解测验中的得分显著低于正常老年人。

在语篇方面,个体在处理复杂的话语产生过程时,需要在会话中持续激活话题信息。由于工作记忆与语义记忆受损,阿尔茨海默病患者很难维持这些努力,认知资源可能会超载而影响话语构建特征,患者表现为维持话语构建特征的能力减弱、话语缺陷的频率增加等(Dijkstra et al.,2004:268)。患者用以组织信息中高阶概念结构的语言功能受损,因此在语篇的主题连贯性上表现较差(Glosser & Deser,1991),患者"话语构建能力"(discourse structuring ability)普遍降低(Hutchinson & Jensen,1980),不能遵循正常的"话语规则和惯例"(Almor et al.,1999)。病程不同阶段的阿尔茨海默病患者的话语局部和整体连贯性均会受到影响,信息产出量也有一定减少,即便是在阿尔茨海默病初期,患者在话语产出时也表现出整体结构上的障碍。这些结果表明,患者通过"看图说话"产出话语时,需要在叙事过程中整合认知过程。例如,患者需要将注意力集中到图片中的相关线索上,记住已说过的话,并对会话线索做出适当反应。但患者工作记忆的受损,其中央执行系统无法同时兼顾语篇结构的整体与局部意义加工,因此在认知整合过程中产生困难(Lima et al.,2014)。同时,阿尔茨海默病患者指称效率较低,话语产出常含有混淆性和无关性信息,且这些错误信息的数量与其指称能力呈负相关。这种语篇信息内容中的语用/概念性阐述困难是导致患者话语内容信息量减少、话语缺乏具体指称内容("空话"[empty speech])的重要原因(Carlomagno et al.,2005a)。

在非言语交际方面,阿尔茨海默病患者在指称交际任务中,整体上手势数量增加。其中,指称手势(deictic gesture)和模糊手势(indefinite gesture)有所增加,而象征性手势(emblematic gesture)减少(Carlomagno et al.,2005a)。同时,阿尔茨海默病患者也表现出更少的概念复杂手势

（Glosser，Wiley & Barnoskir，1998），简而言之，虽然身体姿势、面部表情和凝视方向等非言语行为表现可能变化不大，但阿尔茨海默病患者在手势使用方面的变化会对语用交际产生负面影响。

3.2.3.1.3　阿尔茨海默病书面表达与书写障碍

书面表达和书写障碍是阿尔茨海默病早期症状之一，目前，国外已经关注到书写障碍，而国内只有零星的临床个案报道，基本没有系统性研究，只有个别文献对国外的研究做了相对全面的介绍。

罹患阿尔茨海默病的老年人，其书面表达与书写能力便会受到损害，这种损害主要体现在以下几个方面：1）字母遗漏和替换形式的使用。这主要是阿尔茨海默病患者在注意力上的困难导致的。2）单词失写，出现书写传达意义困难的情况较为普遍。这种情况与阿尔茨海默病患者普遍存在的词汇语义缺陷有关。3）在语篇层面，患者使用完整句子以书面形式描述场景时的语篇组织、词汇运用和语篇内容、单词拼写及写作技巧等方面的能力均有下降，且与阿尔茨海默病的严重程度及口语能力等显著相关。4）书面信息的缺乏。这一点可以成为区分健康对照组与患者、轻度与更严重疾病患者的关键特征（Glosser & Henderson，2002）。

在日常生活中，阿尔茨海默病患者的书写会随着病程发展受到进行性损害。早期主要是书写字迹变化，当病程发展到中度时，患者书写衰退得最为明显，尤其是对语句篇章的书写，而朗读及抄写等需要再认的项目相对保留；重度患者多表现为书写能力完全丧失，可能表现为书写线条不规则或乱画（宋叶华等，2011）。这是因为书写的各个方面都具有连续成分，如单个字母的形成需要一系列知觉运动片段的连续活动，一个词的形成涉及一系列字母的连续产生，当认知损害累及这个区域时，上述成分往往会被破坏（Anderson et al.，1993），书写会出现字母形体错乱、字母省略或重复、笔画混乱甚至字母难以辨认等表征。

阿尔茨海默病患者的书写障碍主要表现在以下几个方面。第一，字迹变化。有些患者会在针对图画撰写叙事段落的任务中出现字迹扭曲（Pekkala et al.，2013）。第二，拼写障碍。大部分针对拼音文字的研究显示，早期阶段患者可能出现拼写错误，包括增加、遗漏或重复个别字母等，以及单词替换现象，甚至词汇提取困难、词汇失写现象。在拼音文字的大小写上，个别患者在拼写同一单词时不能保持字母大小写的一致性，如 *CoOkIe*（cookie，饼干）这样的错误（Forbes，Shanks & Venneri，2004）；第三,叙事书写障碍。在叙事书写时,大部分患者会在意义书写时产生困难。整体上看,患者书面叙事呈现出不连贯、指向不明确、语义错误、字形错乱、无法描述或画面主题抽象等问题,严重者可能出现错误的语义替换或无关的信息加入;即便是在早期阶段,患者也在信息内容和图画主题等方面与健康老年人有显著差异。除此之外,有些患者还会出现书写动作问题等(Pekkala et al. , 2013)。

阿尔茨海默病患者的书面表达与书写障碍既有认知方面的原因,也有神经机制方面的原因。在认知方面,句子书写和段落叙事等任务要求书写者进行语义、句法组织与加工,还涉及连贯性、拼写、工作记忆、注意力及书写运动等。这些都对老年人的认知执行功能要求很高。另外,患者在自发书写、抄写、听写等过程中都可能因注意障碍而表现为书写异常。在神经机制方面,书写障碍主要是由于患者大脑颞叶和顶叶皮质损害,反映出语义层面受损,伴随音系及句法损害 (Forbes, Shanks & Venneri, 2004)。大脑的不同部位受损可能导致不同的书写障碍表现,顶叶病变会妨碍空间觉和运动觉对书写运动的调节,这种调节对于文字流畅的成型输出至关重要;枕叶在语言文字的视觉信息的读取、加工、记忆和视反馈中起重要作用,相关损害导致的失写除了多见的失语性失写,还有惰性失写、镜像书写及视空间性失写。

不同母语的阿尔茨海默病患者在书写方面的障碍可能有不同的表现和原因。当母语为汉语的患者合并视空间发生障碍时,汉字书写就会受到影响。这是因为,虽然空间障碍并不影响口语功能,但汉字具有严格的字形结构,正确的书写需要正常的视空间定位和连续的视空间功能(何金彩,2000),而视空间功能障碍是阿尔茨海默病的典型表现,相关损害会影响汉字书写能力。例如,通过对母语为日语的轻度痴呆患者和健康老年人的书写加工过程研究,Hayashi et al. (2011)发现,轻度痴呆患者表现出失用性失写症的一些症状,患者在听写任务中写出的字难以辨认,不符合构词规则,但在抄写任务中表现正常。通过脑成像技术可发现,其书写错误与顶下小叶、额中回的低灌注状态相关,表明这两个区域与失用性失写症有关。

目前,我国对母语为汉语的各类痴呆症老年人书写能力的研究严重不足,尚未构建起随神经退行性疾病病程发展的书写障碍出现顺序、主要特征等知识体系,在临床上也较少使用书写数据作为认知障碍的评估依据。

3.2.3.2　其他类型痴呆

3.2.3.2.1　路易体痴呆

路易体痴呆患者在记忆力、语言、注意力、视空间的执行功能等方面均有损害,核心临床症状包括波动性的认知障碍,体现在注意力、觉醒功能(alertness)上的显著变化;反复视幻觉;快速眼动期睡眠行为障碍;甚至可伴随自发性帕金森症的核心症状,如运动迟缓、静止性震颤、肌强直等。它常与帕金森病和阿尔茨海默病相伴,因而学界对单独由路易体痴呆引起的语言障碍研究不足(Kemper & Rozek, 2013),其语言损害表现及病理机制目前仍待进一步探索。目前已知的是疾病晚期可见记忆力与语言功能损害(McKeith et al., 1996)。已有研究发现,句法错误、言语反复不止(perseveration)是路易体痴呆患者话语产出不连贯的重要特征(Perkins, Whitworth & McKeith, 1996)。另外,路易体痴呆患者的词汇命名能力也可能下降(Salmon & Galasko, 1996)。

3.2.3.2.2　语义性痴呆及其他额颞叶退行性病变痴呆

额颞叶退行性病变的痴呆疾病包括狭义的额颞叶痴呆(frontal-variant FTD)、语义性痴呆(semantic dementia)、原发性非流利性失语(primary nonfluent aphasia)三种临床综合征(Gorno-Tempini et al., 2011),这三种亚型的病变会导致患者言语交流具有不同程度的障碍。

语义性痴呆患者词义加工方面会受到影响,造成严重的图片命名及言语流利性障碍,语句理解亦受到影响。同时,患者的词汇提取困难通常伴随词汇理解损害,但前者通常比后者严重。该神经退行性疾病的特征是,只要基于语义概念表征的认知任务(如定义词汇、分类任务、物体用途展示等),患者基本表现都不佳。相比之下,患者句法形态方面的能力相对保持。换言之,语义概念知识受损与语言结构理解及产出之间的关系并不直接相关。患者话语产出能力也相对保持,但尚需进一步验证(Kempler & Goral, 2008:78)。

原发性非流利性失语患者言语产出十分困难,或表现为构音障碍。患者会出现语速减缓、找词停顿时间延长、言语错乱(paraphasia)、语音失真(distortion)等情况。

3.2.3.2.3　皮克病

皮克病(Pick's disease)属于皮质下痴呆,其病理改变是额、颞叶为主的叶性萎缩。脑内也会出现神经原纤维缠结和老年斑,但通常并不超出正常衰老的程度。

根据尼亚里标准(The Neary Criteria)①,患者会出现人际交往行为障碍、同情与共情能力下降、态度冷漠、言语与动作不受限制(disinhibited)、违反人际交往空间规则等情况,但患者对这些异常情况未能察觉。该疾病的易怒、固执、冷漠等精神症状与抑郁症、焦虑症等疾病症状有所重合,因此在临床上的误诊率较高(Smith, Mates & Mikesell, 2010: 9-10),且由于其精神症状而易被诊断为其他疾病。

除上述症状外,失语也是皮克病较早出现的核心症状之一。有些研究者认为,皮克病首先出现的语言障碍包括命名不能、说话累赘迂回(circumlocutions)以及言语错乱等(Alexander & Geschwind, 1984)。Holland et al. (1985)对一位皮克病患者为期 12 年的跟踪研究也证实了这一点。随着病程发展,患者言语呈现出电报式的语法简化或话语结构紊乱;也有患者表现为重复自己或他人话语以及言语刻板等症状;终末期患者可出现缄默症状。出现缄默症状以后的几年,患者会使用书面语言进行交流,能够理解别人的书面信息(Sandson, Obler & Albert, 1987: 279)。

此外,皮克病患者也会出现语用障碍。由于语用交际涉及社会认知、依附行为、情感调节和刺激评估等,语用交际背后的神经系统由眼眶额叶皮质、杏仁核之间的连接及它们与脑干和下丘脑的相互连接而组成(Schumann, 1999)。老年患者通常大脑前额部位(尤其是前腹与眶额叶区域)有损伤,就导致了语用交际障碍。因此,对该疾病的诊断不能仅限于认知评估,也应重视对患者语用交际层面的观察和评估,这是研判是否罹患该疾病的重要维度。

3.2.3.2.4 其他原因导致的痴呆

近年来研究发现,感染冠状病毒也会导致认知障碍,对患者的语言能力产生影响,最后导致痴呆。例如,目前正在全球大流行的新型冠状病毒(COVID-19),感染者通常会出现味觉或嗅觉丧失、中风、谵妄等神经系统症状或并发症。Negrini et al. (2020)在对 9 名新型冠状病毒感染者进行简易精神状态量表检查后发现,三分之一的患者表现出整体认知能力的下降,其中包括语言功能。还有人对感染新型冠状病毒后三至六个月的患者进行了研究,研究结果显示,超过一半的人表现出持续性的健忘问

---

① 该标准用于额颞叶变性的临床诊断,目前未有通用中文名,本书暂且用"尼亚里标准"加以解释。

题,大约四分之一还伴有语言和执行功能障碍等认知问题(Zamponi et al.,2021)。还有研究发现,两种冠状病毒引起的流行病,2002年的严重急性呼吸系统综合征（SARS-CoV-1）和2012年的中东呼吸综合征（MERS）,20%的康复患者会出现持续性记忆障碍(Zhou et al.,2021)。

3.2.4　帕金森病

帕金森病是仅次于阿尔茨海默病的第二大神经系统退行性疾病,是患病率、致残率和死亡率增长最快的神经系统疾病之一。中老年人为此病的高发群体,且随年龄增长患病率会升高,给家庭和社会照护带来沉重负担。2018年,国家老年疾病临床医学研究中心主任陈彪表示,目前中国帕金森病人数量在250万到300万之间,已占全球病例总数的一半,预测到2030年将达到500万,届时将占全球的57%。① 此前帕金森病研究多集中于患者的临床运动表现及神经病理机制,但越来越多的研究者开始重视帕金森患者的语言障碍问题。

3.2.4.1　帕金森症病理介绍及其分类

根据《中国帕金森病的诊断标准》(2016版),帕金森病的主要病理改变表现为黑质致密部多巴胺能神经元丢失和路易小体形成,皮质下结构缓慢恶化;主要生化改变表现为纹状体区多巴胺递质降低;临床主要表现为运动迟缓、肌强直和静止性震颤等运动症状,以及不同程度的语言障碍。

帕金森病可分为原发性帕金森病、继发性帕金森综合征和症状性帕金森综合征。

原发性帕金森病,根据其病程可分为良性型(平均发病时间12年以上)和恶性型(平均发病时间仅约4年);根据症状可分为震颤型和强直型;而根据遗传分型可分为家族型、散发型和少年型。

继发性帕金森综合征,可分为感染性加脑炎后帕金森综合征、中毒性、药源性、血管源性和脑肿瘤性等帕金森综合征。

症状性帕金森综合征,可分为多系统萎缩(multiple system atrophy, MSA)、进行性核上性麻痹(progressive superanuclear palsy, PSP)、皮质基底

---

① 参考 http://www. 21jingji. com/2018/1－12/wNMDEzODFfMTQyMzQwNQ. html。

节变性(corticobasal degeneration, CBD)和路易体痴呆等。

3.2.4.2　帕金森症患者语言特征

帕金森病会对患者的大脑神经系统造成损伤,基底神经节(basal ganglia)、丘脑、核壳(putamen)、尾状核、背外侧前额叶皮质(dorsolateral prefrontal cortex)等功能区都会受到影响(Altmann & Troche, 2011),特别是背外侧前额叶皮质,该区域对语言理解和产生过程中的激活具有重要作用;另外,该疾病可导致多巴胺能神经末梢损伤、多巴胺耗竭,其损伤程度与语义激活受损有关(Angwin et al., 2009)。由于多处脑功能区受到影响,帕金森病会导致多个认知领域受损,包括记忆、视觉空间功能、概念形成、执行功能和工作记忆等,并直接影响到患者的语言能力,造成患者在语音、词汇语义、句法、语用、书写等方面的障碍。

语言障碍特征是帕金森病患者具有的典型性外显病症,深入研究帕金森病患者语言障碍表现对有效进行帕金森病的研判和诊断意义显著。国内关于帕金森病症状的临床研究起步较早,但对帕金森患者语言障碍的系统研究较少。本节主要结合国内外研究文献,从语音、词汇、句法、语义、语用、话语和语篇等多个层面介绍帕金森病患者的语言障碍特征。

3.2.4.2.1　语音层面

众多研究表明,帕金森病患者面临着语音生成和构音困难(dysarthria),以及语音言语韵律(prosody)和情感韵律理解能力受损等问题。帕金森病患者的口、咽、腭肌运动障碍会引起喉部及声带震颤、声门闭合时间不对称、下颌关节运动障碍及呼吸紊乱等,进而影响言语发声(刘琳等,2011),使患者生成语音时运用响度(vocal loudness)、音高(pitch)和持续性(duration)的能力受损(Caekebeke et al., 1991)。随着疾病发展,帕金森病患者在言语交际中会产生发音困难、语速缓慢、带有呼吸声、通常发音柔弱等问题,使说话清晰度受到影响(Kemper & Rozek, 2013),因此患者说话听起来发音不准确、不协调,音节难以精确划分(戴蓉、刘晓加,2005)。与正常老年人相比,帕金森病患者语音基频(fundamental frequency)较高,相对强度(relative intensity)较低(Illes et al., 1988);语音基频的变化率低很多,且持续发元音时基频显著升高(Meter & Hanson, 1986;Zwirner, Murry & Woodson, 1991)。另外,帕金森病患者在高、低、前、后舌位形成的元音 /a/、/e/、/i/ 呈现非对称央化现象(asymmetric centralization),从而导致第一共振峰、第二共振峰之间的元音空间(vowel space area)较正常老年人的显著下降(Bang et al., 2013);在对以母语为汉语的帕金森病患者言语研究中,张涛等(2011)在基于元音分类度语音特征分析时发现,帕金森病患者/ei/、/æ/、/ɔː/三个元音的发音表现明显不同于健康对照组。还有研究者建设了一个帕金森病患者话语语料库(Parkinson Disease Speech Corpus),用以分析该类人群的声学、语音及韵律特征,发现女性帕金森病患者较男性患者而言表现出更多频率的颤动(jitter),噪音-和谐音比(noise-to-harmonics ratio, NHR)更高(Proença et al., 2013)。

言语韵律是指特定音节的重读、节奏和语速上的变化以及音高和语调变化的语音特征,可以传达语义、句法和情感信息。国外研究发现,由于基底神经节受损(Pell, 1996),帕金森病患者在韵律生成(prosody production)、韵律理解(comprehension of prosody)和韵律识别(discrimination of prosody)三方面都会受到损害(Blonder, Gur & Gur, 1989;Caekebeke et al., 1991;Lloyd, 1999)。具体来说,帕金森病患者语音单调且缺乏节奏,难以识别和处理他人言语的韵律,很难理解词汇重音、情感韵律等,部分患者甚至无法判断不同语句的情感特征。

3.2.4.2.2　词汇-句法层面

帕金森病患者在词汇层面的障碍受到持续关注。在词汇使用上,患者生成话语时倾向使用动词和名词,相对较少使用 at、in、to 等介词(Lieberman et al., 1992)。在之后的研究中,又有研究者发现,帕金森患者很难正确变换规则动词和不规则动词的过去式(Murray, 2000),即帕金森病患者难以正确生成动词的形态(Holtgraves & Cadle, 2016)。另外,动词类型对帕金森病患者的理解能力有显著影响,具体来说,相比带使役动词的句子,患者更能理解带简单及物动词的句子(Geyer et al., 1994)。

句法加工是一个复杂过程,研究发现帕金森病患者自动、迅速运用句法规则理解话语的能力受损。患者在生成话语时倾向于简化句法,这正是帕金森病患者运用句法规则能力退化的体现;此外,相较于理解句法简单但较长的句子,帕金森病患者更难以理解句法复杂的短句(Lieberman et al., 1992);患者早期的句法自动加工能力(early automatic process)保留比较完好,但后期整合能力(late integrational processes)受到损害。这可能是因为基底神经节受损,而其支持后期句法能力整合,从而导致了帕金森病患者的句法整合能力受损,并进一步导致句法理解障碍(Friederici et al.,

2003)。

Illes et al.(1988)对比了 10 名帕金森病患者(5 名轻度、5 名中度)和 10 名年龄匹配的健康对照组的语速、流畅度、句法复杂性、词汇产出、话语内容以及语法短语的相对分布。研究发现,帕金森病患者往往比健康老年人产出更长的句子,因为他们倾向于在一句话中列出几个事件,导致实词短语(名词、动词和形容词短语)的比例高于健康对照组;与健康对照组相比,轻度帕金森病患者的句法复杂度无明显变化,而中度患者的句法复杂度有所降低。

帕金森病患者的言语产出还容易受到诱导任务复杂程度的影响。例如,在会话、图片描述和书面句子产出等各种语言任务中,帕金森病患者表达的信息量会减少,这可能反映了患者句子产生信息水平激活的局限性(Altmann & Troche, 2011:6)。Walsh & Smith(2011)发现,一方面,言语句法复杂度越高,患者越难以正确识别;另一方面,当言语句法更复杂时,患者表达的准确度会有所下降,生成语句的信息内容(information content)更少,合语法性(grammaticality)更差,句法流畅度(fluency)更低。有趣的是,研究者还发现,双语帕金森病患者较健康老年人而言在第一语言的言语产出中出现了更多语法错误,而在第二语言的言语产出中两者也没有显著差异(Zanini, Tavano & Fabbro, 2010)。研究者认为,产生这种差异的主要原因是语言习得时间的不同:第一语言自幼习得,相应加工涉及的基底神经节在病程中受到损伤;第二语言则通常后天学习,触发新皮质表征(neocortical representations)(Walsh & Smith, 2011; Zanini, Tavano & Fabbro, 2010)。

3.2.4.2.3 语义层面

语义能力是获取语言形式所传达信息、选取恰当形式表达信息的核心语言加工能力(Auclair-Ouellet, Lieberman & Monchi, 2017),对帕金森病患者语义特征的研究有助于识别和预测帕金森病患者的认知障碍。这里从帕金森病患者的语义特征受损表现、语义加工过程障碍和动作词汇加工障碍三方面介绍帕金森病患者的语义能力受损情况。

语义特征方面,患者处理动词和名词的语义能力是分离的,对动词的加工能力要劣于对名词的加工能力(姜孟、田真玲,2019)。患者的语义流利度会受到一定损害,表现为说话中断、句子之间或句子内部有长时间停顿、各类中断性停顿等,这是患者语义记忆受损导致的(Gurd et al., 1989)。无论句子的复杂程度如何,与健康成年人相比,帕金森病患者产生的不流利现象更多,总体上可接受的句子(流利、语法正确和完整的句子)更少(Altmann & Troche, 2011: 5)。Troyer et al. (1998)发现,尽管帕金森病患者较健康对照组生成的词汇更少,但当获得子范畴提示时,患者的语义流利度不受影响。在语义生成流利度测试中,帕金森病患者的动作流利度(action fluency)、字母流利度(letter fluency)和分类流利度(category fluency)都受到损害,尤以动作流利度受损最为严重(Flowers, Robertson & Sheridan, 1995; Rodrigues et al., 2015)。一般认为,流利性障碍主要是由患者在语言产生早期阶段(如概念化和表达)的困难、运动编程(motor programming)和发音过程中的问题导致的(Illes et al., 1988; Illes, 1989; Troche & Altmann, 2012)。

语义加工过程方面,Copland et al. (2003)发现,由于非丘脑皮层下脑区功能失调导致的语义参与机制受损,帕金森病患者有明显的选择词义障碍,使语义启动速度受到损害。这种损害会对词汇语义理解产生负面影响,也是帕金森病患者难以理解复杂句法的原因之一(Angwin et al., 2006)。患者在动作动词和抽象动词的启动效应(priming effect)方面存在障碍,且动作动词启动速度有更为明显的下降(Bocanegra et al., 2015; Fernandino et al., 2013)。在测试帕金森病患者口语流利度的言语生成实验中,Raskin, Sliwinski & Borod(1992)根据患者形成完整语义簇的能力判断,帕金森病患者通过语义类别分类的信息储存系统(storage systems)相对完好。

帕金森患者在动作词汇方面的障碍主要体现在学习、加工和产出方面。Grossman et al. (1994)发现,早期帕金森病患者在学习新的动词上存在特定的障碍。在加工动作词汇时,患者自动词汇认知(automatic word recognition)和控制条件下语义判断(controlled semantic judgment)的能力受到损害。患者在动作词汇生成任务中具有突出障碍(Piatt et al., 1999),且在疾病初期就早已显现;在动词方面的产出障碍可能会进一步损害帕金森病患者的句子产出,因为动词赋予了句子的主语和宾语成分(施事、受事、接受者)。

在这些障碍的神经认知机制上,研究发现,帕金森病患者与动作相关的词汇生成障碍与其运动障碍有关,患者运动感知系统(sensory-motor system)受损则与动作词加工障碍间存在因果联系(Fernandino et al., 2013)。近来的研究也进一步揭示了该语言障碍特征与负责动作计划与执行的脑区受损相关(Auclair-Ouellet, Lieberman & Monchi, 2017),而且患者运动功能障碍的严重程度与动作词汇的生成过程中大脑激活水平具有相关性（Peran et al., 2009）。动作词汇的加工由不同神经通路（pathway）处理,一方面提供词汇语义信息,另一方面提供词汇语用信息;而患者生成动作词和具体名词的启动速度明显不同,表明患者有着动作词汇加工障碍。Cardona et al.（2013）还指出,当帕金森病患者对动作动词进行加工处理时,大脑皮质下区域（subcortical area）会潜在影响患者语言加工和动作词语义整合过程。

3.2.4.2.4　语用层面

帕金森病部分累及额叶功能,使患者工作记忆和话语加工速度（processing speed）受损（McKinlay et al., 2009）,会话得体性、话轮转换、韵律和人际举例等方面的语用交际能力也受到明显损害（McNamara & Durso, 2003）,这种损害已被证明与患者的病程和疾病严重程度相关（Holtgraves & McNamara, 2010; Holtgraves & Giordano, 2017）。

产出方面,患者主要表现出信息内容少、言语不流畅、停顿长且频繁、语言得体性差（Holtgraves & Giordano, 2017）,话语量减少、信息量降低（under-informativeness）、话轮中断（turn-taking disruption）、话语加工速度慢（Montemurro et al., 2019）等语用障碍。有研究者认为,帕金森病患者的语用障碍与其认知方面的缺陷有密切联系,其中包括推理能力、执行功能和工作记忆能力的下降等（Holtgraves & Giordano, 2017）。语用交际障碍很可能导致患者难以进行正常的社交活动,增加照护者难度的同时,影响患者生活质量。另外,受到运动障碍的影响,帕金森患者的韵律产出、面部表情和手势也有异常现象（Colman & Bastiaanse, 2011）,如患者通过面部表情传达信息给听话人的能力受损会导致听话人无法正确理解患者的情感或意图,语用交际受到影响。

语用理解方面,帕金森病患者极难理解话语细节信息和隐含信息（implied information）,而且工作记忆受损的患者很难根据话语做出合理推断（inferring）（Monetta & Pell, 2007）。语用理解过程包括迅速自动的言语行为启动过程（speech act priming）和较慢且非自动的解释过程（interpretation）,而帕金森病患者这两种处理能力都有损害;当帕金森病患者理解话语的非字面义时,患者语用理解速度慢、准确度低,并且隐含义越间接（indirect）,患者理解难度越大（Holtgraves & Giordano, 2017）。帕金森病患者在理解修辞性语言时,加工效率明显更低、反应更加缓慢、犯错更多（Monetta & Pell, 2007）。例如,在一项判断故事陈述性结尾意义的实验中,帕金森患者很难区分结尾究竟是玩笑(joke)还是谎言(lie),也难以理解陈述话语中反语(irony)的语用意义(Monetta, Grindrodh & Pell, 2008);帕金森病患者还很难理解语段中的幽默性话语(humor)(Montemurro et al., 2019)。

3.2.4.2.5　话语-语篇层面

话语-语篇能力是指能有效组织主题、进行转折、保持语意连贯、补偿对话的语言能力;语篇能力还包含理解歧义性表达、阐述修辞性表达、处理复杂语法句子的能力,是一种高层次的语言加工能力(Murray & Stout, 1999;Murray, 2008)。该能力使人们能将自下而上的基础语言加工过程同识别话语结构、根据文本做出推论等自上而下的认知功能整合在一起。语篇能力与患者认知能力紧密相关,研究者认为,帕金森病患者注意功能(attentional function)、记忆功能(memory function)和执行功能(executive function)的受损导致了患者语篇理解障碍(Murray & Stout, 1999)。帕金森病患者在语篇生成和语篇理解两方面的障碍都有各自特征。

帕金森病患者在生成单词和句子时会遇到选择障碍,并且当自己话语减少、持续言语并缺乏新信息时,很难生成新想法并顺利将这些想法排序,因此,帕金森病患者话语的产生、选择和排序能力都会受损(Robinson, 2013);帕金森病患者语篇生成和场景描述的表现更差(Montemurro et al., 2019),即语言组织能力受损(Ash et al., 2012a)。总体上看,帕金森病患者语篇生成障碍有以下特点:信息内容少、合语法性差、话语流利度不畅、句法复杂度下降(Altmann & Troche, 2011)。

在语篇理解上,早期帕金森病患者就已出现困难,尤其是在理解高层次话语(high level language)(如歧义性句子、修辞性表达、复杂语法句子等)上的表现明显不及健康对照组(Murray & Stout, 1999;Murray, 2008)。帕金森患者理解语篇的准确度低,理解复杂句子的层次更低(Murray et al., 2013);患者较难理解叙述性语篇的层级组织结构(hierarchically organized structure)(Ash et al., 2012a);患者对语篇中细节信息和隐含信息的理解能力明显不足,根据语篇(尤其是语篇中的隐含细节信息)做出推论的能力也明显受损(Monetta, Grindrod & Pell, 2008)。另外,患者很难理解隐喻性话语;患者难以加工歧义词的问题突出,即便接触到完整的语篇内容,也无法选取恰当的词义,或根据话语做出推论(Copland et al., 2000)。

在上述问题的解释机制上,目前学界尚未达成一致:患者动作语言障碍的原因到底是仅限于语言学层面,还是延伸到了非语言学层面,抑或是两者兼具? 如果是前者,那么其动作动词加工障碍与一般认知损害无关,主要是由动作语言语义特殊性所致,属于"语言特异性功能受损";如果是后者,则其动词加工障碍和一般的认知损害有关,从而致使动作语言障碍,称为"非语言特异性功能受损";还有第三种情况:"语言和非语言功能共同受损"。支持第一种情况的证据主要来自三方面:动作动词的接地基础受损、动作语义表征受损、动作-句子相符效应减弱。总体上看,患者出现动作语言障碍与其运动系统受损密切有关,从而使其运动概念表征丧失了神经基础;支持第二种情况的证据包括:一般认知功能缺陷、执行功能障碍、工作记忆衰退;支持第三种情况的证据包括:现有研究证明"语言特异性受损假设"无法解释帕金森病患者运动损伤程度和动作动词命名表现之间并无明显联系的现象,但"非语言特异性功能受损"又无法解释患者动作动词受损比抽象动词更严重的现象,显然抽象动词加工的认知努力更大,因此研究者认为该视角解释机制并不能完全解释相关问题(周倩、廖小根、姜孟,2020)。

3.2.5　老年失语症

失语症是指因脑部病变或外伤而引起的语言功能障碍,患者的言语理解和表达能力出现部分或完全损害,在语音、词汇、语法、语言结构、语言内容与意义等方面出现问题,表现出语言认知功能减退或损害(杨玉芳,2017:57)。需要注意的是,这些语言功能障碍是由大脑组织病变或外伤引起的。严格意义上的失语症不包括与初级感觉障碍、一般精神退化或精神障碍相关的障碍,即不包括由于意识障碍、普通智力减退造成的语言问题;也不包括听觉、视觉、书写、发音等感觉和运动器官损害引起的语言功能障碍。

因此,狭义的、传统的失语症主要是脑卒中或其他脑外伤引起的语言障碍问题,而广义的失语症,除上述提到的各病症引发的语言障碍问题之外,还包括因渐进性疾病(包括各类痴呆症)逐渐发展出来的失语问题。目前对失语症的分类尚未统一,比较经典的分类包括布洛卡失语症(运动性失语症)、威尔尼克失语症(感觉性失语症)、传导性失语症、完全性失语症、命名性失语症、经皮质运动性失语症、经皮质感觉性失语症、经皮质综合性失语症(凯默勒,2017:97)。

失语症可发生在任何年龄,老年阶段也可能因为脑部病变或脑外伤而损害语言理解和产出,即发生传统意义上的失语;从广义上说,国外有研究者曾将失语症的范畴扩展到包括脑卒中引起的语言障碍、阿尔茨海默病引起的语言障碍以及其他原发性进行性失语症(primary progressive aphasia, PPA),这就覆盖了老年人因神经退行性疾病而产生的失语。但目前多数研究者还是将传统的失语症与阿尔茨海默病等神经退行性疾病造成的语言障碍区分开来。

原发性进行性失语症主要包括三种症状:进行性非流利性失语(progressive nonfluent aphasia, PNFA)、语义性痴呆、少词性进行性失语(logopenic progressive aphasia, LPA)。这些症状的核心是语言能力发生进行性的衰退,这种进行性衰退出现后要持续两年以上的时间,病人才能被确诊原发性进行性失语症。这一点将原发性进行性失语症与其他神经退行性疾病造成的失语症区分开来(凯默勒,2017: 127)。目前关于原发性进行性失语症诊断的采用标准,见表3.3。

表3.3　原发性进行性失语症诊断的符合及排除标准
(Gorno-Tempini et al., 2011: 1008)

符合标准:1—3 必须是肯定的回答
1. 语言障碍是最为明显的临床特征。
2. 这些障碍是影响日常活动的主要原因。
3. 失语应该是疾病初期以及症状开始出现时最主要的障碍。
排除标准:1—4 必须是否定的回答
1. 症状的模式能较好地被其他神经退行性疾病或内科疾病所解释。
2. 认知障碍能较好地被精神疾病所解释。
3. 突出的情景记忆、视觉记忆、视空间受损。
4. 突出的行为障碍。

以往解释失语症的经典理论是 Wernicke-Geschwind 模型。该模型由德国解剖学家 Carl Wernicke 创建,后经美国神经学家 Norman Geschwind 修改而成,提出了一系列与语言加工直接相关的脑区,包含威尔尼克区、

布洛卡区、顶下小叶、弓状束、初级听觉皮层、视觉皮层、运动皮层。其中，威尔尼克区、布洛卡区、顶下小叶为语言加工核心区。该模型把语言加工分为理解和产出两大基本过程，在此基础上描述语言的神经生理机制，在很长时间内在脑损伤研究和临床实践方面起到了重要作用。但是，该模型把语言中心限制在某些脑区，这与事实不完全相符，任何复杂的心理加工过程都由多个相关的皮层中心协同完成，语言加工也是如此（杨玉芳，2017：58－59）。

从脑解剖角度上说，原发性进行性失语症的三种症状均与大脑皮层变薄有关：进行性非流利性失语与左侧额下回（如布洛卡区）的萎缩有关，随着时间推移可延伸至左侧额下回的后部、上部与中部；语义性痴呆与颞叶前部萎缩有关，通常双侧出现，但左侧常有更大范围的萎缩；少词性进行性失语与后部颞上回（如威尔尼克区）萎缩有关，随病情加重向各个方向延伸。

三种症状在语言的产生、理解和复述等方面的异同见下表：

表3.4　三种症状在语言的产生、理解和复述方面的异同

	进行性非流利性失语	语义性痴呆	少词性进行性失语
产生	不流畅、犹豫、语法错乱，常伴随语音中断或同时具有言语失用	流畅，但有语义错误	显著的词语发现困难，有时伴有语音错乱
理解	单个词及单句话保持完整，但复杂语句受损	受损	单词和简单句大多数保持完整，复杂句式理解受损
复述	受损	完好	复述词语正常但复述句子受损，包含数字、字母和词语组成的序列有较差的回忆表现

原发性进行性失语症与传统、经典的失语症在语言障碍表现上有很多方面是相同的。进行性非流利性失语与布洛卡失语症一定程度上有明显的相似特征，包括费力、不流畅、言语产出不符合语法、语音紊乱或言语性失语、语法复杂句子理解受损、复述困难以及左侧额下回后部及周围区域功能受损等；其次，少词性进行性失语与威尔尼克失语症相似，也涉及

句子理解受损、复述困难等。但是,这两类失语症也有明显区别,虽然少词性进行性失语与威尔尼克失语症病人的大脑损害都出现在威尔尼克区,但少词性进行性失语病人不会出现新词杂乱性失语,该现象在威尔尼克失语症病人身上很常见;又如语义性痴呆病人的语言障碍特征不会在传统、经典的失语症中出现(凯默勒,2017:143-144)。

3.2.6　糖尿病、高血压等老年常见病

有关研究显示,糖尿病等内分泌疾病以及高血压、高胆固醇血症、慢性脑低灌注、颈动脉粥样硬化性狭窄等心脑血管疾病会导致老年人认知能力下降,并向阿尔茨海默病发展。目前相关研究主要考察高血压、糖尿病以及除神经退行性或精神疾病以外的老年常见病对老年人认知能力的负面影响(Elias et al., 1998; Raz, Rodrigue & Acker, 2003),而对这些疾病造成的语言能力受损情况关注较少。其中的原因有很多,例如,这些疾病的与认知能力相关的研究中未包括直接反映语言能力的检测项,有些评估量表对于正常老化老年人的语言能力衰退并不具有敏感性(Cahana-Amitay et al., 2013:514)等。

国外一些研究直接考察了上述两类疾病与语言表现的相关性,主要从词汇提取困难、复杂句理解等角度开展。其中,词汇提取困难研究是主流,研究工具主要是波士顿命名测验以及波士顿诊断性失语症测验(Boston Diagnostic Aphasia Examination)。

3.2.6.1　糖尿病等内分泌疾病对认知及语言的影响

长期高血糖会对大脑组织产生负面影响,导致脑萎缩。脑萎缩具体表现为脑组织结构体积缩小、脑实质减少、脑质量减轻、脑细胞数目减少、脑回变平、脑沟增宽增深以及脑室、脑池和蛛网膜下腔扩大等变化(刘振彩等,2017)。一系列临床和流行病学研究均已证实,糖尿病对老年人的认知执行功能、言语记忆、认知加工速度、情景记忆及语义记忆均有负面影响(Cahana-Amitay et al., 2013),甚至有可能导致痴呆症(Srikanth et al., 2020)。一项1998年至2011年在英格兰地区开展的回顾性队列研究显示,Ⅰ型糖尿病患者与血糖正常控制组罹患痴呆的发病密度比(率比[rate ratio])为1.65;中年Ⅰ型糖尿病患者脑脊液tau蛋白、β-淀粉样蛋白(Aβ42)、可溶性低密度脂蛋白受体相关蛋白1(sLRP1)的含量均高于

控制组(Alosco & Stern，2019：122)。还有研究发现，Ⅱ型糖尿病患者也存在认知障碍风险，对记忆力、执行功能和加工速度都有负面影响，这又会影响Ⅱ型糖尿病患者的自我管理，如增加低血糖事件发生风险等(Srikanth et al.，2020)。

糖尿病造成认知功能障碍的主要因素包括：1)高血糖对大脑的损伤。长期反复高血糖可损害脑血管内皮细胞，引起神经血管失去耦联，细胞间信号传递异常(Bogush，Heldt & Persidsky，2017)；另外，糖尿病引起的缺血性脑白质损伤也是造成认知功能障碍的主要因素之一(康凯、海舰、王大鹏，2018)。2)高血糖对神经的影响。高血糖可直接损害神经元功能，导致神经元代谢紊乱，影响神经递质和神经生长因子的表达，例如，突触蛋白和脑源性神经生长因子(brain-derived neurotrophic factor，BDNF)表达会因此减少(Ceren et al.，2017)。3)糖尿病还会导致血管系统损伤、炎症、氧化等，这些途径都可以促进神经退化。

如果糖尿病患者伴有低血糖、总胆固醇和低密度脂蛋白胆固醇水平升高，认知障碍风险也会增加(马媛媛等，2020；刘佳等，2019)，这是由于低血糖会导致躯体疾病反复发生，增加心血管疾病的发病率，从而影响患者的神经功能(张洁、王琼、曹宏伟，2021)，而总胆固醇和低密度脂蛋白胆固醇水平升高则会造成微小血管慢性缺血，并增加β-淀粉样蛋白沉积，从而使糖尿病患者罹患轻度认知障碍的危险性增大(刘佳等，2019)。

近20年来，对糖尿病对脑认知的影响研究持续增长，但对血糖水平与认知状态之间的关系研究尚不深入。另外，实验室里的相关病理研究结果与老年人日常生活认知表现的差异也值得进一步探究。

同时，糖尿病病程进展是否对老年人各层面语言能力产生负面影响的研究仍然不足。有研究者认为，高血糖对神经认知的损害影响了患者的语言能力。例如，糖尿病会导致额叶区脑功能受损，造成认知执行功能下降，导致找词困难(Albert et al.，2009)。在国际上，Cahana-Amitay et al.(2013)的研究是为数不多的探讨过糖尿病对老年人句子加工能力影响的研究。该研究中，研究者首先以正常语速播放事先录制的包孕句(embedded sentences)以及多重否定句(sentences with multiple negatives)让老年被试判断这些句子的正确性，之后，研究者再记录其正确率与反应时。该研究发现，与Albert et al.(2009)发现的糖尿病导致词汇提取困难的病理机制(糖尿病因为胰岛素低糖及血糖控制能力受损使得额叶白质微血管受到损害)一致，负责句法加工的额叶区与负责词汇加工的脑后区在词句理解中的联动也会受到限制,从而影响语言能力(Albert et al.,2009;Cahana-Amitay et al.,2013)。

3.2.6.2　高血压等心血管疾病对认知及语言的影响

心血管疾病是心脏及血管疾病总称,老年人常见的心血管疾病包括高血压、冠状动脉粥样硬化性心脏病(冠心病)、心律失常、慢性心力衰竭等,我国心血管疾病患病人数位居世界第一。从整体上说,部分心血管疾病影响大脑认知功能和语言能力的结论已经明确,严重的情况下这部分心血管疾病会提升罹患血管型痴呆、阿尔茨海默病的发病风险,但其他一些心血管疾病(如冠心病等)是否会对认知功能甚至语言功能产生负面影响尚有争议。

高血压被认为是认知功能障碍的独立危险因素。研究表明,高于12%的老年高血压患者会发生认知功能障碍(Vinyoles,de la Figuera & Gonzalez-Segura,2008),且纵向观察性研究发现,发生于中青年期且未经有效控制的高血压与晚年发生的痴呆症有关(杜怡峰,2019)。高血压可引起局部缺血,造成脑白质损伤,这是导致认知功能减退的主要作用机制。也就是说,长期罹患高血压会导致脑部功能区受损,继而对大脑认知功能产生负面影响(Farkas & Luiten,2001;Patankar et al.,2005)。具体而言,高血压与老年人注意力、认知加工速度及认知执行功能的下降直接相关(Madden & Blumenthal,1998;de Morales,Szklo & Knopman,2002;Kuo,Sorond & Illpputaife,2004;Brady,Spiro & Gaziano,2005)。在语言能力方面,研究发现,高血压会对老年人的词汇提取具有显著的负面影响,其病理机制主要是高血压对额叶白质的微血管产生影响,致使额叶区神经连接受损,最终导致持续性的执行功能下降,使老年人出现找词困难(Albert et al.,2009)。

心力衰竭也被认为会导致认知障碍和语言能力损伤。例如,一系列研究表明,心力衰竭患者在整体神经认知评估(包括简易精神状态量表、蒙特利尔认知评估量表等)中得分较低,还会影响即时记忆、言语记忆、视空间能力等其他方面(张晶等,2020)。Bauer et al.(2012)在使用可重复的成套心理状态测量表(Repeatable Battery for Neuropsychological Status,RBANS)对心力衰竭患者进行认知测试时发现,心力衰竭患者在语言流畅性测验中的表现较差。

还有研究发现,心房颤动的老年人更易患痴呆症,相关认知障碍表现在时空间定向能力、执行功能和记忆力受损。研究者通过荟萃分析发现，心房颤动患者中，简易精神状态量表评分下降≥3分，其中患有痴呆、需长期护理和失去生活自理能力的患者共计约占34%，明显高于非心房颤动患者的26%，经过多变量分析显示，心房颤动与认知功能障碍风险以及新发痴呆均有显著相关性（杨郑、孙颖，2017：98）。

其他心血管疾病对认知功能和语言功能的影响尚需进一步研究。国际上的相关研究大多属于临床医学领域，选用的评价量表一般为整体量表，没有区分语言的各个层面，因此无法全面准确地揭示各个语言层面的损害情况。国内在此方面的研究几乎没有，因此，这方面也是未来我国老年语言学与临床医学联合可以开展的重要研究方向之一。

第四章　老年语言学的研究维度概述

　　本章将对目前国内外有关老年语言学的考察维度、研究视角与前沿议题进行系统性综述,目的是为国内研究者提供思路,开展基于中国国情与特色的老年语言学研究。

　　本书将老年语言学的研究维度大致分为四个:一是对老年人在各个层面上的表现特征进行细致描述的维度,二是从生理、心理衰老角度对老年人在各个层面的语言能力变化进行阐释性研究的维度,三是从老年语言学应用的社会价值维度出发,介绍老年人在就医与照护中的语言沟通、话语身份构建与媒体形象等方面的研究,四是目前国际上老年语言学研究的新兴维度,如叙事医学与安宁疗护话语,老年语言的全人视角、综合视角研究等。第四个维度之所以单列一节,是希望引起读者注意。

4.1　老年语言学研究的语言表现维度:描述性研究

　　该维度的研究旨在分层次、分类别地描述正常及罹患神经退行性疾病、精神疾病及其他影响语言能力的疾病的老年人在语音、词汇、句法、语义及语用交际等层面上的特征。在研究现象上,这些研究既包括老年人的"语常""语误",又包括"语蚀""语障"。在方法论上,这些研究属于描写主义,没有或较少有生理、心理等机制上的阐释。这些规律描述性研究旨在客观、科学地记录、归纳人类老年期的语言变化现象与特征,逐步构建起老年语言学的基本知识体系,对丰富语言学自身的学科知识具有重要意义。与此同时,对罹患神经退行性疾病、精神疾病及其他影响语言能力的疾病的老年人各个语言层面的表现特征进行描写,对研判老年人正常认知老化、病理性认知衰退的不同阶段具有积极价值,也为后续对相关群体老年人进行机制性阐释研究、研发基于语言标志物和利用人工智能技术的认知功能评估奠定了重要基础。

该维度的研究是多方面的,本节将先从语音、词汇、句法及语义等层面介绍相关研究的视角与特点,再从各类老年人的语用互动与社会交往层面论述相关研究。

4.1.1　老年人语音、词汇、句法及语义等层面

正常个体进入老年期的语言蚀失现象及机制研究是人类构建自身语言基础性知识体系的重要方面,有助于我们客观、科学地记录、归纳人类一生语言变化的现象与特征,填补人类语言发展末端的知识体系,绘制出人类整个生命周期中的语言发展机制或规律的路线图。因此,在老龄化程度高的国家或地区中,语言学家及相关领域研究者对正常老年人的语言蚀失过程进行了相对全面、细致的描述。本书第三章已对正常及特殊群体老年人在各个层面上的语言表现进行了系统介绍,这里不再赘述。

4.1.1.1　正常老年人语言能力变化的描述性研究

关于正常老年人语言能力变化的研究主要围绕老年人言语理解和产出两方面展开。国内外对正常老年人语音、词汇、句法及语义层面的描述性研究较多,而国内在这方面的研究则是零星的,且语音、词汇层面的研究为多,句法、语义层面的研究方才起步。从研究方法来说,国内外多以个案分析、分类总结为主。国内较早对母语为汉语的老年人进行考察的是刘楚群的老年人口语非流利性研究。该研究以 75 位年龄 65 岁以上老年人为调查对象(均为高校退休教授或副教授,属于高知群体),收集了 40余万字的口语语料。语料采集方式为与每个老年对象进行面对面访谈并录音,然后将录音材料转写成书面文本,同时记录调查对象的年龄、性别、身体状况等基本信息。访谈属于半结构化访谈(semi-structured interview),研究者给定五个话题让老年人介绍相关情况或发表看法,尽量不打断,只做必要的引导(刘楚群,2015:105)。基于得到的语料,刘楚群分析了老年人的话语缺损(包括词语缺损、固定结构缺损、句子成分缺损、篇章结构缺损等)(刘楚群,2016a)、冗余性词语重复(刘楚群,2018)、口语填塞性

（刘楚群,2015,2020a)等现象。语料分析显示,口语非流利性与老龄化正相关。据此判断,衰老会导致口语流利性下降,其中 70 岁至 74 岁是下降的一个重要拐点(刘楚群,2018)。

还有一些研究对正常老年人的高级语言功能进行了描述性研究,这里以我国语言学界、心理学界鲜有关注的老年个体认知衰老是否会对隐喻等高级语言活动有影响为例。

隐喻理解是认知加工与语言处理能力的高层次要求,对比不同群体间隐喻理解能力差异的最终目的是探索影响隐喻理解的内在因素,尤其是老年个体认知衰老情况下这种高级认知加工与语言处理之间的关系。目前的研究认为,认知老化导致的工作记忆以及抑制能力变化可能会对老年人隐喻理解能力造成影响。从研究方法上看,目前国外对老年人隐喻能力的研究中,语义解释、语义关系判断、语义选择等行为学测试方法是主流。根据考察维度,目前可以大致将国外对老年人隐喻现象的相关研究分为识别隐喻意义的能力、隐喻解释的创造性和识别隐喻意义的速度三大类(杨晶晶、周德宇、黄立鹤,2022)。

第一类是识别隐喻意义的能力,研究老年人能否对所给隐喻做出合理的解释,是对隐喻能力最为直接的考察。但由于测试方式的差异,目前已有的研究未有一致的结果。例如,Maki et al.(2013)使用了多项选择的测试方式,要求被试从所给选项中选出隐喻句所表达的含义,结果表明,年轻人与老年人之间没有显著差异,说明老年人仍然具备识别隐喻意义的能力;但 Monetta、Ouellet-Plamondon & Joanette(2007)使用了语义选择的测试方式对这一能力进行考察,发现老年人无法准确选出目标词的隐喻含义选项。因此,即便"识别隐喻意义的能力"是学者最常考察的维度,也因各种因素无法得到较为统一的结论。

第二类是隐喻解释的创造性,是指老年人构思新奇隐喻的能力,考察的是认知风格上的差异。认知风格是个人感知、组织和处理信息的一种方式,通常会影响个体的语言学习,反映其语言能力。该维度的研究通常采用语义解释的范式,要求被试对所给隐喻句进行解释,并由专业评审打分。研究者认为,隐喻解释没有对错的区别,只有风格上的差异。认知风格通常用双极连续体(bipolar continua)表示,在隐喻理解研究中的双极分别是整体(holistic)和分析(analytic)。整体认知风格倾向于将信息汇总在一起并将它们当作一个整体进行加工,而分析认知风格强调对差异和分离性的感知,体现在隐喻解释中即对本体和喻体属性的分别阐述。例如,

Littlemore(2001)通过分析认知风格、推理能力和隐喻解释三者之间的关系发现,偏向整体认知风格的被试隐喻理解能力更好。

第三类是识别隐喻意义的速度。最初的隐喻能力测试多采用口语解释或多项选择的方式,一般以测试卷的形式进行,并未对识别速度进行考察。随着各类心理行为实验软件的开发,不少研究者在测试隐喻理解正确率的同时也加入了对反应时的测量。例如,Sundaray, Marinis & Bose(2018)发现,单语老年人在语义选择上的反应速度显著低于单语年轻人,而 Kavé, Gavrieli & Mashal(2014)和 Bonnaud, Gil & Ingrand(2002)表示,老年人在对隐喻关系进行判断时的速度与年轻人无异。

总的来说,目前国外研究者的相关研究结果差异较大,未有较为统一的答案。有研究者认为,健康老年群体与年轻群体的隐喻理解能力相同,不存在显著差异(Kramer & Woodruff, 1984; Maki et al., 2013)。也有研究者认为,两者的隐喻理解能力在某些方面存在差异,例如,Bonnaud, Gil & Ingrand(2002)通过语义判断任务发现老年人在隐喻关系判断上的正确率要显著高于年轻人;Monetta, Ouellet-Plamondon & Joanette(2007)利用语义选择任务发现,老年人更倾向于选择字面含义选项,而年轻人倾向于选择隐喻含义选项。

从国内的研究来看,相关研究主要以生理和认知老化对各语言层面的影响描述为主,语言学领域的描述性研究亟待开展。这方面的研究属于基础性工作,对于建立母语为汉语的老年人语言能力变化全景图等相关知识体系极为重要。

4.1.1.2 认知障碍老年人语言能力变化的描述性研究

国外相关研究关注包括罹患神经退行性疾病、精神疾病及其他与语言能力相关的身脑心受损或障碍的老年群体。其中,研究最多的是患阿尔茨海默病、帕金森病、心理障碍等疾病的老年群体的语言问题。

有证据表明,在临床确诊的较长时间之前,阿尔茨海默病的言语特征就已提前显现(Mesulam et al., 2008)。国外早有研究表明,老年人罹患阿尔茨海默病将对其语言能力的多个层面(语音-音系层面、句法-语法层面、词汇-语义层面和篇章-语用层面等)均产生不同程度的负面影响。因此,通过语言标志物来预判轻度认知障碍、阿尔茨海默病前驱期尤为重要(Garrard et al., 2005a)。表 4.1 梳理了阿尔茨海默病、轻度认知障碍以及正常老年人语言能力的评估手段及在多个层面的不同表现。

**表 4.1　阿尔茨海默病、轻度认知障碍以及正常老年人语言
能力的评估手段(译自 Szatloczki et al., 2015:2)**

	评估方式	评估结果	敏　感　性	参考文献
语音和音系	自发言语的时间分析	轻度阿尔茨海默病组和健康对照组在语速和犹豫率上存在差异	无数据	Hoffmann et al.(2010)
	言语时间分析,口语阅读任务	区分中度阿尔茨海默病组和健康对照组最佳的两个参数:言语速度和发音速度	80%	Martínez-Sánchez et al.(2013)
	言语任务;基于言语的测试	可能是早期阿尔茨海默病检测的有效方法	健康对照组和轻度认知障碍:80%轻度认知障碍和阿尔茨海默病:87%	Satt et al.(2014)
	自动自发言语分析	区分阿尔茨海默病组和健康对照组	无数据	López-de-Ipiña et al.(2013)
词汇和语义	语义联想测验	阿尔茨海默病组表现明显差于健康对照组	无数据	Visch-Brink et al.(2004)
	语义口语流畅性和语音口语流畅性	是早期阿尔茨海默病诊断的有效工具	无数据	Laws et al.(2010)
	图片命名,语义测验,词汇判断和启动,斯特鲁普(Stroop)图片命名	阿尔茨海默病组在语义任务中受损	无数据	Duong et al.(2006)
	口语任务	与健康对照组相比,阿尔茨海默病组产生的文本更短,相关信息更少,错误类型更多	无数据	Taler & Phillips(2008)

在各种特殊群体老年人的语言表现及语障的研究中，阿尔茨海默病患者的语言障碍研究尤其受到研究者的关注。表4.2详细梳理了从轻度认知障碍到重度阿尔茨海默病病程的老年人在不同语言层面上的受损内容。

表4.2　从轻度认知障碍到重度阿尔茨海默病老年人在不同语言层面上的受损内容（译自 Szatloczki et al.，2015：4）

语言特点变化		轻度认知障碍	轻度阿尔茨海默病	中度阿尔茨海默病	重度阿尔茨海默病	参　考　文　献
语音-音系	自发言语的时间变化（犹豫次数和时间增加）	+	+	++	+++	Forbes & Venneri（2005）；Hoffmann et al.（2010）；Roark et al.（2011）；Meilán et al.（2012）；Satt et al.（2014）；Jarrold et al.（2014）；Laske et al.（2015）
	语音错乱	+	+	++	+++	Croot et al.（2000）；Forbes et al.（2002）；Hoffmann et al.（2010）；Wutzler et al.（2013）；Roark et al.（2011）；Satt et al.（2014）；Jarrold et al.（2014）
词汇-语义	找词和词汇提取困难	+	+	++	+++	Smith et al.（1989）；Bayles（1993）；Light（1993）；Kempler & Zelinski（1994）；Kempler et al.（2001）；Garrard et al.（2005a）；Taler & Phillips（2008）；Dos Santos et al.（2011）；Cardoso et al.（2014）；Fraser et al.（2014）；Laske et al.（2015）；Garrard et al.（2014）
	口语流畅性困难（语音/字母流畅性）	+	+	++	+++	Barth et al.（2005）；Juncos-Rabadán et al.（2010）；Hoffmann et al.（2010）；Dos Santos et al.（2011）；Roark et al.（2011）；Satt et al.（2014）；Jarrold et al.（2014）

续　表

语言特点变化		轻度认知障碍	轻度阿尔茨海默病	中度阿尔茨海默病	重度阿尔茨海默病	参　考　文　献
词汇—语义	口语流畅性困难（语义流畅性）	+	+	++	+++	Barth et al.（2005）；Juncos-Rabadán et al.（2010）；Hoffmann et al.（2010）；Dos Santos et al.（2011）；Roark et al.（2011）；Satt et al.（2014）；Jarrold et al.（2014）
	语义错乱	?	+	++	+++	Juncos-Rabadán et al.（2010）；Hoffmann et al.（2010）；Roark et al.（2011）；Satt et al.（2014）；Jarrold et al.（2014）
句法	句法复杂度下降	−	−	+	+++	Caramelli et al.（1998）；Small et al.（1997）；Kempler（1995）；Bickel et al.（2000）；Ullman（2001）；Juncos-Rabadán et al.（2010）
	语法失能	−	−	−	+++	Small et al.（1997）；Kempler（1995）；Ullman（2001）
话语—语用	语篇的产出和接受加工都下降	−/+	+	++	+++	Hodges et al.（1992）；Ripich（1994）；Taler & Phillips（2008）；Weiner et al.（2008）；Hoffmann et al.（2010）；Juncos-Rabadán et al.（2010）；Rapp & Wild（2011）；Tsantali et al.（2013）；Cardoso et al.（2014）

　　* 简易精神状态量表评分标准：轻度认知障碍：28—26 分（Roalf et al.，2013），轻度阿尔茨海默病：25—20 分，中度阿尔茨海默病：19—10 分，重度阿尔茨海默病：9—0 分（Vertesi et al.，2001）。

　　+,损伤程度；−,无损伤；?,无数据。

4.1.1.2.1 语音-音系层面

在认知障碍的谱系上,从轻度认知障碍到阿尔茨海默病晚期,患者在语音-音系层面都有不同程度的损害。对认知障碍老年人语音-音系层面的研究大部分集中于认知障碍老年人与正常老年人语音音系特点的对比上。

Hoffmann et al.（2010）较早发表了关于认知障碍老年人语音-音系特征的实证性研究。他们使用 Praat 软件自动分析来自健康对照组和阿尔茨海默病组的自发语音信号,发现了区分两组的语音特征,包括声音中断、说话时长、发声时间以及语速等;其他研究还发现,轻度认知障碍患者及阿尔茨海默病患者语音中最凸显的特征是犹豫时间变长且频率变多、即席话语语速变缓等,并且不同病程之间的语速也具有差异性(Jarrold et al., 2014；Roark et al., 2011；Satt et al., 2014);此外,还有研究发现颤音、谐噪比等都可以作为阿尔茨海默病患者语音区别性参数(Meilán et al., 2014)。阿尔茨海默病患者找词速度变缓,相应地,言语流利度有所下降,残缺信息表述经常产生(López-de-Ipiña et al., 2013)。但是,目前对于哪些语音参数最具有评估轻度认知障碍或阿尔茨海默病的敏感性,研究者尚无定论(Szatloczki, 2015:4)。

4.1.1.2.2 词汇、语义及句法层面

研究者大多通过患者在词汇、语义等层面的语言表现来评估认知障碍的程度,研究对象包括轻度认知障碍患者、阿尔茨海默病患者等。患者在词汇层面的表现主要是找词困难,具体体现为流利性任务及命名任务表现不佳。此外,动词比名词在语义加工上更为复杂,国际上开展了对阿尔茨海默病患者动词理解和产出能力的研究,发现患者在单词任务中动词的使用准确性低于名词,对句子中多个动词的理解也存在困难。有研究者认为,可将动词作为判断阿尔茨海默病早期语义衰退的敏感性指标(Williamsa, McAuliffea & Theys, 2021)。

在语义层面,阿尔茨海默病最为常见及明显的语障是语义错误,例如使用上位概念来指代具体物品名称,以及进行性命名损害导致的反复描述某物体却没法明确指代(Emery, 2000；Saito & Takeda, 2001)。无论是命名困难,还是上下位概念指称的问题,其背后机制可能是语义记忆受损。例如,与正常老年人相比,阿尔茨海默病患者通常在话语中表达的相关性信息较少、非连贯性与非限定性短语多、出现构音错乱、总结能力较差(Taler & Phillips, 2008)。

认知障碍患者在语义角色（semantic role）赋予上可能会发生问题。在有些情况下，患者会将错误的语义角色赋予动词，或者在句子中遗漏某些语义角色等。例如，患者会直接说"snitching cookies"（偷饼干），而省略了施事角色（agent role）——"谁"在施事该行为；有患者会说"Food dropped."food 在句子中承担的是受事角色（patient），但该语义角色的位置并不能出现在动词 dropped 之前；在句子 The sink's running over the water. 中短语 the water 应该承担施事角色等（Cummings，2020：8－9）。

在句法层面，本书在第三章中交代过，目前国外对于阿尔茨海默病患者句法系统是否受损并无一致的结论，有研究者认为，语法能力损伤与语义记忆损害是同步发生的（Grober & Bang，1995），但也有研究者认为，阿尔茨海默病患者的语法能力受损并不明显（Kavé & Levy，2003b）。国内相关研究基本缺乏，母语为汉语的阿尔茨海默病患者句法系统的受损情况究竟如何，更是需要进一步的探究。

与此同时，国外研究者及临床上已经将话语层面的表现列为预判和诊断阿尔茨海默病的参考之一，已有研究证明，该方法能够早于明显的记忆损害出现之前就提示阿尔茨海默病，相关表征包括话语中断（discourse disruption）、要义层面加工损害（impaired gist-level processing）（Chapman，Highley & Thompson，1998）以及言语产出时信息流中断等。例如，研究发现，老年人对话语内容进行概要、总结的能力下降情况也可提示其认知能力受损情况。细节层面的认知加工要求对语篇内容有特定的细节了解，而要义层面加工则需要超越语篇进行更为广泛和一般意义上的处理。因此，要义加工要求人们基于具体内容通过认知语言加工转化为一般的语义内容（Chapman，Highley & Thompson，1998），需要将原有的一般性知识与显性具体信息整合，将核心意义保留而简化具体细节，这种认知加工在日常语言活动中体现为对语篇内容的提要、中心思想总结等。以往研究显示，细节加工能力受损是阿尔茨海默病的核心症状之一，而之后的研究发现，要义加工损害也是轻度阿尔茨海默病较为普遍的症状，这一损害在总结中心思想等任务上有所体现（Chapman et al.，2002）。而要义加工能力在正常老年人认知中基本得以保留，这种机制可能是用以补偿对因正常认知老化而导致对细节信息加工的不足。

系统功能语言学是研究认知障碍老年人话语特征的重要理论框架。以系统功能语言学框架下的语篇衔接连贯理论为例，从定景（grounding）、时间连贯（temporal coherence）、空间连贯（spatial coherence）和主位连贯

（thematic coherence）等角度可以考察阿尔茨海默病患者话语的衔接模式，发现重度患者在四个方面均有不同程度的损害（Ellis，1996）；阿尔茨海默病患者在整体连贯、衔接、信息单位、话题维系、独有词语及简练程度等话语构建特征指标上弱于健康老年人（Dijkstra et al.，2004）。Zhu & Huang（2020）通过对正常人和五位阿尔茨海默病患者谈话材料进行转写整理与观察发现，阿尔茨海默病患者在日常会话中出现多种形式的重复是显著的外显特征，会话中的"重复"可分为"自主性重复"与"病理性重复"。这种重复也是阿尔茨海默病患者语篇衔接和连贯性较差的表现之一。

此外，相关研究表明，通过系统功能语言学的及物性框架对阿尔茨海默病患者话语分析具有重要的方法意义，患者对信息的扩展、详述和说明方面存在困难，同时存在言语重复、不完整和缺乏人称指代等问题（Mortensen，1992）；徐兴仁（2018）应用系统功能语言学的及物性理论，基于60名中国老年人图片诱导叙事数据，对叙事测试工具进行了修订，并发现了不同年龄段老年人对及物性结构使用的差异。

另外，还有研究者基于修辞结构（rhetorical structure）对阿尔茨海默病患者的话语进行了分析。修辞结构理论（Rhetorical Structure Theory，RST）（Mann & Thompson，1988）是重要的语篇分析描述性理论框架。修辞结构理论通过描写语篇各部分之间的结构关系来分析语篇，这些大小不一的结构单位是不同的结构段（span），称为"基本语篇单元"（elementary discourse unit，EDU），通常是小句、短语或词汇。相邻节点通过特定的话语关系联系在一起（Abdalla，Rudzicz & Hirst，2018）。各单位由定义的功能关系相连接组成更大的部分，以此类推，直至组成一个完整的语篇。每个语篇的基本语篇单元多少是不固定的，基本语篇单元多的语篇其语义关系也复杂（刘世铸、张征，2003：21）。在修辞结构理论分析中，在形式上通过语篇结构树（discourse tree）来分析一个语篇的修辞结构。要在修辞结构理论框架中表示语篇结构，主要包括两个步骤：1）语篇切分，将书面文本或口语转写文本分割成不重叠的基本语篇单元；2）语篇分析，将基本语篇单元组合成语篇结构树。例如，Abdalla，Rudzicz & Hirst（2018）曾使用现有两个较大规模的老年人话语语料库（DementiaBank 和 Carolina Conversations Collection）考察阿尔茨海默病患者的口语与书面语的修辞结构关系，发现阿尔茨海默病患者和健康对照者在口语转写语篇和书写语篇的修辞结构上都存在显著差异，这种差异尤其体现在对阐释（elaboration）和归因（attribution）的使用上。Paulino et al.（2018）则与母语为西班牙语的7名处于轻度、中度或晚期阿尔茨海默病被试以及6名认知正常被试进行半结构访谈,并利用修辞结构理论从所得语料中提取了阿尔茨海默病患者和健康衰老成人会话言语中的语篇关系模式。研究发现,阿尔茨海默病患者的修辞关系产生密度显著降低($p<0.05$);健康老年人使用的修辞关系最多的是阐述、让步、解释、非意愿性原因(non-volitional cause)、解答和意愿性结果(volitional result)。目前,对母语为汉语的认知障碍老年人口语或书面语进行修辞结构分析的研究尚未开始,是十分值得关注的课题。

除此之外,国外还有研究者对亨廷顿病(Huntington's disease)、多发性硬化(multiple sclerosis)、进行性核上性麻痹等其他多种神经性疾病老年人的语言障碍进行了一系列研究(Cummings,2020),而我国尚未见相关研究。

4.1.2　老年人语用互动与社会交往等层面

本书1.3.3.1节已述,在老年语言学的整体学科图景中,老年人的语用话语及社会交往研究是重要的"一翼"。在老龄化趋势日益严峻的社会背景下,老年人语用交际能力退化等语言衰老现象的相关研究尤为必要且十分迫切。从研究范畴上看,丰富老年人语用能力退化的相关知识体系,可进一步丰富临床语用学、老年语言学的学科内涵。

老年人因正常认知老化、生理器官衰退、罹患精神或神经退行性疾病而产生语言蚀失与语言障碍,体现在语用交际维度,就是老年人语用能力的衰退,一般在社会参与中的会话互动中有所体现。因此,研究者的考察维度包括语用标记、衔接与连贯、话题维护、言语行为、身份意识等,多模态、生命历程、浮现模型等新的理论视角也陆续出现。

从研究对象上看,国内外主要针对正常与特殊老年人的语用话语展开研究。正常老年人主要指与语言有关的身体机能未受到疾病侵袭且处于正常衰老状态的人群。针对正常老年人语用话语的研究多为社会调查性研究和特征总结型研究。特殊老年人群是指由于疾病等原因造成大脑认知功能非正常老化的人群。相比于正常老年群体,特殊老年人群的认知功能下降更快,语言蚀失更为严重。国内外学界在该领域的研究主要集中于患有阿尔茨海默病、帕金森病、失语症等神经退行性疾病的老年群体,多采用对比分析的方法比较特殊老年人与正常老年人群体间的话语差异,力图为临床诊断找到有效的语言标志物。

从研究内容上看,研究多选用在特定环境下收集的描述性语料、叙述性语料及对话性语料。大部分研究还是对老年人语用话语现象的描述、归纳,且多采用对比分析的手法对不同程度认知损伤的老年人语用话语现象进行研究。例如,大部分研究关注的是老年人经常出现无法集中注意力于当前谈论话题、容易偏题、说话没有重点、习语表达困难等现象,或者关注特殊老年群体相比健康老年群体在语用方面的损伤,如更为明显和严重的阻碍性话语特征、话语连贯性不足等;也有部分研究结合认知视角,在对老年人语用互动特征描写的基础上进行机制阐释。

整体上看,老年人语用蚀失研究的维度和议题至少包括:老年人语用能力常模及评估指标体系、老年人语用能力变化的基本规律与影响因素、罹患神经退行性疾病及精神疾病的老年人语用障碍特征及变化过程、老年人语用能力与老龄化社会发展等多个方面。目前,研究主要从三个角度分析老年人的语用互动情况:1)从功能语用的角度,分析老年人在相关会话中体现语用功能的各种语言形式特征及其交际意图;2)从认知语用的角度,分析老年人语用理解与产出能力及其认知机制,阐释各类老年人语用能力发生变化的认知原因;3)从社会语用的角度,分析各类老年人语用交际中的面子、身份认同、医患互动、双(多)语老年人语言能力衰退等问题。

4.1.2.1 老年人互动的功能语用视角

基于功能语用视角的研究主要试图通过分析语言形式来分析交际者话语中所包含的交际意图,揭示该话语对交际双方的影响以及交际者与语境之间的相互作用(Bloom et al., 1993)。言语行为理论、会话合作原则、礼貌原则等理论及相关的语篇分析理论,皆被用于分析老年人语用话语(Guendouzi & Müller, 2006)。

例如,刘楚群(2016a)探讨了老年人口语中的词语和篇章缺损现象。"词语、固定结构、补语、状语的缺损在语境中基本不造成信息损耗","篇章结构的缺损则会造成明显的信息损耗",对信息的有效传递有一定影响。随着年龄的增长,老年人表现出更多衔接错误,包括指称不明确、不完整或代词用法增多等,与此同时,指称联系减少(Sherratt & Bryan, 2019)。Altmann & Troche(2011)通过对以往文献的整理,认为老年帕金森病患者的语言能力有如下特征：信息内容减少、语法能力衰退、流利度受损、句法复杂度降低。这也说明了老年患者对于复杂句子与语篇的理解能力大大下降。Sherratt & Bryan(2019)通过统计学分析,认为口语语篇衔接能力是评估老年人语用能力的重要标志。

Dijkstra et al.（2004）将话语表现分为两类,即话语建构(discourse building)和话语阻碍(discourse impairing)。前者指能够帮助交际双方进行正常对话的话语特征,主要包含衔接性(cohesion)、连贯性(coherence)及简洁性(conciseness);后者指阻碍言语交际,降低话语连贯性、相关性、简洁性的话语特征。特殊老年人群相比于健康群体,表现出更为明显和严重的阻碍性话语特征。Glosser & Deser（1991）、Laine et al.（1998）将连贯性细分为局部连贯性(local coherence)与整体连贯性(global coherence),认为阿尔茨海默病患者的局部连贯性与语音、句法能力相关,一般未受明显损害;但整体连贯性明显不如健康老年群体。另有研究者基于空语(empty word/phrase)(Dijkstra et al. 2002b)、重复(repetition)(Bayles & Tomoeda, 1991)、中断性话题转换(disruptive topic shift)(Ulatowska & Chapman, 1991)、话语修补(conversational repair)(Orange, Lubinski & Higginbotham, 1996)、指代模糊(indefinite term)(Nicholas et al., 1985)、代词误用(incorrect pronominal referencing)(Shadden, 1998; Ulatowska & Chapman, 1991)、不完整话语(aborted phrase)(Hier, Hagenlocker & Schindler, 1985)等更为精确的指标开展研究。

健康及特殊群体老年人在语用交际上的差异一直以来是关注重点。例如,Ripich et al.（1991）对比研究了阿尔茨海默病患者与健康老年群体在言语行为使用类别上的不同,发现两个群体在要求(requestive)与断言(assertive)类言语行为的使用上有显著差异,具体表现为阿尔茨海默病患者会使用较多的要求类话语、较少的断言类话语;Ripich & Terrell(1988)对比分析了健康老年群体与阿尔茨海默病患者在话语话轮上的差异,发现阿尔茨海默病患者的话轮数量是健康老年群体的四倍,但是平均每个话轮内的单词数量都远低于健康老年群体;Lai & Lin（2012）基于受控实验法对比分析了30名正常老年人以及30名阿尔茨海默病患者图片描述以及情景回忆时的话语,发现阿尔茨海默病患者在话语标记语的使用种类以及使用频率上均低于正常老年人,并且虽然有时两者出现相同的话语标记语,但阿尔茨海默病患者并未完全掌握其用法,在使用场合和功能上会出现错误。在病程后期,患者没有听者在场时也会出现自言自语或同一内容反复不停的言语持续（perseveration），且多为重复他人或自我话语；语言流畅度严重受损，有的患者甚至失语；有些患者对手势表达反应较好，但此时已无法进行相关测试。

老年人在日常活动中与看护人的语用交际也引起了研究者的注意。Dijkstra et al.（2002b）发现，看护人员在与阿尔茨海默病患者的对话中常常处于消极状态，尤其在与晚期患者交谈时，会较少使用线索（cue）、重复（repetition）、鼓励（encouragement）等技巧；Williams, Kemper & Hummert（2003）基于老年人语用特征研究成果向养老院的看护人员提供了沟通交流培训，发现通过减少不恰当、不礼貌称呼的使用，缩短句子长度，能够有效改善老年人与看护人员之间的对话；Burgio et al.（2001）也强调，看护人在对话过程中的提示措施也能够改善老年人与看护人之间的对话，相比未提示组，提示组老年人的话语表现出更高的相关性与更低的空语发生率。

4.1.2.2　老年人互动的认知语用视角

认知语用视角的研究旨在分析老年人在语用交际中的理解与产出能力及其认知机制，阐释各类老年人语用能力变化的认知原因。关于语用能力，有学者（Schneider & Ifantidou, 2020：1－3）认为可从三个维度对此概念加以探讨：一是母语语用能力的发展，如儿童母语语用能力的习得，考察重点是健康个体的典型发育；二是非母语语用能力的发展，一般研究二语甚至三语学习过程中的语用能力发展情况；三是临床语言学视角，重点考察患有某些语言或交际障碍（如痴呆症等）人群的语用能力受损情况，属于临床语用学范畴。对于语用能力的研究方法比较多元，既有传统的 Grice 的意义原则、言语行为理论等，也有会话分析、话语分析的研究等。在相关研究中，语用能力评估及研究的目的通常是为了回答特定的问题，一般是探讨语用障碍的特征及性质，或是检验各种语用理论提出的假设，抑或是考察语用障碍对生活互动造成的实际影响（Gibson & St Clair, 2020：669）。

老年人认知语用视角研究主要涉及上述第一和第三个维度。认知健康老年人在正常认知衰老的情况下语用交际有何特征、语用能力有何变化的相关研究属于母语语用能力研究，国外将其称为"老年阶段的语用发展"（pragmatic development in later life）；患有认知障碍等疾病的老年人的语用能力损伤研究则属于临床语用学视角，包括语用能力损伤的特征、评估与改善等研究。

Owens(1991)曾提出语言功能模型,指出语言作为维系社交的重要工具,其核心是语用能力。为了解老年人语用能力蚀失的相关研究成果与现状,首先应该明确语用能力的概念范畴。语用能力的概念最先出现于交际能力的相关表述。在交际能力分析框架中,多数研究都不同程度地涉及语用能力的相关表述,但均未明确给出正式的概念界定(李民、肖雁,2012)。Thomas(1983)首先将语用能力定义为"有效地运用语言知识以达到特定的交际目的和理解特定场景中话语的能力";Bachman(1990)以测试学为指导视角,从组织能力(organizational competence)和语用能力两方面评估语言能力,前者由语法能力(grammatical competence)和篇章能力(textual competence)组成,后者又可进一步分为施事能力(illocutionary competence)和社交语言能力(sociolinguistic competence);Jung(2002)认为,语用能力包括实施言语行为的能力(the ability to perform speech acts)、传达和理解非字面意义的能力(the ability to convey and interpret non-literal meanings)、实施礼貌功能的能力(the ability to perform politeness functions)、实施会话功能的能力(the ability to perform discourse functions)以及运用文化知识的能力(the ability to use cultural knowledge)。

在国内的相关研究中,何自然(1988：3)将语用能力定义为"在不同交际环境下理解和运用符合特定情境的特定话语的能力";陶源、姜占好(2012)亦指出,语用能力是一种特定语境条件下的言语行为能力,能够帮助说话人实施自己的言语行为并且理解交际对方的言外之力(illocutionary force);陈新仁(2009a：204)将语用能力界定为"交际者在语境互动中恰当使用语言形式、语言策略或实施言语行为,表达交际意图等的多方面交际能力"。

纵观这些研究可以发现,国内外研究者都不同程度地阐述,语用能力最终在交际中的体现是"施事",多次强调"言语行为""言外之力"等相关概念。理解和实施适切的言语行为被视为衡量语用能力的核心,这也是判定患者语用障碍、评估语用能力的重要范畴(冉永平、李欣芳,2017)。因此,更多研究者已开始基于言语行为对痴呆症人群的语用能力进行研究,发现其言语行为的理解与实施随病程发展均有损害(Bayles,1985;Ripich et al.,1991)。也有个别研究者从话语标记入手外,如比利时鲁汶大学 Catherine T. Bolly 及 Dominique Boutet 主持的欧盟项目"基于多模态语料库的老年人语用能力研究"认为,话语标记语是评估语言能力的关键因素指标(Bolly & Boutet，2018)。该研究建立了多模态语料库，不局限于词汇的功能分析，对手势、眼神等都做了语用分析与阐释，但是将语言因素与非语言因素割裂开来，忽略了影响语用因素的整体性。总的来说，从言语行为入手，判断和分析老年人语用能力的蚀失过程应是较为理想的切入口。但目前仅有个别西方学者零星描述了痴呆症患者言语行为特征，尚未上升至语用能力的高度进行探究，为相关研究留下了可为之地。

值得提及的是，我国台湾学者(Lai & Lin，2012；Lai，2014)已关注到汉语阿尔茨海默病患者的语用能力变化，在对描述性言语和叙事性言语分析后发现，阿尔茨海默病患者产出的信息单位更少，非限定性词语更多，代词使用错误率更高，同时患者的对话中修正(revision)较少，但话语障碍较多。随后，该团队对汉语阿尔茨海默病患者语篇标记词做了研究。在相同的语篇任务下，阿尔茨海默病参与者使用话语标记词的频率较低、变化较少。尽管阿尔茨海默病患者可能采用与对照组相同的话语标记词，但两组在使用这类词时达成的功能却不完全一致：对于阿尔茨海默病患者，通过话语标记词实现交际功能的特异性跨度从中等水平到低水平不等，健康对照组采用话语标记词实现交际功能却能达到中高水平，由此，在临床诊断可通过话语标记词区分正常老年人与阿尔茨海默病患者。

从临床语用学视角对语用能力受损及其认知机制开展研究也是重要方面，老年人语用能力的蚀失往往是因为认知功能出现了障碍(冉永平、李欣芳，2017)。老年人随着年龄增长，其理解与认知能力出现了不同程度的下降，因而在会话交际中对说话人话语的理解与认知出现偏差，交际质量受到影响，这也是语用能力下降的重要表现。功能语用视角的研究虽然将语用学理论应用到语用交际障碍或者退化的分析中，但是无法揭示语用能力蚀失产生的具体原因，使后期相关的临床干预和治疗遇到一定困难(Perkins，1998；Cummings，2009，2014)。因此，目前对于老年人语用能力蚀失的相关研究，需要借助相关的神经认知理论或者方法。例如，Guendouzi(2013)曾运用经典的关联理论以探究痴呆症患者管理交际对话的特征。痴呆症患者由于认知系统的限制以及所接收到的社会输入，会尽可能地基于自己的理解做出相应的推断。当其建立关联时，可能会发生如下认知进程：1)痴呆症患者不能专注于相关的信息输入，以至于他们只能接收到部分刺激的信息；2)由于大脑皮层或者皮下组织受损，跟刺激相关的信息可能不会到达痴呆症患者大脑中的相应位置；3)痴呆症患者不能抑制被说话人话语所促发的相关词语或者概念的产生;4)痴呆症患者过度关注信息输入。

另外,言语幽默属于高级别的认知活动,也属于较为高级的语用能力。在日常语言沟通与社会参与中,言语幽默对老年个体的身、心体健康有一定益处,有助于提高老年生活质量、帮助实现积极老龄化。个体进入老年阶段后,伴随个体生理结构和认知功能的老化,言语幽默加工也呈现出老化的趋势(Uekermann,Channon & Daum,2006)。相关研究发现,认知灵活性、抽象推理能力以及工作记忆对言语幽默的理解起到了至关重要的作用,从脑区上看,与这三项认知功能相关的前额叶老化是老年个体言语幽默认知老化的神经机制(李雪艳、王慧莉,2020)。但目前国外言语幽默老化研究较少,且缺乏纵向的追踪研究,我国在此方面的研究更是鲜见。

最后,针对本节开始所讨论的第二个维度,国际上有研究者从社会语言学的视角探讨了双语种(多语种)老年人语用能力的蚀失。例如,Sundaray,Marinis & Bose(2018)发现,在对常规隐喻(conventional metaphor)的理解上,老年单语者的表现差于年轻单语者,而老年双语者的表现却不受增龄的影响,这体现了双语经验对传统隐喻的语用推理的积极作用。但是,目前国内相关的研究成果较少,未来的研究可在这个方向展开。

4.1.2.3 老年人互动的社会语用视角

4.1.2.3.1 老年人社会交际研究概况

国内社会语言学视角下的研究相对匮乏,相关话题可以包括老年语言变异、老年话语策略、老年语言传承、老年语言适应、老年语言服务、老年人语言性别差异等(方小兵,2019)。但在国际上,老年人语言现象已逐步成为社会语言学研究认可的一个研究领域,一些学者认为,老年人所处的社会环境及其交际需求促成了一种特定年龄段的变体(J. Coupland,N. Coupland & Giles,1991;Nussbaum & Coupland,1995)。这一视角下的研究旨在揭示老龄社会中老年个体与社会环境的互动关系等问题(de Bot & van der Hoeven,2011:124),研究对象兼具正常老年人及罹患神经退行性疾病的老年人。

20多年前,国际社会语言学家就已经明确将年龄视为社会语言学研究中的重要变量(Chambers,1995;Eckert,1997;Hamilton,1999),并有学者倡导"将人口老龄化纳入社会语言学理论"（库尔马斯，2019）。其中，Eckert（1997）对年龄在社会语言学中的重要性进行了综述，讨论了从儿童期到老年的"语言生活进程"。总的来说，该视角下的研究最重要的基点是：话语中有关"老龄"的意义与个体老龄身份（age-identity）之间的互动关系是一种社会建构行为（J. Coupland, 2009：859）。

  Jackie Guendouzi、N. Coupland 以及 J. Coupland 等都是社会语言学视角下老年人语用交际研究的代表人物。N. Coupland、J. Coupland 等人在 20 世纪 90 年代时便已有代表性成果（如 N. Coupland 1991, 1993；N. Coupland & J. Coupland, 1994；Nussbaum & J. Coupland, 1995）。例如，考察人们是如何运用语言来记录和审视生命历程的，代与代之间是如何通过会话互动协调代际关系的，生命历程中的重要事件是如何通过语言协助完成的，人们的个人身份如何通过语言构建，在不同场合下符合年龄的言行标准如何建立等问题（N. Coupland, 1997）。其中，代际沟通研究的关注度最高。常见研究包括年轻人在与老年人言语沟通时的话语方式的改变及其对老年人的"刻板印象"。例如，Giles et al.（1992）借助生命历程（lifespan）及跨文化视角对一系列有关代际沟通的研究进行了综述，他们发现，年轻人认为老年人听力下降、反应变慢、信息获取需求减弱等负面刻板影响，因此在与老年人的会话互动时会用声音更响、语速更慢、词汇句法简化、更多重复等沟通方式。这种做法被称为"过分适应"（overaccommodate），指年轻人改变自己的言语习惯或方式，主观上过于模仿、接近老年人的言语习惯或方式（过多使用本书下文介绍的"老年语""老人腔"等话语风格），体现的是包括年轻人在内的周围人对老年人的负面刻板印象（Hummert, 1994；Ryan, Bourhis & Knops, 1991）。在该议题的研究中，交际适应理论（Communication Accommodation Theory, CAT）是常用的分析方法与框架。

  在老年人与年轻人的代际沟通研究中，老年人年龄叙述（age-telling/age-disclosure）是关键研究议题之一，它在话语交际中与其自尊建立、身份构建密切相关（N. Coupland, J. Coupland & Giles, 1989：129）。相关研究通常以会话分析方法来考察老年人自然会话中年龄叙述的话语模式、表述特征及与身份构建、代际交流的关系（如 N. Coupland et al., 1988；N. Coupland, J. Coupland & Grainger, 1991；Jolanki, Jylhä & Hervonen, 2000；Nikander, 2000, 2009 等）。同时，老年人的"自我表露"（self-disclosure）话语模式也是老年人与年轻人代际沟通研究中的重要议题之一。"自我表露"这一概念最先是由 Sidney Jourard 于 1958 年提出、界定并开展研究的,指个体将有关自己的信息、情感、态度、经历等内容向目标人(将个人信息与其进行交流的人)表露的过程。自我表露是稳定的个体或关系特质,也是一种行为事件及人际交互过程,自我表露的作用在于:增进自我认识、协助问题解决、促进人际关系的形成与发展、促进生理及心理健康等。按照不同的分类角度,自我表露可以分为:描述性(descriptive)自我表露和评价性(evaluative)自我表露、正向的自我表露(positive self-disclosure)和负向的自我表露(negative self-disclosure)等(蒋索、邹泓、胡茜,2008)。从自我表露的目标人来说,代际会话中,老年人的自我表露目标人一般是年轻人。目标人,或表露者与目标人之间的关系会影响个体表露水平、频次和可能性(Berg & Derlega,1987)。N. Coupland et al.(1988)研究发现,老年人较年轻人而言会更多地自我表露"痛苦负面的经历"(painful self-disclosure),向听话人主动传递痛苦的生活事件和状态。这种话语议题的设置对老年人而言可能具有一系列社会心理作用,也可能是老年人向听话人建立年龄认同感的一种手段,在会话中体现为一种话语策略。与此同时,通过对过往痛苦负面经历的描述,老年人可能希望塑造一种"历经生活考验"的"英雄主义"个体身份,从而起到增强自尊、自我肯定的话语效果。N. Coupland 等人还强调要使用多科学方法(如社会语言学、社会心理学等),关注老龄化的社会维度。在《语言、社会和老年人》(Language, Society and the Elderly,N. Coupland, J. Coupland & Giles,1991)这一社会语言学视角下对语言与衰老问题研究较为系统的开创性专著出版之后,J. Coupland(2009)在期刊《老龄化与社会》(Ageing and Society)上主持了一期专刊。这一期的文章通过互动社会语言学、叙事理论、批评语用学、社会理论、话语心理学及社会老年学等各种研究方法或理论视角,基于个人日记、刊物、电视、网络媒体、亲友会话与故事讲述等语料,对中老年人的身份问题展开讨论,核心关切是在各种社会框架下,话语是如何构建与解释个体的老龄化变化过程的。

此外,也有研究者从社会文化角度探索了患神经退行性疾病的老年人的语用交际变化。这一角度的研究不再仅仅把阿尔茨海默病作为一种大脑的退行性疾病,而是视其为多种语言社会语境下人们经历的事件(Davis & Guendouzi,2013;Schrauf & Müller,2014),将其作为一种公共话语加以对待(public discourse),通过批评话语分析或其他研究手段,揭示社交互动或媒体中人们对于阿尔茨海默病等疾病的形象、患者意识等。这类研究与通过话语分析来揭示人们对"衰老"或"老龄"态度等的相关研究具有相似性。

4.1.2.3.2 老年人言语交际中的身份问题

身份构建是老年人话语交际中的一个重要方面,老年人的自我认知和他人对老年人的认知都通过老年人和其他人的语言使用和交际反映出来。与此同时,语言使用在构建老年人身份的过程中也扮演着重要的角色。

老年人语用交际与年龄刻板印象、身份构建密切相关。相关研究者通过描写老年人在日常话语的模式、策略与机制,并将这些与话语出现时老年人身份的构建联系起来。例如,当年轻人及周围人士以一种居高临下的方式与老年人交谈时,负面刻板印象就会被强化。老年人如果持续接触这种沟通方式,可能会内化并接受这种刻板印象。换言之,基于对老年人负面刻板印象的语言使用会限制代际交流,强化刻板印象行为,也会导致老年人自我效能降低(Barker & Giles, 2003; Ryan et al., 1986)。因此,N. Coupland 等人将老年学及生命历程视角引入老年人社会交际的研究,以探究老年人自然会话中年龄身份构建的话语模式。

老年人语言使用与身份构建的相关议题包括:老年人是否可以根据他们的语言而被识别为一个群体;老年人的年龄对说话者的社会地位起到多大作用;老年人与年轻人因社会身份不同,对代际交流的看法差异性有哪些;在不同文化之间,与年龄相关的范畴在多大程度上发生变化。不同文化背景下,老年人与年轻人的代际沟通是否相同,其沟通模式、特征及代际关系之间的互动关系如何;不同文化背景下,年轻人、老年人对同辈交流(年轻人之间或老年人之间)及代际交流(老年人与年轻人之间)的态度与看法分别有何差异。

特殊群体老年人的自我意识与身份构建也是国际上重点关注的内容。例如,随着病情加重,痴呆症患者会逐步失去为社会贡献的能力,丧失社会及家庭角色,产生更多负面情绪。这些都可能导致痴呆症患者生活在社会孤立中,持续面临被他人置于不利地位的风险。目前,国际上对痴呆症患者的心理需求与社会身份的关注越来越多,这是从生物医学角度对各类痴呆症的表现症状及病理机制进行客体"物化"研究的重要补充。除了从社会学、心理学角度开展研究,还有研究者通过对该群体老年人口语话语、写作产出等的分析,探究他们是如何与外界对话、创造意义并形成独特身份认同的。例如,Hamilton(1988,1994)将面子理论、礼貌问题、定位理论①等语用学议题运用到阿尔茨海默病患者口语及书面语中,用以分析他们是如何实现社会身份构建的。

社会互动参与、个人身份维护与生命历程发展都密切相关。例如,在阿尔茨海默病等疾病诊断前后,老年患者对自我的"定位"(positioning)将影响其心理过程,并影响其言语沟通与社会交往(Sabat,2008)。对于此,Whitbourne(2001)提出了"身份过程理论"(Identity Processing Theory)用于阐释身份转变的动态过程。当个体面对一个新事件时,首先试图将其同化到自我意识中。如果自我意识与这一新事件相契合,则同化是成功的,个体身份就保持在当前形式;如果新事件与现有身份显著不一致,则个体对自我身份认知进行调整,以适应新情况。成年人的身体外观和认知功能改变都可以触发这一身份适应与同化过程。例如,处于中老年阶段的个体如果发现自己头发开始花白,多数便开始逐步调整个人身份意识,认同自己逐步进入老年阶段,而少数则可能需要较长时间认同老年人身份,甚至有不接受或抵触的情况(Ryan,Bannister & Anas,2009:146)。同样地,当老年人发生如认知障碍等严重负面生活变化时,个体要适应该变化,会试图将其同化到基于先前经历而形成的自我意识之中,这一过程可能相对平缓,也可能充满抵抗与不接受。

因此,对患神经退行性疾病的老年人的回忆录等书面语篇进行分析能够找到老年个体在适应罹患该疾病时心理认知变化过程的线索,因为这些老年人在写下自己的经历、想法和感受,是与他人进行社会对话的一种形式。能够书写回忆录的老年人一般受过相对良好的教育,通常认为自己是对社会有用的人,而当他们认知能力下降且无法工作时,就认为自己失去了社会价值。因此,他们通过书写回忆录、自传等,希望能够构建一种清晰的"自我"意识,显示他们与"自我"丧失所做的抗争(Basting,2003)。例如,Ryan,Bannister & Anas(2009)通过分析 13 本回忆录,总结了痴呆症患者的自我身份变化特征与规律。他们认为,人们生活在一个非常重视认知能力和健全体格的社会,这导致身体或认知障碍人士处于

---

① 定位理论于 20 世纪 90 年代初兴起于社会科学领域,语言学者用"定位"(positioning)这一新概念取代了"角色"(role)的概念。说话者在语言互动中会给自己和对话者指派特定位置。这种定位受互动关系的影响,又随着互动进程不断重新建构(周鑫宇,2016:19)。因此,一个人是谁"取决于在话语实践中对自我和他者的定位,以及在这些实践中,赋予自我和他者以意义的叙事"(Davies & Harré,1990:46)。

负面刻板印象和低期望值的处境中。因此,痴呆症患者的交往意愿与信心可能会因为语言认知障碍而下降,使言语沟通方式受到影响,导致他们不再参加以往的社会活动。如有患者写道:

> When I was first diagnosed with dementia, the thing that caused me the greatest shame and what really drove me into hiding was my problems with language. (Lee, 2003: 31 - 32)

虽然罹患痴呆症,但患者仍能够感受到周围人对自己的态度转变,主要体现在交往意愿、沟通方式上。这种态度转变使得患者感到委屈、孤立、缺乏安全感,体现了该群体社会交往意愿与周围人态度之间的矛盾。例如:

> Another really crazy thing about Alzheimer's, nobody really wants to talk to you any longer. They're maybe afraid of us. (Henderson, 1998: 18)

> Some friends and family seem to fear coming close to us to touch our true spirits. Perhaps they are uncomfortable, because they know instinctively that we are now different and they believe that their relationship with us has changed. (Truscott, 2004: 276)

周围人这种态度的转变还能从其眼神、表情等非言语行为上体现出来,例如:

> I have become keenly aware of a patterned response from some individuals as soon as they find out I have Alzheimer's disease. They switch their eye contact and attention to whomever I am with. It is as if knowledge of the disease immediately cloaks me in invisibility. (Taylor, 2007: 152)

言语沟通与社会交往的障碍会给痴呆症患者带来很大的心理问题。有患者认为痴呆症使自己变成了一个不停服药、内心空虚的容器,他对这种状态感到强烈不满与厌恶,希望服药能够"重塑自我":

> I am an empty vessel into which I throw a hand and a half of pills twice a day, and I desperately want the pills to reconstruct me. (Taylor, 2007: 75)

另外,需要指出的是,在老年人的会话互动中,对身体的运用(如使用手势、身姿、表情等)对构建自我(selfhood)是必不可少的。老年个体通过对这些身体资源的调用,与社会文化意义构建起了桥梁。例如,Bakker(2017)通过对日本手机广告的研究发现,距离、眼神、情态等符号资源均可辅助老年人建构自身形象与社会关系。

　　总而言之,老年人自我身份的构建,是身体资源、言语资源等多种模态资源共同协调的过程。

4.1.2.3.3　老年语、家长腔和老人腔

　　在日常生活中,一些成年人在与老年人进行对话时还会使用一种异于平常的"说话体",这就是"老年语"(elderspeak)概念的由来,指其他人为使老年人理解话语而使用的夸张的语调、缓慢的语速、有限的词汇、简化的句法结构、经常的重复或问句等说话方式①。有研究者将照护者与老年人的话语沟通分为四类:指令性话语(directive talk,低关爱,高控制)、孩童式话语(baby talk,高关爱,高控制)、过度个人私密性话语(overly personal talk,高关爱,低控制)和肤浅话语(superficial talk,低关爱,低控制)(Hummert & Ryan,2001)。这些说话方式体现了照护者或其他说话人对老年人的明显的年龄歧视刻板印象。

　　虽然照护者使用"老年语"这种说话方式能帮助老年人理解话语,促进沟通效率,但是这种说话方式有时会引起老年人的反感,导致自尊受挫。事实上,从20世纪90年代一直到2000年初,许多研究都发现,使用老年语沟通模式会导致老年人沟通困难,沟通能力降低,依赖性增加。这种沟通模式还会影响老年人的心理健康,多数老年人将老年语视为不尊重人或强权的表现(Edwards & Noller,1993;Gould,Saum,& Belter,2002;Ryan et al.,1995;Williams,Kemper & Hummert,2003),会导致负面的自我评估、社会孤立、社会交往能力下降与认知功能退化(Kemper & Harden,1999;Ryan et al.,1986;Salthouse,1999;Williams,2011)。若从护理机构互动研究的视角看,照护者使用"老年语"行为其实是护理机构中"幼儿化"(infantilization)行为在语言上的体现。所谓"幼儿化",是指照护者在护理老年人的过程中以一种对待幼儿的方式(child-like manner)与其交互的行为模式。研究发现,照护者过分自负、过度照护、言语交际幼儿化,会使得老年人产生对自我能力的怀疑、降低自我效能,并有导致痴呆的危险(Marson & Powell,2014)。因此,目前大多数研究都认为,在与老年人沟通时,应尽量避免使用老年语。

　　国外已有研究和实践表明,可以通过训练来引导照护者避免使用老

---

①　老年语与幼儿语(babytalk)相对应。后者由Ferguson(1964)率先提出,指成年人与婴幼儿说话的方式,通常具有辅音简化、语速缓慢、语调夸张、音量升高、词汇简单、句法简化、多用集合代名词或是重复性话语等特征(Corwin,2018)。

年语,促进与老年人的沟通。Corwin（2018）通过研究发现,三类词汇可以增进与老年人沟通的技巧,降低老年语的使用频率,即祝福（blessing）、笑话（joke）、叙述（narrative）。Corwin 的研究是在基督教信仰背景下的养老机构中进行的,入住的老年人与照护者大都具有基督信仰。因此,祝福是指祷告中使用的丰富词汇、完整语法,由此,照护者可避免使用过度简单的词汇与老年人交流。笑话是指一些简单的笑话,照护者可以通过说一些简单的笑话来增加与老年人的互动及参与感,并增进关系。叙述是指对事件的叙述,涉及丰富的词句,照护者可向老年人讲述事件促使老年人回应互动。有研究者提出,通过对养老院看护人员的沟通交流培训,尤其是使其减少使用老年语,能够有效提高老年人与看护人员之间的沟通质量。

与此同时,一些成年人还经常使用"家长腔"（patronizing talk）。家长腔指年轻人或周围的亲属因为老年人听力下降、反应变慢、认知能力下降而采用的一种家长式说话方式。Hummert & Ryan（1996）认为,该方式由关心和控制态度的辩证关系主导,有以下四个特征:1）指令式谈话（例如,在生活中对老年人使用指令、咒骂、呵斥等,就像家长指令孩童一样）;2）孩童式谈话（觉得老年人认知能力下降,故意使用像与小孩沟通一样的话语方式）;3）私人式谈话（像哄小孩一样给予过多的表扬）;4）敷衍式谈话（例如,对特定话题或某些情境下反应敷衍等）（巴克豪斯、张天伟,2019:57）。

另外,Keller（2006）还报告了一种称为"老人腔"（oldiespeak）的话语。该话语与"老年语"不同,是指其他人为表达共情认同或试图重新建立交流互动而采用的话语。这种话语具有语调颤抖、响度下降、语义含糊、句子长度较短等特点,通常被用于简短的表述（一到两个词）或向老年人确认其话语含义或目的等。

4.1.2.4　认知障碍老年人的语用交际研究

本书第三章已详细描述阿尔茨海默病等认知障碍疾病在多个语言层面上的体现。其中,研究发现,认知障碍会对患者的语用交际产生诸多影响,相关研究主要可从以下三个视角进行分类:1）从功能语用角度,对认知障碍老年人的话语产出特征进行描述;2）在临床语用学的框架下,对认知障碍老年人的语用能力进行研究;3）从社会语用的角度,探究认知障碍老年人的交际特征。从分支学科的归属上看,上述话题的研究分别属于篇章语用学、临床语用学及社会语用学的视角。

国外很早就关注到痴呆症老年人的交际问题。在开展语言与痴呆关系研究的早期,就有研究者提倡,除研究痴呆症老年人言语表达的认知神经机制外,要系统研究他们的会话交际能力(Bayles & Kaszniak,1987:175)。之后,国外研究者对各类认知障碍类型所造成的语用交际问题都进行了探索(Cummings,2020)。从研究的历史来看,20 世纪 80 年代开始就有研究者直接借鉴语用学、话语分析和会话分析的方法来研究痴呆症老年人在语篇、叙述、衔接和会话技能上的问题,其中 Ripich 等人的研究(Ripich et al.,1991;Ripich & Terrell,1988;Ripich,Carpenter & Ziol,2000)是典型代表。由于说话人含义和听话人推理是理论语用学领域的两个重要讨论焦点,早期研究痴呆症老年人语用交际的研究大部分工作也都从这些方面展开。20 世纪 90 年代起,痴呆症老年人话语中的停顿、语用标记、修正、话题管理、社会互动及身份问题等也逐渐受到关注。

语篇语用障碍是阿尔茨海默病等认知障碍患者重要的语言障碍之一,是语言和痴呆研究的重要方面,而且这类障碍外显度高、指标性强,因此可作为临床上对认知障碍的辅助性诊断指标。例如,患阿尔茨海默病的老年人很难理解和区分对话性、叙事性、说明性和程序性话语的差异;患阿尔茨海默病的老年人也不能充分利用回指等衔接手段;等等。对阿尔茨海默病患者的语篇语用研究在国外已经成熟,研究者构建了多种可测量的指标,用于衡量不同认知状态下老年人的功能语用表现,以最大限度地反映其语用能力。

在现有的认知障碍老年人语用交际研究中,以共时层面的现象描述及认知神经机制阐释是主流,对这些老年人的语用能力蚀失及交际特征变化的历时研究则不足。在为数不多的后者研究中,Hamilton(1994)的专著《与阿尔茨海默病患者对话:一项互动社会语言学研究》(*Conversations with an Alzheimer's Patient: An Interactional Sociolinguistic Study*)是典型代表。Hamilton 以阿尔茨海默病患者 Elsie 为调查对象,记录了与之长达四年半的对话数据。他从话语和会话的角度出发,描写性地分析了与患者的交流对话,阐述了其语言能力的变化过程,同时还考察了患者的交际能力是如何受到会话对象交际行为影响的。该书当属较早系统性对阿尔茨海默病患者语用能力历时变化进行跟踪研究的成果。之后,Ramanathan(1995,1997)等人进一步基于互动效果考察了阿尔茨海默病患者是如何根据听者与环境的变化而调整话语的。另外,国外还出现了不少使用会话分析相关方法描述痴呆症老年人话语特征,分析其问答序列、话轮转换、会话策略等进行的研究。

除了阿尔茨海默病患者的语用交际障碍研究,其他类型认知障碍的语用交际研究也受到越来越多的关注。例如,血管性痴呆老年人可能会出现语言、沟通和吞咽障碍。此类患者虽然基本上能够在会话中表现出正常的话轮转换能力,可以理解并使用一系列的言语行为,也能够理解幽默话语等,但也存在一些语用缺陷,如话语的主题连贯性受损、衔接手段误用、话语信息量降低等。除此之外,患者在语用交际中还可能违背合作原则中的数量、相关和方式准则。Roberts & Orange(2013)对路易体痴呆患者的语用交际特征进行了研究。在语篇语用特征上,路易体痴呆患者的主题维持能力以及整体和局部连贯性比健康老年人要差。同时,该类患者存在独特的独白式话语。

整体来看,国外在这一领域的研究视野开阔、语料丰富、成果显著,并且能够与照护者照护能力、交际沟通能力维护等结合起来,还有研究者基于认知障碍老年人语用交际研究的成果,开始反思语用学相关内涵的拓展、理论的升级等深层次问题。由于对认知障碍老年人的语用交际特征研究可丰富和拓展语用学理论的适用维度,除传统的合作原则、言语行为理论、预设、语用标记等,关联理论、人际语用学等相对较新的理论或领域也开始被用来解释认知障碍老年人的会话特征。这样的交融有助于架设语用理论与交际障碍之间的桥梁,促进理论语用学解决语言障碍等实际问题。在借鉴一系列语用学理论研究认知障碍老年人语用交际特征的过程中,有研究者指出,相关研究不应仅着眼于语言缺陷,而应更加关注患有认知障碍等慢性神经退行性疾病的老年人是如何保持语用能力、推进语用互动的。因此,除了对语用障碍表现的研究,越来越多的研究者开始注重对认知障碍老年人语用补偿现象及机制的研究。

总的来说,语用互动与社会交往视角下的认知障碍老年人语言研究在数据类型上主要以自然话语为主,在方法论上具有鲜明的跨学科特征,基于语言学、社会学、心理学、人类学等学科知识与方法,对认知障碍老年人的语用交际特征与机制进行描写与阐释。该领域的研究成果对于提升认知障碍老年人的语用交际能力、开展更为有效的语言认知康复训练具有重要意义。

4.2 老年语言学研究的生理心理维度：阐释性研究

该维度的研究主要是基于正常及罹患神经退行性疾病和精神疾病的老年人在言语各个层面的特征表现，由语言学、医学、神经认知科学、心理学等学科联手，为这些语言表现提供神经认知机制、病理机制及心理机制等方面阐释的研究。下文将主要以正常老年人、神经退行性疾病老年人、精神疾病老年人等为研究对象从生理、心理维度，对目前的研究成果加以介绍。

4.2.1 典型老化与正常老年人语言能力退化的阐释性研究

正常老年人语言蚀失机制的研究始于学者们对认知老化问题的探索，研究主要由认知科学、脑科学、语言学和心理学等领域的学者联合承担。老年人的认知老化特征主要表现在加工速度、记忆力、抑制能力等方面发生衰退或减弱，认知老化研究主要是对感知功能、加工速度和工作记忆等方面随年龄衰退的现象进行描写和阐释，大脑组织的结构性退化是这些认知功能减弱的主要原因。从认知老化路径入手进行的语言蚀失研究主要是考察认知衰退现象对语言理解、产出及语言加工所带来的负面影响，以及通过语言蚀失这一现象考察其背后密切相关的认知老化过程。

按照本书 1.3.2 节的划分，典型老化与正常老年人的语言现象主要涉及三个方面，即老年人的语常、语误和语蚀。其中，老年人语常的神经心理机制与中青年基本一致，主要提供正常老年人在正常情况下进行语言理解与产出的神经心理机制解释，属于心理语言学的核心范畴。语误的发生机制与中青年也基本相同。语蚀则是老年人因为正常生理、心理老化而造成的语言能力衰退，如老年人可能因为认知能力退化而产生更多的语误现象，对这一部分的研究是目前正常老年人语言能力退化阐释性研究的核心内容。

对于老年人因正常老龄带来认知衰老而产生的语言能力变化，国外学者早期主要集中考察词汇提取、理解及话语结构上的改变等，近年来开始逐步考察隐喻理解与产出等高级语言能力因增龄而变化的规律及其认知衰老机制。相关研究发现，正常老年人出现语言衰老现象的根本原因是老年人生理器官的衰老、大脑组织结构性的退化、认知的老化等,表现在加工速度、记忆力、抑制能力等方面(Shafto & Tyler, 2014)。

在老年人词汇提取的机制中,舌尖现象作为老年语言现象中最为典型的特征之一,是研究重点。研究发现,自然情境下发生和实验室诱发的舌尖现象数量都是随年龄增长而逐渐增加的。在方法上,舌尖现象的研究有内省法和实验法:内省法要求被试记录日常生活中自发产生的舌尖现象;实验法包括低频词汇法和图片线索法,都是通过某种刺激方式来诱导被试产出词汇,然后记录其中的舌尖现象。前者是向被试呈现低频词汇的定义,要求被试提取与定义对应的目标词,后者是通过图片线索,要求被试说出图片内容,当被试不能说出答案又确定自己知道目标词时,可被判定为舌尖现象状态(毛晓飞等,2019:378-379)。近30年来,国外对舌尖现象的发生机制进行了一系列研究,并提出了很多假说理论或模型,包括传递缺陷理论(Transmission Deficit Hypothesis)、抑制不足理论(Inhibition Deficit Theory)、知识增长理论(Incremental knowledge Theory)及元认知控制理论(Metacognitive Control Theory)等。

传递缺陷理论这一解释视角下,Burke et al.(1991)提出了被称为"互动激活模型"(Interactive Activation Model)的舌尖现象阐释理论。该理论以节点结构理论(node structure theory)为基础并对其加以扩展,当词汇节点和语音节点之间的连接因不频繁使用、最近不使用或老化而变弱,启动传递就会减少,老年人就会在言语产出时产生忘词等舌尖现象。在舌尖现象下,老年人能够准确提供语义信息,但很难清晰掌握语音信息,这是因为语义信息成功地超过了激活阈限,但在提取目标词汇的过程中语音信息提取失败。也就是说,语义节点与语音节点之间的联结变弱,信息无法传递到语音系统,导致无法激活语音信息,完整提取就会失败,从而产生舌尖现象。外在表现上,就是老年人知道目标词的语义,却不能完整说出目标词或只能说出个别音节。随着年龄的增长,认知老化使得语义系统和语音系统之间的联结更加微弱,导致语音系统中的信息更难得到激活或完全激活,因此老年人通常比年轻人有更多的舌尖现象(Burke & MacKay, 1997; Burke et al. , 1991;毛晓飞等,2019)。该理论在其他的研究中得到了进一步验证,研究者发现,给被试预先呈现与目标词语音相关的信息能有效减少舌尖现象的数量和比例,有助于促进解决舌尖现象(Choi & Smith, 2005; Kornell & Metcalfe, 2006)。

与从语音系统、语义系统之间联结寻找原因不同,抑制不足理论认为舌尖现象的产生是因为与目标词在语音、语义上相关的阻碍词产生了干扰,从而妨碍了对目标词的提取。后来陆续有研究证实,舌尖现象是由最先进入大脑中的相关单词信息干扰造成的(毛晓飞等,2019)。本书2.3.4节介绍过,老年人的抑制能力下降,因此难以有效地控制激活的干扰信息进入意识层面,因此更容易出现舌尖现象。

另外,还有研究者提出知识增长理论,认为老年人出现更多舌尖现象是因为,老年人因年长而具有更高的知识量,虽然提取过程可能一样,但可检索的词汇信息更多,犯错的可能性也更大。但是该理论受到一系列研究的质疑,有研究者发现老年人在某些特定领域的知识更少些,但仍然有更高的舌尖现象;通过测量词汇水平和舌尖现象,也没有发现两者之间的相关性(Facal et al.,2012)。

随着认知心理学的兴起,学者们逐渐倾向于将舌尖现象视为对认知过程的监视不完全状态,是一种元认知判断,而不是暂时不能提取的状态。近几年的认知神经科学研究也支持元认知控制理论,认为舌尖现象与前扣带皮质区、前额皮层有着密切关系,而这两个区域是认知控制系统的两个部分,与认知冲突的检测、监控、认知控制过程均相关(苏玲、陈俊,2011:79-80)。

除上述四个理论外,对舌尖现象的相关解释理论还包括部分激活理论(Partial Activation Theory)、障碍假说(Blocking Theory)以及神经网络模型(Neural Network Model)等(苏玲、陈俊,2011)。

当然,关于老年人语言能力衰退的影响因素,学界还有争论,对于老年人语言能力衰退是由一般认知能力衰退还是语言加工系统衰退引起,学界仍未达成一致。大量研究认为,语言能力的衰退主要是由一般认知能力衰退(非语言特异性因素,本书2.3节所介绍的内容)导致的,而有些研究认为可能是语言加工系统的结构性衰退(语言特异性因素)导致的。我国研究者吴翰林等(2020)认为,语言能力的衰退是非语言特异性因素和特异性因素共同作用的结果,其中非语言特异性因素的影响更大。

4.2.2　罹患神经退行性疾病老年人语障机制研究

对语言能力因罹患神经退行性疾病而受影响的老年人而言,语言障碍是表现形式,其背后机制主要归结于生理及神经认知机制。学者们通常基于医学并携手生理、神经、认知等多个学科对该类老年人群语言障碍背后的病理机制进行探索。

　　语言障碍的相关机制研究是老年语言学研究的重点之一,历来受到国内外研究者的关注,但我国对老年人语言能力退行的神经机制研究很少(杨亦鸣、刘涛,2010:24)。这类研究旨在构建生心理疾病、脑病理变化及认知衰退等情况下的老年人语言障碍知识体系,从而增强对人类脑老化规律、生心理疾病对语言能力的影响等方面的科学阐释力。

　　这里的神经退行性疾病指的主要是阿尔茨海默病、语义性痴呆、进行性非流利性失语三种痴呆症,它们都有各自的病理机制。阿尔茨海默病的主要病理机制是记忆、语言、视空间功能、执行功能等的进行性退化,其神经病理受累区域主要是海马体及前额叶皮质;语义性痴呆与颞叶前部萎缩有关,通常双侧出现,但左侧常有更大范围的萎缩;进行性非流利性失语与左侧额下回(如布洛卡区)的萎缩有关,随着时间推移可延伸至左侧额下回的后部、上部与中部。

　　有关罹患神经退行性疾病老年人的语障机制研究目前尚未形成系统性的定论研究成果,但学者们开展了诸多研究。这里重点论述阿尔茨海默病等痴呆症的语障机制。对阿尔茨海默病在语言能力等认知功能上的损害机制探索,目前主要通过脑结构及脑功能影像学技术开展研究,如功能性磁共振成像、弥散张量成像、正电子发射断层显像等。截至目前,这方面的研究成果主要集中于言语损害背后的中枢神经系统在结构与功能上的改变(Szatloczki et al.,2015)。例如,通过对影像学的感兴趣区域(region of interest,ROI)[①]分析表明,情景记忆表现与双侧内嗅皮层/海马区(ERC/HP)头部相关,而语义记忆表现与左内侧腹膜周围皮层(mPRC)和双侧 ERC/HP 相关。De Lacoste et al.(1985)发现,大脑胼胝体后部连接着上顶叶、颞后及枕叶皮质区,这些脑区包含着工作记忆激活的关键节点。一些研究发现,上纵束在连接四个脑叶的壳状核上方形成较大的弧形,在大脑语言加工中起到主要作用(Bernal & Altman,2010;Axer,Klingner & Prescher,2013)。目前已知轻度认知障碍和轻度阿尔茨海默病患者在此区域会有所受损,这可能解释了在言语工作记忆中前额叶和脑后区的功能分离(functional uncoupling)现象(Teipel et al.,2014)。

---

① 在图像处理领域,研究者常常需要设置感兴趣区域来专注或简化工作过程,也就是从图像中选择一个图像区域,这个区域是图像分析关注的重点。

过往研究发现,阿尔茨海默病患者通常在病程早期就出现命名、言语流利性、物体识别等方面的"语障",这是因为病程会导致语义记忆较早出现且具有持续性损伤(Nebes, Brady & Huff, 1989)。一般认为,阿尔茨海默病患者在语义启动上确实存在缺陷。综合目前的研究可知,大脑前舌回、前颞区、海马区、额叶、颞叶新皮质、颞-枕区域等都可能影响着语义启动的过程。患者在海马区、额叶和颞叶新皮质等脑区均有损害,因此可影响到其语义启动(宋娟、吕勇,2006:76)。

除借助脑结构及脑功能影像学技术开展的分析外,有关罹患神经退行性疾病的老年人的语障机制研究还会从心理维度机制出发进行阐释分析。在此类研究中,早年较受关注的是"退化假设"(Regression Hypothesis),认为语障在神经退行疾病中的发生顺序与发育中的获得顺序是相反的。该假设最初源自 Ribot(2012)研究记忆障碍时提出的"退化假说",现已扩展到脑衰老、病理学和语言学研究(包括单语、双语失语症)中。按照这一假说,语言能力的退化是沿着童年时期获得这一能力的反向轨迹发生的。顺行性失忆症①的症状就与这一假说相符,即过往事件记得住、新近事件记不住。但是,有学者在针对语义性痴呆的研究中发现了反例,这些患者新近事件记忆情况要好于过往事件的记忆情况(Graham & Hodges, 1997; Graham, Pratt & Hodges, 1998)。另外,Lust et al.(2015)通过比较正常发育期间的单语儿童、健康年轻成年人、正常衰老老年人以及被诊断为轻度认知障碍的老年人相关从句的复杂句产出情况,也否定了"退化假设"。

另外,情感因素也与罹患神经退行性疾病的老年人语障的产生有密切联系。情感与语言密切相关,是贯穿人类整个生命历程言语交际的重要因素。人们情感神经心理发生的紊乱会影响日常言语交际,杏仁核、海马体等脑区的损伤对情感状态感知的影响也会产生语言表达障碍;同样,语言障碍也会影响说话者对情感态度的有效交流(van Lancker Sidtis, 2008:203-205)。虽然目前增龄对情感感知是否有影响仍有争议,但情感与老年人日常认知活动、个人经历等因素密切相关,是影响老年人言语交际的重要因素(Kunzman & Richter, 2009)。因此,在罹患神经退行性疾病的老年人语障机制研究中考虑情感因素具有重要意义,对这类老年人

---

① 失忆症按遗忘类型可分为顺行性失忆症(anterograde amnesia)和逆行性失忆症(retrograde amnesia)。顺行性失忆症是指患者会遗忘造成失忆的事件之后发生的事情。逆行性失忆症是指患者会遗忘造成失忆的事件之前所发生的事情,而造成失忆的事件之后所发生的事情则不会受到影响。

情感变化及其在言语、非言语交际中的体现进行研究也具有重要的临床意义。目前,已有一系列研究表明,与健康对照组相比,阿尔茨海默病患者在情感加工能力上表现出显著缺陷,尤其是在韵律任务上;患者在情感语调加工能力上有所损害,且出现并早于其他类别的语言能力损害(Taler et al.,2008);患者在各个阶段对情感韵律的理解和产出能力均受到损伤(Horley,Reid & Burnham,2010)。

　　研究发现,在神经退行性疾病导致认知功能受损的情况下,单纯运用基于说话人理性前提的语用分析无法关照罹患神经退行性疾病的老年人的言语交际过程。整合多种言语交际过程中呈现的多模态资源,结合情感因素分析临床中语言能力受损的研究对象话语,为罹患神经退行性疾病的老年人的语用交际研究提供了新的视角。语用补偿理论便是此视角下的代表性理论。语用能力的蚀失,往往是其中一个或多个系统因素受到损伤,导致相互作用的失衡,语用障碍随之"浮现"。而当这种障碍出现时,大脑认知就会根据交际需要进行"补偿性调整"(compensatory adaptation),包括个体内部(intrapersonal)和人际(interpersonal)两个层面的语用补偿(Perkins,2007)。例如,在个体内部,研究发现失语症患者在自然会话中手势动作数量高于控制组(Feyereisen & Seron,1982),特别是在对情感状态的表达上(Lorch,Borod & Koff,1998),有研究者认为这是失语症患者保持完整社交能力的一种尝试(Feyereisen & Seron,1982);在人际层面,有些患者可能会同时出现语言系统与认知系统的同时受损,出现找词困难、话语缺损、认知理解困难等现象,但是通过交际对方适应患者话语特征,给出便于患者理解的交际话语,仍可使得患者完成诸如话轮转换等行为。这些都是老年个体在语言障碍情况下可能采取的补偿策略。有关 Perkins(2007)在这一方面的论述,我们将在 5.8.1 节再进行阐释。

　　需要指出的是,除了对老年人语障神经认知机制进行阐释性研究,还应注重开展统领性理论的研究。国外已经在这方面产出了一些具有影响力的成果,Perkins 的语用补偿机制理论就是典型例子。事实上,老年人遇到交流障碍时,大脑试图利用不同模式的神经重组和策略以使语言功能维持在一定的水平,即一种优化自身功能的自适应机制。这种补偿机制并不仅限于语用交际,也会延伸至其他语言层面。国内也有研究者在此基础上进一步探索完善了相关分析框架。例如,黄立鹤、杨晶晶、刘卓娅(2021)以言语行为为基本分析单位,构建了认知障碍老年人语用障碍的分析框架,从多模态视角阐释了其中的补偿现象。该分析框架将个体的"言、思、情、貌"及语境因素纳入统一考察范畴,弥补了 Perkins 语用补偿理论只强调言语与非言语间的补偿,而没有将其他因素(如意图、情感、活动类型、依存性等)纳入考量的不足。

除了语用补偿机制理论,近年来国外也把心智理论(Theory of Mind, ToM)引入语用障碍等临床语用学的研究,试图为研究提供深层次的认知机制解释(Cummings, 2013,2014a, 2014b)。Baron-Cohen(2000:3)将心智理论定义为能够推断出各种心理状态(包括信仰、愿望、意图、想象、情感等)的能力,即对自我及他人心智状态推测的认知能力,这是一项重要的社会认知技能。因此,有研究者将其作为儿童认知发展的重要研究内容(Baron-Cohen, 2000),同时也是辨别自闭症的特征之一。相关研究通过错误信念任务①(False Belief Task,ToM 的标准测试之一)来研究正常发育的儿童心智能力发展的情况,发现部分心智状态(如欲望、情绪)比其他状态(如信念、知识)更容易习得,且在儿童使用语言时较早出现;而自闭症儿童平均要到 10 岁才能发展出与正常儿童 4 岁时相当的水平并通过错误信念测试(Cummings, 2014: 561)。

心智理论也一定程度用于老年人语障机制研究。研究者发现,在复杂的心智理论相关任务上,阿尔茨海默病患者与健康老年人具有显著差异,即患者在二阶错误信念任务中的存在问题,但在一阶错误信念任务中表现相对较好。因此,阿尔茨海默病患者大脑中最复杂的心智理论水平受损,而中等及简单的心智理论水平相对保留(Castelli et al., 2011);另有研究发现,罹患其他神经退行性疾病(帕金森病、额颞叶痴呆、路易体痴呆及血管性痴呆等)的患者都存在一定程度的心智理论缺陷(Cummings, 2014a: 572;Saltzman et al., 2000)。不同痴呆类型患者在心智理论测验各项任务中的表现也不相同,如额叶变异型额颞叶痴呆(FvFTD)患者在心智理论的所有测验(一阶错误信念任务、二阶错误信念任务、失礼识别任务[Faux Pas Recognition Test]以及眼神读心任务[Reading the Mind in the

---

① 该方法是测验儿童对他人心智状态推测能力的一种心理试验方法,有多个测试故事版本,包括一阶和二阶错误信念测验(如 Baron-Cohen, Leslie & Frith, 1985;Perner & Wimmer, 1985)。一阶信念是个体理解另一个人对世界的信念,二阶信念是还能理解那个人对另一个人对世界的信念。

Eyes]①)中都表现不佳;阿尔茨海默病患者则只在二阶错误信念任务以及失礼识别任务中与记忆力相关的问题上有损害。该研究表明,阿尔兹海默症病患者在相关任务中的失败更多地是由工作记忆和情景记忆等记忆因素的障碍,而非心智理论因素导致的(Gregory et al., 2002)。

以上研究都对年龄、认知状况等不同标准分类下的群组进行了心智理论相关测试,描述其心智理论的水平及其差异。虽然心智理论与执行功能、记忆等因素的关联性都得到了初步的讨论,但仍有待进一步的实证研究和理论完善。

在对老年人心智理论状况进行测试和描述性研究的基础上,已有研究者进一步从该视角对认知衰退或障碍的老年人语用能力进行关联性研究。Cuerva et al.(2001)对34位阿尔茨海默病患者进行了心智能力任务和语用能力测试,包括二级错误信念任务、短篇故事社会情境理解能力评估、间接请求评估和会话含意的语用能力测试等。结果发现,65%的轻度阿尔茨海默病患者不能通过二级错误信念任务测试,且在言语顺行记忆、言语理解、抽象思维和命名测验上的缺陷相对更大;阿尔茨海默病患者与同龄健康老年人相比,心智理论缺陷与语用能力缺陷之间存在显著的相关性。该研究初步显示了心智理论能力与语用能力的相关性,但其相关性的内在机制仍有待后续的深入研究。

4.3 老年语言学研究的社会维度:应用性研究

因生理特点与社会交往需要,老年人对语言服务有着特殊的需求,这就需要研究者在从事老年语言学基础性学理研究时,重视应用性研究,考虑如何将相关成果应用于提升老年人生活质量、推动老龄社会发展这些方面。这也是老年语言学的重要"一翼"。

目前,国外的老年语言学应用性研究范围较广,相关学者一般从语言学的某个议题出发,借助语言学理论与分析工具,对老年人社会交往中的身份构建、代际沟通、老年患者就医互动、养老照护中的语言沟通、媒体话语中的老年形象及社会心理、老年健康产品广告语言与伦理价值、多语经

---

① 心智理论测验的一种,包括36张图片,每张图片只显示眼睛部分,患者会根据图片推测并选择人物的情绪状态。

历与成功老龄化、生命历程发展与老年人语言能力、老年人临终关怀与安宁疗护话语研究等话题高度重视,同时对这些各类议题展开了跨学科探讨,其最终目的是促进老年人言语交际能力改善,推动老年人个体的积极老龄化。

　　本章前述的有关老年人语言蚀失与障碍的描述性或阐释性研究,也可体现社会应用价值。例如,考察阿尔茨海默病、帕金森病、抑郁症、脑卒中及其他老年常见病症人群的言语交际、行为特征、认知方式及病理机制,推动研究成果促进有关疾病早期诊断、预判、康复及护理,社区早期筛查机制的建立,社区认知障碍科普的开展;编制专门针对老年人语言能力蚀失的评估量表,基于言语特征提升阿尔茨海默病等神经退行性疾病的家庭预判、临床筛查、病程评估效度;融合现有认知障碍评估量表的语言指标与日常行为观测指标,基于多模态语料库方法与模式识别技术,开发基于人工智能技术的老年人阿尔茨海默病评估、筛查与诊断系统等;充分利用各类技术开展言语治疗服务正常老年人语言能力保持及特殊群体老年人言语认知康复、延缓语言认知退化。这些议题具有鲜明的社会应用属性,有助于老年人生活质量提升等目标的实现,应当引起重视。

　　由于老年语言学研究的社会服务维度相关议题与老龄社会背景下的精细化社会治理密切相关,为详细论述这一问题,本书专设第七章予以深入探讨;对于在语言技术层面涉及提升老年人语言能力的技术研发,由于涉及诸多技术问题,本书不做详细介绍,但其中与人工智能相关的内容将在第八章简述。本节将主要介绍老年人就医与照护中语言沟通的社会意义,以及老年人的话语身份与媒体话语中的老年人身份形象。

4.3.1　老年人就医与照护中语言沟通的社会意义

　　老年人就医与照护中的语言沟通问题体现了老龄社会背景下的生命伦理问题。"生命伦理"这一概念诞生于 20 世纪 60 年代,基本原则包括公正原则(principle of justice)、尊重自主性原则(principle of respect for autonomy)、不伤害原则(principle of non-maleficence)、仁慈原则(principle of beneficence)。因此,提升老年人就医与照护中的语言沟通效率,其根本目的是提升就医与照护的服务质量,充分体现对老年人的生命尊重与价值关怀(Beauchamp & Childress, 2001)。在老龄社会背景下,老年人的就医和照护过程关乎对其的人文关怀。语言是这种人文关怀最直接、最重要的体现手段之一。因此,对老年人就医与照护中语言沟通相关问题的研究与实践,将改善老年人的健康权利、个人体验与生命价值,提升医护与照护活动中的人文关怀水平。相关研究也体现了老年语言学与医学人文、养老照护的交汇,应该成为老龄化社会背景下语言学与医学共同的关注重点。

本小节主要列举具有社会意义和学科交叉性的老年人就医与照护语言沟通研究议题(孙飞凤、黄立鹤,2019)。老年人就医会话互动以及养老照护服务中的语言沟通等具体问题及其研究现状、相关理论将在 7.3.2 节中得到进一步详细介绍。目前,关于老年人就医与照护语言沟通研究,共有六方面议题:

一是老年人生命与疾病观念对就医互动的影响。老年人固有的生命观、疾病观会影响到疾病的治疗过程及接受治疗老年人的心理。该议题下的相关研究主要关注这些生命观、疾病观的表现,并试图探究其来源。有研究者认为,这些生命观、疾病观有时来源于老年人的宗教信仰。例如,有研究发现,部分农村老年人因受基督教疾病观影响,对寻求科学治疗的行为较为排斥,倾向通过宗教治愈疾病(郑红娥、王伟,2014);藏族农民患病后会同时求助现代医疗与宗教,而传统藏医和民俗医疗中的施医者也带有明显的精神诱导(刘志扬,2006)。在医疗人员与这些老年人互动的过程中,老年人有哪些语言表现体现其宗教信仰及固有生命观、疾病观,医疗人员如何加以精神层面通过言语实践加以科学引导,是值得考量的。

二是老年人诊疗与看护沟通策略与技巧。无论是正常老龄还是罹患神经退行性疾病,老年人的语言能力都会逐步蚀失。该议题下的研究主要关注照护者在与老年人沟通时的特点,以及照护者应采取什么样的沟通策略来与老年人交流。本章前文介绍了老年语,即其他人为使老年人理解话语而使用夸张的语调、缓慢的语速、有限的词汇、简化的句法结构等,并经常重复或使用问句等。许多研究都发现,使用老年语沟通模式不仅会对与老年人的沟通造成负面影响(Edwards & Noller, 1993; Gould, Saum & Belter, 2002; Ryan et al., 1995; Williams, Kemper & Hummert, 2003),还会对老年人自身的状态,如认知能力、情绪情感、自我认知等造成负面影响(Kemper & Harden, 1999; Ryan et al., 1986; Salthouse, 1999; Williams, 2011)。因此,有研究提倡应对照护者进行沟通方面的训练,甚至应引导他们避免使用老年语,以改善照护者与老年人的沟通环境(Corwin,2018;Williams,Kemper & Hummert,2003,2005)。

三是罹患重大或特殊疾病、临终老年人的就医会话特征与语言照护研究。该议题主要通过对此类老年人心理的分析,研究其就医会话特征以及相关语言照护策略。老年人罹患重大疾病或特殊疾病的心理压力通常大于普通慢性病。史瑞芬(2008)通过对罹患癌症等重大疾病的老年人的研究发现,在患病后,老年人可能会经过震惊否认期、愤怒期、磋商期、抑郁期、接受期等多个阶段,这些心理变化并没有固定发生顺序,可同时发生、反复发生或停留在某个阶段。这些心理变化可能会影响到此类老年人与医疗人员的会话互动。例如,Greene et al.(1986)研究发现,在老年患者向医生提出的问题中,超过四分之一是与社会心理相关的,而医生提出此类话题的比例较低。可见在诊疗过程中,医生通常更关注生理而非心理层面的问题(Adelman,1992)。因此,医生如何在配合诊疗的过程中,有效合理地利用多种模态资源(话语、表情、动作以及周围环境、物品等)对其进行心理疏导,向老年患者投入更多尊重与耐心,也是需要思考的问题。

四是老年人就医互动中的冲突性话语与医患关系研究。医疗互动中的冲突性话语通常指医疗活动主体(医生、护士或其他医疗人员以及患者、家属等)在诊疗活动中因对过程或结果有分歧而产生的话语,最为严重的冲突性话语可能出现在医疗纠纷中。冲突性话语将对医患信任关系造成损害,从而影响医疗活动的进行或效果。医疗活动中导致冲突性话语的原因很多,包括医疗行为、医患心理、伦理法规等多个范畴。老年人作为特殊的患者群体,具有与其他年龄段患者不同的心理、认知及行为特征,在冲突性话语的引起原因、冲突表现、事后影响等方面具有差异性。例如,老年患者因心理敏感性较易产生冲突、由于认知功能老化而对医疗信息产生误解、因冲突话语及不良情绪健康状况会受到持续性影响等,以及老年人与医疗人员建立信任关系的一般规律,这些都是老年人就医互动中冲突性话语及医患关系研究的重要方面。已有研究者借助语用学理论,如顺应理论,对医患会话中的冲突性话语进行研究,发现冲突性话语具有语境顺应性特征(夏玉琼,2014)。但总体而言,当前国内研究者对冲突话语的研究仍主要基于宏观视角,采用会话分析、结构分析等方法,缺乏基于具体微观视角的研究案例,尤其对医患冲突话语的语用学研究还存在较大的探索空间(蒋玉波、赵小妹、夏娟,2020)。

五是背景差异性与老年人就医会话互动的关系研究。老年患者因家庭背景、教育程度、人格个性、经济条件等不同，对待疾病的态度、就医互动的特点也有所不同。例如，个性内敛的高龄老年人就需要医疗人员通过调用多种模态和资源了解其病史、症状、诊疗效果等，该互动过程与诊疗个性外向的老年人过程有很大不同；再如，经济条件较差的老年人可能在接受医疗建议时倾向选择经济成本较低的治疗方案，但同时碍于情面不愿表露真实原因，医疗人员需要顾及面子委婉有效地进行建议与劝说。国外已有研究发现，少数族裔的老年患者较少参与医患共同决策，在就医互动中经历以患者为中心的沟通较少，他们也不太信任医生（Johnson et al.，2004a，2004b）。认知能力高、教育背景良好的老年人更喜欢主动与医生讨论药物相互作用等相对专业的医学知识，而认知能力水平和教育程度较低的老年人在与医生的交流中则比较被动，偏爱以患者为中心的指导（Savundranayagam & Ryan，2008：59 - 60）。还有研究者发现，贫穷的老年女性在就医互动中与医生较少进行眼神接触（Allman et al.，1999）。在国内，已有研究者探讨不同背景的老年人的就医态度和就医行为问题，尤其是城乡老年人在该方面的差异（曾雁冰、袁志鹏、方亚，2020），但从语言维度开展的研究还相对较少，是未来国内相关领域应关注的方向。

六是老年人生理特点与就医、照护环境的语言信息建设。老年人的语言能力蚀失同时体现在信息输入的听、看等模态，以及信息输出的说、写等模态。在当前高度数字化的就医环境下，老年人更是面临着许多"数字鸿沟"，成为"信息贫困者"（黄立鹤、王鹏，2021）。就医环境中语言信息的及时获取有利于补偿老年人在相关方面的缺陷，提升老年人的就医效率和满意程度。因此，如何建设符合高龄老年人生理特点的就医与照护环境，特别是其中的语言信息发布与设置，是值得探讨的问题。此外，如何在就医环境建设、信息发布、医学知识宣传、疾病预防等方面体现人文关怀，充分考量老年患者的语言能力蚀失、阅读速度慢、记忆力减退等现实，也是应对老龄化挑战必须付诸实践的课题。当前，此方面的相关成果主要体现在应用层面，即医疗机构的政策探索上。许多医院（如北大医院[①]）都开始建设"老年友善医院"，而语言服务就是该举措中的重要部分。此外，一些用于就医的手机应用程序也推出了专门的适老化版本，以更好满足老年人的需要。

---

① 参考 http://bynews.bjmu.edu.cn/xxdt/63a701cf1c614e68b45167c7263fb043.htm。

4.3.2 老年人的话语身份与媒体话语中的老年人形象

老年人的话语身份建构是老年人通过话语来建构自己身份的过程；媒体话语中的老年形象构建是指各类媒体话语中对老年人形象的建构。本小节将简要介绍这两个方面的研究内容。

4.3.2.1 老年人的自我身份认知与话语身份构建

4.3.2.1.1 老年人的自我身份认知

老年人的自我身份认知会随着个体生命历程变化而发生变化（Levy，2003）。在个体生命历程发展中，影响老年人身份认知的主要因素包括年龄、健康状况、社会角色的状态和变化、性别及社会经济因素等（杜鹏、伍小兰，2008）。在这些因素的影响下，不同的老年群体对于"老年人"这一身份认同的差异也愈发明显（谢立黎、黄洁瑜，2014）。

除上述因素外，也有研究从心理学视角探究老年人自我身份认知的形成。该视角下的研究通常认为老年人身份是在认识自我的过程中不断确立的。例如，Furstenberg（1989）发现，老年人会通过判断自身是否符合老化的标准特征来建立自身身份。Sherman（1994）则认为，老年人自我身份的确立不存在具体的标志点，而是通过对比自我（comparative self）、投射自我（reflected self）、回顾自我（retrospective self）以及成熟自我（mature self）这四类自我认知过程来完成的。确立的老年身份也将随着认知的改变而变化，例如，Whitbourne（2001）提出的"身份过程理论"认为，"成功"的老年身份是通过具备一系列积极特质（如爱心、才能、善意等）的自我观来维持的，并且随着年龄的增长，老年人需要通过身份同化（identity assimilation）和身份适应（identity accommodation）两个过程来调整。身体外观和认知功能改变是触发身份过程的主要指标，如中老年个体发现自己头发花白时，多数人的年龄认知会向老年身份发展；也有一部分人则需要更长时间认同其老年身份，甚至有逃避或抵触的情况发生（Ryan，Bannister & Anas，2009）。

在社会交往中，个体会利用各种社会资源表达自己的身份，其中语言是重要资源。例如，老年人会在与其他个体的会话中表达自我的老年身份认知，因此，会话分析、话语分析及相关研究方法可用于老年人自我认知的研究。

4.3.2.1.2　老年人话语身份构建

话语身份是通过建构、凸显、磋商、挑战甚至解构特定身份维度的话语策略来实现的(陈新仁,2020)。早期社会建构主义视角下的老年人身份研究致力于探索老年人话语中是否存在探讨人生阶段或重大改变的惯式话语,认为话语的形式与实践决定了人生历程中的角色定位(N. Coupland, Nussbaum & Grossman, 1993)。J. Coupland et al. (1991)对老年人的身份建构话语策略进行了总结,提出了包含明示生理年龄(disclosure of chronical age),参考年龄相关话题与角色(age-related category/role reference),关联老年人身份与健康、衰老与死亡(age identity in relation to health, decrement and death),增加过去经历视角(adding time-past perspective to current or recent-past states/topics),联系过往生活(self-association with the past)以及承认历史/文化/社会变化(recognizing historical/cultural/social change)这六点的老年人身份构建框架,该框架能够较为全面地梳理老年人常用的话语策略。

明示年龄的话语策略是老年人建立话语身份的一大途径。老年人通过使用具体数字透露自己的生理年龄来实现交际目的(Nikander, 2002),如有研究发现,老年女性会通过透露年龄来诱发听话者夸赞其看起来比实际更加年轻;然而,交际中难免会因生理年龄的披露产生某些负面效应,即老年歧视(ageism),当遇到歧视时,有些老年人会采取策略主动规避歧视,如着重表现其社交年龄的特征,从而维持其积极的身份形象(Charalambidou, 2011; Gewolb, 2016; Poulios, 2011)。

老年人还会根据交际方与交际内容适当的调整交际模式。如在代际交流问题中,Ryan 等所提出的面向老年人话语的沟通困境模型(Communicative Predicament of Aging, CPA),认为老年语的产生源于"老"这一属性激发了青年人的负面刻板印象,从而引发代际冲突。随着生命历程的进行,青年人群对老年人群的刻板印象(不论是积极印象还是负面印象)都更具复杂性(Hummert et al. , 1994),而这种刻板印象连同交际语境将影响代际交流行为,一旦接受这些刻板印象,交际中的老人会下意识"按年龄行事"(act their age),并反之继续影响青年人使用老年语交流(N. Coupland et al. , 1988; Garstka et al. , 2004; Hummert, 2009)。老年人的日常话语中还有一种过往参照机制,用于构建当下的话语身份,这种机制促进了同龄人间的互相理解与主体间性(Williams & Nussbaum, 2001)。

讨论衰老话题是老年人的话语策略之一。衰老是老年个体的主要特征,也是老年人交际中不可避免的话题,其中通过呈现生理机能下降和老年脆弱性所构建的"衰老身份"(frailty identity)往往会传递负面意义(Warmoth et al., 2016)。Taylor(1992)发现,老年人会话中内嵌的"衰弱"(frailty)是构建话语身份的关键,这种"衰弱"是通过阐述老年人能力下降情况以及讨论死亡相关的话题来呈现的;Cluley et al.(2021)进一步探讨了老年人对衰老的态度,发现老年人多数的负面情绪源于自足能力与尊严的丧失,老年人一般通过展示自我的能力与独立性来维护身份。Nakagi & Tada(2014)发现,在长期身份建构过程中拥有更高完整度(integrity)的老年人更易直面死亡,他们还指出,与他人的信任关系(trust relationships with others)、对自身努力的认可(self-confidence regarding my own efforts)、渴望贡献社会(wanting to contribute to society)和顺其自然(let things be as they are)四项是提高完整度的关键。徐继菊、高一虹(2020)选取"死亡"这一话题对 15 位老年人进行了集体访谈,他们从语言学视角探索了老年人死亡主题访谈叙事中评价性话语资源的使用及其主体性身份定位,发现老年人在话语实践中建构了多元身份定位,其中"死亡质量的评价者"占主导。这一定位是在"生前预嘱"的潜在使用者、过度医疗的质问者和批判者、死亡质量守护者等子定位中具体呈现的。受访老年人表达了对生命极限状态下"只要生命长度不要生活质量"这种做法的质问和批判,以及对有质量、有尊严的"优死"的积极性情感。

4.3.2.2　媒体话语中老年形象的认知构建与符号呈现

电视、网络等媒体在影响老年人社会地位、引导民众如何看待老龄化以及形成对老年人角色印象等方面发挥了重要作用(Harwood & Anderson,2002)。对这些媒体话语进行分析,可以揭示老龄社会中老年人自身及其他社群的社会心理状态、老年人身份形象的构建现状,从而提升全社会对老年形象的心理认知,引导社会构建"老龄友好型"价值观念,推动老年人口实现积极老龄化。目前,针对电视等媒体中老年人形象和身份构建的研究表明,整体上,老年人形象和身份构建在媒体中有代表性不足、发声不足、形象相对单一、需要话语增权等问题。例如,老年妇女和少数族裔老年人在媒体上相对少见(Robinson & Anderson,2006;Zhang et al.,2006)。不同国家媒体对老年人形象的构建也有差异,例如,对印度和美国杂志广告中老年人形象的跨文化研究发现,与美国广告相比,印度广告在更大程度上低估了老年人形象,且老年女性出现比例更少(Raman et al., 2006)。以老年人为主角的电视广告中的价值观倾向于表达老年群体的健康的重要性,对于其专业技术成就关注不足(Zhang & Agard, 2004)。

媒体中老年形象符号的构建与社会发展、媒体舆论、自我认知、文化传统等均密切相关。国外在该领域的研究已经相对成熟,呈现出交叉融合、视域宽广的态势,相关研究覆盖社会心理学、符号学、文体学等多个领域,并从单一文本描述及社会认知转向了视频、图片分析(黄立鹤、朱琦,2020)。例如,Emandi(2014)采用了符号学和文体学的方法,对商业广告中的老年人形象进行研究,发现以老年为特征的广告反映了社会对老年人的感知或期望,可见文化因素对老年形象社会构建的重要意义。Ylänne(2012)则结合老年人的外貌特征分析如脸、皮肤、头发、服装以及口头和书面表达,讨论了网络、电视广告、纸质媒体(尤其是针对老年市场的出版物)中的老年形象。

随着中国社会的交往行为、生活方式与价值取向的变化,媒体话语中的老年人形象也产生了变化。因此,很有必要对我国老年人身份形象在电视等大众媒体中的变迁与特征进行研究。本节主要选取涉及我国老年人形象的央视春晚小品作为分析对象,力图呈现我国媒体话语中的老年人自我及社会认知情况。这里基于中国知网的文献计量学统计工具,对我国的相关研究略作介绍。

这里首先以"老年""形象""身份"等关键词,在中国知网进行相关文献的检索与筛选,并根据主题契合度逐一确认,共筛选出 97 篇文献。之后通过可视化计量分析,对文献关键词进行共现网络分析,以 5 为频次,进行节点过滤,得出图 4.1。节点频次前三的依次为老年群体、媒介形象与老年人口。由此可知,大部分关于老年形象符号构建的文献来自传播学,如电视剧、纪录片等视频媒介中的老年形象研究(如李欢,2018),纸质印刷媒体及网络媒体中的老年形象研究(如耿嘉宁,2017 等)。除此之外,在社会学领域也有针对老年形象这一话题的研究(如林忠永、万鹏宇、杨鑫国,2018)。

相比传播学和社会学领域的相关研究,语言学视域下老年形象研究的相关文献仅有一篇。刘文宇、李珂(2017)以批评性话语分析为主要方法,将集体身份建构与话语策略理论结合在一起,利用质性分析软件NVivo 探讨老年人的社会身份构建。研究指出,不同类型的媒体,如报刊和微博会采用不同的话语策略和报道框架来构建老年人身份,如报刊媒

关键词共现网络

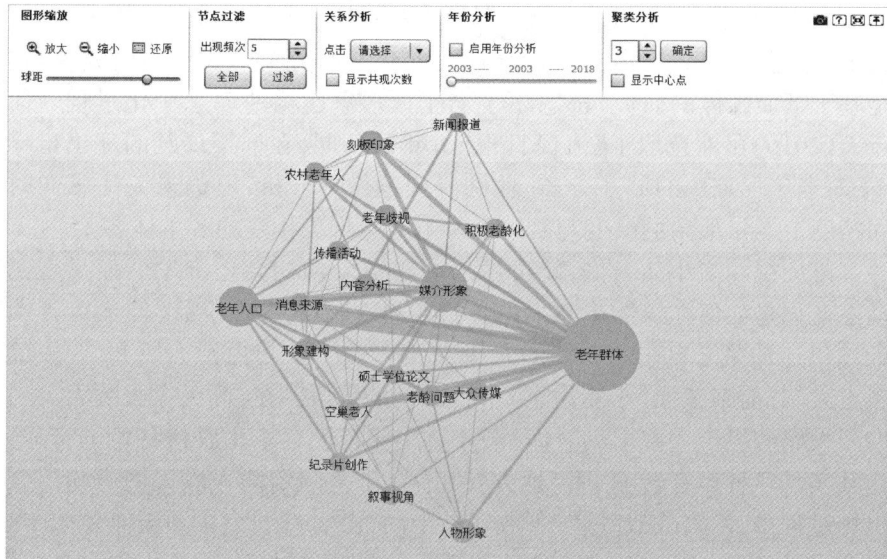

图 4.1　中国知网老年形象研究关键词共现网络

体往往采用积极正面的形象框架,而微博平台会偏向采用消极的报道框架。由此可见,采用单一的内容分析法研究老年人的媒介形象存在较大的局限性。

目前,国内对媒体话语中的老年媒体形象的研究也存在较大的局限性,主要在两个方面较为突出。

第一,国内大部分研究,特别是基于纸质媒体的研究,都忽略了老年人形象构建的动态变化过程。随着社会经济水平的不断提高,多渠道的社会交往方式、价值观的重塑都对老年人自我形象的认知与构建产生了深刻的影响。如 Chow & Bai(2011)通过实证调查指出,城镇化进程导致的经济发展、科技进步、工作角色转变、政府福利政策等因素都会对中国老年人自我形象的认知有一定影响。同时,这些要素对农村老年人和城市老年人的影响也不尽相同,例如,城市老年人在退休后,虽然可以享受政府的福利政策,但是觉得自己身体健康,自身价值不再能够实现而感到焦虑;而农村老年人则会认为自己虽然健康状况不佳,但又不得不劳动挣钱、养家糊口。李欢(2018)总结分析了 20 世纪 90 年代至今不同时期老年纪录片构建老年形象的不同类型与特征,并从叙事策略、形象外延以及形象内涵三方面分析出我国老年题材纪录片在建构老年形象时所运用的建构策略，揭示了老年人的形象符号会随着社会的变迁而变化的现象，但其主要是基于宏观的内容分析与社会文化背景分析。大部分研究，特别是基于纸质媒体的研究，都忽略了老年人形象建构的动态变化过程。何天天(2016)虽然选取了《人民日报》五年的新闻，在框架议题的理论指导下，对老年形象中的城乡分布、性别等问题做了分析，但仍未关注纵向时间跨度上老年形象的改变与否以及影响老年形象构建的各本体要素。

以央视春晚小品为例，就可看出老年形象随社会经济发展而呈现的动态变化是如何在媒体中映射的。1999年的央视春晚小品《昨天今天明天》，讲述的是来自东北铁岭的农民夫妇——71岁的白云大妈和75岁的黑土大叔，前来参加《小崔说事》节目录制的故事。在《昨天今天明天》中，白云大妈和黑土大叔出场时(见图4.2)，伴有极具东北农村特色的音乐。这其实是一种声音转喻，用"地方特色"音乐来暗示两人农民的身份。在出场过程中，两人战战兢兢，不敢轻易走动，由主持人小崔领至座位坐下。因此，就再现意义而言，这个细节体现出的是动作过程：主持人小崔是"动作"的发起者，白云大妈和黑土大叔是"动作"的承受者，整个访谈节目由小崔带动推进。就互动意义而言，在节目的开始(见图4.3)，白云大妈和黑土大叔身体靠近小崔，由低处仰视小崔，体现了双方不平等的权势关系：主持人小崔是话语的主导者，而白云大妈和黑土大叔则是低权势者。两人出场时服装的黑色、暗红色以及老式中山装、解放帽的设计搭配，给观众带来的是低感官情态。这些都构建了白云大妈和黑土大叔老实、朴实、平凡的东北农民形象。

2006年的央视春晚小品《说事儿》则是《昨天今天明天》的续集，讲述的是白云大妈和黑土大叔走红后再次来到《小崔说事》接受采访的故事。首先，我们可以观察到白云大妈和黑土大叔出场时服饰和配饰的变化：颜色由灰黑色系转向草绿色、藏青色，材质和款式也发生了变化，白云大妈戴上了墨镜和手表，黑土大叔戴上了红围脖。两人出场时，没有相应的背景音乐，现场的掌声、欢呼声引导观众关注到两人形象的变化。在等待主持人小崔时，白云大妈抱怨道："你说这小崔咋还不来呢？太不把人当腕儿了！""太不把人当腕儿了！"为"双事件"把字句。第一个事件为心理过程，即谈论小崔如何"看待"白云大妈；第二个事件通过"否定"的表达，确立了某种"肯定"的属性：白云大妈是"腕儿"。在这个过程中，白云大妈成功构建了自己的名人身份，向观众展示了其自身外在形象、自我认知的变化。

图 4.2 & 图 4.3 《昨天今天明天》白云大妈、黑土大叔入场表现

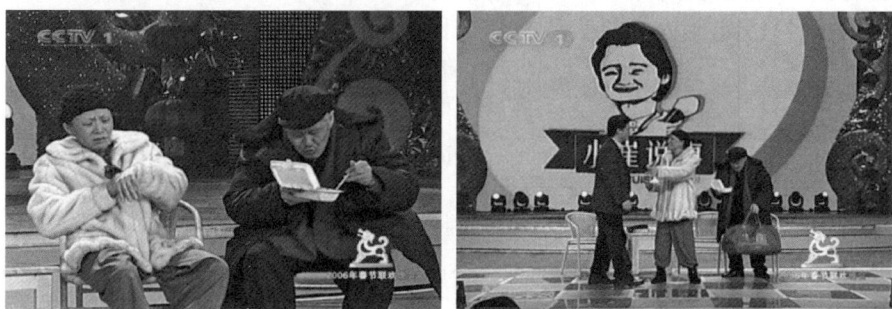

图 4.4 & 图 4.5 《说事儿》白云大妈、黑土大叔入场表现

表 4.3 《昨天今天明天》《说事儿》白云大妈和黑土大叔入场表现

节目	1999 年《昨天今天明天》	2006 年《说事儿》
截图	图 4.2 & 图 4.3	图 4.4 & 图 4.5
语言模态	不敢主动说话,只有低语调的"嗯"等语气词	白云大妈:"你说这小崔咋还不来呢? 太不把人当腕儿了!""你赶紧开始吧!"
视觉模态	黑土大叔:黑色老式中山装、解放帽 白云大妈:褐色衣服、褐色毛线帽、布鞋	黑土大叔:深蓝色军大衣、红色围巾、解放帽 白云大妈:草绿色貂绒大衣、黑色帽子、墨镜、手表
	不敢主动先坐下,主持人小崔拉着黑土大叔和白云大妈走向座位,等小崔先坐下	主动先坐下,紧缩眉头,看手表;手推主持人小崔让其抓紧时间开始录制节目
听觉模态	入场时伴随着极富东北农村特色的背景音乐	无背景音乐

由此可见,老年形象不是一成不变的、固定的"群体化、社会化"形象,而是随着社会、生活改变而发生变化的。而现有研究往往只是基于老年群体事迹做出归纳概括分类,忽视了形象变化的细节表现。

因此,未来研究应当关注老年形象的社会变迁以及社会变迁反作用于老年形象建构的各个外在符号表现。

第二,媒体话语中的老年形象研究忽视了对老年形象本体的研究。国外研究者多从言语表现、体貌特征等角度出发对老年形象进行研究。而国内研究者多着眼于形象背后的事件或者现象等宏观视角,忽视了体貌特征、语言表现形象本体来源的各个要素,只有少数研究从生活学视角出发,研究了老年人的自我认知和自我身份认同。例如,袁亚运(2016)利用中国老年社会追踪调查数据提出,我国 60 周岁以上老年人认同老年身份的比例虽然较十年前有了明显下降,但仍然保持在一个较高的值上。同时,他指出,社会经济发展水平、地区差异、健康状况等因素都会对老年认同产生影响。这再一次验证了 J. Coupland et al.(1991)的年龄身份概念在老年形象研究中的重要性。但是,J. Coupland et al.(1991)的研究是建立在语言本体上的。对老年身份认同的差异,会导致老年群体不同的体貌特征、言语表现,进而影响他人对老年群体形象构建的认知。以 2016 年春晚小品《网购奇遇》和 1999 年春晚小品《将心比心》为例,两部小品的女性角色对自我老年身份的认同存在差异。

《网购奇遇》中,网店店主"小豆包"在让买家删除网购差评时遇到了老邻居"大漂亮"。当小豆包说出自己和儿子合开网店的目的是为大漂亮这些老年人设计服饰时,大漂亮回答道:"谁老年?"这其实属于一个语法隐喻,大漂亮没有直接否认自己属于老年群体,而是用了疑问句语气,表达了对这个称呼的不满。与此同时,她"犀利"的眼神转向小豆包,企图"索取"答案。虽然大漂亮已经是退休在家的老年人,但她并不十分认同自己老年人这个社会形象。因此,她穿着紫色和宝蓝色连衣裙,盘着头发,拿着粉色的扇子,担任校区退休大妈组成的模特队队长,还积极参加各类社区文化活动。与之相反的是小品《将心比心》中的大妈。大妈的头发虽然依旧乌黑,但是体态略显臃肿,身上穿着的也是暗红色上衣和黑色裤子。从色彩上来说,属于低感官情态。当卖衣服的向其介绍那件红色上衣时,大妈笑着回答:"太艳了!"同时,她在说话的时候,伸出手,由上往下挥动,提醒卖衣服的自己不能接受这件红衣服。这个场景说明,买衣服的大妈内心对于自己老年身份的认同。但由于社会对老年人的印象,她

图4.6 《网购奇遇》

图4.7 《将心比心》

表4.4 《网购奇遇》《将心比心》老年人自我认知

节目	2016年《网购奇遇》	1999年《将心比心》
截图	图4.6	图4.7
语言模态	小豆包:"那个……大漂亮,这个网店是我跟我儿子联合开的,这也算是互联网创业吧! 我儿子是学服装设计的,专门为你们这些老年……" 大漂亮:"谁老年?" 小豆包:"老年轻老年轻,上了岁数的小姑娘设计服装的!" 大漂亮:"我还是老年吧! 哎呀,我来不及了,我得走了,我赶紧给你把差评销了。"	大妈:"你这没有我们能穿的衣服。" 卖衣服的:"谁说的? 大妈这衣服多带劲啊!" 大妈:"太艳了!"
视觉模态	大漂亮:身材苗条;紫色、宝蓝色花裙子、粉色扇子、盘发头饰、项链、高跟鞋等	大妈:身材臃肿;黑裤子、黑鞋子、暗红色上衣
	听到"老年"时,眼神是不认可的	挥手自嘲"穿不了红色衣服"

认为红色是很"艳"的颜色,老年人不适合穿。

这两位女性角色对于老年身份的认同差异说明,即使都是老年人,对自我的认知也是不同的,体现在外在符号上,就是衣物的色彩选择、说话的方式等的不同。例如,老年人选择了某些色彩或符号,在一定程度上就构建了某种身份特征。

综上,可以说,基于多模态视角的老年形象符号建构研究,关注老年群体本体的各方面特征,是未来研究的主要方向和落脚点。

4.3.2.3 老年形象建构现状与阐释:客观真实与符号真实的偏离

形象传播的目的在于改变人们对真实的理解,真实包括客观真实、符号真实、主观真实三种(Adoni & Mane,1984)。客观真实与符号真实帮助人们构建自己的主观真实,作为行动的依据;人们的行动又是客观真实的主要形成根源,新的客观真实又成了符号真实的依据,三者相辅相成,一旦某一环节出现了偏差,传播的效果就会受到影响。本节首先揭示我国老年形象符号建构中的符号真实和客观真实,并在此基础上,借助相关的理论知识,从媒体角度、老年群体本体、受众角度对两者之间的偏差做出释义。

4.3.2.3.1 符号真实和客观真实中的老年形象特征

在我国老年形象构建的过程中,符号真实主要表现为媒介对老年群体的形象构建。相较于老年群体的积极形象,社会往往更关注其消极形象。对年老体弱者、受难受骗者或者负面行为者的报道似乎更加普遍。这种情况直接表现为老年人形象被标签化和污名化,如"大爷""大妈"群体的污名化(阎瑾、王世军,2018)。新闻媒体报道中虽然也存在老年人消极形象,但是积极形象也有一定比例。耿嘉宁(2017)分析了人民网2015年和2016年关于老年人的报道。统计结果显示,18%的报道展示了充满正能量的生活榜样形象,包括老有所乐、老有所为的相关报道;15.4%的报道为经历过抗战的军人形象。

老年人和老龄社会的真实图像代表客观真实。Simon(2004)结合了社会学和心理学的相关学科特征,概括出一个自我身份模型(Self-aspect Model of Identity)。该模型认为,身份由生理特征、心理特征、态度、能力、品味、角色、行为、显性的群体属性构成。这说明,老年人的身份形象是多维的、复杂的。因此,以往研究中,单一的报道分析或是形象构建不能体现老年形象的多样性特点。在客观真实中,老年人绝不是被"污名化""标签化"的单一刻板印象,应该打破社会对老年人的高度刻板化认知(陈月华、兰云,2010)。综上,可以看出,大众媒体传播所构建的符号真实与客观真实存在一定程度的偏离。

4.3.2.3.2 客观真实与符号真实偏离的解释

从媒体从业者角度出发,大众传播活动所构建的符号真实,即拟态环境,并不是对客观真实镜子式的再现(Lippmann,1922)。传媒行业的商业化,使得媒体从业者通过对具有象征性的事件或者信息进行选择加工,重新加以结构化,构建出新的符号真实。"后真相时代的传播乱象"(阎瑾、王世军,2018)也加剧了客观真实与符号真实的偏离。

从老年群体本体出发,老年人在他人的看法和评价中,形成了对自我的认知。有研究指出,我国老年人对自身形象思考较少。社会迅速发展的同时,社会媒体却将老年人形象中的被动、脆弱、固执、软弱与可怜无限放大(Chow & Bai,2011)。在该种环境下,对于社会上关于老年群体的评价与观念,老年群体缺乏话语权,只能被动接受,心理极易受到消极影响,产生自我怀疑的情绪,处于孤立的状态。

从传播受众角度出发,除了此前提到的社会大众对老年群体消极形象的偏好,我们所处的地位和具有的观察习惯使得我们看待事物时,会习惯性地利用大脑中的已有概念去描述似曾相识地任何事物(Lippmann,1922)。刻板印象具有两面性。例如,积极的刻板形象可以体现为:老有所为、活到老学到老、健康活力;而消极形象则可以体现为受到强化的老年人弱者形象,包括行动迟缓、反应迟钝、面目僵硬等(耿嘉宁,2017)。大众媒介传播中所呈现出的老年人精神风貌、健康状况以及能力、性格特征等形象要素,都会潜移默化地构建、强固或重筑受众对于老年群体的看法、观念或印象,最后会影响到老年受众的自我认同与形象认知。

4.3.2.4　老年形象主观真实的重构机制:话语增权

"增权"是一个社会学概念,指的是在现有框架范围内,针对社会中的失权群体,社会工作者运用工作技巧来扩展其能力和资源(袁荣珊,2008)。"话语增权"强调的则是在大众传媒中,某个群体(尤其是弱势群体)话语权的增加。殷文(2008)将社会工作学中的"增权"概念应用到了广告话语分析中,用以解构老年刻板印象,因为"话语增权"不但会影响老年群体的权力感,同时也会塑造公众对老年群体的认知与态度。通过"话语增权",即提高老年人的话语权,老年人能够重构对自我的认知,从而能够更好地向外界展示其真实、全面的形象。首先,确保老年群体主动为自己发声,展现自我风采形象,是实现话语增权的方式之一。以1992年央视春晚小品《妈妈的今天》中赵丽蓉对老年生活诉求的片段为例。赵丽蓉在《妈妈的今天》中扮演了一个老太太。在小品中,她对化妆品中的"少女"二字提出控诉,认为化妆品不应该只属于少女;她的控诉代表了诸多老年群体对老年化妆品、衣服空缺的不满。最后,赵丽蓉还对儿子"孝敬老人只要让老人吃好、喝好、找个老伴(如果单身)"的观点提出抗议,认为老年人应该有更高的精神追求。在这三个片段的表演中,我们可以发现,摄影取景特地取了赵丽蓉的上半身而非全景。这样的设计安排,拉近了表演者与观众之间的"社会距离"(胡壮麟等,2017),易于让观众接受、理解表演者的诉求,产生共鸣。而在最后,赵丽蓉脱掉外衣,展示红色运动服,做出展现"精神焕发,老树生新芽"的动作时,导演又将镜头切换到全景。我们可以发现,这时表演者的目光面向观众,与观众建立起联系,属于社会符号学中互动意义的"接触",旨在通过这种方式,希望得到现场观众对其积极向上、有更高精神追求的老年形象的认可。因此,主动积极地构建正面形象,有助于社会对老年人真实生活状态的了解,为打破对老年人的刻板印象、固有偏见奠定基础。

图 4.8 《妈妈的今天》截图一

图 4.9 《妈妈的今天》截图二

图 4.10 《妈妈的今天》截图三

图 4.11 《妈妈的今天》截图四

表4.4 《妈妈的今天》中的主动发声

节目	1992 年《妈妈的今天》			
截图	图 4.8	图 4.9	图 4.10	图 4.11
语言模态	"我恨那俩字（少女）。啥都是少女。少女这个少女那个,那我们老太太就不能细肤细肤?"	"刚才说我呢,为啥擦'少女'（珍珠霜）?我不擦'少女'我擦啥?有多少我们老年的化妆品?有多少老年穿的衣裳呐?有多少老年对这个都有意见呐!"	"你以为我们老年人吃点儿好的,穿点儿好的,再找个老伴儿……不对,不对,我们还有更高的精神追求……"	"这叫精神焕发,老树生新芽,金色的夕阳多么灿烂辉煌……"
视觉模态	棕色大衣	棕色大衣;保持向两边轮流转	棕色大衣;手势	脱下外衣,露出大红色外套
	取景上半身	取景上半身	取景上半身	全景,面向现场观众

其次,除了确保老年群体主动发声,在形象构建时拥有自己的话语权外,对老年刻板形象进行解构,譬如展现多样的老年人外貌特征、生活方式、思想观念,以重新展示老年群体积极、健康、向上的形象,是话语增权的另一实现方式。此处以近 30 年演员蔡明在春晚节目中构建的老年形象变迁为例（如表4.5）。近 30 年的央视春晚节目中,蔡明共为我们演绎了 10 个老年人角色。虽然各个角色的预设年龄段不一样,但我们可以直接观察到蔡明外貌特征的变化,即逐渐呈现出的穿衣、打扮年轻化的特征。背后体现的是社会生活的改善、思想观念的进步以及老年群体心态的年轻化。就塑造的角色形象而言,我们可以观察到老年人由依赖子女（如表 4.5 中 1994 年小品中的老人）,到积极参加社区文体活动、公益志愿活动（如表 4.5 中 2002 年小品中的社区服务者老人和 2009 年小品中的志愿者老人）,再到不依靠子女享受自己独立的生活（如表 4.5 中 2018 年小品中的学车老太太）。

表 4.5　蔡明历年扮演的"老年"形象变迁

年份	节　目	小品截图	角　色	形　象
1994	《越洋电话》		儿子在国外留学的农村母亲	空巢老人
2002	《邻里之间》		楼长蔡大妈	社区服务者
2009	《北京欢迎你》		渴望当奥运志愿者的老太太	志愿服务者
2013	《想跳就跳》		退休老太太	从孤僻老人到助人为乐者、社区文体活动参加者
2014	《扰民了您》		房东老太太	空巢老人

年份	节 目	小品截图	角 色	形 象
2015	《车站奇遇》		赶去和女儿团聚的老人	空巢老人
2016	《网购奇遇》		网购买家（社区大妈模特队队长）	社区文体活动参加者
2017	《老伴》		在敬老院失忆的蔡阿姨	记忆减退特殊群体
2018	《学车》		即将年满70岁的老太太	少女心（追求自我生活）的萌老太太
2019	《"儿子"来了》		旅游时，被骗买"保健产品"的退休老人	被骗弱势群体

第三,重新审视老年服务中的隐性伤害也是实现话语增权的方式之一。造成伤害的很大一部分原因是受众内心对老年弱势群体的保守刻板印象。如2018年的小品《学车》中,当蔡明和潘长江饰演的老夫妻表明学车来意的时候,驾校教练直接说出"你们这个岁数来学车",同时指着大爷卫衣上的爱心,"心真大"一语双关,暗示了社会认为老年驾驶行为"不合常理""危险"。

图 4.12 《学车》截图

之后在学车过程中,当老夫妻互相说着仰慕之辞的时候,驾校教练又说,"这么大岁数,怎么好意思说出口的。"而从非言语模态的角度,图 4.12 教练的视线为向下俯视,这其实已经建立了不平等的关系,潘长江饰演的学车老年人在一定程度上已经受到歧视和隐性伤害。

表 4.6 《学车》中对老年人的歧视与隐性伤害

节目	2018 年《学车》	
语言模态	蔡明:"哦,教练好,我们是来学车的。" 贾冰:"你们这个岁数来学车——你的心可真大啊,学车图啥呀?给儿女消分啊?那是违规的!" 蔡明:"不是的,我们是想出去自驾游。" 贾冰:"开车很危险的!"	蔡明:"每次见他,我心里砰砰砰,怎么看怎么像李易峰。" 贾冰:"这不是爱呀,这是瞎呀!不是,这么大岁数,怎么好意思说出口的。"
视觉模态	指着老大爷衣服上的大爱心	表情嫌弃
	眼神向下俯视	避免目光接触

　　最后,呼吁社会增强对特殊老年群体,尤其是罹患阿尔茨海默病等痴呆症的老年人的情感状态关注也能够实现话语增权。随着老龄化趋势的加深,相关老年疾病的发病率也在不断增长。其中,痴呆症患者的比例不断增加,带来的社会问题日益凸显。由于生理的老化,老年人不可避免地出现记忆减退等情况,这也使得社会往往将健忘、痴呆等消极的刻板印象加诸老年群体;而健忘、痴呆又增强了社会对老年人生活能力衰退、是弱势群体的消极印象。老年痴呆症患者,虽然出现了较为严重的记忆、认知衰退,但其呈现绝不仅仅是"记忆、认知减退""无法沟通"等刻板印象。以2003 年央视春晚小品《都是亲人》中已经将陌生人认成家人的"老爷子"为例。图 4.13 为老爷子试图表达想要吃炒菜的诉求。就语义而言,老爷子的言语是简单的陈述,并不构成对内心希望与诉求的表达,说明其言语

表现出现了一定的障碍。但是就情感状态而言,老爷子通过眉头的紧皱和焦急的语气这些非语言模态,表达出了内心对"吃炒菜"的诉求;而在图4.14 中,当老爷子的诉求没有被尊重、满足时,他又通过提高语音语调、伸手指的交际方式批评对方,表达内心的不满和愤怒的情绪。可见,虽然痴呆症患者往往会出现语言表现方面的退化与障碍,但其依旧能够通过调动多种符号资源,实现语用交际补偿(Perkins,2007),并试图传达其情感状态。因此,一方面,研究应增强对特殊老年群体情感的关注,通过多模态视角分析特殊老年群体的"言思情貌"(顾曰国 2013)。另一方面,社会大众也应重视特殊老年群体的情感状态。

图 4.13　《都是亲人》截图一　　　图 4.14　《都是亲人》截图二

表 4.7　《都是亲人》中情感的多模态表达

节目	2003 年《都是亲人》	
截图	图 4.13	图 4.14
语言模态	老爷子:"我吃炒菜。"	老爷子:"你不孝顺!"
视觉模态	紧皱眉头,表情焦急	伸手指点他人,进行指责;音调增高

4.3.2.5　老年人身份与形象构建的互动关系

老年人的话语身份构建是老年个体或群体对自我"老年"身份的认知与构建;媒介话语体现的是社会对老年形象的认知。可以看出,老年形象与身份均是认知的反映,都以话语为载体呈现,呈现出"衰老"的特征,但在研究视角上、方法上及内容上的差异。据此,本节提出了一个概括形象与身份建构过程的双路径模型,在该模型中,形象与身份的建构路径围绕"认知—建构—互动"这条主线并行展开,相互作用并最终稳定,如图 4.15 所示:

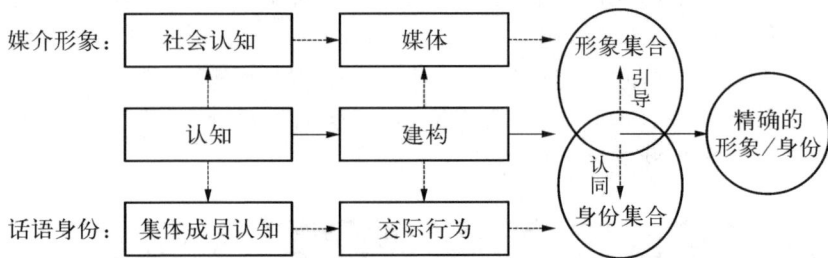

图 4.15 形象与身份构建的双路径模型

认知是形象与身份构建的起始端,在形象与身份构建中起主导作用。社会认知决定了媒体的表现内容,在媒体中,他者从外部视角对处于某个集体的成员的呈现反映了主流社会对该集体成员的认知;集体成员的话语行为由集体成员的自我认知决定,不同的话语行为则反映了成员间的认知差异。

建构指媒介形象与话语身份构建依托载体呈现,是认知的外在反映。媒体依托文字、图片及音视频等各类语篇形式来实现身份建构,集体成员则通过动态交际中的话语实践来实现身份建构。在身份构建路径中,集体成员的话语实践为身份构建提供了支撑,集体成员在交际与互动过程中通过一定范畴内的语音特征、词汇选择、话语策略等一系列话语行为构建自身身份。

该模型假设,两条路径产生的形象集合与身份集合会进行双向互动实现交叉,从而实现对某一集合群体精确的形象身份的范畴化。该模型认为,形象集合与身份集合间存在互动,主流社会认知所反映的形象集合,一定程度上代表着主流社会对该集体成员身份的认可与期待,因而会一定程度上引导集体成员朝着形象集合的方向构建自身身份;反之,集体成员在构建自身身份时同样会参考形象集合,其认可与否决定了所构建的身份和形象是否形成统一。

将老年群体代入上述模型可看出,老年人的自我认知和社会主流对老年的认知形成了老年群体的全部概念范畴,即"老龄身份"。老龄身份在媒介中通过一定话语形式的表达形成了老年形象符号;老年群体间或与其他社会成员间的话语实践动态形成了老年话语身份,两种路径都以话语为载体,因而可通过话语分析手段解构。同样,媒体建构的老年形象会影响老年人的自我认知从而引导老年人构建自身身份,而老年人对媒介老年形象的认同会巩固这种身份。所构建的老年形象与话语身份差异部分则反映了符号与客观真实间的偏离,全集涵盖了所有老龄身份的类型,交集则体现了较为精准的老龄身份的范畴。

在现有研究中,已有研究者关注到老年形象与身份间的互动关系,如Sijuwade(2009)指出,老年形象是老年人看待生理老化和主观老化的全部认知,包括老年内省自我的个体形象和由社会认知决定的老年群像。其中,个人与社会的态度、刻板印象及文化因素对个人与社会形象的建立起了至关重要的作用。当媒介形象中的负面老年写照增多时,老年人通常会做出接受(acceptance)、反驳(denial)、规避(avoidance)和改正(reform)四类反映。一旦接受,老人便会内化这些负面因素并按之行事;通过隐瞒或遮掩年龄的反驳同样有损老年的自尊;规避则会加剧老人的自我封闭,甚至会引起老年人的社会心理失常并进一步被社会排斥(Palmore,2003;Jose,Cherayi & Sudhakar,2021)。

综上,在该模型所呈现的互动下,形象集合与身份集合达成一致的部分,将形成该集体精确的形象与身份。同时,随着认知的改变与呈现层面的改变,该集合也随之改变,因而得到的形象或身份仍是处在动态的建构过程中的。

4.4 老年语言学研究的其他维度

本节主要介绍除上述常见且相对成熟的研究维度外,近年来出现的其他几种具有创新性和学科交叉性的研究维度。

4.4.1 叙事医学、叙事老年学与安宁疗护话语

"叙事医学"(Narrative Medicine)由美国哥伦比亚大学内科学教授Charon(2006)在其专著《叙事医学:尊重疾病的故事》(*Narrative Medicine: Honoring the Stories of Illness*)中提出,书中叙事医学被定义为:由具有叙事

能力的临床工作者所实践的医学,其中叙事能力是指认识、吸收、解释疾病并被疾病故事感动的能力。在我国,韩启德院士是叙事医学的主要推动者。韩启德(2018)认为,"中医的诊疗体系本身就具备叙事特征,采用医患一对一诊疗方式,医生通过与患者交谈、互动了解与疾病相关的信息,并且特别重视疾病与诊疗的心理因素。"国外有一些医学院已经将叙事医学与老年人疾病治疗与照护结合在一起,其中代表之一是"哥伦比亚大学合作老龄化项目"(Columbia University's Cooperative Aging Program),这是一个跨学科、跨部门的老年医学教育项目,旨在对医学实习生、医学硕士等进行叙事医学培训,减少医学生的老年歧视,提高对老年患者生物心理社会学方面的理解(Miller et al. , 2004)。

    叙事医学研究充分体现了医学人文的思想与范畴。对叙事医学中的老年话语进行研究,充分体现了老年语言学面向临床的特征,在总结话语特征的基础上,探究背后老年人的心理状态、老龄化社会心理特征,同时运用到医护人员对老年患者的诊疗过程,具有很强的实践意义。以慢性病老年人为例,研究发现,高血压、心脏病、白内障、支气管炎、关节炎等慢性病是老年阶段的主要疾病类型(李建新、夏翠翠,2019)。许多 65 岁以上的老年人有多种慢性病。如果在临床上只按照循证医学指导下的方案对这类老人进行治疗,不仅会导致老年患者满意度下降,还可能导致药物不良反应风险增加、治疗依赖性提高等问题。另外,慢性病病程长,老年人长期受疾病困扰,心理负担较重,叙事医学尊重老年患者的"叙事",给老年人交流宣泄、情感舒缓的机会,可减轻心理负担;医护人员更加关注生命境遇与疾病体验,为多种疾病综合诊疗、以提高老年人生活质量为目的而提供诊疗建议,同时也增强共情能力。因此,对于老年患者而言,叙事医学在临床上是一种重要的干预手段,有助于减少患者的抑郁和焦虑情绪,提高老年患者的心理健康水平。其中,与老年患者话语叙事特征的了解以及相关技巧的掌握,有助于临床实践质量的提升,应该引起医学教育和医护人员的重视(朱建勋,2019)。

    在语言学领域,医患互动研究比叙事医学更早出现。虽然会话分析研究者也尝试揭示社会权利、角色体现等问题,但他们主要将医患对话视为机构性话语的一种类型,其目的主要是为了揭示会话本身的运作机制(温颖茜、滴石,2019:61),在临床实践中的指导性较低。而叙事医学则尝试从人文、哲学的高度,试图揭示医患互动背后的社会立场与态度(如对衰老、疾病、死亡的态度等),多数情况下需要调用患者的生病故事,包括体验、感受、期盼、忧虑、要求、信念、困惑等,而临床医生则通过患者与亲友的叙事进行推理,从而了解患者及其亲属的所思所想(温颖茜、滴石,2019:66)。这种推理、思考的直接目的就是体现医学人文关怀,应该说与医患会话研究形成了重要的互补。

叙事医学是以患者为中心的。在医学人文的视野里,患者不是纯"物化"接受治疗的一方,而是由身脑心整合的生命主体,还是生活在具体社会与文化环境中的一个成员。患者的主体性和社会性(也是患者独立人格的体现)在叙事医学实践中占据首要位置(温颖茜、滴石,2019:61)。老年患者也同样在其接受诊疗的过程中体现着身脑心整合,在话语实践中体现着社会文化观念、心理折射与身份构建等问题。从人生历程的视角看,生命个体从出生到寿终,整个生命历程就是一部叙事史。在高龄阶段,老、病、死并不一定具有紧密的先后顺序。老年人因生理衰老而罹患疾病,在"老"的阶段中进入"病"的阶段,若病程发展到无法医治,则进入死亡阶段。当个体因身患疾病或因自然生理衰老进入生命期末端,便开始进行个体整个生命历程的最后一段"叙事"。当然,这个接近死亡的生命阶段叙事主体并不仅仅是老年人个体,还包括亲属、友人、医护人员等(温颖茜、滴石,2019:60-62)。从老年个体角度说,这种叙事基调可能是悲伤、绝望、恐惧的,也可能是平静、坦然与安详的;叙事主角可能是"我"(老年人),也可能是亲属及医护人员。这些叙事不仅能够反映当事老年个体的心理状态,还具有一定程度的抚慰功能,即叙事医学倾诉原则的体现,对亲属、友人等身边人员也有一定的反思教育作用。

从叙事学的角度来看,个体老化的过程本身就是一种叙事过程,由此产生了"叙事老年学"(narrative gerontology)的研究领域(Birren et al.,2004)。因为各种原因,当个体生命故事不再延展,进入终结或者缺乏生命力的状态,个体不再认为自己的后续人生有任何更新,人生不会再有新篇章,这就进入了所谓的"叙事闭锁"状态,多数陷于叙事闭锁的老年人会失去故事叙述能力和社会交往能力,这种状态对老年人个体身心健康都极为不利。老年个体普遍会经历三种人际叙事断裂,分别是职业人际叙事断裂、社会人际叙事断裂和家庭人际叙事断裂,这是造成老年叙事闭锁的重要原因。"叙事闭锁"这一概念由心理学家 Mark Freeman 于 2000 年提出,常被用于叙事老年学或老年叙事的研究和实践中。为了避免个体在老化过程中过早进入"叙事闭锁"状态,叙事老年学倡导亲属、医护人员等充分利用年长者的"叙事资本"(narrative capital),积极建构有意义的、实现人生统整的故事,帮助老年人实现积极老龄化(杨晓霖、易雅琴、凌志海,2021)。

除老年人的叙事闭锁外,该领域研究还关注医护人员在对老年患者进行诊疗时的叙事话语。例如,有研究探讨了医生基于身脑心的整体视角,以提升老年人生存质量为目的进行临床话语实践。温颖茜、滴石(2019)在他们民族志调查的访谈里有这样一段记录(访谈4,恶性肿瘤晚期患者M4,78岁):

> 医生拿来检查报告单跟我说:"你爸爸脊柱上都是瘤子,……都没有治愈的可能了,……年纪这么大,化疗效果也不理想,没有价值,还是建议不要过度治疗,也不要穿刺检查了,后面的重点在提高生活质量上。"……医生是我的好朋友,我和医生商量好了不让爸爸知道病情,所以医生这样跟我爸爸说:"老爷子,你得的是严重的骨质疏松,你的骨头像玻璃一样脆,一碰就碎,很容易骨折,骨折后就治不了了,你不能提重物,不要弯腰,不过你可以回家,回家后可以散步、练字,开心时也可喝一两小酒,但不能喝多哦。"

显然,医生在对78岁的老年患者进行病情交代时,隐瞒了肿瘤发病的严重性,而是以严重的"骨质疏松"进行交代。这是医生在考量患者的实际情况(高龄)后,为减少其在生命最终阶段的心理负担,提升其生存质量而进行的话语实践。当然,这样的话语实践是否合理,取决于所在社会的接受程度、社群对死亡的态度以及文化传统。因此,不同社会语境和文化传统下医护人员叙事话语的对比研究也是有意义的课题。

除了前述的老年人疾病叙事的话语分析,老年人死亡话语研究也是国际上的关注点之一。死亡话语反映的不仅是老年人及亲属对死亡及情感关系的心理、医护人员对生命及职业能力的反思,还与社会文化传统有关,对于心理学、社会学等相关方面的研究都有重要参考价值。例如,宗教信仰会影响老年人的话语内容,在一定程度上缓解对死亡的恐惧与焦虑(McKenzie,1980)。自19世纪中叶以来,随着死亡从私人领域(如家中等)向公共领域(医院、养老机构等)转移,越来越多的人从话语符号角度来审视死亡。已有研究者在现代性视野的关照下,基于Laclau & Mouffe(1985)的话语理论,试图在医学机构语境下理论化死亡及"善终"(good death)(Brussel,2014)。有研究者认为,直至今天的很长一段时间内,人们仍在以医学理性主义(medical-rationalism)的方式构建死亡,死亡过程高度医学化,临终护理变成了一件技术性的事情,具有工具主义的意味,而个人意义有所下降(Brussel,2014:17)。这种转变在老年患者家属与医护人员的对话中有所体现。黄芳(2017)基于文献计量学统计发现,国际上的死亡话语研究近年来总体呈上升趋势,高产国家前三位分别是美国、英国和澳大利亚,死亡话语研究已成为应用社会语言学的一个分支。该研究领域呈现跨学科的特点,在 SSCI 的相关研究中,该领域涉及的学科包括:生物医学方向的社会科学、公共卫生、心理学、社会学、传播学、护理学、人类学、语言学、健康科学和服务等。发表过相关话题的期刊包括:《死亡研究》(Death Studies)、《社会科学与医学》(Social Science & Medicine)、《话语与社会》(Discourse & Society)等。高一虹(2019b:44)将死亡话语的研究任务概括为三个方面:一是概括语类的语言形式特征,二是考察语篇与语境的双向联系,特别是语类变化与社会变迁的互动,三是开发"转化性研究"(translational research),使语言研究有助于应用实践,提高人的生活和生命质量。虽然从内涵范畴上说,死亡话语更加宽广,因为还包括年轻人自杀等内容。但事实上,这三个任务可以拓展为生命最后阶段安宁疗护叙事话语的研究任务上来,即分析话语的语言形式特征,考察与社会文化变迁及老年人心理、形象的关系,以及指导医护人员、心理咨询人员与老年人及家属之间、殡葬服务人员与家属之间的话语实践。

死亡话语研究包含多个内容和方向。现代语境下,老年人临终与死亡更多地发生在医疗机构,因此机构话语成为死亡话语研究的一个方向。随着时代变迁,话题设置也会受到影响。例如,从 18 世纪末开始,在医护人员及家属的话语中,一般会避免让病人知道即将离世的情况(Connor,2009:3)。但是,在西方社会,自 20 世纪中叶开始,病人(特别是老年人)被认为有权知道自己即将临终,必须被告知有关身体与疾病情况的真相(Walter,1994:31),这才符合患者的最大利益。此类话题的变化也成了晚期现代性语境中占主导地位的研究方向。另外,科技进步、人文关怀理念的发展、不同社会文化的差异性都有可能对机构话语造成影响。例如,随着医学生命科技的发展、人们理性觉醒程度的提高,"安乐死"成为临终老年患者与亲属、医护人员之间的话题;然而,安乐死在某些北欧国家以及中国等东亚国家的接受程度、话语表述又各有不同。

20 世纪 50 年代的死亡意识运动(Death Awareness Movement)使得死亡话题不再是禁忌,人们因此对死亡产生了新的认知、新的社会心理,并在媒体话语、影视文学作品以及日常对话中反映。例如,在大多数西方社会,人们不再认为死亡是恐怖的,而是把死亡看成"英勇的死亡",这不仅是行为,更是一种心理状态。在临终话语情境中,则表现为老年人不再恐惧死亡,而是主动从亲友身上获得支持,并在抗争和接受死亡的过程中深化情感(Seale,2002:185)。这种"自我内心的英雄主义"社会心理可能会在老年人及其亲属、医护人员的话语中以各种隐喻(如旅途、战斗等)出现。

死亡,除了生物性死亡,还包括社会性死亡。在现代社会,社会性死亡日益受到重视。因此,关注社会性死亡老年人或对其进行形象构建的社会话语也是老年人死亡话语的研究方向。足不出户的高龄老年人或者言语沟通能力下降甚至社交能力丧失的痴呆症老年人,逐步脱离了人的社会性,产生社会性死亡。此时,媒体话语等社会话语对他们的关注与形象构建便反映着社会文明程度和人文关怀水平,对社会性死亡的老年人的自我认知和社会处境都有一定影响。目前,国外已有学者开始重视该议题的研究。例如,Brussel(2014)基于比利时媒体有关死亡的话语,运用语篇分析方法,对媒体话语提供的"善终"的死亡话语结构和老年人的主体立场进行了探索,该研究发现,安乐死可以通过媒体话语被建构为一种独立的、有尊严的生命选择,也是一种"英勇的死亡"。这类研究以语篇分析为主要方法手段,揭示的是一个社会对于死亡这一人类无法避免的议题的集体思考,在现代文明社会应该引起重视,这种研究对于正处于现代化、社会文明程度持续提升阶段的我国显得尤为重要。

一个国家和地区的人口老龄化趋势及年龄结构与疾病发生率、死亡率是密切相关的。老龄人口的增加势必带来同期死亡者数量的上升,这是老龄社会的一个重要特征。如果说衰老是个体进入老年阶段的主要特征,那么伴随的疾病发生甚至最终死亡也是该阶段生命历程叙事不可回避的问题,由此产生安宁疗护叙事话语的研究必要性。

安宁疗护叙事话语类型有很多,例如,疾病诊疗、临床抢救、生命延续等多个阶段老年人、亲属与医护人员之间的话语(如包括临终关怀、安宁疗护与语言抚慰等),老年人制定生前预嘱、遗嘱与谈论身后之事的话语,老年人离世之后亲属之间谈论老人、回顾一生的话语;还有各类媒体上有关老年人死亡话语等。相关话语分析与老年人社会心理、身份形象以及社会变迁文化及观念变迁都密切相关(高一虹,2019a)。

在医护人员的临终关怀话语方面,社会大众对于死亡都心存顾忌、恐惧与焦虑,因此很多情况下不愿与即将离世的老年人主动谈论死亡,即便是在临床实践中,医护人员也较少会主动开启该话题。国外有研究发现,只有17.6%的医生会在病人谈及死亡时与其讨论该话题,13.1%会安抚病人,19.1%拒绝谈论当前现实,26.1%表现出宿命论倾向,24.1%会转换话题(Kastenbaum,1967);这是因为,即便是经过职业训练的医护人员,对待死亡仍然有负面情绪,这种负面情绪会影响医患之间的互动。这种社会心理影响了死亡话语的讲述方式、内容与主体,对老年人的临终心理也会产生负面影响。事实上,以恰当方式谈论死亡一定程度上可以缓解老年人的情感情绪。医护人员如果在医院等机构情景中多使用与疾病、死亡等相关的专业术语,老年人就要面对客观"物化"、含较少人文关怀的话语内容。因此有研究者针对医护人员如何面对死亡提出了建议(Koenig,1980;Bertman,1991;Steinmetz,1993),医护人员对死亡的态度也是医学教育、医学人文的重要考量维度。

另外,遗嘱话语也是死亡话语研究中的新议题。遗嘱话语一般包括"生前预嘱"(living will)和"遗嘱"。不同文化背景下,老年人生前预嘱、遗嘱的话语及其社会心理也不尽相同。生前预嘱是指人们在健康或意识清醒时事先签署的指示性文件,用以说明自己在病危或临终之际期待得到的医疗护理和治疗方案(卜晓晖、高一虹,2019:60-61)。卜晓晖(2017)运用 Swales 的"语步-语跬"(move-step)语类分析模式,对比英文版生前预嘱《五个愿望》("Five Wishes")以及基于该文件改编的中文预嘱《我的五个愿望》后发现,中英预嘱整体语类结构较为相似,各自的语篇差异可能与不同社会文化语境差异有关,体现在"乡约民俗"与法律效力(老年人及其亲属是否接受"乡约民俗"、法律规定如何)、生死观念与文化禁忌(老年人是否愿意提及相关话题)、老年个人与家庭亲属的决策话语权(老年人制定生前预嘱后,子女是否顾及舆论,是否愿意执行)、医疗理念与医学知识(对现代医疗局限性、生命质量与生命长度关系的认识)等方面。因此,有必要开展不同社会文化背景下的老年人遗嘱话语对比研究,揭示生命周期最后阶段的老年人社会心理过程。此类研究对于我国在老龄化背景下加强老年阶段人文关怀、提升民生治理水平等也均具有重要意义。

4.4.2 老年语言研究的全人视角

老年语言研究的全人视角,指的是在以各类老年人理解或产出话语作为研究对象时,将老年人看作一个鲜活的、完整的个体,在进行现象描述、机制阐释时,将相关的各类因素纳入统一的分析框架加以考量。在语言学研究中,英国语言学家 Firth(1957:19)提出,应当停止心灵与身体(mind and body)、思想与话语(thought and word)的二元对立,要把会话人视为与他人相联系、思维与行动形成整体的一个整人(the whole man)。语言学研究应当基于整人的生活形态(pattern of living)开展。这与顾曰国(2013)提出的"言思情貌整一原则"有相似之处。言思情貌整一原则认为,在实际人际交往过程中,交际主体是一个个声情并茂、体貌丰富的鲜活完整个体,而不是经过理想化处理的"说话人"。在这样的思路下,研究者应该要从老年人的整个行为入手,从多角度进行语言行为的考察。

以对痴呆症患者的研究为例,以往国际上对痴呆症的诊断和评估主要依赖生物医学方法,各类研究都基于标准化评估来衡量痴呆症的严重程度。事实上,痴呆症不仅是生理疾病,还会对老年人的社会化进程产生巨大影响。因此,生物医学方法容易造成痴呆症老年人"物化"的刻板印象。在这样的情况下,痴呆症患者容易被塑造为一个"受害者"。究其原因,依赖生物学方法的研究忽略了社会环境、社会关系、治疗环境和个人本身等综合因素的互动方式,即没有将痴呆症患者从"完整的人"视角加以判别。体现在语言上,照护者就很容易因为对老年人的"刻板印象"而使用老年语、家长腔及老人腔等与老年人进行交流。

在社会学、心理学领域,相关研究对于老年人的关注维度则更加全面。相关议题包括老年人步入衰老阶段的主观体验与内在心理状态,衰老导致的生理疾病、心理变化以及自我意识的交织问题等,同时还有研究揭示痴呆症患者的内心变化。例如,考察患者如何在主观性方面产生变化,如何构建主观体验直至"自我意识"丧失。这些研究维度有利于推动全社会平等和尊重地对待患者,并推动患者继续力所能及地参与言语交际与社会参与,维持自我效能感。

从以上论述中可以看出,不同研究领域对于老年人的关注维度也有所不同。在痴呆症老年人语用交际研究中,研究者秉持"全人视角",除了要从生物医学、神经认知角度对痴呆症老年人的语言障碍进行阐释性研究,还要关注他们的社会心理、情感需求、价值追求等方面的问题,从多个方面对痴呆症老年人产生语言障碍的原因进行综合性的解释。

"全人视角"的语言学研究可以通过建模来实现。例如,面向鲜活整人的现场即席话语活动通常有三个建模视角,包括参与者视角、活动视角、系统视角。参与者视角包括参与者的亲历过程、行为、话语等;活动视角分为结构组合与角色关系,结构组合包括活动模式、交际任务等,角色关系主要指参与话语活动的人之间的关系;系统视角包括具体场景、交际手段等。无论是健康还是罹患神经退行性疾病的老年人,从其"全人视角"出发,就是指将说话人的话语内容、韵律特征、体貌表现、情感状态、意图目的、态度立场、个人风格等都纳入语用交际研究的考虑维度。接下来,选取贴真建模(Simulative Modeling)的思想方法,可以开展各类数据整合下的多维度研究。此处的"贴真",是指研究者尽可能贴近研究对象的真实情况进行信息采集,在此基础上选取一定的研究视角、挖掘对应数据、开展相应研究(黄立鹤,2015b)。贴真建模是老年语言学研究中的重要思路,其具体的操作方法请见5.8节的详细阐述。

4.4.3　文学写作与老年人语言能力变化

话语特征及写作形式反映着人们内心情感和认知世界,与说话人或作者的心智状态紧密相关(刘建鹏,2019:605)。复杂叙事的产生涉及并列和嵌入的情节,需要在构建情节时记忆中包含多个事件和人物(Kemper & Edwards,1986),这些都对叙述者的工作记忆提出了要求(Botwin & Sutton-Smith,1977)。工作记忆的下降会影响老年人通过指代和其他语言手段同时创建复杂叙事结构和建立语篇衔接的能力。在包括切入情节和主观评价等内容的复杂叙述中,老年人会更多使用模糊的照应、不明确的指称,较少使用照应和连词来连接各个事件。由此判断,叙事的复杂性与语篇衔接并不能同时企及。尽管如此,认知健康老年人还是能够创造复杂的叙事结构,将影响他们生活的人和事联系起来(Kemper,1990),但一旦罹患认知障碍则会在文学写作中出现问题。

因此,有些研究者会基于文学作品来探究老年作家的语言能力变化。对作家在不同年龄段的文学作品进行的对比研究能够较明显地反映增龄及认知障碍对书面语言的影响。例如,Pennebaker & Stone(2003)分析了生活在过去500年间的10位著名小说家、剧作家或诗人的文字作品。选择的作家信息见表4.7。

被纳入分析的作品组成了超过900万字的语料库,其中,每位作者作品总字数超过90万字。研究发现,大部分作者随着年龄的增长语言使用产生了变化,只有Louisa May Alcott、Jane Austen、Charles Dickens和William Shakespeare在他们的一生中没有表现出与年龄相关的语言使用的显著变化。这些变化包括:个人使用更多的积极情感词,而负面情感词呈下降趋势,自指(self-reference)减少,动词的将来时形式增多、过去时形式减少,并且整体上语言显示的认知复杂度有所上升。

表 4.7 著名作家及其作品信息

作 家	国籍	性别	生 卒 年	创 作 期	体 裁	分析作品数 (n)	平均每部作品字数 (M)	增龄相关系数
Louisa May Alcott	美国	女	1832—1888	1854—1886	小说,故事	19	40,273	−0.05
Jane Austen	英国	女	1775—1817	1787—1817	小说,故事	13	68,120	0.23
Joanna Baillie	苏格兰	女	1762—1851	1789—1827	剧本	20	18,921	0.60**
Charles Dickens	英国	男	1812—1870	1836—1870	小说	15	257,777	−0.23
George Eliot	英国	女	1819—1880	1859—1876	小说,故事	10	157,751	0.63*
Robert Graves	英国	男	1895—1985	1910—1975	诗歌	100	1,689	0.18†
Edna St. Vincent Millay	美国	女	1892—1950	1917—1947	诗歌	21	3,850	0.72**
William Shakespeare	英国	男	1564—1616	1591—1613	剧本	37	22,975	0.03
William Wordsworth	英国	男	1770—1850	1785—1847	诗歌	64	6,074	0.37**
William Butler Yeats	爱尔兰	男	1865—1939	1889—1939	诗歌	34	2,217	0.40*

Garrard et al.（2005b）对 20 世纪英国著名作家、哲学家 Iris Murdoch 的三部作品进行了自动文本分析,她晚年在创作最后一部作品时被诊断为阿尔茨海默病。第一部是其首部作品《在网下》（*Under the Net*）,第二部《大海,大海》（*The Sea, The Sea*）写成于其创作黄金期,另一部《杰克逊的困境》（*Jackson's Dilemma*）是其罹患早期阿尔茨海默病时期的作品。研究发现,三部作品语言的句法结构基本未变,但通过类符/形符比（Type-Token Ratio, TTR）统计发现,第三部作品的词汇多样性显著下降,即某些单词的重复使用率显著上升。该作品的词汇及句法使用状况是早期阿尔茨海默病患者的典型特征。类似地,Velzen & Garrard（2008）分析了荷兰当代著名作家 Gerard Reve 三本小说的词汇多样性变化规律,主要是计算给定长度（每 1,000 个词为一个统计单位）的小说文本中的平均类符/形符比,因为类符/形符比显著降低是认知能力下降的标志之一。Gerard 晚年被诊断为阿尔茨海默病,该研究选取了他的一部早期小说、一部其文学生涯巅峰时期的小说以及他被诊断为阿尔茨海默病之后的最后一部作品,比较了（使用单因素方差分析）这三本书的每一千词平均类符/形符比:第一部小说《维特尼兰》（*Werther Nieland*）写于 26 岁,平均类符/形符比为 0.437（SD = 24）;第二部作品（*Bezorgde ouders*）文本的平均类符/形符比较高（TTR = 0.447, SD = 19）;最后一部作品（*Het hijgend hert*）平均类符/形符比大幅下降（TTR = 0.404, SD = 17.6）。健康成年人一生中的词汇量会随着接触和学习新单词而逐步增加,这一点在 Gerard 的早期、中期小说中得到了明显的反映;随着衰老或认知能力的下降,书写中的类符/形符比也会降低。在 Gerard 74 岁的最后一部小说中,类符/形符比就比之前的作品要低,这种差异在作品的后半部分更加明显。Gerard 在创作其最后一部作品时十分痛苦,已经出现了较为明显的写作障碍,这种障碍在其他罹患阿尔茨海默病的作家身上也相当明显（DeBaggio, 2003）。

还有研究者通过对 12 名痴呆症老年人创作的英语诗歌进行分析（Clark-McGhee & Castro, 2015）,发现诗歌体现了该群体老年人的"自我"构建、经历叙事及个人意义。研究认为,痴呆症导致的记忆力丧失或其他认知困难,并不等于失去"自我",也不等于失去了自己的价值观、技能、能力和需求,该群体能够有意识地体验自我,而且有意识地认识到自己的社会地位。

4.4.4 修女研究及其他综合视角

所谓综合视角研究,是指基于医学、语言学、社会学等多个视角开展的研究,以寻找不同临床表现之间的关系及其机制。在历史上,有一项著名的修女研究(Nun Study),它涉及语言、认知和病理学等多个领域,对于运用语言样本分析语言能力与痴呆症之间关系的研究具有重要启示意义。

4.4.4.1 修女研究及其他相关考察

最初的修女研究起源于 Snowdon et al. (1996b)对 678 名修女进行的一项关于老年和痴呆症的纵向研究。这是一项长期实验,参与研究的对象均为修道早期就开始撰写自传的修女。这些修女均同意每年接受各方面体检,同时在死亡后捐献大脑供科研人员进行研究。研究人员通过对修女自传的语言进行分析,发现修女的早期语言能力与认知功能和晚年是否患阿尔茨海默病之间存在一定的联系。早期语言能力低的修女在进入修道院时神经认知储备较低,这种低储备使她们在晚年时可能出现阿尔茨海默病神经病临床症状。Snowdon 对于修女的语言、认知和病理学关系的研究比较精深,之后的相关研究都是在 Snowdon 的理论框架和基本假设的基础上进行的。

Riley et al. (2005)在对 75 岁到 95 岁的修女的一些调查分析中发现,修女早期的语言能力和认知功能与晚年的精神病理学有着一定的联系。该研究团队主要从修女早期的自传中探究其信息密度,进而衡量其语言能力。研究结果表明,早期自传中的信息密度与晚期认知障碍的类型显著相关,如低信息密度与较严重的认知障碍相关。此外,低信息密度还与较低的脑重量、较高的脑萎缩程度、较严重的神经原纤维病理以及符合阿尔茨海默病神经病理标准的可能性显著相关。Iacono et al. (2009)通过自然科学方面的医学研究,对离世不久的修女进行解剖,发现其大脑中存在大量阿尔茨海默病的病变,而这些修女在世时的认知能力却未表现出明显的临床损害,这就引起了研究人员的重视和关注。随着研究的深入,该团队发现,早期较高的信息密度一定程度可以补偿晚期的认知能力降低。

还有一部分研究者围绕语言能力与痴呆症的关系展开研究。Snowdon et al. (2000)研究发现:1) 生命早期的信息密度评分与晚期阿尔茨海默病的严重程度有很明显的负相关性;2)早期信息密度评分与脑底主要动脉粥样硬化的严重程度以及腔隙性和大面积脑梗死的存在无关;3)早期语言能力低下可能反映了神经和认知发育不佳,这可能增加了痴呆病发病风险。类似地,Kemper et al. (2001)利用修女研究中 180 名修女的语言样本,对其信息密度进行分析,揭示了修女自传的语言情况与老年痴呆症具有相关性。研究发现,自传语法复杂性较高的修女基本没有痴呆症,而语法复杂性较低的修女患痴呆症的比例较高;信息密度评分高的修女患老年痴呆症的可能性比信息密度评分低的修女要低许多。

修女研究采用的是综合视角,语言变化研究只是其中的一部分。这是历史上对老年人语言认知进行跨学科、综合性研究的经典之一。时至今日,很多项目都开展了类似的多学科、多维度研究设计。较新的例子有美国卡罗来纳州老年会话语料库研究项目(Carolinas Conversations Collection, CCC),该项目语料库包含了美国、加拿大、墨西哥和厄瓜多尔四个国家的 60 岁以上健康及患阿尔茨海默病、帕金森病、抑郁、双相障碍、精神分裂症等老年人的语料,具有纵向数据、多语言(拉丁美洲西班牙语、多种变体英语、法语等)和多模态(言语、书面写作、面部表情和身姿动作等)的特征,除了话语数据,还包括病史、教育背景、经济水平、职业、药物和治疗等信息。项目开展综合性、多学科的研究,旨在加深对老年精神疾病与认知退行性疾病的理解,并最终帮助改善老年人沟通策略,提升老年人生活质量(Hernández-Domínguez et al. , 2016)。该项目周期长、成本高、研究队伍学科背景多元,通常需要大团队驱动,具有较强的科学性。

4.4.4.2　综合视角研究的特点与启示

老年语言学研究具有鲜明的跨学科属性,要描述并阐释各类老年人的语常、语误、语蚀及语障现象,利用研究成果服务老年人语言生活质量及相关疾病的诊断与康复都需要语言学、医学、神经科学、心理学甚至是人文社科领域的联合。与此同时,围绕阿尔茨海默病等神经退行性疾病的研究、诊断及照护也需要语言学的参与,因为语言能力变化是痴呆症的重要表现征兆之一,对衰老及认知障碍现象的描述、谈论和相关老年群体的形象构建则涉及语言与社会的交互(Wray, 2017)。目前国际上的研究鲜明地体现了这一点。

纵观国内外相关研究项目,可以发现,无论是 20 世纪 80 年代实施的修女研究,还是 1976 年美国波士顿大学的语言衰老研究项目(Language in the Aging Brain Project），抑或是同济大学老龄语言与看护研究中心开展的基于多模态数据的老年人语言认知能力研究，都有以下三点特征：

一是老年人语言衰老研究是以脑认知衰老为主要研究目标项目的重要组成部分。国外大型综合视角研究项目通常以脑认知衰老、阿尔茨海默病等病的病理机制等为主要研究目标，但是其中通常会涉及语言障碍或语言能力变化等方面的研究内容，且列有专门的语言研究问题等子项目（如前述的修女研究主要承担者 David Snowdon 就专门围绕修女的语言能力开展研究并发表成果）。我国在设计与开展相关大型研究时尤其要注意这一点，应当邀请具有跨学科研究经验的语言学者加入，设计一系列语言研究问题。另外，语言障碍与语言能力变化的研究既要对老年人不同阶段的语言特征进行考察归纳，更应该对语言衰退过程和背后机制进行探究，这就需要采集一定规模、一定时间跨度的成年人语言蚀失历时数据（longitudinal data），形成历时语料库。虽然国外的相关研究以共时的横断面队列（cross-sectional cohort）数据为主，历时数据不多，且样本数通常较小，但已经有不少研究者开始重视纵向队列数据的采集并付诸行动。我国相关研究机构应该充分利用老年人口基数大的研究优势，尽快开展一定规模的老年人语言认知纵向队列研究。其中，对于不同目的的研究项目，如何确定历时语料的不同时间间隔也颇有讲究，如自然语言蚀失可以按照自然年份（或半年）为单位，持续对被试进行跟踪采集；若是研究某些疾病影响的变化则可考虑以季度甚至月份为时间间隔单位。在数据统计方法上，可采用既可呈现研究对象的整体取向又可表现个体差异的增长曲线分析（Growth Curve Analysis，一种常用于心理学等领域研究的统计分析方法），对老年人语言变化的整体倾向特征和个体性差异进行描写归纳（参考 Mirman, Dixon & Magnuson, 2008）。

二是老年人语言衰老研究团队由跨学科背景的人员构成。在项目进程中，培养了善于运用包括语言学方法和工具在内的跨学科研究队伍，形成了语言学与其他学科合作解决大科学问题的研究态势，选用了跨学科方法，采集的是多模态数据。老年人语言衰老研究是一个涉及多种学科和视角的研究课题，仅从语言学体系内部来讲就包括神经语言学、心理语言学、语音学、词汇学、句法学、语义学、语用学、话语分析、社会语言学等方面，这就需要建立跨学科的研究团队，打破学科壁垒，以问题为导向进行研究。这一点在国外很多研究机构的跨学科项目中已经比较常见，但在我国还尚不多见，语言学研究者与其他学科研究者携手解决大科学问题的局面尚未形成,很多情况下只是在自己划定的研究范围内"埋头苦干",诸多语言学者对其他学科的理论范式、研究工具的了解程度十分不够,这对于解决深入认识脑机制等大科学问题并不是一件好事,对于学科自身发展也不利。这涉及我国语言学专业人才的培养机制问题,但国外已有研究机构培养并组建了善于运用包括语言学方法和工具在内的跨学科队伍。

三是项目研究具有较强的应用导向与实践价值。除了回答理论性问题,国际上的不少综合性研究项目都具有很好的应用价值,有的甚至促成了之后服务标准或规范建议的出台。在老年人认知老化、神经退行性疾病机制研究的过程中,研究者可揭示人口学特征、行为学数据、个人背景情况等变量与认知衰老、病程发展等之间的关系,以此判断可能的风险因素,对老年人甚至其他年龄段人群的生活方式、身心健康及干预方式提出建议。例如,在修女研究中,基于"研究对象具有脑萎缩的病理但未出现临床表现"这一问题,研究者就从研究对象的生活方式、认知运用等角度寻找答案,提出了老年人认知能力保持的应用性研究成果。我国老年人生活方式均与西方有较大差异,在相关大型队列研究中,应该充分考量这些问题,体现本土化及中国特色,并提出具有较强实践指导意义的干预建议。

4.4.4.3　综合视角研究的设计与实施

当前,我国应该加紧开展基于大规模队列、多模态数据类型、跨学科方法,同时服务基础研究与临床应用的大项目,对老年人语言衰老现象进行多维视角研究。例如,多模态数据库建设、语言衰老机制探索与标志物筛查等都是很好的切入点。

老年人语言衰老多模态数据库建设。基于多学科、多维度建设兼具纵向及横向队列的大规模综合数据库,可以按照研究目的、项目规模等在下列条目中选择数据类型:

1) 人口学特征及个人背景(包括年龄、性别、居住地、家庭背景、工作、收入水平等)

2) 体质特征数据(包括身高、体重、血压、是否患有基础疾病等)、血液与尿液生物学样本(如脑脊液 tau 蛋白、β-淀粉样蛋白,生化检测的 CSF 多巴胺、去甲肾上腺素、5-羟色胺等神经递质及代谢产物水平,APP、PSEN1 和 PSEN2 基因以及 ApoE4、CR1、CLU 和 PICALM 基因数据,尿液中的阿尔茨海默病相关神经丝蛋白[AD7C-NTP]等)

3) 脑影像学数据(包括结构与功能)及神经电生理数据(包括脑电

4）神经心理测评结果（包括常用的简易精神状态量表、蒙特利尔认知评估量表［基础版］及工具性日常生活活动能力量表［Instrumental Activities of Daily Living，IADL］等认知评估量表以及抑郁症筛查量表［Patient Health Questionnaire-9，PHQ-9］、广泛性焦虑自评量表［Generalized Anxiety Disorder7-Item，GAD-7］和症状自评量表［Symptom Checklist 90，SCL-90］等抑郁倾向量表等）

5）语言表现诱导数据与自然数据（包括通过语言专项神经心理学量表，如波士顿命名测验、言语流畅性测验、西方失语成套测验和汉语失语成套测验等获得的数据，通过结构化或半结构化访谈获得的自然数据，以及老年人日常活动的现场即席话语数据）

6）日常行为学数据（活动轨迹、作息时间等）

除了上述多种类型的数据库构建，不同研究者还可基于某一类型数据开展多种视角的研究。例如，可以充分利用语言表现诱导数据开展基于定量方法的正常及痴呆症老年人词汇使用、句法复杂度、语义密度等方面的研究，也可以基于自然话语数据开展语篇衔接与连贯、语用能力等方面的研究等。

语言衰老机制探索与标志物筛查。语言衰老机制探索是指从多个语言层面（语音、词汇、句法、语义、语用等）开展多维度的特征描写，分队列开展对比，并联系上述多模态语料库中其他数据类型进行相关性研究，从多个维度揭示正常及患病老年人语言衰老与障碍发生的机制性问题。标志物筛查是指通过各类指标进行的相关认知疾病的诊断。例如，阿尔茨海默病的诊断标准有：国际工作组制定的 IWG-2 标准、美国国家老龄问题研究所和阿尔茨海默病协会制定的 NIA-AA 标准以及美国精神病学会制定的 DSM-V 诊断标准，其中包括临床表型、病理改变证据等。脑脊液中淀粉样 β-肽水平、T-tau 或 P-tau 蛋白水平、淀粉样正电子发射断层显像、阿尔茨海默病常染色体显性突变等都是重要的病理证据。

阿尔茨海默病具有连续性，因此，对其进行早期预判尤为重要。无论是 IWG-2 将轻度认知障碍纳入阿尔茨海默病诊断，还是 NIA-AA 将阿尔茨海默病的临床前无症状阶段纳入阿尔茨海默病诊断，都体现出了这一点。目前，各类诊断标准都在发掘更多灵敏度高、特异性强且具有临床意义的标志物，而语言是外在显著的标志物之一，它与其他标志物之间的关系还有待进一步研究。

语言认知的干预模式建构。对老年人实施包括语言训练、记忆力训练在内的多模态认知干预方案,将有效提升老年人认知水平,实现积极老龄化。社会各相关机构也应基于学术方面的研究,积极开展老年人语言认知筛查与干预的分级体系的探索与建立工作。相关研究与实践可以依托多种学科视角,开展正常老年人积极老龄化、痴呆症老年人认知能力衰退减缓及干预有效方法探索;研发基于人工智能虚拟现实及增强现实技术再现生活历程和场景的语言认知训练系统,同时探究干预效果与前述标志物之间的动态关系;通过对筛查机制、干预方法、管理网络、多方角色及其作用、大数据及人工智能技术的融入等方面的考察,力争构建服务于痴呆症筛查及语言认知康复的"家庭—社区—公益组织—医院"运行体系,加强干预模式的创新建构。

第五章 老年语言学的常见研究方法

本章主要介绍目前国际上老年语言学使用较多的相关方法。这里需要向读者说明两点：一是国际上对老年人语言现象研究的具体方法包含但不限于本章提到的这些，老年语言学的范畴有多大，涉及研究领域或分支学科有多少，可以采用的研究范式或操作方法就有多少，这里介绍的只是常见的研究方法。同时，老年语言学研究具有跨学科的性质，因此读者应该学习除语言学研究之外的其他研究方法。例如，在描写老年人社会交往中的语言特征时，可能运用社会学中的观察法、医学中的社会特征测量技术等，而在推断老年人语言特征的原因与机制时，可能会采用医学科学研究中的假设演绎法、穆勒准则（Mill Test）等（刘民，2014）；二是各个研究方法往往只负责解决老年语言学中某个维度或层面的研究问题，老年语言学涉及的研究问题范围很广泛，某一类研究只负责其中一个或某几个问题的解决，借用一个或若干个研究方法加以分析。因此，各个研究方法有其自身的应用范围、优势及不足。

本章主要列举笔者认为需要重点强调或希望在我国能够重点推进的一些研究方法，其他语言学方法（如话语分析、社会语言学方法、互动语言学方法等）以及在应用语言学中所采用的混合研究方法等，读者相对熟悉，在此不予赘述。由于老年语言学在很多情况下面向临床，除了本章介绍的一些方法，这里推荐 Müller & Ball（2013）有关临床语言学研究方法的介绍，其中包括各类常用方法、数据加工及伦理问题等内容。

5.1　受控实验方法

　　受控实验方法是科学研究的基本方法之一,起始于近代科学建立之初,长期以来在自然科学研究中是主流研究范式。之所以叫"受控",是因为在研究中需要人工控制或干预研究对象的原因要素及条件要素,从而揭示其他变量在特定条件下的因果联系。因此,在实验中研究者需要准确测量、记录自变量和因变量,获得自变量在不同条件下对应的因变量数据,由此得出自变量与因变量之间的准确关系。

　　在老年语言学的生理心理维度进行的机制阐释性研究中,受控实验通常会设置相应的实验参照组,以揭示两组被试在行为学或神经、认知、心理机制等方面的差异(冉永平、李欣芳,2017)。在老年人语言现象的规律描写中,通过受控实验方法进行的研究通常由医学、神经认知科学、心理学、神经语言学或心理语言学等领域的研究者承担,研究者通过控制某些特定语境条件或变量对老年被试进行行为学实验,按事先设定的数据类型采集数据,就某个具体的研究问题对语料进行转写、分析与规律总结。

　　在老年语言学中,受控实验方法的范畴很广,包括行为学实验法、电生理实验法、脑成像法等,它们对应着不同的研究维度,能获取多模态的数据。从研究环境上看,该方法不仅可用于实验室环境,也可用于现场环境,甚至越来越多地用在互联网环境。现场试验(field experiment)指的是现实生活环境中展开的实验方法;实验室实验(laboratory experiment)是指实验室中开展的研究;互联网实验(Internet experiment)指的是在互联网上召开的实验研究(克里斯滕森等,2018:37-39)。受控实验方法可以面向老年语言学研究不同维度的问题,如精确描述老年人语言现象,考察其背后的形成机制,以及评估老年语言学研发应用的效果等。受控实验方法理想化地控制环境条件及各类因素,既可以一定程度上保证数据的有效性和研究的可行性,又可以帮助研究者节省人力、物力,在对正常及罹患疾病老年人的语蚀、语障现象及其机制研究上的优势不言而喻。

　　虽然受控试验方法包括很多优点:结果相对精确、测量效率高、可以创造日常现实中不易出现的条件、因果关系研究相对清晰等(汪涛,2017:130-131),但其局限性也较为明显。老年语言学是面向临床的,很大程度上应该直接面对老年人在现实交际中的语言问题。因此,老年语言学研究中最重要的研究内容之一应该是分析老年人在日常交际中的互动会话,而受控实验中语料发生的语境相对单一,仅限于人为的实验语境或临床语境,难以真正体现日常生活或其他社交语境类型下的语言交际行为。另外,受控实验中的交际对话发展模式存在一定的诱导性,往往只关注话语结果,但忽略过程。所以,单凭对实验语料的分析评价老年人的语言能力,其客观性与可靠性存疑(Perkins, Whitworth & Lesser, 1998)。例如,在不同语境下,老年语用障碍患者的语言使用方式受制于多种因素,多数实验研究只关注语用障碍本身,所获取的数据有助于说明组间差异,但无法考证个体差异。另一方面,针对语言使用的交际互动,基于合作原则、会话含意等语用学理论进行分析,难以对显性的语言因素进行量化操作,因此,目前有关语用的临床研究主要是通过真实的交际互动开展质性和阐释性研究。

5.1.1 行为学实验法

老年人语言现象涉及各种数据类型和语言层面,有一些数据需要依靠人工控制或干预环境条件来获取,以提升研究效率。例如,由于老年人语音、词汇和句法等层面的数据质量受环境、话题或任务形式等因素影响较大,并且有的语言现象在自然交际中的出现频率较低,采集频率受到影响,研究者往往会设计一些行为学实验来"诱导"被试定向产出数据。研究者可以利用语音采集及分析工具开展语音层面的数据采集,也可以通过控制某些条件,让老年被试进行话语产出,随后按照研究问题所涉及的语言层面进行数据提取(如语音、词汇或句法等)。按照国外的研究经验,老年人语言使用的数据类型包括图片描述、对他人口头叙述的复述、故事延迟复述、自我生成的叙述、故事梗概与寓意总结、访谈等(吴国良等,2014:460)。

老年人增龄对其语音层面的影响是行为学受控实验方法的主要研究阵地。Feng, Meng & Peng(2019)对比了轻度认知障碍患者、正常老年人和年轻人之间的普通话声调范畴性感知差异。这三类人群在实验中完成了基于/i/的一、二声范畴性感知任务。结果显示,正常老年人和年轻人之间不存在识别函数和区分函数上的差异,但轻度认知障碍患者识别函数和区分函数都与年轻人存在显著差异。研究者推测,正常老年人能够利用补偿机制调用更多脑区参与声调加工,而轻度认知障碍患者由于认知功能非正常衰退,相关范畴表征受损,补偿效应不明显,因此声调感知表现更差。Yang et al.(2015)、Wang, Yang & Liu(2017)也分别就老年人和年轻人在二、三声范畴化感知模式及音高曲线区分阈限的差异、对普通话元音和声调的语音识别进行了研究,结果都发现了增龄对相关方面的负面影响。但是在诸多有关增龄对声学参数影响的研究中,结果往往并不一致。例如,关于男性因增龄导致的 F_0 基频变化研究中,有研究者发现没有变化(Verdonck-de Leeuw & Mahieu, 2004),也有研究者报告基频降低(Decoster & Debruyne, 2000;Harrington, Palethorpe & Watson, 2007)甚至上升(Harnsberger et al., 2008)。Reubold, Harrington & Kleber(2010:639)认为,这是因为不同研究通常采用不同年龄群体作为对比组开展研究(如不同年龄段的年轻人对比老年人),其中就涉及因年龄变化造成的声带形态变化的研究,从而影响了 F_0 基频和共振峰的表现。要解决这一问题,方法之一是基于同一个体开展历时对比研究,即以该个体年老前的语音参数作为基线,再与其老年阶段的语音参数进行对比。Reubold, Harrington & Kleber(2010)的研究就是这一方法的典型。研究者对比了五个发音人(英国女王 Elizabeth II、英国女演员 Margaret Lockwood、BBC 播音员 Roy Plomley、英国前首相 Margaret Thatcher 以及英国记者 Alistair Cooke)自身数年前后的 F_0 基频及共振峰数据。语料全部采集自 BBC 广播音频档案,使得研究者对同一个体前后较大时间跨度的语音变化研究变为可能。结果显示,五个发音人中有四人经过前后 30 年的时间跨度,基频 F_0 和中性元音的一个共振峰都有所降低;无论男性发音人 Alistair Cooke 还是女性发音人 Elizabeth II,增龄对基频 F_0 和二倍频 F_1 变化速率的影响基本相当;利用上述语料进行的感知实验显示,基频 F_0 对于听话人判断发音人的年龄没有十分显著的影响;总的结论是, F_1 的变化可能是为了代偿 F_0 的下降,从而保持 F_0 与 F_1 之间相对恒定的听觉距离。虽然 Reubold, Harrington & Kleber(2010)的研究样本量很小,但是这种基于个体基线的研究显然比简单的跨年龄组对比更为科学,值得借鉴。

行为学受控实验方法也被用于对老年人词汇、句法能力的研究。例如,Duong et al.(2006)基于行为学受控实验方法对比分析了轻度认知障碍患者、阿尔茨海默病患者和健康对照组的词汇提取能力。研究者通过对比了三组被试在词汇刻意提取任务(如心理语言评估量表命名测验[Picture Naming Test in Psycholinguistic Assessment of Language Battery])、语义自动提取任务（词汇判断）中的表现，结果显示，轻度认知障碍患者只在词汇刻意提取任务中表现较差，而阿尔茨海默病患者在这两个任务上均表现较差。研究者推测，抑制能力下降是导致轻度认知障碍患者词汇刻意提取任务失败的原因。Orimaye et al.（2017）对 99 例阿尔茨海默病疑似患者"偷饼干图"看图说话的语料研究发现，阿尔茨海默病患者会使用更少句法结构的句子，包括并列句、主从句、省略句等，且使用的句子述位结构简单，会出现更多词汇重复、语法更正、错误修订现象。该研究还对句法和词汇特征集做了析出，提取了 20 余种特征，发现阿尔茨海默病患者辨别与理解物体的能力明显低于正常组，这与 Ahmed et al.（2008）在轻度认知障碍患者中的发现吻合。

除了老年人语音、词汇、句法等层面的研究使用行为学受控实验方法，老年人语用交际行为层面的研究，也可以采用该方法。例如，我国台湾高雄大学的 Lai & Lin（2012）基于受控实验方法对比了母语为汉语的中国台湾正常老年人与阿尔茨海默病老年人在描述和叙述任务中话语标记语的使用情况，发现阿尔茨海默病老年人使用话语标记语的次数和种类数上均低于正常老年人；虽然两组的被试话语中都出现了某些共同的话语标记语，但就实际交际效果而言，阿尔茨海默病老年人并未完全掌握这些话语标记语的语用功能。邱倚璿、王静谊（2014）通过对照实验发现，老年人在面对陌生人时，主动与对方互动交流沟通的意愿会加强，从而使得交际涉及的内容主题增多。但在实际的交际对话过程中，交际内容的增多和记忆认知能力的下降会导致对话中出现较多的离题现象；而面对已经关系较亲密的人时，互动需求已被部分满足，老年人倾向以精简总结的方式进行沟通交流。这表示，老年人的语言表达同时受到认知、社会互动需求与沟通目的的影响。

行为学实验还会采用一些专门的测试评估方法来考察老年被试语用能力，采集相关数据。例如，里尔交际能力测试（Lille Communication Test, TLC）（Rousseaux et al., 2001）主要用于评估脑外伤患者或其他精神疾病患者、神经退行性疾病患者或聋人的交际能力，包括交际参与能力、言语交际能力和非言语交际能力三部分，研究者可基于被试在自然互动、导向性访谈以及开放式讨论三种方式中的表现进行测试。在开放式讨论中，被试面对面地坐在桌子旁，每个被试面前都有一组相似的图片，其中一个人（被试或评估人员）通过口语或手势让对方匹配并且指认某个图片。评估者通过三个评测维度，问候行为（存在言语或非言语问候）、对

老龄化与老年语言学引论

说话者的注意力(姿势、眼神、言语和非言语反应)以及参与互动情况(使用言语和非言语资源),来分析参与交际的情况。该测试方法可用于评估老年人言语及非言语交际能力,是为数不多的将眼神、表情、身姿等非言语维度纳入评估维度的测试方法。类似地,功能性语言沟通量表(Functional Linguistic Communication Inventory)(Bayles & Tomoeda, 1994)是评测中度和重度痴呆患者功能性语言沟通的标准化量表,可从问候、命名、书写、指令服从、口令及图像理解、词语跟读和理解、问题回答、回忆、手势和交谈几个方面考察阿尔茨海默病患者语言行为能力。

需要注意的是,行为学实验的研究设计和数据采集有时并不是孤立的,它可以和其他研究方法相结合。例如,基于事件相关电位技术的老年人语言加工脑机制研究中,除了采用脑电数据,还采用了正确率、反应时等行为学数据,还会与眼动实验相结合。这样的组合尤其多应用于多个研究问题的解决或跨学科研究中。

5.1.2 电生理实验法

随着技术进步,人们在使用行为学实验法进行语言老化研究的同时,也开始采用无创的电生理和神经成像手段对大脑语言的加工过程进行精细化观测。事件相关电位技术是一项基于脑电图技术、被广泛应用于神经科学领域的研究方法,能够帮助人们窥探大脑皮质活动。研究者通过特定的仪器记录下大脑神经系统的自发电位,通过滤波和信号叠加技术,提取出与某一认知加工过程相关的电信号(江铭虎,2019:11)。由于外显行为反映的是多个认知过程的输出结果,正确率或反应时的变化是由哪个特定认知过程变化引起的很难确定。相比于行为学测量分析,事件相关电位技术能对刺激进行内隐性监测,能对刺激与反应之间的连续过程进行测量,即便在没有行为反应的情况下,也可对大脑认知加工过程进行实时监测,便于研究者确定受特定实验操作影响的加工阶段。这种对认知加工过程的直接测量也可以一定程度上避免因行为学研究方法不同而造成的实验结论差异。

事件相关电位技术因其高时间分辨率和在线实时连续测量的特点,已成为语言老化加工实证研究的重要手段,并被应用于各个层面的语言老化研究。过往研究已经积累了一些经典实验范式,这些都可被运用于正常认知老化的老年人及阿尔茨海默病患者的语言研究,包括字词优势效应、听觉词汇决定、跨通道语义启动、线索掩蔽、掩蔽启动、类别启动等(刘思耘、江帆,2014:65－91)。在脑电成分上,研究者主要关注 N400 和 P600 等与语言信息加工关系密切的脑电成分。N400 成分最早由 Kutas 和 Hilyard 于1980 年首次发现。对于语义不相关的词,N400 在 400 毫秒左右会呈现波幅更大的负波,因此该成分一直被认为能够反映大脑对语义信息的高级认知加工。Osterhout 和 Holcomb 在 1992 年考察名词短语－句子补语歧义时发现,在违反句法的条件下,关键词呈现后 600 毫秒左右会出现一个明显正波,即 P600,因此 P600 被认为是表征句法结构关系加工过程的脑电成分(江铭虎,2019:11)。随着研究内容的扩大,研究者也逐渐发现 ELAN(早期左前负成分)、N200 等脑电成分与语言加工同样存在紧密联系。

在语音感知层面,肖容、梁丹丹、李善鹏(2020)运用事件相关电位技术,采用被动怪球范式(Oddball Paradigm)[①]考察了汉语普通话老年人前注意阶段声调感知状况,探究领域特殊的老年化是否存在。研究结果表明,在前注意阶段,汉语普通话老年人的特定声调范畴知识加工能力存在领域特殊的衰退,但在不涉及母语音位知识的声调感知方面有一定程度的保留,这一保留与时间维度上补偿机制的调用有关。受补偿机制调节,语言加工呈现出衰退或保留等不同的老年化进程。俞敏萱等(1997)也曾以 47 名健康老年志愿为研究对象进行单音听觉、图像及汉字结构识别视觉刺激的事件相关电位研究。在汉字书写层面,何洁莹和张清芳(2017)运用事件相关电位技术考察了老年人汉语词汇书写产生过程中的词汇效率效应和音节频率效应的时间进程。结果表明,词汇频率和音节频率会影响汉字书写的潜伏期,这种影响具体表现为高词汇频率词的书写潜伏期短于低词汇频率词,高音节频率词的书写潜伏期短于低音节频率词。语音信息在书写产生过程被激活,在较晚的阶段影响了正字法编码过程。句法加工层面,侯孝朴和朱祖德(2016:111－112)在年轻被试和老年被试进行语义合理性判断任务时采集脑电信号,结果发现,在语义加工上,年轻被试会察觉到句法违反导致的语义整合困难并更迅速地放弃语义整合,而老年被试则需要更长的时间才能完成这一加工。语义加工研究中,Bonnaud, Gil & Ingrand(2002)将事件相关电位技术与"语义关系判断"范式相结合,研究了老年人隐喻加工模式。

---

① 怪球范式是常见的事件相关电位研究范式之一。经典的怪球范式是在一项实验中随机呈现同一感觉通道的两种刺激,且两种刺激出现的概率相差较大。

虽然基于事件相关电位方法的语言加工老化研究成果日益丰富,但也存在一些问题。例如,不同研究者得到的实验结果不同,对 N400、P600 等语言相关脑电成分背后的底层机制解释也存在分歧。研究者在整合借鉴相关研究时,需要注意不同研究间的实验设计差异,而各个脑电成分所代表的具体底层认知加工过程仍待进一步探索。

5.1.3　脑成像法

基于脑成像技术的研究旨在通过对老年人语言活动所涉及的脑区定位,解释特定脑区与脑功能及语言活动之间的关系。目前,常见的脑成像技术包括:功能性磁共振成像技术、正电子发射断层显像术、单光子发射计算机断层成像术(Single Photon Emission Computed Tomography, SPECT)、弥散张量成像技术和计算机 X 线断层摄影(Computed Tomography, CT)等。

这些脑成像技术旨在研究正常老年人的语言活动及罹患神经退行性疾病的老年人的语障问题,并找出这些现象背后对应的脑结构和执行相关功能时的脑区变化。该类研究的理想是准确描绘老年人各类语言使用障碍分类图与其所匹配的脑组织结构病理改变图(吴国良等,2014:461),同时探索各类语障的脑机制,这也是脑科学范式下对老年人语言机制研究的主流。这类研究具有直接的临床意义和深远的理论意义。

在医学及脑科学领域,各类研究项目广泛应用脑成像技术开展研究。国际各类大型脑计划项目的实施更是加速了脑影像数据库的建设。国际上不少脑影像数据库向研究者开放和共享,且提供脑影像之外的人口统计、神经心理、基因、血液等多种类型数据。如美国得克萨斯大学圣安东尼奥健康科学中心从 20 世纪末开始建立的脑影像学数据库 BrainMap,其为荟萃分析和数据挖掘提供了资源。但现存数据库中大脑语言能力数据及对应脑成像的类别数据较为鲜见,因此,为今后的数据库提供正常及特殊群体老年人语言使用状态及与其匹配的脑结构图,尚需进一步加强。

基于脑成像技术研究发现的主要结论包括:脑半球功能不对称和去分化能力降低;白质与灰质密度和体积改变(Y. Yang et al., 2014)致使大脑语言网络中的脑区内连接密度降低,脑区间连接增强(Shafto & Tyler, 2014);大脑上纵束部分的白质组织完好性降低;执行功能脑区老化等(何文广,2017);在语义流畅性测验中,老年人的双侧模式(下额叶和中额叶活动)更强,且与任务表现呈负相关(Meinzer et al., 2009)。

5.2 个案分析方法

个案研究可以定义为使用适当的研究方法对个案进行的细节性研究,这里的"个案",既可以是个体,也可以是群体,但必须是一个界定清楚的对象。同时,在个案分析方法的分类问题上,个案分析方法按照个案数量可分为单一个案研究和多重个案研究;按照研究目的又可分为本质型研究和工具型研究(杨延宁,2014)。除了上述提到的两种分类方法,个案分析方法还可以从时间维度划分为共时个案分析法和历时个案分析法。个案分析法能够较为完整、全面地还原老年人作为研究对象在各类社会生活中的即席话语表现。基于此方法,尤其历时个案分析法开展的研究,能够反映老年人的语言使用情况在一段时间内的变化,同时也便于我们了解个体差异性。

对个体生命而言,语言是不断变化发展的,但在某一个时间点上,它又是相对稳定的。因此,这种从时间维度对个案分析方法的划分有利于研究者从动态和静态两个角度,立体地把握语言的发展规律及其本质。本小节将以该分类方式为标准,对个案分析方法在老年语言学领域的相关研究进行介绍。

5.2.1 共时个案分析法

在老年语言学中,共时个案分析通常旨在考察按照不同标准进行分组的老年人在某些层面上的语言使用状态有何异同,强调通过共时性的横向对比来分析这些异同背后的机制和原因。分组参考同一时间内被试的认知水平、年龄、性别、教育背景等与语言使用状态相关的条件。

老年人的认知水平是该方法下的常见分类标准之一。通过对比患有认知障碍老年人与正常老年人的语言使用情况,研究者可以找出识别认知障碍的语言标志,并分析其语言使用情况异同背后的机制和原因。例如,Le et al. (2011)以 Alice Munro、Agatha Christie 和 Phyllis D. James 这三位英国作家为研究对象,以其发表作品为语料来源,研究了书面语言中词汇句法的使用认知障碍的关系。三位研究对象的情况各不相同:Alice Munro 被确诊患有阿尔茨海默病,Phyllis D. James 属于健康老化,而

Agatha Christie 则是被怀疑患有阿尔茨海默病。除了认知方面的情况，Le 等人还对三位作家的个人经历进行了细致的评估与调查，并且谨慎选取了作为研究语料的作品以尽量规避编辑或其写作习惯的变化对作品产生的影响。研究结果表明，在词汇特征方面，阿尔茨海默病患者的词汇重复及填充词数量增加，词汇量和词类丰富程度减少；在句法特征方面，阿尔茨海默病患者的被动语态尤其是 be-被动句的使用量下降。同时，Le 等人还进一步提出，句法能力的下降通常要迟于词汇能力的下降，这是因为，句法作为语言能力的核心，能够保留相对更长的时间。

另一项研究（Berisha et al.，2015）以两位美国前总统 Ronald W. Reagan 和 George W. Bush 为研究对象，研究了现场即席话语中语言能力下降与阿尔茨海默病的关系。研究者以这两位前总统在任期间在新闻发布会记者提问环节中的发言为语料，提取了其中几项特定的语言特征并对其发生的纵向变化进行了回归分析。回归分析的结果显示，早在 1994 年 Reagan 总统被检测出患有阿尔茨海默病之前，他的语言能力就已经表现出逐渐下降的趋势，这种语言能力的下降体现在特定名词使用量的下降以及非特定名词（non-specific nouns）和填充词的增加。为了与健康老化进行区别，研究者将 Reagan 产出话语的回归分析结果与未被诊断患有阿尔茨海默病的 Bush 产出话语的分析结果进行了对比，结果显示，上述各项语言特征在 Bush 的话语中均未发生显著变化。因此，即席话语语言能力的下降或许可以作为识别早期阿尔茨海默病的指标之一。在该研究中，Berisha 等人选取的是媒体提问环节的语料而非预先准备好的演讲环节的语料，侧重现场即席话语，因此更能体现老年人的语用能力；然而，官方和政治性质的发言场合仍然具有较大的特殊性，即便是即兴问答环节，其应答策略与日常对话仍存在一定的差距，而对更加常规、日常、生活化的从话语样本入手的分析则更能反映语言现象的规律。例如，刘红艳（2014）基于四名老年人的自然话语语料考察了找词困难情况，四名老年人中两位是正常老年人，另外两位分别是阿尔茨海默病轻中度患者和重度患者。刘红艳在对语料进行分析对比后发现，阿尔茨海默病患者存在找词困难，主要表现在话语冗长迂回、找错词、使用语义相关词、使用模糊空洞词汇和使用杜撰词五个方面；除此之外，对比分析的数据表明，这种找词困难在阿尔茨海默病发展的不同阶段表现的程度不同。正常老年人自然话语中存在少量使用冗长、迂回话语，语义相关词及模糊、空洞词汇的现象，但是从未出现找错词和使用杜撰词的现象；轻中度和重度患者自然话语中出现全部五类找词困难,重度患者各类找词困难频率明显高于轻中度患者。

近来,也有越来越多的共时研究将老人按照性别、教育背景或单双语者等标准来分组,以更深入细致地考察认知障碍老人语言状况背后的多种复杂因素。例如,国内已有将少数民族老年人作为研究对象开展的研究,试图厘清双语经验对认知老化的影响。刘露奇等(2013)选取了10名少数民族单语老年人和10名少数民族平衡双语老年人,通过对比其在数字计算与记忆实验任务中的表现,探究了双语经验对于工作记忆的影响。统计结果显示,双语老年人在数字工作记忆广度上明显要好于单语老年人。虽然该研究仅仅从数字工作记忆广度的角度把握老年人的认知水平,角度较为单一,但工作记忆能够在相当大的程度上代表老年人的认知能力,因此,该研究结果对于研究语言对老年人认知水平的影响具有一定参考意义。

共时个案研究有时会选取数量较少的个案,且常常利用采访的形式,对某次会话中的语料进行描述和分析,有时还会借助现有的理论框架对语料进行分析。例如,Müller & Wilson(2008)研究了一位男性认知障碍老人与一位年轻人的会话过程,从概念意义、人际意义和语篇意义三个角度对会话做了分析。分析结果表明,一方面认知障碍老人的确存在大量沟通和认知缺陷,在语言上的表现包括时态、代词的错用,词汇语法系统的简化等;而另一方面,患者会通过一系列策略建立起一个"给予年轻人建议"的会话者形象,例如,他会反复地谈及个人经历,用 That not true? 这样的句子来寻求对方的同意,或用 let me tell you 吸引对方的注意力。Müller & Mok(2012)则是通过对两位女性认知障碍老年人和两位年轻人对话的分析,利用系统功能语言学的框架探究了认知障碍患者在对话中人际关系的构建。研究发现,两位老人控制了绝大部分的对话过程,会利用较为亲密称呼词,如 honey、sugar 来传达友善的态度;除此之外,对会话中语步的统计显示,两位老人采取了较多的开放性(opening)和持续性(continuing)语步,并且支持性语步数量多于对抗性语步数量,这些都有利于推动会话的顺利进行。

共时个案分析法能够通过对比,更加有针对性地对语言背后的影响因素进行分析;同时,共时的分析方法也能涵盖更加全面的样本,从而为研究者提供更加完整的视角。然而,语言背后的机制是复杂的,如果想要获得更加准确的数据和结果,研究者就必须对被试年龄、性别、职业、教育背景、语言使用状况和认知情况等因素进行详尽地调查和谨慎地分类,从而在对某一层面进行研究时尽量避免其他因素的影响。

5.2.2 历时个案分析法

与共时个案分析注重分类横向对比不同,历时个案分析常常对某一个体进行一定时长的追踪、观察和记录,通过纵向的对比,分析其在一个或多个层面的语言状态或变化。历时个案分析法有时也会采用生命历程的研究视角,对个体过往经历中某些可能影响语言使用状态的事件或因素等进行分析。在老年语言学领域,历时个案分析会对老年人语言使用状态的变化进行长期追踪与研究。此类研究通常耗时较长、成本较高,因此即便是老年语言学研究发展较快的国家或地区也较少开展。

研究者一般会根据具体的研究需求,采用正式程度不同的方式与受访者进行面对面的交流或采访。例如,Hamilton(1994)以一位女性阿尔茨海默病患者 Elsie 为调查对象,从互动社会语言学的角度入手,记录了与其历时四年半的对话,并进一步分析了其在这段时期语言交流能力的变化。根据调查者的记录显示,1981 年秋,Elsie 还可以通过语言手段来发出请求,表达愿望和关心,提出拒绝等;而在 1986 年春,她已经不能发出主动交流,只能通过简单的语气词(如 mhm、mmm、hmm 等)来做出回应。Hamilton 将这些语言行为上的变化分为定性与定量两个层面,定量是指某一特定的语言现象在一段时间内的稳定增加或减少;定性主要是指患者在回应某些问题时出现了错误和障碍,例如 Elsie 会用 yes 或 no 来回答wh-问题。同时,Hamilton 将 Elsie 的语言蚀失过程按照时间顺序划分为四个阶段,从阶段一到阶段四,Elsie 经历了从对话积极参与者到消极参与者的转变,例如,其主动发问越来越少;且越来越难以意识到自己的记忆或交际障碍:在阶段一,Elsie 会用"Somebody else I forgot who it was"这样的话来明确表达出自己的记忆障碍;而到了阶段二,Elsie 在对话中已不再提及自己的记忆问题。

Hamilton 的研究对于老年语言学发展有许多方法论上的启发,如通过调整发问者的发问策略来激发患者的交流需求,从而获得更加自然、真实的语料。尤其值得一提的是,该研究从互动社会语言学的角度出发,不仅关注患者的语言特征,而且将对话者、患者的自身经历、社会环境等多种因素考虑在内,将语言视作社会生活的一部分而不只是抽象的符号系统,该研究方法对从语用维度来进行老年语言学研究具有重要意义。当然,Hamilton 的研究也同样存在着不足,其中比较明显的一点是,该研究对会话的分析更多停留在描述和量化统计层面,并未进一步深入探寻某一特定语言特征发生变化的具体原因。因此,尽管该研究有着重要的临床意义,但鉴于语言背后的复杂机制,该研究中发现的某些语言特征并不能作为判断阿尔茨海默病患者认知水平的直接标志。

同样是从日常交流中的对话入手,Jones(2015)的研究却与过往研究重视阿尔茨海默病患者的认知水平或语言本身特征的传统不同,该研究从对话者的角度,分析了阿尔茨海默病患者日常交流中困难产生的原因。研究语料来自一位患有阿尔茨海默病的老年女性 May 与其家人在两年半内的 70 通电话。经过对这些语料的会话分析,Jones 得出,May 在交际中遇到的困难是由其他对话者在会话互动中触发的"偶然性"(contingency)造成的。Jones 将这种偶然性的触发归结于对话者的发问或回应与患者的情景记忆之间的不匹配。一方面,对话者在提问或回答时,常常预设患者存在某些情景记忆,如 Did you go to Church this morning?,而从患者的角度看,其相关的情景记忆往往是受损的,因此难以应对这些问题,从而导致了交际困难的产生。Jones 的研究从对话者的层面而不仅仅针对患者本身来进行会话分析,为更好地理解阿尔茨海默病患者的日常交流提供了一种新的切入角度,对于认知障碍的临床护理也具有重要意义。

同时,通过分析 May 对于各类问题的回应,Jones 还发现,即使 May 已经失去对相关事件的记忆,她仍然能够通过从已知对话中获得的信息来对提问者的问题做出相应的回应,尽管有时她提供的信息无法满足提问者的需求,甚至与事实不符;Jones 认为,May 的这种行为表明,尽管她的情景记忆能力造成了会话中的障碍,她仍然会主动采取一系列交际策略来试图弥补或掩盖这种困难,从而建立起一个成功的对话者形象。

5.3 民族志方法

民族志法(ethnomethodology)是人类语言学、社会语言学常用的研究方法。国际上有学者倡导基于该方法从事老年语言学研究,要求研究者深入"田野",例如,家庭、社区、养老院等老年人长期活动的场所采集"微观"或"宏观"两类语料。所谓"微观",是指对个体的话语进行语料采集;"宏观"则是指对某一群体的会话活动进行采集。两类研究各有侧重,往往往有对个体微观语料的分析,或是对某一群体(如痴呆症患者)会话特征进行宏观上的规律总结,也有两者的结合。随着民族志方法的跨学科运用不断发展,国内出现了基于民族志方法开展的应用语言学研究,但将该方法应用至老年语言学领域的研究还较少。

5.3.1 民族志方法的特点

民族志方法起源于人类学和社会学研究,在此类研究中,研究者借助该方法来考察某个群体或文化场景的文化特征、价值信念、社会规范。作为描述性和解释性研究的传统方法,该方法试图从社会群体成员的角度定义和解释对这些群体成员有意义的行为类别或模式。该方法既从"局内人"视角出发描述相关现象,也从"局外人"视角研究问题。

民族志方法主要表现为民族志访谈或现场研究,即研究者对所研究群体成员进行实地深度访谈,并对这些访谈内容进行录音(有时录像)、转写和相关元信息的记录。民族志方法可分为传统民族志和非传统民族志。传统民族志研究以"地域"(location)为主要特点,通过对当地的研究,挖掘当地文化特色。研究者不设置任何预先计划,而是进行参与性观察(participant observation),即研究者积极参与到所研究的群体之中并采集数据的方法。在使用该方法时,如何融入所研究的对象群体并被接纳显得尤为重要,这是能够进行实地考察并进行数据采集的基础。非传统的民族志研究以"问题"(issue)为主要特点,研究者往往带着目的,选择某个特定组织或机构,通过叙述其中成员共有的行为或经历等,来解释其背后的文化模式或信念价值。例如,要研究养老院或其他照护机构中老年人与照护者之间的沟通交际问题,可采用这种方法。此时,研究者是带着某个老年语言学研究议题开始田野调查的。研究者进入养老院或照护机构,获得老年人及照护者的信任和接纳,通过记录老年人或照护者的行为或经历,对研究问题进行描述和解释(裴晨晖,2015)。

民族志方法作为人文社会科学的质性研究方法,其核心要义主要体现在三个方面(裴晨晖,2015):

1)观察与数据收集。在数据收集过程中,民族志方法不强调使用特定工具,而是要求研究者进行参与观察,基于开放式访谈或通过当地档案来进行数据收集与分析。在现场研究和数据采集中,研究者需要如实详细地进行现场记录。收集数据后,要进行数据效度的核查,并在此基础上对数据体现的文化模式和意义等进行深入分析,再针对群体特征、群体成员之间的互动情况、群体成员之间的共同点、群体的规范和仪式、群体成员的身份认同等进行分析叙述。研究者一般以公开身份进行民族志调查,但在某些情况下,研究者可能隐瞒真实身份,以方便数据采集或保证相关材料的客观真实性,但由于涉及知情同意等伦理问题,研究者在实际研究中较少采用隐瞒身份的方式开展调查。

2)数据性质。民族志方法收集的数据具有自然特性,即这些数据来源于客观的自然事件,研究者可从中发掘和揭示背后的文化价值。虽然民族志方法强调客观真实的描写与阐释,但研究者要对这种文化进行深度描述绝非易事。在调查过程中,数据的客观真实性会受到很多因素的影响。例如,如果在田野调查时选择的研究对象不具代表性,则研究结论和揭示结果会大打折扣。此外,研究者自身行为也会影响到群体行为,产生所谓的"反应效应"(reactive effect)。因此,研究者需要处理好与观察对象的关系,以及在研究结果中主位和客位的视角。

3)使用并产生理论。民族志方法的研究并不是为了验证某个理论,而是要通过使用相关理论来阐释研究背景或话题,继而加入研究者通过参与观察和数据解读所得出的结果或理念,形成新的理论。

5.3.2 老年语言现象的民族志研究

交际民族志学(Ethnography of Communication)是民族志方法在语言学领域的具体运用。作为交际民族志学的倡导者,Hymes(1962)强调,对人类行为或特定社会群体行为的研究不能忽略语言这一重要维度,他认为充分利用语言进行人类学研究是具有开创性的。

Hymes(1972)从语言角度叙述了对社会群体进行结构性分析的原因与方法,提出可以对言语事件(speech events)加以分析。任何个体的生活中都存在无数种言语事件,典型的日常互动由一系列相对固定的事件要素组成,它们联系着特定的认知模式(储存的心理表征),且与特定的言语事件紧密相关。例如,看病就包括对医院实际环境的假设(如干净的等候区、白色的诊室等)、看病时的常规行为(如挂号登记、候诊等)以及特定言语事件包含的交流过程等。Hymes(1972)建议从以下八个方面对言语事件进行分析,每个单词的首字母连接起来正好是 SPEAKING:

场景(setting)：包括物理环境、对场景的主观定义

参与人(participants)：说话人、听话人、听众(偷听者)

结局(ends)：目的、结果

行为序列(act sequence)：消息形式与内容(如疑问、指令)

基调(key)：语气、方式

方式(instrumentalities)：交流形式、非言语行为、动作、言语或书面

规约(norms)：在文化信念体系中对规约的解释

体裁(genre)：文本类型、风格(闲聊、正式或辩论)

Hymes 的分析方法对利用交际民族志学研究老龄社会中的语言活动及老年人语言问题也颇具启示性。例如，基于交际民族志学方法的研究可以深入揭示老年人与照护者社会互动中所体现的社会制度、价值观念与文化传统，以及老年个体的身份构建、心理需求或交际目的等。另外采用交际民族志方法还能弥补过往健康及痴呆症老年人研究忽略个体经历、不同背景的不足。此外，与痴呆症老年人的交际互动可能会偏离某些常规的流程，但随着健康人群或照护人士与痴呆症患者互动经验的增加，他们会越来越熟悉对方的交际常规，从而更好地保持对话流畅。因此，该方法还可以指导照护人员如何更加有效地与痴呆症老年人加强沟通。

Guendouzi & Müller(2006)是该研究方法的典型践行者，他们较早地把民族志法引入痴呆症老年人话语研究。通过对两个痴呆症老年人会话的案例分析，他们说明了 SPEAKING 分析框架的操作方法(Guendouzi & Müller, 2006：59 - 66)。此外，他们在实际研究中还采用了与其配套的质性研究思想(吴国良等,2014：458)。

需要注意的是，在用民族志方法开展的话语研究中，有关研究访谈的会议结构序列，一般有四部分：问候阶段、启动阶段、采访阶段、结尾阶段。在与患者的访谈中，存在类型的三种问题：信息寻求问题(I - SQs)、信息核对问题(I - CQs)和寻求澄清问题(C - SQ)。在实际的研究访谈中，研究者可能不会寻求特定的信息内容，并且也不太会进行信息核对，因为这可能会损害对方的面子和自尊。从这个意义上说，研究者主要致力于保持双方对话的流畅，而不是必须核对所获信息的准确性和有效性(Guendouzi & Müller, 2006)。

综上，交际民族志学拓展了人类学及语言文化研究的范畴(Hymes, 1962, 1972)，并为研究沟通障碍环境中的相关议题提供了更加适用的分析方法。交际民族志学把民族志方法和会话分析结合起来，重点关注语

言在各种语境下的使用情况,其核心概念包括语境、言语社团、言语区域、言语网络以及交际能力。交际民族志学重视分析的整体性,通过各种主、客观方法对某个场景下的语言现象进行多层次分析,从而全面反映该场景下各种多样的、复杂的语言运用情况,进而揭示其背后的语言文化机制与原因。因此,交际民族志学方法对于研究老龄社会下老年人的语言现象及痴呆症老年人语障表现具有十分重要的借鉴意义,是值得推广的。但是,囿于方法自身的局限性,基于这种方法的研究注重过程和个体的研究,在方法论上属于基于个体发生学的研究,对数据很少做量化与统计,因而无法对相关成果进行扩展、形成一般性规律,也就无法直接成为临床上可以直接参考或应用的语言标志物(吴国良等,2014:459)。

5.4 队列研究与横断面研究方法

队列研究(Cohort Studies)和横断面研究(Cross-sectional Studies)具有共同的特点,即往往采用较大样本量,并在此基础上统计总结某些特征。这两种研究常用于医学研究,特别是流行病学相关领域的研究,虽然不是直接的语言学研究方法,但在国外跨学科视阈下的老年语言问题研究中经常被使用。例如,有些研究采用了队列研究方法,总结了某一类老年人的语言特征,历史上著名的修女研究就是典型。另一些则使用了横断面研究方法,例如,Kemper(1986)基于横断面研究的样本采集方法,对50岁到90岁的健康老年人的自发言语进行了分析。因此,本小节将这两种研究放在同一处介绍。

5.4.1 队列研究

队列研究属于观察性研究,其本质是纵向性的。队列通常指具有共同经历(如吸烟经历或暴露于某种环境的经历、某种饮食习惯等)、共有特征(相同出生年代、相同教育程度或相同认知水平)的一群人。研究者会提出某个假设,考察该经历或特征与所研究问题之间存在怎样的联系。队列研究样本量通常由研究目的、研究功效、可行性等多种因素决定,可以从几十人到几十万人。队列的样本量越大,随访时间越长,研究功效要求越高,研究的成本和难度就越大。队列研究的特点包括观察性、纵向

(longitudinally)等,具体流程为纵向随访一组确定的研究对象,经过一定的时间跨度,比较相关结果。与其他观察性研究相仿,队列研究对因果关系的解释会受到多种混杂因素的影响。该研究方法的主要优点是可以预测某种疾病的发病率(incidence rate),即一段时间内某种状态的新发例数,如老年人语言能力减退或语言障碍的新发例数。

队列研究可分为前瞻性(prospective)队列研究、回顾性(retrospective)队列研究和多重队列研究三种类型。

前瞻性队列研究是指研究者在研究开始时选择一组研究对象作为样本,同时测量每个研究对象的某些可预测结局的特征变量(定为基线),并在随访的一段时间内定期测量结局指标。简单来说,就是先定样本,再随访定期测量某些特征变量。在队列随访中,研究者需要使用多种手段完成随访目标,这是比较花费精力和成本的工作。

回顾性队列与前瞻性队列的区别在于,回顾性队列的招募、基线测量及随访均发生在研究开始之前,相关特征变量变化的判断依据是简洁的,如过去形成的记录,包括临床电子记录或管理数据库等。回顾性队列方法具有节约时间、节省精力和减少成本等优点(赫利等,2017: 88 – 90)。

两者区别见图5.1:

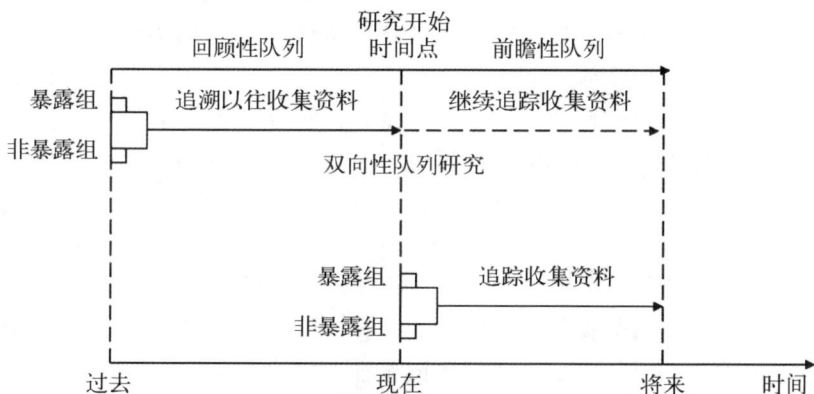

图 5.1　回顾性队列与前瞻性队列的区别

临床研究中还有一些属于多重队列研究(外部对照),队列通常由两组或多组独立的研究对象组成,一组长期暴露于潜在的危险因素中,另一组或多组未暴露或较少暴露于潜在危险因素中,研究者则像一般队列研究那样进行随访和观察(赫利等,2017: 91)。这种队列研究有自己的资料收集、计算统计、偏倚控制方法,这里不再赘述。

结合老年语言问题研究来看,在队列研究中,为保证队列研究数据的可靠性,在老年人样本选择时,通常要将其认知评估分数、医院诊断结果作为重要的分类标准,国外有的研究甚至将尸体解剖结果作为最终分类标准(目前对于阿尔茨海默病的诊断要依靠尸体解剖后对脑组织进行的显微镜检查才能完成)。一般情况下,研究通常在临床随访中招募被试,这些老年被试的基础信息相对完整、临床诊断明确;也有研究在一定范围内的机构或社区进行招募,被试需要接受认知评估、病史询问、基础信息调查等,符合条件的才能参与研究。但无论如何,这类研究数据的获取难度较高,因此语言研究者与生物医学研究者或临床医生需要联手,在研究中使用多种数据。这也在一定程度上说明了建设大型多模态、多数据类型的正常及患病老年人开放数据库的重要性。各国研究者基于这类开放数据库的公开数据,从多种视角和维度开展研究,可以更好地揭示老年人语言蚀失或语言障碍的显著特征与变化趋势。目前,国外有不少研究都是基于大研究团队的开放数据展开的,国内个别研究也使用了国外现有数据开展定量分析。

对正常及罹患神经退行性疾病老年人的书面语和口语分析表明,语言能力的细微变化可能可以提前几年甚至几十年提示认知障碍,使用队列研究方法对正常及罹患神经退行性疾病老年人语言障碍的全过程特征变化加以描述十分重要。目前,大多数研究者会使用队列研究方法研究认知衰退某个阶段的语言变化情况,很少有研究者纵向研究从轻度认知障碍到痴呆症疾病后期的语言障碍完整发展过程。

例如,Ahmed et al.(2013b)基于牛津记忆与衰老研究项目(Oxford Project to Investigate Memory and Ageing, OPTIMA)开展了对不同阶段痴呆症老年人言语特征的研究。OPTIMA 是一项包括了临床、神经心理学、生化和影像学相关数据的纵向队列研究(Oulhaj et al., 2009)。该研究的老年样本为 1989 年至 2006 年间登记参加 OPTIMA 项目的 36 名被试,这些被试既有认知健康的,也有被诊断为轻度认知障碍的。其中,18 名被试后来进展为阿尔茨海默病,其余被试继续表现出正常的认知能力。所有参与者被连续随访 6 到 12 个月,直到死亡,并于死后接受了大脑解剖病理学检查,以明确生前的阿尔茨海默病诊断。该研究采集的数据是"偷饼干图"描述任务获得的连续性话语。

该研究所采用的指标体系具体包括:

　　1）言语产出（语速、失真和语音错误）；

　　2）句法复杂性（平均话语长度、句子中单词的比例、包孕句数量、句法错误、句子中前面有限定词的名词和有屈折变化的动词的比例）；

　　3）词汇内容，包括开放词类（名词、动词和描述词）和封闭词类（语法功能）的比例；

　　4）流畅性错误（包括开头失误、序列修正、插入停顿、不完整句）；

　　5）语义内容（语义单元分类、语义密度和效率）（Croisile et al., 1996; Ahmed et al., 2013）。

　　相关研究表明，从阿尔茨海默病前临床阶段、轻度认知障碍到重度认知障碍这三个阶段，句法复杂性、语义和词汇内容呈显著变化趋势。

　　国际上已有采用队列研究方法考察阿尔茨海默病病程中语言变化过程。Tomoeda & Bayles（1993）纵向跟踪了三名阿尔茨海默病患者（年龄63—78 岁）和三名作为对照组的健康老年人，分析了他们在五年间的语言变化情况。该研究使用图片描述任务来获取语料，用磁带录音进行转录，并使用八种话语产出标准进行评分。研究发现，简洁性的降低是区分患者组和对照组的最佳方法；随着时间的推移，信息单元的减少是认知功能下降的最佳衡量标准。然而，这项研究并没有对轻度认知障碍患者转化为阿尔茨海默病加以临床诊断确认。

　　美国卡奇县老年记忆研究（Cache County Study on Memory in Aging）是一项较为著名的阿尔茨海默病及其他类型痴呆症的纵向研究（Tschanz et al., 2013），目的是研究阿尔茨海默病和其他痴呆症的遗传和环境风险因素。该研究始于 1995 年，一直持续到 2013 年，符合条件的参与者是位于美国犹他州东北部农村地区卡奇县的 5,092 名老年居民。该研究对参与者的遗传、心理、所处社会环境及其认知能力、痴呆症临床病症进行了全面的统计和调查，研究结果显示，生物性因素（包括药物、营养和饮食摄入等）和心理社会因素（包括父母过早死亡、子女死亡）都会对认知产生影响。

　　另外，还有一种被称为"队列排序研究设计"（cohort-sequential design 或 accelerated longitudinal design）的研究方法。该方法通常在缺乏年龄跨度较长并同时具有连续性的队列数据时使用。研究者将多个跨度较小但连续的特定年龄组组成队列，并利用各个组内有限的纵向数据进行测量研究，以考察更大跨度的年龄组之内是否存在共同趋势。这种研究设计使研究人员能够构拟人生过程中较长年龄段内某些指标的整体发展趋势。

总体上看,纵向队列研究的构建和研究成本都较高,因此,目前学界的纵向队列研究语言样本数量很少,今后需要在更大的患者队列中进行更多维度的特征统计与分析。

5.4.2 横断面研究

横断面研究是指研究者在某一时点或短时期内完成所有特征值的测量,从而为进一步的研究提供线索,没有后续的随访。在医学研究中,该研究方法能够有效规避长期随访的高成本,可用于研究某种疾病患病率(prevalence),即某一时点患某种疾病或状态的比例。结合老年语言问题研究来看,利用横断面研究可以探索不同年龄、不同认知水平下单个或多个语言层面的变化情况及相关关系。另外,还有一种横断面研究"系列横断面调查"(serial cross-sectional survey),该方法具有纵向的时间框架,但仍不同于队列研究,因为每一次调查均在一个新的样本中进行,而不是同一个样本的连续纵向追踪,所以个体的连续性变化无法得到准确测量(赫利等,2017:87)。

需要指出的是,横断面研究在设计上也存在一些潜在的问题。例如,基于横断面研究的数据通常难以建立因果关系,很多情况下只是变量之间的相关关系。另外,不同年龄队列数据的差异可能并不反映个体在某个年龄阶段的实际变化,因为这些差异也可能与队列中样本的性别、角色、身份、社会化及教育背景有关(Hamilton,2018:573)。

国外不少研究都以横断面队列(cross-sectional cohort)数据为主构建语料库或数据集。例如,词汇、句法、语义及语用等层面的老年人理解与产出研究中都有大量的横断面样本设计,这些设计有利于变量控制以及被试行为学特征(包括反应时长、准确率等)的记录。例如,Kynette & Kemper(1986)基于横断面研究的样本采集方法,对50岁到90岁的健康成年人自发言语进行了分析,对句法结构、动词时态、形式类别、词汇使用和非流利性等现象进行了统计。研究发现,词汇和非流利性测试的成绩没有随着增龄而变化;句法、时态和形式类别测试的成绩随着增龄而下降,可能反映了老年人注意力和记忆力的局限。Araujo et al.(2011)基于横断面研究方法,比较了阿尔茨海默病、帕金森病、抑郁症患者的言语流畅性水平。研究发现,阿尔茨海默病患者(n=34)的平均数字广度和言语流畅性得分低于抑郁症患者(n=52)和帕金森病患者(n=17);阿尔茨海默病患者的平均词数(7.2 个单词)远低于抑郁症患者(14.6 个单词)或帕金森病患者(15.7 个单词),且结果与年龄、教育程度、疾病严重程度、注意力等无关;由此可见言语流畅性水平可以较好地描述阿尔茨海默病、重度抑郁症和帕金森病。Tomoeda et al. (1996)基于看图说话任务,收集了包括 63 名阿尔茨海默病老年人、5 名轻度认知障碍老年人及 52 名健康对照老年人的横断面样本,统计了包括词汇量、信息单位、简洁性、迂回、停顿、中断短语、修正和概念重复等维度的指标,发现信息单位会随着痴呆严重程度加深而减少,是评估阿尔茨海默病患者口语语篇描述损害的最佳指标;简洁性指数也会随着痴呆严重程度加深而降低,并且有很大比例的语篇样本包含概念重复等。

国内采用横断面方法对老年人语言能力变化的研究较少,主要集中在心理学领域对认知老化及语言表现的影响上。这里以某项基于横断面方法对老年人语用交际特征进行研究的设计为例,展示相关样本数据采集的基本样式。

笔者开展的一项研究筛选了 60 名 65 岁以上老年人(在医院神经内科门诊就医人群中筛选确诊阿尔茨海默病老年人 30 名组成观察组,在社区中遴选相应数量的正常老年人组成对照组)作为研究对象,采集老年人在看图(偷饼干图等)说话、定题访谈及交际任务等活动中的语料,高采样率数码摄像机(PAL‐50P)及录音笔(192 KHz/24 bit 以上)同步采录音视频。

表 5.1 对照组、观察组分组情况

分组情况	65 至 74 岁组			75 至 85 岁组			备 注
对照组(NC)	30 人			30 人			1. 大多数阿尔茨海默病患者在 65 岁以后发病,故采集对象起始年龄为 65 岁。
观察组(AD)	I 期	II 期	III 期	I 期	II 期	III 期	2. 对照组、观察组的老年人均经过医院筛查及确诊。
	10 人	10 人	10 人	10 人	10 人	10 人	3. 两组背景因素(年龄、性别、教育程度等)对应。
							4. I 期=阿尔茨海默病轻度认知障碍期,II 期=阿尔茨海默病中期,III 期=阿尔茨海默病晚期。

NC, normal control,对照组。

具体样本数量可根据研究目的、研究成本及研究问题确定,但总体上应该符合统计学有效性对样本的最小数量要求;同时,要注意其他因素的控制。

总的来说,横断面研究具有成本低、操作相对简单等优点,它能够有效揭示某些疾病与特定暴露因素之间的相关关系。在老年语言学研究中,借助横断面研究可以寻找到影响语言能力和认知能力的相关因素,从而为更进一步的机制分析和临床应用奠定基础。

5.4.3　队列研究与横断面研究的结合

一些研究者也会将纵向研究与横断面研究结合起来。例如,Strain et al.（1998）进行了跨度为三年的研究,包括语义记忆评估与朗读实验等。纵向研究中被试的有效数据要符合三个条件,第一是符合认知评估的最低分,首次测验中简易精神状态量表得分不低于 15;第二是为了保证反应时的准确性,研究排除了在另一个词汇阅读实验中成绩不达标的个别被试;第三是被试要至少连续一年以上参加该实验(被试参加该实验的时间有长有短,实验共分为两个阶段,阶段一到阶段二的平均时长为 2—3 年)。在研究中,所有被试均经过严格的认知评估与健康背景调查。参加纵向研究的 20 位轻度阿尔茨海默病患者在为期三年的过程中每六个月进行一次研究测验。经过研究发现,无论是在词汇命名还是图画命名测验中,轻度阿尔茨海默病老年人在该实验开始阶段(阶段一)与相隔三年的阶段(阶段二)相比,其反应时更短,但两个阶段的错误率和错误形式基本相同;中度阿尔茨海默病与轻度阿尔茨海默病阶段二相比,错误率显著上升,但反应时基本一致。研究者推测,阿尔茨海默病患者可能首先经历长期的语义记忆稳步下降,下降到一定程度后再迅速下降,形成类似"语义下降陡坡"的形态。

5.5　语料库及计算机文本自动分析等定量研究方法

本节主要介绍基于语料库方法、计算机文本自动分析方法及其他定量研究方法。需要注意的是,在对正常及特殊群体老年人进行语言表现特征的描述性研究时,研究者或多或少都会涉及定量方法,但其中所涉及的具体统计方法与研究目的及路径密切相关,本节不对统计方法做详细介绍。

5.5.1　语料库方法

　　基于语料库开展的语言发展、语言障碍等研究在国外具有较长的历史。20 世纪 60 年代，就有研究者通过磁带记录儿童的自发话语及诱导话语数据，并对其中的语言障碍进行研究。进入 70 年代，Crystal（1982）及其同事提出构建了儿童及成人的"语言档案"（profiling），并研制了语法、语义、语音及韵律等层面的采集、转写及标注体系。80 年代，世界上最大儿童语言语料库"儿童语言数据交流系统"（Child Langauge Data Exchange System，CHILDES）开始建设（MacWhinney，1995）。之后，其他研究者先后开发了规模不一的儿童及成年人语言障碍数据库（Perkins，1995）。随着基于语料库方法的临床语言学研究的开展，有研究者提出要建设"临床计算语料库语言学"（Clinical Computational Corpus Linguistics）这一分支学科，强调将临床语言学、语料库和计算语言学的研究方法和研究成果相结合（Perkins et al.，1999）。

　　老年人语言特征研究是面向真实话语的描述性及阐释性研究。语料库方法在定量描述上具有优势，国外基于语料库方法开展老年人话语特征研究已是常态。下面将主要介绍代表性语料库的建设情况以及基于语料库方法的相关研究。

5.5.1.1　现有语料库的建设情况

　　建立大规模的正常及特殊群体老年人数据库，是开展老年人语言能力研究的基本工作。一些较早进入老龄化社会、老年语言学发展相对成熟的国家已经开始老年人语料库的专项建设。

　　根据研究内容的不同，语料库的建库方法也随之变化，所构建的语料库也有不同。从语料库的发音人类型上看，语料库主要围绕两类老年人群建设，即经历正常生理衰老的老年人以及经历病理性衰老的老年人，后者主要是指罹患一系列神经退行性疾病（如认知障碍、阿尔茨海默病、帕金森病等）的老年人。

　　从语料库的数据采集性质上看，语料库主要分为个案追踪数据语料库和队列研究数据语料库。个案追踪数据语料库将个案分析和历时研究方法相结合，能够在一定的时间内更全面地对个体的语言变化做出详细的现象描写，可为老年人群的语言变化提供回溯性研究和前瞻性研究的重要数据支撑。但个案研究往往因其所分析的被试较少而存在不足，不能有效地代表同类对象的总体情况。因此，以队列研究为方法导向的语料库建设及相关老年语言学研究更具代表性，目前基于精准队列设计的语料库建设已经相对成熟。现存的语料库中，历时时间较长、规模相对较大的是威斯康星纵向研究（Wisconsin Longitudinal Study，English WLS）。该语料库历时55年，采取固定队列取样法，共有六次集中语料采集。

从语料库的数据类型上看，常见的老年人话语语料库包括音视频语料及部分转写文字、语言认知评估结果等，语料库主要分为单模态语料库、双模态语料库和多模态语料库。单模态语料库指文本语料库，例如，Stone（2003）将生活在过去500年间的著名小说家、剧作家和诗人（共10位）不同年龄段的文字作品转录为文本语料，形成了超过900万字的文本语料库。双模态语料库指包含听觉模态数据和转写后文本数据的语料库，如DementiaBank以及德国柏林自由大学（现移至波茨坦大学）构建的德语语料库LangAge Corpora。多模态语料库通常指包含听觉、视觉模态数据、转写后文本数据及其标注后各项数据以及其他相关的数据类型（如影像学数据、生物学数据等）的语料库，如下文提及的美国卡罗来纳州老年会话语料库研究项目和CorpAGEst以及中国社会科学院的现代汉语现场即席话语多模态语料库（SCCSD）。

这里主要介绍三个具有代表性的语料库。

1）美国卡罗来纳州老年会话语料库研究项目（Carolinas Conversations Collection，CCC）

该语料库收集了200多个与患慢性疾病（12余种）老年人的对话访谈，以及400多个与认知障碍老年人的对话访谈。著名老年语言学专家Boyd Davis是该项目的主要负责人之一。该语料库有两个队列：队列1包含65岁以上的男性和女性，涉及两种卡罗来纳州最常见的慢性病。该队列内成员有2次访谈，一次是与年轻的临床专业人员的访谈，另一次是与年龄和种族相似的社区伙伴的访谈；队列2是65岁以上的男性和女性，均患有认知障碍，包括最常见的老年痴呆症类型。该队列内成员会经历1到10次访谈。该语料库目前已有500个以上的访谈记录，时长总计超过800小时。录音语料以wav/mp3格式保存，录像材料上传至LaBB-CAT在线管理系统。利用这一语料库，来自多个学科和医学领域的研究人员可以考察老年人如何与年轻人及同时代人交谈，以及他们如何构建或共同构建记忆和身份，临床研究人员可将语料库中呈现的老年人语言特点与认知检查的临床结果相结合,进行进一步的分析判断。

2) DemantiaBank

DemantiaBank 是 TalkBank[①] 的子库,用于研究痴呆症患者的交流,语料库数据包含音频、视频和对应文本语料,语种为英语,均为个案历时语料。该库已成为最为知名的老年痴呆症患者语料库之一。该库含有两个大型队列研究产生的语料库,English Pitt 和 English WLS(固定队列取样、长期跟踪),共收录 2,107 人语料,其中 59 岁以下小计 134 人,最小 45 岁;60 岁以上小计 1,876 人,最大 91 岁。语料语种包括英语、德语、西班牙语和汉语,话语类型包括自由谈话(生命中的重要事件、自豪的事件),看图说话(偷饼干图等)、故事叙述(灰姑娘的故事)以及程序性描述话语(制作花生酱及三明治的过程)。DementiaBank 包括了 117 位被诊断为痴呆症的老年患者以及 97 位健康老年人。其中,Mandarin Lu 和 Mandarin Ye 分库为汉语语料库,记录了参与认知评估(蒙特利尔认知评估量表)患者的动物、水果、颜色和城市的语义流利性任务。Mandarin Lu 收录了 52 位普通话痴呆患者的数据,Mandarin Ye 收录了 16 位中国台湾痴呆患者的数据,包括 43 例帕金森病合并轻度认知障碍患者的动物命名流畅性数据。

3) CorpAGEst[②]

CorpAGEst 是由 Catherine T. Bolly 及 Dominique Boutet 等领衔构建利用多模态语料库方法研究老年人语言衰老的语料库。该项研究名为"A Corpus-Based Multimodal Approach to the Pragmatic Competence of the Elderly",旨在建设正常衰老的老年人现场即席话语的多模态语料库,在此基础上考察老年人语用能力的变化。整个研究建设了语言与衰老研究语料库(Corpora for Language and Aging Research,CLARe),可分为横向(transversal)子库 CorpAGEst 和纵向(longitudinal)子库 VIntAGE。前者是为个体内和个体间的测试而建立的,目的是探索语言交互中的(非)言语立场标记及其组合;后者的建设旨在发现随着时间的推移,是否可以观察到老年人在使用非言语和言语语用线索时出现任何补偿策略。CorpAGEst 的被试均为 75 岁以上老年人,涉及 98 个话题、196 场访谈(约 144 小时访谈者与老年人的半结构面对面访谈)、约 150 万字文本语料。采录方式为录

① TalkBank 是由卡内基梅隆大学的 Brian MacWhinney 教授组织的一个项目,参考 https://talkbank. org。

② CorpAGEst 是 CLARe 的一部分,参考 https://wikis. fu-berlin. de/display/clare/HOME。

音、录像。所有参与者都是母语为法语的健康人,无严重认知障碍。该库可为研究语用标记(如 euh-uh、bon-well 等)的功能模式和语用手势(如掌心向上、头倾斜等)的多模态语用结构等提供研究资源,也可为老年人交际能力、认知功能、补偿策略、衰老与适应能力等方向的研究提供资源。

4)老年人话语多模态语料库(Multimodal Corpus of Gerontic Discourse,MCGD)

该语料库是多模态语料库,由我国老年语言学专家顾曰国、黄立鹤、刘红艳等学者及相应团队参与建设。项目团队具有十余年的老年多模态语料库建设经验,是国内最早系统建设老年语料库的团队之一。团队自2003 年开始在北京采集部分老年人语料(当时作为汉语现场即席话语多模态语料库[SCCSD]中的特殊语料);2013 年在香港理工大学的支持下开始单独建库;2018 年正式命名其为老年人话语多模态语料库(MCGD),由黄立鹤、周德宇等在上海负责建设,相关工作扩充了语料类型和样本数量。该语料库采用出生队列的建库原则,构建了不同认知水平(认知健康、轻度认知障碍、阿尔茨海默病等)老年人的语料数据。目前,核心数据已完成初步标注;所有标注层均有详细工作定义、切分标准、标注方法,并附有标注样例;核心数据的标注评估及一致性、效度、信度验证已完成;语料库配有标注手册。该库将适时选取部分语料以适当方式公开。

5.5.1.2 基于语料库方法的现有研究

上一小节提及的三个著名的老年人话语语料库为世界各国从事老年语言学研究者提供了重要的数据基础,促成了一批重要成果。很多研究者都是在获取授权后,通过下载这些语料库平台的数据开展相关研究的。

从研究内容来看,目前基于语料库方法的老年人语言特征研究涉及语言的各个层面。例如,在词汇层面,Pennebaker & Stone(2003)通过构建基于文学作品的文本语料库研究发现,老年人在情感方面的词汇选择会伴随增龄发生变化,具体表现在更倾向于使用积极情感词汇,消极情感词汇的选用则相对较少。Horton,Spieler & Shriberg(2010)基于电话会话语料库(Switchboard I Corpus)考察了年龄对说话人词汇内容、说话速度和言语流畅度等方面的影响。[①] 研究发现,增龄与说话速度较慢和更多停顿直

---

① 该研究从语料库中选择的样本包括 336 位会话人,涵盖 913 个会话、超过 100 万个单词。年龄从 20 岁到 67 岁不等。

接相关,尤其是与词汇选择相关的停顿数量相关;同时,伴随增龄,老年人会更倾向于使用常用(词频较高)词汇和较容易的词汇。在句法层面,Snowdon et al.(1996)、Danner et al.(2001)基于180位修女的自传探究了句法复杂度与修女的思想密度以及情感的关联。这些语料虽然没有形成现今意义上的数字化语料库,但相关语料对其后研究具有很大贡献。在语篇语用层面,有研究考察语篇的衔接能力,如 Lima et al.(2104)基于临床图片叙述的测试语料发现,老年人的语篇衔接能力以及话语信息量会随增龄而下降。还有研究从语用标记的定量分析入手,分析老年人的认知健康与语用能力,如 Davis & Maclagan(2018)对 CCC 中的一位痴呆症老年人与年轻人的对话进行了分析,研究发现,语气词 uh 不仅可以作为语用标记,标记个体自发言语产出时流畅度和犹豫周期,还可以作为区分个体认知健康状态的潜在依据。Bolly, Gabarró-López & Meurant(2016)使用 CorpAGEst 重点观察了言语-手势界面产生的语言使用中的多模态语用模式,研究话语标记和手势标记间的互动关系,以进一步了解老年人的语用互动能力。也有研究探讨老年人在代际沟通方面的变化,如 Pope & Davis(2011)使用 CCC 多模态语料库探讨了老年人与其同辈人和年轻人的交谈方式以及老年人构建记忆和身份的方法。

在国内,顾曰国(Gu & Xu, 2013a, 2013b),黄立鹤、杨晶晶、刘卓娅(2021),刘红艳等(2020)正在运用多模态语料库方法开展针对正常衰老老年人与痴呆症患者之间多模态交互行为的对比研究。在多模态语用学的视角下,笔者的研究团队已完成基于多模态语料库语言学方法对阿尔茨海默病患者的语用能力的分析,秉持"言语行为是评估语用能力的重要范畴与核心指标"的理念,总结出该人群的言语行为特征。

总之,语料库的建立为老年人语言现象以及老年人语言能力研究提供了详细且真实的数据基础,为老年语言学的发展拓宽了研究思路。

5.5.2 计算机文本自动分析方法

计算机文本自动分析主要借用文本自动分析工具对文本进行定量分析,可以快速有效地对结构复杂的文本信息进行解码和统计,并得到翔实、客观的研究数据。与以往的传统文本分析相比,计算机文本自动分析可以在短时间内处理大量文本,大大提高了文本分析的效率,同时具有更高的客观性与科学性(Toledo et al., 2017)。近年来,计算机文本自动分析得到了越来越多学者的重视并被广泛使用。计算机文本自动分析主要借用文本自动分析工具对文本进行定量分析,目前研究者较多使用的工具有 Coh-Metrix 和 LIWC(Linguistic Inquiry and Word Count)。Coh-Metrix 从产出文本的特征入手,多用于二语习得领域的写作文本分析,而 LIWC 从语言的心理特征出发,在心理学领域应用广泛。

基于人工智能的老年语言学研究正逐步展开。通过与老年语言学研究结合,人工智能可以帮助实现相关疾病的风险预测、智能诊断、个性化治疗与智能康复等(黄立鹤,2019a)。应用计算机文本自动分析就是人工智能在老年语言学领域的一个重要实例,老年群体具有其独特的话语产出特征,计算机文本自动分析可以在开展对老年人话语产出的句法复杂度、词汇丰富度、语篇连贯性等方面的相关研究时提供重要依据,科学、系统地描写老年人话语产出的问题,也可以在对老年群体的语言能力评估、疾病预测与诊断等方面提供新路径与新视角,不仅能够提高研究效率和准确度,还为人工智能在老年语言学领域基于语言特征的风险预测、智能诊断等应用提供了基础数据。

5.5.2.1 文本产出视角:Coh-Metrix 工具

文本分析工具 Coh-Metrix 由美国孟菲斯大学的 Danielle McNamara 等人开发,能够利用语料库语言学、自然语言处理、语篇分析等自然语言分析技术,实现对文本的表层和深层特征的自动量化(杜慧颖、蔡金亭,2013)。该工具可以计算出 200 多项指标的度量值,从而反映语篇的连贯性、衔接性、可读性、句法复杂程度等多个方面,是一款可以从多个层面分析文本语言和话语的计算语言学工具(Graesser et al.,2014)。

Coh-Metrix 的应用范围不断扩大,在二语习得、外语教学与研究、认知语言学等多个研究领域均发挥了作用。例如,在二语习得领域,Crossley & McNamara(2012)利用 Coh-Metrix 对中国香港应届高中生撰写的 1,200 篇英语作文的分析显示,词汇多样性、词频、词汇意义关联度等指标可以预测作文质量;秦朝霞和顾琦一(2011)利用 Coh-Metrix 对国内某高校英语学习者的 204 篇英语写作文本进行分析,发现学习者对作文话题的熟悉程度并不影响其对连接语的整体使用,但会对照应类和词汇重复类衔接手段的使用产生影响。在外语教学与研究领域,江进林(2016)使用 Coh-Metrix 对高、低分两组学生的译文进行了分析。研究结果表明,Coh-Metrix 的一系列指标对译文质量的预测力较高,在外语教学中能够有效辅助教师对学生的翻译质量进行判断。

目前,在老年语言学领域,Coh-Metrix 主要用于老年人话语产出特征研究,助力阿尔茨海默病、轻度认知障碍等疾病的早期诊断,例如,黄立鹤、杨晶晶(2022a)利用 Coh-Metrix 分析了 60 名母语为汉语的阿尔茨海默病患者组和健康对照组看图说话任务语料,以考察该类患者的语篇语用障碍。该类研究也激发了针对痴呆症人群的 Coh-Metrix-Dementia 的创建与发展。Coh-Metrix-Dementia 利用自然语言处理以及机器学习资源和工具,最初侧重于阿尔茨海默病和轻度认知障碍的识别与检测,后也用于自动检测痴呆症的语言和认知衰退,识别有助于痴呆症诊断的独特语言特征,以实现痴呆症的自动分析和分类(Cunha, 2015; Aluísio, Cunha & Scarton, 2016)。与 Coh-Metrix 的测量指标不同,Coh-Metrix-Dementia 纳入了 25 个新指标,涉及非流利性、潜在语义分析、词汇多样性和句法复杂度、语义密度几类。Aluísio, Cunha & Scarton(2016)探究了 Coh-Metrix-Dementia 对健康老年人、阿尔茨海默病老年人和轻度认知障碍老年人这三类老年人群进行自动分类的能力。该研究通过纳入 25 个新度量标准对 Coh-Metrix 进行了改编,最终从三类老年人群的叙述性语言测试中提取了 73 个语言特征进行分析。为了评估 Coh-Metrix-Dementia 指标在分类和回归任务中的表现,研究分析了 60 位被试(20 位健康对照,20 位阿尔茨海默病患者和 20 位轻度认知障碍患者)对灰姑娘故事的口头叙述的转录。研究共采用了七种分类方法和四种回归方法来预测患者所属组别,结果显示,Coh-Metrix-Dementia 成功鉴别三类人群准确率为 81.7%,鉴别健康老年人和轻度认知障碍患者的准确率高达 90%。这些结果表明,Coh-Metrix-Dementia 是帮助早期发现与诊断老年语言障碍非常有效的工具,但该研究采用的数据集的大小有限,需要更多的数据样本来建立稳定的回归或分类模型。

在 Aluísio 等人开发出 Coh-Metrix-Dementia 工具并开展相关研究的基础上,Toledo et al.(2017)利用 Coh-Metrix-Dementia 对比分析了 60 名 60 岁以上的健康老年人、轻度阿尔茨海默病患者、轻度遗忘型认知障碍患者的个人叙述中的语言特征,旨在验证灰姑娘的故事叙述是否能够区分三类老年人群,并同时使用定量参数和定性参数来验证信息量、整体连贯性等宏观结构方面的特点并列出了 Coh-Metrix-Dementia 中可提供有关宏观结构信息的测量指标(见表 5.2)。研究结果表明,轻度阿尔茨海默病患者的整体表现较差,该类患者表现出信息量更少、整体连贯性和叙事结

表 5.2　Coh-Metrix-Denmentia 中有关宏观结构信息的
测量指标（Toledo et al. , 2017）

潜在语义分析（latent semantic analysis，LSA）	
相邻句子间的平均数	相邻句子对间的相似度平均数。
相邻句子间的标准差	相邻句子对间的相似度标准差。
所有句子间的相似度平均数	文本中所有句子对之间的相似度平均数，而不仅仅是相邻句子对之间。
所有句子间的标准差	文本中所有句子对之间的相似度标准差，而不仅仅是相邻句子对之间。
相邻段落间的平均数	相邻段落间的相似度平均数。
相邻段落间的标准差	相邻段落间的相似度标准差。
句子的平均已知性（givenness）	单个句子与其之前的所有句子的相似度平均数。从第二个句子开始，文本中每个句子的平均已知性。如果文本中只有一个句子，则度量值设为 0.0。一个句子的已知性被定义为这个句子和它之前的所有文本之间的 LSA 相似性。
句子已知性的标准差	单个句子与其之前的所有句子的相似度标准差。从第二个句子开始，文本中每个句子的已知性的标准差。如果文本中只有一个句子，则度量值设为 0.0。
句子的平均跨度（span）	从第二个句子开始，每个句子的平均跨度。如果文本只有一个句子，则度量值设为 0.0。一个句子的跨度及已知性，是衡量一个句子和它前面的语境之间的接近程度的一种方式。不同之处在于句子跨度试图捕捉的不仅包括与文本前面所呈现的明确内容的相似性，也包括与从该内容中可以推断出的所有内容的相似性。
句子跨度的标准差	从第二个句子开始，每个句子的跨度的标准差。如果文本中只有一个句子，则度量值设为 0.0。
语义密度（semantic density）	
思想密度总和（total idea density）	文本中每 10 个单词中出现的命题数。不考虑空命题和不流畅的命题，并且在修订的文本上进行命题的计算以提高工具的性能。

构更差等特点。该研究证实了轻度阿尔茨海默病患者话语宏观结构的病理性变化,与先前研究的结论相互印证(Cuetos et al.,2007),但该研究对轻度认知障碍患者进行的是整体评估,未从单个域出发,探究该类人群话语的微观结构变化。

总体来看,目前 Coh-Metrix 在老年人话语产出特征研究中的应用主要以 Coh-Metrix-Denmentia 的应用为代表,致力于早期识别和诊断影响老年人群认知能力的疾病(如多种亚型的痴呆症),极具临床意义。Coh-Metrix 从文本产出特征出发,通过评估老年人群的话语连贯性、衔接性等特点,有望实现痴呆症的自动诊断与分类,丰富老年语言学领域的研究。

5.5.2.2　心理测量视角:LIWC 工具

LIWC 是一款基于心理学的文本分析工具,主要包括词典和程序主体两个部分,前者定义了词语归属的类别名称以及字词列表,后者通过将文本中的词语和词典中的一一对比,可以对文本内容进行量化分析,以研究人类口头和书面语言中存在的各种情感、认知和结构成分(Pennebaker et al.,2007)。经过十余年的修改与完善,历经 LIWC 和 LIWC2001 等多个版本,目前的 LIWC2007 共包含 80 个字词类别,被广泛应用到多个研究领域(张信勇,2015)。

作为一个测量语言心理特征的工具,LIWC 在心理学领域应用广泛。例如,Rude,Gortner & Pennebaker(2004)使用 LIWC2001 对目前、过往及从未处于抑郁状态的三类大学生群体以"对大学生活最深的感触"为主题撰写的作文进行了语言差异检查,针对作文中出现的单数第一人称代词、复数第一人称代词、社会关系(social reference)(如对朋友、家人等的提及)等语言特征展开测量分析。结果发现,相比从未处于抑郁状态的被试,有抑郁经历者会使用更多负面情感词、单数第一人称代词;代词的使用与社会关系的质量也与抑郁状态相关。Simmons,Chambless & Gordon(2008)调查分析了 98 名患有强迫症或恐慌症且患有恐惧症的门诊患者与其主要亲属的互动过程,利用 LIWC 对患者与亲属的互动过程以及对亲属进行的半结构式访谈收集到的录音材料进行文本分析,主要测量指标包括单数第一人称代词、第二人称代词、单数第三人称代词等。结果表明,第二人称代词的使用可预测不良亲密关系。除此之外,LIWC 在心理学研究中也被用于分析语词特征与思维过程、情绪情感、社会关系等的相关研究(张信勇,2015)。LIWC 在心理学研究领域的应用说明了 LIWC 工具可以为利用语言探索老年人心理认知过程提供路径。

与 LIWC 在心理学领域的应用类似,LIWC 在老年人话语产出特征研究中使用的测量指标根据研究目的决定,该工具主要用于探究正常衰老过程中老年话语的特征,例如,Pennebaker & Stone(2003)利用 LIWC 中的过去时动词、将来时动词、因果关系词等 14 个与人格和衰老有关的测量指标,从当代和历史文本两个不同角度横向和纵向探索了语言使用与衰老之间的关系。第一个研究项目使用 LIWC 对来自三个国家的 3,000 多名参与者关于生活中情感事件或经历的书面或口头叙述文本进行了分析,另一个研究项目利用 LIWC 分析了过去 500 年中的 10 位著名小说家、剧作家或诗人的作品。研究基于相关分析和方差分析两种统计方法来评估语言特征(包括线性和曲线变化)随参与者年龄变化的程度。两项研究都表明,随着年龄的增长,人们使用积极情感词和使用未来时态的频率增高,使用消极情感词、自我指称以及使用过去时动词的频率降低,并表现出认知复杂性增加的一般模式。该研究对在现代和历史文本中将语言使用作为个性标记具有一定启示意义,证明了对语言使用的分析有可能可以代替现在被普遍使用的自我报告来揭示人格和发展过程,对心理学领域的相关研究也具有启示意义。

该工具还可被用于探究特殊老年群体的话语产出特征。例如,Shibata et al.(2016)通过 LIWC 调查分析了阿尔茨海默病患者口语单词的特征。18 名被试根据简易精神状态评价量表的测试分数被分为健康对照组(测试分数为 22 分以上的被试)和阿尔茨海默病组(测试分数为 21 分以下的被试),研究对被试与医务人员之间的对话进行了文本分析。由于 LIWC 目前只适用于英语语种,该研究通过翻译英语 LIWC 来制作日语 LIWC,删除了与目标疾病无关以及不可翻译为日语的单词种类,最终提取了 22 种与疾病相关的单词类别作为该研究的测量指标。研究结果显示,与健康被试相比,患有阿尔茨海默病的被试对非人称代词的使用更加频繁。该研究是第一个对日语中与阿尔茨海默病相关的词类进行定量分析的研究,同时也证明了基于自然语言处理检测阿尔茨海默病的基本可行性。

除上述两个方面的应用,该工具也被用于分析语言心理特征以帮助诊断检测阿尔茨海默病等痴呆症老年患者。Asgari, Kaye & Dodge(2017)利用 LIWC 对 14 名患有轻度认知障碍的被试和 27 名具有完整认知能力的被试的临床试验中的非结构化对话进行了语言分析,以期通过老年人口语内容区分轻度认知障碍患者和认知完好的健康老年人。研究采用了支持向量机（Support Vector Machine，SVM）和随机森林分类器（Random Forest Classifier，RFC）两种机器学习算法来训练统计模型，以区分患有轻度认知障碍和认知完整的被试，并使用了五折交叉验证方案（five-fold cross-validation scheme）来检验实验结果独立于研究数据集的能力。结果表明，使用 LIWC 获得的语言特征可以有效区分轻度认知障碍患者与健康老年人群，准确率为84%。研究还发现，与 LIWC 单词词典中的其他类别相比，从属于"相对性"（relativity）类别的单词子类别中提取的语言特征明显更易体现轻度认知障碍诊断的线索。

总体来说，LIWC 工具从心理测量视角出发，其在老年人话语产出特征及老年语言学研究中的应用有利于对老年人语言特征的分析，能够揭示健康老年人以及特定老年人群的内心状态和心理特征，也有助于阿尔茨海默病等老年疾病的评估和诊断。

5.5.2.3　LIWC 与 Coh-Metrix 的区别和未来发展

话语（语篇）分析是一种可以识别个体疾病早期语言困难的敏感资源（Lewis，2016）。与传统的人工手动分析相比，通过计算机文本自动分析进行的话语分析更加客观、准确和高效。5.5.2.1 节和 5.5.2.2 节介绍了 Coh-Metrix 和 LIWC 两种文本自动分析工具的特点、作用及其在研究中的应用。

两类工具从文本的不同方面入手，Coh-Metrix 侧重语篇，LIWC 侧重单词。Coh-Metrix 通过词汇多样性、词的上下义关系、句法复杂度等测量指标对文本的衔接性、连贯性等多重方面进行定量分析，而 LIWC 将文本所含单词自动归类为不同词类后再对文本进行测量与分析。虽然两种工具的侧重不同，但 Coh-Metrix 和 LIWC 在老年人话语产出特征研究及老年语言学研究领域的应用都证明了利用计算机文本自动分析工具对痴呆症进行早期诊断和评估的可行性，在老年健康日益受到重视的今天具有重要临床意义。

未来研究可以从多方面入手，推动计算机文本自动分析在老年人话语产出特征研究及老年语言学研究领域的应用。首先，可以探索自动化转录和分割的可行性，在大大加快研究分析进程的同时也消除了手动注释造成的不一致性。目前，已有面向汉语的分词与标注工具问世（如百度中文分词工具[Lexical Analysis of Chinese，LAC]等）。其次，在通过对叙述文本的分析助力诊断和检测痴呆症的语言特征后，可以尝试进行进一步的研究来评估这种书面或口语衍生的测量方法是否能在临床试验中检测和解释老年人认知功能的变化。第三,未来研究可以面向更大和更多样化的老年人群,验证或改进其他的预测特征,如年龄、性别、教育程度和痴呆症家族史等,探索研究结果背后可能存在的认知基础;最后,目前使用计算机文本自动分析工具分析老年人话语产出特征的研究中,母语为汉语的研究对象十分鲜见。这可能与 LIWC 等文本自动分析工具尚无法与汉语语言匹配有关,因此未来研究可以致力于针对汉语的文本自动分析工具的开发或对 Coh-Metrix 等现有工具的合理改编等,加强对以母语为汉语的老年群体的话语产出特征的研究。

5.5.3 其他定量方法

定量方法常被使用在老年人的言语产出研究中。例如,国外对正常及痴呆症老年人进行句子产出的定量研究起始较早,具体的测量维度及方式包括每个话语中小句的平均数量(mean clauses per utterance,MCU)、句子深度(sentence depth)、句法发展水平指标(developmental level,D-Level)、平均依存距离(mean dependency distance)、平均句长、T 单位以及命题密度(propositional density,P-Density)等。

句法发展水平指标与个体的工作记忆(包括数字广度、阅读广度)密切相关,最初由 Rosenberg 和 Addeduto 提出,后经 Covington 等学者进一步完善,用来评测儿童语言习得中句子的复杂度(张丽丽,2016:130),现在也逐步用于测量成年人或老年人的句子产出复杂度;命题密度用于测量句子中语义内容包含的信息量(即命题内容的密度),以反映个体的语义信息加工效率。由于增龄会导致个体的加工效率下降,该指标也用于认知老化的研究。修女研究中 Snowdon 及其合作者就采用句法发展水平指标和命题密度这两种测量维度分别计算了句法复杂度和语义内容密度,以考察修女的语言能力变化情况。Kemper,Thompson & Marquis (2001)同样基于上述两种指标,通过建立数学模型,探讨了老年人即席话语中的语法复杂度和语义内容变化。

依存距离也是句法分析中常用的指标之一。依存距离是语言基本单位之间的线性距离,是一个词语与其支配词在句子中位置序号之差。人们在理解句子时,句中的词不断被储存进工作记忆,只有当一个词的支配词出现时,该词才会被从工作记忆中删去。因此,依存距离越大,词被存储的时间就越长(陆前、刘海涛,2016:49)。老年人的工作记忆容量下降,当词不能及时与其依存相关的词准确匹配时,就会造成理解困难。因此,反过来,通过测量老年人产出句子中的依存距离,将其与其他年龄段人句子产出的依存距离对比,就能考察老年人的工作记忆是否下降。国外大多数研究将依存距离用于句法产出分析,但目前,对母语为汉语的老年人句法产出的依存距离进行分析的研究十分鲜见。Liu, Zhao & Bai (2020)基于复杂网络分析方法在此方面做了重要尝试。该研究基于中国云南省三个养老机构中母语为汉语的老年人语料,对比了阿尔茨海默病老年人和健康老年人句子产出的平均依存距离,以探究阿尔茨海默病老年人与健康老年人句子产出的平均依存距离有无差别,从而判断平均依存距离是否可以作为阿尔茨海默病的语言标志物。

目前,对老年人言语产出的句法复杂度进行定量研究是研究该类人群句法能力变化的主要方式。句法复杂度是言语产出形式的范围和形式复杂化的程度,主要考察句法变化和结构复杂性等指标,主要可以分为表层指标和深层指标,前者以 T 单位为代表,后者以名词短语结构为代表。

概念密度也是衡量老年人语言能力变化的重要指标之一。国外已研发了自动分析转写话语概念密度的相关软件,如 Computerized Propositional Idea Density Rater (CPIDR)[①],这是一个用户友好的 Windows . NET 开源免费应用程序。概念密度会随着年龄的增长而下降,尤其是阿尔茨海默病患者的概念密度,因此,开发者倡导相关研究人员基于该软件筛选老年人在口语及书面表达中概念密度的细微变化,以提供对包括阿尔茨海默病在内各类认知障碍的早期预警(Brown et al. , 2008)。

今后还应拓展衡量阿尔茨海默病患者句法受损的指标,构建更加全面的句法能力变化的衡量指标体系。相比于国外对老年人句法能力变化的研究,国内在母语为汉语的老年人句法能力变化方面研究甚少。目前,中国台湾学者戴浩一教授正在通过平均句长、概念密度及句法复杂度等,验证这些维度对汉语高龄者语言能力及蚀失测量的有效度,从而建立能够分析早期痴呆症的语言标记(戴浩一、黄立鹤,2019)。其中,T 单位是其研究老年人句法复杂度的主要计算指标,所谓 T 单位,是一个句子能够被缩减、表达完整意义的最短单位,包括一个主句及它所附带的任何从句。最初,Hunt(1965)将其用于研究儿童母语句法复杂度,之后,T 单位被广泛用于二语句法复杂度研究(张丽丽,2016:128)。

---

① 下载地址:http://ai1. ai. uga. edu/caspr/#CPIDR.paper。

5.5.4 实证研究：阿尔茨海默病患者言语非流利性定量研究

最近十几年，由于认知障碍研究重心的转移，研究者从对阿尔茨海默病的病理机制研究逐渐转向了对其前期的识别和干预（杨群、张清芳，2015），语言是识别阿尔茨海默病的一个重要维度。阿尔茨海默病患者随着患病程度的加深会表现出不同程度的语言损伤，语言标志物已成为临床诊断的重要参考之一，患者在语言方面的障碍也受到了国内外研究者的广泛关注。目前已有研究者分别从语音、词汇、句法、语义、语用篇章等不同层面对阿尔茨海默病患者的语言特征进行描写（Sajjadi et al. , 2014; Young, Lind & van Steenbrugge, 2016; Drott, 2018 等;刘红艳,2014;刘建鹏,2019），但鲜有研究者对其口语表达能力进行深入研究，且对母语为汉语老年患者口语表达能力的研究尤其缺乏。

口语产出流利性是衡量口语语言表达能力的重要维度之一（王希竹、彭爽，2017），受到了国内外研究者的广泛关注。国外很早就将口语产出流利性作为阿尔茨海默病精神病学和神经心理学检查的重要指标（Weiner et al. , 2008）。自国内张文忠（2000）、张文忠和吴旭东（2001）、杨军（2004）相继介绍国外口语产出流利性的理论和研究现状后，口语产出流利性引起了国内学术界，特别是二语习得领域专家的兴趣和重视。周爱洁、张弛（2006）基于人们对流利性的一般常识性理解，从流畅（smoothly）、从容（easily）和迅速（rapidly）三个角度界定流利性，并借用 Towell, Hawkin & Bazergui（1996）考察 12 名法语学习者口语流利性时用到的语速、发音速度、发音时间比、平均语流长度以及平均停顿长度五个时间性指标，利用 Cool Edit Pro 软件对中国学生的英语口语语料进行了流利性测量。缪海燕（2009）对不同英语水平的中国英语学习者在第二语言口语非流利产出中停顿的使用特征进行研究，发现随着语言水平的提高，中国英语学习者的停顿频率下降，停顿时间变短。翟艳和冯红梅（2014）借助"看图说话"的话语诱导方式，考察了 12 名汉语学习者口语产出流利性在两个月内的发展情况。前测和后测数据分析显示，经过两个月的学习，学习者在时间性指标上取得了明显进步。

口语产出能力也是认知障碍检测的重要维度。简易精神状态量表、蒙特利尔认知评估量表、马蒂斯痴呆评定量表等常用筛查量表都包含语音重复、语义命名、词语流畅性等语言测试项目（黄立鹤等，2019）。这些测试项目都是典型言语产出任务，表明口语产出能力确实是认知障碍检测中的重要方面（杨群、张清芳，2015）。口语产出是一项复杂的认知行为。说话者必须围绕主题，监管话语内容，注意语法和发音，保持语意连贯，同时还要考虑听话者的需要，满足听话者文化对话语的要求（Levelt，1989：12）。因此，口语产出是涉及多个认知加工过程的活动，是大脑认知能力的综合体现。自然口语中存在的大量重复、停顿、口误等非流利现象，一般被认为是言语计划和言语形成过程遇到问题所致（马冬梅，2012）。因此，对阿尔茨海默病患者口语非流利现象的研究为我们窥探其语言心理加工过程提供了窗口，也促进了我们对非流利现象与其他认知能力衰退之间关系的进一步分析。

不少研究者对人类言语产出过程提出了自己的猜想和假设，包括Levelt（1989）的言语产出模型，Dell，Lisa & William（1997）提出的语误的序列位置模型以及 Vousden et al. （2000）提出的 OSCAR 模型。本研究以Levelt（1989）的言语产出模型为理论框架，采用定量和定性分析相结合的方法，借用二语习得领域口语流利性研究的量化指标，结合具体语料加以详细分析，以探讨阿尔茨海默病患者汉语口语产出的非流利现象和心理加工过程。Levelt 的言语产出模型主要由"概念形成机制"（conceptulizer）、"形式合成机制"（formulator）和"发音机制"（articulator）三部分构成。"概念形成机制"是概念化准备阶段，说话者在这一阶段制定言语计划，合成将要表达的信息内容。这一部分通常与说话者对自我和外部世界的认知有关。"形式合成机制"涉及语法编码和语音编码两个步骤，用于将概念化阶段合成的信息内容转化为语言内容，建立语言结构。"发音机制"则是将语言结构转化为实际的话语，确保语言计划的顺利执行、信息内容的顺利输出。三个机制中的任何一个机制出现问题都将影响口语表达的流利性。在言语表达过程中，"自我监察机制"始终贯穿于概念形成机制、形式合成机制和发声机制的运作过程，检查计划或言语中的问题，并及时做出修正，以保证听话者能够领悟自己的真实意图。言语产出模式为口语表达研究提供了理论框架，已有不少研究者将其用于对二语学习者口语非流利现象的分析（王希竹、金晓艳，2020）。

然而，"流利性"是个非常复杂的概念，至今没有公认的定义（张文忠，1999：41）。Lennon（1990）认为，口语流利性应当与词汇多样性、语言得体性和句法正确度等语言知识进行区分。周爱洁和张弛（2006）基于人们对于流利性的一般常识性理解,从流畅、从容和迅速三个角度对流利性进行界定。流利性和非流利性是相对概念,言语表达中不属于说话者有意为之的言语策略的、没有明显语用价值的,都属于口语非流利现象(刘楚群,2016b)。不同学者对非流利的分类也各有不同。Maclay & Osgood(1959)从普通语言学角度归纳出"填充停顿""无声停顿""重复""错误开始"四种犹豫现象;Levelt(1983)从心理语言学角度总结了自我修正的五大种类,分别是不同内容修正(D-repair)、隐形修正(C-repair)、恰当性修正(A-repair)、错误修正(E-repair)、其他修正(R-repair);Shriberg(1994)从言语应用研究角度将"重复""替换""插入""删除""填充停顿""编辑语""不完整单词"和"特殊话语标记语"八项内容纳入研究体系;马冬梅(2012)基于对前人非流利研究分类的总结,提出新的非流利分类体系,将非流利产出的主要表现形式归纳为非流利停顿、非流利重复、非流利填充语和自我修正四个部分。纵使这些学者对流利性或非流利性的定义各有不同,但几乎都将停顿、重复、自我修正现象纳入了研究范围。

停顿是自然语言产出的一个基本特征,是话语流利性的必要组成部分,但停顿过多或停顿位置不当就会阻碍交际的自然顺畅进行,因此,停顿也常被当作评判口语产出流利性的重要标准之一(缪海燕,2009;高莹、樊宇,2011)。根据停顿时是否发音,停顿可以进一步分为非填充停顿(unfilled pause)和填充停顿(filled pause)。马冬梅(2012)认为,填充停顿是指"非故意、以声音或词汇形式填补语流但未表达计划言语内容的现象",并将填充停顿划分为词汇填充语、拖音和准词汇填充语三大类。王希竹、金晓艳(2020)将汉语二语学习者口语中的填充停顿现象细致分类为口语产出过程中出现的对言语理解无意义的 e、en 等非词汇音节填充,"那个""然后"等有意义的词或话语成分填充,功能性短语以及笑声等其他填充四类。

Levelt(1983)、Holmes(1988)、Shriberg(1994)等对非流利的研究表明,重复是非流利的主要类型之一(陈浩,2013)。重复可以分为故意重复和非故意重复两类,前者在语言表达中起到强调作用,属于特定的修辞方式,不影响语言的流利性表达,而后者指说话人不自觉或不能自控的话语重复现象,往往包含音节、单词或多个单词的非故意重复(马冬梅,2012;刘楚群,2016b),会使话语显得冗长不流利。非流利重复一定程度上反映了言语计划压力,说话者通过原封不动地重复前文来拖延时间,调整言语计划,以保证口语表达的顺利进行(王希竹、彭爽,2017)。

修正是指当说话人监控到言语表达的错误时,通过插入、替换、删除等方式进行自我修正,以保证话题的顺利进行。其中,"插入"指"以待修正区为基础,在修正区插入一个或多个词语的操作";"替换"指"在语法和语义上对等成分相替代的操作";"删除"则是"去除在修正区中没有对应词语的待修正区的操作"(马冬梅,2012)。这种自我修正行为虽然提高了口语表达的准确性,但也对口语表达的流利性造成了影响(王希竹、彭爽,2017)。

有学者总结了正常老年人口语非流利现象的六种类型,分别是冗余性重复、填塞语、话语缺损、口误、后语抢先、舌尖现象,并对其中的非流利性词内重复和"呃"类填塞语进行了较为详细的研究(刘楚群,2016b,2020a)。然而国内学者对特殊老年群体口语非流利现象的研究亟待开展。对该问题的研究与阿尔茨海默病患者的认知衰退机制和口语产出两个领域密切相关,研究结果将有助于进一步完善言语产出模型和相关理论,并对阿尔茨海默病患者的临床诊断和语言康复训练具有重要意义。

5.5.4.1 定量研究设计

本研究旨在回答两个问题:1)流利和非流利是相对概念,那么阿尔茨海默病患者的口语流利性与健康同龄对照组(NC组)是否存在差异?如果存在,主要体现在哪些方面? 2)阿尔茨海默病患者口语非流利现象产出的心理加工过程是什么?

5.5.4.1.1 研究被试

本研究选取20名母语为汉语的阿尔茨海默病患者和20名健康对照组为研究对象。所有被试在采集前均已接受简易精神状态量表、蒙特利尔认知评估量表等认知评估测试,并由上海市某三甲医院神经内科临床医生诊断,分为阿尔茨海默病组(AD组)和健康对照组。其中,20名阿尔茨海默病患者平均年龄为73.8岁(SD=7.55),20名健康对照组的平均年龄为71.2岁(SD=6.33),Mann-Whitney非参数检验 $p=0.249$,说明两组被试在年龄上不存在显著差异。阿尔茨海默病患者组蒙特利尔认知评估量表平均得分8.9(SD=2.47),健康对照组蒙特利尔认知评估量表平均得分24.8(SD=1.89),Mann-Whitney非参数检验 $p=0.000$,说明两组被试的认知水平存在显著差异,符合分组要求。

5.5.4.1.2　数据收集

本研究采用"看图说话"的话语诱导方式,收集被试的口语产出语料。提供的图片包含人物、时间、场景、行为目的等事件因素,预设了可能使用的汉语句式(翟艳,2011)。此外,图片具有输入直观、不受阅读和听力水平影响等特点,能保证被试间输入的一致性(翟艳、冯红梅,2014)。本实验选用 Goodglass & Kaplan(1983)设计的波士顿诊断性失语症测验中的"偷饼干图"作为语料刺激图片。此图片已被广泛应用于临床语言能力评估及阿尔茨海默病患者的言语研究(Hier, Hagenlocker & Schindler 1985;Dijkstra et al., 2004;Gitit & Avelet, 2018 等)。

在实验过程中,主试人员向每名被试展示图片,并根据测试要求,在任务开始前向每名被试说明"请尽量用普通话以完整句子的形式说出图片上发生的故事"。采集员在被试进行图片描述时采用高采样率的数码录音笔录音。

5.5.4.1.3　数据处理

语料收集完毕后,研究者将40份口语录音文件如实转写。根据研究需要,只选取被试对图片自主描述的部分作为语料,被试与主试之间的问答对话不纳入研究范围,因此,共可获得研究语料 4,992 个汉字。本研究采用 Cool Edit 语音分析软件统计时间性指标,然后将数据导入 SPSS 软件,对两组被试的数据进行两个独立样本的非参数统计检验,检验类型为Mann-Whitney 检验。

5.5.4.1.4　量化指标

虽然非流利性是一个复杂概念,没有公认的定义,但一般包含之前提及的"停顿""重复""修正"三个现象,因此,这里从速度流利度、停顿流利度、非流利重复和自我修正四个方面入手对阿尔茨海默病患者和健康对照组的口语非流利性进行考察(见表 5.3)。

速度流利度是对流利性最基本的考察,主要包含语速(speaking rate,SR)、发音速度(articulation rate,AR)、发音时间比(phonation-time ratio,PTR)和平均语流长度(mean length of runs,MLR)。其中,语速指每秒钟发出的音节数,通常用言语样本的音节总数与产出言语样本所用时间的比值表示(周爱洁、张弛,2006);发音速度指在发音时间内,平均每秒所发出的音节数;发音时间比是用于发音的时间与言语样本产出总时间的比值;平均语流长度指所有每两次停顿之间语流的平均长度,用话语产出的音节总数与停顿总次数的比值表示(周爱洁、张弛,2006)。

表 5.3 流利性测量指标

研究内容	研究指标	统计方法
速度流利度	语速(speech rate, SR)	音节数/总说话时间(含停顿时间)
	发音速度(articulation rate, AR)	音节数/发音时间(不含停顿时间)
	发音时间比(phonation-time ratio, PTR)	发音时间/总说话时间
	平均语流长度(mean length of runs, MLR)	言语样本的音节总数/所有达到或超过 0.3 秒停顿的总次数(除首尾外)
停顿流利度	无声停顿频率(number of silent pauses, NSP)	0.3 秒及以上停顿次数/发音时间 * 60
	无声停顿平均长度(mean length of silent pauses, MLP)	0.3 秒及以上停顿时间/停顿数
	填充停顿频率(number of filled pauses, NFP)	填充停顿次数/发音时间 * 60
	填充停顿长度(mean length of filled pauses, MLFP)	填充停顿时间/停顿数
非流利重复	每分钟重复次数	重复次数/文本所用秒数 * 60
自我修正	每分钟修正次数	自我修正次数/文本所用秒数 * 60

　　停顿流利度是对停顿现象的考察,主要包含无声停顿和填充停顿两个方面,分别由停顿频率和停顿平均长度表示。学界对停顿的时间界定尚未有统一看法,但多以 0.3 秒作为停顿的阈值(张文忠,2000;缪海燕,2009)。本研究沿用前人做法,将停顿定义为发生在句内或句间 0.3 秒以上的间歇。在填充停顿的定义上,本研究借用王希竹和金晓艳(2020)的分类方法,根据实际语料分析情况,在原有的四个类别的基础上增加"拖音"一类,因此填充停顿共有五个小类:无意义的音节填充(F1)、有意义的词或话语成分填充(F2)、功能性短句(F3)、拖音(F4)以及其他填充(F5)五类。

对重复和修正现象的考察主要借用于涵静(2020)所使用的指标,统计每分钟内重复或自我修正的次数。

5.5.4.1.5 统计结果

数据收集整理后,研究者采用两个独立样本的非参数 Mann-Whitney 检验来判断两组被试在各个指标上是否存在显著差异,统计检验结果见表5.4。

表5.4 研究指标统计分析结果

指 标 名 称	AD 组		NC 组		p 值
	Mean	SD	Mean	SD	
语速	2.201	0.649	2.565	0.575	0.046*
发音速度	4.501	0.486	4.352	0.461	0.231
发音时间比	0.486	0.131	0.593	0.133	0.01**
平均语流长度	8.025	2.151	8.986	3.696	0.799
无声停顿频率	16.781	3.896	18.383	4.222	0.277
无声停顿平均长度	2.007	0.856	1.395	0.652	0.01**
填充停顿频率	10.101	5.347	8.608	3.255	0.429
填充停顿平均长度	0.682	0.224	0.625	0.253	0.495
每分钟重复频率	2.992	2.603	2.882	2.841	0.620
每分钟修正频率	1.366	1.461	1.204	1.516	0.602

*表示 $p<0.05$;**表示 $p<0.01$。

(1)速度流利度

从表中数据可以看出,阿尔茨海默病患者和健康对照组在口语流利度上的差异主要体现在速度流利度中的语速和发音时间比这两个指标上。语速考察的是单位时间内被试的音节产出量,两组被试在 0.05 置信水平上具有显著意义,阿尔茨海默病组的平均值为 2.201,健康对照组的平均值为 2.565,表明健康对照组单位时间内比阿尔茨海默病患者产出更多的音节。两组被试的发音速度指标差异不显著,说明在有效的发音时间内,两组被试的话语产出速度相差无几。语速为音节数与总说话时间(含停顿时间)之比,发音速度为音节数与发音时间(不含停顿时间)之比,综合以上数据,语速的差异就只可能来源于两组被试产出总时间的不同。发音时间比是单个被试发音总时长与言语样本总时长的比值,两组被试在0.01置信水平上具有显著意义,阿尔茨海默病组的平均值为0.486,健康对照组的平均值为0.593,说明在整个言语样本产出阶段,健康对照组发音时间占比更大,相比之下,而阿尔茨海默病患者的发音时间占比小,有较长的停顿沉默时间。虽然健康对照组的平均语流长度长于阿尔茨海默病患者,但两组被试在这一指标上的差异没有达到统计意义上的显著性。

(2)停顿流利度

停顿是分析口语流利度的关键因素,由此可以窥见说话者在言语产出过程中的认知状态和心理状态。在本研究中,健康对照组和阿尔茨海默病患者的口语样本中存在着数量相当的无声停顿,但就无声停顿的平均长度而言,阿尔茨海默病患者组的停顿时长显著大于健康对照组($p<0.01$)。为了进一步分析两组被试在无声停顿时长上的差异,本研究统计了所有被试所有无声停顿的时长,发现虽然两组被试无声频率不存在显著差异,但阿尔茨海默病患者的长时间无声停顿频率更高。0.3—1秒的无声停顿在阿尔茨海默病患者组占到总无声停顿次数的41%,而在健康对照组中是56%。阿尔茨海默病患者组1—2秒和2—3秒的无声停顿在总无声停顿总的占比与健康对照组差异不大,分别是31%和8%,健康对照组分别是28%和7%。但两组被试在3秒以上的无声停顿出现频率上表现出较大差异,阿尔茨海默病患者组3秒以上无声停顿的占比为20%,而健康对照组仅有10%。Wood(2001)将2秒作为非正常流利停顿的标准,若采用这一标准,阿尔茨海默病患者组的非正常流利停顿在总无声停顿中的占比为28%,健康对照组为17%,存在较大的差距。由此可以看出,相比于健康对照组,阿尔茨海默病患者在言语产出过程中更容易出现长时间的停顿,这可能是由于疾病侵袭,阿尔茨海默病患者的执行功能等认知能力下降,需要更长的时间组建信息概念层面的信息内容,"制定计划—建立结构—执行计划"的言语周期更长,新周期的制定计划出现困难,因而导致两个句法单位之间存在较长时间的停顿。

本研究还对无声停顿出现位置进行了统计分析,结果发现,虽然阿尔茨海默病患者组和健康对照组话语中无声停顿的数量相当,但从分布位置上看,健康对照组的无声停顿多出现在句法单位的边界,而阿尔茨海默病患者在非分界处的无声停顿占比更大,位置不恰当的停顿也会导致患者的言语给人不自然和不流利的印象。

在填充停顿的指标上,阿尔茨海默病患者组共计出现填充型停顿209次,健康对照组140次,但两组被试的填充停顿频率和填充停顿平均长度差异均不显著。本研究根据填充内容将填充停顿分为五类。其中,非流利功能性短句填充占比最高(阿尔茨海默病患者组44%,健康对照组38%);其后依次是有意义的词或话语成分填充(阿尔茨海默病患者组28%,健康对照组26%)、无意义的音节填充(阿尔茨海默病患者组16%,健康对照组10%)、拖音(阿尔茨海默病患者组10%,健康对照组19%)、其他填充(阿尔茨海默病患者组5%,健康对照组4%)。

a. 非流利功能性短句填充

对语料进行进一步分析发现,非流利功能性短句填充主要包括两种不同类型。

第一种是出现频率最高的"自我询问型短句"。这些自我问询与图片主题无关,对表达内容理解无益,听话人也不需要对这些询问进行任何反馈。如:

例(1)

> 这个是窗[窗]帘布,外面是绿化。还有什么?<F3>这个嘛<F2>,她在洗碗。

例(2)

> 这个小女孩大概拿了饼干,要给这个小女孩吃。对吧<F3>。

例(1)中,说话人在表达完窗帘布、绿化等信息单位后,遇到了言语计划障碍,新一周期的"制定计划—建立结构—执行计划"还未完成,在此过程中,为了避免长时间的停顿,说话人通过说出"还有什么"来拖延时间,缓解因缄默而造成的尴尬。

例(2)中的"对吧"是较常被使用的填充语。这时的"对吧"主要有两种功能,第一种是表达自己不确定的心理状态,借用询问的方式企图得到听话人对话语内容的认可。但大多数情况下,说话人并非真要得到听话人的确切回复,只是宣泄自己当下的心理诉求。第二种是说话人不自觉的言语习惯,并非有意为之的话语成分。本研究通过分析发现,10%的说话人说出了54.3%的"是吧""对吧",这种无法自控的语言表现已经成为说话人的话语习惯。

第二种功能性填充短句是评价型短语填充。说话人在话语产出过程中通过"这个我也不知道对不对""这个是什么看不清楚"等来表明当下在看图说话任务中遇到的困难。例如在例(3)中,说话者口语产出遇到了较大的障碍且自己无法解决,他采用评价图片或当前任务的方式向主试人员表明遇到的困难,缓解了面子威胁。

例(3)

> 这个窗户外面,这是<F2>应该是外面的道路吧。这个像什么<F3>,这个什么东西啊看不出来<F3>。

b. 有意义的词或话语成分填充

第二常见的非流利填充停顿类型是"有意义的词或话语成分填充"。代词(如"那/那个""这/这个""什么")、关联词(如"然后""还有")、副词(如"就/就是")等在正常语境中具有实际含义但在实际口语中不发挥信息传递功能的词是较为常见的停顿填充词。这些词存在与否对句法和意义表达都不造成影响。阿尔茨海默病患者的该类型填充占到总填充停顿的28%,健康对照组是26%。这类非流利填充停顿主要起到时间缓冲作用。说话人在言语过程中突然出现想不起目标词的情况,就会不自觉地说出"这个""那个""什么"等填塞性词语,客观上为大脑搜索目标词赢得时间(刘楚群,2016b),如例(4):

例(4)

> 这个<F2>有个男小孩在[在]拿那个<F2>饼干。

c. 无意义的音节填充与拖音

"无意义的音节填充"是另一常见类型。该填充发生在句首通常是由言语计划困难导致,甚至可能与老年人口吃式表达习惯相关(刘楚群,2020b);发生在句中则是由提示词汇提取困难导致。拖音现象从填充内容上与无意义的音节填充相似,不过拖音的音节不是完全独立的,往往与前面的单词相关,且多发生在句中和句末,如例(5)。和"无意义的音节填充"一样,"拖音填充"也能起到缓解时间压力的作用。例(5)中说话人说出动作行为的实施者"妇女"后,由于未能有把握地看清图片内容,采取了拖音的策略,为识别图片内容、组织后续言语争取时间。

例(5)

> 这<F2>一个妇女<F4>,在洗[洗]盘子啊,还是什么看不清楚<F3>。

通过对停顿流利度的分析可以看出,阿尔茨海默病患者和健康对照组言语产出中虽然存在着相近频率的无声停顿,但阿尔茨海默病患者平均停顿时间更长,长时间的停顿频率更高,一定程度上反映其在言语计划上的困难;且健康对照组多为句法交界处停顿,而阿尔茨海默病患者的无声停顿多出现在句中。位置不恰当的停顿会导致患者言语的主观流利度下降。两组被试在填充停顿的出现频率和停顿时长上没有显著差异。

（3）非流利重复

重复是口语产出中常见的非流利现象。本研究采用于涵静(2020)的统计方法,用每分钟发生重复的次数来考察口语产出中的重复现象,结果发现两组被试在这个指标上的差异未达到 0.05 水平上的统计显著性。虽然在每分钟发生的重复次数上两组被试没有显著差异,但就重复类型的分布上存在较大不同。本研究根据重复发生的原因,将重复分为由言语计划障碍造成的重复和取词困难重复两类。其中,言语计划重复多发生在句末、分句边界和句内可分割成分之间,如完整单词的重复、短语的重复或短句的重复,这类重复多体现讲话人的言语计划障碍,为制定下一步的言语计划争取时间。而由取词障碍造成的重复多发生的单词内部,如"拿这个[这个、这个]饼干"或"橱[橱]柜"等,体现的是被试的找词困难。在整个发音时间内,20 名阿尔茨海默病患者共发生重复 63 词,其中 49.2% 是由言语计划造成的重复,50.8% 是由取词困难造成的重复;健康对照组 20 名被试共计重复 43 词,72.1% 是言语计划造成的重复,27.9% 是由取词困难造成的重复。因此从造成重复的原因上可以看出,阿尔茨海默病患者存在明显的取词困难,可能和因疾病侵袭造成的语义记忆损害有关。

（4）自我修正

修正也是研究者常用指标之一,本研究用每分钟修正次数考察修正现象,发现两组被试在这一指标上未出现显著差异。修正发生在发声机制运作之后,说话人识别到言语表达中的错误后会通过替换、插入等方式对话语内容进行修改。王希竹、彭爽(2017)在 Levelt 提出的修正分类基础上,将言语表达中出现的修正分为错误修正、恰当修正及重构修正。错误修正指说话人针对话语表达中存在的语音、词汇及语法等方面的错误加以修正的行为;恰当修正是说话人在原本表达内容正确的情况下,选用更恰当的方式对原内容进行补充说明或替换,使听话人更易理解的行为;重构修正可分为重构意义修正和形式修正,指说话人在话语中断之前针对内容层面和形式层面的更改。在本研究中 20 名阿尔茨海默病患者发生 22 次修正,错误修正、恰当修正和重构修正的占比分别是 50%、13.6% 和 36.4%。健康对照组 20 名被试共计发生修正 18 次,三种类型的修正占比分别为 44.4%、50% 和 5.6%。从数据中可以看出,阿尔茨海默病患者的修正主要是错误修正,是对言语表达中语音或词汇错误的修改,而健康对照组多为恰当性修正,说明其本身言语表达没有问题,而是为了更准确地表达思想进行的对内容或结构的完善和精确。

5.5.4.2 统计结果讨论

通过前文分析发现,相比于健康对照组,阿尔茨海默病患者口语中存在平均停顿时间更长、非句法分界处停顿占比更大、单词内部重复频繁和错误修正更多的现象。本节将结合 Levelt 的言语产出模型和阿尔茨海默病的疾病特征对这些结果进行讨论分析,推测阿尔茨海默病患者在口语表达中的一系列认知加工过程及非流利现象背后的心理机制(见图 5.2)。

Levelt(1989)提出的言语产出模型为口语表达研究提供了理论框架,在"看图说话"任务中,说话人首先会经历视知觉刺激,利用对自我和外部世界的认识识解图片信息,进行意象编码,制定言语计划,形成前言语信息。前言语信息随后进入"形式合成器",说话人根据心理词汇知识,对信息进行语法编码和语音编码,合成语音计划,之后利用发音机制将内部心理言语转化为外显的语言传递给听话人,最终形成"制定计划—建立结构—执行计划"的活动周期。这一过程共涉及视觉再认、概念化准备、语法编码、语音编码和发音这几项活动,其中任意一项出现问题都有可能造成话语产出的不流利。

看图说话任务是从视觉客体再认开始的。本研究通过对指标的统计分析发现,阿尔茨海默病患者平均停顿时间更长,长时间停顿频率更高,表现出语言周期制定计划阶段的困难。脑成像研究显示,在疾病初期,相比于广泛受损的海马体、额叶和颞叶新皮质,负责视觉加工的枕叶相对完好(宋娟、吕勇,2006),视知觉障碍是阿尔茨海默病晚期患者才有的特征。但在一些对缺少颜色模态和表面纹理信息的黑白线条图片的视觉加工研究中,阿尔茨海默病患者较为普遍地存在黑白线条图片识别障碍(Silveri & Leggio,1996;Paek,Sohn & Kim,2009)。也就是说,在"看图说话"任务的概念化准备阶段,患者在接收视觉刺激后,存在未能成功识别图片内容的风险,可能会直接影响意象编码,导致语言周期"制定计划"阶段出现

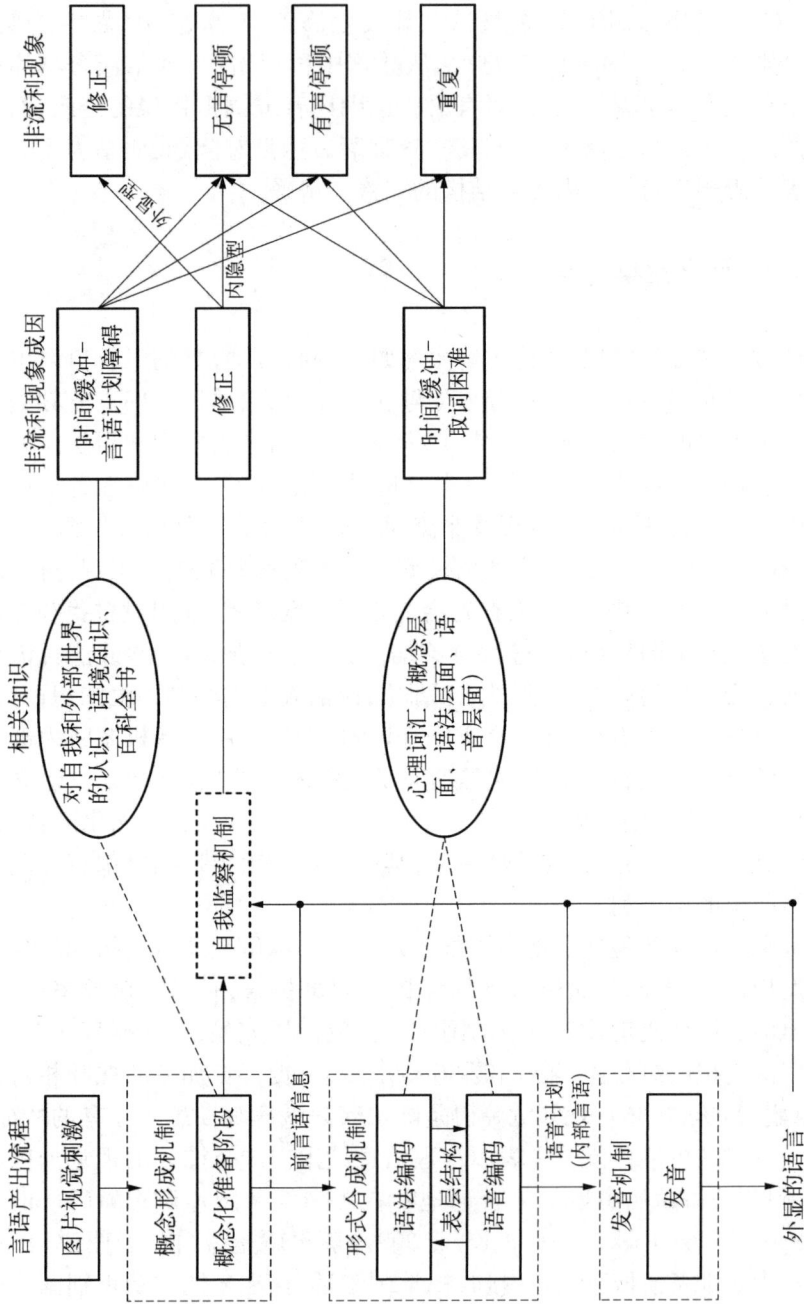

图 5.2　看图说话任务言语产出机制及对应非流利现象成因（Levelt, 1989: 9, 有修改）

困难。部分患者因需要更长的客体再认时间,表现出句法单位之间长时间的停顿;部分患者为了避免长时间的缄默会按照自己理解的但不正确的信息内容对画面进行描述,并在结尾填充评价型短语缓解因说错内容造成的尴尬,如前文的例(5);部分患者会重复之前说过的内容,为识别图片信息、制定言语计划争取时间。

在形式合成阶段,将概念信息转化为语言内容,需要利用由视觉客体再认得到的意象概念激活特定词汇表征(lemma),并进一步激活特定词汇的语音信息(周晓林等,1999)。这一过程需要调用存储词汇知识的语义记忆。但神经病理学研究显示,阿尔茨海默病患者大脑皮质出现萎缩,累及颞叶内侧、颞顶联合区及额叶等重要脑区,导致患者语义记忆出现损伤(李坤成,2014),临床表现为找词困难、命名不能、命名错误。本研究分析结果显示,阿尔茨海默病患者表现出多次词内重复和非句法分界处停顿,给人主观上话语不流利的印象。我们推测,语义记忆损害导致患者语义层面的激活无法有效传递到语音层面,意象和音象之间的映射暂时中断,从而导致语音提取困难。当意象激活无法完全通达到语音层面时,患者只能提取部分语音信息,就可能出现非句法分界处的停顿或音节重复现象,如"饼[饼]干""窗[窗]帘布"等;当语义信息完全无法激活语音信息时,就可能导致"舌尖现象",即被试知道这一词汇的意象信息,却无法匹配到对应的音象信息,只能对意象概念进行描述,而使话语显得冗长。

发音机制是对概念形成机制和形式合成机制结果的呈现。患者发音内容受前两个机制的影响,给人话语产出非流利的主观印象。而发音特征更多涉及声带结构、喉软骨等生理机能(黄立鹤,2015a),不在这里的讨论范围内。

自我监察机制贯穿"制定计划—建立结构—执行计划"的整个活动周期,起着监控和修正的作用,可分为"内隐型监控"和"外显型监控"。前者发生在概念形成和形式合成阶段,在发音机制运作前就对话语内容进行修正和调整,具体表现为句法分界处的长时间停顿;后者发生在计划执行阶段,当被试察觉到表达有误或表达内容不完善时,会中断对话进行补充、替换或修正(王希竹、彭爽,2017)。对外显型修正的统计结果显示,相比于健康对照组的高恰当性修正占比,阿尔茨海默病患者的错误修正占比更高,与其在概念形成和形式合成阶段遇到的障碍相照应。在概念合成阶段,阿尔茨海默病患者由于视知觉障碍,对图片内容识解存在误差,如将盘子识别为镜子,后在言语产出中结合语境察觉到表达有误,中断对话对错误进行修正。语义障碍导致形式合成阶段意象和音象的映射暂时中断,在无法有效提取目标词语音的情况下,患者可能采用对意象概念进行描述的方式替换目标词,如用"装菜的东西"替代"盘子"。当意象与音象之间的映射通达时,患者会对之前内容进行修正。因此,与健康对照组相比,阿尔茨海默病患者的错误修正频率更高。

本节结合话语产出机制和阿尔茨海默病的病理特征,对阿尔茨海默病患者的言语表现进行了讨论。从上述讨论中可以看出,阿尔茨海默病患者存在一定的视知觉障碍,导致对图片信息的识别失败,影响了言语计划制定,在话语上表现为句法分界处长时间的无声停顿、填充停顿和重复现象。语义记忆损害增加了患者语音信息提取难度,影响了言语产出的形式合成机制,主要表现为高频率的词内重复。外显型修正与患者在"制定计划"和"建立结构"阶段遇到的困难相照应,虽然一定程度上反映了被试在话语表达中的监控能力,但不利于流利性的构建。

5.6 会话分析方法

会话分析(conversational analysis, CA)通过对自然发生的言谈交际的细致分析揭示人们日常交谈的规律。其理论与研究方法为我们发现和理解人际交互的基本机制提供了有效的研究思路和工具。作为社会学的分支,会话分析起源于20世纪60年代。当时的主流社会学理论认为日常生活世界里的细节生来就是杂乱无序而无法研究的,而会话分析的创始人Sacks(1984)则大胆假设,言谈交际的每个节点都是有序的(there is order at all points)。

会话分析关注的是日常会话以及其他各种类型互动中的交谈(talk-in-interaction)。会话分析学者认为,日常生活中的会话是人类交往的最基本的(primordial)形式,因此十分重视对日常会话的研究,旨在揭示社会行为的组织和结构,阐释互动参与者如何构建和识解各自所表达的交际意义(meaning in interaction)。但是,会话分析的研究并不局限于日常会话。事实上,会话分析的早期研究已经关注机构会话。会话分析通过与日常会话的比对来考察机构会话的特点,来分析机构会话与日常会话有什么系统性变化(variation)以及什么样的机制会导致这些变化。

会话分析是观察性(observational)科学。它的观察对象是自然发生的、人们在各种社会交往中的言谈交际，"自然"（naturalistic）与事先有的"脚本"或者"实验设计"相对。会话分析收集语料的过程，但对当事人和他们所进行的活动、交谈的话题等不施加人为干预。典型的自然发生的言谈交际就是人们的日常交谈，还包括机构话语，比如医患互动、课堂教学、法庭审讯、新闻访谈等。具体收集什么类型的语料往往是多方面因素的综合，包括研究兴趣、关注议题、实际条件等。会话分析研究是归纳型的（inductive）、自下而上的。研究者对每一个具体个案中的互动细节做微观分析（micro-analytic），从中归纳出人们执行各种社会行为的惯常做法（practice）。会话分析研究旨在发现言谈交际参与者如何达成互解（intersubjectivity），因此分析时采取的是当事人的视角（emic）。这不仅是一种特征鲜明的分析视角，更是一种特征鲜明的分析思维（analytic mentality）。因此，会话分析避免从分析者的角度对语料做"上帝"视角式的全景静态分析，而是跟随着交谈的进展逐时逐刻逐个话轮地进行实时动态分析。

　　会话分析关注人们在社会交往中以语言（以及具身资源①）等形式组织起来的各种社会行为，认为人们通过言谈交际执行社会行为（talk/action-in-interaction），也就是说交际/互动中的言谈承载了执行社会行为的功能，这一点与语用学的言语行为理论有相通之处。但会话分析更注重会话参与者如何在交谈互动过程中实时构建与识解以语言（以及具身资源）形式来实现社会行为（Levinson，2013；Deppermann & Haugh，2021）。会话分析从两个维度来研究社会行为的组织，一个是话轮，一个是序列（Sacks，Schegloff & Jefferson，1974；Schegloff，2007）。半个多世纪的研究揭示了人类赖以进行社会交往的基础结构（infrastructure），主要有话轮组织、序列组织、会话修正组织等（Sacks，Schegloff & Jefferson，1974；Schegloff，2007；Schegloff，Jefferson & Sacks，1977）。掌握会话分析的分析工具，探究交谈中的社会行为都离不开对这些基础结构的了解。

　　交谈的基本单位是话轮。交谈双方共同遵循一套话轮转换机制交替持有和交出话轮（turn taking）。说话人通过语言资源组织话轮的话语内容和形式向对方传达所执行的社会行为（turn design），如首发行为（如向对方发出邀请）和回应行为（如接受或婉拒邀请）。话轮不是孤立的，会话参与人一个话轮一个话轮推进会话，话轮之间组成序列（sequence），多个局部序列构成更复杂的扩展序列。序列组织就是以言语形式执行社会行

———————————

① 面对面交谈时还包括眼神、手势与身姿等各种多模态具身资源。

为的话轮之间的关系。交谈是实时的、在线的，在时间线上向前推进。因此，序列性（sequentiality）与时间性（temporality）是分析真实交谈语料时不可忽略的重要因素。

5.6.1 会话分析基本方法与程序

陆镜光（2020：4）指出，会话分析是"一种众所周知但却知之甚少的研究方法"。部分原因在于，概念好记但上手不易。会话分析是一门实践的学科，学习会话分析方法的最好途径就是亲自动手做分析写分析，从对具体语料的分析中习得对概念和原则的掌握、运用与理解。这里介绍一些基本的方法与程序。

1）音视频语料采集：录音、录像设备的出现使得会话分析研究成为可能。早期会话分析的语料大多是通过录音采集，分析主要聚焦互动中的言语产出部分，一些研究采用电话交谈语料正是避开了面对面交谈时的具身资源不能被录之短。随着录像设备的普及，越来越多的研究开始采集录像语料，分析时也越来越多地采用多模态视角，越来越重视挖掘言语与具身多方面资源在言谈交际中的相互作用。无论采集录音还是录像语料，都必须符合研究伦理，取得被录者的知情同意。

2）语料转写：为了语料分析、同行交流和报告成果的需要，采集音视频资料之后的重要步骤是将其转写成文字。会话分析创始人之一Jefferson（2004）做了大量的转写并创立了一套转写符号和规范。转写并不是也不可能将言谈交际中所有的细节事无巨细都用书面文字与符号表现出来。基于会话分析的研究目的，会话分析的转写不仅抓取话语内容，更注重抓取话轮转换的细节（比如交叠、静默等）和话语产出的细节（比如韵律、延宕、截断等）。对会话分析学者来说，做转写就是做分析的第一步，虽然费时费力，得到的回报却是很大可能发现有趣的值得研究的具体题目。需要说明的是，转写本身不是原始语料，做分析时还需反复听和看音视频语料。

3）分析方法：会话分析具体的分析方法就是顺着会话进行的时间线所做的序列分析（sequential analysis），分析者要做的不是主观解读每个话轮的意义/执行的社会行为，而是分析交谈者如何识解各自话轮并达成互解（intersubjectivity）。下面以Schegloff（1988：57）的例子为示范逐个分析话轮，以有效体现会话分析的方法和特点。先看这个片段的第一个话轮，妈妈对儿子说的一句话。

> 1　Mom：Do you know who's going to that meeting?

从语言分析的角度看,妈妈话轮的语言形式是疑问句形式,从中还可进一步得出这一疑问句各种可能的言语行为,比如说妈妈在寻求关于儿子认识状态的信息(直接言语行为),或是寻求关于镶嵌问句中的信息(间接言语行为),又或者妈妈在预示她有宣告参会人员信息(announcement)的意图。会话分析关注的不是分析者认为这个疑问句可能的意义,而是听话人在实际发生语境中表现出的对这句话意义的识解,以及这个识解是否得到说话人的认可。因此,在这个例子里,分析者关注的应该是儿子认为妈妈的疑问句执行的是什么行为。他的识解(不论准确与否)就体现在他的下一话轮。因此,儿子下一话轮说的话也为分析者进行推断和分析提供了实证基础,也即会话分析的分析采取的是当事人的视角(emic approach),证据来自语料内部(data-internal)。

再看下一话轮儿子的话。

> 1　Mom：Do you know who's going to that meeting?
> 2　Son：Who.

从儿子的第2行,妈妈(以及分析者)可以看到,通过降调的"Who."儿子认为妈妈有意宣告她所知道的参会人员,并示意妈妈往下说。儿子的识解是否正确,可以通过妈妈在下一个话轮是否认可来检验。

> 1　Mom：Do you know who's going to that meeting?
> 2　Son：Who.
> 3　Mom：I don't know.

妈妈第3行的"I don't know."明确向儿子表示她并不知道谁去开会。据此,儿子(以及分析者)可以推断妈妈在第1行并不是有意预示做宣告。妈妈向儿子显示他对自己的疑问句所执行的行为识解有误。

儿子第2行的回应话语既体现了对上一话轮的识解,也为下一话轮提供了识解的基础。这表明,当前话轮(如第2行)所执行的话语行为首先依赖上一话轮所提供的语境(context shaped),同时其本身也为下一话轮的话语行为提供新的语境(context renewing)(Heritage,1989)。这正是交谈者自己所做的实时的、依话轮的次序逐个向前推进的分析,因此也被称为下一话轮证明程序(next turn proof procedure),如图5.3。

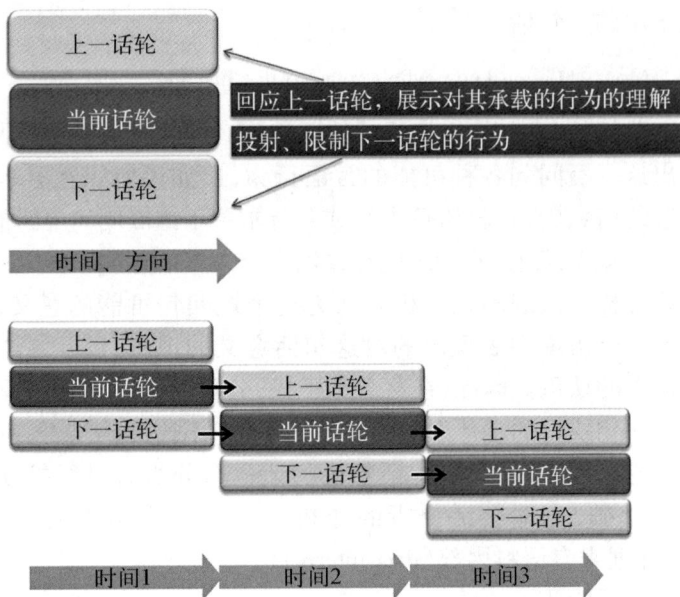

图 5.3　话轮推进分析图

当妈妈的下一话轮证明儿子对她的疑问句理解有误,他可以在接下来的话轮里对自己的误解做出修正。这也正是儿子在第 4 行所做的行为。

1　Mom：Do you know who's going to that meeting?

2　Son：Who.

3　Mom：I don't know.

4　Son：Oh, probably Mrs . . .

第 3 行妈妈让儿子看到自己在第 1 行不是意图做宣告,而是真的有疑而问,因此儿子在第 4 行向妈妈提供了有关信息,以此修正了自己对妈妈疑问句的理解。从上述分析可以看到,会话分析基本方法与程序的一个要点就是跟随交谈者的交谈过程进行逐个话轮的仔细分析,以勾画出交谈者之间达成互解的过程。要做好会话分析的分析,就要熟悉分析的基本步骤与程序,也要掌握会话分析的基本概念。

这里简略介绍了会话分析的基本方法,限于篇幅,没有展开介绍会话分析的基本概念。有兴趣的读者可以参考会话分析的专著、论文集和期刊文章:入门可阅读 Clift（2016）、Hutchby & Wooffit（1998）、Sidnell（2010）的著述;快速了解会话分析的研究议题可以参考 Sidnell & Stivers

（2013）编辑的《会话分析手册》（*The Handbook of Conversation*）各章节。

5.6.2　会话分析研究举例

前文提到会话分析研究中的三个重要概念：话轮、序列、行为。大多数情况下，说话人的话轮以某种语言形式呈现[①]，在会话分析的术语里被称为"话轮设计"（turn design）。话轮以何种语言形式执行某一社会行为往往与具体的听话人相关（recipient design），也与该话轮所处的序列环境和交谈所处的场景相关（sequential context）。可以说，互动中的意义（meaning）与互解（intersubjectivity）在相当程度上依赖于序列环境。下面以 Curl（2006）的研究为例，简略介绍会话分析的一个分析路径以及如何运用话轮、序列的概念来分析互动中的社会行为。

Curl（2006）关注的是一个具体的社会行为，即在电话交谈中说话人如何向受话人提供帮助（offer of assistance）。从会话分析的思路来说，其中一个分析路径是从执行某个社会行为的话轮设计入手。研究者往往在收集语料时会仔细考察执行这一行为的话轮是以什么样的语言形式构成，并从单个例子（single case）开始逐一分析，逐步建立起"收藏"（collection）。由于 Curl 的语料是基于电话交谈，发起提供帮助这一行为主要通过语言形式。Curl 的英语语料（大约 50 个左右的例子）显示，说话人主动提供帮助时话轮的语法形式主要有三种：If 条件句+主句、Do you want 疑问句、某些陈述句或不使用 Do you want 疑问句。接下来就是探究这种不同是否有规律。一个可行的方法就是考察它们的序列分布（sequential distribution）。也就是考察不同的话轮设计是否与该话轮执行的社会行为所出现的序列环境相关。Curl 的分析显示提供帮助行为的话轮语法形式与其所出现的序列环境的确有关联。下面以 Curl 展示的三个会话片段为例。

从电话交谈的整体序列结构[②]来看，交谈开端和结束阶段是出现提供帮助行为的两个位置，而且提供帮助行为的话轮所使用的语法形式与序列位置的分布有关。"if 条件句 + 主句"形式的话轮通常出现在电话交谈的第一个话题位置，是说话人打电话的目的。说话人在打电话之前已经了解到对方的某种需要、麻烦或困难，如例（6）所示：

[①]　有些情况下的话轮也可以是非语言单位，例如，对征询意见的回应以点头表示同意。无论言语单位还是非言语单位，都是用来执行社会行为的某种形式。

[②]　电话交谈的整体序列结构，特别是电话交谈开端与结束，是会话分析早期的研究成果（例如 Schegloff, 1968; Schegloff & Sacks, 1973; Button, 1987）。

例(6)

Les：Leslie；Mar：Marsha

(xx)［Holt：2：3：1－2, from Curl 2006：1260］

5	Les：	hello . tch I hope you don't mind me getting in touch but uh- we met your
6		husband little while ago at a Liberal meeting((省略23行))
29	Les：	. hh an：d if：i- your husband would li：ke
30		their addre[ss
31	Mar：	[ye[s：
32	Les：	[as they are specialists
33	Mar：	yes
34		(.)
35	Les：	uhm, my husband w'd gladly give it to him

此例中,Leslie 从 Marsha 丈夫处得知他最近失业,并主动给 Marsha 打电话。在接通电话之后,她立即打开话题(第5—6行),接着介绍背景,说她与自己丈夫的一个朋友可以给失业人士找工作提供帮助(此内容在例子中省略),然后告诉 Marsha 如果她丈夫需要,自己丈夫可以把地址给他(第29—30、32、34行)。Leslie 这里的提供帮助行为使用的是条件句。

与此形成对照的是,Do you want 疑问句式通常在电话交谈结束阶段发生,如果听话人并未明确提及,但是说话人从之前交谈中能间接推测出可能面临某种需要,这时说话人若要主动提供帮助,通常会在话轮中使用 Do you want X? 疑问句式,如例(7):

例(7)

Cla：Claire

(xx)［SBL：2：2：3R：28－29, from Curl 2006：1266］

7	Cla：	okay well then u-we'll see：you：Saturda[y
8	Zoe：	[Saturday night
9	Cla：	seven thirty
10		(.)
11	Zoe：	ya[h
12	Cla：	[. hhh d'you want me=b：ring the：chai：rs

此例中,Zoe 在几分钟前提到她在组织一个桥牌聚会时曾经寻求

Claire 的帮助,请她聚会那天带一些计分纸(tally sheets)过来。虽然 Zoe 没有提到还需要 Claire 提供其他什么物品,但是在交谈进入结束阶段时 Claire 用 Do you want 疑问句询问 Zoe 是否需要她为聚会带些椅子过去,主动提供 Zoe 可能需要的帮助(第12行)。

　　除了这两个与电话交谈整体序列结构相关的位置,Curl 还发现,有的提供帮助行为会直接出现在对方谈及的一个麻烦或困难之后。这时说话人从来不使用 Do you want 疑问句,如例(8):

　　例(8)

Emm:Emma; Lot:Lottie

(xx)[NB:IV:4R:4-5, from Curl 2006:1271]

1	Emm:	w'l anyway tha: t's a'dea: l so I don't know what to do about Ba: rb'ra
2		(0.2) c'z you see she was: depe[nding on: him takin'er in to the L A =
3		((abbreviation for Los Angeles))
4	(Lot):	[(°yeh°)
5	Emm:	=deeple s: -depot Sunday so [he siz]
6	Lot:	[I: 'll] take her in: Sunday

　　此例中,Emma 告诉 Lottie 她星期天没办法送女儿 Barbara 去洛杉矶汽车站。一听到 Emma 有这个困难,Lottie 马上自告奋勇说她来送孩子,使用的是直接的陈述句(第6行)。这里,"提供帮助"参与形成了"一方提及困难另一方立即提供帮助"这样一个局部序列,处于对提及困难的回应位置,不受电话交谈整体序列的限制。

　　从以上例子我们可以看出,说话人提供帮助的行为采用什么样的话轮设计(采用何种语法形式)并不是随意的,而是受到其所出现的序列语境限制。说话人在某序列语境因用错相应的语法形式而做出自我修正为这一观点提供了支持证据,见例(9):

　　例(9)

Nan:Nancy

(xx)[NBII:4:R:4, from Curl 2006:1274]

		((Emma 想要一双拖鞋,但是因脚趾手术后还不方便走路))
10	Nan:	we: ll do you wanna me tuh be tih j's pick you =
11		can uh you (.) get into Robinson so you c'buy a lil pair a'slippers h

| 12 | (.) |
| 13 | I mean er: c'n I get you something: g er sump'm: er sum'm: |

此例中，Emma 已经明确提及自己的困难（第 1—9 行，此处未展示），Nancy 在提供帮助时一开始使用了 Do you want 形式（第 10 行）。但是她立即打断自己，转而询问 Emma 能不能自己去超市买一双（第 11 行）。但是这不符合她第 10 行开始而未完成的提供帮助行为，因此，Nancy 进一步自我修正，在第 13 行询问 Emma 自己是否能帮她去采购。此例只涉及 Nancy 自己的话语，从交谈者自己的话语中寻找支持分析者结论的证据是会话分析在分析时采用当事人视角（emic approach）的例证。

以上以 Curl（2006）对提供帮助行为的研究为例，演示了会话分析分析方法的一个路径，即从关注一个具体的行为切入进行分析。分析过程中既考察了该行为的话轮设计（除了语法形式，还包括韵律、具身等各种构成话轮的资源），也考察了话轮设计与序列位置的关系，以找出在互动中执行该行为的通常做法（practices）。正如 Drew（2013：143）所指出的："序列、行为与话轮设计是紧密连接在一起的"（Sequence, action and turn design are deeply interconnected）。当然，会话分析分析方法的其他路径也离不开考察者三者之间的关系。

5.6.3 会话分析与老年话语

会话分析注重对日常会话的研究，认为日常交谈是人与人之间沟通的最基本方式（Schegloff, 1996）。会话分析早期对话轮转换的研究已经大胆假设，日常会话的话轮转换机制可能是各种话语交换系统（speech-exchange system）中最基本的交换系统①（Sack et al., 1974：730）。后来对 10 种语言里话轮转换机制的跨语言研究还发现，日常会话的话轮转换具有跨语言的普遍性②（Stivers et al., 2009：10587）。Levinson（2006）明确

---

① 原文：It appears likely that conversation should be considered the basic form of speech-exchange system, with other systems on the array representing a variety of transformations of conversation's turn-taking system.

② 原文：Our empirical evidence suggests robust human universals in this domain, where local variations are quantitative only, pointing to a single shared infrastructure for language use with likely ethological foundations.

指出,会话分析多年研究发现,话轮转换等会话组织是言谈互动的基本"发动机"(human "interaction engine")。可以说,会话分析认为驱动人们互动言谈顺畅进行的机制是跨文化、跨语言的,也可以引申理解为是跨人群、跨年龄的。然而,这并不是说,会话分析只关注日常会话而忽略其他话语交换系统。

人们在不同场景下的言谈交际会因为语境(如日常还是某种机构场景)限制而呈现系统性的变化,而年龄因素有什么影响,目前对这方面的研究比较少见。但是,年龄与健康因素相关。随着人们步入老龄阶段,一些与老龄相关的疾病发病率逐渐增加,有些疾病会明显影响语言表达从而影响老年人的言谈交际,如失语症、脑卒中、认知障碍等。因认知障碍、脑卒中等因素引起的沟通障碍会造成老年患者日常生活种种不便,也给照护者带来极大挑战。在这样的背景下,"患有认知障碍的老年人与家人和医护人员之间的互动"成为会话分析的研究议题之一(参阅Kindell et al. , 2017 中 "studies specifically using conversation analysis"一节)。研究方法与会话分析本体研究一样,首先必须是基于真实的互动语料,目的是从日常言谈交际的各种细节中发现老年患者与医护和家人之间的互动模式,从而为更有针对性地照护老年人,特别是言语沟通方面,提供实证证据。下面选取会话分析在老年话语研究中的两个话题略做介绍。

老年话语研究中的会话分析常常聚焦认知障碍老年患者的沟通能力。Kindell et al. (2013) 观察了一位患有语义性痴呆的 71 岁男性患者与妻子在家中的日常会话。语义性痴呆的特征主要是患者逐渐丢失对词语、物体、人物等知识的语义记忆,忘记物体的名字和作用,有严重的命名障碍。Kindell 等人通过反复观察这位患者与人交谈时的细节,发现一个有特点的沟通方式,即在命名有困难的情形下他常常通过表演的方式(enactment),使用多模态资源来传情达意。这位患者尽管在波士顿命名测验、剑桥语义记忆测验(Cambridge Semantic Memory Test Battery, CSM)中的得分均为零,在日常与人交谈中却发展出一种补偿策略,让对方理解他想要表达的意思。

Kitzinger & Jones(2007)分析了一位73 岁的阿尔茨海默病女性患者与其女儿及女婿的电话交谈,聚焦电话开端的互动。会话分析早期研究揭示了电话开端的序列结构和互动任务(Schegloff, 1968)。在进入"正题"之前一般先要确立双方身份并互相问候。一般情况下,问候和回应问候都是例行和礼节性的,例如 - how are you? - fine。但是有时候问候的话轮设计体现出某种"针对性"(recipient-designed),这表明问候方了解并关切对方的个人近况。Kitzinger 和 Jones 发现,这位阿尔茨海默病患者在电话开端从确立双方身份到例行问候都表现正常,显示她仍保有进行电话交谈所需要的互动和语言技巧。然而,他们仔细分析却发现,与这种表面的正常交织在一起的是患者的记忆障碍。虽然曾被告知女儿的腿骨折了,患者在以后的电话开端问候阶段却仍然进行了例行问候,而非就女儿健康状况进行针对性问候。患者甚至在女儿提及自己的骨折时不接话题,只急于开启自己打电话的"正题"。这说明,有的老年认知障碍患者虽然保持了日常社交的沟通能力,但是与疾病带来的严重记忆障碍交织在一起的时候,表面看与常人无异沟通方式却可能影响到老人与家人的和谐关系。

这两个研究案例让我们看到语言与认知受损的老年人在另一个层面的沟通能力,也看到考察认知障碍老年患者沟通能力的复杂性。

会话分析研究还关注与认知障碍患者沟通时面临的挑战。Allwood et al.(2017)的研究发现,住院的认知障碍老年病人对医生查房发出的"预结束"(pre-closing)的信号往往不能准确理解。以病人为中心的医疗服务鼓励医生在门诊问诊结束时通过开放性的提问(如 Anything else?)给病人提供机会说出还未提及的其他关切。但是这一做法会使认知障碍老年病人感到困惑而不能理解医生的意图,给结束查房带来困难。

提问是与认知障碍患者沟通时面临的另一挑战。提问本身预设问答双方认识状态的不平衡,也预设答问者大脑的记忆功能。目前已知记忆障碍是阿尔茨海默病的症状之一,因此,当患者回答提问出现问题时,通常会被认为是因为记忆受损。然而 Jones(2015)的研究发现,与阿尔茨海默病患者沟通时出现困难的部分原因在于互动过程本身。她的语料显示,家人的提问内容从健康人的角度预设了答问者的情景记忆功能,而这正是阿尔茨海默病患者已经失去的,这种情况使得家人对回答的预期与患者实际能够做到的之间产生了不一致(misalignment),成为沟通出现问题的根源之一,患者也可能因此在家庭成员之间发生摩擦与不愉快。

以上两个案例说明,考察认知受损老年人在日常生活(包括看病住院)中的真实互动过程是帮助我们进一步研究其话语的有效方法,研究者应将"互动"的思路贯穿话语分析的始终。

目前基于会话分析方法的老年话语研究关注较多的是与患病老年人的沟通。然而,随着生活和医疗条件的改善,很多老年人在面对老龄生活时心态改变,能够保持生理、心理和社会健康的"积极老龄者"不在少数。他们的言谈交际有什么特点,尤其是互动能力方面有什么系统性的特点,与年龄因素引起的语言与认知的"正常"老化有什么关系,都是具有发展空间的研究议题。

5.7　叙事分析方法

所谓"叙事",是指对一个事件或场景进行的有逻辑、有条理的叙述。在老年语言学中,叙事分析(narrative analysis)的主要目的是揭示正常或非正常口语或书面语的言语或非言语特征,借以分析叙事主体(正常老年人或罹患认知障碍、精神疾病的老年人)的生理、心理和社会健康等一系列问题。在操作层面,口述生命历程资料、对特定群体进行访谈、利用田野民族志法开展调查,都是叙事分析的具体研究手段和方法(温颖茜、滴石,2019:60)。在老年个体叙事队列分组上,可以通过同年龄、认知水平等变量进行构建,也可以经历相同重大事件的不同年龄或认知水平老年个体为队列分组。

叙事语篇可以体现老年人的语言能力、语言风格和自我意识及身份。例如,无论是著名作家通过他们出版的作品来表达自己,还是普通老年人记日记、写创伤经历或记录当天活动,他们都会随着增龄而表现出持续的语言风格变化(Pennebaker & Stone,2003)。同时,叙事与个体的自我意识、身份构建密切相关。在一般情况下,构建个人身份的重要方式之一就是说话人讲述自己曾经经历过的事件,以及其处理这些事件或情况的方式。通过这种叙事,人们能够构建起自我认同感、自我意识并呈现个体身份。阿尔茨海默病患者因认知障碍及语言能力受损,在讲故事及呈现自我身份时会遇到困难,在叙事上表现为同样的故事反复讲述,或某些时间没有按时间顺序或逻辑顺序组合,从而造成听话人的理解困难。该现象体现了患者逐步失去个体身份和自我意识的过程(Hydén & Örulv,2009;2005)。

需要注意的是,这里的叙事分析方法是指对各类老年人叙事性文本进行分析,并不包含老年文学的叙事分析等相关研究。

5.7.1 叙事研究种类与方法

目前,针对正常老年人或罹患神经退行性疾病的老年人语言能力变化的叙事分析,主要可以分为老年人口语或书面语特征分析和老年人叙事语篇特征分析两大类。

5.7.1.1 老年人口语或书面语特征分析

研究者可以在实验室中利用神经心理量表中的图片测试,引导老年被试围绕一幅具有叙事情节性的图片,通过口语或书面语产出话语。

Goodglass & Kaplan(1983)设计的波士顿诊断性失语症测验中"偷饼干图"是常用于检测被试语言能力的工具(见图 5.4)。Hier et al.(1985)在研究中表明,尽管这一图片是人为设计的非自然图片,但它所诱导出的话语确实可用于不同群体间的言语对比研究,并且,Hier 等人通过实验数据证明了这一图片在语言研究中有效性。目前,此图片已被广泛应用于临床语言能力评估及阿尔茨海默病患者的言语研究(Dijkstra et al.,2004;Hier et al.,1985;Gitit & Avelet,2018 等)。该图片通常被用于被试的口语产出研究,根据测试要求,在任务开始前,采集人员要向被试说明"请尽量以完整句子的形式说出图片上发生的故事"。类似的图片还有西方失语症成套测验中的野餐情景图(见图 5.5)。

图 5.4　偷饼干图(Goodglass & Kaplan,1983)

图 5.5　西方失语症成套测验中的野餐情景图（Kertesz，1982）

目前,国外有研究将这些图片用作被试书面叙事的检测工具,并对被试的口语和书面语进行对比研究。轻度和中度阿尔茨海默病患者通常口语表现比书写表现要好,可能是因为书写对认知功能的资源要求更高（Croisile et al.，1996；Harnish & Neils-Strunjas，2008：55－56）,后者除了要调动前者所涉及的认知功能,还涉及拼写及书写运动能力等。但通过"看图书写"的方式来检测认知能力在临床上具有一定困难,研究之外的实际临床意义有限。研究者还可要求被试复述某个具有情节性的经典故事（如灰姑娘 Cinderella 的故事等）,并对其进行定量分析。例如,Thomasa，Billonb & Hazif-Thomas（2018）基于复述故事的叙事文本考察了阿尔茨海默病患者语义记忆和叙事能力障碍之间的关系。样本来源是151 名独居或与家人同住的阿尔茨海默病老年人,其中,102 名为女性,49名为男性,平均年龄（80.3±6.91）岁。研究者向老年人朗读"狮子的故事"（情节见表 5.5）,让被试尽可能多地回忆故事的主旨和细节。该短文共涉及 22 个子项,被试按顺序进行学习,然后立即回忆,之后再重复回忆。测试者主要关注被试遗忘的内容,以及入侵（intrusion）和倒置（inversion）,然后将所得数据与神经病学组织学测试的数据进行比较。

研究者还可通过结构化或半结构化访谈获得半诱导性数据,或者在现场即席话语环境下,采用民族志方法,对老年人的口语或书面语进行采集。

通过访谈等方式采集的语料,研究的范围和目的更为广泛,例如可以研究老年人生命历程事件对当下的影响、老年人社会心理变化、临终关怀与安宁疗护话语等,还有研究者探讨老年人受骗经历与心理变化问题,代表性研究包括 Hamilton(1994),Ward et al. (2008),温颖茜、滴石(2019)等。

表5.5　"狮子的故事"情节(Barbizet & Truscelli,1965)

情　节	文　本　内　容
Escape	A lion named Sultan escapes from its cage, due to the door having been left open by a careless guard.
Crowd movement	The crowd of visitors, which is numerous on Sunday, runs away towards the nearby buildings.
Woman and child	A woman, dressed in blue, who was holding her one-year-old child in her arms, drops him. The lion seizes him.
Deal	The woman, in tears, retraces her steps, and begs the lion to return her young.
Resolution	The animal looks at her for a long time, fixedly, and finally releases the child without having done him the slightest bit of harm.

在叙事研究中,语音影像记录等也是具体操作方法之一。在符合研究伦理的前提下,对各类老年人叙事行为尤其是对各类老年人生命历程叙事过程进行音视频数据的采集,有利于研究者进行非言语特征的分析,可探究身姿手势、面部表情等非言语模态与叙事内容,老年人情感、语言等其他层面特征之间的关系,可进一步揭示老年人的言语与非语言表现的特征规律,促进老年人身份构建等社会语言学视角下的分析。

5.7.1.2　老年人语篇话语的纵向叙事分析

这类语篇主要产生于老年人过往的书写文字或口语录音,选材包括个人日记、回忆录、影视广播作品录音等。基于此类素材,研究者可以通过不同时间段的语料数据进行对比分析,开展纵向研究,描述老年人随增龄或病程发展的语言能力变化。

传统研究认为，痴呆症患者的故事叙述往往支离破碎，甚至内容空洞、杂乱无章、毫无意义或脱节、重复，因此，一些听者或研究者往往会忽略叙事过程中的价值信息。一些研究者（Hamilton，2008a；Hydén & Örulv，2009；Davis & Maclagan，2016）则结合社会语言学和语用学方法发现，痴呆症患者保留了部分会话和话语能力。例如，Davis & Maclagan（2018）对一位87岁轻度至早期中度痴呆症患者的故事叙述进行了个案分析，让10名学生与之对话进行生命历程叙事，分析发现，虽然随着痴呆症的加重，患者很难自发地叙述一个完整且有重点的故事，但其仍然能够反映其自身过往经历中的重要信息以及自身的身份定位，这说明痴呆症患者保留了部分会话和话语能力。

日记是能够分析老年人语言能力变化的较好语料，尤其是老年个体的日记，这属于对个体的纵向研究。例如，Kemper（1987）进行了增龄对句法复杂度影响的典型纵向研究，该研究的语料来源包括8名生于1856年至1876年的成年人在70年以上时间段内的日记、10名生于1820年至1829年的成年人在1860年至1869年或1900年至1909年的日记、10名生于1860年至1869年的成年人在1900年至1909年的日记、10名生于1940年至1949年在1900年至1909年的日记。Kemper以五年为一个单位，在每五年的日记中选取最长的两个可用日记条目，并对其中的句子进行分析。统计维度包括动名词、不定式、关系从句、that-从句、wh-从句、并列结构、名词短语与动词短语片段成分以及平均句子从句数、句子平均词数等。该研究通过考察时间跨度约70年的纵向数据，以及时间跨度约40年的队列排序（cohort-sequential）数据发现：嵌入结构（embedded structure）都存在显著的年龄效应；随着年龄增长，关系从句、that-从句、不定式、wh-从句及双重和三重嵌入结构的使用数量下降；句法复杂性也随着年龄的增长而下降；每个句子中的平均从句数有所下降。这些发现表明，老年人很难产生复杂的句法结构，这可能是因为这些复杂结构在句子产生过程中对工作记忆的要求比较高。另外，与口语产出相比，主语和谓语嵌入的认知加工要求对写作的影响可能更小。这可能是因为书面写作比起口语产出速度较慢，且写作提供了修正机会，所以老年人能够产出更多的主语嵌入等复杂结构。

通过患有阿尔茨海默病的作者撰写的回忆录等书面语料，研究者可以探究该群体在患病之后的自我身份意识及与社会交互过程中的社会心理变化过程。目前，国外在这一方面的研究方兴未艾。对阿尔茨海默病老年人对自我叙述等书面写作的研究,具有很强的临床意义。写作是一种社会互动和身份投射过程,能够使痴呆症患者探索和表达新的社会身份,有助于促进该群体老年人在患病后的社会互动过程。这一点对于我国罹患阿尔茨海默病等神经退行性疾病的老年人的康复与干预具有很强的启示性。

在具体操作手段上,对阿尔茨海默病患者叙事语篇进行分析时,需要根据痴呆症患者产出的话语构建和话语损害特征进行编码,然后进行定量分析。这种编码可以按照不同的研究需要进行设计。这里列举 Dijkstra et al.(2002a)采用的编码指南(见表 5.6)和分析维度,以说明痴呆症患者使用的不同言语特征的定义。

表 5.6　编码指南

特　　征		例　　子	频率
话语构建特征	独特词语的数量(Hier et al., 1985)	Well I was born. I was born in 1924.	6
	信息单元数量;相关的、真实的、非冗余的话语(Bayles & Tomoeda, 1991; Shadden, 1998)	I went to school in uh New Jersey. I did.	1
	简洁性:信息单位/词语(Hier et al., 1985; Tomoeda et al., 1996)	I was born in 1916.	1/5
	阐述,关于谈话话题的阐述性话语的数量(Shadden, 1998)	No, I went to grade school first of course. And then high school.	1
	整体连贯性;代表谈话主题的话语数量(Laine et al., 1998)	Well I was born and raised in Ohio(topic is 'life').	1
	局部连贯性;与前一句话相关联的话语数量(Laine et al., 1998)	Yeah, can you tell me about your day? Well, uh, I start getting ready to get up around seven or something.	1

特　征		例　子	频率
话语构建特征	衔接: 带有: (Ulatowska & Chapman, 1991) a) 指称: 正确的代词指称 b) 因果: 连词	My mother was a baroness when she married my father. So there I stayed till I was almost 17 years old.	1 2
	时态: 动词时态的正确使用 (Liles & Coelho, 1998) 主题维护: 由破坏性主题转换划分的阐述(Coelho, 1998)	It is a very nice place. Have you met this lady?	1/1
话语阻碍特征	完全重复(Bayles et al., 1985; Hier et al., 1985)	Just, just, just books.	2
	空的短语; 内容很少或没有内容的话语(Nicholas et al., 1985)	First and then and that and that was all.	1
	不定词; 非特定词(Nicholas et al., 1985)	There's been a lot of good things going on there.	2
	中止的短语; 在随后的两个句子中没有被修改的不完整的短语(Tomoeda et al., 1996)	Well I am supposed to have.	1
	破坏性的话题转换, 突然的话题转换(Garcia & Joanette, 1994; Mentis et al., 1995)	And they are both with the Lord You are a good-looking woman.	1
	不正确的代词引用(Ulatowska & Chapman, 1991; Shadden, 1998)	And I was not always it, any idea?	1

　　不同研究所选取的言语使用特征不尽相同,研究者应根据研究目的进行设置。当然,特征指标只是协助开展叙事研究的观察视角,研究者需要自己设定研究目的,并且善于使用各种理论进行阐释,或对某个老年人语言现象进行解释。

　　需要注意的是,从目前的国际相关研究来看,对正常及疾病老年人话语叙事分析既有个案分析和定性研究,也有不少定量研究,如基于 R 语言进行的定量分析。相关研究视野主要集中于句法复杂度、语篇连贯性以及叙事结构等维度，从语用角度、会话分析角度开展的研究相对少见，今后也应该增加通过叙事分析来解释老年人语用交际及社会心理特征的相关研究，以及对老龄社会、老年文化等维度的探索。

5.7.2　老年人叙事语篇特征分析

老年人叙事语言、内容和结构能否反映其生理、心理和社会健康状态，选定合理的分析视角是关键，其中包括语言特征指标、内容情节结构等。有关语言特征指标，本书在4.1.1节和6.4节中均有介绍，这里不再赘述。这里主要介绍Kemper(1990)在Botvin & Sutton-Smith(1977)对儿童叙事结构分析框架的基础上，提出了八级叙事结构复杂性分析框架。结构分析首先将每个叙事划分为情节和事件，然后确定这些情节和事件之间的相互关系。第一级叙述没有任何情节或层级结构，由一系列没有时间和因果关系的连续事件组成；第二级的叙述也是事件的串联，但这些事件在时间上或因果上是联系在一起的；第三级叙述标志着层级结构的出现，包括至少一个复杂的事件，例如以陈述问题开头、以提出问题的解决方案发展或结尾；第四级叙述由定义不同情节的因果联系的事件组成，存在分层结构；第五级别的叙述更加复杂，情节和事件的层次结构被扩展，嵌入的事件包括开始、发展和结束；第六级叙事则包括了多个复杂结构的情节与时间，且具有因果联系；第七级叙事进一步增加结构复杂度；第八级叙事主要是在叙事尾声中增加了一个额外的组成部分，如在叙事尾声中进行价值评估，展现了怎样的道德伦理等。

正常老年人会表现出叙事结构复杂性、句法复杂性、语篇衔接性的增龄效应。Kemper et al. (1990)通过对60岁、70岁和80岁年龄组的老年人叙事语篇的分析发现，叙事的结构复杂性影响了语篇的句法结构和衔接性。例如，将80多岁老年人的叙事与60多岁的叙事进行比较可发现，80多岁老年人的分层叙事结构变得相对复杂，其会使用更多的多重情节及事件，并能够增加故事尾声部分；但同时，其在进行结构复杂的叙事时，会将其叙事的句法复杂性和衔接性降低。

就认知阐释机制而言，正常老年人虽然能够生成复杂的叙事结构，但这些叙事结构的构建与结构复杂句子的构建是相互竞争的。随着增龄导致的工作记忆容量下降，正常老年人产生复杂的叙事结构（如更多嵌入情节或事件等)与产生复杂的句法结构(如嵌入更多从句等)之间发生了矛盾,认知负荷不足以支持老年人在两方面同时达到目标。

阿尔茨海默病患者在叙事语篇上有缺陷,与其认知缺陷密切相关。Hamilton(2008b)基于与阿尔茨海默病患者 Elsie 四年半的跟踪语料,从叙事视角研究该患者的语用交际能力,从而揭示该患者在社会中构建社会身份方面的问题。研究发现该患者的小句可以被分为两种:通过使用过去时动词指代过去的小句,以及没有使用过去时动词的小句。通过统计分析,发现患者话语中只有 15% 左右的句子使用了过去时态。Hamilton 还区分了叙事痕迹(narrative trace)以及叙事小句(narrative clause)。叙事痕迹是指指向过去的从句,但它不是叙事的一部分,它是通过在语篇中的顺序和位置加以识别的;叙事小句是指引用过去的从句,且也是叙述的一部分。Elsie 叙述痕迹与其周围的小句不相关,无论是从表层衔接,还是从深层连贯来说都是如此。

5.8 多模态研究方法

多模态方法是老年语言学研究中的前沿方法之一,是笔者研究团队长期以来使用的方法,与临床上对各类痴呆症的语言能力测验密切相关。本小节将详细介绍多模态研究的相关思路方法和操作手段。

5.8.1 多模态研究方法的理据性与适用性

言语交际具有多模态本质。大量神经解剖学和神经生理学研究表明,不同感知信息在不同脑区得到加工。个体经历事件时会将相关信息储存于多个相关大脑皮质区,即将事件中不同类别的信息储存于不同皮质区,但各皮质区之间具有丰富的同步联结。从言语沟通的角度来看,说话人参与现场即席会话时,多个大脑区域及相应的信息处理系统同时工作,大脑处理区域互相补偿、支持和勾连,从而在人们与外界互动、进行现场即席会话交际的过程中进行多模态处理(黄立鹤,2018a:26)。

人类通过多模态感观处理信息产生记忆,多模态感观系统有自己的编码系统和记忆。基于不同的多个单模态记忆储存,大脑通过"捆绑机制"(binding mechanism)形成对某事件的记忆。之后,人类通过语言进行再次编码,将体验说出来,而这种说出来的语言则具有"无模态"特征。虽然语言交际要通过人类的感观模态得以实现,但"语言不依附于任何一个感官系统",即"语言是多模态感观系统之上更高一层的编码系统"。"正是语言的无模态性才使得语言可以用来表达任何一种模态的数据",使人类能超越当下时空实现交流(顾曰国,2016:495-510)。从人类的多模态感官,到多模态记忆及编码系统,再到现场即席话语的多模态充盈意义,最后到语言的无模态性,这种语言观反映的是人类对语言、记忆等认知系统等关系认识(黄立鹤,2018a:27-28)。

Wilson & Sperber(2002)指出,除了交际中的言语特征,交际中的非言语特征对于听话人和研究者解读说话人的意义也十分重要。从目前临床语用学的关注对象看,国内外研究者已经注意到儿童在语用能力发展过程中对非言语资源的调动(Cummings,2017:5-6)以及自闭症等特殊儿童在指称等语用交际过程中的非言语行为。相比之下,对老年人的关注则较少。因此,基于多模态研究方法对老年人言语交际行为开展研究尚需加强。

老年人会通过语调、面部表情、手势等副语言方式辅助情感表达、彰显话语的表达效果。例如,有研究发现,患有痴呆症的老年人常常利用身体接触等来发起、加强和保持与他人的会话沟通。在这一过程中,这类老年人虽然有语言认知障碍,但他们积极使用非言语行为,并积极解释他人的非言语行为,实现了"自我"意识的加强,使得自己保持在交际过程中,能够维持人格意识(Hubbard et al., 2002)。还有研究指出,老年人对非言语行为的识别能力较年轻人低,交际效果会受到影响。例如,有研究指出,正常老年人对面部表情的识别能力低于年轻人(Clark-Cotton et al., 2007b),使得其难以识别对方的情感状态和交际意图。如果临床语用学的学科视野未能将非言语行为包含在内,则所阐述的语用交际仅仅是一种单纯的语言现象(exclusively linguistic phenomena),在一定程度上限制了研究者对老年人语用能力的解读。因此,非言语因素不可忽视。

在临床语言学上,基于多模态视角考察老年人非言语行为对言语交际影响的研究并不鲜见。有研究探讨了影响老年人日常交际的非言语多模态资源有哪些,例如,认知障碍老年人交际经常伴有多模态资源的使用(Asplund, Jansson & Norberg, 1995; Magai, Cohe & Gomberg, 1996),包括身体姿势、面部表情、接触、谈话者间距以及音高、声调、语速等。这些资源在老年人的日常交际中发挥着重要的作用。基于多模态视角的老年人语言交际研究起始于研究者对该人群非言语行为,尤其是对痴呆症老年人语言障碍与非言语行为之间的关系问题的关注。过往不少研究虽没有使用"多模态"这一术语,但已经从手势、表情、语调、笑声等多个方面考察了痴呆症老年人言语交际行为(Hamilton, 2008a:101)。相关研究表明,即便是较为严重的痴呆症患者也没有完全丧失非语言交流的能力,能够通过言语、声音、面部表情和肢体动作等各类模态资源表达自己的需求、愿望和期望等创造有意义的交流(Strøm, Šaltytė & Engedal, 2018:239)。

研究发现,尽管手势的数量和速度相同,阿尔茨海默病老年人和健康老年人产生的手势在类型与指代内容上有所不同:阿尔茨海默病患者产生的模糊性指代手势比例较高,隐喻性手势比指代具体内容的手势少,表达复杂概念的双手手势较少。Geladó, Gómez-Ruiz & Diéguez-Vide(2022)发现,象似性手势(iconic gesture)是区分轻度认知障碍与阿尔茨海默病的标志物。研究发现,语义-概念障碍的严重程度与手势表达受损程度之间存在显著的相关性,从神经认知角度说,阿尔茨海默病患者的中枢语义-概念障碍是其手势交流障碍的原因(Glosser, Wiley & Barnoskir, 1998)。在此方面,有研究者赞同"平行消融假说"(Parallel Dissolution Hypothesis),即语言能力与非语言能力都基于同样的语义概念表征,如果相应语义功能受损,会同时表现在言语和非言语两个方面(Glosser, Wiley & Barnoskir, 1998;Schiaratura et al., 2015);但也有研究者认为,阿尔茨海默患者会比认知健康老年人产出更多的手势动作,因为该群体将其作为非言语补偿手段(non-verbal compensatory strategy)来降低语言障碍对交际的影响(Carlomagno et al., 2005)。

多种类型痴呆都会有自发语言减少,重复及刻板语言增加,直至缄默的症状。在阿尔茨海默病老年人的沟通交际中,经常会出现老年人话语减少但出现其他非言语行为的现象。在笔者团队自建的老年人话语多模态语料库中,就有罹患早老性痴呆的老年人在会话交际中表现出明显的语言减少、重复语言增加,但同时其能通过动作等非言语行为保持与会话人一定程度上的交际。

还有较为极端的情况,痴呆症老年人在会话互动中已没有产出意义连贯、形式明确的言语形式,但互相仍然实现了一定程度上的交际。例如,Kontos(2006:206-207)在其研究中分析了两位罹患痴呆症的老年人 Abe 与 Anna 在吃早餐时的会话互动过程：

    1　Abe：<sat down> Bupalupah！[shouting]

    2　Anna：<twisted around in her chair to be able to look at Abe>

    3　Abe：<eyes wider, smiling> Brrrrrr！[shouting with rising to falling pitch]

    4　Anna：Brrrrrr！[imitating volume and intonation contour]

    5　Abe：Bah！[shouting, then pausing while looking at Anna]

    6　Anna：Shah！

    7　Abe：Bah！

    8　Anna：Shah！, turned back around in her chair with her back to Abe.

    9　Abe：Bupalupah！[shouting]

    10　Anna：<raised one arm about her head, lowered it in a swift motion; both then began to eat breakfast>

由上可知,两位痴呆症老年人会话的话语本身没有实际意义且并不连贯,但双方的面对面交流显得顺畅无阻,调用了发声、手势等合适资源。Abe 和 Anna 两位老人通过声调、停顿、手势及身姿的变化进行交际。该案例证明了 Merleau-Ponty(1964：7)有关"交际存在于个人形体(corporeality)之中,存在于表达身姿动作的能力之中"的观点。事实上,罹患失语症以及阿尔茨海默病等神经退行性疾病的老年人群在言语交际中都存在使用其他模态资源实现补偿、推进语用交际的现象。

前文 4.2.1.4 节已述,语用交际情况是老年人日常生活中语言能力的重要外显标志。从多模态视角开展对正常及罹患神经退行性疾病的老年人语用能力的研究非常必要。这是因为,阿尔茨海默病患者的韵律、表情、动作等互动规律因语用能力受损而发生异常,需以多模态视角构建脑病理变化及认知老化下的语用障碍知识体系,以弥补仅关注语言本体维度而忽略其他维度造成的不足,从而增强对人类脑老化规律的科学阐释力。因此,从多模态视角对该类人群的语用能力进行研究具有较大的必要性和较广阔的拓展空间。

多模态视角下正常及罹患神经退行性疾病、精神疾病的老年人言语交际的研究,一是细致化描写,总结各个模态资源之间在实际场景下交际的互动规律,二是进行机制阐释,联手语言学、神经科学、脑认知研究、多模态行为学等,提出能够解释甚至预测老年人多模态互动的理论。在这一点上,Perkins(2007)提出的综合性浮现视角(emergentist perspective)提供了较好的阐释机制。该视角以从语用、认知、病理和神经等维度综合审视交际障碍为逻辑基础,建构了一个可用于审视语用障碍的"浮现"模型(Emergentist Model of Pragmatics)。在"浮现"视角下,语用能力并非独立"模块"或"功能",而是一种在其他各功能的互动过程中浮现的综合现象,它是交际者语言、认知、神经、感觉等多层面、多系统间综合协调的结果,对应表征为构成交际行为基础的符号、认知、感觉运动系统(见表5.7)。当各层面、各系统中的要素无法相互作用而使语用能力不能维持稳定状态时,交际者表现为意义编码与解码的选择障碍,语用障碍随之"浮现"(Perkins,2007;黄立鹤、朱琦,2019;冉永平、李欣芳,2017:34)。

表 5.7　构成语用交际行为的符号、认知、
感觉、运动系统(Perkins, 2007: 63)

符号 (Semiotic)	认知 (Cognitive)	运动 (Motor)	感觉 (Sensory)
语言	推理	声道	听觉
语音	心智能力	手部	视觉
韵律	执行功能	胳膊	
形态	记忆	脸部	
句法	情绪	眼睛	
语义	态度	身体	
语篇			
手势			
眼神			
表情			
身姿			

Perkins 的观点印证了语用功能是各因素、各层面相互作用的结果,即语用能力的蚀失,往往是其中一个或多个系统因素受到损伤,导致相互作用的失衡,语用障碍随之"浮现"。同时,这也是多模态语用学观点在语用障碍研究中的体现。当个体出现障碍时,大脑认知就会根据交际需要进行"补偿性调整"(compensatory adaptation)。这种补偿性调整分为个体内部(intrapersonal)的语用补偿和人际层面(interpersonal)的语用补偿两个层面。例如,在个体内部,当句法符号系统受损导致交际障碍时,个体往往

会通过语音、韵律等方式补偿调整以达成话语的语用目的；当语言符号系统受损导致交际障碍时，个体又会结合自己的手势、动作等行为以完成交际行为。同时，个体内部的语用补偿与人际层面的语用补偿往往相互配合与协作。当个体内部不足以完成语用补偿时，则需要人际层面的补充，以顺利推进交际活动；人际层面的语用补偿多来自交际对方。从这个角度说，基于多模态语用学的分析框架，从多种模态资源的互动补偿关系分析入手，可对痴呆症老年人"补偿性调整"后的语用交际进行描写与阐释。

应当看到，Perkins 的浮现模型理论，除了为我们研究语用能力蚀失提供理论参考，也进一步支持了基于多模态语料库研究老年人语用能力的必要性和科学性。

5.8.2　多模态研究的贴真建模思路

贴真建模(simulative modeling)是科学研究中常用的方法之一，是指研究者尽可能地贴近研究对象的真实情况进行信息采集，在确立一定的研究视角情况下，建立研究模型，挖掘相应维度的数据，并在此基础上开展研究。至于建模时选取的观察视角和采集数据的多寡，则取决于研究目的和研究人员对某个事物的观察角度(Gu, 2009a：444)。在语言研究中，贴真建模是指通过建模来仿真、贴近说话人在"现场即席话语"这一多模态话语活动中的各种充盈意义状态(顾曰国，2013：4)，它是多模态语料库语言学的研究方法。在研究实践中，该建模方式主要分为三个阶段：概念建模、数据建模、实际操作与评估(顾曰国，2013：4－5)。[①]

无论是正常老年人还是罹患神经退行性疾病的老年人，他们与外界交互均具有多模态特征。因此，在研究老年人交际话语时，可借鉴贴真建模的思路，对其进行概念建模、数据建模，并进行基于语料的实际分析与建模信效度评估。

需要注意的是，把不同"说话人"(如正常老年人或阿尔茨海默病老年人)或不同人群的"话语"(如正常老年人的语常或阿尔茨海默病老年人的语障)作为建模对象，体现着不同的研究范围和侧重，对说话人的"话语"进行建模分析只是对"说话人"整体建模的一个方面；对特定说话人群(如

---

① 对贴真建模三个阶段详细的介绍，可参考黄立鹤(2018：48－51)。

80 岁年龄组的轻度阿尔茨海默病老年人)或对某个说话个体(如某个罹患中度阿尔茨海默病的老年人)进行建模,也是不一样的。若将各类痴呆症老年人作为建模对象,则可以从病理分析角度(如 Saraceno et al., 2013)、临床表现(如 Jessen et al., 2014; Villarreal et al., 2016)、社会文化(如 Leibing & Cohen, 2006)、语言分析(如 Szatloczki et al., 2015)等角度建模。但无论对何种研究对象进行建模,概念建模的视角可以细分下去,相应的数据采集和提取也可以更加精细,即研究的视角、层级决定了建模的"颗粒度",也决定了具体研究中的细致程度。

从老年人作为"说话人"这一维度进行建模,实际上体现了语言研究中的一种"整人"(the whole person/man)思维。Firth(1957:19)提出,要把会话人视为与他人相联系、思维与行动形成整体的一个"鲜活整人"。语言学研究应当基于"鲜活整人"的生活形态(pattern of living)开展。"鲜活整人"与外界互动通过多模态充盈亲历(total saturated experience)形成了多模态充盈信息(total saturated signification),这就好比多模态数据在不断得到填充。同样地,老年人通过话语活动与外界进行互动,也好比多模态大数据在各个场合不断得到填充。如何对老年人话语进行研究,取决于研究者基于何种视角确定研究框架,采集哪些多模态数据,做哪些方面的数据分析。在具体研究中,把老年人作为"鲜活整人"进行贴真建模,可借用"化整为零"的方法(顾曰国,2013:6)。"整"即"鲜活整人","零"是指建模的各个角度。单个角度看到的"鲜活整人"就是该人的某个方面,即"化整为零";将各个角度集合起来,又得到了一个"整人",该过程在建模上叫作数据集成(Gu, 2009a)。

顾曰国(2013:6)提出用"己"(self,也可译为"自我")来代表研究视角所管辖的鲜活整人的某个方面。按照上文"充盈亲历"的思路,一个人可以分为:亲历己(the experiencing self)、元己(the meta-self)、机构整体己(the institutionalized general self)等。其中,亲历己{…}①是与外界进行多模态互动、不断填充大数据的一个"己";元己{…}是对这种互动亲历进行元认知的一个"己";机构整体己{…}是指在各种场景下以各种身份所呈现出的"己",体现了人的社会属性(Gu & Xu, 2013b)。每一个方面(建

---

① 这里采用集合形式来表达某个建模视角及其内部子视角,{…}表示这个"……+己"是动态的、变化的。在数据建模和操作评估阶段,{…}要填满相应的数据(顾曰国,2013:6)。例如,根据言思情貌整一原则,可以将说话人建模为"言己{…}""思己{…}""情己{…}""貌己{…}"四个方面。

模的子视角）都可以再细分,研究者可借用语言学、心理学、社会学、生理学等必要的学科知识与分析思路,对各建模子视角进行研究。例如,亲历己｛…｝可以细分为生理角度（年龄、性别、种族）、心理角度（心智健全、受损等）、语言角度（语音层、词汇层、句法层、语用层）等,而机构整体己｛…｝可以再细分为社会角色、权势、地位等。这种"己"形式对老年人建模具有重要的理论和临床意义（与阿尔茨海默病老年人自我意识丧失有关,详见2.4节）,同时与老年语言学中有关老年人的身份构建、形象传播等方面的研究也密切相关。

以上介绍了在老年语言学中采用贴真建模的思路。贴真建模方法具有一定的系统性和科学性特点,为多模态语料库提供建设思路的同时,也保障了多模态语料库的构建质量。下面将介绍多模态语料库的基本概念与方法及具体的建设问题,随后提供基于概念建模思想和多模态数据的老年人言语行为研究实例。

5.8.3 多模态数据与语料库范式

前文5.5.1节已述,国际上基于语料库对正常及罹患神经退行性疾病的老年人的言语特征开展的研究方兴未艾。但是,即便是语料库方法下的研究,绝大多数关注点仍然在于语言本体范畴的衰老现象,例如语音、词汇、句法、语义等。近年来,一些非言语现象,如脸部表情、手势、情感表现等,也引起了专家学者的广泛关注。语用障碍人群的非言语行为研究是临床语用学的重要内容,且早有学者提出临床语用能力评估应包括非言语特征（Prutting & Kirchner, 1987）等多模态维度。信息技术升级与大数据云存储时代的到来为非言语现象的研究提供了技术支持。多模态语料库语言学方法,通过多媒体设备采集多模态语料、进行贴真建模,可以更加贴真还原研究对象的语言表现特点和体貌特征。因此,国外使用多模态语料库方法开展语用交际研究日益受到关注,基于多模态语料库方法对正常及罹患神经退行性疾病的老年人开展言语特征研究也越来越受到重视。

例如,比利时鲁汶大学 Catherine T. Bolly 及 Dominique Boutet 主持的欧盟项目"基于多模态语料库的老年人语用能力研究"认为,话语标记是评估语言能力的关键因素指标。该研究通过建立正常老年人语用交际的多模态语料库 CorpAGEst,对他们的手势、眼神等做了语用分析与阐释

（Bolly & Boutet，2018）；Duboisdindien et al.（2019）同样以话语标记（pragmatic marker）为单位，对 9 位平均年龄为 83 岁的轻度认知障碍老年人进行了 36 次访谈，采集音视频多模态语料（时长共 20 小时）。研究发现，在老年人言语发生障碍时，非言语行为形成了重要的"补偿"（compensate），以实现语用功能，协调人际交往。在工具上，已有研究利用 Pratt、Elan、Photoshop 等软件对视频图像等多模态语料进行切割、标注与分析，就交谈中的头部和手部动作等探究痴呆症老年患者的人际语用问题（Davis，Maclagan & Cook，2013）。

在国内，基于多模态语料库方法对正常及罹患神经退行性疾病的老年人开展研究方兴未艾。顾曰国（Gu & Xu，2013a，2013b）、黄立鹤（黄立鹤、杨晶晶、刘卓娅，2021；Huang et al.，2022）、刘红艳（2014）等正在运用多模态语料库方法开展对正常衰老老年人与痴呆症患者之间多模态交互行为的对比研究。国内也已有学者对多模态语料库的本体及应用进行了细致论述（可参考 Gu，2009a；黄立鹤，2015b，2016，2018a），应用领域包括语言研究（语用学、话语分析、社会语言学、语言发展研究、特殊人群语言研究等）、教学研究（课堂教学、教师发展等）以及其他人文社科研究（戏剧表演、社会心理、政治行为、商业行为研究等）。

我们知道，多模态是一个综合了多种具体路径和方法的整合性研究范式，其概念可归结为三个：1）将多模态视为感官及相应的神经系统；2）将多模态视为在社会文化中形成的创造意义的符号资源；3）将多模态定义为人机交互中的信息呈现方式（黄立鹤、张德禄，2019）。语言学里有多模态语言研究，计算机科学里有多模态图像技术研究，医学里也有基于多模态图像的疾病研究。由于老年人语言现象研究涉及范围很广，在因各种病理引起的语言障碍研究中，基于多模态数据的研究就融合了医学和语言学，若是与临床诊断辅助技术相关，则还涉及计算机科学与技术等领域。多模态数据在计算机辅助的临床疾病诊断上愈加受到重视。例如，多模态医学影像信息就已经在计算机辅助检测和诊断中被广泛应用。在临床上，不同类型的医学影像技术依据不同成像原理可提供多种模态的医学图像，产生多种类型的数据。这些图像数据能够突出不同脑疾病的病理特征。例如，结构性磁共振成像（sMRI，也称"结构 MRI"）图像类型对脑部的解剖结构有较强表现能力，正电子发射断层显像图像类型对脑部代谢活动具有较强表现能力，因此，临床可通过这些图像检测出病理区域代谢异常。这种多种类型数据集成的方法能够更加全面地获取病理特征信息，有效提升疾病检测与病理研究的效率,进而采取有针对性的早期治疗与有效干预以达到减缓疾病恶化、延长发病时间的目的(韩坤等,2019:2-3)。

因此,多模态数据库除了有专门的语料库,还包括了多种数据类型的综合性数据库,并且这种综合性数据库中各类数据关系并不是简单的线性叠加,而是存在各类包含、相关等复杂关系。通常情况下,这类数据库构建及相关研究都是综合性的,研究者基本的假设是,衰老是一个极其复杂的过程,会受到各种生物、社会和个体等多种因素的影响。较早进入老龄社会的西方国家已开始构建多种数据类型的、协同多学科开展的老龄化研究。下面列举几个具有代表性的研究:

1) 美国巴尔的摩老龄化纵向研究(Baltimore Longitudinal Study of Aging, BLSA)。该项目始自 1958 年,当时美国老年医学对衰老的研究还处于起步阶段,现在该项目已成为世界著名的老龄化及衰老研究,已成为历史最长的老龄化纵向研究,包含了 3,200 多名被试,量化了与年龄相关的自然衰退因素,建立了健康风险因素与衰老之间关系的知识体系,并跟踪了促进健康或疾病风险的相关行为趋势,对遗传、生活方式和疾病进程如何影响个体之间和个体内部的衰老速度进行了深入探究。其中,老年人听力与认知相关性的研究也有所涉及。

2) 英国英格兰老龄化纵向研究(English Longitudinal Study of Ageing, ELSA)。该研究项目的数据库包含了英国(英格兰)50 岁以上人口在健康、社会、福利和经济状况等方面的丰富数据。原始数据样本来自 1998 年至 2001 年间对英格兰的健康调查(Health Survey for England),随后数据被进一步拓展,包括老年个体及家庭人口学统计、生理及心理健康情况、社会照护情况、工作、养老金收入及资产情况、住房情况、认知功能、社会参与情况、志愿服务、行走速度、体重及血样指标等。

3) 德国波恩老龄化纵向研究(Bonn Longitudinal Study of Aging, BOLSA)。波恩老龄化纵向研究始于 1965 年,由 Rudinger & Thomae (2010)建立。样本包括德国 1890 年至 1895 年间以及 1900 年至 1905 年间出生的 222 名女性和男性。大多数被试(97%)居住在德国不同地区的家庭(主要为中下阶层)中,平均受教育年限为 11.2 年,略高于当时德国人口的平均受教育年限。该研究的数据库主要为心理学、医学、社会老年学、历史学、社会科学、语言变异、晚年语言发展、比较研究等多学科交叉研究提供研究资源。语料采样形式为半结构化访谈,每场访谈都侧重于被试生活的不同方面,包括个人的过去、现在和未来。

　　除上述几个较为著名的研究项目外,世界各国也加紧了相关研究。由美国南加州大学多恩西夫经济与社会研究中心(USC Dornsife Center for Economic and Social Research, CESR)全球老龄化、健康与政策研究团队(Program on Global Aging, Health and Policy)开发的全球老龄化数据门户网站(Gateway to Global Aging Data)①,整合了世界各国对老龄化研究的综合数据,包括中国(China Health and Retirement Longitudinal Study)、欧洲(Survey of Health, Aging and Retirement in Europe)、加拿大(Canadian Longitudinal Study on Ageing)、澳大利亚(Australian Longitudinal Study of Ageing)、日本(Japanese Study on Aging and Retirement)、韩国(Korean Longitudinal Study of Ageing)、巴西(Brazilian Longitudinal Study on Ageing and Well-Being)、印度(Longitudinal Aging Study of India)、新西兰(New Zealand Health, Work and Retirement Survey)、墨西哥(Mexican Health and Aging Study)、马来西亚(Malaysia Ageing And Retirement Survey)、非洲(Health and Aging in Africa: A Longitudinal Study of an INDEPTH Community in South Africa)、泰国(Panel Survey and Study on Health, Aging and Retirement in Thailand)、印度尼西亚(Indonesia Family Life Survey)等国家和地区的老龄化项目,提供了信息发布、数据下载、成果检索、合作平台等方面的功能。该平台还提供各个数据库的数据使用指导、编码手册及对不同项目原始数据进行整合、处理后的数据下载服务。

　　除了上述各类基于多类型数据库的相关老龄化研究,诸多国家还实施了基于多模态数据库的脑科学计划,其中包括对脑的各种功能和神经网络工作原理的探索。人脑的语言能力研究是脑科学研究中最前沿的核心领域之一,不仅是正常人从语言习得到语言衰老的脑机制,各类脑疾病或脑外伤导致的语言障碍及退化问题也是脑科学亟须解决的问题,其中也包括脑科学视角下的健康及患病老年人语用交际研究。因此,完整科学的大脑研究计划应该覆盖人类语言习得、与脑疾病相关的语言障碍以及模拟人类自然会话的类脑智能研发等一系列问题。这些问题的研究涉及多种学科协作,要基于多种数据类型。现有各国脑计划的实施加速了包含多种数据类型的多模态数据库(如人口统计学数据、神经心理学数据、脑影像数据、基因数据、血液数据)的建设。例如:

---

① 网站地址:https://g2aging.org。

1）人脑连接组计划（Human Connectome Project，HCP）。该计划是由美国国立卫生研究院（National Institutes of Health，NIH）于 2009 年出资启动的大规模收集和共享人脑详尽数据的研究计划，其核心目标是采用多模态神经影像技术在脑区水平上描绘人脑结构和功能连接模式并探索个体间的差异。该项目研究及数据库建设任务同时关注人类的毕生发展变化，其中就包括老年人生理及脑认知老化的研究及数据库 HCP Aging[①]建设。该项目于 2019 年 5 月发布了最新的数据集成包 HCP Lifespan Aging 1.0，其中包括 600 名老年人的结构 MRI，静息态 fMRI，任务态 fMRI 以及扩散 MRI 多模态脑影像。

2）神经影像大数据国际"信度与可重复性联盟"（Consortium for Reliability and Reproducibility，CORR）[②]。该数据库在 2014 年 6 月由中国科学院心理研究所（Institute of Psychology of the Chinese Academy of Sciences，IPCAS）和美国儿童心理研究所（Child Mind Institute）共同发起，通过国际神经影像数据共享倡议（International Neuroimaging Data-sharing Initiative，INDI）共享数据，以促进人脑功能和连接组学研究的信度和可重复性，推动脑功能研究的标准化、规范化。数据库汇总了来自世界各地实验室的静息态 fMRI、扩散 MRI 以及人口统计学数据，其中包括部分 60 岁以上老年人的数据。

3）英国生物数据库（UK Biobank）[③]。该数据库由国家卫生局（National Health Service，NHS）支持，由维康信托基金会、医学研究理事会、卫生部、苏格兰政府以及西北地区发展局建立。该数据库目标采集 100,000 名被试结构 MRI、静息态 fMRI、任务态 fMRI、扩散 MRI 等多模态影像数据以及人口统计学、神经心理学、基因学以及血液数据，其中包括老年人的数据。

4）我的脑连接组计划（MyConnectome Project）[④]。该项目的数据库比较特殊，记录了一个个体（研究者自己，斯坦福大学 Russell Poldrack 教授）的大脑在 18 个月内的变化，为研究大脑活动的动态变化及其与身体新陈代谢和心理功能的关系提供了新的角度。个体每周定期进行三次 MRI 扫描，包括静息态功能磁共振扫描，结构 MRI（T1 加权和 T2 加权），

---

① 项目网址：https://www.humanconnectome.org/study/hcp-lifespan-aging。
② 项目网址：http://fcon_1000.projects.nitrc.org/indi/CoRR/html/index.html。
③ 项目网址：https://www.ukbiobank.ac.uk/。
④ 项目网址：http://myconnectome.org/wp/。

扩散 MRI(评估白质连通性)和任务态 fMRI(使用面部,场景和中文的工作记忆任务字符),此外还收集生物样本以及关于日常生活活动的数据,如血压、体重、摄入食物及酒精、药物、运动情况、身体酸痛情况以及每日事件的文本日志等。

5)脑图数据库(BrainMap)①。该数据库是公开发布的大脑功能和结构神经影像实验数据库,由得克萨斯大学圣安东尼奥健康科学中心开发。它不仅提供用于荟萃分析和数据挖掘的数据,还提供用于定量整合神经影像数据的软件。该数据库包括多种语言研究的实验范式,可基于坐标的 Meta 分析进行多层次的统计运算。

6)阿尔茨海默病神经成像计划(Alzheimer's Disease Neuroimaging Initiative, ADNI)②。该计划于 2004 年启动,美国和加拿大 63 个研究机构的研究人员使用神经成像、生化和遗传生物学标志物研究了阿尔茨海默病的病理机制,提供了 β-淀粉样蛋白、tau 蛋白、葡萄糖代谢、结构 MRI、认知障碍评估等临床影像数据、基因数据、生化数据以及认知评估数据等。

7)中国 AD 临床前期联盟多中心认知下降纵向研究(Sino Longitudinal Study on Cognitive Decline in Multi-Center, SILCODE)③。该研究的数据库是属于国家老年疾病临床医学研究中心(宣武医院)和中国 AD 临床前期联盟发起的、我国研究者构建的多中心认知下降纵向研究数据库,其数据包括认知健康和阿尔茨海默病各个阶段的多模态磁共振成像和正电子发射断层显像数据,以及神经心理量表在内的临床与行为学数据。

8)北京老年脑健康促进计划(Beijing Aging Brain Rejuvenation Initiative, BABRI)。该项目依托于北京师范大学发起的社区临床队列研究,计划在 20 年内建成,覆盖 10,000 名社区中老年样本,包括神经心理、多模态神经影像、遗传信息、人口信息、生活指数等多维度数据。其中,认知测查包括对语言能力的测查,有分类词语流畅性测验、波士顿命名测验等语料采集途径。目前,该计划已经初步建立我国人群的认知老化常模,揭示了轻度认知障碍的发生率及其影响因素,并系统阐释了轻度认知障

---

① 项目网址:http://brainmap.org/。

② 项目网址:http://adni.loni.usc.edu/about/。

③ 项目网址:http://www.alzheimer.org.cn/。

碍及其高危因素脑损伤的影像特征。同时,该项目还推动了我国老化研究、痴呆防控在医院、社区层面的广泛实践(陈姚静等,2018)。

9) 匹兹堡研究(Pittsburgh Study, 全名为 Alzheimer and Related Dementias Study)。该研究是另一个比较著名或大型的队列研究,属于美国匹兹堡大学医学中心(University of Pittsburgh Medical Center, UPMC)神经病学系列研究中的一部分。其中,阿尔茨海默病研究中心(Alzheimer's Disease Research Center, ADRC)、匹兹堡神经退行性疾病研究所(Pittsburgh Institute For Neurodegenerative Diseases, PIND)、美国帕金森病协会帕金森病研究高级中心(America Parkinson Disease Association, APDA)等相关机构的研究与老年人语言问题相关,研究者采录了多种类型的数据及部分认知评估过程中的对话。Cummings(2020)基于这些对话进行了痴呆症患者的语言障碍研究。

以上这些研究项目及其数据库为科研人员提供了大脑结构和功能所需的多种数据类型的多模态脑影像数据,甚至纵向数据。随着各国对脑认知研究的加深及语言能力的重视,这类多维度数据的语料库建设方兴未艾。目前,笔者所在团队也开始建设相应的多模态数据库,形成了多种类型数据的采集与处理平台。

随着人工智能技术的发展,越来越多的研究者开始基于人工标注后的正常及罹患神经退行性疾病的老年人的多模态数据库(包含临床影像数据、生化数据、认知评估数据、言语交际语料等多种数据类型),对多模态数据进行深度加工,综合人工专家意见条目遴选与基于模式识别的特征自动提取,借助各种算法(如卷积神经网络等),应用模型融合方法对模态特征信息加以融合,并对提取的多模态特征信息进行分类预测,从而形成临床上可以应用的阿尔茨海默病计算机辅助检测和诊断方法。

目前,这样的研究主要由神经科学家、医学家等联手开展,语言学专家参与的项目较为少见。但事实上,语言学者可以从行为学和脑影像角度参与研究,揭示正常老化及神经退行性疾病的脑机制研究与临床诊断问题。

总之,多模态语料库(数据库)方法,将是未来研究老年人语用能力蚀失等一系列语言衰老问题的重要指导,同时对该类人群的语言康复将有重要推动作用,促进多学科的综合性研究的开展。未来应当利用大数据建模,开展基于生命历程视角的历时研究,从而更为细致地描写正常老年人的言语交际特征以及罹患神经退行性疾病的老年人语用能力随病程发展而逐步蚀失的过程及规律。

5.8.4 多模态语料库的建设问题

多模态语料库的建设会直接影响老年语言学研究中对数据的加工和规律的探索。多模态语料库符合一般语料库建设的整体规律,也具有自身的显著特征。本小节主要介绍多模态语料库的建设问题。

5.8.4.1 多模态语料库建设概述

严格意义上说,多模态数据库是包含多重维度、类型数据的集合。在老年语言学研究中,最常见的是集合了音频、视频、文字的语料库,其他行为学数据、脑电数据、脑成像数据等也可能被加入其中。数据维度越多,建设成本越大,数据集成难度越大。一般而言,狭义上的多模态语料库是指音频、视频和文字语料等多种信息集成,研究者可以通过多模态方式加工、检索和统计进行相关研究的语料库。在多模态语料库研究中,"多模态"主要有两个含义:1)用户要调用多种感官(如视觉、听觉)来处理语料,2)检索语料时其方式是多模态的(顾曰国 2013:3)。国外已建设了不少规模各异的多模态语料库,并在理论依据、语料采集、加工、标注以及分析框架等方面形成了诸多成果(如 Bernsen & Dybkjær,2007;Dybkjær & Bernsen,2004;Kipp et al.,2009;Knight,2011;Knight et al.,2009;Thompson,2010 等)。国内多模态语料库建设及相关研究也方兴未艾,如中国社会科学院的"现代汉语现场即席话语多模态语料库"以及其他若干小型多模态语料库。

多模态语料库可以包含各种性质的语料,其中一种重要语料就是现场即席话语。现场即席话语,是指两人或两人以上在某一场合事先无准备的谈话(顾曰国,2002:484)。这种面对面说出来的话语是最古老的语言形式,它在人类各种文字发明出来之前就业已存在。运用多模态语料库方法考察现场即席话语,需要通过各种技术尽可能地对现场即席话语的相关信息进行记录,即使用多媒体介质承载现场即席话语中交际者的多模态内容,从而为研究者呈现他们的多模态互动过程,即所谓贴近现场即席话语的"充盈意义"(saturated significance)(Gu,2009a)。一般的研究可以使用摄像及录音设备客观、连续地记录声音、动作、空间、场景等一系列信息。但到目前为止,没有任何一种技术能够实现多模态充盈信息的完全复现。

运用多模态语料对语言现象进行研究,进而提出的语言学理论,就是多模态语料库语言学,其上位范畴是语料库语言学。但多模态语料库具有特殊性,多模态语料库语言学的研究方法也与传统语料库语言学有所差异,贴真建模是其基本的思想方法(顾曰国,2013)。此处的"贴真",是指研究者尽可能地贴近研究对象(如语言现象)的真实情况进行信息采集,在此基础上选取一定的研究视角,挖掘对应数据,开展相应研究。贴真建模包括三个步骤:概念建模、数据建模、实际操作与评估。概念建模就是研究者确立一定的研究视角,或建立分析框架或利用某种形式化的方法对研究对象进行抽象的归纳和描述;数据建模则是按照概念建模时确定的研究视角,形成多模态语料的切分和标注方案,进行语料加工,挖掘相应数据;实际操作与评估是指利用数字化技术根据先前的数据模型对研究对象进行模拟运行,看结果数据是否符合概念模型,并进行修正,确立数据样本,最终形成一定规模的多模态语料库。

5.8.4.2　多模态语料的采集与转写

5.8.4.2.1　语料的采集

1) 关于采录设备。目前视频采录工具包括卡带式录像机和数码录像机。卡带式录像机采录的是模拟信号,但其需要通过数据线连接电脑进行数据转换,即模拟信号数字化过程,这会使一部分信息损失;目前的数码录像机采样率已经很高,能够满足研究要求。因此,数码高采样率录像机是比较建议的采集工具,所采集的数据可被直接导入计算机,避免中间环节的数字信息丢失。当然,研究者可根据实际的研究需要自行制定不同多模态语料库对语料的采集、存储、加工等的技术标准,关于多模态语料采集、存储、加工等技术的标准共性问题可参考 Wittenburg(2008:664 – 684)。

2) 关于拍摄角度。不同的语料来源和研究目的要求研究者采录语料时选取不同的拍摄角度。一般而言,多模态语言研究中会话参与者的脸部表情、身体动作等都是重要的信息。采录语料时,如果说话人进行着某种任务行为,则原则上采用持续性广角拍摄,即对所有参与人交互过程、说话人的全身整体进行拍摄,以确保包括言语行为的整个过程以及说话人多种模态使用的全部线索（Allwood，2008：215）；若说话人是坐着交谈，且下半身没有其他显著意义的身体动作，则可以采用特写方式对其上半身进行摄制；若采录的是多方会谈语料，则需要根据情况选取多个拍摄视角进行采录。

3）关于采集记录。采录所有语料时均需填写语料采集信息卡，包括录音人信息、采录时间地点、会话人信息（姓名、性别、年龄、职业、籍贯或口音）、谈话事由与目的、背景活动等。由于多模态分析与话语产生的环境、说话人等背景信息具有相关性，且语料库的建设需要考虑语料的取样和代表性问题（顾曰国，2002），这些记录就显得尤为重要。另外，研究者还需考虑语料使用的伦理问题（Adolphs & Carter，2013：149）。

5.8.4.2.2　语料的转写

多模态语料的转写与传统单模态（通常为语音语料库）的转写既有相同之处，也有不少差异。Edwards（1992）曾指出，语料转写应当包括条件（如场景、活动、参与者特定及相互关系）、转写方式（如节律、停顿、音质）、说话对象及话语内容、各种时间信息（如停顿长度、事件先后顺序、不同说话人之间的话轮、话语与手势的重合），以及某些元评论（metacomments）或解释性"标注"等信息。Garside，Leech & McEnery（1997）、Allwood et al.（2003）以及 Gu（2006）则强调了转写（transcription）与标注（annotation）的区别。语料转写是呈现通过感官能够直接观察到的语料信息的过程，而标注则是根据研究者从事何项研究、采用何种理论而对语料信息进行的具有选择性的加工和呈现（Gu，2006），是将信息转化为数据的过程。也就是说，语料转写不仅用文字记录会话者的话语内容，还会将各种能够通过感官直接观察到的信息记录下来，方便研究者客观准确地了解会话。因此，多模态语料承载的信息比单模态语料（如语音语料库或文字语料库）丰富得多。但是研究者一般根据研究的实际需要有选择地转写（Cook，1990），而不是面面俱到地转写。事实上，也没有一个转写体系可以完整地体现多模态语料中的信息。因此，对于多模态语料而言，没有所谓"标准"的转写方法或体系（Cameron，2001：43）。转写形式与方法直接与研究者的理论假设和研究对象密切相关，不同研究目的和性质决定了如何转写、转写多少信息。就此，Meyer（2002：72）指出了一条折中的办法，即首先准确地记录人们在会话中所说的内容，然后在资源许可的条件下添加其他信息。

5.8.4.3 多模态语料的切分、标注及建库

5.8.4.3.1 切分问题

这里的切分不是指按时间长短进行的切分,而是指对单位研究对象进行赋予意义的边界界定过程。鉴于多模态语料的特殊性,语料切分是多模态语料加工中的一个难点。此处主要以现场即席话语的多模态语料切分为例展示语料切分的方式。

在现场即席话语多模态语料库中,语料往往是话语与行动交织在一起的互动过程。人类互动是"在一定时空中发生的社会行动"(social action over space and time)(Gu, 2006:133),作为人类互动一种的现场即席话语显然也是基于一定时空间的。因此,对多模态语料中所记录的现场即席话语的切分和分析可以借用社会情景的结构分析方法(Argyle, Furnham & Graham, 1981)。Argyle Furnham & Graham(1981)强调行为成因研究中个体以及情景之间的互动。在现场即席话语研究中,在承认言语是一种行为的理论前提下,应当把现场即席话语视为一个人们与背景的交互过程,因此,必须将社会情景因素纳入研究范围中,将其视为一项重要的影响因素或考察对象,这样话语研究和语料库建设就避免了"对活的话语的社会性和行为性没有给予充分考虑"的缺陷(顾曰国,2002:489)。

社会情景(social situation)由一系列的活动类型(activity type)组成;活动类型的目的决定具体行动的性质是"任务"(task)还是"花絮"(episode):任务是实现活动类型核心目的的行动,花絮是实现活动类型边缘目的的行动(Gu, 2006:142)。社会情境、活动类型、任务/花絮构成了社会心理层(sociopsychological layer),往下则是个人行为层(individual behavior layer),包括一系列的言(talking)、行(doing)、言语行为(act)以及韵律单位(prosodic unit)等(Gu, 2006:142)。这就形成了一般多模态语料的分析层级。

在这一分析层级下,Gu(2006:214-222)提出了几个重要的切分线索,包括时空间线索,社会角色、功能、目的及目的实现模式线索,情景目的一致性线索,目的实现不对称线索,参与者身体动作线索,音质线索以及其他线索。人类互动被看作一套和"社会行动者"(social actor)在社会情景下的各种说话、做事和/或说话兼做事行动(Gu, 2006:138)。因此,标注除了要在标注界面上体现多模态文本的层级结构,还要充分体现说话、做事的顺序、起讫点及内涵,以及研究包含的其他信息(如情

感等),因为这样的标注将直接影响到其后对所采语料片段的分析。标注内容则应当在事先确定的一定范围内进行选择,以形成系统、规范的标注体系。

在具体的多模态语料切分中,由于研究目的不同,概念建模不同,所选用于设置切分单位的层级也各不相同。例如,笔者进行的现场即席话语语力(illocutionary force)研究,研究对象是"鲜活的语力",因此将切分单位定为言语行为的实施单位(performance unit of an illocutionary act),构建的多模态语料库也是以语力为基本单位的。其上位层级(包括任务、活动类型、社会情景等)只作为背景信息在标注和研究中体现;而话语分析的对象则可能是任务或活动类型本身,甚至社会情景,此时的切分就是以"任务"为单位。

5.8.4.3.2 标注方式和过程

Leech(1993)曾提出语料标注的七个原则,包括:标注附码可以删除,可以恢复到原始语料;所做的标注可以单独抽出,另外储存;语料的最终使用者应该清楚标注的原则和附码的意义;在语料的使用和说明文件中,应该说明标注者以及标注所使用的方法;应向用户表明,语料的标注并非完美无缺,它只是一种可能有用的工具;标注应该尽量采用被人们普遍接受的中立模式;任何标注模式都不能作为第一标准(崔刚、盛永梅,2000)。这些原则成为一般语料库建设中可以参考的整体准则。多模态语料标注除需要遵守一般语料库的共性准则外,还需要注意以下几点。

多模态语料的标注对应贴真建模研究方法中的数据建模阶段。研究者通常在观察一个较为复杂的事物时,每次只呈现并处理一定量的信息,并不可能选择所有的角度呈现所有信息。利用现代影像技术采集的多模态互动(信息源)包含了许多信息,这些信息的用途是多种多样的。研究者在形成研究问题、建立假设之后,需要对这些信息进行"有的放矢"的挖掘、建构,使之成为问题分析的依据,此时信息便转化为数据。因此,数据是服务于研究问题的、经过建构的信息。结合多模态语料库语言学背后的贴真建模思想方法来看,概念建模的观察视角决定了数据建模的标注层构建,视角的多寡决定了其后对相应语料进行数据加工、信息提取的角度和程度。

一般而言,研究者不可能也没有必要把多模态语料承载的所有信息都转化为数据,而应当根据研究对象和概念建模的需要,设计合理、充分的数据挖掘方案(标注方案)。多模态文本研究遵守"多视角原则"(the principle of multiordinality,有关论证见 Gu,2006:129),相应地,体现在多模态文本标注上,则是多层标注体系法(multiple-layered approach),即在标注软件上建立不同的标注层,从不同的视角和方面对语料进行标注。

同时,多模态语料的标注也对应着贴真建模中的实际操作与评估阶段。在大规模语料标注和建库之前,多模态语料标注的信度(reliability)、效度(validity)以及一致性(consistency)应得到验证(Cavicchio & Poesio,2009)。在大规模标注完成并建立语料库后,研究者应使用语料库数据集成功能,将多种模态的各个范畴集成展现在一个视窗界面和操作平台上,便于对模态之间的互动进行观察和分析(Gu,2006)。

5.8.4.3.3 建库问题

语料库建设的最后一步是考虑如何呈现标注的信息,以为相应研究及后续其他目的的研究提供可再用资源。顾曰国(2002:489)曾提出关于资源库(archive)和语料库(corpus)的区分方法,对采录语料和所选取的研究语料进行区分。所谓资源库,是指符合现场即席话语定义的所有采录语料所形成的数据集合;语料库则是按照一定标准从资源库提取出来的语料,为研究需要建立的材料库。在筛选语料建立语料库时,可以遵循以下三个原则:一是语料的代表性。根据研究的需要,选取语料包括各类会话人,覆盖具有不同代表性的场景。二是研究内容的代表性。所选语料应具有代表性,尽力覆盖研究内容的各种情况。三是语料的采录质量。由于采录语料是现场即席话语,而不是实验室中毫无杂音的录音,研究者要尽量选取录音质量清晰且纯度较高的语料。

不同于文本语料库,多模态语料库的呈现方式目前并没有统一标准或大规模采用的样式。Adolphs & Carter(2013:170-173)讨论了多种呈现方式,其中组合关系的呈现方式(syntagmatic representation)比较易于其后的检索和研究。对于只是转写而未标注的生语料,研究者可以将音频、视频与转写的语料按照一定的时间长度(如3—5分钟)进行同步,以便在转写文本中检索所需内容;对于已经标注的熟语料,研究者可以通过标注软件对转写内容、音频和视频进行同步呈现,这样的好处是研究者可以对标注的内容一目了然,并实现对多个标注文件的统一检索。语料库包含原始语料文本,也包括经过多模态语料标注软件加工后形成的文件。以笔者所建的老年人话语多模态语料库为例,除元数据外,此多模态语料库中的文件共有五类,分别是:1)视频文件(mpg 格式);2)音频文件(wav 格式);3)经过 Elan 软件标注后生成的标注文件(eaf 格式);4)经过 Praat 软件标注后生成的标注文件(textgrid 格式);5)语料转写文本(doc 格式)等。

研究者可以按照某种分类对标注后的多模态语料进行分类储存,文件名则按照研究需要,以方便检索为原则进行命名,这样就形成了一个专门用于某个研究目的的小型多模态语料库。为今后检索方便,还可以使用 Microsoft Access 或 Excel 等工具将标注后的小型语料库基本信息加以整理,如说话人、场景、语料名称等,并添加超链接将 Excel 与语料标注文件相连,研究者可以通过点击 Access 或 Excel 中的链接打开相关语料标注文件。

5.8.4.3.4 多模态语料库建设的尚存问题

虽然多模态语料库近年来方兴未艾,但在建设过程中尚存诸多问题,包括:多数多模态语料标注工具无法根据研究者的需求实现数据之间(尤其是不同标注层级之间)的复杂统计,尚未实现全方位的、真正的数据集成功能及较为强大的检索功能;多模态语料库的标注实践尚需拓展和深入,广为接受的标注方案较少;多模态语料库加工工作量和难度较大,在规模上往往受到限制,如何提升加工效率、充分发掘有效数据尚需研究。

5.8.5 多模态视角下阿尔茨海默病老年人言语行为研究

阿尔茨海默病患者因认知功能衰退等原因出现语用交际障碍,其中最明显的表现之一就是异于健康老年群体的言语行为特征。本节主要介绍笔者开展的多模态视角下阿尔茨海默病患者实施言语行为及相应语力表达的研究,是多模态研究的实例分析。限于篇幅,本节只介绍研究思路、分析框架以及分析个案。

5.8.5.1 研究思路

在临床语用研究中,多数学者认为,言语行为的理解与实施是评估语用能力、判定语用障碍的重要范畴与核心指标(Fouly, Bachman & Cziko, 1990; Guendouzi, Davis & Maclagan, 2015; 陈新仁, 2009; 冉永平、李欣芳,2017),因此本研究的分析单位确定为言语行为;同时,语用交际是多模态行为,语用障碍存在多模态补偿现象,故本研究秉持多模态分析视角。为研究阿尔茨海默病患者语用补偿现象,本研究主要采用顾曰国(2013)提出的言思情貌整一原则和 Perkins(2007)的语用浮现模型。

言思情貌整一原则认为,在实际人际交往过程中,交际主体是一个个声情并茂、体貌丰富的鲜活完整个体,而不是经过理想化处理的"说话人"。因此,言语行为的实施主体也是独立、完整的个体,其语言、思想、体貌以及情感都会参与语力的形成与传递。其中,"言"包含说话人的话语内容、韵律特征以及各种鲜活的语力;"思"主要指说话人的思想,对某人或某物的态度与信念;"情"指说话人的情感;"貌"指代说话时的身体姿势、面部表情等特征。这是本研究对阿尔茨海默病患者进行研究的四大视角,可用言己{…}、思己{…}、情己{…}、貌己{…}的集合形式来表示概念。若外显性的韵律、表情、动作等特征能够真实反映说话人的内心想法和情感,就符合言思情貌整一原则,否则就与之相违背。根据日常即席话语的实际情景,可总结出七种违背整一原则的情况(详见顾曰国,2013),其中与阿尔茨海默病患者相关的通常为言思不和、言情不和等情况,即说话人表达出的语言与内心的真实想法产生矛盾或所说语言无法充分表达说话人的真实意图,并会通常表现出不同于健康老年人的多模态特征。本研究在这四个角度下,再进行细化的概念建模、数据建模和操作分析。

针对语用障碍中的补偿机制,语用浮现模型提供了分析的理论基础。该模型将语用视为语言系统(language)、认知系统(cognitive)以及感觉运动系统(sensorimotor)三者相互作用的结果。信息的传入主要依靠视觉系统与听觉系统,信息的输出可以依赖语音、眼神、面部表情、身体姿态等行为动作。人们的语用表达就是在这三个系统之间进行选择的结果。当其中一个或多个系统受到损伤时,个体在交际过程中对意义进行加工与传输的"选择"(choice)就受到了制约,导致系统间相互作用的失衡,语用障碍随之浮现。当障碍出现时,大脑就会根据交际需要进行"补偿性调整"(compensatory adaptation),即三个系统之间的相互协调,并对受损部位的功能进行补偿。这种补偿分为个体内部(intrapersonal)和人际(interpersonal)两个层面,两者往往相互配合与协作。个体内部补偿是指说话者自身某一系统功能出现故障无法用于语言表达时,其他系统会针对这一损伤采

老龄化与老年语言学引论

取相应的补救措施；当个体内部不足以完成语用补偿时，则需要人际层面的补充，以顺利推进交际活动。

言思情貌整一原则和语用浮现模型在本研究中的关系是：言思情貌整一原则为阿尔茨海默病患者现场即席语力的研究提供了分析框架，证明言语行为的表达是多模态交互过程；Perkins 的语用浮现模型则提出语用补偿的内在机制，说明了身体姿势、眼神、面部表情、身体动作等非言语要素在言语行为表达中的重要性。这两者为本研究以言语行为为单位、采用多模态视角分析阿尔茨海默病患者语用障碍及其补偿机制提供了理论支持。

在具体操作方法上，笔者依托自建的多模态语料库，运用 Elan、Praat 等多模态语料分析软件，基于定性与定量分析相结合的方法，意在分析阿尔茨海默病患者如何实现语用交际，判断其语用能力是否受损。本研究的阿尔茨海默病患者语用障碍研究基本思路如图 5.6：

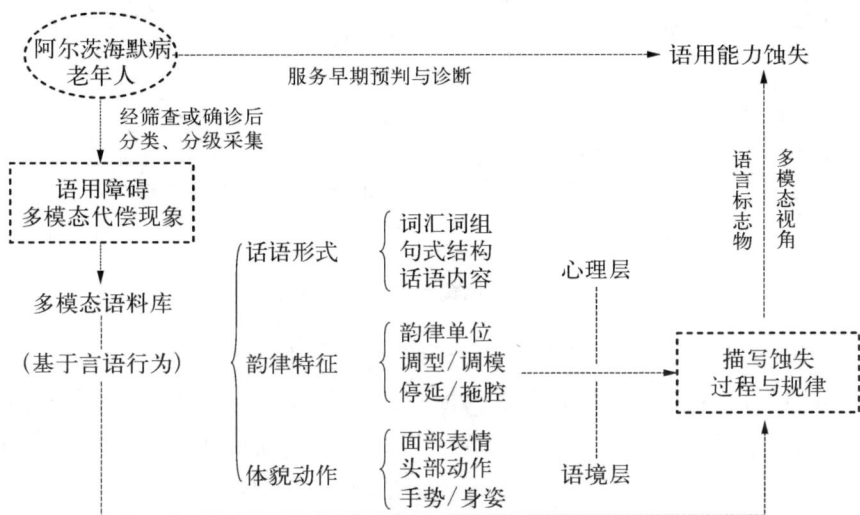

图 5.6　阿尔茨海默病老年人语用障碍研究基本思路

5.8.5.2　分析框架

本研究在构建多模态语料库时采用了贴真建模（simulative modeling）的思想方法。贴真建模是指研究者尽可能地贴近研究对象的真实情况进行信息采集，在此基础上选取一定的研究视角，挖掘数据，开展研究,尽可能地还原多模态交互的充盈意义状态。建模过程分为概念建模、数据建模和实际操作与评估三个阶段(详见顾曰国,2013;黄立鹤,2018a)。

概念建模就是从一些观察视角出发,对现场即席话语中的语力实例进行抽象,按照不同角度归纳,形成若干个子集,彰显语力实例对应语力类型的一些属性、特征(黄立鹤,2018a)。顾曰国(2013:6)借用"化整为零"这一成语解释对阿尔茨海默病患者语力进行贴真建模的过程:"整"即是"鲜活整人",此处指阿尔茨海默病老年人,"零"是指建模的各个角度,具体指代阿尔茨海默病人群的"言""思""情""貌"四个视角。概念建模的具体形式沿用 Gu(2013)提出的"八位集组"形式化方法(octet scheme)。本研究对语力构建的概念模型如图 5.7。

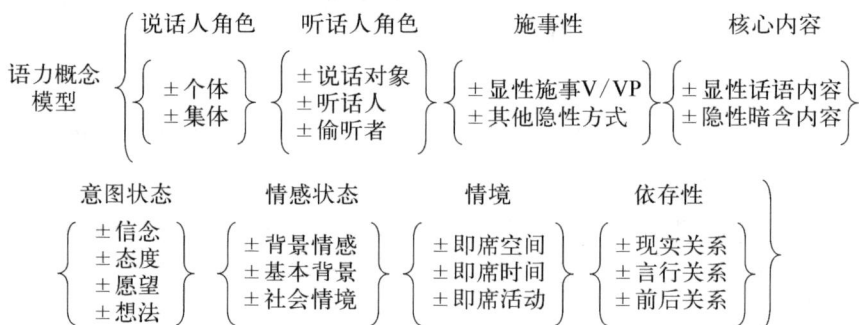

图 5.7 八位集组语力概念模型

数据建模则是研究者按照概念建模时确定的研究视角,形成多模态语料的切分和标注方案,进行语料加工,挖掘相应数据。在本研究中,是指根据概念模型从"言""思""情""貌"四个视角确定阿尔茨海默病老年人语力的数据类型。具体来说,就是基于 AntConc、Praat、Elan 软件构建文本层、音频层、视频层等的数据合集。在实际操作与评估中,标注者运用上述相应软件、按照概念建模的维度标注并呈现多个层级的数据,然后检验结果数据是否符合概念模型,从而为之后的言语行为描写性分析奠定数据基础。

图 5.8 展示了本研究中"言""思""情""貌"四个视角与语力概念建模、数据建模、实际操作的对应关系。

在此框架下,本研究对多模态语料进行标注,实例演示见图 5.9。

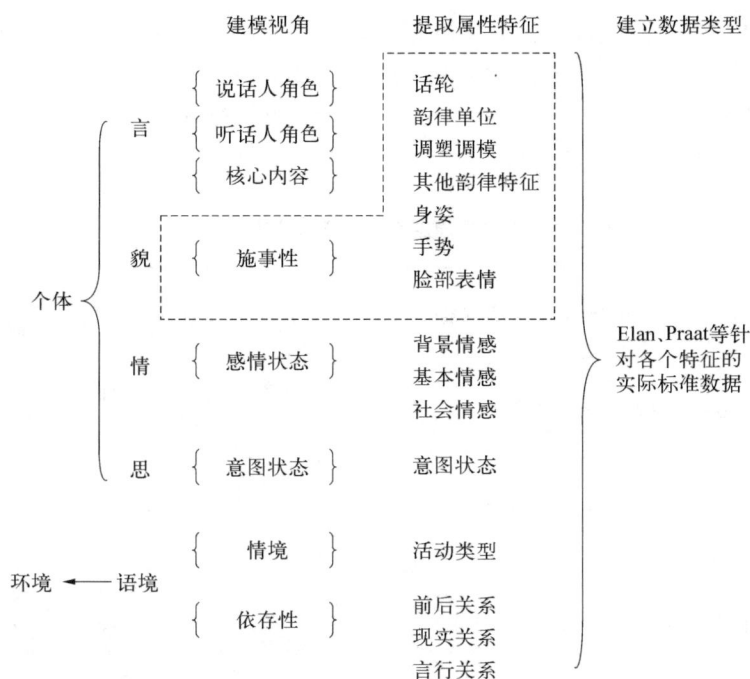

图 5.8 "言""思""情""貌"四个视角与语力概念建模、数据建模、实际操作的对应关系

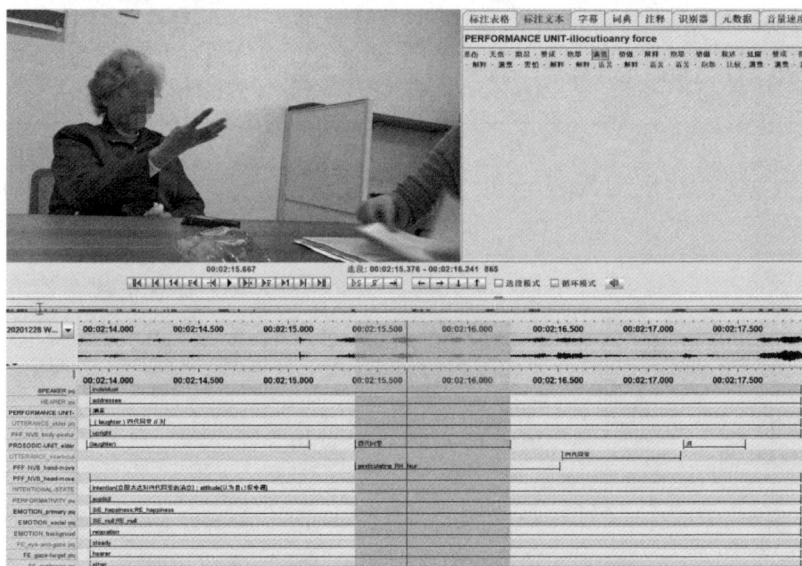

图 5.9 多模态语料标注实例(Elan 标注软件截图)

建立概念模型及数据模型的根本目的在于描写和揭示阿尔茨海默病老年人语用障碍特征及补偿机制。这里简要列举概念模型、数据类型(具体定义参见黄立鹤,2018a：114－149)与阿尔茨海默病老年人各类语用障碍的对应关系(见表5.8)。

表5.8　数据建模层级名称与语用障碍对应表

数据建模层级名称		阿尔茨海默病老年人 语用障碍相关性问题举例
说话人角色 SPEAKER'S ROLE		言语行为中是否有自我意识？
听话人角色 HEARER'S ROLE		言语行为中是否有他者意识？
施事性 PERFORMATIVITY		施事动词使用(找词困难)、语义理解、句法复杂度情况如何？
核心内容 ESSENTIAL CONTENT		言语行为对应的内容是否空洞、缺乏重点、偏题？
意图状态 INTENTIONAL STATE		言语行为的意图或交际动机是什么？
活动类型(情境)ACTIVITY TYPE (OCCASION)		是否有妄想或谵妄？言语行为是否与当下时空的活动类型、情景符合？
情感状态 EMOTION	背景情感 EMOTION_background	常见背景情感分类有哪些？对韵律特征、体貌表现有何影响？
	基本情况 EMOTION_primary	是否具有基本情感的识别与表达障碍？
	社会情感 EMOTION_social	是否有情感障碍？即席情感、记忆情感与言语行为之间的关系如何？

续　表

数据建模层级名称		阿尔茨海默病老年人语用障碍相关性问题举例
依存性 INTERDEPENDENCY	前后关系 INTERDEPENDENCY_ forward-and-back ward	是否出现前言不搭后语、重复等现象？
	现实关系 INTERDEPENDENCY_ illocution-and-reality	言语行为的现实指向是否正常？
	言行关系 INTERDEPENDENCY_ doing-and-talking	能否协调行为与说话之间的关系？
韵律特征 PROSODY	韵律单位 PROSODY_prosodic unit	是否存在语音变化或发音障碍？
	调型调模 PROSODY_intonation patterns and modes	音高、音强、音长等特征有哪些？
	其他特征 PROSODY_other features	在超音段层次上的变化情况如何？
体貌表现 GESTURE	身体姿态 GESTURE_posture	身体姿态的表达特征有哪些？
	手部动作 GESTURE_hand movement	手部动作的表达特征有哪些？
	面部表情 GESTURE_facial expression	面部表情的表达特征有哪些？

5.8.5.3　个案分析

上述讨论为分析阿尔茨海默病老年人的语用障碍提供了新的可操作性框架，研究者可基于该数据模型进行大规模的多模态语料库标注与统计，并在此基础上对阿尔茨海默病老年人语用障碍及其补偿现象进行定量分析。

由于篇幅限制，这里仅从语料库中选取三个案例，分析阿尔茨海默病老年人实施言语行为时的障碍特征及其中的补偿策略,包括言语行为重复、人际层面的话语补偿、个体层面的多模态资源补偿等现象。这三个案例是从语料库中遴选出来的,主要考虑的是语用补偿典型性、言语行为类型差异性以及说话人年龄性别等问题,案例涉及言语行为重复这一常见的由记忆受损导致的语用障碍,也囊括了 Perkins(2007)两大类补偿现象。

个案1:"询问"言语行为——张某(76岁,阿尔茨海默病患者)

张 某:.h 你摔跟头了没有?

录音人:没有(1.6 s)

张 某:也没有

录音人:嗯

张 某:唉-那为什么 xxxx

录音人:嗯(3.6 s)就不知道[怎么

张 某:[你还是找高医看看吧

录音人:不,我听听您的意见,有没有可能是什么毛病

张 某:什么?

录音人:有没有可能出了什么毛病了

张 某:(从床上取下毛巾)可能受寒了是-是-你摔跟头了没有?

录音人:没有

张 某:哦,碰了也没碰?

录音人:没有

张 某:哦,那你还得找大夫看看

录音人:啊::

张 某:嗯(跪在床上挂毛巾)

录音人:您觉得是:怎么回事儿

张 某:(4.8 s)还要找大夫看看

这里主要讨论张某的"询问"言语行为,并按照"询问"语力概念模型的建模视角及该语力实例所在情境,对这一"询问"言语行为进行详细分析,同时结合说话人认知受损的情况,分析其"询问"言语行为的障碍特征。

本案例中,"询问"语力的说话人角色是罹患阿尔茨海默病的张某个体,听话人角色是这段音像材料的录音人,即张某实施"询问"言语行为的说话对象,是笔者所在研究团队成员。

张某"询问"言语行为有明显的询问形式结构,同时经过 Praat 分析,其语调符合疑问句的韵律特征,因此施事性是显性的。

说话人询问的具体问题是该类语力的核心内容。本案例中,"询问"言语行为的核心内容是听话人张某问录音人是否摔过跟头,属于显性话语内容。

说话人在实施施事行为时的意图状态是复杂的,包括了核心的基本意图以及依照特定情境等其他因素产生的意图。表达"询问"语力时,说话人出于对听话人的关心,询问其是否摔跟头,是否看医生,其意图是关心听话人,其态度是相信听话人知道真实情况。

理解和表达意图、情感等是语用交际的重要组成部分,相关分析能够评估阿尔茨海默病老年人是否有情感障碍等问题。本案例中,"询问"行为背后的情感状态总体上是正面积极的。其中,背景情感取决于说话人的身体状态、精神状况等,说话人张某精神尚可,处于一种放松的状态;基本情感是人类情绪的基础,张某在实施此行为时是高兴情感(录音人时常去看望她);社会情感可以分为两层,一层对己,一层对人,从视频处可以看出,说话人在谈话过程中较为放松,而对听话人又表露出关心的神情。因此,此语力实例中张某的社会情感是对己-正面-放松;对人-正面-关心。

该言语行为实施时所在的情境是说话人张某的养老院住所。

依存性包括三个方面:前后关系、现实关系、言行关系。"询问"语力的前后关系是:在对话中,说话人反复询问听话人"是否摔跟头"。在听话人回答其问题后,张某重复了三个"建议"言语行为"得找大夫看"。说话人"询问"-"建议"言语行为前后依存搭配反复出现。这一点与健康人群会话特征存在差异,说明阿尔茨海默病患者的语力前后关系依存性存在问题;"询问"语力的现实关系是:说话人想知道的事是客观存在的,其时间指向性既可基于现实的当下,也可基于过去或未来。本案例中,客观存在听话人脚疼痛的事实,说话人出于对听话人的关心对其"是否摔跟头"进行询问,时间指向过去。从对话内容看,该言语行为的现实关系依存性并没有问题;"询问"语力的言行关系是:说话人在进行询问时,只是通过言语行为进行说明,虽然在交谈中有"拿毛巾""放毛巾"的行动,但这一动作与询问并非同时发生,也没有明显内在关系。之所以要分析依存性,是因为阿尔茨海默病患者存在包括自传体记忆在内的记忆能力受损,可能影响实施言语行为时的依存性特征,例如,临床上存在阿尔茨海默病患者谈论了以前没有发生的事件,甚至出现妄想等的现象,此时言语行为的现实关系存在问题。

下面再分析说话人在表达该语力时的多模态线索,重点分析表达语力时的韵律特征、体貌表现等。

韵律特征:基于 Praat 语图分析,我们可发现说话人张某整体语阶处于正常范围,音质正常,说明说话人身体状态良好。在进行询问时,末尾语调上升,符合一般"询问"语力表达特征。

体貌表现:说话人在整个交谈过程中动作十分丰富。手部动作包含拿放毛巾、用毛巾擦脸等。这些动作与"询问"言语行为关系不大,但能说明说话人当时处于放松的状态。另外,由于说话人对听话人存在正面-关心的社会情感,因此说话人在整个过程中流露着关切的神情。

该阿尔茨海默病患者的"询问"言语行为基本符合言思情貌整一原则,因此语力传递较为顺利,取得了相应的取效行为(听话人对其的提问进行了回答)。但由于阿尔茨海默病的影响,其工作记忆出现障碍,导致前后关系依存性出现问题,在交谈过程中出现同一问题的反复询问。语料库中,这种言语行为重复现象在阿尔茨海默病患者中十分常见。

个案 2:"称赞"言语行为——陈某(79 岁,阿尔茨海默病患者)

陈　某:后来都会唱啊,弄啊。嗯。还培养小孩唱歌,什么的都有。后来那里是真的,都蛮好的。

录音人:现在小孩培养得全面的

陈　某:唉::

录音人:唱歌咯,跳舞咯=

陈　某:=唉唉唉,对,

录音人:写书法咯,

陈　某:嗯

录音人:学英语咯

陈　某:唉:对

个案 2 中,"称赞"语力的说话人角色是罹患阿尔茨海默病的陈某个体,听话人角色是录音人,但不是陈某实施"称赞"言语行为的对象。

该言语行为存在体现"称赞"语力的形式结构,即"都蛮好的",因此施事性属于显性形式的表现。

"称赞"的核心内容是现在小孩值得称赞的具体方面。结合本案例来看,是指小孩全面发展。但这一点是录音人总结提示陈某并获得其认同的,并非陈某自发阐述。陈某只是列举了现在小孩会唱会跳的兴趣,但没有明确总结为"兴趣广泛、全面发展"。因此,本案例体现了录音人提供的话语补偿,从而帮助陈某凸显了"称赞"语力的核心内容。

说话人的意图状态是相信现在的小孩"会唱会跳",和以前小孩相比发展更加全面。

说话人的情感状态总体上是正面积极的。从韵律特征和体貌表现可以判断,陈某的背景情感属于康健;基本情感是高兴;社会情感是对人-正面-欣赏。

该言语行为所在的情境是陈某家中的客厅。

依存性的前后关系:该语力之前是陈某介绍家乡重点中学的内容,其后是有关教育小孩的事;现实关系是现在的小孩确实培养全面,有其他兴趣爱好;言语关系表现为陈某的话语和动作并行且相关。

韵律特征:重音多次出现在"唱""弄"等体现小孩兴趣能力的词语上,并且在听到录音人补偿说"培养得全面"后,表示肯定的"唉"音阶较高、拖音较长。

体貌表现:陈某的手部动作强调"唱""弄",与其重音同步出现;脸部表情微笑;目光注视录音人。

经上述分析可见,因认知能力下降,陈某无法准确表达"称赞"语力的核心内容,只是表述"跳""弄""蛮好的"等词汇。经过录音人的话语补偿后,陈某表示认同。这种人际层面的语用补偿经常发生在语用障碍人士与正常人之间。Perkins(2007:172)在论述人际层面补偿时列举了下例发生在 Peter(语用障碍人士)与 Sara(正常人)之间的对话。

Peter:(1.4) they was do you know(.) erm(.) when you (.) do you know
　　　when
　　　+--+++++++++++
　　　(1.6) it's a servant (0.5) [and]
　　　　　　　　　　　　　　　　　　++++---

Sara:　　　　　　　　　　　　[right] (0.8) yeah
　　　----------++++++++++++

Peter: and (.) and they bring the dinner in for you
　　　++++

Sara:a waiter?
　　　------+++

Peter: waiter (.) yeah

Peter 无法准确说出"为顾客送菜的人"的社会角色,存在较多停延,使用"servant"(仆人)一词来指代该角色;此后 Peter 做了进一步阐释,以确保听话人 Sara 明白自己所指代的这个角色,Sara 为帮助 Peter 表达指称角色,主动进行了人际层面的语用补偿,说了"waiter"(服务员)这一准确社会角色,并得到了 Peter 的认同。

除了上述两例话语补偿,个体还可利用动作等资源对语用损伤进行补偿。这些多模态资源的语用补偿对说话人语力表达及听话人话语理解都起到了关键作用,见个案 3。

个案 3:"回答"言语行为——叶某(60 岁,阿尔茨海默病患者)

录音人:早上几点起床

叶 某:6 点钟

录音人:几点钟啊

叶 某:6 点钟

录音人:6 点钟啊,起床后做哪几件事情

叶 某:吃饭

录音人:怎么起床吃饭呢,洗脸

叶 某:嗯,洗脸

录音人:刷牙齿

叶 某:刷牙齿

录音人:那毛巾呢

叶 某:洗脸

录音人:放哪里

叶 某:(用手抹了一把脸)这里洗洗

录音人:洗好放哪里

叶 某:(指了指外面卫生间)摆在这里

录音人:这里叫什么

叶 某:(1.5 s)(指向其他地方)毛巾

录音人:浴室间,叫浴室间

叶 某:浴室间

录音人:碗拿去,拿去吃饭

叶 某:是

该案例中,说话人角色是罹患阿尔茨海默病的个体叶某,听话人角色是叶某的说话对象——某照护机构负责人。

说话人没有使用施事动词或其他显性形式结构,但从话轮结构、韵律特征等角度分析,该言语行为类型是"回答",因此施事性是隐性的。

分析说话人叶某"回答"言语行为的核心内容发现,回答内容出现答非所问现象。

说话人的意图状态是回答自己所在照护机构负责人的询问,并相信自己的回答能够获得肯定(这一点可从说话人目光分析得出结论)。

情感状态:通过多模态特征分析发现,说话人精神状态不是很好,背景情感有些萎靡;基本情感属于中性,因为说话人问答内容属于日常生活范畴,不涉及明显的利益;说话人没有明显的情感波动,其社会情感较为冷漠,只有在通过用手抹脸等动作表达语力时,微笑才出现,但此时微笑与言语行为的核心内容并不匹配。

该言语行为所在的情境是浙江某养老照护机构,机构负责人与叶某正在聊天。

依存性的前后关系:叶某在该对话(一系列回答行为)前后均实施"回答"言语行为(核心内容不同)。该对话之前是机构负责人问叶某是否会开电视、空调等电器,叶某回答"会",之后是机构负责人问叶某身上有何疾病。从该对话内部一系列的"回答"言语行为来看,叶某在前后关系(对毛巾放哪里的询问回答)上存在问题,即无法准确回答听话人问题。另外,话轮推进主要靠听话人提问进行,说话人没有自主推进话轮;现实关系是:"回答"言语行为的核心内容应客观存在或事实如此,否则"回答"的核心内容就与事实不符,则成为"撒谎"言语行为。从对话内容看,叶某"回答"言语行为的现实关系出现问题(叶某认为起床后应直接吃饭);言行关系属于"并行且相关",即说话人在回答时的手抹脸、指向卫生间等动作都是重要的语力显示项,与话语共同组成"回答"言语行为的核心内容,如用抹脸动作指代脸,与话语"这里洗洗"共同组成核心内容"洗脸",指向卫生间与话语内容"摆在这里"共同组成核心内容"将毛巾放在所指的地方"。

韵律特征:叶某的语阶处于较低水平,兴奋度较低,并在回答时伴有长时间的停顿,整体语速较慢。

体貌表现:叶某在回答过程中动作等多模态资源较为丰富。如在回答录音人有关具体方位的提问中,叶某无法准确说出目标物的具体位置,只能用一些较为模糊的方位词如"这里""那里"进行指代。在这种情况下,患者大脑激活语用补偿机制,用感觉运动系统来弥补语言系统中的不足,因而出现用手指代具体方位、代替口头表达的现象。虽然健康老年人在交谈时,也会有肢体动作,但在没有特别语用目的的情况下,健康人群的肢体动作是辅助行为,即使没有这些动作,说话人仍可正常表达相应言语行为,这种情况不属于补偿行为。阿尔茨海默病患者的肢体动作在语力表达中起着关键的作用,是大脑机制对"取词困难"等语言障碍进行的补偿性调整,如果没有这些肢体动作,听话人就无法准确理解说话人的言语行为,有效的取效行为就无从谈起。因此,肢体动作在不同人群的言语行为表达中发挥着截然不同的作用。但是,当健康人群出现"舌尖现象",也会通过肢体动作实现指称、完成语用交际。可见,语用补偿是发生障碍人群因某一类交际资源在当下无法实现语用目的时,对其他资源的调用。当然,这些资源在协助说话人表达言语行为中的地位和贡献是不尽相同的,存在多种可能性(黄立鹤,2018a:271-273)。类似现象在语料中还有很多,由于篇幅限制,不在此一一列举。

笔者还对上述三个个案中涉及语用障碍的内容进行了对比分析(见表5.9)。

表 5.9　言语行为障碍特征分析比较

维　　度	个案 1("询问"言语行为)	个案 2("称赞"言语行为)	个案 3("回答"言语行为)
说话人角色	张某(阿尔茨海默病个体)	陈某(阿尔茨海默病个体)	叶某(阿尔茨海默病个体)
听话人角色	录音人(作者所在研究团队成员)	录音人	照护机构负责人(非录音人)
施事性	显性	显性	隐性
核心内容	张某问录音人是否摔过跟头(显性话语)	＊ 称赞现在小孩兴趣广泛、培养全面(人际层面语用补偿)	＊ 回答内容出现答非所问
意图状态	关心听话人,态度是相信听话人知道真实情况	相信现在的小孩"会唱会跳",和以前小孩相比发展更加全面	相信自己的回答能够获得肯定
情感状态	总体正面积极	总体正面积极	＊ 背景情感萎靡,社会情感冷漠
活动类型(情境)	访谈(张某的住所)	访谈(陈某家中客厅)	访谈(浙江某养老照护机构)

续　表

维　度	个案1("询问"言语行为)	个案2("称赞"言语行为)	个案3("回答"言语行为)
依存性	* 前后关系:"询问"-"建议"的依存搭配重复出现	三类关系均正常	* 前后关系(对毛巾放哪里的询问回答)存在问题 * 现实关系出现问题(叶某认为起床后直接吃饭)
韵律特征	调型调模正常,尾调上升	重音多次出现在"唱""弄"等体现小孩兴趣能力的词语上;表示肯定的"唉"音阶较高、拖音较长	语阶较低,长时间停顿,语速较慢
体貌表现	表情、动作丰富	手部动作与重音同步出现,脸部表情微笑	* 手抹脸(个体内部语用补偿取词困难) * 指向他处(个体内部语用补偿取词困难) * 微笑与说话内容不匹配

* 表示不同于健康老年人或存在其他问题的方面。

　　在所选的三个案例中,说话人因受阿尔茨海默病影响,言语行为障碍主要出现在依存性、核心内容、情感状态及体貌表现等方面。工作记忆出现障碍导致言语依存性出现问题,说话人因此经常表现出内容重复、前言不搭后语的特征;说话人在语力表达时出现较多肢体动作、面部表情等,说明其语言资源系统存在损伤,需要非言语资源进行补偿,也进一步说明了非言语资源在实施言语行为时的重要性。对于语言功能下降的患者来说,韵律、表情或动作等都是重要的补偿性资源。以手势为例,该补偿方式普遍存在于具有语言障碍的儿童和成人语用互动中(Perkins,2007:59)。Perkins的语用浮现模型显示了非言语因素在语力表达中的重要地位,可以较为充分地解释阿尔茨海默病患者使用其他符号资源的补偿现象(黄立鹤、朱琦,2019)。

　　上述分析也可给语言能力评估带来新的启示。虽然目前常用的认知量表(如简易精神状态量表、蒙特利尔认知评估量表[基础版]、马蒂斯痴呆评定量表等)包括语言层面,但其关注重点仍然是底层语义系统的损

341

伤,并未上升到语用层面;研究对象也停留在患者的语言信息,而忽略了身体姿势、面部表情等其他模态在语言表达中的作用。因此,仅凭目前认知量表中的语言测试条目无法对上述讨论的语用障碍进行有效评估。

5.9　问卷调查方法

5.9.1　问卷调查方法的一般程序

问卷调查的一般程序主要有三个阶段:设计调查问卷、预先测试和修订问卷、准备最后的问卷并实施(Babbie,2013)。

在第一个阶段,若有现成的问卷满足研究目的,研究者可采用现成的问卷进行数据搜集,直接进入第二阶段。研究者若需自行设计问卷,则需定义研究问题中的重要概念,确定概念的测量指标,即具体的问卷项目。确定问卷项目的方法主要有三种:修订前人的问卷,探索性研究,结合前人的问卷项目以及自己的探索结果开发新的测量指标(秦晓晴,2009)。

在第二个阶段,即使研究者宜采用之前研究中现成的问卷,也应该在预调查之后评估其信效度。诚如 Mahboob et al.(2016:50)所言,哪怕现成的工具在之前的研究中体现了极高的信效度,研究者也应该在自己的研究中再次测算和汇报信效度;在实际操作中,若同时评估信效度有困难,研究者也至少应该评估信度指标(如克朗巴哈系数[Cronbach's alpha])。对于自行设计的问卷,研究者需要在预调查后评估其信度。常见的效度指标有结构效度(construct validity)、表面效度(face validity)、生态效度(ecological validity)、内部效度(internal validity)和外部效度(external validity)五种。前两种为最常考量的指标。对于效度指标,可从自我评价、专家或课题组成员评价、调查对象反馈三个方面评估问卷的表面效度,若有必要,可对问卷项目进行进一步的微调或修订;对于结构效度,由于预调查通常涉及的人数较少,通过因子分析来评估结构效度并不适合,因此,结构效度通常可在第三阶段进行评估。

在第三个阶段,研究者对问卷修订后可以准备实施,实施的常见方式有线上调查、电话调查、自陈式调查、访谈调查等(Babbie,2013)。问卷收集工作完成以后,研究者需要将问卷答案进行量化处理,区分有效问卷与无效问卷,确定编码方案,将结果录入统计分析软件,随后进行信效度分析等(吴明隆,2000)。

5.9.2　问卷调查方法在老年语言学中的适用维度

　　调查问卷方法可用于探究老年人的语言使用习惯、代际沟通特点、与社会流行语言文化之间是否存在鸿沟等具体研究课题。在老年语言学研究中,调查问卷方法是较易操作的研究方法,现有的实证研究多从社会语言学或语用学视角开展。需要注意的是,当面向老年人进行调查问卷时,要注意考虑关联问题、问题序列、问卷语言、问卷格式、问卷说明、发放方式等方面。例如,问题要切合老年人生活实际;问卷语言宜简明易懂,符合老年人认知习惯;文字清晰、字体够大,避免专业术语及生僻词汇,降低老年人阅读难度;问卷长度要适中,避免超过老年人一般认知负荷,造成心理疲倦等(李宇峰,2016:24);在实施阶段可以通过老年人与年轻人"结对子"的方式共同完成。

　　我国学者已基于该方法开展了一些老年人的语言使用情况的调查研究。例如,从社会语言学角度,李宇峰、朱娜(2018)以吉林省为调查区,从语种使用情况、普通话水平和方言使用情况三维度进行了分析,对老年人的语码使用现状及各种影响因素进行了调研。魏日宁、李昕宇(2022)拓宽了上述调研涵盖的维度,调查了江苏老年人的语种使用情况、语言水平、语言使用情况和英语学习需求。范娟娟(2021)则通过问卷调查探索了影响在京老年流动人口语言能力的因素。另外,从语用学角度,蔡晨(2020)基于前人关于老年冲突话语的研究成果,在问卷中设置了五种典型的冲突情境(说教式、争辩式、命令式、批评式和警告式)和每种情境下的三种交际策略(冲突性策略、缓和性策略和回避性策略),考察了中国老年人在面对家庭代际冲突时采取的交际策略。从教育语言学角度,季传峰(2015)调查了中老年人的外语学习动机及学习过程。Klimova et al.(2021)基于 Woll & Wei(2019)问卷中与语言课程主观幸福感相关的项目设计了调查问卷,探究了外语学习对老年人主观幸福感的影响。

5.9.3　问卷调查方法研究实例

　　李宇峰(2016)的博士论文是国内使用问卷调查方法研究老年人言语交际障碍的典型代表。调查在吉林省内开展,共有 491 位 60 岁以上的老年人参加,发放调查问卷 500 份,回收问卷 491 份,回收率 98.2%。被调查者来自全国 26 个省、直辖市或自治区,其中吉林省 285 人,占 58%,其他地区 206 人,占 42%;平均年龄为 69 岁,其中男性 237 人,占 48.26%,女性 254 人,占 51.73%。该研究从老年人的听力障碍、认知能力障碍、言语交际态度、言语交际对象、语码使用状况、言语交际能力六大方面对老年人的言语交际障碍进行了全面的社会调研,调研发现:当前我国绝大多数老年人均存在听力下降情况,进入老年期前女性比男性更容易听力下降。虽然有三分之一的调查对象认为听力下降会影响到正常言语交际,但信息回忆能力较弱、词汇唤起困难、对无关信息抑制能力的下降等认知功能变化是导致多数老年人言语交际不顺等问题的主要原因。多数老年人希望谈话对方采用正常语速与其交流,超过四分之一的老年人希望对方用稍慢或慢速来进行谈话;只有少数老年人会经常与别人谈论过去,多数老年人重复话题的原因是忘记说过同样的话和觉得有反复强调的必要。总体上看,老年人主动交际意愿呈下降趋势;多数老年人对谈话对象表现出的尊重感十分在意,需要较为迫切;老年人日常交际对象超过九成都是中年和老年群体,与青年人群的交际代沟客观存在,因此对流行语的使用率较低、使用程度较差;约有 80.7% 的老年人只使用一种语言,16.3% 的老年人使用两种语言,5.3% 的老年人使用三种语言;大多数老年人对自己语言表达能力不自信或者不满意;老年人所使用的交际手段比较匮乏,绝大多数是传统的交际手段。

在这一研究采集的数据基础上,吕明臣、李宇峰(2016)做了进一步分析,包括流行语及副语言使用情况、交际角色偏好、常用语言形式等内容。研究发现,当前我国老年人语言面貌与社会流行语言文化差异显著;绝大多数老年人对手势语、身势语等副语言的利用率低下;大多数老年人倾向于扮演倾诉者的角色,评估听者信息需求的判断能力较低,造成交际有效性下降;使用段落作为句法形式的情况最多,最少使用复句;大多数老年人和子女的沟通频率较低,甚至有部分老年人从不跟子女进行交流。

魏日宁、李昕宇(2022)线上调查了 259 位老年人,其中男性 88 名(34.0%),女性 171 名(66.0%),其年龄在 50 岁到 88 岁之间①(均值

---

① 该研究在收集数据时采用了广义老年人的定义(50 岁及以上的成年人),此年龄下限的设定主要基于两点考量。首先,国内相关研究(如季传峰,2015)采用的下限即为 50 岁。其次,《国务院关于工人退休、退职的暂行办法》(国发【1978】104 号)文件所规定的退休年龄为男性≥60 周岁,女干部≥55 周岁,女工人≥50 周岁(中国人大网,2020);在实际操作中,一些男性和女干部通过内退、病退等方式在 50 岁时已实现退休;这些退休的长者通常被视为"老年人"。

66.51,标准差 9.40)。在受教育程度方面,9.65% 的受访者没上过学,2.70% 只上过扫盲班,最高学历为小学的人占 28.96%,初中占 26.25%,高中占 13.51%,大专占 6.18%,大学本科占 11.97%,硕士占 0.77%。本问卷除了受访者的背景信息部分,主要内容的设计参考了李宇峰(2016)的《老年人言语交际现状调查问卷》、《中国语言文字使用情况调查》[①]中的"主调查对象问卷"和《中国综合社会调查》的主问卷。该研究基于老年人的语种使用情况、语言水平和语言使用情况三个维度,勾勒了他们的语码使用现状,并初步探索了其英语学习意愿。研究发现,虽然绝大多数老年人更常使用汉语方言,但是仍有一部分老年人的语言类型丰富、是"普通话 + 方言 + 至少一种外语"的多语者;方言是大部分老年人经常且熟练使用的语言;尽管老年人自评普通话水平不如汉语方言,但是大部分老年人懂普通话。这些结果反映了推普工作的成效,也反映出方言在江苏省老年群体中的使用仍较为普遍。进一步分析发现,城乡老年人的普通话水平和使用频度存在较大差异;部分受访老年人对英语学习有较强的需求。

范娟娟(2021)的研究对象为北京非务工经商型老年流动人口,调查地点为四类调查对象聚集地:学校(主要是幼儿园)家长接送区、课外培训机构家长等候区、高校家属区和居民区老年活动中心。基于 102 份有效问卷调查数据,研究者分析了流动前后老年人语言使用等方面的差异,以考察老年流动人口在不同场域的语言使用,具体数据见表 5.10。

表 5.10　老年流动人口流动前后各场域普通话使用频率

场　　域		均　　值	标准差	p	效应幅度 r
夫妻之间	来京前	2.42	1.75	0.015	0.050
	来京后	2.61	1.81		
和子女	来京前	2.67	1.70	0.001	0.095
	来京后	3.00	1.74		

---

① 《中国语言文字使用情况调查》是 1997 年国务院第 134 次总理办公会议决定开展的一项国情调查。

场　　域		均　值	标准差	p	效应幅度 r
菜市场买菜	来京前	2.53	1.78	0.000	0.410
	来京后	3.96	1.41		
陌生人问路	来京前	2.94	1.78	0.000	0.320
	来京后	4.04	1.42		

修订自范娟娟(2021)表 5。p 值基于配对样本 t 检验(双尾)。

　　基于表 5.10,范娟娟(2021:61)认为,"各个场合普通话的使用频率都有所增长,其中增幅最大的是'菜市场买菜',增幅最小的是'夫妻之间'。"范娟娟的原文只汇报了 p 值,没有汇报效应幅度。这样的汇报方式会使读者产生如下误解:在 p 值小于临界值 0.05 的情况下,p 值越小,增幅越大。重新计算效应幅度后可发现:在"菜市场买菜"场域,来京前后的普通话使用的差异幅度经标准化后为 0.410,远高于 J. Cohen(1988)的"中"分界点[①];而在"夫妻之间"场域,普通话使用的差异幅度仅为 0.050,远低于 J. Cohen(1988)的"小"分界点。换言之,汇报效应幅度可清晰展示语用增幅,能提供比 p 值更加全面的信息。事实上,效应幅度在使用推断统计方法的研究报告中的重要性不亚于 p 值(Larson-Hall, 2010; Wei, Hu & Xiong, 2019;魏日宁,2012)。因此,研究者使用调查问卷数据进行推断统计分析时,需要汇报效应幅度。

5.10　历时视角与生命历程及毕生发展方法

　　老年人的语言发展,处于生命历程的末端,对许多语言现象的描述和阐释要从历时视角切入,才能对相关语言衰老现象与机制等问题进行相对全面合理的研究。但是,目前尚没有对中老年整体上随着增龄而发生的语言能力变化的长期跟踪研究。

---

① 在 J. Cohen(1988)的效应幅度的分界点体系中,r(绝对值)介于 0 到 1 之间,数值越大,差异幅度越大;其大、中、小分界点分别是 0.5、0.3、0.1。

5.10.1　历时视角与语言能力变化

历时维度的研究包括两个重要视角和两个类别。两个重要视角为"生命历程"(life course)和"毕生发展"(life span)。从人类(物种)语言历时演化的角度看(生命历程视角),语言的发展因人类这一物种的生理和社会进化得以发展、演化;从人类(个体)语言历时发展的角度看(毕生发展视角),个体语言发展以个体生理系统的兴衰为基础,以社会、文化等因素为影响因子。需要说明的是,目前学界并未划定两者的严格界线(Elder,2003;Elder & Shanahan,2007;Featherman & Lerner,1985),国内对两者的中文翻译也尚无定论。但将 life course 译为"生命历程"(包蕾萍,2005;李强、邓建伟、晓筝,1999;李钧鹏,2011;郑作彧、胡珊,2018)相对一致,而 life span 的选择较多,如"生命跨度"(李强、邓建伟、晓筝,1999)、"人类寿命"(王士元,2018)以及心理学领域喜用的"毕生发展"(用于研究人类认知的运作机制、发展以及变化等)。因本书研究注重语言的发展,而语言发展与心理、认知息息相关,故采用"生命历程"和"毕生发展"作为二词的汉语表述。

两个类别为追溯性研究(retrospective study)和前瞻性研究(prospective study)。通过追溯性研究,研究者可以研究过往事件对研究对象的语言的持久影响;前瞻性研究则是研究者对通常为一个人群或年龄相近个人的样本进行的长期追踪(李钧鹏,2011),以期通过语言趋势的走向判断该研究对象在未来一定时期内的语言变化,并视情况提出建议。无论是人类语言的演化还是个体语言的发展,历时视角都是一个基础的、相对全面的且应用范围较广的研究视角。

5.10.1.1　生命历程和语言

生命历程视角的社会学研究于 20 世纪 60 年代出现并蓬勃发展。以美国学者 Glen H. Elder 为代表,生命历程视角在社会学、社会心理学理论及实证研究中的贡献得到认可。Elder(1998)将生命历程视为个体在其一生中按照年龄层级顺序不断地扮演社会所规定的角色和事件的过程,并提出了生命历程的四条基本原理:1)一定时空中的生活,认为生命阶段、历史时期以及空间差异皆会导致生命历程的差异;2)相互联系的生命,认为一切的个体行为不是独立存在,而是存在于具体的社会关系之中,重点在于联系,而非个体的生命周期;3)生活的时序性,强调了生命事件对于个人的影响程度及与时间的关系;4) 个人能动性,认为个体可以在环境及历史的条件和制约下,构建自己生命历程。生命历程的关注点在于个体生命历程与社会变迁的相互嵌入、相互结合。这类研究强调生命历程的动态属性和个体的主观能动性,将轨迹(trajectory)和转变(transition)作为研究的关键理念(Elder,2003)。我国生命历程研究者将其定义为"在人的一生中随着时间的变化而出现的、受到文化和社会变迁影响的年龄级角色和生命事件序列"(李强、邓建伟、晓筝,1999)。

20世纪80年代,生命历程研究加入了另一种由德国学者 Martin Kohli 引领的研究范式:"生命历程的制度化"(Institutionalisierung des Lebenslaufs)范式。与 Elder 范式不同的是,Kohli 的研究范式不将队列研究作为其主要方法,而是将生命分为童年与青少年、成年、老年三个阶段,采用叙事访谈等定性研究方法,勾勒适用于一般群体的、相对宏观且守常的常态生命历程结构。由此,生命历程研究形成了"北美范式"(Elder)和"欧陆范式"(Kohli)(郑作彧、胡珊,2018)。

生命历程研究侧重因各种文化、社会或关系导致的人口变化与社会间千丝万缕的联系,多用队列研究方法进行纵向考察。如《大萧条的孩子们》(埃尔德,2002),《大萧条的孩子们》可谓一部生命历程研究的经典著作。书中关于大萧条时期儿童和青少年一生发展的研究为童年相关的历史因素对成人性格的影响提供了明确证据,为经济因素通过性格作用于个体的行为和语言提供了解释。Elder 于20世纪80年代至90年代参与的对农村地区人口的研究(Iowa study)(Elder,1994)也从生命历程视角对社会变迁与语言之间的关系进行了探究,研究表明,经济萧条影响了语言,并体现在教育机会的获取上。本该上学的孩子为了家庭生计等诸多因素不得不提前工作,这种空间的转换意味着语言类型的转变,且这种转变大多处于语言学习关键期。因此,当没有接受足够教育的世代进入老年期,其语言的叙述能力会较低于其他世代。研究发现,教育提高了成人语言的叙述能力(Juncos-Rabadán,1996),而老年人整合故事所有元素的能力以及对事件和事件之间的关系进行心理表征的能力可能会减弱。老年人语言叙述能力,随着年龄的增加,也会因社会文化环境会发生变化而改变。因此,生命历程视角可用于研究老年人的语言能力变化。

以对老年人语用交际的研究为例。语用能力的发展、蚀失是一个长时间、渐进的过程。研究老年人(一部分为正常老龄化的老年人,还有很大一部分为"非典型老化"老年人,如阿尔茨海默病患者、帕金森病患者)

语用能力随时间推移、病程推进而逐步蚀失的过程,与生命历程"用轨迹、转折点、持续期来描述变迁社会中的个体发展"的时间观相契合。同时,语用交际研究势必要考虑到相关的社会、文化、历史、环境等因素,而生命历程的研究思路对于长期的空间行为研究具有良好的适用性。在研究老年人语用能力的问题上,生命历程理论视角可以为我们借鉴社会学、心理学、传播学等学科提供理论支撑,同时又紧扣语用能力的社会交际属性。

5.10.1.2　毕生发展和语言

如果说生命历程视角是从社会层面看个体,那么毕生发展视角则是从个体层面看生命的各个阶段。人的一生可以分为产前期、婴儿时期、童年早期、童年中期与后期、青春期、成年早期、成年中期、成年后期八个时期。在各时期内,个体在生理、认知和社会情绪三个方面不断发展,同时这种"个体发生"(ontogenesis)受到遗传、环境、社会、历史、文化、宗教、同辈、性别等诸多因素的影响(Santrock,2019)。随时间的推移,个体在生理、心理产生多维性(multidimentioanl)和多向性(multidirectioanl)的变化。语言作为生理和心理协作发展的产物也具备这两个特点。

人类的语言学习始于韵律特征(李甦、杨玉芳,2016)。研究表明,胎儿自20周开始就能听到母亲的心跳和外部的声音,六个月以后就能够听到母亲的语音,甚至开始对母亲所说语言的韵律敏感起来(Karmiloff & Karmiloff-Smith,2001:1-2,转引自顾曰国,2016)。之后,语言经历学习阶段、迅速发展阶段并过渡至相对平稳的阶段,并随时空、教育水平、生活模式、职业、环境等因素的变化产生个体差异。例如,Rumalean,Laksono & Yulianto(2018)研究发现,农民和公务员在语音上存在差异。

到成年后期,个体衰老涉及不同生理水平的变化,如肌肉质量及强度下降、感觉功能受损或丧失、呼吸控制能力衰退等,这些变化都将影响个体对语言器官的控制,从而导致语言技能衰退。认知老化,包括记忆力、执行功能、注意力等的下降或损伤也会导致语言能力的衰退。但随着时间变量的改变,个体会进行贯彻一生的动态响应,且伴随带有补偿的选择性最优化(selective optimization with compensation,SOC)[①]的特点,这一特

---

① 选择性的最优化是一个基于Baltes盈亏发展理论,旨在明确发展盈亏之间动态关系的理论框架(Baltes,1987;Baltes,Dittmann-Kohli & Dixon,1984)。盈亏发展指出,个体在一生的历程中,适应能力的盈亏两方是此消彼长的、共现的。换言之,增与减的共同作用成就了个体生命的发展,得与失则存在于生命过程中的所有发展。

点在老年期尤为突出。老年人在生理、认知老化的影响下,带有补偿的选择性最优化本质上体现的是老年人在面临"亏"时的顺化过程。此时,老年人语言交际多出现"浮现"(emergence)现象,即人脑会权衡交际需要,调用各种语用资源、采用补偿调整的方式完成当下交际任务(陈新仁,2004;黄立鹤、朱琦,2019)。例如,当语言符号系统受损导致交际障碍时,个体会结合自己的手势、动作等完成交际行为。因此,大多数老年人的日常交流相对通畅,语言产出问题就显得很不起眼了。

另外,Santrock(2019)提倡将毕生发展的终点延伸至"生命终止"时期,因此,怎样与生命垂危之人交谈、如何与逝者家人交谈等也成为该视角下的老年语言现象或涉老话语研究,如国内外近年来关注的"老病死"话题(李芳等,2019;潘荣华、杨芳,2002;单芳,2020;温颖茜、滴石,2019;张新军,2011),以及 Couser(1997,2011,2016)对罹患疾病老年人或残疾老年人自传体写作的研究。

5.10.1.3 生命历程视角与毕生发展视角的比较

老年人的语言现象会受到其所处的社区、个体人生经历和增龄三方面的共同影响。毕生语言的发展虽以个体生理环境为基础,但其余环境因素均嵌入在该言语社区的历程中。如何平衡好个体差异和社区影响是个体与社区在时空变化中的最终任务。尤其是研究处于生命历程后端的老年期语言和言语时,要放眼于老年人所涉及过或可能受到潜在影响的任何因素,从而在复杂动态的语言和个体盈亏变化的交互中更全面地了解老年期语言。但是,将生命历程和毕生发展两种历时视角混为一谈是不妥当的。

基于生命历程视角的研究以轨迹和转变体现"时间"的概念,重视社会、集体对个体或某一人群的调控作用。基于该视角的研究成果能解释个体或某一群体产生某种语言特点的原因,一定程度上反映了社会在不同文化和时代背景下的差异。生命历程视角旨在研究社会对个体或人群语言发展的影响,是一种"影响-发展"视角(包蕾萍、桑标,2006),此时社会发展、变迁及其相关因素都被视为研究的主要自变量,个体和某一人群则是因变量。该视角的研究有助于代际沟通的研究和老年服务的推进。例如,语义记忆能反映出社会的一致性(王沛,1998),所以通过对典型词语或语言形式的挖掘,有助于唤醒老年人的语义记忆,增进与老年人的沟通,了解老年人的需求,更好地服务老年人群。

基于毕生发展视角的研究以年龄体现"时间"的概念,具有较强的时序性,有助于不同时期个体语言的区分。毕生发展视角强调个体语言的发展,是一种"发生-发展"的视角(包蕾萍、桑标,2006),此时语言发展的核心自变量为个体生理发展,社会是个体语言发展的影响因素之一。该视角有助于进一步了解老年时期的语言。包括对正常老年人和特殊老年人语言特点的探究、语言问题的发现、语言发展的趋势的掌握,以及对老年人语言潜力的探索与挖掘。不仅如此,基于该视角的研究可通过结合医学、心理学等学科及其先进的技术,探索老年语言现象产生的原因和机制,并针对各类潜在问题提出相应的、可行的解决方法,不仅有助于一些疾病(如阿尔茨海默病)的早期筛查、诊断与干预治疗,更能通过语言的力量帮助正常老年人健脑强智,助其高质量地生活。

简言之,两类历时视角名似实异。首先,虽然两者均以时间为着眼点,但体现方式不同,故研究方法、内容、应用上均有所区别。其次,虽然两者均包含"发展"的理念,但推动发展的主要动力不同。因此,在历时视角下研究老年期语言,须厘清两者的异同。

5.10.2 历时视角下的老年语言学研究

老年语言学旨在探索因正常生理及认知老化和衰退、罹患精神或神经退行性疾病等导致的老年人语言变化现象与机制,以及涉老话语与老年人社会心理、身份构建等方面的关系。本节主要阐释基于生命历程和毕生发展视角所开展的相关老年语言学研究。

个体的人生历程会受个体自身生理、认知、生活轨迹(如移民、教育、职业等)的影响,因此,个体在老年期具有不同的语言特点、风格与习惯。同时,个体在老年期可能会受到某些历史事件或社会结构变化等的影响,这种影响因人、因时期而异,主要以世代效应和时期效应体现,因此,老年人语言自然有差异。生命历程和毕生发展以交融的方式伴随并影响着个体生命及其语言的发展。研究者对老年语言现象进行深入研究时,应重视作为老年人语言现象的溯源依据:增龄和经历。前者作为个体语言发展的历时依据,可以帮助研究人员区分老年语言变化的时程,并在一定程度上为老年人语言变化提供生理依据,而后者则为老年语言现象的变化提供了个体以外的原因。

5.10.2.1　研究对象与范畴

历时视角下的老年语言学研究对象存在两个分类：个体和人群。以个体为研究对象着重探索"个体进入老年后的语言能力及其使用情况"；以人群为研究对象则重点关注由经济、政治、文化等社会因素引发的"同一出生年龄段人群或世代间的语言能力及其使用情况"（顾曰国、黄立鹤、周德宇，2020）。简言之，前者研究个体语言发生历程下的老年期语言，属毕生发展视角下的老年语言研究；后者则注重世代效应影响下的老年期语言，故为生命历程视角下的老年语言研究。

对历程视角下的老年语言学研究范畴进行审视，须将老年语言现象放置在相对较广的、影响因素较多且复杂的环境中。

首先，老年语言学研究的核心内容之一就是要探究"老年人语言跟身脑心衰老之间的负增长关系"（顾曰国，2020），即随着正常生理及认知老化，或神经退行性疾病导致的身脑心衰老，老年人在语言上呈现衰退的趋势。具体产生的语言现象可分为两个类别：无损和有损，包括语常、语误、语蚀、语障四个子类。目前，国内外学者或从可观察到的语言现象入手，从语音、音系、句法、语义、语用、话语等层面展开描述性研究；或进行跨学科研究，如结合脑科学、临床医学，深入研究大脑认知层面的退化机制，并将成果积极应用于认知障碍筛查及量表研究、辅助干预语言能力退化等临床实践（黄立鹤、王晶、李云霞，2019）。

其次，老年语言学要研究的是与老年人相关的话语，涵盖老年生活中语言相关的方方面面，如安宁疗护话语、医患互动方式、身份构建能力、决策能力（蒋燕、顾曰国，2020）、老年人外语教学及老年人健脑等的变化过程。通过对老年语言生活相关项的研究，研究者可以全方位深入剖析老年人在不同情境中的话语特点、会话策略等，切实了解老年人的真实需求，以期帮助老年人在生理衰退不可逆的情况下，提升老年人的生活质量，更积极、健康地生活。如在临床上通过对正常或患有认知障碍的老年人进行言语语言治疗，以期维持语言及认知能力，或延缓、减轻认知衰退。

5.10.2.2　历时视角下的老年语言现象与涉老话语研究

生命历程和毕生发展的历时研究存在多种研究视角，本节主要介绍四个常见视角：生理及认知老化视角、情感视角、记忆视角和代际沟通视角。

5.10.2.2.1 老年语言与生理及认知老化

目前,国内外基于该视角的老年语言学研究成果丰富,研究者从传统语言学范畴对语言老化进行了现象描写与归纳。生理、认知老化的过程影响言语产出,老年人的语言能力随增龄在不同方面呈现出不同程度的衰退(语蚀)、损伤(语障)。这方面的代表研究主要涉及口误、舌尖现象(顾曰国,2019)、找词困难现象(Lovelace & Twohig, 1990;刘红艳,2014)等;语音韵律方面则会随增龄发生变化,如基频、央元音、速率等,并伴随性别差异(黄立鹤、张弛,2020b);句法产出方面则表现为句法复杂程度的降低,多项实验表明,成年人句子的句法复杂性随增龄而下降(Kemper, 1987; Kemper et al. , 1989; Kemper, Herman & Lian, 2003);语篇产出方面则表现为语篇衔接能力和信息含量的下降(Lima et al. , 2014; Sherratt & Bryan, 2019)。

生理、认知老化的过程会影响语言理解能力。例如,老年人的阅读理解能力会受到影响,老年人在阅读上呈现出速度慢,注视次数多,眼跳幅度大、词跳读率高,回视次数多,知觉广度范围小且不对称程度低、词汇加工的效率低、词频效应更为明显等现象(黄立鹤、张弛,2020b);老年人的语用能力也会随着增龄而受到影响,如老化影响着语用预设的处理,主要表现为处理速度的下降(Domaneschi & Di Paola, 2019);另外,Arbuckle et al. (2000), Arbuckle & Gold(1993), Glosser & Deser(1992), Trunk & Abrams(2009)等人发现,老年人在自传体情境(如进行生活史访谈)和非自传体情境(如参照性交流任务或根据图片讲故事)中产生离题话语(off-topic speech)及离题赘言(off-target verbosity)的情况会增多。

5.10.2.2.2 老年语言与情感

正如言语和认知间相互依存的关系一样,个体毕生语言的发展与情感密切相关。Wierzbicka(1999)指出,情感词汇因语言而异。换言之,由于语言的不同,个体对情感的体会会存在差异。但由于个体语言发展在成年期趋于稳定,故这里侧重讨论个体毕生发展中的情感因素在语言上的体现。

不同的研究者对于情感有着不同的分类角度。张永伟、顾曰国(2018)严格区分"情""感",认为"情"围绕个体持有的情感心理状态的构建,而"感"则围绕个体情感行为的构建。与"感"相比,"情"在毕生历程中逐渐形成,更为深刻,且相对稳定、持久。与此同时,黄立鹤(2018a)在研究现场即席话语中的施事行为时,区分了即席型情感与记忆型情感(也称为"述说情感"),旨在区分说话人在实施言语行为时伴随的情感以及说话人论及事件发生时伴随的情感。鉴于此,这里所讨论的情感视角着重于记忆的"情""感",非即席的"情""感"。正如 Santrock(2019:514)所说,生活是正向前进的,但理解却是逆向溯源的。

在"感"这一层面上,多项研究表明,情感表达的识别能力会随增龄而下降。Paulmann,Pell & Kotz(2008)研究发现,随着年龄的增长,个体情感言语识别能力可能会因为神经生理学的变化、声学线索运用的改变等因素呈现明显下降趋势。一项基于面部表征的标记任务和分类任务的研究发现,老年人在标记情感方面不如年轻人准确,尤其是在悲伤、恐惧、愤怒和轻蔑的标记上(Visser,2020)。这一点广泛体现在正常老年人及罹患阿尔茨海默病等神经退行性疾病、老年抑郁症等精神疾病的老年人身上(Ruffman et al.,2008;Dupuis & Pichora-Fuller,2010)。有研究者对老年人情感识别能力下降的原因进行了探讨。大脑相关区域的潜在变化会导致情感感知与识别能力的下降,例如,杏仁核、海马体等都是负责或参与情感处理的脑区,该区域老化或受损将影响人们言语交际中的情感感知与控制,进而影响语言表达;同样,语言障碍也会影响说话者对情感态度的有效交流(van Lancker Sidtis,2008:203–205)。

以"情"为基础,著名发展心理学家 Erikson(1982)将成年后期作为人格发展八阶段①的最后一个阶段,主要表现为自我整合与绝望感的冲突。在此阶段生命回顾(life overview)显得尤为突出。生命回顾包括个体对其一生生活经历的回顾、评价以及解释和重新解释(Hitchcock et al.,2017)。根据 Erikson 的理论,如果老年人在人生的每个时期通过不同的途径养成了积极的态度,其人生回顾将会呈现出一幅充实度过一生的图景,而老年人将会感到满意(自我整合)。当谈话内容引发了老年人过往经历中某些带有积极情绪的相关事件时,这些老年人往往会兴致较高地围绕相关事件开始谈论,话语量随之增加。例如,笔者团队建立的老年人话语多模态语料库中有一位 89 岁中度痴呆症老年人,当会话人谈起其过往经历(当年在生产队当队长,是种地能手),该老年人表现出积极的情感,并且反复谈论该段经历,话语量明显增多。然而,如果老年人以消极

---

① Erik H. Erikson 的妻子 Joan M. Erikson 在其去世的两年后重新修订了其代表作《生命周期完成式》(The Life Cycle Completed),提出了生命周期的第九阶段。Joan 认为该阶段是明显不同的生命境界,此时生命要面临新的需求,经历对生命事件的重新评估并面对各种生活难题,此时必须从物质的、理性的、自我的世界进入一个"超验"世界。

的方式解决了一个或多个先前阶段,那么对他或她生命总价值的回顾性评价可能是消极的(绝望)。个体的生命回顾可以在自传中寻找蛛丝马迹,因为自传包含与想法密度相关的情感内容(Danner et al., 2001)。例如,基于"修女研究"语言样本(自传体写作中)的研究发现,随着增龄,个体不同时段自传中语法复杂度和命题密度的下降反映出情感基调和情感内容上的差异(Kemper et al., 2001;Snowdon et al., 1996);个体早期自传中积极的情感内容与其后生命阶段(约6年后)的心理健康状态和生理寿命密切相关(Danner et al., 2001)。El Haj et al.(2013,2015)则通过采用音乐唤醒的方法证实情感再体验会激发阿尔茨海默病患者相对积极的记忆情感。相较于处于安静的环境中,此时其自传叙述中空词比率有所下降,并且呈现较高的语法复杂性和命题密度(El Haj et al., 2013)。而Rullkoetter et al.(2009)研究发现,在他们的健康被试中,自传体叙事特点与当前由负面生活事件塑造的自传体记忆的情感影响之间存在关系,在语言上则表现为时态使用错误率的提高。当然,引发自传体记忆中积极正面的情感或者规避自传体记忆中消极的情感,与老年人言语产出之间是否具有正相关性,需要进一步的验证。另外,如何通过环境布置引发老年人自传体记忆中的积极情绪,引导老年人进行相关认知活动,开展认知障碍干预,也是具有重要临床意义的重要课题。

5.10.2.2.3　老年语言与涉老话语的记忆

以个体的毕生历程为时间轴,找寻生命历程对其毕生发展的影响以及语言上的聚显,是涉老话语记忆视角研究的目标。因此,这类研究必然会涉及老年人对往事的回忆,从而涉及记忆。

追溯性生命历史研究(retrospective life history study)可以用来研究老年人在生命历程轨迹中的相关重大事件及其影响(李钧鹏,2011)。近70年来,中国社会发生了许多转折性事件,如"文化大革命"、"上山下乡"(知青下放)、改革开放等。这些记忆或以文字形式保留,或经过"叙述"得以"还原"。在叙述的过程中,由事件衍生出的词汇、话语等则成为事件的核心,成为提取记忆的关键信息,反映出当时人们的行为及心理特征。例如,某些体现中国发展重要阶段的语言,对某一代人文化、身份、认知等方面也产生了毕生的影响。自中华人民共和国成立后,一些有关"男女平等"的政治性表达催生了女性解放话语,如"妇女翻身""妇女能顶半边天""时代不同了,男女都一样"等(刘亚秋,2019),这类话语体现出女性,尤其女知青追求平等的期望。然而,虽然女性解放话语从一定程度上反映了国家"当时"的需求,但女性话语依然被传统性别话语打压。因此,这一代人尤其女知青的身上会同时存在当时女性解放话语的影子和传统性别话语的特征。这在笔者团队建立的语料库中就能找到例证。一位被诊断为中度认知障碍的女性患者,年轻时是一名知青。她在工具性日常生活活动能力(Instrumental Activity of Daily Living, IADL)评估中多次使用了"一个人""没问题的"以表明自己具备很强的生活自理能力和处事能力,反映出当时女性追求独立、解放的态度。传统性别话语的特征则体现在教育机会方面。这名女知青之后提及,"我老公读的大学……""我把他们①培养成(……)",说明她当时可能是有机会继续读书,但是因为种种因素,未能达成。这些话语从字面上看并没有传统性别话语的特征,但隐含了"女性不要读书"的意思,是传统性别话语特征的体现。因此,语言和记忆能通过事件相联系,这里知青的集体记忆、国家的社会记忆都作用于个体,待当年"那代人"②进入老年期,他们的记忆必定会在交际中由多种方式体现。

记忆有不同的类型,王沛(1998)总结了记忆的四种类型。其中,语义记忆的真实性表现出社会一致性。换言之,大多数生活在同一年代的人,了解并熟记受政策、事件、文化等影响产生出的词语或表达方式,当进行记忆提取时,通过触发词激发语义记忆是四种记忆类型中准确率较高的方式。因为语义记忆具有最高的真实性且能确保与当时语义的真实性。同样的事件对个体的作用因各种因素呈现出不同的结果,个体产生的记忆以及与其相关的情感也不尽相同。从而进一步导致言语产出的不同。例如,在笔者团队建立的语料库中,有一位被诊断为中度认知障碍的女性患者,她在认知评估过程中遇见她认为有难度的任务,就会提及"上山下乡""知青"等词语,以解释其不想、不会或不愿意配合的原因。

集体记忆也是记忆的重要类型之一。自20世纪20年代法国社会学家、历史学家Maurice Halbwachs提出"集体记忆"(collective memory)的概念起,相关理论就被广泛应用。对于特殊群体(如失语症患者)来说,记忆的"叙述"有时会变得尤为艰难。其全部记忆(保留着历史事件及其相关人员的那部分记忆)与集体记忆保持联系,并受控于集体记忆。但在某些

---

① 指自己的丈夫和女儿。
② 如果按知青下乡时为18岁计算,"那代人"现在大约在60—70岁左右。按照我国的退休政策计算,"那代人"无论男女,皆已达到退休年龄。

情境下,患者认为自己的思想与他人的思想不是一体的(Halbwachs & Coser 1992:43),即无法联系当时的集体记忆与当下的集体记忆,或已无法获得当下社会表述的形式,如某种姿势、某个符号、某类图示,因此,患者无法整合"当时"与"当下"的"叙述"工具。如此一来,当两个记忆间与两种社会表述间无法建立桥梁互通有无时,"患者的思想和集体记忆之间的联系就会被切断"(Halbwachs & Coser,1992:43),言语产出时则会出现异常。

基于记忆视角的研究要需注意记忆的真实性。在回顾过往时,由于生理或心理因素,回忆的重构可能存在扭曲的情况(李钧鹏,2011)。顾曰国(2016)提出的当下亲历与认知的概念模型——"3-E"模型可为个体记忆的构筑和追溯提供思路。该模型构筑了以"己"为单位的整人模型(whole person model)。个体从"胎己"开始,不断通过亲历行为在其整人模型中添加"己",且"己"的类别、数量、内容具备时空差异。例如,从未工作过的老人,其"机构化通己"中就会缺失"工作身份己"。研究者通过个体模型的构筑,架构出同辈人群的总体模型。当同辈人群的当下亲历与认知和集体记忆可同时作为分析依据时,研究者就可通过多维信息最大程度确保记忆的真实性。

5.10.2.2.4　老年语言与代际沟通

在代际沟通研究中,老年人会通过年龄叙述(age-telling /age-disclosure)和自我表露(self-disclosure)进行身份构建和自尊建立(N. Coupland et al.,1989:129)。年龄叙述的相关研究通常以会话分析方法来考察老年人自然会话中年龄叙述的话语模式、表述特征(如 J. Coupland et al.,1991;N. Coupland et al.,1988;Jolanki, Jylhä & Hervonen,2000;Nikander,2000,2009 等)。年龄叙述与身份构建、代际沟通的关系也得以关注。例如,Chen, Hong & Chen(2019)通过分析中国台湾老年人在与大学生初次见面谈论年龄时的话语模式及相关会话序列,发现老年人通过论及年龄相关角色、亲历历史事件来表述年龄。基于这些叙述策略,老年人构建了"见多识广者"、成功(外)祖母等积极的身份角色特征,但由于大学生难以分享或匹配老年人对过往经历的叙述,该叙述策略可能会妨碍代际沟通的顺利进行。此外,沟通对象虽然可通过文字、图像、影片等记录了解老年人亲历过的某些事件,但鉴于"亲历独一原则"(顾曰国,2016),老年人在代际沟通中的言语产出是集"当时"亲历和"当下"亲历于一体的,这使得老年人与年轻人的代际沟通产生信息不畅或交换有误的情况。

前文 4.1.2.3 节已述,自我表露指的是个体将有关自己的信息、情感、态度、经历等内容向目标人（将个人信息与其进行交流的人）表露的过程。在代际会话中，老年人的自我表露目标人一般是年轻人。表露者与目标人之间的关系会影响个体表露水平、频次和可能性（Berg & Derlega1987），两者间关系越紧密，自我表露的量就越多（真樹菅沼 1997）。就自我表露内容而言，N. Coupland et al. (1988)研究发现，老年人更倾向于自我表露"痛苦的（负面）经历"（painful self-disclosures），向听话人主动传递痛苦的生活事件和状态。这种话语议题的设置实际上表现为一种话语策略，即老年个体通过对过往痛苦负面经历的描述，希望塑造一种"历经生活考验"的"英雄主义"个体身份，从而起到增加自尊、自我肯定的语用目的。

代际沟通视角研究还可探索老年人话语中的预设。预设可以反映出个体间的认知差异，是语义/语用处理的核心。预设通常由被称为"预设触发器"的词汇项和句法结构携带，当用于话语中时，这些词汇项和句法结构会激活预设对象（Domaneschi & Di Paola, 2019）。"人生历程各不相同，构建的语言在内容上自然各异"（顾曰国 2019），因而预设的激活不尽相同。目前，对预设中隐含信息的质性或量性研究尚且不足，主流认知评估检测量表中也尚未发现与预设相关的语言测试项。作为人类认知经验的基础，对预设处理速度、效率等的研究固然重要，但对隐藏在研究对象的生命轨迹与历程中预设内容的研究才可为研究对象的预设处理结果提供解释。

5.10.3　历时视角下的两个具体方法

由于毕生历程与生命历程的交织，从历程视角出发，研究人员应根据研究目的选择合适的研究方法。本节倡导从情感和记忆的视角开展老年语言的历时研究，下文将简述基于自传体记忆的研究方法以及多模态语料库研究法。

5.10.3.1　基于自传体记忆的研究方法

自传体记忆（autobiographical memory）是指与个体过往生活中相关事件的记忆（Conway, 1995）。人们回忆过往事件时可能涉及事件本身的细节，也可能引发对个体事件体验的情感。前文提及的即席型情感与记忆型情感就为考察老年人即席型情感与记忆型情感也为考察老年人即席话语与其当下情感、个体经历中的情感之间关系提供了思路。因此，情感也是自传体记忆的主要组成部分（Rubin, 1995）。

在正常老化过程中自传体记忆也随之老化,表现为老年人对过往人生历程中某些事件记忆模糊、错位或颠倒。研究发现,在人生历程各种事件的记忆中,具有人生转折意义或标志性的事件、结果重要或者个人参与程度较高的事件记忆相对不易丢失。然而,神经退行性疾病(如阿尔茨海默病)会引起患者人生历程中事件(事件之间的相关性、发生背景以及时间顺序)的记忆损害,即便在轻度认知障碍的早期,患者也会有对个别事件无法回忆的状态。罹患神经退行性疾病的老年人在回忆或谈论人生历程事件时,往往会采用迂回的补偿策略,围绕回忆事件展开叙事,而不是针对事件本身进行较多讨论。因此,了解老年人的自传体记忆对诊断神经退行性疾病具有一定临床价值。有研究者认为,通过叙事方法了解老年人的自传体记忆,对诊断痴呆症等神经退行性疾病具有一定临床价值。

增龄会降低老年个体对负面情绪的注意(Mather & Carstensen,2003;Murphy & Isaacowitz,2008),即老年人对积极情绪材料的加工维持得较好,表现出对积极信息的偏向(伍麟、邢小莉,2009)。与此同时,老年人在注意和记忆活动中也存在"积极效应"(Kennedy,Mather & Carstensen,2004),即老年人在回忆过往与自己相关的事件历程时,更倾向于回忆积极情绪,弱化对过往相关事件伴随的消极情绪记忆。这种积极效应可能对其话语产生量有一定影响。前文 5.10.2.2.2 节提到的语料库中 89 岁罹患重度阿尔茨海默病的老人在谈及积极情绪的相关事件时的表现可以为积极效应带来的话语量增加提供佐证。

在进行历时研究时,可以选择社会情感选择理论(Socioemotional Selectivity Theory,SST)对老年人语言现象中的"积极效应"进行机制解释。该理论指出,个体对有益/积极关系的积累和对不如意/消极关系的舍弃贯穿毕生(Nussbaum et al.,2000:11)。当人们感知时间的流逝以及时间的有限性时,会将注意力更多指向情感目标(O'Hanlon & Coleman,2004)。老年人因生命所剩时间更少而意识到生命的短暂,因此,他们会更关注情感维度,这一改变会影响认知与行为。例如,伴随着增龄,老年人倾向于使用更多积极情感词汇,消极情感词汇则使用较少(Pennebaker & Stone,2003)。当然,引发自传体记忆中积极、正面的情绪与老年人言语产出之间是否正相关,需进一步验证。

5.10.3.2　多模态语料库研究法

本书 5.8 节已经介绍了多模态语料库方法,在老年语言学的历时研究中也可借鉴此方法。目前,国际上相关研究的素材大多以口述转写(民族志法、个案跟踪分析法、会话分析法等)和书面材料(文学作品、回忆录等)为语料来源。考虑到建设成本与难度,文本语料库仍然是主流。

5.8 节在介绍多模态方法时,已简要介绍了多模态感官处理机制。El Haj 和 Glachet 与其团队在多模态感官处理引发记忆这个研究领域相对全面。他们将听感(El Haj et al., 2013,2015)、视感(El Haj et al., 2015,2019)和嗅感(Glachet et al., 2018,2019)与自传体记忆结合起来,研究了感官与痴呆患者的自传体记忆的触发间的关联。自传体记忆会触发个体的情感,从而影响语言,因此我们可以借助此类研究成果挖掘语言与多模态感官件的潜在联系。国内学者顾曰国(2015)也注意到多模态感官系统在语言发展中的重要地位,倡导从多种模态入手,建立多模态语料库。

生命历程视角下基于多模态语料库的研究,虽然首先从当下的老年期出发,但涉及的是研究对象毕生及其可能涉及的生命历程。因此多模态语料库要覆盖多个时期。首先,要将临近老年期的语料收集起来,完成纵向发展的数据库建构,以期通过数据建模预测未来的语言变化趋势。其次,要将不同世代老年期的语料库打通,进行对比分析,完成横断面研究,以探索不同世代老年人的语言现象。当然,这样的语料收集工程量非常大、建设成本很高。目前,在逐步建立多模态语料库的同时,研究人员可以率先通过老照片、老人的日记并结合采访老人过程中的话语等模态尽量还原事件发生时的真实情况。

5.11　话语地理学方法

从话语地理学的地面承载、文字承载、空中承载、网络承载等四个维度入手,可以从整体上反映真实情况下我国老年人的语言使用状况,本节主要介绍这类研究的整体思路。

5.11.1　话语地理学的基本内涵

话语地理学(Discourse Geography)背后的基本语言观将语言视为一种人类行为。从这个角度来说,无论是个体的还是群体的,话语

（discourse）都可被视为人类行为者在日常活动中于特定空间和时间上运动所构成的轨迹网络（Gu，2002，2009b，2012），因此具有时空性特征。地理话语学是在人文地理学（Human Geography）的启示下构建的。人文地理学以人地关系的理论为基础，探讨各种人文现象的地理分布、扩散和时间变化，研究人类社会活动中各类地域结构形成、演变和发展的规律，因此强调时间和空间的重要属性①。

在话语地理学中，某个体在特定时空中产生的话语与其活动轨迹密切相关，其关系可以用图 5.10 表示。

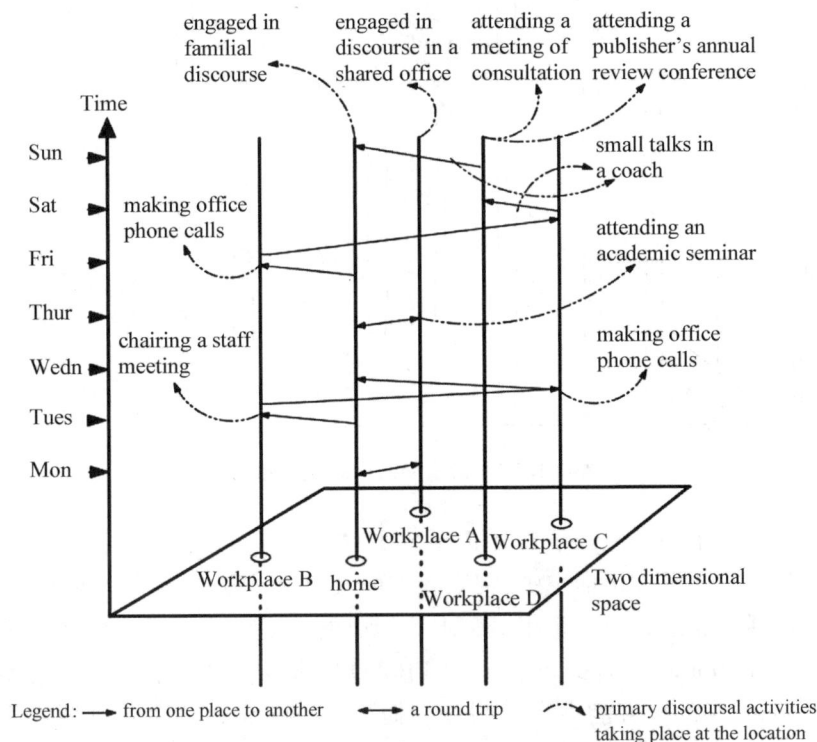

图 5.10　某个体的话语地理学时空间轨迹记录（Gu，2012：548）

---

① 人文地理学与语言学的结合，读者熟悉的可能是方言地理学（Dialect Geography），作为方言学的一个分支，它研究某个方言在不同地区随时间变量而在分布、演变与发展等方面的规律。另一个相关的概念是时间地理学（Time Geography），它将空间和时间作为动态过程分析的基本维度，以研究行为者的社会互动、种间关系、社会和环境变化等。

从图 5.10 可知,说话人从一种话语活动到另一种话语活动的时空运动具有认知联系,从而产生了一系列由说话人为主体实施的活动路径轨迹。如果以时间维度来对某个说话人的话语活动进行建模,可以得到图 5.11。

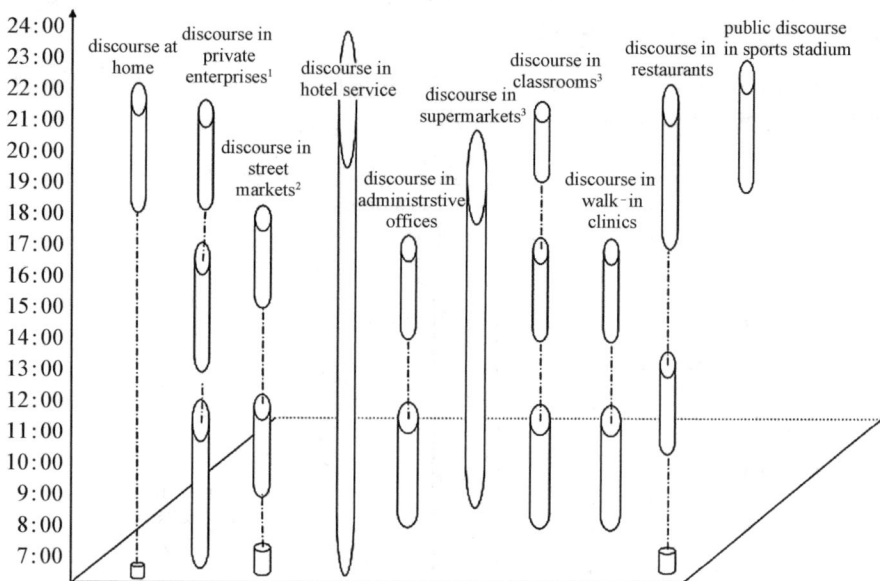

图 5.11　某个体的话语活动时间维度记录(Gu,2002)

前文介绍的是地面承载话语活动的情况。除了地面承载,话语活动的空间形式还可以包括空中、网络和书面文字。从横向的整体观来看,四个话语活动层是我国几千年语言生活形成的总体格局。第一层地面承载话语(land-borne situated discourse, LBSD)最古老,一般认为,在旧石器时代晚期,人类的语言能力有了明显的提高。我国在该时期的典型代表是北京周口店北京猿人,因此这一层可以粗略从此处开始算起;第二层为文字承载话语(written word-borne discourse, WWBD),这一层可以从目前我国已知的最早系统文字出现算起,即殷商甲骨文的使用;第三层为空中承载话语(air-borne situated discourse, ABSD),我国最早的空中承载话语是电报话语,于 1871 年 6 月 3 日开始通报;第四层网络承载话语(web-borne situated discourse, WBSD)历史最短,全球互联网起源于 1968 年,我国是从 20 世纪 90 年代开始接入互联网,可从那时算起。

如果对某个群体所有人的话语活动类型和时空间进行调查,就可以构拟该群体的语言使用状况模型。Gu(2009b：106)曾针对我国人群在上述四个话语层面进行模型构拟(见图 5.12),每个层面还区分是否可以理解与产出(如某些人只在空中承载话语中接受过话语,即听广播、看电视,还没有通过空中承载方式产出话语,如在广播或电视中进行话语活动)。该模型覆盖了落后偏远地区的文盲群体及教育程度较高、所在话语环境较好的人群,形成了箭头状的语言使用状况模型图。

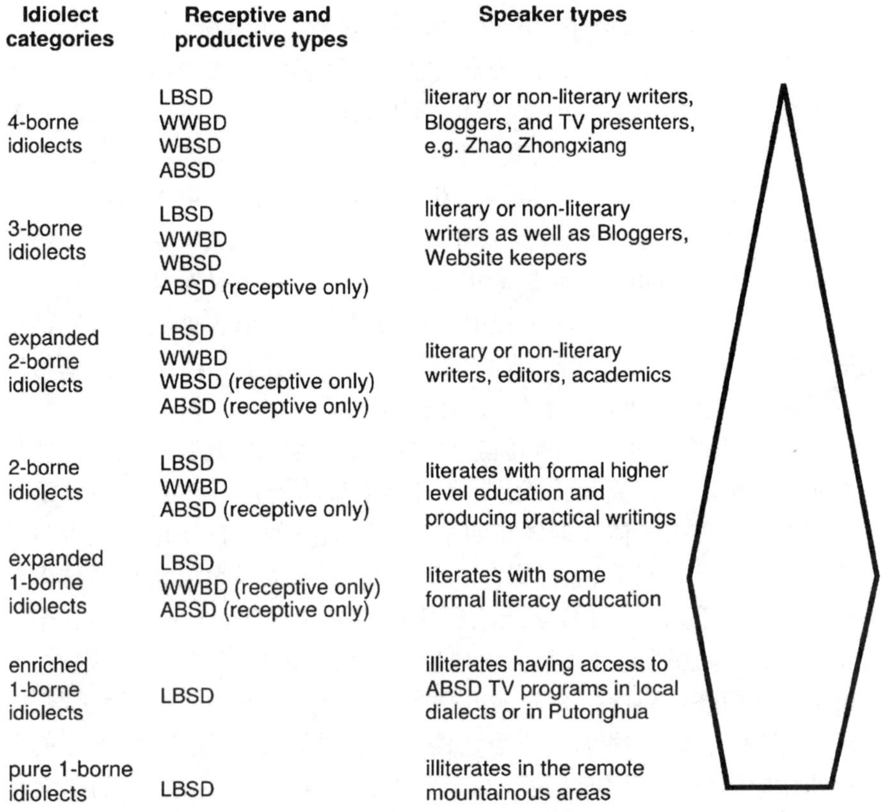

Idiolect categories	Receptive and productive types	Speaker types
4-borne idiolects	LBSD WWBD WBSD ABSD	literary or non-literary writers, Bloggers, and TV presenters, e.g. Zhao Zhongxiang
3-borne idiolects	LBSD WWBD WBSD ABSD (receptive only)	literary or non-literary writers as well as Bloggers, Website keepers
expanded 2-borne idiolects	LBSD WWBD WBSD (receptive only) ABSD (receptive only)	literary or non-literary writers, editors, academics
2-borne idiolects	LBSD WWBD ABSD (receptive only)	literates with formal higher level education and producing practical writings
expanded 1-borne idiolects	LBSD WWBD (receptive only) ABSD (receptive only)	literates with some formal literacy education
enriched 1-borne idiolects	LBSD	illiterates having access to ABSD TV programs in local dialects or in Putonghua
pure 1-borne idiolects	LBSD	illiterates in the remote mountainous areas

图 5.12 四个话语层的话语活动情况概念模型(Gu,2009b：106)

但是,随着社会经济发展、信息技术普及和受教育程度等因素的变化,目前,我国语言使用状况的话语地理学概念模型显然已经发生变化。例如,该图认为当时话语承载最多的是地面承载,而多数人即便有网络承载和空中承载,也多为接受型话语,即多数个体没有机会在网络中进行话语活动。

但现在该承载层面的话语活动急速增多,个人在网络上的话语活动可能超过了空中承载的广播话语,因此,该模型的形状也就发生了相应变化。

5.11.2 话语地理学视角下的老年人话语研究

话语地理学将个体或群体的时空间与语言使用结合起来,为某个时空间中个体或群体的语言使用状况研究提供了重要思路。这种方法对于研究老年人话语具有启示作用,能够为揭示老年人的语言使用特点提供衡量维度,同时为引入健康状况这一重要变量奠定了基础。

本小节将以老年人语言能力研究为例,演示如何基于话语地理学视角开展老年人话语研究。前文已述,话语地理学将个体或群体的语言使用格局分为四个话语活动层,我们同样可以以此来模拟老年人所处的语言环境及其话语承载方式。从语言获得的角度而言,老年人的语言能力并不是老年人按照传统的语言学研究分层(语音、词汇、句法、语义、语用等)逐步学习获得的能力,而是老年人从几十年以来的社会化、教育、日常生活、工作劳动、政治生活等过程中自然获得的综合语言能力。按照话语地理学的基本观点,某一地区人口的语言环境受制于人类文明技术与国家发展现状,从而也决定了老年人口的语言活动。

因此,要研究老年人群的真实语言使用状况如何,就要以该人群所处的真实语言环境为探究的出发点,在研究模型的构建上贴真反映其语言使用状态。又因为个体或群体在四个话语层面下的语言使用状况本身就涉及多种感官模态互动、多种媒介承载话语内容,所以无论从哪一种多模态研究路径入手(包括符号学或语料库语言学路径等,详见黄立鹤、张德禄,2019),多模态研究范式与话语地理学视角都是紧密结合的。因此,研究可借用多模态语料库研究的基本思路"贴真建模"来看,以地面承载、文字承载、空中承载、网络承载四个话语承载方式为基础理论,从纵向的历时观和横向的整体观同时出发,对老年人在上述四个话语层中的语言使用状况进行概念建模和分析。根据第七次全国人口普查的时间节点,截至 2020 年底,出生于 1960 年以前的人口已全部步入老龄化阶段,这些人口同时把其积累了 60 年以上的语言能力及语言实践带进老龄社会。以现年 60 岁的老年人(出生于 1961 年)为例。从纵向的历时观来看,这群老年人人口数约为 949 万。该群体在学龄前这段时空,话语活动主要是地面承载话语;部分人可以收听广播等,接触空中承载话语;少数人开始识字,接触书面承载话语。对于具备上学条件的人群而言,上学是识字的开始,他们在上学时开始全面接触书面承载话语。受社会经济条件和寿命的限制,该群体在上小学、初中、高中、大学等时还会不断失去人口。在社会经济发展不同的各个地区,我国广播电视提供的空中承载话语也不是该人群中的每个人都能加入。我国网络承载话语开始普及后,该人群也只有部分能在一定的经济条件和自身素质的支持下加入其中。因此,1961 年出生的老年人在我国语言大环境中的语言能力发展路线可如图 5.13 所示。

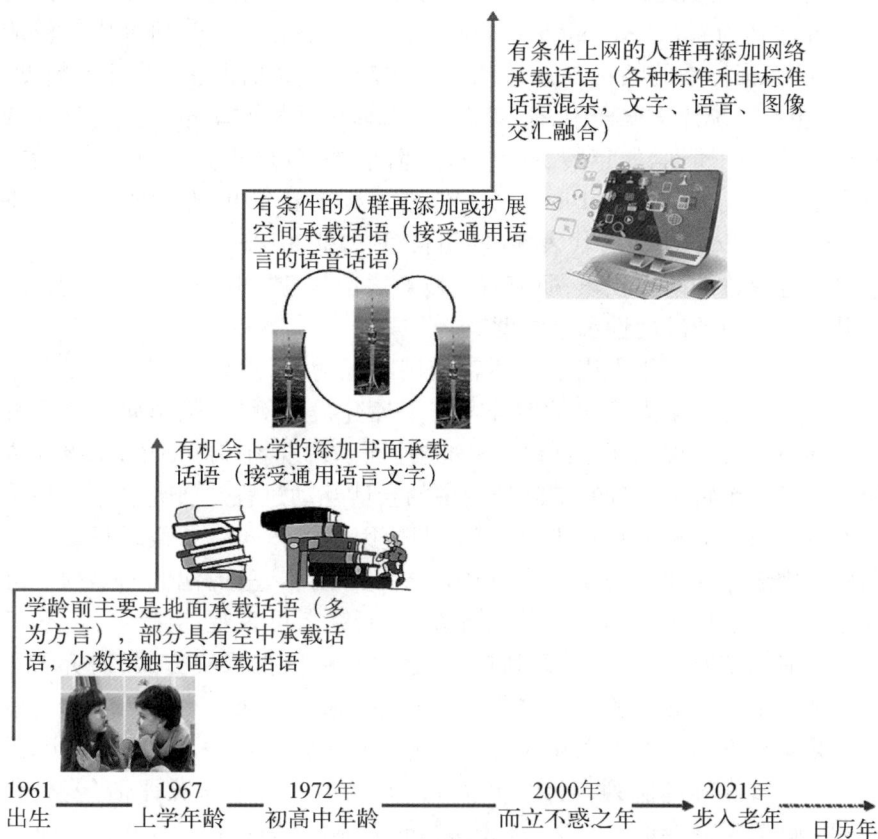

有条件上网的人群再添加网络承载话语（各种标准和非标准话语混杂，文字、语音、图像交汇融合）

有条件的人群再添加或扩展空间承载话语（接受通用语言的语音话语）

有机会上学的添加书面承载话语（接受通用语言文字）

学龄前主要是地面承载话语（多为方言），部分具有空中承载话语，少数接触书面承载话语

| 1961 出生 | 1967 上学年龄 | 1972年 初高中年龄 | 2000年 而立不惑之年 | 2021年 步入老年 | 日历年 |

图 5.13　1961 年出生的老年人在国家语言大环境中的语言能力发展路线(顾曰国制图)

在每一个话语承载面中,研究者可以在时间和空间的坐标中构建某个老年个体或某一类老年群体(如以年龄、认知水平、健康状况或受教育水平进行分类的群体)的语言使用状况模型,进行一定样本叠加后,构建概念模

型。具体的模型表示形式可以根据研究需要选择,如矩阵、集合、坐标等。

　　要进行实证研究,就要对老年人在四个话语承载面中的语言使用状况进行数据采集。需要注意的是,概念模型与数据采样是互相依存和互相促进的两个方面。一方面,为了提升某个群体的老年人话语数据采样代表性,研究者要在该老年群体语言使用状况进行概念模型构建的基础上,进行分层抽样、数据采集。所谓分层抽样(stratified sampling),是指研究者按某种特征或某种规则将研究总体分为若干个类别(层),再从每一层内独立地、随机地抽取一定数量的观察单位,合起来组成样本,因此,也有学者称其为 stratified random sampling。该方法在社会学研究中广泛应用,能够保证样本的结构与总体的结构比较相近,从而提高估计的精度。例如,在人口统计学取样中,研究者会将总体中的样本单位按照说话人或写作者的不同属性,如年龄、性别、社会阶层等,分成不同的范畴,随后在每个范畴中分层取样。Biber 认为分层抽样要比简单随机抽样(simple random sampling)更具有代表性(转引自黄立鹤,2018a：155)。另一方面,经过一定数量的语料积累,研究者可以对之前构建的概念模型进行修正,提升概念建模的准确性和精细度。

　　以研究我国老年人当下的语言使用状况为例,首先要完成的是基于话语地理学对老年人话语的取样与资源库建设。例如,某个研究的取样语料性质主要是现场即席话语,特别是地面承载现场即席话语,即老年人根植于某一个特定物理时空间场景中的会话互动过程。研究者可运用多模态方法取样老年人现场即席话语,即使用多媒体介质承载现场即席话语中各类老年人在日常生活交互中的多模态内容,呈现他们的多模态互动过程。通过使用数码摄像及录音设备,研究者可客观连续地记录包括声音、动作、空间、场景等一系列信息;通过多种数据采集方式,研究者可对其他话语承载面中的话语数据进行采集。采集标准如下:

　　采集标准一:队列分组标准。1) 年龄(如 60—90 岁,每五年一组,按照横断面方法确定队列,每组 50 人);2) 老年人健康状况评估(身体健康、心理健康、社会健康);3) 临床认知能力评估(简易精神状态量表或蒙特利尔认知评估量表[基础版]);4) 纵向队列(对部分老年人进行为期至少五年的追踪);5) 其他背景因素(性别、教育程度等)。

　　采集标准二:取样范畴标准。按照话语地理学四个话语承载层面,以地面承载话语为核心,以文字承载、空中承载、网络承载为补充,尽可能多地对老年人现场即席话语进行采样。四个话语承载层面的老年人话语类型取样方法包括：

1）地面承载：生活轨迹即席活动（对日常行为进行采录）、半结构化访谈（人生历程回顾）及任务互动（完成既定任务目标）；

2）文字承载：对一定量老年人的文字承载话语进行取样，包括日记、自传等；

3）空中承载：对一定量老年人的空中承载话语进行取样，包括收听广播、观看电视时与他人或事后谈论的话语；

4）网络承载：对一定量老年人的网络承载话语进行取样，包括微信或 QQ 等网络即时通信工具、电子邮件或网购等网络互动中的话语，以及自媒体文本、音视频数据。

这样，就形成了该研究的整体取样路线图（见图 5.14）。

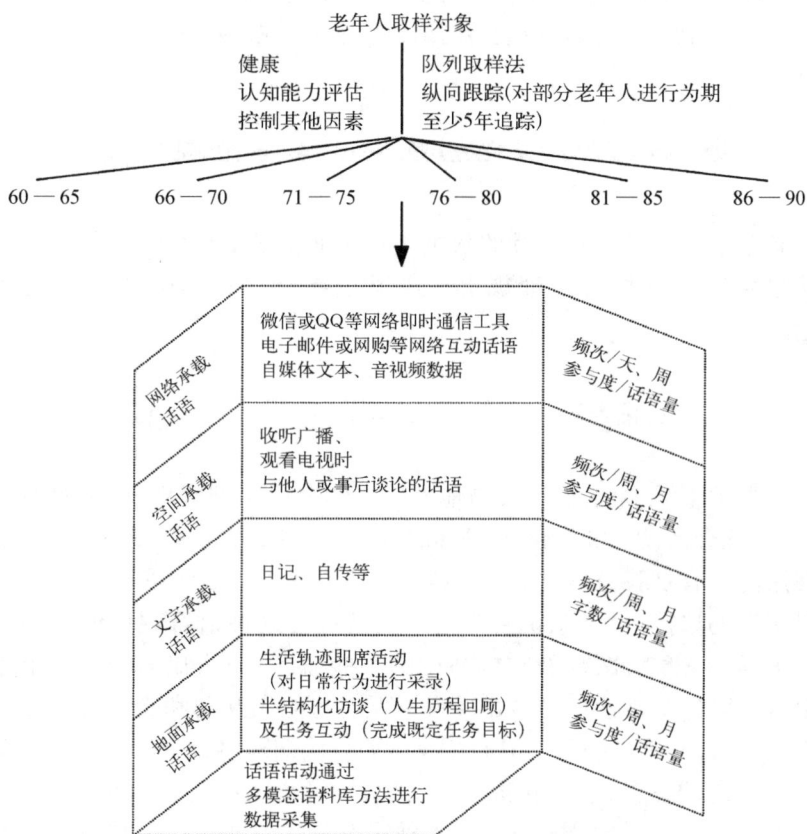

图 5.14　话语地理学视角下的老年人话语取样路线图

完成数据采集与加工以后，就可以结合研究目标，对加工后的数据进行分析，并进行个案分析或定量研究。

另外，老年人的健康情况会影响其语言使用状况，因此需要对老年人健康做评估并与语言能力评估结果做科学关联。相关研究可以根据常识预设如下前提：老年人参与话语地理学中四个话语活动层而形成的语言格局能够反映其综合语言能力，参与的四个话语活动层越多、越充分，综合语言能力越强；反之，综合语言能力越弱。在此基础上，笔者研究团队提出科学假设：老年人健康状况影响其综合语言能力。为检验该假设，需要通过建立老年人语言能力与健康状况的基线与评估，从统计学上分析老年人健康状况与语言能力之间的科学关联。另外，还可以在此基础上研制"老年人口语言能力评估量表"，用以观测老年人当下的语言能力，为语言蚀失干预或障碍康复提供基准。除此之外，从话语地理学切入，还可以对老年人话语身份、代际沟通、积极老龄与语言生活的关系等问题进行研究。

5.12　老年语言学研究的数据采集与伦理问题

老年语言学研究所涉及的数据类型多种多样，各种研究方法及对应的数据采集都有相关伦理规定。这里主要介绍自然会话的数据采集问题。

5.12.1　自然会话与实验数据采集问题

在日常生活中，人们通过与他人的自然会话来理解世界、理解对话伙伴、参与社会活动。Culpeper & Haugh（2014）认为，语言是一种选择，语言的使用者是有自我意识的（self-aware），使用者不仅意识到自己在使用语言时所做的选择，也会意识到其他人的选择。这种语言观促使人们思考如何重新定义现有医疗看护体系中的某些概念，如认知障碍患者个体及其语言。既然日常使用的语言反映了人们与他人互动和交流各种方式的认知（Culpeper & Haugh，2014：239），那么认知障碍患者的日常对话反映了他们的何种思想、情感和价值观？质性研究为回答这类问题提供了思路。质性研究在自然场景下采用多种资料收集方式对社会现象进行整体性研究，以研究者本人为研究工具，使用归纳法分析资料和形成理论，其目的在于对被研究者的生活故事和意义建构做出解释(陈向明,2000)。质性分析不仅需要研究者结合自然场景反省自己的"前设"和"倾见"(bias),还需要研究者了解自己如何获得对方意义的解释、自己对对方行为的解释是否确切等(陈向明,2000:7)。

认知障碍人群自然对话研究多为质性研究,数据来源于田野访谈。就研究者对访谈结构的控制程度而言,访谈可分为结构型/封闭型访谈、无结构型/开放型访谈和半结构型/半开放型访谈(陈向明,2000:171)。由于认知障碍老人多存在找词困难、谈话发起困难等情况(刘红艳,2020;Davis & Maclagan, 2021),半结构式访谈更利于研究者采集数据。研究人员既可以身兼研究者与访谈者的双重身份进入田野收集数据,也可仅以旁观者身份参与收集数据(Ramanathan-Abbott, 1994)。无论采用何种形式进入田野,研究者皆需要了解访谈对象的生活经历、生活环境、家庭情况等,以便寻找、归纳适合其研究访谈对象的访谈话题。这些信息或由访谈对象的家庭成员、养老院护工、居住在同一养老院的健康老人提供,或源自历史资料与生活经验。比如,对于经历过人民公社体制的认知障碍老人,"生产队""挣工分"是其青壮年时期印象最为深刻的生活经历,这些记忆在其认知衰退阶段依然鲜活,是重要的自传体记忆内容,故可成为半结构式访谈的话题来源。本节将从研究人员身兼访谈者与研究者双重身份出发,讨论数据采集过程中应注意的事项,包括提问形式、交流技巧和建议、田野笔记的撰写、数据收集方式及数据保存方式。

5.12.1.1 提问形式

实施访谈之前,访谈者必须明确访谈对象的语言特点及所处认知障碍阶段,尽可能地了解访谈对象的背景信息和身心状态,这些直接决定了访谈者应采用何种提问方式推进谈话。比如,认知障碍伴随流利性失语老人通常滔滔不绝,产出的句子冗长但信息量较少,需要访谈人从宏观角度把握其谈话内容;与之相反,认知障碍伴随非流利性失语老人通常很难自发产出话语,需要访谈人较多使用选择疑问句等加以引导。不论老年人正在经历何种类型的认知障碍,其情景记忆,即一个人一生中特定事件的记忆,往往在疾病的早期便受到影响(Davis & Maclagan, 2021:5)。随着疾病的发展,这些老年人很难处理特殊疑问句(如"是什么""为什么""怎么办")这类需要具体答案的问题。他们或沉默以对,或以要求访谈人再次澄清问题的形式来争取时间以便能够提供准确答案(Davis &

Maclagan，2021；Guendouzi & Müller，2002；Hamilton，1994）。这种情况在认知障碍早期、中期、后期都有所体现，尤以中期最为明显（Mantero，2014；Varela Suárez，2018）。面对这种情况，访谈人应事先熟知认知障碍老人的语言特点，并从现有认知障碍老人自然对话研究中归纳交流技巧（参见 Stickle，2020）。

5.12.1.2　交流技巧建议

有的老年人极易产生挫败感和无助感，甚至对谈话内容失去兴趣，有的老年人则因为注意力受损或会话的突然转移或停止造成访谈推进受阻。基于田野经验以及现有的研究发现，这里提出以下两点建议。

第一，在提问形式上，陈述性句（如"你教教我怎么织布吧?"）、选择疑问句（如"你家里是儿子多还是女儿多?"）及带有情景描述的概括性问题（如"你在生产队里干过什么农活?"）更能调用认知障碍老人的语义记忆，并可减轻他们回答问题的压力，避免对话突然停止（Davis，Maclagan & Shenk，2014）。

第二，在交流技巧上，每次提问结束，访谈人应耐心等待对方回应，即便访谈对象的回答有悖常理，也不要纠正或打断（Davis & Maclagan，2021；Stickle，2020），适当时候应给予必要反馈，必要时可以进行人际间的语用补偿（参考 5.8.1 节）。

无论面对罹患何种类型认知障碍的老年人，都需时刻谨记，交流的原则是利用持续性对话给认知障碍老人带来互动满意度，而非关注语义内容正确与否（Guendouzi & Müller，2002：16）。

5.12.1.3　数据采集

老年语言学自然会话的数据采集常用录音或录像方式，研究者会以观察者身份采录数据。录音方法是 Sacks 和其同事在研究电话交流时提出的解决方案，录音可以长期保存收集到的数据，研究者也能对其进行重复处理（Sacks，1992：622）。然而，录音并不能记录交际活动中的非言语行为。在认知障碍人群的交际研究中，越来越多的研究人员开始采用录制视频的方法收集数据，即多模态数据采集。当然，视频录制面临"观察者悖论"（observer's paradox）（Labov，1972），即环境和研究中的现象会由于观察者的存在而产生不可避免的变化（Majlesi，Nilsson & Ekström，2017）。比如，访谈对象可能在录像设备前感到不自然，或者被录像设备吸引注意力,无法专注于访谈内容。即便如此,录像在解读非言语行为上仍有无法否认的优势,也逐渐被更多关注认知障碍人群的研究者推广。有关多模态数据采集与加工的问题,可参考本书5.8节和黄立鹤(2018a：31－35)的相关论述。

5.12.1.4 撰写田野笔记

除转写成文字的访谈内容外,书面的田野笔记也是访谈数据的主要来源,这些内容是研究的元数据内容,对于分析相关问题十分重要。研究者要基于实际观察撰写田野笔记。Emerson、Fretz & Shaw（2011）指出,撰写田野笔记没有所谓的正确方法,但研究者要反思田野笔记应在何时、何地撰写,以及如何撰写。比如,有些研究者会在田野中写下完整的笔记,有些选择草草写下简短的句子和要点,有些则选择田野结束后撰写。无论研究者选择何时、何地撰写田野笔记,都需谨记田野笔记是访谈数据的核心要素（Antelius, Kiwi & Strandroos, 2017：125）。

5.12.2 数据采集与研究中的伦理问题

涉及任何形式的弱势群体参与的道德规范都需要检查和监督（Davis & Pope, 2020：39）,这也是国际发表的硬性要求。国外田野研究的道德伦理审批非常严格,相较之下,国内田野研究的伦理审查规范尚有较大提升空间。

一般临床研究或社会研究的伦理至少包括被试自愿参与、对被试无害、匿名保密等基本原则。但是,在老年语言学研究中,往往会遇到一些特殊情况。例如,长期以来,罹患神经退行性疾病的患者往往被认为不具备正常理性,语言能力受损,在社会交往上受到歧视,在会话中受到排挤。事实上,除了进入病程晚期阶段的患者,多数罹患神经退行性疾病（如阿尔茨海默病）的患者是有主体意识的,也有一定的自我能力与潜力,但他们的声音通常是沉默的。Jürgen Habermas 提出了话语伦理学的普遍性原则：每一个有效的规范都必须满足这样一个条件,即所有受影响的人都能接受其普遍遵守的结果和副作用,以满足每个人的利益。从这个角度来看,话语伦理学规定的一般参与权对于神经退行性疾病患者或其他残疾人士至关重要,有研究者提出要考虑如何扩大话语伦理的覆盖范围以发掘神经退行性疾病患者的沟通潜力（Frantik, 2021：23－24）。因此,有研究者提出要注意患者的社会话语权利,国外已有相关研究探讨该类人群的话语伦理问题(discourse ethics)。例如,Frantik(2021)提出,应当加强患者作为共同决策过程中合法参与者的地位,其中新的话语伦理理论可以成为赋予患者权力的重要工具。这一点在老年语言学研究中应当尤为注意。

在老年语言学研究的访谈对象招募阶段,研究者要实地走访养老院、照护机构或医院等地,向法定监护人、看护人或老年科医生充分解释研究目的、数据收集形式、涉及的道德伦理规范等,获得许可后,可委托他们推荐合适的访谈对象。这一阶段研究者要与看护人及老年科医生保持沟通,必要时可向这些人士索要受访对象的个人基本信息、认知障碍情况等。

确定访谈对象后,研究者需获得相关单位的审批,获取所有受访对象签字后的知情同意书。在国外,这项工作通常由大学或机构的道德伦理委员会或机构审查委员会(Boards of Ethics or Institutional Review Boards)负责。我国部分承担交叉学科研究任务的单位或机构也会设置专门的研究伦理委员会,相关研究项目在实施前应当提交委员会进行审查。一般而言,所在单位研究伦理委员会的主要职责是对由师生主导的、以各类自然人为研究对象的研究项目进行伦理与道德评估和审查,包括各类行为实验、脑电实验、眼动实验、问卷调查等。委员会的工作应当遵守国家法律法规,遵守包括知情同意、控制风险、尊重利益、保护隐私等基本原则,工作过程应独立、客观、公正。

对于所在单位没有设置研究伦理委员会的,研究者要获得老年人所在机构(包括养老院、照护机构、医院)等的批准,以及受访对象法定监护人的授权,对涉及老年人身心状态、健康行为、权益隐私等问题的研究内容均应进行评估,通过后方能正式实施,并且要在研究项目或学术论文中加以说明。

前文提到,研究者在面对每位老年个体时,应向受访者本人及法定监护人发放知情同意书(informed consent)。知情同意是任何涉及收集神经退行性疾病患者语言数据的关键(Davis & Pope,2020:40)。美国国立卫生研究院列出了研究人员应考虑的主要问题[①]。例如,研究人员必须向每

---

① 参考 https://files.nccih.nih.gov/s3fs-public/CR-Toolbox/Informed_Consent_Checklist_07-17-2015.docx。

位法定监护人解释正在进行的研究类型以及拟招募的人员将如何参与，并在可能的情况下向每位拟招募人员解释。Davis & Pope(2020)提出了实践中需要考虑的问题。例如，拟招募人员将参与多长时间？数据收集将在哪里进行？何时进行？如何维护数据的保密性？数据收集会对拟招募人员带来哪些风险？拟招募人员是否可以随时终止？访谈对象一旦终止配合，研究如何继续推进？综合考虑以上问题后，知情同意书中应至少包含研究目的、数据收集地点、数据用途、持续时间、收录内容及对参与者身份的保护(Davis & Pope，2020；Kindell & Wilkinson，2017)。知情同意需要以口头和书面形式进行，并且研究者需要确保每位参与者都理解知情同意书中的内容。对于认知障碍等患者，研究者应获得其法定监护人的批准和签名，以避免潜在的法律问题。

这里提供一份知情同意书的参考版本：

语言认知研究语料采集知情同意书

尊敬的长者及照护人：

我们将邀请您参加一项老年人语言认知能力研究。在您充分了解本研究情况后，签署知情同意书。

一、研究介绍

1. 研究目的：老年人不同认知水平下的语言能力变化情况，本研究属于＊＊＊项目。

2. 研究伦理：本研究符合＊＊＊研究中心研究标准，并经所在研究伦理委员会审查通过(审批号＊＊＊)，遵循学术伦理道德规范。

3. 研究过程：您将接受比较详细的大脑认知能力、语言能力评估以及个人经历询问，时长约为1至1.5小时。在此过程中，我们需要采集您的语音及视频信息。全程参与本计划后可获得：1)认知能力评估;2)语言能力评估;3)精美礼品。

4. 个人信息保密声明：研究人员郑重承诺尊重您的隐私权，您的任何资料均只在本研究中使用;研究报告或学术成果发表时，不会泄露您的任何信息，全程对您个人信息资料予以保密。

二、受访者同意声明

我已阅读上述研究介绍，提出的所有问题均已得到答复，现决定参加本项研究。我知道参加本研究可能产生的风险或受益，并且知晓：

1. 我有权随时退出本研究，个人信息不会遭到任何泄露。

2. 我将获得一份经过签名并注明日期的知情同意书副本。

本人(监护人)签名：　　　　　　　　　　　　　　日期：

三、研究者承诺

我已仔细向受访者解释了本研究的情况和参加本研究所带来的益处及风险。他(她)的签名是有效的。

研究机构盖章　　　　　　研究者签名：　　　　　　日期：

需要注意的是,在数据转写等加工阶段,大型研究项目往往会建立转写人员、标注人员和研究人员的分级机制。对于不参与后续研究的普通转写人员,也建议隐去访谈对象的个人信息,确保将数据信息泄露风险降到最低。论文撰写阶段,访谈对象的信息及数据中出现的个人信息、形象均需匿名化处理,包括老年人的姓名、所在照护机构名称及地址、给予伦理审批的机构等。若要以图像形式展现语料内容,需对老年人面部进行虚化处理或以负片形式呈现。

上述介绍的数据采集过程中的伦理问题。在整个老年语言学研究中,还涉及研究设计、参与方式等方面的伦理,这一点与其他行为科学等方面的要求是一致的。建议读者参考伦理研究方面的相关内容(如克里斯滕森等,2018：82－122)。另外,在论文发表和著作出版时也要坚持伦理准则,通常要对伦理审查和利益相关问题进行声明。

老龄化与老年语言学引论

第六章　老年语言学的临床价值与实践应用

前文已述,老年语言学是面向临床的。语言学理论和其在临床方面的应用,两者可相互促进(Perkins,2007;Cummings,2009)。例如,语用学可以为相关语言蚀失与障碍的临床研究提供一系列描述、分析与阐释框架,亦可为临床治疗和语言训练提供一定的方向性指导;临床的相关实验数据、语料资源亦可以用来进一步检验、完善语用学理论。

老年语言学的临床价值主要体现在两个方面:一是充分利用语言标志物的外显作用,提示神经退行性疾病或精神疾病等的高危因素,为相关疾病的预判做贡献;二是对语言障碍老年人群进行康复与干预。

在老年语言学的临床应用方面,考察阿尔茨海默病老年人的语言障碍及其语言康复干预属于重要内容。阿尔茨海默病是一个从病理生理改变到临床症状逐步出现的连续过程。发挥言语表现的显著外在优势,将关注点提前到临床前期,可较早筛查出患病风险,从而开展早期干预[①]。因此,本章将以阿尔茨海默病患者的诊断为例,首先从阿尔茨海默病患者的语言障碍表现出发,结合相关神经心理学评估量表中的语言能力检测项目,为未来量表优化和阿尔茨海默病患者言语蚀失研究提供思路。其次,本章将讨论老年人语言障碍的干预与康复问题,介绍老年就医临床会话与医疗决策中的语言沟通、阿尔茨海默病患者语篇语用障碍指标体系等。

---

① 需要强调的是,筛查并不等于诊断,阿尔茨海默病诊断仍要结合脑成像、血样本等其他检测作为临床标准(参考《2018 中国痴呆与认知障碍诊治指南》)。

6.1 神经心理学量表及语言能力测评简介

整体来说,无论出现于哪一个病程阶段或表征程度如何,语言沟通能力受损是多数认知障碍累及的方面之一。在临床上,语言功能的评估对整个认知评估尤为重要。

本节主要论述语言检测对于认知障碍评估的临床意义及主要内容。目前,临床上对认知障碍患者进行语言能力评估已成共识,并且有研究者认为,对阿尔茨海默病等认知障碍疾病而言,言语分析较其他认知评估项目更为敏感(Szatloczki et al. , 2015)。

6.1.1 主要量表及评估过程简介

按照评估内容,认知障碍神经心理学量表可分为认知评估量表和非认知评估量表,前者又分为总体智能评估量表和专项认知结构域评估量表(记忆力、注意力、语言、执行功能、视空间等);按照报告(实施)人,可分为自评量表(self-rated scale)和他评量表(rater-administered scale);按照评估目的,可分为诊断用量表和症状评估量表;按照评估项目的多少,可分为单项量表(scale) 和成套量表(battery)(王刚,2014: 11)。

涉及各类痴呆症临床评估的语言沟通能力评估量表大致可分为三类:认知功能评估工具、语言能力成套量表以及单项语言能力量表。认知功能评估工具基于"语言是整体认知能力的一部分"这一认识,用于评估被试的多种认知能力(如推理、注意力、记忆力等);语言能力成套量表可以评估被试的多个语言能力(如阅读能力、书写能力、口语表达[包括发声及语音等]能力、听力、认知能力以及非言语行为能力);单项语言能力量表主要评估语言能力的一个方面(如词汇命名能力等),临床上使用这种特定单向量表时,一般认为该单向语言能力对该疾病的诊断与评估具有较好的特异性和敏感性。另外,在特定疾病的筛查量表中,也有对语言能力中一个或若干个能力的评估项目。

Krein et al. (2019)曾对比研究过 18 种可用于评估痴呆症患者语言和交流能力的工具(见表6.1),并进行了进一步的系统评估与分析,旨在指导临床上对相关测试工具的选择。该研究主要包括两个目标:寻找能够评估痴呆症患者语言和交流障碍的相关测试工具,并对相关适用工具进行综合分析。相应地,研究沿着以下两个阶段进行: 初步范围界定、证据评估与综合。

在第一个阶段,Krein 等人首先利用四个主要的健康数据库,通过关键词对相关测量工具进行了初步筛选。之后,Krein 等人又咨询了痴呆症领域专业人员的意见,在前一步的基础上进行了补充。通过这两个步骤,共找到 70 种相关测试工具。随后,Krein 等人又对这些工具按照"常用、适用于讲英语的痴呆人群、具备心理测量学特性、属于认知功能测试工具或语言测试"这四个标准进行进一步筛选,最终确定了 18 种工具。研究第二阶段旨在确定评估痴呆症语言和交流障碍的合适工具。Krein 等人选取了 10 个标准来评价这 18 种工具,每符合一个标准则计 1 分。最终,有三个测试工具获得了 10 分,被认为是评估语言和交流障碍最合适的工具。这三个工具都是为痴呆人群开发的,其中包括两个语言测试: 亚利桑那痴呆交流障碍成套量表(Arizona Battery for Communication Disorders of Dementia, ABCD)和悉尼语言量表(Sydney Language Battery, SydBat),以及一个认知功能测试,即阿登布鲁克认知测验 III(Addenbrookie's Cognitive Examination III, ACE-III)。同时,Krein 等人对其余 15 种工具的局限性进行了讨论,相关问题主要在于缺乏常模或临床参考数据,或尚未验证该测试针对痴呆人群的信度以及针对痴呆人群语言或交流评估的效度。

需要注意的是,我国目前临床上大部分使用的是由国外研发、国内汉化的量表,由我国自主开发或联合国外开发的量表较少,目前这类量表主要有中国失语症语言评估量表(标准版)、汉语失语成套测验、学前儿童语言障碍评量表(中国台湾)等。将国外已有量表本土化(如汉化)并不是简单把原版量表从英语或其他语言翻译过来。事实上,翻译量表和汉化量表是完全不同的概念和过程。由于受试人群有不同的社会文化与语言使用习惯,研究者需要在对原量表进行对等翻译的基础上,再结合译入语的语言使用、社会文化等习惯对本土化量表进行适当调整,并且重新进行信效度检验和划界值评价,对于作为诊断或研究分组依据的神经心理量表,研究者还需要建立国人的常模(王刚,2014: 13)。这是一个非常复杂的过程。虽然在汉化国外量表时,多数版本都经历了符合汉语社会文化与生活习惯的修订。这种主要借用国外研究成果及量表的做法,有时也并非都符合国情、能够充分反映国人的实际情况。加大对母语为汉语正常老年人语言能力常模以及罹患阿尔茨海默病等神经退行性疾病的老年人语言障碍的研究,有助于我国神经心理测评量表的自主设计研发。这也是老年语言学应用的重要维度。

表 6.1 最适合评估痴呆症患者语言和交流能力的认知功能测试工具和语言测试

类 别	工具名称，作者(出版年份，国家)	工具副本[e]和原始条款[f]是否可用[a]?	是否有临床参考数据[e]和常模[f]数据[a]的证据?	是否有其对于痴呆人群的可靠性证据[b]?	是否有其在语言或交流评估方面对于痴呆人群的有效性证据[b]?	是否有其在临床和研究中使用的证据[c]?	是否适用于不同程度的痴呆症患者?	是否需要特殊培训[d]?	总分（满分10分）
专门针对痴呆症人群的综合测试工具	亚利桑那痴呆交流障碍成套量表，Bayles 和 Tomoeda（1993年，美国）	2	2	1	1	2	1	1	10
	巴恩斯语言评估（Barnes Language Assessment, BLA），Bryan 等（2001年，英国）	1[e]	2	0	0	2	1	1	7
	功能性语言沟通量表（Functional Linguistic Communication Inventory, FLCI），Bayles 和 Tomoeda（1994年，美国）	2	1[f]	1	1	2	1	1	9
	霍尔顿交流量表（Holden Communication Scale, HCS），Holden 和 Woods(1995年，英国)	2	1[f]	1	1	2	1	1	9
	重复和指向测试（Repeat and Point Test, RPT），Hodges 等（2008年，澳大利亚）	2	1[f]	0	1	2	1	1	8

续　表

类别	工具名称，作者（出版年份，国家）	工具副本和原始条款f是否可用a?	是否有临床参考数据e和常模数据f的证据a?	是否有其对于痴呆人群的可靠性证据b?	是否有其在语言或交流评估方面/对于痴呆人群的有效性证据b?	是否有其在临床和研究中使用的证据c?	是否适用于不同程度的痴呆症患者?	是否需要特殊培训d?	总分（满分10分）
专门针对痴呆症人群的综合测试工具	严重损害量表-语言量表（Severe Impairment Battery-Language Subscale, SIB-L），Ferris 等（2009年，美国）	1^e	2	1	1	2	1	1	9
	悉尼语言量表，Savage 等（2013年，澳大利亚）	2	2	1	1	2	1	1	10
专门针对失语症人群的综合测试工具	美国言语语言听力协会成人交流能力功能性评价（American Speech-Language-Hearing Association Functional Assessment of Communication Skills for Adults, ASHA-FACS），Frattali 等（1995年，美国）	2	1^e	1	1	2	1	1	9
	双语失语症检测法（Bilingual Aphasia Test, BAT），Paradis 和 Libben（1987年，加拿大）	2	1^e	1	1	2	1	0	8

类别	工具名称，作者(出版年份，国家)	工具副本[e]和原始条款[f]是否可用[a]?	是否有临床参考数据[e]和常模[f]数据[a]的证据[a]?	是否有其对于痴呆人群的可靠性证据[b]?	是否有其在语言或交流评估方面对于痴呆人群的有效性证据[b]?	是否有其在临床和研究中使用的证据[c]?	是否适用于不同程度的痴呆症患者?	是否需要特殊培训[d]?	总分(满分10分)
专门针对失语症人群的综合测试工具	波士顿诊断性失语症测查, Goodglass 和 Kaplan(2000年,美国)	2	1[c]	0	0	2	1	1	7
	综合失语症测试(Comprehensive Aphasia Test, CAT), Swinburn 等(2005年,英国)	2	1[c]	0	0	2	1	1	7
	失语症语言加工心理语言学评估量表(Psycholinguistic Assessments of Language Processing Abilities, PALPA), Kay 等(1992年,英国)	2	1[c]	0	1	2	1	0	7
	西方失语症成套测验(修订版), Kertesz(2006年,美国)	2	2	0	1	2	1	1	9
包含语言成分的认知功能测试工具	阿登布鲁克认知测验III, Hsieh 等(2013年,澳大利亚)	2	2	1	1	2	1	1	10
	认知语言学快速测验(Cognitive Linguistic Quick Test, CLQT), Helm-Estabrooks(2001年,美国)	2	2	0	1	2	1	1	9

续　表

类　别	工具名称，作者(出版年份，国家)	工具副本e和原始条款f是否可用a?	是否有临床参考数据e和常模数据f的证据a?	是否有其对于痴呆人群的可靠性的证据b?	是否有其在语言或交流方面/对于痴呆人群的有效性的证据b?	是否有其临床和研究中使用的证据c?	是否适用于不同程度的痴呆症患者?	是否需要特殊培训d?	总分(满分10分)
包含语言成分的认知功能测试工具	额颞叶变性-改良版临床痴呆评定量表(Frontotemporal Lobar Degeneration-Modified Clinical Dementia Rating, FTLD-CDR), Knopman 等(2008年,美国)	2	1^f	1	1	2	1	0	8
	简易精神状态量表，Folstein 等(1975年,美国)	2	2	1	0	2	1	1	9
	蒙特利尔认知评估量表, Nasreddine 等(2005年,加拿大)	2	2	1	0	2	1	1	9

注：得分为 10 分的测试表示（共有 3 个）。
a 如果答案是肯定的，则每项标准得 1 分。
b 如果至少有一种可靠性/有效性证据，则得 1 分；如果未发现可靠性/有效性证据或可靠性/有效性证据不足，则得 0 分。
c 如果该工具在核心资源中被编入或被专家提及（临床实践使用的证据），或文献中报告了该工具作为基线评估或结果测量（研究中使用的证据），则每项标准分别得 1 分。
d 如果该工具不需要特殊培训（即网络模块、面授课程或大量手册），则得 1 分；选修教学视频不被视为特殊培训。
e 表示所符合的标准。
f 表示所不符合的标准。

6.1.2　成套量表的语言检测项及语言单项量表

本节结合 2010 年欧洲神经病协会联盟推荐的阿尔茨海默病量表,综合考虑各量表的特异性和敏感性,对部分筛查量表、总体认知功能评定量表及语言单项量表的语言能力检测条目进行了析出,并逐条分析了其评估的语言维度。这些量表包括:简易精神状态量表、蒙特利尔认知评估量表(基础版)、马蒂斯痴呆评定量表、阿尔茨海默病评估量表认知评分、严重损害量表、临床痴呆评定量表、波士顿命名测验、言语流畅性测验、西方失语成套测验和汉语失语成套测验。

相关信息整理见表 6.2:

表 6.2　成套量表语言检测项及语言单项量表

量表名称	语言测试项目要求概述	评估语言维度
简易精神状态量表	(评估员:拿出手表)"请问这是什么?"	语义命名(概念与所指的实物对应)
	(评估员:拿出铅笔)"请问这是什么?"	
	请清楚地重复一遍:"四十四只石狮子"	语音重复
	请照着卡片所写的去做"请闭上您的眼睛"	语义理解
	让被试做:"请用右手拿纸,再用双手把纸对折,然后将纸放在你的左腿上。"	
	请您说一句完整意义的句子	句法成句(主语谓语的顺序等)
蒙特利尔认知评估量表(基础版)	指着动物图片,让被试命名	语义命名(概念与所指的图片对应)
	复述:1. "我只知道今天张亮是来帮过忙的人。" 2. "狗在房间的时候,猫总是躲在沙发下面。"	语音重复(记忆力与语调)
	1 分钟列举动物名称	词语流畅性(语义层面:对类属的认知、考察下义词等)

续　表

量表名称	语言测试项目要求概述	评估语言维度
马蒂斯痴呆评定量表	列举超市常见物品	特定地点语义记忆
	列举不同衣服类别	词语流畅性（语义层面：对类属的认知、考察下义词等）
	言语重复（如发 ba/bee/bo 等音）	语音重复
	相似概念辨别	语义层面（对概念能指与所指的对应能力、对概念的类属掌握及辨别力等）
	区别概念辨别	
	相似性辨别——单选题	
	从选项中找出语义不符项	
	造句	句法成句
阿尔茨海默病评估量表认知评分	看实物及身体部位（手指），说出名称	语义命名（涵盖高中低频词及被试主利手手指命名）
	找词困难程度	评估员根据与被试之间的简短交谈进行主观评估词汇和语义理解能力（能否找到同义词替代、赘述是否明显、语言是否空洞等）；评价对象为被试即席语料。
	口头语言理解能力，不包括对指令的反应	
严重损害量表	写下名字	正字法（书写能力）
	抄写名字	
	列举一年中有哪几个月	语义考察（"月份"类属下的下义词列举）
	询问"如何称呼平时用来喝咖啡的东西"	抽象语义命名,所指概念无实物出现
	询问"如何称呼平时用来盛汤的东西"	
	复述"人们花钱""婴儿"	语音重复

量表名称	语言测试项目要求概述	评估语言维度
严重损害量表	"告诉我所有您喜欢吃的东西"和(或)"告诉我所有您喜欢在早饭/晚饭/午饭时做/吃的东西"。在1分钟内记录	语义考察("食物"类属的下义词列举)
	向被试展示茶杯的照片,并让其命名	语义命名(概念与所指的实物对应)
	让被试"拿住这样东西"(把杯子给被试),再问"这是什么?"	
	询问"这是一顶帽子还是一个茶杯?"	
	向被试展示勺子的照片,并让其命名	
	让被试拿住这样东西(把勺子给被试),再问"这是什么?"	
	询问"这是一只靴子还是一个勺子?"	
	向被试分别展示蓝色,红色,绿色的木块,并询问"这是什么颜色?",若被试无反应,可提供选项供被试选择	语义命名(与颜色有关的语义属别辨识)
	向被试分别展示方形,圆形,三角形的木块,并询问"这是什么形状?",若被试无反应,可提供选项供被试选择	语义命名(与形状有关的语义属别辨识)
	评估员可吸引被试与自己对话,说"你觉得怎么样?"如果被试只回答一个字或词(如"好""不错"),则鼓励其再做更多的反应,如说"你这个周末有什么计划?""今天有人会来拜访你吗?"	评估员根据被试的回答进行主观评估语义理解与句法能力。

量表名称	语言测试项目要求概述	评估语言维度
临床痴呆评定量表	询问"萝卜和菜花","写字台和书架"有什么相似点	语义层面对同一语义场概念共性的辨别
	询问"谎言和错误""河流和运河"有什么不同点	语义层面对同一语义场不同概念的辨别
	出示彼此无关的五种物体(汤匙、扣子、牙刷、钥匙、梳子),命名它们的名称	语义命名(概念与所指的实物对应)
	列举 10 种蔬菜的名字,没有时间限制,若间隔超过 10 秒则终止	词语流畅性(语义层面:对类属的认知、考察下义词等)
波士顿命名测验	30(或 15 或 60)幅物体图片组成,由高频词到低频词,由易至难排列	语义命名(概念与所指的图片对应)
言语流畅性测验	1 分钟列举所知道的动物名称	词语流畅性(语义层面:对类属的认知、考察下义词等)
	1 分钟列举以"发"字开头的词	语音流畅性(调用不同语义词汇,受教育程度影响大)
	1 分钟列举在厨房内可能发生的动作	同一语义场中的动词记忆
西方失语成套测验	自发言语部分(回答问题及描述一幅郊游风景画)	评价被试自发言语的信息量;在描述图片内容时关注语言的语音(音调变化、单词发音正误)、词汇和句法(构词是否正确、有无造词、介词多寡、是否可以成句或只是电报式语言,成句是否有完整结构、是否包含介词结构、是否有复合句、有无词序颠倒)、语义(是否有找词困难、语义是否完整);半结构化的访问(询问关于家庭、职业、爱好等问题)则考察被试语篇组织及语用能力

量表名称	语言测试项目要求概述	评估语言维度
西方失语成套测验	口语理解部分	评价被试是否能理解口头提问（语音＋语义）；听词辨认评估被试语义理解（名词）能力，是否能够将所指与能指对应；连续指令在考察执行力之前，首先考察被试对于动词和句子成分的语义理解能力
	复述	记忆力与语音损害
	命名	物体命名考察语义（概念与所指的实物对应）；列名考察语义（"动物"类属下的下义词列举）；完成句子考量被试对语义的常识性记忆；反应性命名考察抽象语义命名（所指概念无实物出现）
汉语失语症成套测验	自发言语,口语理解,复述,命名	与西方失语成套测验相同,不再赘述
	阅读	视读与朗读的要求考察被试语音能力（字词的音调变化）

　　除上述神经认知量表中包含语言检测项外,某些涉及老年人综合能力评估的量表也会涉及语言能力项目。例如,我国民政部在 2013 年以中华人民共和国民政行业标准发布的《老年人能力评估标准》(*Ability Assessment for Older Adults*,MZ/T 039-2013)①中,就有多个有关语言能力的检测项。该标准的指定主要是为老年人能力评估提供统一、规范和可操作的评估工具,科学划分老年人能力等级。目前在我国临床上使用广泛。

　　在该评估标准的"精神状态""感知觉与沟通""社会参与"等方面,都有与社会言语及非言语沟通相关的内容。现举例如下:

---

① 下载地址：http://www.mca.gov.cn/article/gk/wj/201805/20180500009037.shtml。2021 年,民政部在该标准基础上,调整并公开《老年人能力评估规范》国家标准,并公开征求意见。

　　B.2.1　认知功能 回忆词语

　　B.2.2　攻击行为 语言攻击行为(如骂人、语言威胁、尖叫)

　　B.3.4　沟通交流(包括非语言沟通),包括能够表达自己需要及理解他人的话等

　　B.4.5　社会交往能力,包括能否理解隐喻语、谈话中词句是否恰当、谈吐内容是否清楚等

　　可以看到,该标准中语言能力检测项目与前述表格中列举的内容不同,前者主要是综合语言能力的判断,与语用交际密切相关;后者主要是对应着不同层级中的语言能力。

　　除此之外,研究者还开发了一系列语言能力评估的专门量表。这些量表有的是用来检测各类语言能力损害程度,评估老年人罹患神经退行性疾病对语言能力的影响的,如波士顿命名测验、言语流畅性测验(又称"受控口语联想测验",Controlled Oral Word Association, COWA)、语义启动任务、剑桥语义成套量表(Cambridge Semantic Battery, CSB)等;有的则是专门针对老年人罹患认知障碍后的语言能力测评的,如针对阿尔茨海默病研发的严重损害量表-语言量表、亚利桑那痴呆交流障碍成套量表、功能性语言沟通量表等语言评估量表。

6.1.3　主要量表及语言检测项对认知障碍评估的有效性

　　前文已述,各个量表及包含的语言检测项评估各有侧重。临床上,找到若干个敏感性、特异性俱佳的语言检测项来评估老年人的认知状态具有十分重要的意义。本小节将主要介绍部分常用的语言检测项及其对认知障碍评估的有效性情况。

6.1.3.1　命名任务

　　命名任务是评估认知障碍谱系疾病的重要手段。该项任务不但要求被试的语义知识本身没有损坏,而且要求被试相应的提取机制、执行功能、言语表达等其他认知功能相对完好。常见的命名任务包括等级命名测验和波士顿命名测验。需要注意的是,等级命名测验在评分方面和波士顿命名测验有所不同:波士顿命名测验(60项)在被试不能命名时会给被试一个语义提示,命名任务的成绩是被试自发回答正确的项目加上经语义提示后回答正确的项目之和;而等级命名测验中并没有语义提示线

索。Balthazar，Cendes & Damasceno(2008)发现：在波士顿命名测验中如果不给被试任何的语义提示，得到的命名测试成绩为正常对照>轻度认知障碍>阿尔茨海默病，即三类被试之间具有显著差异；若给出提示且加上被试经语义提示后正确回答的项目时，轻度认知障碍与正常对照组之间就没有显著差异了(王鹏云、李娟，2009：932)。

目前来看，大多数研究者认为，阿尔茨海默病患者与轻度认知障碍患者、正常对照组之间在命名任务的表现上具有显著差异。但是，研究者们对于轻度认知障碍与正常对照组之前是否有差异性尚未达成一致性。一部分研究者基于传统图片命名任务(包括波士顿命名测验及其他不同的图片命名任务)的研究得出相对一致的结论，即轻度认知障碍与正常对照组之间没有显著差异(Ribeiro，de Mendonca & Guerreiro，2006；Adlam et al.，2006；Hodges，Erzinclioglu & Patterson，2006；Balthazar et al.，2007；Rami et al.，2008)。虽然有个别研究发现轻度认知障碍老年人存在图片命名障碍的情况，但轻度认知障碍老年人甚至是轻度阿尔茨海默病老年人的语义信息至少是部分保留的，个别发生的命名障碍可能是提取失败、认知资源不足等多种原因造成的(王鹏云、李娟，2009：931－932)。例如，Balthazar，Cendes & Damasceno(2008)在波士顿命名测验中先给被试提供语义线索(如一个简短的解释或物品的类别)，如果被试仍不能命名则再提供语音线索(如物品名称的第一个发音)，结果发现，正常对照组、轻度认知障碍患者组和轻度阿尔茨海默病患者组三类被试最终得分没有显著差异。另一部分研究者则认为，正常对照组、轻度认知障碍患者组及阿尔茨海默病患者组之间均有显著差异。例如，Ahmed et al.(2008)使用了等级命名测验，测试评分结果是正常对照>轻度认知障碍>阿尔茨海默病。

6.1.3.2　言语流畅性测验

言语流畅性测验用于评估个体运用语言传递信息的流利程度，这是语言能力的一个基本指标。言语流畅性测验包括语音流畅性(phonemic fluency)测验和种类流畅性(category fluency)测验两种。语音流畅性测验又称作首字母流畅性测验或词汇流利性测验，它是个体词汇选择时流畅程度的指标，语音流畅性测验相对而言对执行功能要求较高，表现为个体能够按照某一特定的音位迅速地产生词；种类流畅性测验又称为语义流畅性测验，它能够测试个体概念产生时的思维流畅性，因对语义知识网络的层次结构要求比较高,故得其名。在种类流畅性测验中,被试首先要考察概念知识,然后按照语义类别搜索并产生词语(Henry & Crawford,2004;Henry,Crawford & Phillips,2004)。这些测验是检验大脑执行功能(包括计划与检索策略等)的工具,也与大脑加工速度关系密切,被认为是最适合衡量语言加工能力的工具。研究者经常用这些测验来鉴别大脑损伤性疾病(如中风)造成的语言能力受损,或鉴别神经退行性疾病(如帕金森病、阿尔茨海默病等)造成的认知障碍。

言语流畅性既是生理心理学研究的指标,也是目前国外研究脑损伤、儿童、老年人等特殊人群语言能力的重要考察维度。而基于言语流畅性测验的正常及特殊群体老年人语言能力的研究则是老年语言学研究的重要维度,也是临床上评估老年人语言能力的重要方法(Bowie et al.,2004)。

大量早期研究证实,相比于健康老年人,阿尔茨海默病老年人的言语流畅性显著损伤,而且种类流畅性要比语音流畅性损伤更为严重(Nutter-Upham et al.,2008),健康老年人与阿尔茨海默病老年人之间表现出显著的种类流畅性组间差异(王鹏云、李娟,2009:933),这提示阿尔茨海默病老年人语义网络受损。

研究者也关注轻度认知障碍老年人言语流畅性的表现。研究发现,轻度认知障碍老年人的言语流畅性测验的成绩显著低于健康老人(Ribeiro de Mendonca & Guerreiro,2006;Standish et al.,2007)。还有研究者发现,言语流畅性(种类流畅性)的下降还可作为轻度认知障碍转化为阿尔茨海默病的预测指标之一。这些研究者让健康、遗忘型轻度认知障碍以及阿尔茨海默病三组老年人进行前后两次相同的言语流畅性测验(时间间隔一周),发现健康老年人表现出了学习效应,即在后一次测验中说出了更多的名字,而遗忘型轻度认知障碍老年人和阿尔茨海默病老年人则没有此类表现(Saxton et al.,2004;Hodges,Erzinclioglu & Patterson,2006)。

Haugrud,Crossley & Vrbancic(2011)通过言语流畅性测验试图区分健康老年人及阿尔茨海默病老年人,建立研判的语言标志物。在语音流畅性测验中,老年被试被要求在 60 秒内尽可能多地说出以字母 C、F 及 L 开头的单词,语义流畅性测验则要求老年被试在 60 秒内尽可能说出属于某个类别(如动物等)的单词。研究发现,阿尔茨海默病老年人在语音和语义流畅性测验中的表现均比健康老年人差。这种差异主要体现在阿尔茨海默病老年人在语义任务中的词汇列举总数量、亚类串联数(cluster size)以及亚类转换数(switch)①都较少,这三个得分能够较好地区分阿尔茨海默病与健康老年人,成为具有参考意义的区分标志物;其他针对汉语为母语的健康及阿尔茨海默病老年人进行的言语流畅性测验研究也发现,言语流畅性测验识别轻度阿尔茨海默病敏感性、特异性较高;该测验反映多个认知领域,亚类串联数、亚类转换数等对阿尔茨海默病的鉴别诊断具有一定价值(赵倩华等,2007)。

6.1.3.3 语义启动任务

2.3.2.1节已述,语义启动是以启动刺激的语义、概念特征(如词义)为启动条件,使对目标刺激的反应得到促进的过程。测试过程是记录和评估被试在启动刺激的作用下加工目标刺激时的速度、正确率和反应倾向,即记录所谓的"启动效应"。语义启动任务是内隐记忆任务,一般有词汇判断任务(Lexical Decision Task,LDT)、类别样例产生任务(Category Instance Production Task)、一般知识性问题测试任务(Answer General Knowledge Questions)和概括词汇联系任务(Generate Word Associations)。其中,词汇判断任务较为常用。词汇判断任务向被试呈现与启动词语义相关的靶词,要求被试判断靶词是真词还是非词,如果对相关靶词的再认速度明显快于呈现无关词时的再认速度,则可以认为发生了语义启动(宋娟、吕勇,2006:75)。该测试的原理是:如果先呈现的线索词和随后呈现的目标词有语义联系,那么被试对目标词的识别就要迅速一些。这是因为线索词激活了与之相邻的语义网络。如果因各种原因造成语义网络损伤,启动效应就会相应减小或消失(王鹏云、李娟,2009:932)。

Giffard et al.(2002)研究了阿尔茨海默病患者的语义启动任务,发现当目标词是线索词的一个属性时,启动效应会随着阿尔茨海默病病程的发展呈线性下降。Giffard et al.(2008)对轻度阿尔茨海默病老年人进行研究发现,这种线性相关程度在阿尔茨海默病早期阶段较低,说明在阿尔茨海默病早期阶段,启动效应相对于健康老人没有显著的下降。这提示阿尔茨海默病早期阶段语义网络本身在一定程度上还是完好的。另外,还

---

① 被试在列举某个类别(如动物、食品等)的名称时,还可将这一类别分为若干个亚类,转换亚类的个数就是"亚类转换数";被试在一个亚类中连续列举物品名称,自在该亚类中的第二个物品开始,直至转换至另一个亚类为止的计数,称为"串联数";各亚类的串联数相加,即本次测验的"总串联数"。在临床测验中,错误和重复列举的物品名称不计入正确数内,但在分析串联、转换时计入,因为这可能反映着大脑潜在的信息加工过程(赵倩华等,2007:234)。

有研究者采用词汇定义(words definition)(Astell & Harley, 2002)、相似性判断(similarity judgement)(Ober & Shenaut, 1999; Bonilla & Johnson, 1995; Aronoff et al., 2006)等任务来对阿尔茨海默病患者的语义系统进行判断,发现阿尔茨海默病组与健康组没有显著差异(Kempler & Goral, 2008)。类似地,Duong et. al(2006)发现轻度认知障碍和健康对照组在内隐语义测试上的语义启动任务成绩无异,均显著好于阿尔茨海默病老年人。因此,可判断轻度认知障碍老年人语义记忆也未受到损伤。

Bell & Chenery(2001)基于词汇命名任务探究了正常被试与阿尔茨海默病患者在启动词作用下对靶词进行口头命名时是否存在差异。研究发现,阿尔茨海默病老年人在长短刺激间隔下均没有发生启动效应,表明阿尔茨海默病老年人在长时程下没有使用期待策略,在短时程下其自动扩散过程也不完整。另有其他研究发现,阿尔茨海默病老年人在语义启动任务中的类别样例产生任务(Keane et al., 1997)、词干补笔任务(Monti et al., 1996)等测试中均表现不佳。

总的来说,不管是在研究中还是临床上,研究者或医生都需要根据轻度认知障碍的认知功能特点,将多种测验方法结合起来,才能真正提高检出轻度认知障碍的敏感性和特异性(王鹏云、李娟,2009:935)。

6.1.3.4　功能性量表

在临床上,多数语言能力检测量表都是在实验环境下为完成某些任务完成的,从语料上说属于诱导数据;而在激发语言运用的环境下非特定任务呈现的检测手段就属于功能性的。这里主要介绍两个相关的功能性量表,一个是功能性语言沟通量表,另一个是爱丁堡功能性交流能力检查法(Edinburgh Functional Communication Profile, EFCP)。

功能性语言沟通量表于1994年由美国学者Kathryn A. Bayles等编制,目前该量表已有第二版,但国内尚未引进及汉化。该量表专门针对中重度阿尔茨海默病患者,评估其功能性沟通能力,可分析患者语言理解和生成情况,分析其残存沟通功能。该量表共评估10个方面,包括问候、命名、书写、服从指令、符号理解与物体-图形匹配、词语阅读理解、回答问题、回忆、手势、姿态和交谈。

该量表能够区分中重度阿尔茨海默病、重度阿尔茨海默病和极重度阿尔茨海默病,但缺点是项目过多,评估时间过长。实践表明,中重度患者能够回应问候、握手、问及姓名时正确回答、对赞美有恰当回应、对评估者总结性评价有恰当回应等,重度患者无法说出配偶名字,写出关于自己的一句话,就图片产生联想,会意关于电话或古老轿车的故事,而极重度阿尔茨海默病患者已经不能完成量表中的任何项目(王刚,2014:78-79)。

爱丁堡功能性交流能力检查法分为六个交流方面,包括问候、确认、回应、要求、提议和口头解决问题;量表一共分为七个等级:无反应、答非所问、词不达意、刻板语言、达意、合格和详细(郭起浩、洪震,2016:143-146)。爱丁堡功能性交流能力检查法不专门针对痴呆症患者,主要是用于描述失语症患者交流的有效性,其设计就是基于功能性交流的理念,对失语症患者为实现交流而采用的各种策略形式及其实现程度进行结构观察和分析。这种理念与语用补偿理论一致(见4.2节的介绍)。该检查法在观察者之间的一致性信度、复测信度和效果良好(郭起浩、洪震,2016:141)。

由于爱丁堡功能性交流能力检查法是基于交流功能的设计,因此并不能替代传统的语言能力量表。现有效度实验表明,爱丁堡功能性交流能力检查法与传统测试负相关。例如,患者在波士顿诊断性失语症测验中可能得分很低,但在爱丁堡功能性交流能力检查法中却显示能够有效进行问候、确认、回应和要求等交流。另外,从爱丁堡功能性交流能力检查法的检查内容看,并非所有老年患者都会使用言语作为首要交流方式,在不同情境下,他们可能会使用言语、姿势(包括手势)、面部表情、不成字词的嘟囔之音、书写,大部分患者使用言语以及补充性姿势、面部表情实现交际目的。这些都说明,患者虽然部分语言能力受损,但可能仍然残存一系列功能性交流能力,这在实际生活中至关重要(郭起浩、洪震,2016:142)。为客观评估痴呆症患者在语言交际中使用非语言行为、采取补偿性策略的能力,类似的量表还包括霍尔顿沟通量表(Holden Communication Scale)、Threadgold 沟通工具(Threadgold communication tool)、痴呆沟通量表(Communication of Dementia, CODEM)及流动性场所痴呆沟通量表(Communication of Dementia in Ambulatory Settings, CODEMamb)等。

6.1.3.5 成人与老年人语言障碍筛查测试

虽然专家已认识到语言标志物在认知障碍评估中的作用,但长期以来临床上仍然缺乏一种可快速、准确评估神经退行性疾病中语言障碍的综合性测试量表。现有临床上针对语言障碍的评估量表大多是专为失语症开发的,不适合检测与神经退行性疾病相关的语言障碍。为了填补这一重要空白,Macoir et al.(2017)开发了成人与老年人语言障碍筛查测试

（Detection Test for Language Impairments in Adults and the Aged,DTLA）。

　　研究者首先通过文献研究,确定神经退行性疾病中最常见的语言障碍,特别关注临床综合征中具有最佳区分度的语言标志物,随后为每个测试维度选择灵敏度高、易于临床测试的任务,再确定每个测试维度的具体条目数量及其心理语言学特征。具体的语言测试任务包括:1）对象图片命名;2）单词、非单词和句子重复;3）言语流利性;4）单词和非单词的听写;5）自发性书面句子写作;6）单词和非单词的朗读;7）通过听觉将句子与图片匹配;8）书面文字匹配;9）阿尔法广度（Alpha span）测试[①]。

　　测试任务、认知域、条目特征、心理语言学变量及相应评分之间的对应关系,详见表 6.3。

表 6.3　成人与老年人语言障碍筛查测试对应关系（Macoir et al.，2017）

认知域	任 务	条目特征（刺激数）	心理语言学变量	评 分
产出中的词汇通达	图片命名	●图片(6)	●语义范畴:生物概念(3);人工概念(3) ●词汇频率:低 ●主观频率:低	2分/项目:12分
口语产出与语音短时记忆	重复	●单词(3) ●非词(3) ●长句(3)	●语音复杂性:高 ●音节长度(单词和非词:3音节;句子:2×17和1×18音节)	2分/项目:18分
口语产出与执行功能	言语流畅性	●语音流畅性测试,在一分钟内说出尽可能多的以 D 开头的词		15分: 教育年限≤11年=8个单词 教育年限≥12年=10个单词

――――――――――

①　阿尔法广度测试可被用来评估被试的工作记忆容量,方法是向被试呈现一个简短的单词列表,要求其在脑中对单词按照正确的字母顺序进行排序,然后再回忆出来。阿尔法广度就是指被试能够正确回忆出来的单词列表。研究发现,从 17 岁至 87 岁的 310 名男性被试的评估结果来看,阿尔法广度随年龄增长持续下降(Craik et al.，2017)。此外,阿尔法广度与语言能力具有相关性。例如,Stuss et al.（2017）研究发现,年轻组和老年组的阿尔法测试分数均与其北美成人阅读测试（North American Adult Reading Test，NAART）、希普利词汇测试（Shipley Vocabulary Test，SVT)的分数正相关,年轻组的阿尔法测试分数还与波士顿命名测验分数正相关。

认知域	任　务	条目特征（刺激数）	心理语言学变量	评　分
写作产出	拼写到听写	● 单词(3) ● 非词(3)	● 词频：低； ● 正字法复杂度：不规则词 ● 音节长度（单词：2音节；非单词：1音节）	2分/项目：12分
	自发写作	● 自发性句子产出（主补结构）		4分
词和非词阅读	大声朗读	● 单词(3) ● 非词(3)	● 词频：低； ● 正字法复杂度：不规则词 ● 音节长度（单词和非词：2音节）	1分/项目：6分
句法理解	听句子与图片匹配	● 句法复杂的可逆句式(3)	● 句法结构：分裂宾语句(1)；无施动者被动句(1)；带施动者的被动句(1)	4分/项目：12分
语义记忆	书面文字匹配	● 词三联体(4)	● 语义范畴：生物概念(2)；人工概念(2) ● 语义关系：关联(2)；范畴(2)	4分/项目：16分
口语工作记忆	阿尔法广度	● 词三联体(1)	● 词频：高 ● 音节长度：1音节 ● 象性：高	5分

经初步研究发现,该量表具有良好的收敛效度（convergent validity）和判别效度（discriminant validity）,以及良好的内部一致性和重测信度,目前量表研究者已建立了来自四个法语国家或地区(比利时、加拿大魁北克地区、法国和瑞士)545 名健康、社区居住、讲法语的成年人样本 DTLA 常模数据。目前,研究者应拓展其他语种版本,并进一步验证有效性,建立其他语言的常模数据。

6.1.4　语言受损情况及语言学分析的临床意义

阿尔茨海默病等神经退行性疾病老年患者的语言受损情况可从测量语义、词汇内容和句法复杂度、语用交际特征等多个方面加以识别。另外,在减缓认知退化的治疗中,对老年人语言障碍发展过程和特征的检测还是一种简单快速和可应用的神经退行性疾病监测方法。从考察语言标志物的可及性上说,对老年人进行日常会话的音视频数据采录相对容易,其中蕴含着丰富的临床信息,可采用会话分析等方法进行研究。

会话分析是一种微观分析、定性分析的言语特征分析方法,目前已被广泛应用于探索性研究,包括医患互动以及基于言语特征的临床疾病辅助诊断(如作为癫痫的临床辅助诊断工具[Reuber et al. , 2009])等方面的研究。会话分析特别关注语言使用和互动实践中的细节,因此有利于临床发现特定人群在会话互动中的语言障碍现象,区别不同的疾病。例如,阿尔茨海默病患者与医生及功能性记忆障碍(functional memory disorder,FMD)患者与医生的会话互动特征不同,因此,对患者与医生交谈中会话互动行为特征的分析有助于在临床上区分这两类疾病(Elsey et al. , 2015)。目前,国外已经开始利用会话分析集合诊断评估的方法,提升了两者的鉴别准确性。相关标准是:1)患者是否能够回答有关个人信息的问题;2)患者是否能够在互动中体现工作记忆;3)患者是否能够对复合问题做出反应;4)患者回答问题所需的时间;5)患者在描述记忆失败经历时提供的详细程度。总体上看,功能性记忆障碍患者能够连续和详细地回答医生提出的问题,包括个人信息相关问题,而且会主动提供额外的信息;在话语互动中会显示自我重复的话语标记、显示其对自我重复的认知及工作记忆能力;处理和回答复合疑问句;对记忆失败经历的描述相对详细;等等。相比之下,痴呆症患者经常无法提供个人准确信息(如年龄或居住地址);对问题的回答是延迟的、简化的(由单个话语或单个话轮组成)、不详细的;在会话中经常重复,表现出工作记忆不足;很难回答复合疑问句;等等。虽然上述单个特征不具有显著的临床诊断价值,但合在一起提升了功能性记忆障碍与老年痴呆症患者的鉴别诊断准确度(Jones et al. , 2015)。

以临床患者对神经内科医生有关记忆力下降问题的回答为例,阿尔茨海默病患者很难回答相关问题并给出例子。大多数患者要么没有回应,要么只是开始回应(如"嗯"或"呃"),或者说他们记不住具体的场合。即便少数情况下患者做出回应,提供的所谓"例子"也是例行或常见的事件,而不是具体的情景事件。对于难以回答的复杂问题,在患者无法回忆信息时经常回答"我不知道",而且通常难以维持互动。有的患者还会将问题推给陪诊人员以寻求帮助。相比较而言,具有功能性记忆障碍的老年患者与神经内科医生的互动时要自信得多,他们可以提供大量记忆困难的扩展和具体例子,给出超出详细答案,处理和回忆复杂问题的所有部分(Elsey et al.,2015)。

总的来看,阿尔茨海默病患者表现出显著的记忆障碍,无法回答医生问题;而功能性记忆障碍老年人对医生的提问无法立即回答是因为他们不确定,因为以前没有考虑过该问题,而不是无法回忆;阿尔茨海默病患者则表现为不同的反应模式,通常明确表示他们记不起来了,无论这种表达是口头上的还是以"转头"(head turning)①动作表示的。

另外,工作记忆在会话互动中是否表现出受损是区分两者的重要标准。其中,重复现象是标志之一。功能性记忆障碍老年人在进行自我重复谈话时,会使用 like I said 或者 as I say(如我所说)等标记(下例(1)第 9 行),这表明他们能够自我意识到该部分话语是重复的(Jones et al.,2015)。

例(1)

028 FMD

01　PAT　.hh I seem to get-I-I <u>do</u> tend to get

02　　　　mi:graines which is: li:ght induced.

03　　　　(0.4)

04　PAT　If I get a <u>f</u>lashing light or:,

05　COM　°You've always had that [thoug]h.°

06　PAT　　　　　　　　　　　　　[Yeah.]

07　DOC　Can you take me through a typ-typical

08　　　　mi:graine: .(.) for you,

09　PAT　.h For me it's: u->as I say<it's usually

10　　　　li:ght induced a:nd it always starts with

11　　　　flashing li:ghts: in my <u>right</u> eye.

---

① 这种"转头"通常朝向陪诊人员,表示自己不知道,无法回答并寻求帮助,希望陪诊人员来帮助自己弥补记忆缺陷,回答医生问题。

阿尔茨海默病患者在与医生会话中重复话语时,不会使用类似上述的话语标记,会表现得像是首次谈及这些话语内容一样,这表明该群体的工作记忆受损。这种明显的自我重复标记缺失是老年痴呆症患者的显著话语特征之一(Jones et al. , 2015)。再看例(2):

例(2)

048 DEM

01	DOC	. hh And what was your first job after
02		leaving school.
03		(6.8)
04	DOC	↑ Can you remember what your first job was?
05		(3.0)
06	PAT	Not off hand.
07	DOC	Okay. And what's: what's your job (0.4) your
08		m<u>a</u>in career been during your working life.
09		(4.2)
10	PAT	It was a: (7.8)
11	DOC	So what-what sort of work were you doing
12		just before you retired.
13		(6.3)
14	DOC	Do you remember the job title or what kind
15		of things you would do on a day-to-day basis.
16	PAT	Uhm laboratory supervisor.
17	DOC	Right.
18		(0.4)
19	DOC	. hhh [And what] so-, what sort of lab was that in.
20	PAT	[Sorry　　　]
21		(0.9)
22	PAT	Chemical lab.
23		(4.4)
24	DOC	So di-had you done a degree or a diploma
25		> as par-< obviously to get to that level
26		you must have done a number of profess-
27		professional qualifications. =And did you do
28		that in a block or as a day release or,
29	PAT	I did it was a day release.

30	DOC	Uhm hmm.
31		(6.5) (Doctor writing)
32	DOC	And did you have to do a Masters for that,
33		or：, is it a, at what level.
34		(0.8)
35	PAT	Can't remember now.
36		(1.0)
37	DOC	. h And how many people were you-you in
38		cha：rge of,
39		(0.3)
40	DOC	Before you'd finished work.
41		(0.6)
42	PAT	Er quite a few,
43	DOC	°Uhm°
44		(3.5)
45	PAT	I was a laboratory supervisor you see. ＝ So
46		I was in charge of eve ⌈rything.
47	DOC	⌊Yes：. Yes.

在例(2)中,该患者在几分钟内两次告诉神经科医生她是一名实验室主管(第16和第45行),第一次是在她回答有关职业生涯的问题时,另一次是回答关于她管理多少员工的问题时。Jones et al.(2015)指出,在医生与老年痴呆症患者的会话互动中,这种重复是经常性的,并且患者自己不会觉察到,在会话中体现为没有标记话语的重复,如没有使用like I said或者as I say(如我所说)等标记。会话互动中的这种标记缺失体现了该群体工作记忆的损失,有助于临床进行区分诊断。

这种反复重复的情况在笔者团队构建的语料库中也可发现多个实例,请见例(3):

例(3)

1　受访人:. h **你摔跟头了没有?**

2　采访人:没有(1.6 s)

3　受访人:也没有

4　采访人:嗯

5　受访人:唉-那为什么 xxxx

6　采访人:嗯(3.6 s)就不知道[怎么

7　受访人：[你还是找高医看看吧

8　采访人：不,我听听您的意见,有没有可能是什么毛病

9　受访人：什么?

10　采访人：有没有可能出了什么毛病了

11　受访人：(从床上取下毛巾)可能受寒了是-是-你**摔跟头了没有?**

12　采访人：没有

13　受访人：哦,碰了也没碰?

14　采访人：没有

15　受访人：哦,那你还得找大夫看看

16　采访人：啊::

17　受访人：嗯(跪在床上挂毛巾)

18　采访人：您觉得是:怎么回事儿

19　受访人：(4.8 s)还要找大夫看看

该老年痴呆症患者分别在第 1 和第 11 行实施了两次"询问"言语行为,表示她已经记不得采访人是否回答"摔跟头",这与其记忆力受损密切相关。

6.2　现有量表语言检测项的问题及建议

本小节主要介绍现有量表中语言能力的评估维度,以及与阿尔茨海默病老年人语言障碍之间的匹配性,在此基础上提出建立老年人语言能力常模、重视多模态数据的必要性。

6.2.1　阿尔茨海默病语言障碍神经认知机制的认识

在临床上,老年人因神经退行性疾病造成的语言障碍备受关注,在相关评估量表中能够在多个语言层面上得以体现。本小节将以阿尔茨海默病为例,对其背后的神经认知机制进行分析。学术界一直以来都想明确阿尔茨海默病患者语言障碍的根本原因,即语言障碍到底是基于底层语义/概念系统的损伤,还是由于其他神经认知功能的退化。但似乎答案并不明确,这既显示了高级认知功能的复杂性,也说明对阿尔茨海默病接受性语言功能研究方面仍然大有作为。

已有研究发现,对于阿尔茨海默病患者语言障碍的剖析不能一概而论。随着阿尔茨海默病的发展,语义系统的退化是一个逐步的过程,且不同病程的语言障碍病因可能不同。例如,在阿尔茨海默病早期,患者对于各类词汇的语义特征掌握能力几乎未被累及,因此命名尚未成为突出病征,且其他相似性、下定义等任务的表现也与正常组无异。但随着病情加重,命名任务中出现质的变化,如患者误用并列词"苹果"表达"梨",或误用上义词"水果"表达"梨"等,这反映了此时的语言障碍是多项认知能力与底层语义/概念系统损伤共同作用的结果。

同时,通过让阿尔茨海默病患者进行词-图配对、词语定义、相似词成组及语义启动等相关语义类任务(Astell & Trevor, 1998, 2002; Ober, 2002; Aronoff et al., 2006)发现,他们在该类任务中语义系统基本保留,足够支持其区别语义相近词汇。因此有研究者认为,广泛存在于阿尔茨海默病患者中的词汇障碍并非由于底层语义系统受损,更大程度上应归因于其他多种认知功能障碍,包括对任务的注意力涣散、对目标词的遗忘或对相近概念的抑制功能衰退等。

不仅是词汇层面,在句型和语篇理解层面,阿尔茨海默病患者语言障碍的神经理据也应包括多种其他认知能力的损伤,尤其是工作记忆的衰退。Kempler et al. (1998)很早就对阿尔茨海默病患者句法能力有所探究,他在第一组实验中要求患者理解句子后,将句子储存在工作记忆中,再选出与句子匹配的图画。他在第二组实验则要求患者直接做句子-图画匹配任务。结果表明,实验一的阿尔茨海默病患者出错率远大于对照组,而实验二结果则无明显差异,由此研究者推断影响患者句型理解能力的主要因素并非句法分析能力的丧失,而是工作记忆的严重缩短;Almor et al. (1999)也从语篇角度证实,阿尔茨海默病患者较健康组对代词恰当性更不敏感,而基于代词敏感性与工作记忆成正相关的前提可推断,患者在语篇组织上的障碍也源于工作记忆所代表的执行能力损伤。

工作记忆影响着大脑在认知与加工时的精力分配,当荷载超过工作记忆容量时,人们会倾向于选择加工较简单的认知任务。如一位阿尔茨海默病晚期患者能在复述时自动纠正语音错误,却对语义错误无动于衷(Whitaker, 1976)。在语篇层面上,要维系话语连贯所需的认知网络更加复杂,需要调动更大的工作记忆和远期语义网络(赵俊海,龙惠慧,2014),这两者似乎在阿尔茨海默病患者身上都有累及,因此,未来的研究有必要将工作记忆与底层的语义记忆两种因素分离,深入探寻病患语言障碍表现的根本原因。

值得注意的是,虽然短期记忆损害是阿尔茨海默病患者最早出现也是最显著的认知障碍表现,但并不应简单将此作为语言损伤的全部深层原因,目前越来越多的研究认为,阿尔茨海默病患者的语言能力损伤更大程度上是综合认知功能受损的结果。已有研究表明,不同脑区对语言能力有不同贡献(Fraser et al., 2016;Gorno-Tempini et al., 2004;Harasty et al., 1999),例如,句法和音系功能受额顶叶控制,而语义能力则由颞叶控制,因此不同分区产生不同网络,不同网络影响不同功能。今后的研究有必要从不同功能入手,将语言分为不同层级,再由表面现象出发,逐层深入探索损伤机制。

6.2.2　语言能力多维性与认知量表评估的不匹配

从语言层级的覆盖面角度观察,现有神经心理学量表的设计虽已包括多个语言层级,涵盖语音、句法、语义、语用,但多关注语义流畅性及命名(记忆力)维度。这主要是因为词汇-语义加工在认知障碍中较早累及,对于判断轻度认知障碍等认知障碍早期阶段具有敏感性。在临床实践中,筛查与评估并不会使用以上所有量表,导致无法全面反映患者的语言障碍全貌。过去的临床研究主要关注认知障碍患者的词汇、语义层面的障碍特征,对语用层面的关注不足(Szatloczki et al., 2015)。事实上,患者语言能力的恢复,很大程度上取决于患者是否能够适应残存语言功能,是否能最优化地利用语言资源达到语言交际目的,而不是患者在各类单项语言技能的再学习上能取得多大进步(郭起浩、洪震,2016:141)。

从量表评估形式和任务设置形式上看,传统的标准化语言功能测试多为在非真实环境下对单个或若干个语言技能的检测,而故事叙述、半结构式采访问答包含更多语音、词汇、语义、句法等语言学参数(Boschi et al., 2017),能够有效测量患者的语篇组织及语用能力(Lai, 2014)。同时,某些量表中的任务项(如语音重复与句子复述)有过于显性的记忆能力考查,此种形式会造成患者自尊感降低,引发挫败感,从而不利于病患情绪健康。

已有研究得出结论,以连续言语区分阿尔茨海默病患者具有临床价值(Drummond et al., 2015;Fraser, Meltzer & Rudzicz., 2016)。然而,从数据类型上说,目前神经心理学量表筛查与评测主要评估患者对单个词汇的加工,忽视了患者连续言语(connected speech)所包含的信息。例如,前文所列量表中仅有波士顿命名测验、西方失语症成套测验等语言单项类量表设置了图片描述或故事讲述类任务。

语言加工并不仅依靠记忆力,语法和句子的生成都依赖于语言具有创造性的区别性特征。人们在语言感知与产出时也不会像解码与编码一样简单。实际上,在产出时,人们需要进入所记忆的词汇库中寻找恰当的词语,再使用语法规则构建新句子,随后以对应的语音表达,而认知机制的作用在于在词语与句子、句子与语音之间搭起桥梁。目前量表常用的命名和语义流畅性测试主要考察词汇提取这第一步,这意味着对于记忆力的考察远大于对语言能力的考量。尽管这两类测验能在一定程度上反映语义对应的能力,但对于语言能力的全面评估远不能胜任。未来全面掌握患者的语言能力,需要考察不同的认知机制在语言产出中的作用,即从语言的不同维度分别测量。

6.2.3　老年人语言能力常模构建的不足

常模数据是指某个人群在某个或多个测验所测特性上的普遍水平及水平分布状况,这些数据通过对一定量的队列样本进行标准化计算得来,是用于比较研究和临床实践的标准量数。日常生活中最常见的典型案例就是,某个年龄段人群的正常血压值及血压水平分布状况。常模构建与前文介绍的队列研究、横断面研究通常有紧密的联系,完整、客观的纵向研究或横断面研究是构建常模的必要条件。例如,要构建60岁以上老年人某一生理指标的常模,就要构建足够的样本人群进行队列或横断面研究,并进行观察性分析,最后总结出常模数据。

不同研究者对老年人语言能力常模的构建思路和方法不尽相同。有的研究者基于描写语言学的传统方法,按照不同的语言学分层(语音、词汇、句法、语义及语用等)对不同年龄、认知水平或健康状态的老年人语言能力进行描写,形成常态老年人语言能力的参数范围。这种结构主义描写方法是一般语言测试的研发思路,其优点是标准化强,能够在一定程度上实现自动化操作。还有研究者认为,老年人语言能力评测与儿童语言能力发展评测在思路上应该是一致的,目的是看被试老年人与其他常态老年人相比,在某阶段是否出现语言障碍,主要用于临床诊断和评估。

我国要真正扎实深入开展老龄化与语言蚀失研究,细致考察健康老年人语言能力变化及罹患神经退行性疾病的老年人的语言能力丧失问题,构建母语为汉语的老年人语言能力衰退常态与偏差模型是眼下的当务之急,因为这是系统研究老年人语言能力退化与语言障碍的对比基础。目前国内对阿尔茨海默病患者言语特征的研究多采用 DementiaBank 英语语料库(赵俊海,2012;刘建鹏、赵俊海、杜惠芳,2017),或跟踪少数患者建立个体语料库(刘红艳,2014),汉语常模语料库的建立能为未来我国阿尔茨海默病患者的语言障碍研究提供新角度、开拓新思路。

事实上,老年人语言能力常模构建有多种类型,包括 1) 相对标准型常模,2) 原型推演型常模,3) 概率型常模。

以健康成年人语言产出为标准制定语言能力常模的做法称为"相对标准型常模"。"相对标准"强调对一些人群语言现象根据某标准做相对比较。在很长时间内,国内外关于儿童语言习得、老年人语言能力的研究都使用了这种常模,这些研究都是以成年人的语言常态作为蓝本,即儿童语言习得向上发展贴近成年人的语言常态,老年人语言向下衰老偏离此常态。相对标准型常模可操作性强,研究者可直接应用现行的国家对某个语言的使用规范和定级标准(如汉语水平等级),但这种类型的常模无法呈现个体差异,且没有考虑受教育程度等因素,应用在老年人语言能力研究上存在无法体现真实语言生活情境等问题。"原型推演型常模"是指以某健康老年人的语言为原型,向同队列老年人推演泛化。在高端远远超越原型者为超康健老年人语言,在低端低于原型的为非健康老年人的语言。"概率型常模"是对个体老年人做时空间隔取样,即跟踪取样,得到老年人语言在取样时空间段的动态常模。"原型推演型常模"和"概率型常模"侧重老年人健康状况的个体差异性,重在对语言能力使用格局进行动态差异性度量。这两个类型常模的弊端也很明显,就是操作难度大,研究者需同时对老年人的语言能力进行横向(当下切面)和纵向(长时期跟踪)观察。

国外对老年人语言能力的研究主要以相对标准型常模及相应的评估量表为主,也有概率型常模及其评估方案,但缺乏原型推演型常模。构建母语为汉语的正常老年人语言能力常模是当前语言蚀失研究的重中之重。目前世界上缺乏大规模、多语种的老年人话语数据库,汉语语料尤其缺乏,认知障碍评估也没有明确的参照常模,评估的主观性较强。这些都不利于认知障碍人群的诊断与研究。因此,构建母语为汉语的正常老年人言语行为常模是开展语言蚀失研究的基础,也为临床诊断提供参照。同时,基于常模的语言能力蚀失研究有助于认清大脑病理状态下认知退化表现。语言功能作为大脑认知的重要组成部分,它的发展、蚀失与认知功能的发展、衰老紧密相关。探究阿尔茨海默病老年人的语言能力蚀失过程有助于认清大脑病理状态下认知退化的语言功能表现。

目前我国台湾学者已经意识到常模研究的重要性。例如,陈劲秀(2010)进行了台湾北部正常中老年人语义流畅度测验常模研究;杨心绵(2011)针对台湾北部地区正常老年人进行简短式高级大脑皮质功能检查量表常模研究,同时进行相关人口学变量及信效度研究,为临床医师在诊断和追踪病人认知能力时提供一个客观有效的参考。相比之下,大陆地区的此类研究刚刚起步。因此,大陆地区也应加紧相关研究,建立各项语言能力常模,全面检测不同老年疾病对语言能力的影响,为医师诊断、治疗介入及看护照料提供参照。为了能对老年人口或老年人个体进行语言能力的常模构建,建议从"老年人口"和"老年人个体"两个层面刻画我国老年人的语言能力;同时,建议从原型推演型常模、相对标准型常模、概率型常模三种类型的常模入手,从多个维度来构建我国老年人语言能力的常模,并辅以动态跟踪系统。

6.2.4 量表优化展望

言语表现作为显著的外显特征对于从行为学角度研判认知障碍具有临床意义,可提供重要的临床参考。通过对表层症状的汇总,不仅可为目前临床诊断提供参考标志物,更能推动人工智能在痴呆症诊疗上的应用。

虽然目前研究者使用的量表已对语言项有所关注,但常规筛查量表对此还关注不够,语言单项量表又费时费力,因此想要对现有量表进行优化,必须经过大量的文献和实证积累,从各种研究中得出痴呆症人群语言能力受累的突出标志,有针对性地设计成套量表中的语言测评任务。从现有量表对语言维度的覆盖面上看,仅考察语言的某个层级不足以全面评估患者的语言能力。因此,研究者在参考单个词汇处理数据的同时,更应采集患者的自然连续话语,从而更全面准确地对患者进行评估,这样更利于对语言特征进行算法编码。量表的使用不仅应提供较为明确的临床诊断证据,最好还能发挥其特异性,为医生提供更多临床参考。因此,可考虑根据语言维度对应不同脑区功能的原理,在常用量表中更多添加语音、句法和语用维度,从而以简要的任务相对全面地评估患者语言能力。

从现有量表的任务设置上看,多名研究者已提出应适当将记忆考查隐性化(Snyder,2006;Basting,2006;Kontos,2006),避免被试产生抵触情绪或羞耻感。还有研究者建议以互助小组的形式让病患之间互相交流,使其能够脱离世俗偏见,从而获取更真实的数据(Snyder,2006)。

量表优化还应当考虑对老年人语言交际中多模态资源使用能力的考察。多模态维度的数据增加了阿尔茨海默病早期筛查的数据形式和检测维度,能够较为全面地为诊断提供参考。这一点本书已在第5.8节中做了详细阐述。

量表的优化必然对应着语言认知能力常模的构建。学界今后应该基于相对标准型常模、原型推演型常模和概率型常模等多种常模构建思路,开发不同作用、检验不同语言维度的评估量表,更加全面真实地反映老年人在日常生活中的语言能力。另外,多数痴呆症都属于慢性疾病,需要长期的随访监测,只有建立起大型人群队列研究,将常规监测渠道和定向监测渠道收集的资料进行相互比较验证,才能够不断掌握患者的病理进程,不断更新特征数据,从而为量表设计、疾病预判提供良好的数据支撑。

最后需要指出的是,本节主要从理论层面强调多维语言能力评估对早期筛查的重要意义,并非从实践角度(如信效度)提供量表优化方案。未来的努力方向应当是考虑如何提取特异性、敏感性俱佳的语言标志物以提升量表设计。另外,在痴呆症人群的语言数据采集中,音频采集工作已受到重视,但音频信息却不足以完全反映患者状态。因此,未来数据采集应以多模态为主,以电子化评估为媒介,对患者的眼动、手势、神态、表情、画踪等进行记录。

6.3 老年人的认知干预与语言康复

面向老年人的认知干预与语言康复包含两个方面的内涵,一是面向健康老年人,为他们提供基于语言资源的认知能力和语言能力维护方案;二是面向健康受损导致各种语言障碍的老年人,提供相应的语言认知康复方案。相关研究应采用循证医学方法对国内外相关文献进行评估与分级,在构建一定量的临床队列并进行追踪的基础上,验证不同语言干预及维护方案的有效性,最终构建我国老年人语言能力维护及常见障碍干预的临床方案。

目前,针对引起老年人认知障碍及相应语言障碍的多种原因,国内外研发了多种治疗手段,既包括药物治疗,也包括非药物治疗。已有多个用于阿尔茨海默病及其他常见痴呆治疗的药物被证明有效,如胆碱酯酶抑制剂多哌奈齐、卡巴拉汀、加兰他敏、美金刚等。国内外也在加紧研发相关药物,如中国研发的甘露特钠胶囊(九期一)、美国研发的渤健生物单抗药物 Aducanumab 等。但药物会产生耐受性及其他副作用,而非药物疗法被认为具有较高的安全性,对老年人认知障碍的某些症状有改善作用。本节将主要介绍改善老年人认知功能及相应语言障碍的方法,同时兼及其他方面的老年人语言康复问题。

6.3.1　认知干预与语言康复

本节主要介绍两个方面的内容,一是针对认知衰老或损害导致的语言能力退化而形成的语言认知干预方法,二是发音障碍等语言康复训练方法。这两方面是临床上老年人语言康复的主要内容。一般认为,语言障碍主要有三种基本的治疗模式:1)基于语言功能障碍的治疗模式。这是一种直接干预模式,为促进表达或理解等特定功能的恢复,治疗师会直接刺激患者特定的听、说、读、写能力。2)基于交流功能的治疗模式。这一模式主要通过各种语言和非语言的手段(包括替代手段、补偿策略),使用老年人残存的语言和非语言能力,提高老年患者实际生活交流能力,并且鼓励照护人员的支持。3)基于社会生活参与的治疗模式。这是一种间接的治疗模式,主要是对照护者进行交流技巧的培训,以促进老年人和照护者之间的交流。针对这三种基本治疗模式,有不同的语言康复方案(见表6.4)。

表 6.4　治疗模式与康复训练方法

基本治疗模式	语言障碍康复训练方法
基于语言功能障碍	舒尔氏刺激疗法 语义特征分析法(Semantic Feature Analysis, SFA) 动词网络强化法(Verb Network Strengthening Treatment, VNeST) 蒙台梭利语言教育法
基于交流功能	交流效果促进法
基于社会生活参与	照护者交流技巧培训

除上述方案外,还有一些多种治疗方法相结合的综合干预法,包括发音训练、电刺激疗法、针灸疗法、强制诱导疗法(Constraint-induced Aphasia Therapy, CIAT)、旋律语调疗法(Melodic Intonation Therapy, MIT)等。

6.3.1.1　认知损害与语言能力训练

语言是大脑高级认知活动,老年人患神经退行性疾病后,认知能力加速下降,甚至受到损害,导致语言能力在多个方面发生退化。所有类型的痴呆症患者都会出现某种形式的语言障碍,严重影响老年人的生活质量与社会交往(Ash et al. , 2012b; Henry, Phillips & Von Hippel, 2014; Swan et al. , 2018)。因此,对患者语言能力的提升应是痴呆症认知干预治疗的重要部分和目标。

Clare & Woods(2004)将针对痴呆症认知交流的干预方法分为认知训练、认知康复和认知刺激三类。

认知训练指的是基于某一特定功能损伤的结构化任务或指导训练,主要目的是改善或维持对应认知领域的表现,提高认知能力。例如,间隔提取训练(spaced retrieval training)被发现是一种可以有效改善痴呆症患者记忆力与命名能力的认知训练,其训练方式为让患者以越来越长的时间间隔,重复回忆新获得的面孔、名字、物体等信息,成功回忆的间隔越长,成绩越好(Camp & Schaller, 1989; 乔文达,2006)。研究发现,间隔提取训练在提升日常物品命名能力(Cherry, Simmons & Camp, 1999)、姓名检索能力(Camp & Schaller, 1989)以及情景记忆和陈述性回忆(Lee et al. , 2009)等方面均发挥了明显且持续的作用。

认知康复通常需要治疗师与照护者合作,确定个性化的目标,从而采用针对个体的干预手段或策略,帮助痴呆症患者提高某些日常生活能力或改善社会功能。也就是说,认知康复的主要目的不是直接提升患者的认知功能,而是帮助解决患者及其家庭成员认为的最相关的日常生活难题(Bahar-Fuchs, Clare & Woods, 2013)。认知康复治疗中经常使用记忆辅助工具(memory aids)来帮助训练,这种工具通常由言语治疗师与患者及其家庭成员共同创建(Korytkowska & Obler, 2016)。例如,研究发现,使用"记忆钱包"(memory wallet)可以提高痴呆症患者与他人的谈话质量(Bourgeois, 1992)。"记忆钱包"里装有个性化的图片和句子卡片,涉及患者难以记住的熟悉的人、地方和事件。只需要提供简单的指导,大多数痴呆症患者就可以利用"记忆钱包"做出更为准确的事实性陈述,从而改善与他人的对话质量。此外,包含个人信息、每日日程安排和问题解决方案等信息的"记忆书"(memory book)也被证明有助于改善痴呆症患者的交流质量,增加事实性陈述的产生,并促进患者与照护者之间有意义的交流互动(Bourgeois et al., 2001; Hoerster, Hickey & Bourgeois, 2001; Korytkowska & Obler, 2016)。自 20 世纪 60 年代有学者提出人生回顾疗法(Butler, 1963)后,国外已有不少项目利用回忆人生历程、讲述人生故事、激活自传体记忆的方法来延缓记忆衰退或认知能力下降。由于长期记忆保留的时间较长,分享个体故事、制作人生故事集等保留长期记忆的方法可以减缓记忆损害的进程,提升老年患者的生活意义感,如 StoryCorps 痴呆症项目以及 StoryCorps 记忆衰退倡议(Dienstag, 2003; Savundranayagam, Dilley & Basting, 2011)等。相关研究表明,患者在参加人生回忆等活动之后,话语质量与语言流畅度有所提升;即便是照护机构中痴呆程度较高的老年人,这样的回忆活动对他们也有积极意义(Ryan, Crispin & Daigneault, 2014: 185–189)。

认知刺激指的是通过手工制作、主题讨论等愉悦的活动来提高痴呆症患者普遍的社交和认知领域的功能,通常以团体形式进行(Woods et al., 2012)。例如,Swan et al. (2018)指出,以小组形式开展的认知刺激是针对中重度痴呆症患者的沟通干预治疗中最常用的干预方法。回忆疗法是常见的认知刺激训练之一。Holland(1987)认为,对于患有语言障碍的痴呆症患者而言,如果将现今的时间、地点和人物信息与过去的相应信息联系起来,现今的语义现实就会变得突显和难忘。Holland 对 96 名疗养院痴呆症患者实施的语言干预治疗项目中包括一项自传式课程,该课程借助题为"今天、昨天和明天"(Today, Yesterday and Tomorrow)的自传来连接过去和现在的现实,在每次课程开始时由医护人员大声朗读每本自传的"今天"部分,并使用停顿手段来鼓励病人进行回忆。在为期六周的治疗项目结束后,患者的言语适宜性和时间、方向导向性均得以提高,并可以使用语言来代替以前在面临找词困难时出现的手忙脚乱、踱步或情绪失控等行为。

对痴呆症患者认知干预与语言训练的目的、形式均应随病程的不同而相应改变。例如,在痴呆症早期阶段,患者主要面临能记住的事物与应该记住的事物之间存在差距的问题,因此可通过确认性、参与性的话语来帮助患者提升对生活中主要事物的记忆;而在中度痴呆阶段,有研究者认为应当促进患者的创造性表达。例如,Basting(2006)设计了名为"溜走的时间"的项目,该项目的宗旨是帮助患者在当下发挥自身的创造力,通过对图画的开放性提问与讨论,形成开放式故事,加强老年人之间的互动,从而拓展阿尔茨海默病患者及其他相关痴呆症患者的交流渠道,加强自我表达,而不是仅仅引导患者专注于对过去生活的回忆和规范性的语言;在重度痴呆阶段,Kontos 认为临床应通过认知干预及语言沟通辅助,帮助患者在日常生活中维持相对常态,使其在严重认知损害情况下仍能尽力保持自我概念(Hamilton,2008a:96-97)。

临床上,针对不同的语言障碍有不同的训练方式。找词困难是阿尔茨海默病患者最早出现且最突出的语言障碍之一,会导致患者说话含糊不清和空洞无物(Nicholas et al.,1985)。Ousset et al.(2002)探究了基于情节和语义词汇训练的词汇疗法对轻度阿尔茨海默病患者命名问题的影响。该研究首先以对治疗组和对照组被试进行的命名测试作为基线,之后对治疗组被试进行词汇训练。具体而言,要求治疗组被试和检查员依次朗读出现在电脑屏幕上的文本,之后被试被要求产出一个与屏幕上新出现的定义相关的词条,若未产出词条或反应错误,屏幕上会随机出现对应词汇的第一个字母、相关颜色图等五种提示之一。为期五个月的词汇治疗结束后,对治疗组和对照组被试进行命名测试,并与两组被试的基线测试得分进行比较,结果发现,治疗组被试的得分升高,而对照组被试的得分下降。该研究表明,该词汇疗法有助于治疗轻度阿尔茨海默病患者的找词困难,且提示词汇的第一个音节和相关颜色更有助于患者进行正确命名。

除了找词困难,阿尔茨海默病患者的语义特征能力也随病情恶化而下降。在临床中,阿尔茨海默病患者往往无法说出下位概念,但上位概念等范畴层面的语义知识相对保留,如无法说出"鸡"或"鸭",但可将它们命名为"鸟"或"动物",同时在词汇流利性测试中通常也有问题。有研究者针对该语义受损问题提出了康复训练方法,即对阿尔茨海默病老年人进行了语义特征训练,要求他们重新学习 20 种动物和 20 种水果的名字,并对所有参与者进行个性化训练。选取的词汇均为个体基线没有正确命名的条目,分为高典型性和低典型性两组。研究发现,阿尔茨海默病患者在治疗后命名能力均有改善,但参与康复训练的进行性非流利性失语症对照患者则没有变化。该研究表明,对阿尔茨海默病患者进行有针对性的语义特征训练具有一定的临床价值,值得进一步探究。

此外,对痴呆症患者的治疗必须随着患者智力的衰退而变得更加简化(Wertz,1978)。痴呆症患者的认知语言干预的重点也应放在最大限度地利用现有认知功能和减少环境干扰上,而不在对患者提出新的交流方式上(Bayles & Kaszniak, 1987)。

6.3.1.2 发音障碍及言语康复

老年个体罹患脑卒中、脑肿瘤、帕金森病等疾病后,中枢或周围神经系统产生病变,进而导致言语肌肉的麻痹或运动不协调,引发构音障碍。针对老年构音障碍的治疗多围绕改善发音质量及协调性开展康复训练,以提高患者发音准确度和连续发音的协调能力。例如,许颖等(2015)利用多种现代计算机技术,研发了一种成人听力言语康复系统,让言语障碍患者获得多种感官模态刺激,从而改善其发音协调性和复述、朗读能力。通过后续临床实验发现,该言语康复系统对脑卒中后构音障碍患者的言语康复训练有明显疗效,尤其在声母、韵母和发音总体评价方面,但对音调方面的改善并不明显(许颖等,2017)。对发音器官和肌肉的训练也是构音障碍康复治疗的重点,常见的训练方式有呼吸训练、舌唇运动等(李胜利、张庆苏,2003)。例如,鲁广秀、杨爱兰、贺维亚(2001)对25例构音障碍患者进行了持续的唇舌技能训练、软腭运动训练和呼吸训练,发现患者构音障碍现象得以显著改善,且有约80%的病人痊愈。此外,还有研究者发现,使用口内牙齿矫正器可以提高软腭的硬度、补偿舌头的高度下降,从而改善发音和语言能力(Light, Edelman & Alba, 2001);使用腹带、生物反馈和腭提器、软腭假体等装置可以改善发音的响度、声调和可懂度(Mackenzie, 2011; Ono et al., 2005)。

通常情况下,对构音障碍的治疗会根据患病类型和严重程度而采用多种技术相结合的综合康复治疗方法(Palmer & Enderby, 2007)。研究发现,构音障碍患者接受发音肌电刺激配合康复训练、针灸结合语言康复训练等综合治疗方式比接受单一治疗的效果更好(唐颖,2010; Wu et al., 2014)。另外,治疗师在选择康复活动时还会注意考虑构音障碍患者的情感与心理感受,过于简单的训练活动容易使患者感到不受尊重甚至耻辱,因此,他们会选择具有挑战性的、与治疗目标紧密相关的、以病人为中心的训练活动(Brady et al., 2011; Dickson et al., 2008; Hartelius et al., 2008)。

脑卒中等疾病也易引发老年失语症,影响患者的言语表达与人际交往。其中,运动性失语症对老年患者发音情况和口语表达有突出影响。针对运动性失语症的康复治疗,除了电刺激疗法、针灸疗法等与构音障碍治疗类似的方法,还包括强制诱导疗法、旋律语调疗法等特定的训练方法。其中,旋律语调疗法是目前较为接受与认可的治疗以非流利性口语为特征的失语症的常用方法之一。该疗法主要运用语言中的旋律、韵律和重音等音乐成分,引导患者以唱歌的方式控制发音时的呼吸、速度和整体协调性,从而促进言语产出与表达(林正坤等,2015)。与构音障碍治疗类似,研究证明,言语训练、旋律语调疗法等多种治疗方法相结合的综合训练比单一训练的治疗效果更好(Cherney et al.,2006;钱红、郝又国,2016),因此,失语症康复治疗在临床中常采用综合治疗法。

约70%的帕金森病患者会出现发音和言语障碍,在言语交际中存在发音困难、声音微弱、气音等问题(Hartelius & Svensson,1994;Kemper & Rozek,2013)。因此,帕金森病患者的发音与言语障碍治疗也是临床上的关注重点。20世纪80年代末发展起来的励-协夫曼语言训练法(Lee Silverman Voice Treatment,LSVT)经过大量临床试验被证明具有良好的言语疗效,对帕金森病言语障碍尤其有效(Baumgartner,Sapir & Ramig,2001;Ramig et al.,1994;Sapir,Ramig & Fox,2008;Wight & Miller,2015)。励-协夫曼语言训练法侧重提高患者的声音响度,以训练其呼吸肌和喉部肌肉组织,同时强调增强患者的自我感知能力。具体而言,该训练每周进行四次,连续四周,在每次训练中要求患者练习10—12次持续元音发音达到最大时长和最大基频范围,之后练习生活中常用的短语,并在声音逐步提高的基础上从单词、短语过渡到句子、阅读和日常会话。此外,该训练鼓励患者每天在家中进行自主练习,强调需要患者自身高度努力、多次重复(Ramig,1998;Sapir,Ramig & Fox,2011;高春丽等,2006)。李咏雪等(2020)探究了标准化后的励-协夫曼语言训练法对于改善中国帕金森病患者言语障碍和生活质量的有效性,发现该训练法能够显著增加帕金森病患者的最长发音时间,提高音量,改善嗓音质量,从而提高患者生活质量,适宜在国内进行临床应用与推广。

除此之外,在帕金森病患者的治疗计划中,用来提高呼吸功能的治疗方法也被纳入发声训练中,因为呼吸系统功能与发声密切相关。首先,由于患者的胸壁僵硬,通过教会患者使用一些短语说话的疗法相对更有效,治疗师还会增加提高言语响度的训练,主要通过提高气道压力和声带闭合力度实现,包括:1)尽可能多且尽可能用力地吸气和呼气,提高呼吸力量;2)尽可能长地发稳定的/s/和/f/音;3)经常进行深呼吸训练;4)在呼气刚开始且没有消耗性呼吸的情况下说话;5)尽可能长地持续发元音

（万勤，2016：146）。

6.3.2 社会交往与认知功能提升

　　虽然老年人因为生理、心理等因素造成认知老化的趋势不可避免，但现有研究发现，认知老化并非绝对的、不可逆转的，认知能力的发展变化中交叠着各种不同的过程，认知老化可以部分地通过某些干预方法得以延缓（赵丹、余林，2016）。同样地，认知障碍的康复也应当考虑患者的社会交往维度。

　　传统上，对阿尔茨海默病等痴呆症的研究与治疗主要基于生物医学方法，这种研究和治疗倾向将各类痴呆症的表现症状及病理机制进行客体"物化"。但事实上，除生理健康因素外，社会交往是影响老年人认知功能最重要的因素之一。在日常护理中，照护者对待痴呆症患者的不当方式会忽视、削弱该群体作为社会人的需求及能力（如过多使用"老年语"，简化甚至停止思想交流，因患者伴随情绪激越而使用恐吓或强制命令，因考虑安全性而剥夺老年人参与家务与社会活动的权利，因能力下降而不再被允许承担父母或配偶的职责，等等），造成老年个体的心理创伤、自尊降低、抑郁等。这些情况都会进一步加剧该群体的"社会残疾"（social disability），加之"患者""认知障碍"等标签对人们认知的固化，使痴呆症患者会产生更大程度的心理孤独与社会孤立（Kitwood，1997）。因此，这里再从社会交往角度出发，讨论老年人认知功能保持的方法。社会交往主要包括社会网络、社会参与、社会支持三个方面（赵丹、余林，2016）。

　　1）社会网络

　　社会网络是指个体所保持的社会关系结构，包括与家人、朋友的亲密关系，以及与社会上其他个人或团体的不同关系等（Seeman，1996）。已有研究发现，社会网络的规模与老年人认知能力的保持具有相关性。拥有较大社会网络规模的个体能够保持相对良好的认知功能，不太可能经历认知损害（Crooks et al.，2008；Holtzman et al.，2004）；具有特定且有限社会网络的个体则认知功能较差（Alpass et al.，2004；赵丹、余林，2016：46-47）。国内外研究都表明，没有任何亲密社会关系的老年个体，其罹患老年痴呆的概率显著高于其他老年人（Fratiglioni et al.，2000；李峰等，2011）。但是，现有研究表明，社会网络规模并非越大越好，有研究者认为,社会网络可能存在一个阈值。

2）社会参与

仅基于社会网络这一个指标并不能充分说明社会交往与老年认知功能衰退的关系。因此,宜引入社会交往的第二个方面,即"社会参与",以衡量老年人的社会交往。社会参与是指个体参与社会角色和关系的程度（Avison, McLeod & Pescosolido, 2007）,即老年人对社会网络的投入程度。

老年个体对社会活动的参与保护着其认知功能（Green, Rebok & Lyketsos, 2008）,这是因为社会参与能够为老年人提供处理相对复杂社会问题和加工信息的机会。因此,Glei et al.（2005）基于中国台湾地区老年人的历时研究数据发现,老年人自愿地、积极地参加包括亲友社交、游戏、志愿服务、宗教活动、商业活动、政治团体等各类社会活动,均有助于认知能力的保持。研究表明,老年人的社会参与能够降低痴呆等患病风险（Paillard-Borg et al., 2009）。

3）社会支持

社会支持是指个体身边重要关系网络（如家人、朋友等）给予个体在精神和物质资源上的帮助和支持（Barrera, 1986）,包括工具性支持、情感支持、觉察到的社会支持和支持满意度等方面。其中,工具性支持与老年人的一些特定认知功能有关,工具性支持的减少能够预测一年以后的认知衰退,主要体现在言语工作记忆（verbal working memory）与加工速度/执行功能（processing speed/executive function）上（Dickinson et al., 2011: 1273）;情感支持能够保护认知功能,延缓其衰退速度,获得高频率情感支持的老年人具有更好的整个认知能力,进一步研究表明,情感支持与执行功能中的抑制和转换能力密切相关（Sims et al., 2011）;高水平的觉察到的社会支持能够促使老年人在速度和灵活性测验中表现更好（Zuelsdorff et al., 2013）,而认知损伤的老年人往往报告较低水平的觉察到的社会支持（Ficker et al., 2002）。

随着国际对痴呆症患者心理需求与社会身份给予越来越多的关注与研究,研究者开始认识到:痴呆症老年人的社会交往与身份构建两者互相影响,老年痴呆症患者的生活经历是一种以身份构建不断挫败为特征的负面经历。因此,通过各种方式鼓励痴呆症患者进行一定程度的社会交往有利于该疾病的干预与康复,这其中言语交际就起到了相当重要的作用。

有研究者认为,可以通过疾病叙事与生活记录等写作形式让患者主动地重建身份,同时患者能够以一种安全和积极的方式表达遇到困难时的负面情绪。其中,创造性的语言可以使个体更好地理解并接受自身感受,因此,有些作者会使用隐喻来表达他们对该疾病的看法与相关情绪。例如:

> *Each person with dementia is a gift, and has a great deal of wisdom about life. It is those around us who need to unwrap this beautiful package.*（Bryden，2005：170）
>
> *I will float on a tranquil sea of memory one moment and be swept away the next by boisterous waves that leave me confused and uncertain.*（DeBaggio，2002：42）.

更为重要的是,通过写作,有些痴呆症患者能重新找到自我社会价值,展现自己对生活及人生的思考,并通过书面文字与其他人群交流,这有利于其自我身份的重建、自我价值的发现。例如,Rose（1996）是事业成功的工程师,在被诊断出患有早发性阿尔茨海默病后,他在妻子的帮助下,通过写作,在心理上逐步接受了各种能力减弱的事实以及抑郁、孤立感。他写道:"Slowly and painfully, I was becoming aware of the darkness of my mind. I realized that my mental abilities were fading and that I must work to overcome my fear of this loss.",虽然自己意识到心智能力正在衰退,但他仍努力克服恐惧,而写作是方法之一:"I try to channel my anger in practical ways. The best way for me to do this is to write down my thoughts."。类似地,Bryden（2005）是澳大利亚政府的高级公务员,出版了《我离世时是谁》(*Who Will I Be When I Die*),以及《与痴呆症共舞》(*Dancing with Dementia*)等作品,同时还创立了"国际痴呆症支持网络"(Dementia Advocacy and Support Network International, DASNI)[①]。

上述这些作者描述了痴呆症患者的心理需求、社会交往期待,降低了患者的病耻感,减少了患者对社会排斥的恐惧等,为减少社会对该疾病的污名化做出了重要努力,同时为语言、心理及社会文化等多个角度的痴呆症研究提供了重要材料,也为痴呆症的非药物治疗与康复提供了新的思路。

6.3.3　多模态认知干预方案

已有研究发现,多模态干预是减缓认知老化、提高认知储备、改善老

---

① 该组织成立于 2000 年,旨在改善那些被诊断为痴呆症的人的生活质量。网址：http://www. dasninternational. org。

年人认知功能、语言能力与身体健康的有效途径。

6.3.3.1　认知储备及其与认知老化的关系

著名的修女研究发现,在大脑解剖呈现中到重度病理变化的 68 位修女中,五分之一的修女在生前并无临床症状,即这些修女出现了脑病理特征与认知能力不匹配的现象(Snowdon,2001)。Stern(2002)提出了"认知储备"的概念来解释该现象,他将"认知储备"定义为个体利用大脑网络的互相补充来使其表现或行为成绩达到最优化或最大化的能力。这一概念可以帮助解释不同个体的认知能力或日常功能对大脑老化、病理或损伤表现出的敏感性差异(Stern,2012)。在认知储备假设下,认知储备水平低的个体通常比认知储备水平高的个体更易患认知障碍、阿尔茨海默病等疾病(Dekhtyar et al.,2019;Wang et al.,2017)。目前,认知储备假设已被大量的流行病学和神经影像学研究验证。学界开始关注如何通过适当的干预措施提高老年人的认知储备水平以延缓认知老化,降低痴呆风险或延迟老年痴呆发病时间。

认知储备可以解释脑部病变相同的情况下,认知功能表现出的个体间异质性。例如,老年人通过参加丰富的社会活动增加认知储备,可以使大脑的精神刺激增加,增加成年期的突触发生,使大脑的损伤区域(如阿尔茨海默病导致的病变区域)的细胞得到高效运转或者使损伤区域的相邻区域获得代替,以保证受影响区域的功能正常运行(Eisele et al.,2012)。同时,认知储备在延缓认知老化和阿尔茨海默病等神经退行性疾病的产生方面具有缓冲效应与调节作用。多项研究表明,认知储备在整个生命周期中是不稳定的、动态变化的,其发展、维持和提高受到多种相关因素的影响,主要因素有受教育程度、职业成就、休闲活动、智力水平(姜文斐、汤雅馨、潘卫东,2016;梁津瑜、章军建,2017)。除此之外,个体的遗传、身体状况、社会经济水平等也会对认知储备水平造成一定的影响。不同影响因素之间既相互独立又协同作用,如受教育程度高的人一般会取得更高的职业成就,而高职业成就会增加个体接受更高程度教育的机会。

研究发现,认知储备水平越高,认知表现越好。对于健康老年群体,Opdebeeck,Martyr & Clare(2019)通过受教育程度、职业地位和休闲活动这三种认知储备的代理量度标准间接测量了健康老年人的认知储备水平与认知能力间的关系,发现这三种指标都与执行功能、视觉空间能力等认知能力呈正相关,即健康老年人的认知储备水平越高,在认知能力上的表现越好;Y. Chen et al.(2019)对77名认知正常的老年人进行静息状态下的神经心理测试和磁共振功能成像,发现认知储备水平与情景记忆、语言、执行功能等多种复杂认知能力呈正相关。对于患病老年群体,Santangelo et al.(2019)探究了1,903名多发性硬化症患者的认知储备水平与认知表现间的关系,发现高认知储备水平的患者在空间记忆、注意力、言语流畅性等认知能力上表现更好;Rentz et al.(2017)对比分析了健康老年人、轻度认知障碍患者和阿尔茨海默病患者的β-淀粉样蛋白和颞下tau沉积(IFT tau)与认知能力的横向关系,以及认知储备是否会对这种关系产生影响,结果发现,认知储备对阿尔茨海默病早期过程的认知能力具有保护作用,使患者在tau蛋白和β-淀粉样蛋白负荷升高的情况下仍能保持认知稳定。

但是,在围绕健康老年人展开的研究中,认知储备与认知老化的速度和变化轨迹之间的关系仍存在争议。一方面,研究发现,认知储备的增加可以减缓个体的认知老化速度。例如,Robitaille et al.(2018)使用多状态生存模型(multi-state survival modeling)分析了老年人在认知健康状态上的转变,发现受教育程度和社会经济地位可以降低老年人从健康状态发展成轻度认知障碍的风险。另一方面,有学者认为,认知储备与认知老化间并不存在明显的阶段相关性。例如,Singh-Manoux et al.(2011)从身高、教育和职业三个方面评估了认知储备对老年人认知表现的影响,结果显示,高认知储备组的认知表现明显更高,然而不同认知储备组之间的认知衰退率没有显著差异,即没有显示出阶段差异性。

另外,虽然已有证据表明,增加认知储备有助于降低痴呆症状的发生率,延后相关疾病发病时间,但学界对于痴呆症确诊后认知储备是否对减缓认知能力下降仍有所用并未达成一致。Manly et al.(2005)、Wilson et al.(2004)等人坚持认为在痴呆症确诊后认知储备仍能减缓认知功能下降的速率,而Scarmeas et al.(2006)则认为,虽然认知储备减缓了痴呆症状的出现,一旦发病,高认知储备水平的神经退行性疾病老年患者认知老化速度更快。例如,有研究发现,早期遗忘型轻度认知障碍患者受教育程度越高,认知老化速度越慢;而晚期遗忘型轻度认知障碍患者受教育程度越高,认知老化速度越快(Meng & D'Arcy,2012;Ye et al.,2013)。受教育程度、职业成就等认知储备影响因素对认知能力的保护作用在早期遗忘型轻度认知障碍中尚存,但在晚期遗忘型轻度认知障碍中消失。研究者对此的理论解释是,在发病前或疾病的早期阶段,认知储备可以发挥其对脑病理的缓冲效应,认知储备高的个体将可以耐受或应对更多的病理积累,因此,认知功能开始受到影响的时间晚于认知储备低的个体。但在病理严重到功能无法维持时,由于累积的脑病理程度很严重,认知储备的缓冲效应消失,高认知储备个体的认知老化速度会更快(Stern,2012;何燕等,2015)。

整体上看,认知储备对提升老年人的认知能力、保持老年人的语言优势具有重要作用。因认知储备而形成的老年人语言能力个体性相对优势,是指老年人因教育或认知活动等外在干预手段,与其他相同大脑生理状态的老年人相比,表现出相对的语言认知优势。一般而言,较高的认知储备能够延缓痴呆症的发生。Kemper 等人在修女研究中发现,修女在其成年早期若具有相对较高的语言能力,如通过书面表达中语言结构、信息密度等指标来衡量,复杂句出现比率越高,其痴呆发生率越低。认知储备概念的建立可以解释因增龄而导致的大脑认知变化或与阿尔茨海默病等神经退行性疾病易感性的个体差异,有助于解释老年人在语言各个层面表现水平上的差异性。国外心理学界、医学界及语言学界的已有研究显示,增加认知储备可以降低或减缓认知衰老或降低失智的风险。同时,即便具有相同的神经功能障碍,相比认知储备较低的个体,认知储备较高的个体可能不会或较少显示老年痴呆的行为学症状。换言之,认知储备增加有助于降低痴呆症状发生率或延后其发生(Manly et al.,2005;Perneczky et al.,2007;Stern,2002;Valenzuela & Sachdev,2006)。

6.3.3.2　多模态干预的机制与整体效果

本书在 2.5.2 节中已述,"模态"是指人类通过感官与外部环境互动的方式,人类与外界的交际互动需要调用多种感官协同作用。在此视角下,多模态干预强调的是调动个体的多感官参与干预过程。

多模态感官系统与语言能力的关系密切。一方面,语言活动本质上就具有多模态的属性,人们通过多模态感官系统与外界互动,进行意义的理解与表达而产生语言活动。另一方面,多模态感官刺激可以促进语言能力的提升与发展,多模态干预也随之被广泛应用到语言认知康复领域。例如,用于治疗失语症、构音障碍等疾病的舒尔氏刺激疗法通过密集的听觉刺激,同时配合视、触、嗅等多模态感官来提高语言刺激效果,促进受损语言系统的逐步恢复(Coelho et al.,2012;Schuell,1953)。

多模态感官治疗起源于根据"史露西伦概念"（Snoezelen Concept）和设备设计出来的多感官治疗室（multi-sensory treatment room），当初是 Hulsegge & Verheul（1987）为哈登堡（Hartenburg）教养院内重度及多重障碍学生设计的，为了让他们体验视觉、听觉、嗅觉和触觉等感官刺激的治疗室。Hulsegge 和 Verheul 使用 Snoezelen 这个词来形容这一人工化的设计场所，希望把放松及刺激的经验透过多感官环境的布置传送出去（Hulsegge & Verheul，1987）。之后，Snoezelen 流传到英国，英国人取其意义以"多感官环境"（multi-sensory environment）来称呼。该概念指出，感官经验是人类赖以生存、学习、认识自我和环境的必需条件，人类缺乏相关经验将在认知和感知上发生困难（唐木得等，2008）。因此，在语言认知康复领域，多模态感官治疗是指在特定的空间应用各项设备（包括各类发生光线、颜色、声音、气味、触感及平衡感等感官刺激器材）营造强烈的多重感官刺激环境，并设计一系列面向康复人士的活动任务，激发其在接受感官刺激时进行认知活动，并做出合适行为。这种治疗方式被应用于感知觉功能的康复、情绪调控以及行为干预等方面。越来越多的证据表明，多模态干预通常比单一模态干预方式的治疗效果要好（Chalfont，Milligan & Simpson，2020；Groot et al.，2016；Köbe et al.，2016；Munk et al.，2020）。

不仅人类，多数动物与外界交互也是多模态的。因此，对多模态干预机制与作用的相关研究起始于对动物模型的分析。多模态干预效果的相关研究多集中于多模态干预对学习、记忆力、感知觉等认知能力的影响。多模态干预对实验室啮齿动物行为最显著的影响之一出现在海马依赖性空间记忆任务中（Sale，Berardi & Maffei，2014），如经典的莫里斯水迷宫任务，该任务要求动物学会依靠基于池外视觉刺激位置的空间地图到达一个水下平台（D'Hooge & de Deyn，2001）。大量研究表明，多模态干预措施提高了动物在莫里斯水迷宫中的空间学习能力和记忆力（Garthe，Roeder & Kempermann，2016；Kapgal et al.，2016）。类似地，多模态干预措施也对另一个常用的动物实验模型——八臂迷宫中动物的空间学习和记忆表现产生了积极影响（Mora-Gallegos et al.，2015；Sampedro-Piquero et al.，2013）。除了空间学习能力和记忆力，多模态干预措施也可以提高动物在模式分离型行为任务上的表现，在进行多模态干预后，小鼠区分两个相邻相同刺激位置的能力加强了（Creer et al.，2010）。

多模态干预措施对个体感知觉的影响也较为明显。触觉方面，Bourgeon，Xerri & Coq（2004）通过让大鼠在不同粗糙度的地板上执行区分任务发现,与单一模态干预下饲养的大鼠相比,在两个月内接触过不同纹理物体的大鼠对纹理的触觉辨别学习速度更快。痛觉方面,Zheng et al. (2017)发现将小鼠放在丰富且具有自愿运动条件的环境中能够减轻其对慢性炎性痛的感知程度。听觉方面,Burianová & Syka(2020)发现,在大鼠的关键发育期对其进行多模态干预可引起大鼠中枢听觉系统神经元结构的永久性变化。视觉方面,多模态干预的影响集中在对动物和人类的弱视矫正方面。Baroncelli, Braschi & Maffei(2013)将成年弱视大鼠在接受反向缝合(重新张开长期剥夺的眼睛并闭合另一只眼睛的眼睑)后立即采取多模态干预措施,三周后发现弱视大鼠的双眼视觉功能完全恢复,并在电生理和行为水平上都检测到了对视觉辨别能力的有益影响。多模态干预对大鼠弱视现象的积极治疗效果也为在成人中应用多模态干预治疗弱视积累了丰富经验。人类实验证据表明,电子游戏或视知觉学习任务训练等多模态干预措施在成年个体的弱视康复方面非常成功(Astle, Webb & Mcgraw, 2011; Green & Bavelier, 2012; Li et al., 2011)。

除了记忆力、感知觉等认知能力,多模态干预措施在调节个体情绪、能量平衡和食物摄入等方面也发挥着重要作用(Gallego-Matellán, López-Romero & León-Mejía, 2019; Mainardi et al., 2010; Munk et al., 2020)。另外,随着虚拟技术的发展,目前对人类空间学习与记忆能力、模式分离能力的多模态干预研究多借用虚拟环境来实现(Clemenson & Stark, 2015; Kühn et al., 2014)。

6.3.3.3　多模态干预对老年人认知功能的保护作用

多模态干预对老年人认知储备影响的研究也是从动物模型开始,逐渐过渡到人类研究的。从形式上看,多模态干预的形式多种多样。例如,体育锻炼是多模态干预措施的重要组成部分,能够提高啮齿动物的认知能力,并对人类有类似作用(Duzel, van Praag & Sendtner, 2016; Ma et al., 2017; Pereira et al., 2007; Tapia-Rojas et al., 2016; Zhu et al., 2016)。例如,Pereira et al. (2007)通过磁共振成像对比发现体育锻炼对小鼠和人类的脑血容量有相似的增加作用,且对人类在雷伊听觉言语学习测试(Rey Auditory Verbal Learning Test, RAVLT)中的表现有提升作用。对于老年群体,Tarazona-Santabalbina et al. (2016)对身体虚弱的老年人进行了为期24周的体育锻炼干预活动,发现与对照组相比,参与了体育锻炼的老年人在身体素质、认知能力、情绪等方面均有改善。此外,有几项研究设计了包括认知训练、体育锻炼以及饮食和社交经验等众多方面的多模态干预研究(Chew et al., 2015；Consortium, 2017；Maffei et al., 2017；Zhu et al., 2017)。例如,Consortium(2017)对 113 名轻度认知障碍老年患者进行了对比分析,发现接受了为期七个月的体育锻炼和认知训练多模态干预的老年人的认知状态和大脑健康指标都有显著提高。尽管不同的研究在被试人数、干预时间与强度等方面存在差异,但所有研究均表明了多模态干预对老年人认知与行为的积极影响。

还有研究对比了单一模态干预措施与多模态干预措施的效果。如 Prado Lima et al. (2018)对比分析了无氧运动、社会互动和包括体育锻炼、认知训练和社会互动等形式的多模态干预三种干预方式对 β-淀粉样蛋白诱导的学习与记忆障碍保护作用。研究发现,多模态干预和无氧运动比社会互动有更好的记忆保护作用。除了证明多模态干预对认知储备的保护作用,这一发现也显示,多模态干预的不同组成方式间可能存在不同的影响与作用机制。由于 β-淀粉样蛋白沉积是阿尔茨海默病发病的主要原因之一(Butterfield, Swomley & Sultana, 2013；Polidori & Nelles, 2014),因此,该研究发现阐释了多模态干预在预防和治疗阿尔茨海默病方面的作用与机制。

总的来看,包括认知活动、体育活动和社交活动在内的活动参与度最易控制,也与常见的多模态干预措施联系最为紧密,因此,多模态干预对认知储备影响的研究也多集中于体育锻炼和认知训练方面。这些研究已从多方面说明多模态干预对于提高认知储备、减缓认知老化的积极作用。

6.3.3.4　多模态干预对老年人语言能力的促进作用

作为高级认知功能之一的语言能力会直接或间接地受到多模态干预的调节。目前,针对多模态干预对语言能力提升作用的研究多集中于罹患失语症、痴呆症等疾病的特殊群体。例如,针对失语症儿童,Tierney et al. (2016)报告了一个三岁失语症儿童在经过 18 个月的口腔强化运动、音素产出训练、模仿任务等结合的多模态干预训练个案,该儿童从无法产出可理解性言语信息到有了适龄言语清晰度的话语产出；对于自闭症儿童群体,Brady et al. (2015)发现,包含言语模仿、音素识别在内的多模态干预训练对自闭症儿童表达性词汇产出的提升作用存在个体差异,部分儿童的词汇产出能力得到提升。值得一提的是,Tierney 等人和 Brady 等人的研究对象的样本量均较少,未来还需要进一步的研究来深入探明多模态干预对失语症、自闭症等人群语言能力的保护作用。

多模态干预对语言能力的促进作用在老年痴呆症患者等老年特殊群体中也有体现（Arkin，2007；Morello，Lima & Brandão，2017；Tsantali & Economidis，2014）。例如，Tsantali & Economidis（2014）对轻度阿尔茨海默病患者进行了为期五年的无错性学习、记忆训练等多模态干预训练。干预训练主要分为两部分，第一年的强化干预包括每周三次的课程和为期四个月的家庭锻炼，由神经心理学专家进行严格和系统的监督与指导；之后四年的干预训练是在神经心理学家的轻度监督下进行的，每周开展三次活动。研究发现，经过五年的多模态干预训练，参与者的言语流利度、理解和书面叙事能力均有提高。另外，五年后的随访显示，参与者的语言能力和一般认知能力仍呈改善状态，暗示多模态干预对老年人认知功能和语言能力的保护作用可能是持续性的。

多模态干预可以对语言能力起到保护作用，而语言训练和交际活动本身就是多模态干预的重要实现手段（Ibarria et al.，2016；La Rue，Felten & Turkstra.，2015；Serdà i Ferrer & del Valle，2014）。例如，Arkin（2007）针对轻中度阿尔茨海默病老年患者展开的多模态干预研究中就包含了让老年被试与儿童聊天、给儿童讲故事等丰富的言语交际活动，结果发现，老年被试的语言测试得分随时间推移可以保持原有水平，说明多模态干预能够防止语言能力随年龄和病程而衰退；不仅如此，干预训练还可以提升阿尔茨海默病患者的人际交往与沟通能力。另外，由于外语学习本身就包含多模态互动，双（多）语经验能够有效延缓老年人神经退行性疾病临床表现，降低老年人患老年痴呆病等疾病风险。例如，Ossher et al.（2013）发现对于遗忘型轻度认知障碍患者，双语者比单语者的诊断年龄推迟近五年；Hack et al.（2019）查阅分析修女研究中的参与者档案发现，患痴呆症的修女中说四种或四种以上语言的修女数量明显少于说单一语言的修女。研究者认为，持久的双（多）语经验通过促进中央执行功能、实现神经补偿、改变大脑结构和功能等方式提高了老年人的认知储备水平，使得双（多）语者能够忍受更多的脑萎缩或脑部结构改变而推迟临床症状或抵御老年痴呆症的发生（程凯文、邓颜蕙、尧德中，2014；程凯文、邓颜蕙、颜红梅，2019）。

6.3.3.5 环境富集：多模态干预的生物神经基础

环境富集（environmental enrichment）是指在身处的环境中多提供刺

激,促使人们进行多感官模态互动。富集环境范式(enriched environment paradigm)不仅为丰富外部刺激创造条件,还是诱发多模态互动的重要基础。以往对大脑退化的研究疾病、脑损伤和类似问题的研究表明,如果给患者提供一个丰富的环境,促进其进行多模态互动,患者便可以更充分、更快地恢复。环境富集与多模态干预紧密相关,可有力解释多模态干预在学习能力、记忆力、感知觉等认知功能和语言能力方面起到的积极作用。

Rosenzweig 等人最先对环境富集进行了较为详细的描述,并将环境富集定义为无生命刺激和社会刺激的结合(Rosenzweig & Bennett, 1996)。他们发现将动物(通常是大鼠和小鼠)关在有玩具、梯子和跑轮等设施的笼子里会使其大脑皮层的神经化学和解剖结构发生显著的变化(Bennett, Rosenzweig & Diamond, 1969; Rosenzweig et al., 1962),例如,大脑皮层胶质的数量和长度都有所增加(Diamond et al., 1964)。这一发现也证实了大脑的动态结构变化,打破了 20 世纪中叶神经科学所强调的"大脑是固定不变的"这一观点(Kentner et al., 2019)。

环境富集的一个显著影响是可以改变大脑的神经可塑性,这也是实施多模态认知干预的前提,最典型的例子之一是对海马体神经可塑性的影响(Clemenson, Gage & Stark, 2018)。海马体,尤其是齿状回,是哺乳动物大脑中不断产生新神经元的两个区域之一(Aimone et al., 2014; Gonçalves, Schafter & Gage, 2016)。T. Y. Zhang et al.(2018)发现,与饲养在标准笼子里的对照组相比,暴露在丰富环境中的小鼠的海马齿状回中的新生神经元增多。除了使新生神经元增多,环境富集也被发现在突触水平上影响海马体的神经可塑性,如突触增加,树突的密度和复杂度增加,突触蛋白的表达增强(Gogolla et al., 2009; Gonçalves, Schafer & Gage, 2016; Zhao et al., 2014)。

除了对海马体神经可塑性的影响,环境富集还与一些神经营养因子相互作用,其中很多因子支持大脑神经元的发育和维持(Barde, 1994; Gray, Milner & Mcewen, 2013)。例如,脑源性神经营养因子(brain-derived neurotrophic factor, BDNF)在个体学习和记忆中起着重要作用,研究发现,环境富集可以调节海马体中 BDNF 的表达(Rostami, Haghparast & Fayazmilani, 2021),同时 BDNF 也是环境富集对神经可塑性产生影响的必需因子(Rossi et al., 2006);此外,环境富集有助于增加血管内皮生长因子(vascular endothelial growth factor, VEGF)的表达(Shen et al., 2020),

VEGF 同时介导环境富集对海马神经发生的影响（Koester-Hegmann et al., 2019）。除了 BDNF 和 VEGF，研究发现，神经生长因子（NGF）、胰岛素一号生长因子（IGF－1）等其他几种神经营养因子也会在环境富集的条件下有所增加（Brown, Peters & Lawrence, 2017；Qi et al., 2017；T. Y. Zhang et al., 2018），但与 BDNF 和 VEGF 相比，它们与环境富集的关系并不那么直接，或者说更复杂（Clemenson, Gage & Stark, 2018）。

随后的研究发现，环境富集还可以影响大脑的许多其他分子和行为特征，包括胶质发生、神经发生（Garthe, Roeder & Kempermann, 2016；Sale, Berardi & Maffei, 2014；Sampedro-Piquero et al., 2013）等方面。这些发现为探明环境富集可能带来的影响以及多模态干预措施下产生的认知、情绪等变化提供了很好的生物基础和神经机制解释。

6.3.3.6 社会语言学视角下老年人会话交际与多模态环境

已有研究发现，老年人生活环境与其在认知能力的保持、会话交际状态有关。这些环境包括老年人生活的居家环境、养老院环境以及经常性活动的外部环境等。例如，罹患阿尔茨海默病的老年人在较为熟悉的环境（如居家环境）下不易产生焦虑、激越等负面情绪和行为。相反地，如果处于一种相对陌生的环境，该群体老年人可能会产生社会退缩（social withdrawal），以及较少、负面的会话交际。

目前，社会语言学视角下的老年人会话交际研究较少关注物理环境与语言产出的关系。从方法论上说，把周围物理环境纳入语境考量范畴的当属多模态互动研究（Scollon & Scollon, 2003）。该研究路径吸收了互动社会语言学、中介话语分析和多模态研究等方面的研究成果，在分析话语的同时将研究范畴拓展至社会行动（social action），认为在互动中多种符号模态、使用者及语境之间均关系密切，并在特定语境中考查了社会互动、身份与关系构建等问题（黄立鹤、张德禄，2019：23）。因此，基于多模态视角，可以开展对老年人生活环境、会话交际以及认知能力干预等多个方面相互关系的研究。

记忆并非仅仅是个体层面的，其他个体以及周围环境都参与了个体的记忆构建（Kitwood, 1990, 1997；Leibing, 2006）。因此，会话交际的环境等客观事物与老年人会话交际中的话题、话语量等均有关系（McLean, 2006：163），同时，这些客观事物也会影响到老年人的认知能力保持。以此为立足点，我们就能理解，为何很多养老院会把老年人的起居环境装修成其中青年时代的风格,其目的就是促进老年人的认知,触发记忆,提升其会话交际机会。这一研究成果对养老机构、老年活动中心等单位的建设具有重要启示意义。

除了生活环境建设,多模态干预的方式可以是多种多样的,从临床实践的角度,应该注重结合老年人日常生活方式开展干预。例如,Suzuki et al.(2014)曾要求在社区生活的日本老年人为儿童讲述图画书故事(picture book reading),经过三个月的训练,所有老年人的逻辑记忆力都有所提升,轻度认知障碍老年人的注意力、执行功能都有所改善,但言语功能在短期认知干预中未见显著提升。另外,要充分利用现代科技及人工智能等先进技术,通过调动老年人的多种感官进行复杂的认知活动,利用神经可塑性原理,提升他们的认知储备。目前,国内已有一些医院的神经内科或老年照护中心开始通过引导老年人使用多模态互动装置(如 iPad 等)进行认知游戏的训练,以达到进行多模态干预的目的。

总之,多模态干预是目前国际上较为流行的提高老年人认知储备水平的重要措施之一。还有研究者开发了面向语言障碍干预的多模态人机交互系统,通过视觉、听觉、触觉等,基于视频数据信息、音频数据信息及振动数据信息的采集系统,对干预对象的语音、面部表情等信息进行采集,并对各种输入的模态信息进行特征提取、数据解析与反馈,以提升言语康复的效率。尽管相关研究和实践取得大量成果,但针对多模态认知干预还有很多争议和尚未解决的问题等待进一步研究。例如,多模态干预由多种成分组成,对于产生的不同影响,究竟哪项干预成分在发挥作用,背后的机制是什么,还需进一步探究;如何发挥多模态干预与其他方法的结合是一个尚未被充分开发且具有巨大潜力的研究领域;认知储备的影响因素之间常具有高相关性,因此,能否直接将这些影响因素作为科学测量指标还存在争议;神经退行性疾病发病后高认知储备的个体将会面临认知老化速度和疾病进程加快等问题,该现象的背后机制也有待进一步探明。

6.3.4 疾病治疗与语言障碍改善

国外已经开展如何通过化学药物、物理治疗等多种手段改善老年患者语言障碍的研究,这些研究首先旨在提升对阿尔茨海默病、帕金森病、中风等疾病的治疗质量,在考察改善核心症状的同时,观察不同患病老年群体的语言障碍改善情况,即从修复认知能力入手,达到改善语言障碍的目的。

例如,我国开发的中成药"塞络通"胶囊在临床试验中也被证明有助于提高血管性痴呆患者的语言能力。塞络通胶囊主要治疗血管性痴呆、老年性痴呆,由西红药、人参、银杏叶三味中药有效成分组成,是我国第一个进行国际多中心临床研究的创新中药(Jia et al., 2018)。

帕金森病患者通过药物治疗也可改善语言能力。该疾病的病理机制之一是多巴胺含量的减少。初步研究表明,治疗帕金森病的药物通常能够增加脑内多巴胺含量,提高身体对多巴胺的敏感性,延缓多巴胺的分解代谢,在一定程度上能够对形态句法加工过程(morphosyntactic processing)产生影响。患者经过药物治疗后,不合语法的句法形式产出有所减少,而停药之后患者仍然表现出较差的句子理解能力(Murray, 2008: 116)。当然,今后要扩大数据量,进一步探究传统帕金森病治疗药物在多大程度上对形态句法理解与产出能力产生正面影响。

手术治疗也被证明对因帕金森引起的语言能力下降有一定疗效。例如,Zanini et al.(2003)研究了是否可以通过刺激双侧丘脑底核来提高帕金森病患者在自发言语任务中的形态句法产出能力。这种丘脑底核刺激包括将永久性电极(刺激器)通过手术植入丘脑底核(Coyne et al., 2006),研究者可在手术后通过遥控来控制刺激量或关闭刺激器。研究发现,在句法复杂性方面,所有的患者都在手术后发生了从句使用中的名词性变化。比较术后两周和一年的采集语料可发现,所有参与者从属从句的使用数量有所下降,但在统计学上并不显著;自由词素和粘附词素的使用变化更加明显,相关形态句法错误明显较少。又如,苍白球切开术也可改善患者语言能力。苍白球切开术是治疗帕金森病的手术,指人为通过手术破坏苍白球的一部分,抑制基底神经节引起的过度活动,缓解如震颤、僵硬等运动症状。该手术可改善帕金森病患者在命名任务中的命名不能问题,使术后词汇提取能力提升。但目前该手术对语言障碍的有效性尚需进一步研究,因为也有报道手术可能会导致帕金森病患者的词汇提取能力下降(Demakis et al., 2003; Troster, Woods & Fields, 2003; York et al., 2003)。

6.3.5　其他语言康复方法

目前,国外已使用更多新颖、创意的方法进行老年人语言康复训练。

这些创造性的艺术疗法包括诗歌疗法、艺术疗法和音乐疗法等。

诗歌疗法是一种辅助治疗技术，用于认知和语言刺激。护理、社会工作和精神病学领域的专家认为，诗歌在促进语障患者对话能力和创造性表达方面具有重要作用。例如，Goldstein（1987）曾在一家精神病院对老年患者进行诗歌治疗，以鼓励其进行回忆。研究发现，该疗法促进了老年人的认知，减少了他们的孤立感，增强了他们的自尊。同时，进行诗歌写作是老年人表达和记录他们在衰老过程中各种情绪和个人变化的一种重要途径，可以帮助他们进行自我认同、心理调适和身份构建，有助于实现积极老龄化。

语障患者虽然语言沟通能力受到损害，但仍然非常需要与他人交流。这些患者可以通过视觉艺术表达自己的想法和情感，用各种细微的非言语交流形式与外界建立联系、触发情感体验。研究表明，视觉艺术可以丰富患者的日常生活，包括与他人建立联系，开发长期记忆（Seifert，2001），增加社交能力，改善社会参与度等。目前针对老年人语言康复，绘画疗法是主要的视觉艺术疗法，例如，有研究者发现，在系统治疗中加入绘画疗法，老年患者的理解能力、命名能力和手势能力都有所提升，老年患者的注意力、身体协调能力、视觉空间加工和语言能力也有所恢复（Kim et al.，2008）。

随着认知状态的改变，患者在艺术创作中的风格会发生改变。例如，老年痴呆症患者的艺术作品常常具有较高的抽象程度（van Buren et al.，2013）。例如，美国画家 William Utermohlen 在患上老年痴呆症后坚持五年画自画像，直到失去此项能力，随着病程发展，画中的细节逐渐变少，画风也越来越抽象；自画像中体现了悲伤、焦虑和耻辱感等（Grady，2006），见图 6.1。

另外，多感官模态的刺激可以使得老年人的艺术创作体现更多组织性、积极性和体验性，增加患者记忆和情感的联系，从而使艺术表达相对容易。因此，对于老年人语言康复，听觉感官的刺激也是有益的，音乐对于老年人的记忆、情感及沟通都有一定促进作用。有研究发现，当听到熟悉音乐时，已失去说话能力的老年人仍然可以回忆起最喜欢歌曲的歌词（Norberg，Melin & Asplund，1986；Sacks，2007）。Tamplin et al.（2013）研究了音乐疗法对老年失语症患者的积极作用，发现经过一段时间的干预，患者的自信增强、情绪改善，沟通动机增强、沟通方式发生变化；在老年人常见的中风康复中，音乐疗法对恢复期老年患者的语言能力、情绪表达和

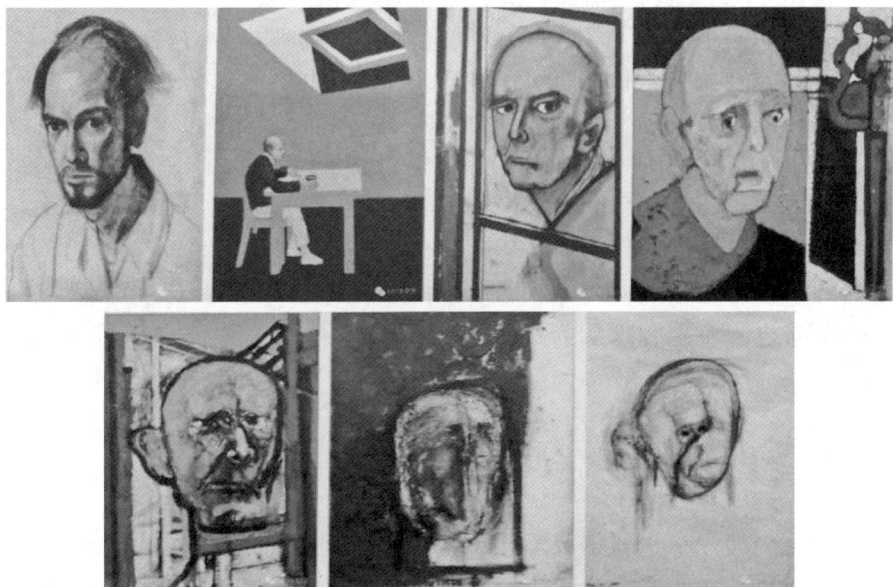

图 6.1　自画像演变

生活质量也都有积极影响(Loewy，Ard & Mizutani，2016)。因此,音乐疗法也被用于老年人语言康复训练。目前,神经音乐疗法(Neurologic Music Therapy)是应用较广的康复应用模式,该疗法使用节奏和运动的特定组合对大脑中的某些频率重新"编程",在语言障碍、认知障碍、感知觉运动功能障碍等的治疗中都发挥着有效作用。

6.4　阿尔茨海默病患者语篇语用障碍指标体系构建及测定

　　老年个体面临的语言问题主要是由生理性和病理性衰老导致的语言能力退化与临床语言障碍。前者指个体在成熟期后出现包括大脑认知衰老在内的生理性退化,从而导致语言能力下降;后者指老年性疾病(如老年性痴呆、脑卒中、帕金森病、高血压及糖尿病等)造成的语言受损或障碍。语言衰老指标体系的构建不仅有助于认清语言在生命周期中的变化,也可以为各类老年疾病的早期筛查提供检测维度。

根据 2011 年美国国家老龄化研究所和阿尔茨海默病学会发布的 NIA-AA 标准(修订版),语言功能受损是阿尔茨海默病的核心临床标准之一,命名障碍、听力和书面理解困难、说话流利却空洞、语义性语言障碍等都是典型语言缺陷。研究表明,阿尔茨海默病患者在确诊前就已表现出语言损伤,语言层面的细微变化是可测的(Mesulam et al.,2008;Ahmed et al.,2013a)。因此,不少研究者认为语言表现可作为阿尔茨海默病患者认知能力变化的临床指标(Zimmerer, Wibrow & Varley, 2016),语言评估也因此被纳入多个神经心理测验之中(Szatloczki et al.,2015)。本小节将以阿尔茨海默病为例,探讨语篇语用障碍指标体系构建及测定问题。

6.4.1 语篇语用层面测定指标的意义

语言损伤存在于阿尔茨海默病患者的各个语言层面,词汇-语义层面的损伤最早受到研究者的关注。但随着研究的深入,他们发现,阿尔茨海默病患者语用话语能力与健康对照组之间存在很大差异(Cardebat, Demonet & Doyon, 1993;Croisile et al.,1996),且会随着病程的发展加重(Bucks et al.,2000;Ripich & Terrell,1988 等),可用作鉴别诊断的语言标志物(Ash & Grossman,2015;Drummond et al.,2015 等)。临床上,语言能力主要体现在认知功能检测工具(cognitive function tool)和语言能力专项测试(language battery)中,前者将语言能力视为整体认知的一部分,将语言测试穿插在其他认知测试之中,用于对认知功能的整体评估;后者单独对某个语言能力进行评测,但多为命名测试、语言流畅性测试等词汇-语义层面上的考察(黄立鹤、王晶、李云霞,2019)。这些测试并不能完全反映患者在真实语境下的语用交际能力(Slegers et al.,2018:520)。

为了对患者在篇章-语用层面的能力进行有效评估,有研究者以连续话语(connected speech)作为语料开展了系列研究。连续话语是指被试针对特定刺激产出的连续性口语语料,属于自生成语篇(self-generated discourse)(Mueller et al.,2018)。认知功能检测工具和语言能力专项测试主要针对词汇-语义层面的评估,而连续话语更能体现被试在交际互动、话题组织上的篇章-语用能力。同时,连续话语涉及各种认知过程的持续交互,如语义存储和检索(semantic storage and retrieval)、执行功能和工作记忆等,能够较为敏感地检测阿尔茨海默病患者的早期语言缺陷。

目前,国内外已有部分研究者针对阿尔茨海默病患者的连续话语开展了语篇语用层面的研究(Kavé & Dassa, 2018;de Lira et al., 2019;李妍等,2019),从定性和定量两个方面对患者语用能力展开论述。但现有文献在语篇语用层面上的研究指标较为零散,且不同文献指标间的异质性较大,存在指标定义和测量方式上的差异,影响了系统性研究和临床应用。本节拟在现有研究的基础上,总结连续话语中语篇语用层面的语言指标,明确指标定义,归纳整合相似指标,构建语篇语用层面的语言障碍指标体系,并阐释相关测定问题。

结合前述目的,本节的具体研究问题是:

1)临床上常用的连续话语研究语料的形式和特点是什么?

2)连续话语语篇语用层面的测量指标和量化权重是什么?

3)阿尔茨海默病患者在这些指标上的表现如何?

为了全面系统地对现有文献和指标进行检索,这里将检索范围锁定在 Web of Science、Scopus、PubMed、Elsevier Science Direction、中国知网、维普、万方这七个国内外学术期刊库。根据研究问题,在实验性检索基础上确定检索词为 1) connected speech;2) spontaneous speech;3) Alzheimer's Disease;4) older adult;5) 连续话语;6) 阿尔茨海默病患者。通过对上述检索词组合,在七个期刊库中共得到 185 篇文献。剔除重复文献 72 篇,阅读余下 113 篇文献的摘要,剔除文献 26 篇,包括:

1)发表语言不是汉语和英语的文献 6 篇;

2)会议论文摘要 11 篇;

3)仅包含定性研究、无定量研究的文献 9 篇。

对余下 87 篇文献全文进行复筛,剔除 34 篇文献,包括:

1)研究对象不包含阿尔茨海默病患者的文献 15 篇;

2)不包含语篇语用层面研究的文献 19 篇。

因此,最终获得满足要求的文献 53 篇,并按照文献基本信息和文献内涵数据对文献进行编码。

6.4.2　语篇语用指标研究文献分析

在此基础上,本节从研究语料、语言指标、患者话语表现三个方面进行分析。

6.4.2.1　研究语料

连续话语体现的是被试的功能性沟通能力。该语料有多种获取方式,如图片描述、故事叙述、访谈等,不同任务下语料的侧重点略有不同。

图片描述任务是阿尔茨海默病患者语言障碍研究中最常用的连续话语诱导任务。在本研究选取的 53 篇文献中,共有 44 篇采用此诱导方式,数量最多。在图片描述任务中,被试需要对所给图片中的场景和内容进行充分描述,其中最常用的图片是 Goodglass & Kaplan(1983)设计的波士顿诊断性失语症测验中的"偷饼干图"。由此测验得出的图片描述型语料主要反映图片所包含的关键元素,研究者可通过测量正确信息的数量对被试产出的语料质量进行评分。图片中包含大量物品和人物信息,有助于检测被试的词汇语义水平,特别是名词和指示词的使用情况。图片描述型语料的话语内容相对固定,更利于语言指标的设计和不同被试间的比较,且在整个任务期间,被试可以随时翻看图片,一定程度上减少了记忆损害对话语产出的影响。

故事叙述任务是另一种连续话语诱导任务。这一任务通常要求被试观看一系列没有文字提示的图画卡片,并讲述卡片上的故事。故事内容既有日常生活情景,如"车祸"(Ska & Duong, 2005),也有著名童话故事,如《灰姑娘》(Fraser et al., 2014)等。与图片描述任务相似,故事叙述任务语料内容围绕特定话题展开,研究者易于对被试间的语料进行对比研究。但故事叙述任务更加复杂,需要被试对图片中的人物和事件加以理解,特别是事件发生的时间顺序和空间场景变化,对被试推理能力和逻辑能力的要求较高。

与前两种任务略有不同,访谈是一种更开放的语料获取方式,根据对语料内容限制程度的不同,可进一步分为结构化访谈、半结构化访谈和无结构化访谈(unstructured interview),其中,半结构化访谈因对主题控制的适当性和语料诱导的便利性使用较多。研究人员通常准备三至四个与日常生活或过往经历相关的话题,让被试就某一话题充分发表自己的观点,再以适当方式引入新话题,连续地刺激被试的语言产出。半结构化访谈的语料有助于分析被试在语篇语用层面,特别是衔接性和连贯性上的语言能力(Lai, 2014:413)。

图片描述任务、故事叙述任务和半结构化访谈都是常用的连续话语诱导方法,不同语料之间存在一些内在差异,在对阿尔茨海默病患者语篇语用层面能力的考察上各具优势。虽然 53 篇文献的语料诱导任务略有不同,但整体分析框架相似,都是采用具体测量指标对不同语言维度进行量化分析。

6.4.2.2　测量指标与量化权重

本研究从入选的 53 篇文献中提取出 238 个与语篇语用层面相关的指标。通过比较每个指标的定义和测量方法,剔除重叠指标,重组类似指标,最终归并为 23 个类别指标。按照指标测量内容可将 23 个类别指标归纳为对语篇衔接性(cohesion)、连贯性(coherence)和简洁性(conciseness)三个维度的考察。例如,Croisile et al.(1996)用总字数与总信息量的比值计算产出单位信息所需话语量来体现文章的简洁性;李妍等(2019)采用总信息量与总字数的比值计算单位话语中所包含的信息量。本质上这两个指标体现的都是文本信息密度,属于类似指标,这里将其统一归纳为"信息密度"类别指标。这一指标属于对篇章简洁性的考察,因此归属"简洁性"维度。

本研究根据各项指标在 53 篇文献中的出现频率初步赋予指标权重(见表 6.5)。

表 6.5　指标权重

	指　标　名　称	出现频次	权　重
衔接 0.3	指称代词(pronominal reference)	8	0.034
	代词比(anomia)	9	0.038
	无指称代词数(pronoun without referent)	17	0.071
	不定词(indefinite term)	9	0.038
	指示语(deixis)	6	0.025
	省略(ellipsis)	6	0.025
	信息缺失(missing element)	6	0.025

	指　标　名　称	出现频次	权　重
衔接 0.3	连接(conjunction)	6	0.025
	连词误用(conjunction error)	6	0.025
连贯 0.36	局部连贯性(local coherence)	9	0.038
	整体连贯性(global coherence)	9	0.038
	评论(modalization)	10	0.042
	话语中断(imcomplete sentence)	16	0.067
	信息单位(information unit)	39	0.164
	话题维持(topic maintenance)	1	0.004
简洁 0.34	信息密度(idea density)	20	0.084
	传递效率(efficiency)	6	0.025
	填充语(filled pause)	9	0.038
	重复(palilalia)	19	0.080
	空语(empty phrase)	11	0.046
	修订(revision)	9	0.038
	新词(neologism)	2	0.008
	赘述(circumlocution)	5	0.021

　　根据测量内容,这些指标可以分为正向指标、负向指标和中性指标。其中,正向指标反映被试的语篇构建能力,对语篇构建起到正向推动作用;负向指标揭示被试的语篇障碍,一定程度上反映语言表现背后的认知困难;中性指标是对语篇特征的统计,这类指标本身不具有正负倾向性,但在不同组别的对照研究下,可以揭示不同被试的语篇特征。

1）衔接性

语篇衔接是一个意义概念,和实现它的衔接机制密切相关(张德禄,2005：33),主要是词汇和语法方面的手段,如照应(references)、省略(ellipsis)、连接(conjunction)等。

照应是指语篇中出现的指称代词(pronominal reference)和指示语(deixis)在上文中有参与者或环境成分作为参照点,研究者通常通过计算语篇中正确指称代词和指示代词的个数来考察被试对该衔接方式的应用。同样,研究者可通过统计语篇中代词在代词和名词中的占比及指代对象模糊的代词个数来描述阿尔茨海默病患者的代词误用情况,反映其语言表现背后的找词困难和语义记忆损害。

正确省略的前提是听话人能够对省略内容进行预设。因此,合适的省略通常会省去上文中已经出现过且省略后不会对语篇理解造成干扰的信息,如"作业很多,我做完(作业)后都已经 11 点了"。合适的省略既可保持语篇在语义上的连贯,也可避免冗余现象。省略能力同样可以通过统计语篇中合适或不合适省略的频次进行正向或负向的考察。

连接体现的是句子和句子之间的逻辑关系,说话者通过选择副词词组或介词短语等连接附加语或者 and、but、then 等连词来表达相邻小句之间的详述、延展或增强关系(韩礼德,2010)。因此,对语篇中正确或错误连接手段的统计也是对被试衔接能力的考察。

2）连贯性

连贯性被用来描述语篇的概念组织,与说话者维持话题的能力密切相关。连贯性可以进一步分为局部连贯性(local coherence)和整体连贯性(global coherence)。前者指句子在话题和内容上与上一个句子的紧密程度,反映的是新旧信息之间的联系;后者体现话语在话题上的组织方式,反映的是句子与话题之间的联系(de Lira et al.，2019)。通常,研究者通过统计存在内容联系的相邻句子个数和统计与主题相关的句子个数对这两个中性指标进行量化,也有研究者通过主观评分的方式考察这两个特征,如 Dijkstra et al.(2004)。在局部连贯性分析中,话语中断(aposiopesis/ incomplete sentences)是较为常见的阻碍局部连贯性构建的现象,具体指说话人还未完成一个命题的表达就开始了下一个命题的表述,对听话人的话语理解造成干扰,研究者通常通过统计出现频次对这一指标进行量化。评论(modalization)是对图片内容的评论或自己态度的表达,是对语篇话题的偏离,属于图片描述型语料中常见的阻碍语篇整体连贯性构建的语言现象,研究者常通过统计出现频次的方式进行量化。

在针对图片描述型语料和故事叙述型语料的研究中,信息单位(information unit)是常用指标,用以考察语篇和话题的相关度。这两种语料都是围绕特定图片或故事展开,语料内容较为固定,便于量化处理。研究者根据图片或故事内容定义重要信息单位,统计被试语料中有效信息单位的个数(总信息量)来体现被试对图片的理解和语篇与话题的相关性。说话者对话题的维持能力则可通过有效信息量和话语中断的比值进行衡量(Dijkstra et al.,2004)。

3)简洁性

简洁性是另一常见考察维度。高信息密度和高信息传递效率是话语简洁性的体现。信息密度(idea density)衡量单位字(单词)数内有效信息的个数,通常,由总信息量和总字(单词)数的比值表示,比值越大,信息密度越大。传递效率(efficiency)测量单位时间内有效信息的数量,是总信息量和话语产出时间的比值(李妍等,2019),这两个指标都是对简洁性的中性描述。

阿尔茨海默病患者的语篇通常含有较多不相关、不正确信息,有冗长现象,增加了听话者的语篇理解负担。在针对这一人群语篇能力的研究中,研究者多直接考察相关负面指标。如填充语(filler)指对信息内容没有贡献的"嗯、呃"等语言形式,不利于信息密度的构建。对这一现象的频次统计也是对记忆困难和检索困难的考察(Mueller et al.,2016)。重复(palilalia)测量的是对某一单词的立即重复,与填充语相似,话语中的即刻重复是对词汇检索困难的补偿,指向被试的记忆损害(Drummond et al.,2015)。病理性重复现象一般可分为"无意识重复""持续言语""非自愿词汇重复"等(Zhu & Huang,2020);空语(empty phrase)和不定词(indefinite term)都对语篇内容无实质性贡献,前者多为一些常用习语,如"等等""诸如此类""something like that"等,后者没有具体指代对象,如"thing""someone""什么东西""什么事情"等,过量的空语和不定词会使话语空洞冗长。

由于篇幅有限,其余指标不再在此一一赘述,指标定义及量化方式详见表6.6。

表6.6 常用篇章语用层面指标体系构建

所属类别	语言指标	定义	示例及个数
话语构建	衔接性	指称代词 (pronominal reference)	正确的, 有具体指代对象的人称代词的个数 (March, Wales & Pattison, 2006)	小男孩正在拿饼干, 他快要从椅子上摔下来了。=1
		指示语 (deixis)	以上文某个环境成分为参照点的成分的个数 (March Wales & Pattison, 2006)	一个小孩在拿饼干, 这个小孩要摔下来了。=1
		省略 (ellipsis)	听话人可以通过上下文推测出的没有明说的句子成分的个数 (Ripich & Terrell, 1988)	作业很多, 我做完 (作业) 后都已经11点了。=1
		连接 (conjunction)	能够连接相邻小句的适当的连词, 副词短语或介词短语的个数 (Ripich & Terrell., 1988)	这个妈妈很认真的洗碗, 所以没有注意到她的孩子。=1
	连贯性	局部连贯性 (local coherence)	存在内容联系的相邻句子的个数 (Dijkstra et al., 2004)	我每天早上七点起床。起来之后呢就去厨房做饭。=1
		整体连贯性 (global coherence)	与整体主题相关的句子个数 (Dijkstra et al., 2004)	我是名老师。(主题是工作) =1
		信息单元 (information unit)	与图片或与故事内容有关的信息单位的个数 (Forbes-McKay & Venneri, 2005)	妈妈在洗碗。(偷饼干图) =1
		话题维持 (topic maintenance)	有效信息量和中断性话题转换比 (Dijkstra et al., 2004)	我每天早上七点起床。诶, 我今天的门忘记关了。(访谈任务, 主题是生活起居=1/1)

续 表

所属类别		语 言 指 标	定 义	示例及个数
话语构建	简洁性	信息密度（idea density）	单位字数内有效信息的个数（Bschor et al.，2001）	CIU/words
		传递效率（efficiency）	单位时间内正确信息的个数（Carlomagno et al.，2005）	CIU/min
话语损伤		话语中断（aposiopesis/incomplete sentence）	还未完成一个命题的表述就开始进行下一个命题的表达（Sajjadi et al.，2012）	这个是，他妈妈在洗碗。=1
		重复（palilalia）	对一个单词的立即重复（Cuetos et al.，2007）	这个是饼干，饼干，饼干。=2
		代词比（anomia）	代词在代名词中的占比（Hier et al.，1985）	代词数量/（代词+名词）
		无指称代词数（pronoun without referent）	没有具体指代对象的代词（Ripich & Terrell，1988）	他正在拿饼干。=1
		空语（empty phrase）	无实质性内容的常用习语（Hier et al.，1985）	妹妹对哥哥说也给我拿一个，诸如此类的话。=1

续　表

所属类别	语言指标	定　义	示例及个数
	不定词（indefinite term）	无具体指代对象，无实质性内容的单词（Hier et al.，1985）	小男孩在拿什么东西。=1
	评论（modalization）	对图片内容的评论或自己态度的表达（Kavé & Levy，2003b）	小孩快掉下来了。这个小孩子太调皮了。=1
	修订（revision）	对一个单词或命题的纠正（Forbes-McKay，Shanks & Venneri，2013）	这是一个苹果，不对，是个李子。=1
话语损伤	连词误用（conjunction error）	将两个元素以不恰当的连接手段进行连接（Hier et al.，1985）	尽管外面在下雨，我们就出不去了。=1
	信息缺失（missing element）	由于不恰当的省略而造成话语语境理解困难（de Lira et al.，2018）	妈妈在洗碗的时候，小男孩就在（ ）一直在做。=1
	赘述（circumlocution）	指由于词汇检索困难给出物品或短语的定义或含义解释的行为（Sajjadi et al.，2012）	他在拿就是一种水果，黄色的，剥了皮就可以吃的那种水果。=1
	新词（neologism）	指被试自己组合的在字典或日常生活中从未出现的单词（Hier et al.，1985）	小男孩踩在囊桌上。=1

6.4.2.3　阿尔茨海默病患者在语篇语用层面的话语表现

阿尔茨海默病患者语篇语用层面的损伤体现为衔接性、连贯性和简洁性三个维度不同程度的正向指标特征下降和负向指标特征增加。

在衔接维度上，部分研究显示，阿尔茨海默病患者在一些衔接手段运用上与健康对照组存在显著差异，表现为连接手段和指示词使用频次的减少（Dijkstra et al., 2004；de Lira et al., 2019）、代词在代词和名词中占比的增加（Kavé & Dassa, 2018；Chapman et al., 1998），且多数代词在文章中无具体指代对象（Nicholas et al., 1985；Ripich, Carpenter & Ziol, 2000）。

相比于衔接性特征，阿尔茨海默病患者在连贯性上的特征更为明显。几乎所有研究都表明，阿尔茨海默病患者语篇中的正确信息量少于健康对照组（Kavé & Dassa, 2018；Mueller et al., 2016；李妍等, 2019），尤其在物品信息和动作信息的数量上（Carlomagno et al., 2005a；Bschor, Kühl & Reischies, 2001），一定程度上体现出患者对名词和动词的检索困难。Dijkstra et al.（2004）统计了存在意义联系的相邻句子个数，结果显示阿尔茨海默病患者和健康对照组在局部连贯性上不存在差异，这一结果与Laine et al.（1998）通过主观评分方式所得结果相同。阿尔茨海默病患者在整体连贯性上的差异更为显著，无论是统计与话题相关句子个数还是主观评分，都显示出患者在整体连贯性上存在较为明显的损伤。患者有效信息量与中断性话题转换之间的比值也显著小于健康对照组（Dijkstra et al., 2004），表明其在话题维系能力和注意力上的衰退。

信息密度和信息传递效率是对语篇简洁性的考察，研究显示，阿尔茨海默病患者在信息密度上与健康老年人的差异未达到显著水平（Bschor, Kühl & Reischies, 2001；Hier, Hagenlocker & Schindler, 1985；Mueller et al., 2016），说明单位字（单词）数内两组被试产出的信息量几乎相同，但阿尔茨海默病患者的信息传递效率却显著下降。Smith, Murdoch & Chenery（1989）发现，中重度阿尔茨海默病患者比健康对照组每分钟少产出21个信息单位，说明中重度阿尔茨海默病患者语篇中出现较长时间的停顿和犹豫。多数研究者在重复等指标上得出较为一致的结论，即阿尔茨海默病患者的重复频率显著高于健康对照组（Cuetos et al., 2007；Fraser, Meltzer & Rudzicz, 2016；Visch-Brink et al., 2009）；话语中会出现较多不正确或与图片内容无关的信息（Sajjadi et al., 2012）；由于词汇检索困难，患者语篇中会出现较多次数的赘述现象，即在无法准确说出物品名称的情况下，对该物品的外观、功能等加以描述，试图对命名困难进行补偿。在其他指标上，不同研究者间的研究结果差异较大，部分研究者认为，阿尔茨海默病患者话语中会出现较高频次的填充语（Sajjadi et al.，2012）、不完整语句（de Lira et al.，2019；Dijkstra et al.，2004）、空语（Visch-Brink et al.，2009），但也有部分研究者认为，两组被试在这些指标上不存在差异（Croisile et al.，1996；Fraser，Meltzer & Rudzicz，2016；Laine et al.，1998；Ripich & Terrell，1998）。

相比于单类型指标，综合运用多类型指标的语篇分析更能全面反映阿尔茨海默病患者的语篇语用能力。我国台湾研究者 Lai（2014）使用指代正确的代词、合理的连词、不定词、空语、重复、修订等 14 项指标对 20 名阿尔茨海默病患者和 20 名健康对照组的半结构化访谈语料进行对比研究。研究发现，在衔接层面上，阿尔茨海默病患者正确代词、正确连词使用频率更少，不定词频率更高，整体表现出衔接层面的损伤，如例（1）：

例（1）

我们家就吼，那都是联络我先生是回去这样吼，啊所以吼才自己一个还有一些妹子孙子在家里。

同样在连贯层面上，通过对局部连贯性、整体连贯性和信息量的考察，可以发现阿尔茨海默病患者连贯层面的损伤，如例（2）。具体表现为相邻句子之间无话题和内容上的联系，一些句子和话题的联系较弱。

例（2）

没有可以无意见……就是也还没有结婚嘛。衣着上就是轻松的，轻……轻轻轻轻，轻轻松的衣服，就我在家里啊，因为年龄已经都超过退伍的年龄了。

在简洁性层面上，通过对单个指标如重复、空语、找词困难等的分析未发现两组被试的显著差异，但在所有非简洁指标的总量以及修订指标上，两组被试表现出明显不同，阿尔茨海默病患者整体呈现出非简洁现象。

总体上看，阿尔茨海默病患者确实存在语篇语用层面上的损伤，但相关研究在衡量语篇语用的敏感性指标上还未达成共识，本研究将对这一现象进行进一步分析。

6.4.3　现有不足与研究启示

笔者认为有以下三个可能造成研究差异的因素。

1）指标差异。不同文献对相同名称指标的定义不同，导致实际测量内容不同，如空语指标在 Dijkstra et al.（2004）中的定义是较为宽泛没有实质性内容的词或短语如 something like that 等，而在 Hier et al.（1985）中的定义是 thing、one 等没有具体指代对象的单词。除此之外,同一指标的计算差异也会对研究结果产生较大影响,例如 Sajjadi et al.（2012）统计的是填充语的出现频次,发现阿尔茨海默病患者的填充语数量显著多于健康对照组,但 Mueller et al.（2016）则是计算填充语在所有单词中的占比,发现阿尔茨海默病患者和健康对照组之间不存在显著差异。

2）被试差异。被试差异主要体现在患者的病程差异上。阿尔茨海默病是一种神经退行性疾病,根据患病程度可分为早、中、晚三个阶段,每个阶段都有不同的话语特征,患者在语篇语用层面的话语表现也不尽相同。但仅有小部分研究对患者病程进行详细说明（Forbes-McKay & Venneri,2005；Carlomagno et al.，2005a）,多数研究未明确这一信息,导致不同研究间的可比性降低。

3）语言任务差异。虽然所选语料都是连续话语,但不同语言任务所诱导的语料存在差异。图片描述任务相对简单,对词汇语义层面更加敏感；故事叙述任务需要被试对故事内容、不同事件的时间顺序和空间场景变化加以理解,话语的句法结构相对复杂；图片描述任务和故事叙述任务都提供图片支持,一定程度上减少了对记忆力的要求；访谈任务话题相对自由但对患者的情景记忆提出了更高的要求。例如,Sajjadi et al.（2012）比较了阿尔茨海默病患者和健康对照组在图片描述任务和半结构化访谈中的语言表现,发现许多指标在不同语料中对不同被试的敏感度存在差异,如阿尔茨海默病患者虽然在两种语料中都使用更多的话语标记语,但只有在访谈语料中表现出与对照组的显著差异,且患者访谈语料中填充语的出现频次显著多于图片描述性语料。

语篇语用障碍指标体系的构建旨在为阿尔茨海默病等神经退行性疾病的临床诊断提供更多语言标志物。这里采用元分析的研究方法,从 53 篇文献中提取 238 个指标,依据指标定义将其归并重组,并根据指标内容将重组后的 23 个类别指标归纳为对语篇衔接性、连贯性和简洁性三个维度的考察。同时,对相关研究差异性进行了分析,发现指标差异、被试差异和语言任务差异是三个主要因素。

面对严峻的人口老龄化形势和老年语言学发展的需要,研究者可以利用这一指标体系进行不同神经退行性疾病患者语篇语用层面语言能力的对比研究,进一步提高临床诊断的精确性,优化语言评估在神经退行性疾病预判中的作用。我国可利用这一指标体系可以加快对母语为汉语的老年人和阿尔茨海默病患者的语篇语用能力研究,构建语言能力发展常模,为临床诊治提供参照标准。

第七章　老年人语言生活、成功老龄与老龄社会

老年语言学研究具有应用导向,能够服务个体成功老龄及老龄社会治理。本章将介绍老年人语言生活与成功老龄的关系,讨论适老语言服务与产品的供给问题,阐释如何利用双语(多语)经验提高老年人认知储备,促进成功老龄。

7.1　语言生活与个体成功老龄

研究成功老龄(successful aging)老年人的生命历程、生活经历、生存状态与其语言能力保持或变化的内在关系,是探究成功老龄规律的重要方面,有助于挖掘保持老年人语言能力以及利用语言资源促进个体成功老龄的方法,对老龄社会治理具有重要价值。

7.1.1　成功老龄的定义

前文已在第1.3.2.1节中介绍,若从身脑心健康的角度来看,老年人可以分为四个大类:超康健老人、成功老龄老人、通常老龄老人、痴呆症老人(顾曰国,2019)。随着人类预期寿命延长及医学科技发展,世界各国老龄人口不断增加,社会各界持续关注如何提升老年阶段的生活质量,引导老年人群实现成功老龄,增大成功老龄老人群体,将显著提升老龄人口质量,是老龄化社会治理的重要内涵。

一般认为,"成功老龄"最先由 Havighurst(1961,1963)提出,指老年人具有内在幸福感并满意自己目前和过去的生活,能抵抗传统老化带来的衰退。该定义体现了个体的适应性。随后,又有其他研究者对成功老龄的定义内涵、评估标准等进行了探讨。例如,Ryff(1989)认为,成功老龄不仅要强调生活满意度,还应明确老年期的成长和进步。人的衰老是生理、心理和社会性等多个方面的,成功老龄涉及的方面也较为广泛,不同研究者重点强调的方面不同。例如,Guralnik & Kaplan(1989)及 Strawbridge et al.(1996)强调躯体健康的维持,而 von Faber et al.(2001)则认为必须加入心理和社会功能的维度。Depp & Jeste(2006)通过综述 28 篇对成功老龄的研究型论文发现,除生理维度(身体功能)受到的关注度最高外,社会参与维度排在第二(49.5%)。在这些对成功老龄内涵和标准的讨论中,Rowe & Kahn(1987,1997)提出的成功老龄"三因素模型"掀起了成功老化研究的热潮,以该模型为基础发表的文章多达数千篇(Rowe & Kahn,2015)。

所谓"三因素模型",是指 1)没有患病且无患病的高危因素,2)保持身体和认知的高功能水平,3)拥有良好的社会参与度(包括人际关系和生产性活动)(刘雪萍等,2018)。可以看出,无论从认知功能水平还是社会参与度,语言能力都是极为重要的:语言是高级认知功能,也是社会参与的重要手段。

我国人口基数大、老龄化程度深,2000 年至 2018 年,60 岁以上老年人口从 1.26 亿增加到 2.49 亿。同期,老年人口占比从 10.2% 上升到17.9%,提升幅度是世界平均水平的两倍多。中国社会经济发展和文化特点决定了我国老龄化社会与老年人成功老龄必然有着自己的特点。因此,有研究者认为要构建中国文化下的成功老龄模型(刘雪萍等,2018),从生理健康维度、心理功能维度、社会参与维度、生活满意度维度四个方面加以构建。

1)生理健康维度:本书已在第二章中详细介绍,老年人因生理衰老会产生语言能力蚀失,而超康健和成功老龄的老年人能够保持语常,即该群体老年人的语言理解与产出在整体上没有受到增龄的负面影响。

2)心理功能维度:语言能力是高级认知能力,研究者需要通过神经心理量表评估,方可初步研判老年人的状态(正常及罹患神经退行性疾病),而其中语言能力是测试评估的重要方面,良好的语言能力很大程度上反映了老年人健康的心理认知状态。与此同时,研究发现,对老化持积极态度能帮助老年人更好地应对生活压力(Bellingtier & Neupert, 2016)，而对老化持消极态度是导致认知能力下降的危险因素之一(Siebert, Wahl & Schröder, 2016)。Gasiorek, Fowler & Giles(2015)发现，面对老化这一不可逆过程，"参与"(engaged)并积极应对的老年个体比"脱离"(disengaged)的老年个体具有更多的积极情绪、较少的消极情绪，在老化体验上也更好。生老病死是生命周期的必然过程，对包括衰老、疾病及死亡这些事件的心理预期与接受程度也是判断老年人是否心理健康的标志，老年人能否在日常生活中坦然、客观、冷静地讨论这些相关话题或接受相关信息，以及面对老年阶段来自健康、经济、代际关系等方面的生活压力，也是老年人是否成功老龄的重要体现。因此，总的来说，对老化的心理态度可能会整体影响老年人的老化状态。老年人对生活所持的乐观态度能预测其成功老龄(Cheung & Lau, 2015)。持积极老化态度的老年人可能会更乐于参与生活、养成良好习惯、积极从事认知活动。

3) 社会参与维度：语言是老年人社会参与的重要媒介。语言能力的高低很大程度上决定了老年人的人际关系、社会融入度等。语言能力佳，则能帮助老年人在社会参与中塑造老有所为、积极向上的老年形象；相反，语言能力受损会让老年人在参与社会活动时遇到障碍，给老化带来负面影响(Cheung & Lau, 2015)。总的来说，社会交往是老年人寻求心理沟通和获得社会支持的重要途径，它对心理健康的正面影响大于对身体健康的影响，因此对老年人心理健康具有重要的促进作用(赵丹、余林，2016)。同时，增加社会交往对老年人认知能力维持又具有重要意义。

4) 生活满意度维度："成功老龄"的概念在提出之初强调的是老年人具有内在幸福感并满意自己目前和过去的生活(Havighurst, 1961, 1963)。因此，有研究者建议引入对生活满意度的测量，考虑老年人对自身生活质量的主观感受，以更有说服力地衡量老年人的生命质量。毫无疑问，老年人对生活的满意度不仅体现在物质层面，还体现在精神文化层面，包括在语言文化产品与服务中的参与，如参与社区文化活动、阅读书刊、欣赏语言戏曲节目等，这些认知活动的参与都能带来更好的认知表现，从而对老年人的生活满意度产生重要影响。

事实上，早在1948年，世界卫生组织就将健康分为生理健康、心理健康和社会健康三个维度。其中的生理健康和心理健康对读者来讲并不陌生，此处不予赘述。这里要解释的是社会健康。社会健康是指个体能否在某群体中进行良性互动，具备良好人际关系，实现社会角色(Donald et al. , 1978：2 - 5）。老年人要达到个体积极老龄的理想状态,语言是其与他人及社会环境互动、构建社会角色的重要媒介和资源。与上述这些维度类似,Lars Tornstam 提出"卓越老龄化"（gerotranscendence）概念（也称"超越老化"［gerotranscendence］）,特别指代了老年人的语言沟通能力与社会参与度。该概念认为达到"卓越老龄化"状态的老年人可以通过克服自我中心和对死亡的恐惧,追求精神深度,深化对生命意义的理解。

7.1.2　老年人语言生活与成功老龄的关系

语言沟通在老年人实现积极老龄化的过程中极为重要。语言是一种行为,这些行为及其意义本质上是社会性的,是说话人在各类社会情境中与他人通过会话互动而创造的。这是"人是社会性动物"这一基本论断的本质性特征。与此同时,这些在会话互动中创造的意义又构成了现实概念与观念,影响着个人身份构建。Jürge Habermas 有一个核心观点,即每个人都通过社会化来实现个性化,社会化是通过语言媒介实现的（Habermas, 1981, 1995）。因此,如果不能充分发挥语言媒介的作用,个人的社会化就会受到制约甚至损害。在老年阶段,个体参与社会活动、以社会化促进积极老龄化,也需要通过语言媒介、利用语言资源进行。

语言能力对于个体在老年阶段保持身心健康、构建个体身份、维护同辈及代与代之间的关系、参与社会互动等都至关重要。可以说,语言能力直接关系到老年人的"社会健康"。国际学界对老年人语言沟通、老龄过程及身心健康之间的关系十分重视,开展了一系列研究（如 Giles, Coupland & Wiemann, 1990；Nussbaum et al. , 2000；Hummert & Nussbaum, 2001；Harwood, 2007；Carozza & Noel, 2016 等）。1988 年,威尔士大学（The University of Wales）在国际上首次召开专门的学术研讨会,尝试建立老年人身心健康与语言沟通跨学科整合研究框架（Hummert & Nussbaum, 2001）。

语言的功能具有工具功能和文化功能两大范畴（李宇明、王春辉,2019）。这里,我们可以从这两大功能范畴对成功老龄与老年人语言生活的关系加以讨论。

从工具范畴看,语言既是交际工具,也是思维工具。成功老龄的老年人通常能够把先前的语言常态带入老年阶段,且能保持相对较长时间的稳定状态,有时则会经历十分缓慢且程度轻微的语蚀,但整体上都能在思维清晰敏捷的状态下使用语言将其表述出来,完成与外界及他人的高质量互动,对自身生活(如生活照护、饮食起居、信息获取等)质量产生影响。同时,语言是思维的反映,是认知的高级功能,语言训练与干预能够减缓老年人认知能力的衰退,这就是通过语言干预提升认知储备的原理。通过成功老龄老年人对其他通常老龄或痴呆症老年人进行的引领,既能促进成功老龄老年人提升互动交际质量,也能为通常老龄老年人提供语言交际机会,更能为痴呆症老年人提供语言认知干预的机会,形成老年人同代互助机制。需要指出的是,我国老龄社会面临的一个重要问题就是,老龄人口素质相对不高,是否能够通过老年阶段的老年教育,通过语言这一重要工具,提升老年人口素质,是值得深思的现实课题。

从文化范畴看,语言是文化的重要传承者,是文化活动的重要载体和媒介。引导老年人积极参与文化活动,并且有意识地使用语言加以表达、总结与传播,对于老年人认知能力及生活质量的提升具有重要意义。研究者也相继发现,老年人积极参与社交活动、文化活动能够促进认知能力的相对维持,提升生活质量。例如,有追踪研究显示,退休后的日常休闲认知活动(如阅读和下棋)能对老年人的认知老化做出补偿,使老年人在言语能力、工作记忆、加工速度上都表现更好(Andel, Finkel & Pedersen, 2015)。成功老龄的生活方式引导要充分发挥语言的文化功能,以此促进老年人认知活动。

另外,语言在文化范畴中还具有身份认同功能,这在老年人的语言生活中十分重要。语言认同是文化的认同、身份的认同。文化认同、身份认同是心理学、社会学的概念,指个人对于自我特性的表现以及与某一群体之间所共有观念(国籍或者文化等)的表现(李宇明、王春辉,2019:11)。在日常生活中,语言在老年人身份认同中起着重要的媒介作用,社会交往行为、生活方式与价值取向,都对老年人自我形象的认知与构建产生深刻的影响。同时,随着社会经济水平的不断提高,多渠道的社会交往方式、价值观的重塑,都对老年人自我形象的认知与构建产生了深刻的影响,并且老年形象的构建不是一成不变的、固定的"群体化、社会化"形象,而是随着社会、生活改变而变化的。本书在 4.3.2.3 节中论及,从传播受众角度出发,我们所处的地位和观察习惯,决定了我们看待事物时会习惯性地利用大脑中已有的概念去描述似曾相识的任何事物(Lippmann,1922)。这一点同样体现在对老年人形象的认知与塑造上。刻板印象对老年人形象的影响是双重的。老年人既有积极的刻板形象,也有消极的刻板形象。

需要注意的是,老化刻板印象在社会历史环境中产生,会潜移默化地影响老年人。已有研究表明,持消极老化刻板印象的老年人,患心脑血管疾病的比例比持积极老化刻板印象的老年人更高(Levy et al. , 2009)。本书介绍的有关老年语或老人腔的使用会导致老年人自尊受挫等负面心理影响,致使老年人沟通困难、沟通能力降低、依赖性增加,也与此密切相关。

经过本书4.3.2节的分析可知,大众媒介传播中所呈现的老年人身份形象会潜移默化地构建、巩固或重筑受众对于老年群体的看法、观念或印象,也会影响到老年群体的自我认同与形象认知。老年人将身份认同特征构建为健康活跃、老有所为、积极向上,无疑有助于推动老年人向成功老龄迈进。要达到这一效果,要在社会舆论中避免"年龄歧视",改变人们对老年人因增龄发生的变化而产生的刻板印象、偏见与歧视,同时在老年人的语言生活中实现老年群体"话语增权",引导和鼓励成功老龄的老年群体主动积极地通过各种符号模态、传播途径构建自己的正面形象、展现自我风采,这有助于社会对老年人真实生活状态的了解,对老年人的刻板印象、固有偏见进行解构,逐步建立老年人积极、健康、向上的形象。

另有研究表明,大众话语中的老年人消极刻板印象除了会影响老年人语言沟通意愿、自我效能等,还会影响认知和生理健康。例如,当老年人明确接触到负面年龄刻板印象时,他们在记忆测试中的表现会劣于没有接触负面年龄刻板印象的老年人(Hess et al. , 2003);接触负面刻板印象的老年人会表现出更多的听力下降问题,即年龄刻板印象会影响老年人的感官知觉(Levy, Slade & Gill, 2006)。在控制个体的功能健康、自我评估、年龄、性别、种族和社会经济地位等基线的前提下,持有积极自我认知的老年人拥有更好的功能性健康(functional health)[①](Levy, Slade & Kasl, 2002),且寿命更长。Levy et al. (2002)基于660名中老年人的样本分析发现,对衰老有积极自我认知的老年人比那些持消极自我认知的老年人平均寿命长7.5年,这种影响在一定程度上是由老年人生存意愿介导的。因此,老年人具有积极正面的自我认知对保持功能性健康、降低死亡率和提升生存意愿等方面有积极作用(Savundranayagam & Ryan,

---

① "功能性健康"是Marjory Gordon于1987年提出的概念,是指人们在身体功能、生理健康、心理健康和社会适应等11个方面的健康状态。在临床上,功能性健康具有系统性、标准化的评估方式。

2008：53）。

　　人际关系及社会参与情况对老年个体的幸福感影响很大,而年龄增长带来的身体和功能衰退会限制老年个体维持人际关系、进行社会参与的能力。大量研究发现,老年个体的社会融合情况及社会网络特征对健康状况及死亡风险具有一定预测力。例如,社会参与和社会支持度在老年人罹患心血管疾病时具有保护作用。社交活动的参与情况与老年人的身体功能及总体幸福感呈正相关关系,而老年人若有社交脱节感,则与其较低的自评身体健康状况相关（Ashida & Schafer, 2018：21 - 22）。另外,参与社会活动、感知社会支持（特别是情感支持）等还与老年人良好的认知功能相关,并进一步影响老年人的语言沟通能力;同时,老年人的语言沟通能力、认知功能又反过来影响他们的社会活动参与情况。有语言障碍的老年人可能会对自己的语言能力进行负面的自我评估,担心自己的障碍会损害别人对他们的看法。因此,有语言障碍的老年人可能会降低社会参与度,从而影响个体的身心健康（Warren et al. , 2018：278）。总之,社会关系和社会网络通过个体互动行为、对外界的感知以及其他各种途径影响老年人的健康,包括对心理和大脑老化的影响;反过来,健康老龄化的理念、态度以及对老年个体的影响可以通过各种方式增加老年人的社会参与度,有助于老年个体及群体福祉提升。

　　目前,还有研究者倡导从生命全程的视角看待成功老龄问题（Stowe & Cooney, 2014）,给了我们很多启示。未来不仅可探究老年人早年生活经历、生活习惯等对成功老化的影响,还可探究老年人现阶段的生活方式、认知活动训练等对老化所起的改善作用（刘雪萍等,2018）。例如,相关议题可包括老年人生命周期中语言能力变化情况（在青少年时期或中年时期第二或第三语言的学习情况、口头及书面表达能力、语言交际习惯等）与其在老年阶段的认知状态、心理健康以及生活满意度之间的关系,多语能力对老年人社会参与度、自我效能、跨文化认同等方面的积极作用等,形成成功老龄的终身发展建议。

7.1.3　特殊老年群体社会化与语言生活

　　对于罹患精神或神经退行性疾病的特殊老年群体而言,语言既是因为生心理疾病的外在临床表现,同时也是该群体与社会互动过程中的媒介手段以及特殊社会心理或群体形象的投射。传统上,对该特殊群体语言的研究通常从语言障碍的角度来探索其病理神经机制或精神原因。

近年来,西方学界逐渐意识到,长期以来对罹患精神或神经退行性疾病老年群体的研究重点在疾病的诊断、机制和治疗方法等方面,基本都属于生物医学领域。这些研究为疾病的早期检测、病理机制及病程延缓等方面带来提升,但相比之下,对情感因素和社会因素在疾病治疗中的作用的考虑就少得多。例如,这样的情况造成社会对痴呆症的认知主要停留在疾病、残疾等消极层面,加剧了痴呆症患者的耻辱感和无望感(Clarke & Wolverson, 2016)。要解决这一问题,就要重视罹患痴呆症等疾病的特殊老年群体的语言能力,要善于利用语言资源来促进特殊老年群体的社会参与,因为语言是他们与社会交往的重要媒介,同时也是其社会心理变化的观测维度。因此,有研究者指出,除了要关注痴呆症相关疾病症状、残疾等方面,还应该关注患者各方面的现存能力和潜力,引导患者和家人逐渐适应痴呆症等疾病给日常生活带来的变化,以积极的心态生活在这种情况之下(Clarke & Wolverson, 2016)。在社区的社会参与与语言沟通对于保存患者的社会能力、挖掘相关潜力具有重要作用,这也是非药物干预中很重要的一个内容。

另外,用以描述或讨论痴呆症的语言在很大程度上也会影响人们对这类疾病以及大脑衰老的认知。世界著名的医学研究期刊《柳叶刀》(*The Lancet*)在2010年曾专门探讨这个论点(George, 2010)。例如,在日常有关痴呆症的语言交流中,人们把严重痴呆的老年人无法进行社会交往的情况称为"社会死亡"(social death),或者形容丧失自我意识的患者"丢失自我"(loss of self)或是"活死人"(living death),以为该群体老年人只剩下"躯壳"。在老年人罹患阿尔茨海默病时,人们往往将该疾病视为个体大脑的"掠夺者"或"袭击者",造成蛋白斑块和神经元缠结。但是,如果将阿尔茨海默病视为大脑衰老过程这一连续的疾病谱系(spectrum)中一个阶段的话,那么这些在语言文化中盛行的隐喻可以说是妖魔化了人类对衰老过程的感情。就老年人个体而言,"延缓"或"推迟"疾病并与之共存,而非一味"治愈"(cure),可能更为现实且体现人文关怀。总之,应使用更多积极正面的隐喻,来引导人们对老龄化社会中该类疾病的看法,缓解患者与家属的心理压力。

类似地,对包括阿尔茨海默病在内的神经退行性疾病的称呼,会影响人们对这类疾病以及大脑衰老的认知。过去,一般将阿尔茨海默病称为"(老年)痴呆症"。由于社会舆论及偏见的影响,该疾病通常会被"污名化",老年患者由此产生"病耻感"、在疾病面前的无助感,同时受到社会孤立。这种负面心理会影响老年人主动寻求诊断、确诊后寻求治疗以及参与相关医学研究的意愿,甚至会影响到亲属看待、谈论老年人的心理与态度。虽然这一名称在目前医学研究中仍然沿用,但已有人士呼吁改称为"失智症""智退症"或"认知症",并在非专业领域和场合中推广,以去除其"污名"。事实上,2013 年颁布的第 5 版《精神障碍诊断与统计手册》已将"痴呆"一词去除,用"神经认知障碍"代替。这一变化更加体现了该疾病的病理机制,并且避免了污名化特征。

7.1.4　老年人语言推理与社会参与问题

目前,已有研究者关注到与老年人日常生活会话密切相关的决策失误或上当受骗现象,其中涉及启发式偏差(heuristic bias) 和语用推理问题等,成为老年人常见的社会参与和语言推理问题。这些问题在老年人经济生活、就医或照护等活动的语言沟通中有所体现。本节主要通过医疗照护和老年人上当受骗这两个方面的例子,来探讨与老年人语言沟通中涉及的推理、决策与社会参与问题。

决策是一种高级认知过程,是问题解决过程的一部分。老年人在日常生活中也面临各种决策,增龄对老年个体决策影响的研究被称为"老化决策研究"。已有的老化决策研究基本都属于行为决策研究范式,通常使实验研究法考察老年人的实际决策过程,描述老年人真实的决策行为,借助神经影像学工具和认知模型分析老年人行为决策衰退背后的神经心理机制。目前,对该议题的研究还处于起始阶段,主要集中在消费决策和医疗决策等方面。初步研究发现,随着年龄的增长,外显学习、记忆等与决策关联的控制性加工机制效能会逐渐衰退,因而老年人更难做出绝对理性的决策(余林,2014:33 - 41) 。

根据双重加工理论,在推理、判断和社会认知过程中,人们有两套加工系统(Evans, 2008)。系统 1 的加工是自动而快速的,几乎不用太多努力,也没有有意识控制,其产生的即时反应通常是基于情绪或感觉的;系统 2 的加工是有意识的,需要认知努力,且受到工作记忆容量的限制,更具分析性和逻辑性,相对有序且缓慢。与系统 1 相比,系统 2 能够基于比较对象的多个特征或属性做出理性选择。具体对比见表 7.1。

表 7.1　双重加工理论下两套系统的对比(The Gerontological Society of America, 2016: 4)

系　统　1	系　统　2
潜意识	意识
快速	缓慢
直觉	分析
自动	控制
认知努力少	认知努力多
联想	推演(基于规则)
实用	有序
独立于工作记忆	受工作记忆容量限制

　　老年人的两种决策系统加工过程都会受到增龄影响,但衰老似乎对系统1决策思考影响较小,缺陷主要出现在系统2中。当然,老年人可以依赖启发式加工和先前经验来补偿系统2加工效率的下降。整体上说,老年人加工信息的速度和效率低于年轻人,与年龄相关的工作记忆容量下降会导致同时加工多项信息的能力降低;老年人在筛除不相关或错误的信息及预估数字频率方面有较大困难;另外,老年人更容易受到情感对决策和情感评估的影响(The Gerontological Society of America, 2016)。

　　现有的证据表明,人并不是完全理性的决策者。当面对许多不确定情况或未知问题时,大脑由于缺乏行之有效的方法,会倾向于使用一些思考的捷径,即人们通常会依赖"经验法则"来对事物或问题进行判断决策。尤其在老年人的决策制定及相应的语言沟通中,他们更可能倾向于使用启发式加工和先前经验来补偿前述的系统2加工效率的下降。但是,这种判断决策往往并不可靠,启发式偏差决策得出的结论并不一定是正确的,会导致决策的偏差,从而使老年人做出错误决策并且上当。在医疗或照护活动、经济生活或者其他决策中,医护或照护人员、金融经济服务人员以及家属等应该通过语言沟通,引导老年人避免在日常生活中产生启发式偏差。这对于提升老年人社会参与品质,改善老年人生活质量,进行精细化社会治理均有重要意义。

7.1.4.1　决策推理与医疗照护

决策是医疗照护中的一个基本内容，也是老年人社会参与的重要方面。在医疗照护中，医护及照护人员通常要对老年患者的症状、病理及身体状态等进行分析，并且在很多情况下涉及与老年患者共同对治疗方案、医养计划进行决策；在日常生活中，老年人也会针对具体问题做出与自我治疗、自我护理相关的决定。为了避免老年人产生过多"启发式偏差"，应尽量减少该效应对老年人、医疗保健提供者和照护者做出卫生保健决策的影响，美国老年学学会(The Gerontological Society of America)曾就医疗及照护中老年人的"启发式偏差"及语言沟通问题出版过"指南"《与老年人交流》(*Communicating with Older Adults*)，旨在引导医护及照护人员从日常会话中及时纠正或引导老年人，鼓励医护及照护人员与老年患者进行更有成效的决策对话。

研究表明，老年人在认知过程中更喜欢积极事物，而不是消极事物，这种现象被称为与年龄相关的"积极效应"。Notthoff & Carstensen(2014)的研究将老年人和年轻人随机分配到三个小组，分别呈现积极提示(如"步行对心血管健康十分有好处")、消极提示(如"步行不足会增加心血管疾病风险")以及中性提示(如"步行是一项有氧运动")，或者积极、消极及中性条件框架(frame condition)。研究发现，所有组的年轻参与者步行步数相似；相比之下，被提示步行有积极证明作用的老年人步行次数显著多于被提示不步行有消极负面后果的老年人。另外，在整个研究周期内，随机进入积极提示小组的老年人平均每天步行步数明显增加；而随机进入消极提示小组的老年人并未增加步行。由此可见，语言信息沟通方式对老年人在日常生活中的决策具有重要影响。

美国老年学学会列举了老年人在医疗照护中常见的偏误类型以及沟通策略(The Gerontological Society of America，2016)，包括可及性经验法则(availability heuristic，也译作"可用性启发")偏误、忽略偏误(omission bias)、锚定效应(anchoring effect)偏误、沉没成本偏误(sunk-cost bias)等。

可及性经验法则偏误与引导老年人接受流感疫苗。"指南"叙述了这样一个例子：73 岁的美国老年人 Anita Miranda 访问了家庭医生，医生提醒她要接种年度流感疫苗。但 Miranda 说："哦，我不太担心得流感。你们有针对寨卡病毒的有效疫苗吗？这是我最近听到的一切，我真的很害怕!"

这是一个典型的可及性经验法则偏误例子。人们通常会根据想到事件的难易程度来估计事件发生的频率或可能性,频率较高的事件比频率较低的事件更容易被回忆起来。因此,最近发生的罕见或灾难性事件更容易被时刻记起,使决策受到影响。在老年人参与健康医疗的过程中,这种认知偏误可能会使老年人高估或低估他们生病或经历不良影响的风险。在此例中,Miranda 显然高估了寨卡病毒的风险。事实上,对于美国老年人来说,患年度流感的可能性会高出很多,且很多老年人会因此死亡。因此,"指南"建议家庭医生可以加强与其语言沟通:"很多人担心寨卡病毒,因为新闻一直在报道,我们还在不断地了解这个病毒,还有很多不确定的东西,疫苗也还没有研发出来。但我们主要担心怀孕或准备怀孕的女性感染寨卡病毒,因其可能导致出生缺陷。"然后,家庭医生应该在谈话中将焦点转移到与流感病毒直接相关的信息上:"但可以确定的是,流感对老年人来说是一种非常严重的疾病。如果感染流感,您这个年龄的人发生严重并发症的风险很高,而且很多死于流感的人都是老年人。现在我们已经开始使用一种新的大剂量流感疫苗,是专门为 65 岁以上老年人研发的,它比标准流感疫苗更有效,您觉得呢?"

锚定效应偏误与老年人用药指南。"指南"叙述:Frank Johnson 是一名 78 岁退休军官,因疑似胃肠道出血入院治疗。服药史显示,他自己每天服用三到四次非处方药布洛芬,每次 600 毫克至 800 毫克,用以缓解慢性腰痛。他回忆说,当自己在军队时,军医有几次给他开了布洛芬处方,记得当时服用剂量是 800 毫克。锚定效应是指某些初始信息(锚点)影响了人们的后续判断。Johnson 回忆起之前服用的布洛芬剂量是 800 毫克,这成为他今天服药的基点,使他每天服用剂量超过了 2,400 毫克。克服锚定效应的关键是要将锚定与当前的实际决策分开。因此,医生可以这样与其沟通:

先用"脱锚"开始对话:"先生,您服用的布洛芬比推荐剂量多。"随后强调锚定信息与当前情况之间的区别:"您过去服用较大剂量,是因为医生熟悉您健康状况,他在特定情况下开具了此处方。现在您年纪大了,大量服用布洛芬可能产生严重问题。"随后提出具体建议,不要设定任何锚定信息:"所有疼痛都是不同的。这次的情况建议您服用醋氨酚,一定要遵循服用说明,绝对不要超过推荐剂量。这一点非常重要,因为服用过量也会导致一些严重问题。如果疼痛加重或超过 10 天,请及时就医。"

忽略偏误与医疗决策。在现实生活的医疗决策中,忽略偏误可能会导致患者想通过不采取行动来避免任何伤害,即使不采取行动本身也可能会造成伤害。例如,老年心脏房颤患者可能会拒绝华法林治疗,因为患者担心可能发生出血性中风,但如果不服用华法林,发生缺血性中风的风险会更大。因此,医生应该与老年人充分沟通,在语言中使其明确认识到不接受医疗措施的危害性。

沉没成本偏误与药物服用决策。"指南"叙述:Lorence Turner 是一位 82 岁患有骨关节炎的老年女性,每天都有轻微且持续的膝盖疼痛。有朋友建议她吃一种电视广告产品,据说它含有"天然"草药配方。在尝试服用的开始阶段,她觉得关节疼痛有所好转,因此她在一次促销活动中买了更多该产品,但服用几周后,她的膝盖疼痛开始加重。医生认为该产品配方中的某些成分可能与其服用的其他药物发生了反应,且认为该产品无法真正解决其疼痛问题,因此建议其停用。但 Turner 不愿意改变,她说:"我家里还有很多这个产品,不想浪费掉。也许它会开始起作用的!我会一直服用。"

这是典型的沉没成本在药物服用决策中的体现。沉没成本是一种不可挽回的金钱、时间或精力的支出。帮助老年人克服沉没成本偏误,需要他人有意识地引导他们接受损失。因此,医生可以说:"这个产品对您不起作用。根据我们对其成分的了解,即便继续服用,也不太可能减轻您的关节疼痛,相反,还可能会与您服用的其他药物发生作用。浪费钱不好,但是如果您关节问题不解决,无法陪伴您的儿孙,不是更糟吗?"随后,医生可以提供一些其他建议:"销售公司是否可以提款呢? 推荐您服用的那位朋友自己是否还需要服用? 也许可以给她……"

总之,对老年人在医疗活动中的决策行为进行研究,并在此基础上改善与老年患者的语言沟通效能,是该领域相关研究的主要内容,国外在此方面已经取得了积极成效,随着人口老龄化程度的加深及健康中国战略的实施,我国应该重视这方面的问题。

7.1.4.2　经济决策的信息加工、语用推理与上当受骗

在日常生活与社会参与中,增龄会对信息加工以及语用推理产生影响,使得老年人在经济决策中产生偏误,容易造成上当受骗的结果。影响老年人决策的因素有很多,包括注意力变化、记忆力"积极效应"、个体认知需要等方面,这里主要介绍两方面因素,一个是情感意义目标偏好,一

个是"框架效应"(framing effect)。

在一些情况下,老年人在风险决策上会犯更多错误(Denburg, Tranel & Bechara, 2005)。多数研究认为,这种现象主要是由老化相关的缺陷造成的,如认知能力下降、记忆力及执行功能衰退等。在经济决策上,对语言信息的提取和加工是重要前提,正常应该是对消极信息和积极信息进行详尽评估后做出决策。研究发现,老年人更倾向于忽略消极信息,他们会增加对积极信息的加工来完成决策,且更易受到情感因素的影响(Weierich et al., 2010)。

社会情绪选择理论将目标划分为两类,第一类是与知识相关的目标,第二类是情感意义目标。个体知觉到时间充分时,会优先考虑知识相关的目标,为长远和不确定的将来存储信息;个体知觉到时间有限时,则会有限考虑情感意义目标(余林,2014:191)。换言之,随着年龄的增加,老年个体意识到时间越来越有限,会更倾向于依附情感意义上的目标(Carstensen, Derek & Susan, 1999)。例如,有研究发现,相较于年轻人迎合知识相关的广告信息,老年人可能更喜欢且更能够记住迎合情感意义的广告信息,给出更多积极评价(余林,2014:222)。这就是老年个体在衰老过程中对包括广告在内的语言信息加工目标的偏向趋势。

对老年人通过语言信息做出决策产生影响的还有心理学上的"框架效应"。"框架效应"指一个问题在两种逻辑意义上具有相似的说法却导致了不同的决策判断。在这一效应下,虽然对抽象能力成熟的成年人来说,语言转换并不会影响选择,但在很多情况下,对一个问题以肯定或否定方式进行不同描述,会影响个体之后的选择。有研究发现,个体决策系统中的情绪偏好整合、个体之间的认知能力差异等是该效应产生的潜在原因(Tanner & Medin, 2004)。个体在中年之后,随着年龄的增长,记忆、推理、注意等都有所下降,更加容易出现"框架效应"(Kim et al., 2005)。对于正向描述的广告产品,老年人较年轻人明显评价更高,老年人一旦关注了正向框架下的信息,将产生积极的印象(余林,2014:196-197,222)。

另外,老年人在记忆书面、口语中的信息能力处于较低水平,会选择遗忘部分信息。此时,由于对信息组织的不当,老年人不能区分信息的主要点和次要点,从而丢失了可能关系到真实性和其后决策的重要细节。老年人还会使用过去经历的细节记忆来弥补对未来细节的损伤。有时,在广告中,往往细节信息才是最为真实有效的,决定了信息的真伪性与准确性,影响到老年个体的决策。当然,广告的多种模态信息的布局、大小、数量、关系等都会对个体(尤其是老年个体在感官模态衰老的情况下)获悉模态信息、做出决策造成一定影响。

已有实证研究表明,老年人在广告中更多关注正文、正性描述和醒目度高的信息,而年轻人关注的信息较全,更会关注隐藏式信息或危险警示信息,位于背面(非正文)、属于负性描述、醒目度低的信息内容往往会使年轻人决定不信任该广告(不购买产品);老年人的细节信息再认能力较弱,如果更正后正确的语言信息与更正前错误的语言信息差别不大,老年人的敏感度较低,很少能够成功再认,而年轻人有较好的再认结果(余林,2014:203-208)。

总之,老年个体由于所处人生阶段不同、认知能力的减弱、各种心理效应等会更加依附情感目标,导致他们在面对语言信息(如经济决策中的广告语言等)时进行理解和加工的准确性发生变化。因此,研究者应当从认知、情感角度探讨老年个体的语言信息加工特点,才能理解老年人容易上当受骗的心理特点。

无论是经济活动还是其他社会参与,推理是决策的前提,决策是推理的结果。老年人在社会参与时上当受骗中的语用、行为推理与决策过程值得研究。例如,蒋燕、顾曰国(2020)就构拟了老年人经济行为语用推理的研究路线图(见图7.1)。

图7.1语用推理中两个步骤的"听""看"和"想"是受骗老人自述中常用的关键词,反映出老年人在参加经济活动时是通过感官模态获取的信息以及当时的心理状况;"听"包括听诈骗者的言辞以及经济活动中其他人的言辞;"看"包括看影像材料、实物等。"想一想"即对所听和所见进行思考。在这一过程中,老年人语用和行动推理以"反思/醒悟"结束,则没有上当受骗;若老年人在现场被行骗方的言行假象蒙蔽,不能识破其真面目,认为对方是在真情实意地推销产品,就会上当受骗。

在语用学中,语用推理研究在宏观上

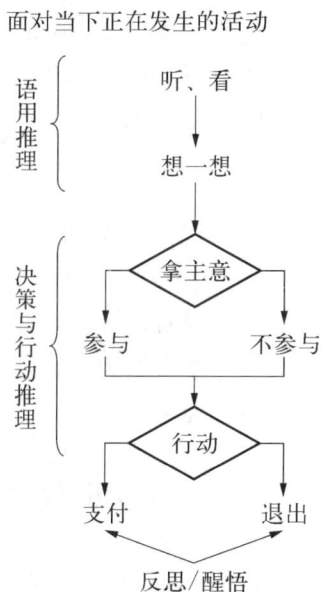

图 7.1 老年人经济行为语用推理研究路线图

形成三股理论,包括 Grice 的合作理论、Sperber 和 Wilson 的关联理论、Habermas 的语用批评理论。经过对比,蒋燕、顾曰国(2020)认为 Habermas 的语用批评理论最适于分析老年人在社会参与中上当受骗的语用推理情况;在设计老年人防受骗训练计划时,语用批评理论更具有指导价值。这是因为该普通语用学理论预设交际双方的目的是推进对对方人品的了解(understanding)。这个"了解"超越对语言信息的诠释(interpretation),还要涵盖对说话人人品的把握。也就是说,Habermas 语用学中的"了解"要通过对说话人语言信息的诠释分析其人。这就是他说的"说话的可靠性基础"(the validity basis of speech,Habermas,1998:22)。

对老年人进行劝说的宣讲者(行骗者)会通过自己的言行(显然是多模态的整合)让老年听众不仅接受宣讲信息,更相信自己的诚信品格,从而提供老年人决策购买产品或服务的基础;老年听众假定宣讲人是"言""思""情""貌"整一的诚实君子(顾曰国,2013),因此,宣讲者说出的话、所做的行为为老年人语用推理的实时判断提供了基础;研究者在分析老年人上当受骗的过程时,要通过对行骗者对语言信息的诠释来分析其为人的人品,若不一致,则是"口蜜腹剑"的"言行不整一",可为揭示行骗过程与老年人语用推理提供分析基础。

老年人社会参与中的语用推理与决策研究方兴未艾,有兴趣的读者可以关注 Salthouse(2005)、McGillivray et al.(2012)以及蒋燕、顾曰国(2020)等学者的研究。

7.2 双语(多语)经验与个体成功老龄

国际上有不少针对双语或多语经验与老年人认知功能关系的研究,国外部分学者认为,通过多种语言的学习可有效提升认知储备,改善老年人的认知能力。我国对此问题的研究关注较少。

7.2.1 双语(多语)经验与语言认知能力变化

双语(多语)经验对老年认知的影响较早受到学界关注,相关研究主要可以分为以下几类:双语经验对执行功能的影响、双语经验能否延缓认知障碍等疾病、多语经验对脑功能的重塑影响。

7.2.1.1　双语(多语)经验对执行功能的影响

双语能否提升认知能力的争论主要集中在双语能否提升执行功能，研究者主要通过一些认知任务开展研究，如西蒙任务[①]（Antoniou，2019）等。Bialystok et al.（2004）对 60 岁至 80 岁的双语老年人和 30 岁至 58 岁的双语中年人进行了西蒙任务实验测试，结果发现，两组的双语被试在西蒙任务的表现都优于同龄人，而老年人的优势更明显；Valis et al.（2019）从 60 名捷克老人中选择 42 名认知未受损的被试，随机选择 20 名被试学习英语（每周三节 45 分钟的课程，共 12 周）。22 名被试作为对照组，不进行任何语言学习训练，实验中对被试进行两次蒙特利尔认知评估量表测验。研究结果表明，实验组 20 名被试的认知能力有一些提高，但评估分数与对照组的差异并不显著。这种结果可能和样本选取的地域局限性、实验对象的样本规模有关。但由于分数没有出现下降的情况，此次实验结果仍能表明定期的外语学习能够维护健康老人的认知健康；刘露奇等（2013）对 20 名平均年龄为 64 岁的健康老人工作记忆广度进行了研究（10 名少数民族单语者，10 名少数民族平衡双语者），被试需要边听录音完成心算边按顺序记忆答案，结果发现：双语被试的平均数字工作记忆广度（6.40 个）明显大于单语被试的平均数字工作记忆广度（4.89 个）；还有研究通过一组神经心理测试以及有关语言社会背景的问卷发现，双语经验对遗忘型轻度认知障碍有一定延缓作用，其改善作用仅出现在一种子类型上——单认知域遗忘型轻度认知障碍，这种子类型最有可能发展为阿尔茨海默病（Ossher et al.，2013）。该研究在时间进程上确认了双语经验和老年痴呆症防御之间的相关，证明了这种抵御作用的延续性（程凯文、邓颜蕙、尧德中，2014）。

双语者经常使用执行控制能力，这能够提高认知储备，从而缓解认知衰退。比如，Bak et al.（2014）对 853 名苏格兰被试进行了组合实验，分别于 1947 年和 2008—2010 年进行了两次认知测试，该实验控制了被试的种族、文化、移民、（被试及其父母的）社会经济地位、被试儿童时期的智商等变量，发现双语老人在认知测试中具有更好的表现，因此得出结论：双语

[①]　西蒙任务要求被试根据屏幕上方块的颜色按压按钮（例如，左边的按钮代表蓝色，右边的按钮代表红色），一致性实验中，方块出现的位置和按钮相对应；非一致性实验中，方块出现在与对应按钮相反的位置，这种冲突的空间信息会延长被试的反应时间。一致性实验和非一致性实验之间的反应时差被称为"西蒙成本"（Antoniou，2019）。

具有延缓认知老化的优势。还有研究者从 1989 年开始对 814 名以色列老年人进行了长达 12 年的研究（研究前的年龄范围为 75—79 岁），结果发现，多语对认知老化的改善效果比年龄、移民年龄、教育和性别要好（Kavé et al., 2008）。也有研究者对 232 名 65 岁以上的卢森堡健康老人进行神经老年病理学和神经心理学的评估之后发现，健康老人的多语经验和改善认知老化之间存在联系（Perquin et al., 2013）。

由于受试样本大，历经时间长，对同一老年人群在一定时间后认知状况的研究相对较少。英国爱丁堡大学的认知老化和认知流行病学研究中心（Center for Cognitive Aging and Cognitive Epidemiology, CCACE）长年致力于双语经验带来的认知影响。该中心选择在印度开展一项长期追踪研究，这是因为印度日常使用的语言高达 850 种，多语人群非常普遍。中心 1947 年对当年 11 岁的 853 名受试进行测试，时隔 61 年，2008 年对时年 72 岁的同一组受试进行复测，发现双语者在各方面表现远高于研究者的预期，尤其是智力水平和阅读能力方面表现优秀。即便双语者是在成年后学习的第二语言，双语也会对老年后认知能力产生积极的影响；Kavé et al.（2008）对 814 名健康老人进行历时 13 年的跟踪研究发现，老年人会说的语言数目与其在各阶段的认知水平呈正相关。个体每多说一种语言，其抵御认知损害的概率明显增加，并且学习和掌握这些语言的年龄越小，保护作用越大（Perquin et al., 2013）。这两个实验结果都证明，双语有利于延缓认知老化（刘红艳等，2020：60 - 61）。

那么，双语或多语老年人若罹患神经退行性疾病，他们的语言能力退化会怎样变化呢？不同语言的加工脑区具有重叠性，因此相关脑区受损会影响个体所掌握的各种语言。例如，Filley et al.（2006）发现，一位中英双语女性罹患失语症，其言语错乱及重复能力受损在中英两语中均有体现；Friedland & Miller（1999）报道了四名英语-南非荷兰语双语阿尔茨海默病患者的情况，他们在两种语言中都表现出了类似受损情况。但也有研究显示，双语或多语患者在不同语言中会表现出程度各异的损害。例如，Mendez, Saghafi & Clark（2004）发现，一名操英语（母语）-西班牙语-德语三门语言的患者对词汇命名及理解的能力受损，但作为母语的英语损害程度相对较小，而西班牙语、德语受损程度较大；另一名操西班牙语（母语）-英语-波兰语三门语言的患者在英语和波兰语的词汇提取与理解任务中表现更差。另外，双语痴呆患者的两门语言切换能力也有所下降，这与患者脑认知的执行功能下降密切相关（Kempler & Goral，2008：82）。

在大多数情况下,患者倾向于使用自己的第一语言(de Santi et al.,1990;Friedland & Miller,1999),这可能是"早习得、后丧失"原则的体现(Mendez et al.,1999)。因此,有研究者认为,多语能力患者的不同语言受损程度及其认知加工过程并不相同。

7.2.1.2 双语(多语)经验对认知障碍等疾病的延缓作用

多数研究表明,双语经验可以延缓轻微认知功能障碍的发病年龄(Bialystok et al.,2014;Ossher et al.,2013),也可延缓行为变异型额颞叶痴呆的发病年龄(Alladi et al.,2017)。此外,Alladi et al.(2016)对608位缺血性中风患者进行研究发现,和单语中风患者相比,双语中风患者更少受到中风后轻微认知功能障碍或痴呆症的影响(并非中风后失语症)。

Bialystok,Craik & Freedman(2007)仔细查看了记忆门诊中228名认知障碍患者病历,最终挑选了184名诊断有痴呆症的患者病历(其中单语者91名,双语者93名),他们发现,双语者痴呆症状的首发时间(按患者接受神经认知评估时的家庭报告计算)要比单语者迟4.1年,由此得出结论:双语经验可以延缓阿尔茨海默病的发病时间。之后的类似研究进一步表明,双语(多语)者与单语者相比,痴呆症的发病年龄要晚四至五年(Chertkow et al.,2010)。其中,双语经验对低教育水平老人的痴呆症发病年龄延缓效果最好(Gollan et al.,2011)。Alladi et al.(2013)基于较大样本开展了进一步研究,他们调查了648名印度老人(391名为双语老人)病历中的痴呆症发病年龄。该研究排除了移民身份和教育水平因素的干扰,只保留了双语经验这一因素。结果发现,双语者痴呆症发病年龄比单语者推后四年半,这一优势在不识字的双语者身上高达六年。此研究也对痴呆症类型进行了更细的划分(阿尔茨海默病、血管性痴呆、额颞叶痴呆、路易体痴呆和综合性痴呆等),发现双语经验推迟发病年龄的情况仅出现在前三种类型中。上述这些研究均证实,双语经验对痴呆症发病年龄有延缓作用,且和其他变量一同影响认知受益的程度。

但是,近年来的一些研究对双语(多语)经验延迟痴呆症发病年龄的作用提出了疑问。这些研究,有的通过建立回顾性队列、采用回溯对比方法考察移民(具有双语[多语]经验)的痴呆症发病时间,有的则构建了前瞻性队列进行追踪,如研究队列建立时无痴呆症社区居民获得双语经历之后的情况(Antoniou,2019)。例如,Clare et al.(2016)建立回顾性队列,采用回溯方法比较了英语单语患者和威尔士语-英语双语患者阿尔茨海默病的发病时间,并未发现显著差异;Lawton,Gasquoine,& Weimer(2015)建立前瞻性队列,追踪研究了 1,789 名非移民被试,研究时间长达 10 年,期间 54 名单语被试和 27 名双语被试患上了痴呆症,但其发病年龄并无差异;Zahodne et al. (2014)同样建立前瞻性队列,花了 23 年时间追踪了 1,067 名居住在纽约的西班牙裔移民,发现双语经验可以改善人的记忆力和执行功能,但与痴呆症或认知衰退的发病年龄无关;Sanders et al. (2012)的前瞻性队列跟踪调查了纽约布朗克斯的 1,779 名被试,长达 16 年,期间 93 名单语被试和 33 名双语被试患上了痴呆症,发病年龄并不存在组间差异,不过该研究中单语者样本数据的完整性遭到了质疑(Mukadam,Sommerlad & Livingston,2017)。

从上述研究可以看出,双语经验是否对痴呆症有延缓作用的研究结论常与变量因素、样本来源等密切相关。例如,建立回顾性队列、基于病历资料的研究常会因混淆了双语经验和移民身份两种因素而受到诟病,其研究设计也遭到其他研究者的质疑。Fuller-Thomson(2015)认为,在医院记忆门诊进行的回顾性研究存在局限性,因此双语效应对痴呆症发病年龄的延缓效应存疑,同时他认为现有研究存在"发表偏倚"现象,即研究者偏向发表具有显著现象的实验结果;但 Bak 和 Alladi 对此做出回应,强调了前瞻性研究固有的方法局限性,包括对双语经验、教育和移民因素的混淆,并指出从记忆门诊中可获取的数据十分丰富,在回顾性队列中获取的数据可能优于前瞻性研究中从社区居民处收集来的数据。还有研究者对 13 个研究(5 个前瞻性研究,8 个回顾性研究)做了 Meta 分析,认为双语效应并不能改善认知衰退,回顾性研究在研究方法上存在一定的混淆(Mukadam,Sommerlad & Livingston,2017),不过该荟萃分析的结论只涵盖了 13 个研究中不能延缓发病年龄的部分研究(4 个前瞻性研究,1 个回顾性研究),忽视了大部分证实双语经验能够延缓发病年龄的研究,已被一些研究者批评为具有误导性且不全面(Woumans et al.,2017)。另外,有研究者认为,回顾性研究倾向于使用更严格的双语经验定义,也更容易发现双语经验对痴呆症发病年龄的延缓;前瞻性研究则使用宽泛的定义,更难发现双语经验对痴呆症的改善作用(Antoniou,2019)。

7.2.1.3 双语(多语)经验对脑功能的重塑

多数研究表明,双语经验能够带来更有效的执行功能过程,这一点可从执行功能相关的大脑结构中观察发现(Antoniou,2019)。Bialystok et al.（2005）使用了脑磁图（magnetoencephalography, MEG）①来验证此前在行为学研究的冲突任务中发现的双语优势神经网络情况，被试为粤语-英语双语者、法英双语者和英语单语者（平均年龄为 29 岁，年龄范围为 22—36 岁），每一位被试在完成西蒙任务后都进行了脑磁图探测。结果显示，双语者左脑的额上区和额下区在西蒙任务中更活跃，单语者的中额叶区则较为活跃，双语者对两种语言系统的调控可能导致额叶执行功能发生了系统性改变。

Gold et al.（2013）研究发现，比起单语老人，双语老人在一些额区的血氧水平依赖反应较小（表明大脑加工更不费力），同时任务转换的能力更强一些。Abutalebi et al.（2012）发现，双语者大脑前扣带回皮层（影响执行控制的大脑区域）的灰质含量与功能活动正相关，与行为冲突效应负相关。双语老人在大脑前扣带回皮层的灰质有所增加，而单语老人背外侧前额叶（对执行功能有重要作用）的灰质则呈现出减少趋势，这些大脑差异和双语老人在侧抑制任务（Flanker 任务）②中优于单语老人的表现有关（Abutalebi et al., 2015）。Price（2004）通过功能性磁共振成像对 88 名被试（单语者和早期双语者各 25 名，晚期双语者 33 名）进行研究。结果发现，与单语者相比，双语者的顶下皮层的灰质密度增加显著，左右脑的差异显著；早期和晚期双语者的左脑都有一定的变化，但早期双语者左脑的变化和熟练双语者相应脑区的灰质密度变化更显著。

有学者认为，尽管双语经验延缓神经病理学疾病的机制尚存争议，但双语经验确实可促使大脑可塑性提升，从而以改善认知老化（Antoniou，2019）。研究表明，双语经验有助于建立认知储备（Calvo et al., 2016），构建大脑网络（Grant, Dennis & Li, 2014），还能够减少阿尔茨海默病生物标志物在脑脊液中的出现，且有助于降低早期阿尔茨海默病的发病率（Estanga et al., 2017）。双语者的大脑在弥补神经损伤方面更具优势，因为双语者并没有表现出神经受损相应的行为症状。例如，表现出阿尔茨海默病症状的双语患者比同等认知能力、教育水平、患病程度的单语患者的颞区萎缩更严重，但是并没有表现出更严重的记忆力损伤（Schweizer

---

① 脑磁图是目前最先进的磁源成像技术，采用低温超导技术（SQUID）实时测量大脑磁场信号变化，形成解剖学定位图像，具有极高的时间、空间分辨率。

② 侧抑制任务是指在心理学实验中向被试同时呈现中心靶刺激和两侧分心刺激，此时两侧分心刺激（flankers）所带来的无关信息会对被试判断中心靶刺激产生影响，体现在正确率和反应时上。

et al. ，2012）；同样，双语患者前颞叶区、顶区以及左小脑的葡萄糖摄取功能与单语患者相比呈现出更大的损伤（葡萄糖是大脑的主要功能物质，正常的葡萄糖代谢对大脑机能至关重要），但双语患者并没有显现出与这些损伤相关的行为症状（Kowoll et al. ，2016）。双语阿尔茨海默病患者左脑的代谢衰退（代谢衰退指葡萄糖摄取不足，是阿尔茨海默病病因的核心因素）比单语患者更为严重，但双语患者在记忆力测量任务中表现得比单语患者更好（Perani et al. ，2017）。

以上这些研究结果说明，双语者在大脑结构功能损坏时有更强的补偿能力，年龄相关的认知衰退中，双语经验可能会促进大脑使用有效的替代神经路线。双语者可能在大脑萎缩更为严重的情况下，才会出现疾病症状，这也使得其神经系统退行性疾病的发病年龄推后，比如痴呆症的发病年龄（Antoniou，2019）。尽管学界已经对双语经验能够改变大脑构造功能这一结论达成共识，但神经生理构造或功能连通性的差异是否会导致行为上的显著差异或延缓神经病理学疾病的发病时间仍存疑（Paap，Johnson & Sawi，2016）。有研究发现，双语经验对神经病理学疾病的抑制作用与被试儿童时期以及成年后的教育、移民身份、社会经济地位、智力因素无关，因此认为双语经验的认知益处主要通过环境因素实现，而不是基因机制（Gold，2017）。

另外，不同的双语熟练程度在大脑中的表征区域也有所不同。早期双语者处理认知和语言信息时倾向于同步激活左右脑，而晚期双语者倾向于激活左脑（Hull & Vaid，2007）。不过，并非只有熟练双语者在处理认知信息时有左右脑同时激活的倾向（程凯文、邓颜蕙、尧德中，2014）。Ibrahim（2009）对希伯来语-英语和阿拉伯语-英语双语者进行研究发现，不论双语是否熟练，双语者加工认知信息时都会同步调动左右脑。日本研究者也发现，不熟练的二语学习者在学习过程中会同时激活左右脑（Hosoda et al. ，2013）。

7.2.2 老年阶段外语学习与二语习得研究

有研究者认为，老年人积累的智力和专业知识在应对认知能力、视觉能力和听觉敏锐度下降后所具有的相对优势，在二语习得中至关重要。Arxer，Ciriza & Shappeck（2017）对老年人在二语习得中的劣势和优势进行了阐释。

老年个体因生理认知衰老会给二语学习带来不利因素。本书已在2.2节中介绍了老年人在听觉感官和发音器官等方面的老化情况,随着这些系统的老化,老年人对语音感知有所变化,声带、口腔、舌头等发生的衰老变化也对语音产生造成了影响。在二语习得中,大脑会使用语音信息作为意义的一种表征,共同承担工作记忆中的认知负荷(Bigelow et al.,2006)。例如,如果一个单词既通过视觉被个体阅读到,也通过听觉被听到,那么视觉和听觉信息就可以一起帮助激活对该单词意义的检索,并给大脑足够的时间和资源来执行与语言有关的其他认知任务(Bigelow et al.,2006)。这一过程被称为"语音循环"(phonological loop),其中,听觉信息会循环到短期工作记忆的其他资源中。因此,在二语教学中,我们往往将二语的语音意识水平与语言使用能力联系起来。但是,随着增龄导致的听力下降,老年个体依赖这种"语音环路"帮助大脑处理语言输入的能力下降,为了激活某个单词的意义,大脑必须承担更多意义产生的认知负荷,就会产生老年个体在听到某些单词时会努力寻找其视觉信息线索的情况。

"关键期假说"是二语习得理论的重要概念,其本质是儿童时期大脑的可塑性和偏侧化问题。因此,传统观点认为老年人已经失去了二语学习关键期的认知优势,在各个方面较儿童而言主要呈现劣势。总体上说,流体智力、工作记忆、加工速度和执行功能在整个成年期都会经历系统性衰退,到了老年阶段更会老化。流体智力指的是一个人应用归纳推理来学习新信息、识别关系、在新情况下解决问题以及控制周围环境的能力。与流体智力相关的主要认知领域是精神运动技能(psychomotor skill)、加工速度、执行功能和工作记忆。由于习得第二语言需要学习者在不熟悉的环境中推理和解决各类问题,流体智力被认为是第二语言发展过程中的一个核心因素。

在外语学习的开始阶段,个体需要基于流体智力来分配和抑制对形态句法和语音规则的注意力资源。随着语言学习过程中的不断练习,当这些语音、语法规则成为学习者程序性记忆的一部分时,所需的工作记忆资源就会下降。例如,当掌握了主谓倒置等语法规则时,所需的注意力更会减少,从而使老年个体的工作记忆腾出更多的容量来处理该语言其他高阶语法规则。在中高级阶段,完成这些语法问题需要学习者进行较大短语成分的句法移动。但是老年个体的工作记忆减退向这些语法操作的进行提出了很大挑战(Craik & Bialystok,2005;Miyake & Friedman,

1998)。工作记忆还与语言中的句法依存关系（如主谓一致问题等）、其他形态依存关系和词项有关（Williams & Lovatt, 2003），它决定了学习者实时感知、加工和产出语言的效率。除了年龄导致的认知差异，成年人（包括老年人）和儿童的外语学习环境也不同。儿童与外界（包括身边父母、教师、同伴等）之间具有相对丰富的语言互动，因此与在学校和游戏环境中接受大量修正后的输入和输出机会的儿童相比，成年人（包括老年人）接触到的二语输入在质量和数量上都较少。

以上讨论的是一些生理认知衰老给二语学习带来的不利因素。但是，工作记忆容量并不是二语习得中唯一决定性因素。成年人（包括老年人）在二语学习中通常具有补偿策略，以更好地适应二语学习及实际使用，从而获得了相对优势。晶体智力的作用就是其中一个重要方面。本书2.3.7节已述，老年个体的晶体智力相对保持不变。生活经验在发展个体的结晶智力方面起着核心作用，而这些在二语习得中也十分重要。老年人能够根据个体以往经验和教训做出重要决定，他们对模糊的容忍度以及对不同观点的开放态度有助于加强二语使用中的管理沟通策略（Mackey, Abbuhl & Gass, 2012）。在实际的语言沟通环境中，对世界经验、人际关系、语境及语域等特点的了解，也是十分重要的。例如，通过二语讲述故事时，成年人可能会基于过往经验对不熟悉的词汇或表述进行猜测，并将有限的注意力等认知资源放到整体理解上，而儿童可能会将注意力资源分配到与核心情节无关的细节上，相反对整体语篇的理解程度就不如成年人（包括老年人）。总的来说，面对认知功能（如流体智力、短期工作记忆等）开始下降的事实，老年人可能会使用积累的社会语用技能来形成各种补偿策略，提升二语学习和使用效率。

另外，学习者的个性特征、学习动机、交往方式以及学习社会条件等，都会对第二语言习得的整体成功起到至关重要的作用。在这些方面，有时成年人（包括老年人）相较儿童来说更有优势。

7.2.3 老年人外语学习与健脑强智的实践

基于7.2.1节介绍的双语经验与老年人认知健康的研究成果，国外已经开展不少通过外语学习、提升双语经验来改善老年人认知能力的课程，主要针对记忆力的增强及其他执行功能的改善。

多数研究表明，双语课程教学对老年人认知有一定的提升作用。

Linhart-Wegschaider（2010）要求老年人通过录音带学习普通话，语言培训开始的六个月内，老年人学习外语后的认知变化开始出现。另外，短期语言强化课程对注意力也有一定影响。如 Bak et al.（2016）开展的为期一周的苏格兰盖尔语课程，课程共有 33 名实验组被试，34 名对照组被试。其中，16 名主动对照组参加了持续时间和强度相当的课程，但不涉及外语学习；另有 18 名被动对照组按照原有生活习惯生活。参与者完成了注意力抑制和转换的听觉测试。在课程开始时，各组之间没有任何差异。在课程结束时，语言组（$p<0.001$）而非对照组（$p=0.127$）的注意力转换得到了显著改善。参加课程后九个月，一半的语言参与者（$n=17$）参加了重新测试。每周练习盖尔语五个小时或更长时间的参与者的基线表现均得到改善。相比之下，练习四小时或更短时间的人则表现出不一致的效果：有些改进了，而另一些保持不变或退化了。结果表明，短期的强化语言学习也可以调节注意力功能，同时所有年龄段的人都可以从这种效果中受益，而且可以通过连续练习来维持这些短期影响。但也有学者的研究呈现不同的结果。例如，Ware et al.（2017）对 14 名无视听损伤的健康法国被试（五男九女，平均年龄 75 岁）进行了英语教学研究，他们采用半结构量化访谈、蒙特利尔认知评估量表、加利福尼亚大学洛杉矶分校孤独量表（University of California Loneliness Assessment，UCLA）情感测试来评测课程项目的效果。课程中，学员反映尽管英语学习较有难度，但整体学习过程比较愉快，使他们回忆起年轻时的求学经历。此研究在课程开展前后分别进行了认知测试，结果表明，被试的认知水平在课程前后并无显著提升，但可能是因为样本数太少，同时被试的认知能力都相对完善，不过这也说明双语认知可能对老年认知能力的保持有一定作用（Ware et al.，2017）。

　　国外针对老年人开展的外语课程教学形式也较为多样。例如，Ware et al.（2017）利用多模态方法，使用线上视频和电子词典，鼓励有电子设备的被试在家进行训练，并选用被试年代的流行电视连续剧片段以及音乐片段，建立情景。授课人提前将情景的脚本以及电子词典发给被试，脚本中的每句话都有标号。课程中，被试一次只大声朗读并翻译一句话，授课人将被试的译文写在黑板上，被试将译文写在脚本上。翻译完情景后，每个被试再大声朗读一行。然后再次显示该情景，这次以法语字幕显示。每行之后，情景被暂停，所有被试一起大声重复该行。结束后，可以有提问环节。最后，授课人向被试展示英语学习网站以及 Youtube 音乐视频，使他们熟悉在家继续学习的方法。所有课程均由母语为英语的心理学家教授,他们具有向成人和儿童教授英语的经验。

成功的外语学习需要高强度的训练,以提高语言能力。为了使语言学习有助于认知储备,语言训练课程将需要足够的长度和频率(Linhart-Wegschaider,2010)。例如,Ware et al.(2017)的课程共有 16 个主题,每个主题两小时,每周一次,持续四个月。Linhart-Wegschaider(2010)的课程每天 30 分钟,每月 30 天,持续三个月,或者每天训练一小时,每周五天;Bak et al.(2014)开展的苏格兰盖尔语课程为期一周。相关研究表明,与中短期训练相比,长期训练课程(六个月以上)效果更佳。适中的课时比短时长(31—45 分钟)的或长时长(46—60 分钟)的效果更好。有研究表明,成年外语学习者的大脑构造在第一年学习中就会发生变化,三至五个月学习就可被观察到(Mårtensson et al.,2012)。因此,每周五天上课,每次一小时的课程学习中,老年人外语学习带来的影响可能在开始学习的六个月内就能出现。尽管这样的课程设置很难使老人的外语水平达到熟练的程度,但足以对工作记忆以及执行功能的认知产生一定的提升作用(Antoniou,Gunasekera & Wong,2013)。

综上所述,外语学习课程对老人的认知提升或保持有一定的促进作用,即使是短期的语言强化课程也有一定积极影响;课程的时长对提升效果有一定影响,因此需要保证课程达到足够的时长和频度。课程学习的趣味性可以帮助老人坚持课程的学习;但课程的组织形式(小组学习或自学)对学习效果没有显著影响(Thompson & Foth,2005),建议采用促使老人回忆年轻时个体经历的相关内容。

由于历史文化与社会发展等,我国老年群体中外语使用的人数并不大。魏日宁、李昕宇(2022)以江苏省为调查地区,较全面地调查了老年人的语码使用现状,了解了他们的英语学习需求。研究发现,尽管老年群体的语种使用类型比较单一,老年人更常使用汉语方言,但仍有 11.7% 的老年人是"普通话+方言+至少一种外语"的多语者,且有一定比例的老年人对英语学习有明确需求。随着终身学习理念的推广,老年人的外语学习需求也逐渐扩大。在这种背景下,需要研究如何利用英语学习减缓老年个体的认知衰退,实现健脑强智,服务个体的积极老龄化。当然,老年人英语学习的学习动机、学习策略、教学方法等问题也是二语习得研究领域在老龄社会背景下需要探究的。目前我国在该领域的研究基本空白。

笔者正在基于该理念开发面向老年人、以认知能力提升为目的的老年英语学习课程及教程。该系列课程将英语学习当作一个重要的媒介手段,教学目标包括:1)提升老年人的英语语言沟通兴趣,初步建立跨文化交际的思维习惯;2)适当增加记忆负荷量及执行功能训练度,引导老年人开展复杂认知活动;3)逐渐建立老年人群的国际化自信心,提升自我效能感,服务积极老龄。教学内容除了有日常交际用语,还有与老年人生活密切相关的内容,包括饮食起居、家庭文化、衣着习惯、社会情况等。同时,按照人生历程与自传体记忆的相关研究成果,课程在教学内容编排上从跨文化视角介绍了中国与西方国家从 20 世纪五六十年代到七八十年代社会发展情况个人生活经历;在学习中,教师会引导老年个体的生命叙事,回忆讲述主要人生历程,包括个体的家庭结构变化、成长经历与代际关系、个人中外旅游经历的回顾与叙事等。在教学方法上,除了一般的英语教学方法,该课程强调以下几个方面:1)词汇及语义联想:针对生活中常见事物的词汇进行命名训练,主要训练语义概念网络连接及音义连接能力,减少"舌尖现象"的发生;2)进行阅读或看图的叙事活动:增加注意力及执行功能训练,加强叙事能力在认知储备中的作用;3)凸显听说互动:通过简单对话与短文,要求复述主要内容,加强听力对认知储备的作用;4)进行跨文化语用场景训练:在学习课本情景对话之后,引导老年人之间模拟对话,加强语用交际能力。总之,老年人英语学习的最终目的是增加自我效能、提升认知能力,而并不仅仅是语言能力本身的提升,因此课程主要是通过引导老年人的自我生命叙事,激活自传体记忆、情景记忆等,基于英汉双语的沟通,促进老年阶段的社会互动,减缓认知能力衰退,助推个体的积极老龄化。

7.3　适老语言服务与产品供给

为积极应对人口老龄化,中共中央、国务院印发了《国家积极应对人口老龄化中长期规划》(以下简称《规划》),是 21 世纪中叶我国积极应对人口老龄化的战略性、综合性、指导性文件。文件明确提出,应打造高质量的为老服务和产品供给体系,积极推进健康中国建设,建立和完善老年健康服务体系。构建适老语言服务与产品体系,是广义老年语言学发展的重要方面,也是老年语言学服务老龄社会的直接体现,有助于推动语言产业发展,是老龄化背景下社会治理的重要建设内容。该服务与产品体系以满足老年人语言生活需求为目的,涉及语言认知康复、语言文字艺术、语言技术和语言教育咨询等多个方面。《规划》的出台明确，适老语言产品和服务发展应当突出需求导向，充分推动产学研融合，着力打造具有中国特色的适老语言产业，积极助力老龄事业发展。

老年人对适老语言服务与产品的需求是多方位的。政府及市场除了要进行高质量老年人听力辅助、阅读辅助等器具的产品开发，还应提供一系列的适老语言服务，例如，进行符合老年人生理特点的老龄友好型语言信息体系建设；开展老年患者谈话疗法在疾病康复中的应用；加强老年人外语学习与健脑强智工作；研发适用我国老年人群的语言认知评估量表；通过语言训练等保持老年人语言理解和产出能力；开展对老年患者生命关怀的医患沟通与医学人文教育；提供老年人临终关怀与丧慰服务；等等。

然而，老年人对语言服务与产品的需求和市场供给之间存在严重失衡。仅以听力语言康复为例，据国家统计局统计，截至 2018 年底，我国 65 岁以上人口数达 1.67 亿，而目前国内提供听力语言康复服务的机构只有 1,549 家。听障严重损害老年人的生活质量，及时有效的听力辅助产品开发、听力感知康复服务需求巨大。最新研究表明，老年人佩戴助听器还可提升听障老年人感知说话者情绪的能力。面对现实的供给缺口，适老语言产业应契合老年人各方面语言需求，提高服务与产品能级与质量，拓宽供给渠道，建立多维度、精细化的适老语言服务与产品供给体系，以满足老年人语言生活对语言工具功能及文化功能的双重需求。

7.3.1　适老语言服务与产品体系的构建范畴

构建适老语言服务与产品体系，在探究老年人因正常认知老化、生理器官衰退、精神或神经退行性疾病产生的各类语言现象的基础上，以老年语言需求为引导，开展面向老年人康复保健、疾病预判、安宁疗护等方面的语言服务与产品供给。

正常及特殊老年人群对语言服务的需求不同，故市场主体和相关单位应针对不同老龄群体，准确识别各类老年语言需求并对其精细化分类，制定相对应的产业标准，构建多维度、精细化的适老语言服务与产品形态，包括但不限于语言认知康复、语言文字艺术、语言技术和语言教育咨询等多个方面，以服务老年人生活质量提升与老龄社会发展。

正常老年人群的语言服务主要是以语言、文字符号为载体的语言知识产品与服务。有研究发现,在简易精神状态量表测试中,勤于阅读的老年人得分更高,说明阅读经历有助于减缓认知能力衰退。因此,市场主体和相关单位应大力发展形式多样、内涵丰富的语言文化产品体系,促进老年人阅读,提高老龄人口素质;语言技术产品是信息传播的重要载体,市场主体和相关单位应打造以正常老年人群为受众的语言技术"软件"与"硬件",增强老年人接收与筛选多模态信息的能力,加速信息化老龄社会建设。这里要特别重视信息化社会的语言资源分配问题。有学者指出,语言资源作为一种特殊形态资源,在老龄化社会具有分配不均的问题。主要体现在代表社会主流阶层的青壮年用语在各种传媒中占有绝对优势,而不擅于使用现代传媒手段的老年人则表现出信息接收较慢等劣势状态。长此以往,老年人群所掌握的丰富的语言资源就会受到冷落,其语言特色和语言优势就会被年轻人时尚多变的语言表达方式掩盖(战菊、朴玉,2010)。因此,开发适应老年人特点的网络语言文化产品与服务具有重要意义。

另外,还有研究表明多语能力对老年期生活有积极的影响,可有效增加认知储备,推迟老年痴呆发病时间。因此,如何进行外语课程开发与健脑强智应用,已成为国外新兴的适老语言产业关注领域,国内目前则关注较少。

特殊群体老年人指听障或罹患阿尔茨海默病、帕金森病、中风等疾病的人群,其语言功能发生障碍,语言服务需求集中在疾病诊疗与康复等方面,语言产品主要用于辅助其语言交际质量。针对该类人群,言语治疗、疾病安宁及言语抚慰应贯穿整个病期。对于不同病程的患者,适老语言服务与产品应更具针对性,同时,在服务机制上市场主体和相关单位可探索建立"家庭—社区—机构—医院"一体化体系。中国是人口老龄化大国,应充分认识开展惠及全国的语言认知筛查,建立疾病早期的语言预警体系,这对于推动积极老龄、促进老年健康具有重要意义。

7.3.2 老年就医与养老照护中的语言沟通

老年人无论是在医院等医疗机构参与诊疗活动,还是在养老院等护理机构生活,其言语交际都属于机构性互动。本节主要介绍老年患者就医以及老年人在养老照护过程中的语言沟通问题。

7.3.2.1 老年患者就医会话互动问题

医患沟通是医学人文研究与实践的核心领域,也是提升社会治理水平的重要方面。无论患者的年龄如何,所有医患互动都有许多共同之处。但是,由于受老年患者生心理特点、个体经历及社会对该群体的集体认知等因素影响,老年患者就医互动有其自身的独特性。在人口老龄程度不断上升、老年患者数量持续增多的情况下,医护人员在进行诊疗与护理活动时,如何体现对老年患者的尊重以及对生命衰老的尊重,是医学人文关怀的重要课题。通过老年人话语及其与医护人员交互这一进路,进一步认识老年患者的医护需求、老年医学、面向老年的医学诊疗,就是老年语言学与医学的相关之处。在此基础上,老年语言学与医学人文密切相关。因此,广义老年语言学的关注范畴包括老年患者就医互动中的言语交际,这是改善老年人生活质量、应对老龄社会的重要议题。

从更广义上说,老年语言学不仅包括老年患者与医护工作者之间的会话机制问题及言语行为规律,还包括为了提升医疗效果与人文关怀所进行的语言策略。相关研究可考察医生在临床上是否存在年龄歧视,如医生是否认为老年人会因认知能力下降而无法清晰深入地了解医学知识、诊疗方案,故不提供充分详细的信息;对老年患者的态度有没有像对待年轻患者一样积极、耐心与平等;是否认为老年人因疾病而产生的相对社会孤立是难以避免的正常现象,故在提供治疗方案时不再考虑心理社会因素;等等。在这类研究基础之上,相关机构可研发指导服务老年患者的言语沟通技巧与方式指南。目前国外已有专门的论著讨论这一问题(如 Rye,2014)。

因此,从老年语言学的广义研究视角出发,考察老年患者在医护互动中的言语交际特征、老年患者生心理特点及其就医行为特点、医护人员在医护互动的言语沟通中如何体现对老年患者的生命尊重与人文关怀、老年患者谈话疗法在疾病康复中的实施、重病及即将离世老年患者的安宁疗护话语与老年家属丧慰、文学中老年形象与疾病书写等,都是与医学人文密切相关的问题。例如,通过医护机构环境下的言语交际、涉老语言类产品与服务的医学叙事等研究,引导老年人认识衰老、疾病及死亡过程与本质,提升医护与生活质量、体现人文关怀,是值得深思的方向。研究者可对临床上老年人就医话语、医护人员提供诊疗服务时的话语以及患者家属的话语进行多维度的分析。

老年患者就医会话互动研究考察包括老年患者、医护人员或其他相关人员在医疗环境下的语言行为规律,揭示不同群体或背景的老年患者就医时的言语行为、心理需求及其对医疗诊治的影响。相关研究通常以老年患者、医护人员及其他相关人员的会话语料分析入手,借用多个学科范式和学科理论,具有跨学科属性。会话互动时,医护人员需要了解老年患者的病史和诉求,以及心理需求、家庭背景、经济条件、社会地位等与疾病诊疗相关的因素。例如,医生在会话互动时确定疾病发病原因、患者心理状态及治疗预期,由此制定有效的治疗计划。换言之,老年患者就医时的会话互动可以作为诊断疾病的线索,了解患者的疾病进程、患病体验、患者诉求的有力依据(郭莉萍,2019:472)。因此,老年患者就医过程中的自述、与医护人员及陪诊人员之间的交互话语就显得十分重要,老年人的相关就医话语也成为重要的临床分析对象。

目前国际上已对老年患者与医护人员言语沟通的特征与机制展开讨论,体现了丰富的人文主义精神,对改善医患关系、提升医疗服务水平具有重要意义。相关话题包括:老年患者在医患互动中对健康信息的询问与需求(Beisecker,1988),医患互动中医护人员的年龄歧视(Greene et al.,1986),老年患者就医陪护人员对医患互动的影响(Beisecker,1989),老年患者与医护人员对议题的设置及话轮控制情况(Adelman et al.,1992),老年人与医护人员如何逐渐进入医疗框架(framing)内容、如何与老年医学的整体疗护特征相匹配等(Coupland, Robinson & Coupland,1994),如何避免老年患者因识字水平较低而影响其对医嘱的理解与执行(Albert & Chadwick,1992),如何使用远程医疗对老年患者进行诊疗、保健以及其中的医患关系维护(Thompson, Robinson & Beisecker,2004:466-467),等等。另外,老年患者在就医互动中表现出的一些特别的非言语行为也是话题之一。例如,有研究发现,在美国,大多数老年妇女使用联邦医疗保险来支付她们的就诊费用,而联邦医疗保险只支付80%的医生费用。与有其他医疗支付来源的女性相比,贫穷的老年女性更有可能推迟接受医疗服务或进行草率、匆忙的医治,并且在就医互动中很少与医生进行眼神接触(Allman et al.,1999)。

医生在医患互动中是各类话题的主要发起者。医患双方都会发起医学专业话题,但医生对自己打开的话题回应更多(包括询问、信息给予、情感支持等)。从医生角度,Greene et al.(1986)研究发现,医生对待年轻患者与老年患者时在话题设置、沟通态度等方面表现出显著不同。例如,在与老年患者的沟通中,医生提出的医学话题比与年轻患者交谈时多;医生提出的心理社会问题比对年轻患者提出的少等;老年患者提出的问题超过四分之一是与社会心理相关的,而医生提出此类话题的比例较低。可见在诊疗过程中,医生的主要关注点是生物医学领域的问题,对老年患者的心理关切还不够(Adelman et al.,1992),医生对老年患者的尊重、耐心、投入及平等投入较弱。这种隐性且微妙的"年龄歧视"在医患互动过程中可能会损害老年患者获取健康信息、维护自身健康以及社会交往的积极性,并在一定程度上对医生正确客观判断病症、提供更好诊疗方案产生影响。

在医患关系相关研究中,存在医疗消费主义的理论视角。该理论认为,即便患者在医学知识方面较医护人员相对缺乏,他们仍然有权获得医疗信息,挑战医生的权威,参与医疗决策(Haug & Lavin,1983)。在这一过程中,患者在言语沟通上可以分为三类:一是信息寻求行为(information-seeking behavior),即通过提问、发起新话题获取信息或要求医生澄清某些信息的行为;二是观点主张型评论(assertive comment),即包括针对医生的挖苦评论、反驳或贬低医生及其他医护人员的言论或医疗活动中的投诉,这是对医生权威的挑战;三是建议型言论,是指患者对医生的治疗方案提出建议,参与医疗决策。

研究发现,随着年龄的增长,老年人对医生提出修改治疗方案的倾向性有所下降,老年患者更希望将自己完全交付给专业医生以获得治疗,不倾向于挑战医生权威,他们相信医疗决策权应该在医生身上。换言之,医疗消费主义的态度在老年患者群体中并不具有市场。当然,即便老年患者相信医生不愿挑战医生的专业权威,他们中的绝大多数仍希望自己能够获得更多有关医疗诊治的信息(Beisecker,1988:332)。对此学界提供了两个方面的解释:一是角色理论,即老年患者的成长时代通常把医生视为传统的备受社会尊崇的专业权威人士,这一社会认知影响了老年患者就医时的态度选择;二是从老年患者个人心理出发,增龄使得他们希望减少对医疗决策的责任,倾向于依赖他人的专业知识(Beisecker,1988:344)。上述结论与笔者之前的一项研究结果类似。该研究发现,在中国门诊语境下,患者虽然会对医生专业判断(如对诊断结果、用药方式及剂量等)产生疑问,偶尔也表现出不礼貌,但由于在多数情况下医生和患者拥有不同的权力基础,互动中不礼貌现象的数量和类型存在巨大差别,医生是不礼貌策略的主要实施者(孙飞凤、黄立鹤,2019)。在中国语境下,之所以产生上述结果,可能还有医疗资源相对不足的原因。同时,不同老年人的经济地位、教育程度、家庭背景及所在地区的社会发展程度等,也都有可能影响其在医患沟通中的态度与行为。在老年患者就医及诊疗过程中,医护人员要认识到不同老年群体在医患沟通及执行医嘱方面的差异,应根据不同老年人的能力和偏好量身定制健康建议和用药说明。例如,认知能力高、教育背景良好的老年人更喜欢讨论药物相互作用等相对专业的医学知识,而认知能力水平和教育程度较低的老年人更喜欢以患者为中心的指导,如使用大号印刷体、简化语言与图示的用药说明等医嘱(Savundranayagam & Ryan,2008:59-60)。

随着老龄人口的增多,老年患者就诊有人陪同的现象已经较为普遍。有研究表明,老年患者比其他年龄段患者更倾向于有人陪诊,且老年患者陪诊人员比25岁至59岁之间的年轻患者的同伴更加积极主动地与医生进行互动(Beisecker,1989)。老年患者通常会带子女、配偶或其他亲属、好友前来就诊,新会话角色的加入是否会改变医患沟通的模式值得研究。例如,老年患者的症状主诉是否更加依赖陪诊人员;年龄较轻的陪诊人员是否会凭借自己的医学知识挑战专业医生的权威;在开始、主诉、拓展、诊断、治疗及结束等医患互动的多个阶段中,陪诊人员在何时的参与度最高,各个阶段之间的互动有何异同(初步研究发现,陪诊人员主要在主诉病史和反馈这两个阶段与医生有更多言语沟通);医生在陪诊人员面前是否会改变会话态度与表述内容;等等。

Beisecker(1989)将陪诊人员在医患互动中的言语功能分为三类:一是监督(老年患者)角色(watchdog),即代替患者向医生提供病史或者向医生做出补充说明,有时质疑或纠正患者向医生提供的信息,同时也会鼓励患者进一步说明,有时他们也向患者阐释医生的信息(在此过程中会多次向医生提问);二是重要他者角色(significant other),陪诊人员的加入会使医生与患者之间的沟通发生转向,如从原来医生面向老年患者的对话与沟通转变为医生向陪诊人员解释、评论,或者医生与陪诊人员以第三方的形式讨论老年患者病情与诊疗;三是患者代理角色(surrogate patient),即陪诊人员基本上代替患者向医生主诉病史、回答问题、询问医生等。

总的来看,陪诊人员加入老年患者就医互动既有积极因素,也有消极因素。积极因素是可以弥补老年患者因记忆或其他认知能力的下降而导致的病史信息不足,为医生提供更多医疗决策背景信息,因此,有的老年患者觉得需要陪诊。消极因素则是一定程度上剥夺了老年患者的自主性,削弱了老年人将医患互动作为社会交往的一种类型参与的主体性,有的老年人可能由此产生负面情绪;另外,陪诊人员在场在一定程度上可能会阻碍患者讨论令人尴尬的健康问题。

另一个议题就是具有中国特色的中医或中西医结合就医环境下老年患者与医生之间的互动研究。已有研究认为,总体上中医就医过程比西医包含更多的言语沟通,包括医生有更多深入倾听(Chung et al.,2009)、更多与医学专业话题无关的闲聊(Q. Wang,2010)、更多情感抚慰与沟通(Jin & Tay,2017)以及更多自由的沟通方式(Zhang,2007)。Jin & Tay(2017)通过实证研究发现,中医问诊方面,虽然医生与患者的交谈存在很大比例的医学指标信息的收集和交流,但医生的提问仅有14%与老年患者的生活方式和心理社会问题有关。相应地,仅有11%的老年患者会向医生主动寻求生活方式方面的专业建议。而西医问诊方面,医生与老年患者会对此类话题均做出积极反应,通常会有更多话轮。Jin & Tay(2017)认为,中医整体论(holism in Traditional Chinese Medicine)可用于解释中西医问诊在话题发起及沟通方式方面的差异,即中医认为人体是一个整体,某个局部功能障碍可能是由其他部位或身体整体功能紊乱引起的,这与患者的日常活动、饮食、环境及生活方式等密切相关。因此,中医医生会在问诊过程中与患者讨论一些看似与医学专业无关的话题,借此了解更多背景信息,用以综合考虑病症的诊断,给出更具个性化的治疗建议。

除此之外,还可以从社会文化角度剖析中国就医环境下老年患者与医护人员的互动问题。例如,Gu(1996)曾提出,中国传统文化中患者就医时将自己置于"求人"的社会心理之下,在与医生的言语沟通中会有所体现。当然,在目前中国社会医疗资源与患者需求之间的矛盾日益增多、医疗卫生服务监管加强等背景下,这样的传统社会文化心理是否仍然起作用,多重因素之间如何影响等,都值得探究。在研究老年患者就医会话行为具体案例与特征规律的同时,也要注意我国对相关分析框架的原创性构建。例如,医患会话作为一种现场即席话语,可参考 Gu(1997)提出的现场即席话语三步分析方法,包括目的延展分析(goal development)、话语交互延展分析(talk exchange development)、人际关系管理(interpersonal management)。这些分析可用来分析医患互动顺序及其结构、医患会话目的结构、医患双方目的之间的关系以及医患交互中的情感维持等问题。

另外,对痴呆症(特别是晚期)老年人言语交际模式与情感表达方式的研究也具有显著的人文价值。已有研究表明,晚期痴呆症通常伴有激越、抑郁等心理问题。由于老年患者因语言能力受损而无法表达他们的情感状态,照护者很难识别这些情绪状态并做出适当的反应。这会引发恶性循环,即老年患者试图进行非语言交流,而照护者又无法及时准确地理解这些表达形式,使得老年患者陷入沮丧、悲伤和愤怒,并且同时表现出激越行为。照护者反过来对患者的不理性和不合作行为愈加难以容忍(Magai et al.,2011:98)。虽然认知障碍使老年患者通过语言表达情感的能力弱化或丧失,但并不等于该群体的情感表达需求弱化。在临床上,痴呆症患者的实际情绪和照护者对这些情绪感知之间的脱节会导致各种问题,包括痴呆症患者抑郁症的诊断不足、照护效率低下等。

有效的言语沟通对老年人护理质量至关重要。目前,国外老龄化程度高的发达国家愈加重视对阿尔茨海默病等痴呆症老年人的照护关怀,以及关于该群体老年人与照护者之间言语沟通问题的研究。例如,在英国,由于居住在疗养院的老年痴呆症患者比例持续增长,研究者开始重视关于老年痴呆症护理是否真正以老年人为中心,其中就有照护者如何与老年痴呆症患者沟通的问题。Ward et al.(2008)主导了为期三年的研究项目"沟通模式及其对有效护理的影响",对老年痴呆症患者的护理人员进行了半结构化的深度访谈,同时研究者对照护中的沟通过程进行了摄像、田野调查、记录,并调阅了疗养院的工作日志。该项目旨在探索痴呆症护理环境中的沟通问题,发现老年痴呆症患者虽具有一定的沟通能力,但被排除在很多活动之外,会投入大量精力寻求与周围人的接触,这反映出照护中的不少歧视性问题。在日常护理中,照护人员与老年人互动沟通主要有四个环节构成:1) 开场白;2) 表达任务意向或目的的话语;3) 任务完成;4) 评价语或手势。

在这些过程中,照护人员会使用一种独特的语言风格和模式,称为"关怀话语"(care speak),其特点是包括一系列指令话语、任务叙述及不时穿插的鼓励话语;照护人员还经常使用手势、触摸或其他非言语模态。这种以完成照护任务为目的的沟通模式很少给老年人提供谈论个人话题及交流情感的机会。

London(2009)基于团体治疗的经验,总结了与老年痴呆症患者沟通的技巧,包括如何面对视听困难、话语重复、遗忘、焦虑、抑郁、妄想、记忆混乱等问题。通过培训照护人员或直接面向老年患者进行交流沟通的团体训练,有助于建立良好的人际关系,一定程度上可以改善患者的生活质量和照护者压力。Wray（2020）新出版的《痴呆症沟通新进展》（*The Dynamics of Dementia Communication*）一书对如何研究并在实践中优化与痴呆症老年人的交际沟通进行了全面深入的阐释。我国目前对该问题重视不够，应当开展老年痴呆症照护中交流沟通问题的研究，并基于我国国情和文化传统等提出相应指导性建议，这对我国提升照护养老质量、关怀老年人生活质量具有重要意义。

总之，在今后的研究中，对医疗资源情况、社会发展程度与老年患者就医行为之间相互影响的研究，特别是中国语境下，不同地区发展程度的差异、不同老年群体背景的差异、城乡二元结构带来的差异、中医与西医就医行为差异等变量会给老年患者与医护人员沟通模式造成怎样的影响，都是颇具现实意义的议题。

7.3.2.2　养老照护服务中的语言沟通问题

养老照护是直接与老年人生活质量密切相关的社会治理问题。随着社会老龄化程度持续加深，无论是居家养老、社区养老还是专业机构养老，老年人与照护者（包括亲属或专业照护者）之间的互动沟通都会直接影响老年人照护质量及生活满意度。多数情况下，照护人员与老年人之间的沟通互动主要集中在护理任务上，缺乏对语言沟通方式与质量的关注，从而不能满足老年人的人际交往与心理需求。同时，长期从事老年照护会给照护者带来较大心理压力，其中压力的来源之一就是因老年人语言能力蚀失而造成的语言沟通问题。

因此，国外已经把老年人与照护者之间的言语交际研究作为老年语言学研究和实践应用的重要维度。研究发现，老年人与照护人员之间的护理沟通有以下几个特征：

一是老年人与照护者之间的交流互动往往相当稀缺，这是老年护理机构话语的关键性特征。国外的研究表明，护理人员和老年人之间明显缺乏交流（Grainger，2004：480；Lanceley，1985：129），沉默成为老年日常护理的主导模式（Ward et al.，2008：636）。导致这种现象的原因有很多，除了老年人因认知障碍本身造成的语言能力下降，还包括物理环境差、护理员投入程度不足、教育不足、工作时间受限、工作价值感较低等原因（Lubinski，1995）。

二是在相对稀有的交流互动中，谈话通常以任务为导向（Wagnild & Manning，1985）。这表明护理交流更多是与护理任务相关，而非私人性质的谈话,也进一步论证了老年人与照护人员之间的互动应当属于机构性话语。

三是老年人与照护人员之间的言语交际存在权利不对称。无论是老年患者与医护人员,还是老年人与护理者,在专业知识(有时甚至是一般性知识)获取和利用知识的机会、渠道、便利度等方面都存在话语权的非对称性(巴克豪斯,2019:57)。由于这种权利的不对称性,照护人员为了在护理过程中达到某个目的或完成某个任务,有时会对老年人说出毫不掩饰的当面威胁话语,或使用老年语、当面批评、使用贬义表达、打断老年人说话并擅作主张等(Sachweh,2000:178-188)。

另外,在老年痴呆症患者的照护者中,配偶是常见或最早感受到照护压力的群体。例如,阿尔茨海默病老年人与配偶(作为照护者)之间的会话模式、提问类型都反映了阿尔茨海默病患者记忆力受损情况或配偶的压力状态。随着疾病的发展,照护者可能会对患阿尔茨海默病的配偶回答问题的信心有所减弱而选择使用更多的是非或选择性问题,避免询问开放式问题;由于情景记忆受损,阿尔茨海默病患者从过去情节中编码及检索信息的能力持续下降,其配偶照护者在使用问题时可能会选择引用当时当地的语义内容;即便涉及情节问题时,患者也可能会较少引用新近记忆内容,而转向引用长久之前的记忆内容,因为后者在阿尔茨海默病患者受损的记忆中可相对保持(Sagar et al.,1988;Sagar,Sullivan & Corkin,1991);当阿尔茨海默病患者从一般世界知识(语义记忆)中获取信息、准备答案时,回答行为要比要求他们回忆与过去特定时间、地点、人或事件有关的信息(情景记忆)更为合适。随着时间的推移,配偶照顾者可能会适应阿尔茨海默病患者沟通困难的现实,在心理上逐渐接受,避免压力持续增大而精神崩溃的发生(Small & Perry,2005)。

上述研究是基于国外老龄化程度较高的西方国家开展的,目前我国在此方面的研究十分缺乏,语言学者还未充分关注到这一领域的重要价值。如何基于这些沟通特征,促进老年人与照护人员之间的语言沟通,提升照护质量,十分值得我国思考。

在养老机构的护理中,国外研究者发现,照护者很少采用各种语用策略试图弥补痴呆症老年患者的记忆缺陷、语障问题,换言之,即很少使用Perkins(2007)提出的人际补偿策略。例如,照护者可以为痴呆症患者提供一些话语线索或是重复话语,从而降低老年患者的交际难度(Dijkstra et al.,2002)。

罹患阿尔茨海默病等神经退行性疾病老年人与照护者之间的语言沟通是该领域研究的重点,国际上已有研究者较早开展了相关探究(Orange,1991;Williamson & Schulz,1993;Richter,Roberto & Bottenberg,1995)。同时,国外已基于研究成果开发了一系列的照护者语言沟通要点或注意事项。例如,Williams(2006)介绍了其团队对照护人员进行的为期2个月的老年沟通培训。相关语言沟通培训的内容如表7.2。

表7.2 照护者语言沟通培训内容

等级	内　容	教　育　策　略
1	沟通的重要性 有效与无效沟通 沟通障碍	从老年人视角观察有效/无效沟通策略的相关材料 表达沟通障碍,在相关材料中辨识障碍
2	沟通障碍(缺乏沟通机会、聚焦任务、第三方意识及忽略谈话) 辨识老年语(elderspeak)(昵称、代词替换、高音阶、短句、简化语法与词汇) 辨识影响(自我抑郁、孤立、依赖) 理解不同情感语调与语言变化(关爱、尊重、控制) 对个人沟通的反馈	在相关材料中辨识问题、修正会话 进行角色扮演,提高沟通能力 辨识与修正会话,角色扮演 讨论相关材料中的老年人感知情况 讨论相关材料中不同会话内容的情感语调 查看个人录像
3	辨识/践行沟通(复述、情感表达、澄清、非言语行为、名称使用、话题维持)	审视相关材料、修正会话、进行角色扮演 避免老年语,促进有效沟通

随后,研究者对比前后语言沟通的变化情况,比较了照护人员使用老年语的情况,并对老年人照护、态度尊重和控制性沟通的情况进行了评级对比。研究发现,对照护人员的沟通方式进行培训与干预后,照护人员开始较少使用老年语(如缩略语、集体代词、简短陈述和简单化词汇等),对老年人使用的话语控制性降低,且更具尊重和关怀态度。

照护人员在培训前后对老年人使用的语言样例对比如表7.3。

表 7.3　照护人员培训前后语言对比

举　例	替　换　策　略
昵称(表示亲热的不恰当词,表示家长关系),如 honey、sweetie、dearie 或 grandma	使用恰当或更合适的称呼
集体代词替换(说明老年人不能独立行动) Are we ready for our medicine? Let us take our bath now.	Are you ready for your medicine? Let me help you take your bath now.
形符类符比(TTR)(使用单词数量/词根数量) Let us go take your bath. I will help you take your bath. (TTR=0.69[9 个词根/13 个单词])	I am here to help you take a bath so you will feel refreshed. (TTR = 0.93[13 个词根/14 个单词])
话语平均长度(MLU)(句子中单词总数/话语数量) Look Mr. Smith. Lunch time. Let us go and eat. (MLU=3.33 单词)	Mr. Smith, it is lunch time. Are you ready to go to the dining hall to eat? (MLU=8.5 单词)

Small & Gutman(2002)基于已发表的阿尔茨海默病护理研究文献中有关与老年人的沟通策略,对比了实际照护者所采用的交际模式,发现两者在优先使用的顺序上有一定差异,但相关策略的使用和有效性并不随痴呆症严重程度或照护者性别的不同而发生改变。建议的沟通策略与现实中照护者所使用的照护策略优先顺序对比如表 7.4。

表 7.4　沟通策略与现实使用的照护策略优先顺序对比

出版文献中的沟通策略	照护者实际采用的交际模式
1. 使用简短的句式	3. 一次仅问一个问题或给一项指令
2. 放慢语速	1. 使用简短的句式
3. 一次仅问一个问题或给出一项指令	6. 避免打断病人;允许病人有较长回应时间

出版文献中的沟通策略	照护者实际采用的交际模式
4. 从正面慢慢接近病人,保持眼神接触	9. 使用相同词汇进行重复
5. 消除分心事物(如电视、广播等)	8. 鼓励迂回表达(要求病人迂回表达某个事物或对找寻的词汇进行描述)
6. 避免打断病人;允许病人有较长回应时间	2. 放慢语速
7. 使用"是/否",避免开放型提问	7. 使用"是/否",避免开放型提问
8. 鼓励迂回表达(要求病人迂回表达某个事物或对找寻的词汇进行描述)	10. 复述重复信息
9. 使用相同词汇进行重复	5. 消除分心事物(如电视、广播等)
10. 复述重复信息	4. 从正面慢慢接近病人,保持眼神接触

从上表可看到,相关文献建议照护者使用简短句式、放慢语速,从病人正面慢慢接近,保持眼神接触,而实际照护者并不经常使用这些策略;照护者表示他们经常鼓励老年人使用迂回方式表达想法,并且使用相同表述重复信息,而相关文献较少推荐这些策略。因此,在老年照护中究竟使用哪些策略更为有效,尚需进一步研究论证。总之,缺乏沟通可能导致老年人所接受的老年护理质量不尽理想。相反,高质量的沟通将大大提高老年护理的质量。

当首次面对需要照护的老年人时,照护者会从体现年老的各种多模态线索中形成对老年人的整体印象。这些信息包括年龄、生理线索(面部神态、身体状态、说话声音等)、行为线索(健忘表现、重复行为、抱怨行为等)、社会文化线索(退休状态、是否是长者照护中心成员、是否居住养老院等)等。照护者从过往经验或者社会上对上述群体老年人的一般刻板印象着手,首先对照护对象进行标签归类,而很少从老年个体上进行细致分析。在这样的刻板印象的直接影响下,照护者在日常照护中就会采用前述的刻板方式,包括缓慢语速、高声说话、夸张语调、孩童式语气、语法与词汇的简化、重复、礼貌形式省略、情感沟通减少、话题限制、不自然的手势,以及不顾及老年人面子与第三方直接当面讨论老年人等。这种沟通方式被认为不尊重老人,是有些许傲慢的(patronizing communication),并且体现在言语和非言语行为的多个方面。

日常照护中,老年人长期处于这种沟通方式下,会变得自我效能低下、沟通期待降低,身心健康从而受到影响。反过来,老年人不愿沟通又进一步加深了照护人员的刻板印象与行为。年龄偏见、刻板印象造成的老年人沟通问题表现在多个方面,从而造成恶性循环,且在听力障碍与痴呆症等特殊群体老年人的照护中尤为明显。在老年人与照护人员或其他人士的互动研究中,老年人沟通困境模型(Ryan, Hummert & Boich, 1995; Ryan et al., 1995)引起较多关注(见图7.2)。该理论主要关注照护人员在照护老年人时如何自觉或不自觉地抑制老年人沟通能力、降低其自我沟通效能,该问题与老年人语言能力相关,也与提升照护质量、改善沟通困境直接相关,因此对于基础研究与具体实践均有指导意义。

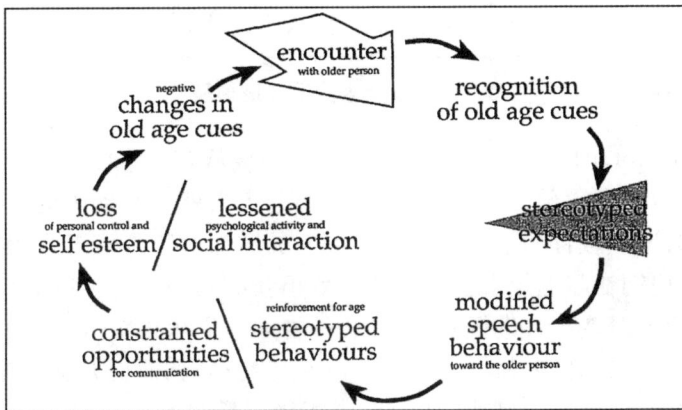

图7.2　老年人沟通困境模型

从图7.2可知,老年人从与他人对话中体验到负面情绪或态度,可能会进一步降低他们在照护过程中获得良好有效沟通的机会与期望。换言之,在照护过程中,老年人对自己的语言沟通能力的判断很大程度上要依靠照护者等其他人员对自己当下会话互动的方式、态度等反馈,老年人从中对自己如何被对待的观察和体会,对会话互动中自己的衰老情况的判断,都可能导致自尊和自我效能的降低(Ryan et al., 1995:92)。另外,某些情境可能会引发对老年人的负面年龄刻板印象。例如,照护人员看到养老院的老年人可能会产生与负面刻板印象(如生活不能自理、反应迟钝、需要照护等)相关的看法,从而影响其对老年人的沟通方式与内容。上述这些过程循环往复,形成了负反馈循环(negative feedback cycle)。

为了在照护实践中改善这一问题,Ryan et al.(1995)进一步提出了老年人沟通促进模型(Communication Enhancement Model)(见图7.3)。

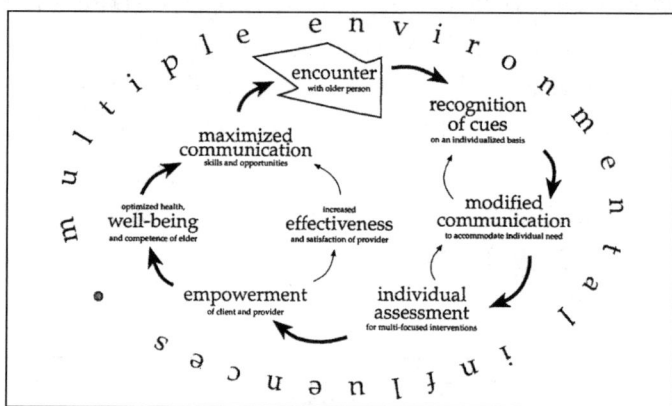

图7.3 老年人沟通促进模型

Ryan et al.(1995:97)提出,一方面,应该从多个维度对医护人员、老年人进行教育和干预,通过语言沟通改善老年人就医互动中的体验、满足沟通需求,这些教育和干预有助于医护人员增加对正常衰老过程的理解,并有利于他们在与老年人会话互动时承担新的角色、获得新的技能;另一方面,也应该对老年人进行引导和教育,告知他们可以提升医患互动中的期待及信心,以积极参与者的身份角色参与互动,从而提升就医或照护的整体满意度,促进身心健康,从而形成积极反馈循环。另外,除了从照护者和老年人双方个体角度提升沟通效能,还可从客观条件入手加强双方沟通,如提升每位老年人的照护实践、优化机构文化、改善居住环境、提升照护人员业务水平、加强财政投资等(Hummert & Nussbaum, 2015:283)。医院或照护机构应该最大限度地提供能够支持和促进老年人与医护人员、照护人员有效交流的物理环境,包括技术支持、书面材料、视听工具等资源,以提供老年人能够获得尊重、提升自我效能的社会环境。国外已有医院针对少数族裔老年人、痴呆症老年人的照护实践,从上述两个模型对老年人沟通效率影响的生态多维视角入手,以改善相关老年人的沟通效率。例如,为只能用英语进行生活简单交流的少数族裔老年人安排母语照护者,加强亲属与其的母语沟通,鼓励朋辈沟通等;关注痴呆症老年人因语言障碍、负面刻板等造成的沟通困难,改善由此产生的负面生理、心理后果,如健康状况下降、抑郁和社会孤立等问题(Ryan et al., 1995)。

另外,老年人健康教育话语策略问题也是国际上的关注热点,Coupland 在此方面有积极探索。在我国,也有研究者关注向老年人开展健康教育时的会话问题(如 Tsai, 2017)。该研究语料取自于 169 个大学生与 70 岁以上且小学以下文化水平老年人之间进行老年疾病健康教育的对话。研究发现,健康教育需要给老年人创造健康知识的需求感,这是一种共通的语用策略;现场互动通常包含具有高收益的话题,并存在需求引发机制;大学生通常使用"探索观点问句"(perspective-checking questions)引发老年人的知识需求;知识需求形成模式及其分布与参与者认识论角色及互动地位相关。

7.3.2.3 老年就医与养老照护中的语言沟通实践指南

美国老年学学会专门组织老年学及语言沟通研究专家,制定了面向老年照护者或医护人员的老年人沟通指南,用以提升与老年人语言沟通的效率,促进老年人身心健康。相关建议共分为四组 29 条:

1. 改善与老年人互动的一般建议

1)评估对老年人刻板印象的可能性。

2)避免对老年人"高人一等"的言语(老年语)。

2. 改善与老年人面对面交流的一般建议

3)观察控制非语言行为。

4)将背景噪声降至最低。

5)与老年人说话时,要面对他们,且与他们平视。

6)在表达关键信息时要注意句子结构。

7)使用视觉模态形式,如图片和表格等,以便清晰表达,促进老年人对关键信息的理解。

8)问开放式问题,真诚倾听。

3. 改善医护人员与老年患者互动的具体建议

9)表达理解和同情,帮助老年患者管控由衰老及慢性病产生的恐惧和不确定性。

10）询问老年患者的生活状况和社交情况。

11）谈话时要同时包含老年患者及其同伴,避免冷落老年患者。

12）根据老年患者与疾病和死亡相关的文化信仰和价值观念,提供个性化护理。

13）与老年患者共同决策。

14）在尊重老年患者自主权和鼓励他们积极参与健康护理之间取得适当平衡。

15）在提供有关预防保健的信息和建议时,避免年龄歧视。

16）向老年患者提供信息固然重要,但如何提供信息更为重要。

17）与老年患者交谈时,使用直接、具体、可行的语言。

18）在对话中要验证老年患者是否真正理解。

19）为听众的理解设定具体目标。

20）在与老年患者讨论治疗方案时,将技术知识和情感诉求结合起来。

21）提供优质医疗服务,提高老年患者满意度。

22）在与非西方老年患者互动时,要谨慎使用幽默和直接的语言风格。

23）帮助熟知互联网、患有慢性病的老年患者获取信誉良好的网络资源支持。

24）如果与老年患者面对面沟通时需使用计算机,考虑使用便于协作的型号。

4. 与老年痴呆症患者沟通的建议

25）与患有痴呆症的老年人交谈时,要保持积极的语气。

26）与患有痴呆症的老年人说话时,避免语速过慢。

27）根据会话目标向痴呆症患者提出不同类型的问题。

28）与患有痴呆症的老年人交流时,使用右分支扩展的句子,以简化句子。

29）通过逐字重复或转述句子来促进老年痴呆症患者的理解。

美国老年学学会提出的老年人沟通建议是十分全面具体的,这些建议是美国老年学学会在分析了老年人罹患常见的听力障碍、视觉障碍、语言理解与语言产出能力减退、痴呆症等疾病后提出的。这些建议对于临床实践及构建老年友好型社会均有意义。

7.3.3 突发公共卫生事件中的老年人信息交流问题

因生理和心理原因,老年人具有相对特殊的信息交流与语言沟通特点,在信息获取及反馈上存在"鸿沟"现象,若不加以解决,就会造成语言资源公平缺失问题,影响突发公共卫生事件应急管理的有效性。在公共卫生事件中,老年人是众多传染性疾病的易感人群,历来是防疫重点。人口老龄化给包括突发公共卫生事件管控在内的社会治理带来了变革。因此,在目前人口老龄化程度加深的情况下,必须重视突发公共卫生事件管控中的老年人信息获取与反馈有效性的问题,促进社会治理中的语言资源公平。

7.3.3.1 人口老龄化与老年人信息交流特点

日常生活中,老年人通常会对信息呈现形式有特殊要求。例如,语音清晰度高、语速较缓,书面文字字体较大、语法词汇相对简单,书面排版不能过于复杂等。老年人习惯于口耳相传的信息交流方式,包括当面交流、电话或语音视频沟通等;阅读获取相关语言信息时,书面材料的信息密度不能过高等。

在信息信任方面,一方面,老年人对来自熟知群体(如亲属、熟人等)、官方媒体、居住社区的信息较为信任;另一方面,对某些非官方渠道(如网站或微信)信息较感兴趣,容易轻信,缺乏对有效信息的甄别,主动检索信息的能力较弱。罹患神经退行性疾病(阿尔茨海默病等)的老年人、老年残疾人等特殊老年群体对信息获取的渠道和要求更为特殊。

另外,随着我国城镇化水平的提升及乡村振兴建设的推进,老年群体存在多种生活居住方式,这在一定程度上也影响了其信息交流方式。例如,与子女或其他年轻亲属同住的老年人,因为可由他人协助获取信息,对突发公共卫生事件的信息公布了解相对及时。在医养机构居住的老年人因有专人提供生活照护,也有相对可靠的信息获取渠道。但对于与子女分居的老年夫妻及独居的老年群体而言,很大程度上只能依靠自身获取信息。

面向老年群体的信息真实性、及时性及有效性,很大程度上直接关系到老年人在健康防护及公共卫生事件中的应对行为。本次新型冠状病毒肺炎疫情期间,就有部分老年人因信息获取不及时或不对称,未能充分了解疫情发展及专业防护建议,没有进行及时有效的自我防护。

7.3.3.2 基于老年群体特点的突发公共卫生事件信息传播

在突发公共卫生事件管控中,政府及专业机构应针对老年人信息交流特点及居住方式,建立有效的信息发布与反馈机制,构建多种渠道的信息发布与反馈网络。

第一,全面做好社区信息建设工作。社区仍然是老年人获取信息的重要来源地,基层治理单位应在信息发布处(如社区公告栏、报刊栏及楼组信息栏等)提供内容及时简明、呈现形式清晰的信息,同时通过老年住户信箱投递简报和通知。

第二,面向特殊群体老年人做好细致服务。对于独居或出门较少的老年人,基层治理单位或相关机构应通过照护人员、社区工作人员及邻里志愿者进行专门的定点定期信息服务,为老年人提供政府或专业机构的官方信息、防护要求及健康建议。社区可以通过电话、手机或老年居家智能终端联络老年住户进行口头信息告知;同时应告知权威信息发布渠道、了解方式等。

第三,发挥社区信息沟通优势,建立信息反馈机制。基层治理单位应当拓展多种方便老年群体信息反馈的渠道,及时知悉老年人信息需求、健康状况并提供相应服务。此次疫情期间,部分老年人存在无处购买口罩等防护物资、无法获取慢性病管控常用药、生活物资采购不便等实际困难,但困难情况反馈并不及时。社区等基层治理单位应在疫情防控工作中设置独居、残疾老人等特殊群体专项工作小组,实行常规询问与零报告制度,做好工作台账,及时处理或反馈至相应负责单位。相关措施还可包括设置老年人对接专员并公布联系方式、落实楼组长定期巡访、实行定期家庭电话探访等。

第四,做好老年人信息引导工作。政府或专业机构应通过广播、电视等传统媒体及微信等新媒体发布适合老年人信息交流特点的公告或制作节目等,引导信息获取能力较强的老年人主动了解,做到"授人以渔"。

另外,除信息发布和反馈外,政府还应重视针对老年人的健康理念及疫情防控科学普及教育、防控管理宣传标语使用中的语言问题。例如,如何针对老年群体的认知理解及信息交流特点,进行易于理解、方便传播的健康科普教育,如何在老龄社区设计符合规范、明晰易懂的宣传话语等。

与此同时,在突发公共卫生事件中,如何根据老年人言语行为特点开展及时有效的语言抚慰与心理疏导,促进患病老年人与医护人员的有效沟通,以及在医养资源有限的情况下,如何通过信息提示及语言关怀等协助老年人进行自我照护,这些都是需要考虑的实际问题。

7.3.3.3　社会治理与老年友好城市建设中的语言资源公平

实现老年人语言资源公平应多管齐下。从信息发布与反馈的责任主体上说,社区、街道等政府基层治理层级是实现社会语言资源公平的关键,应充分利用组织机制优势,切实将其转化为突发公共卫生事件中的基层治理效能,了解并切实回应老年人在相关事件与情境下的语言信息需求。

政府应在各类社会治理中充分考虑老年人语言资源公平问题,如建立老年人专项信息沟通渠道,在产业制造上鼓励相关企业研发并生产适用于老年人的信息交互设备等。从信息传播角度而言,政府一方面要充分利用人工智能及现代信息技术拓展老年人与外界信息交互与语言交际的多维渠道,如充分考虑老年人语音接受信息的习惯,利用智能语音合成技术通过多种信息终端定期推送相关信息。另一方面要尽量避免因信息化发展而给老龄群体带来的"信息鸿沟"和"语言资源不均",鼓励老年人使用新媒体等渠道获取信息。例如,社区可定期开设老年人信息素养课程,安排老年教育专家辅导老年人如何提升信息素养、获取相关资源。2020年11月,国务院办公厅发布《关于切实解决老年人运用智能技术困难的实施方案》,正式要解决这一问题。

突发公共卫生事件中的语言应急服务是国家语言能力及精细化社会治理的体现,面向老年群体进行高效迅速的公共信息传播服务也是老年友好城市建设的重要方面。在进行重大突发公共卫生事件应急管理等社会治理时,政府要将语言当作重要社会资源、公民重要权利这一维度加以充分考虑、合理利用,把建立老年群体的信息交流机制纳入国家公共卫生应急管理体系建设、老年友好型城市建设的维度。当然,只有将突发公共卫生事件等特殊情景下的语言信息资源服务,与日常情况下老年友好型信息资源建设结合起来,才能有效提升老年人获取、理解、甄别和应用信息的能力,切实回应老年群体对自身权益维护、实现语言资源公平的现实需求。

7.3.4 构建精细化的中国特色适老语言服务与产品供给体系

目前,我国对老年人群的语言能力及语言服务等系列问题关注不足。老年人的基本普通话能力仍然较弱,"推普"工作在老年人群中的成效也弱于其他年龄群体。相关调查发现,普通话听说能力弱的老年人识字率也较低,获取信息的能力较弱,从而导致其缺乏基本沟通能力、影响高质量的社会参与活动。同时,老年人数字语言信息技术与产品的使用也较少。这些都不利于老年人的身心健康和个体尊严,是积极老龄化进程中的一个严峻问题(赫琳、王安琪,2019)。

美、欧、日等老龄化程度高的国家和地区,已就如何构建适老语言服务与产品体系提供了各自解决方案。例如,美国于 2011 年 1 月实施的年度健康访视(Annual Wellness Visit)项目,由阿尔茨海默病协会牵头,召集经验丰富的临床医师及语言康复治疗师等专业医疗队伍,目的是为公民制定个性化的疾病预防计划,并为潜在认知能力受损老年人进行检测评估。参加此项目的老年人在家就可以享受由专业机构上门提供的言语治疗服务,包括失语症、失用症、构音障碍、痴呆症等的语言康复。在欧洲,欧盟委员会和 17 个国家共同资助了主动和辅助生命计划(Active and Assisted Living),该计划致力于研发服务老年人的信息通信技术(ICT)、服务平台与产品设备。其子项目 AGNES 针对轻度认知障碍人群,设计了一套以 ICT 平台为基础的社交网络,用于老年人交际状况和语言能力变化监测,相关信息会实时上传至平台以提供预防或缓解方案。日本则在 2000 年实施的介护保险制度中通过强制性社会保险为被保险者量身制定介护服务计划,其中就包括提供语言康复训练。国外已有研究证实了借助通信技术对老年人语言交际进行干预的有效性(Chen & Schulz, 2016; Martínez-Alcalá et al. , 2016),可减少老年人的社会孤立感,也促使老年人进行更多认知活动。当然,老年人的生理状态、年龄阶段、教育程度、生活态度和个体性格都影响着他们对待信息通信技术及相应网络沟通的态度及使用情况(Vroman, Arthanat & Lysack, 2015),在具体实践中需要进一步注意,开展相应研究。

中国老龄人口基数大,而老龄事业起步较晚,应充分借鉴发达国家相关经验,着力构建具有中国特色的适老语言服务与产品供给体系。在我国,构建适老语言服务与产品供给体系,中国特色是内涵,高质量语言服务与产品是核心,精细化是目标。具体来说,就是要立足人口结构持续老龄化的国情,借鉴发达国家相关经验,充分利用人口优势,针对不同老年群体,依托老年语言学基础研究,运用人工智能技术,推进产学研融合,推动产业化发展,从而提供多样化的语言服务与产品。具体有以下几点:

一是要立足老年语言学基础研究,着力解决老龄社会中突出的语言问题。言语表现是阿尔茨海默病、帕金森病、中风等老年疾病的外显标志物,语言行为改变及语言障碍是临床辅助诊断的重要依据。目前,针对特殊老龄人群语用能力的相关研究很少,且临床诊断还存在检测量表的语言项有待优化等问题;同时,我国缺乏对以汉语或少数民族语言为母语的老龄人群语言能力变化的系统性研究。优先解决此类出现在我国特殊老龄人群中的突出语言问题,是中国特色老年语言学发展的重要方向。

二是充分依托人工智能、"互联网+"等技术,将适老语言服务和产品开发与智慧养老相融合。适老语言服务与产品开发以智慧养老为载体,可以发挥更大的优势。例如,通过不同移动终端为老年人不同的语言需求提供个性化服务与产品;提升居家语言服务质量,满足老年人语言文化方面的精神需求;基于人工智能技术,通过言语特征进行老年神经退行性疾病预判;开展老年人日常生活的多模态大数据分析,实时记录老年人状态并上传至养老信息服务平台,以提供针对性、实时化的服务等。

三是要充分发挥学科交叉优势,实现基础与应用研究为构建产学研相融合的生态产业链提供支撑。语言学、认知科学、多模态行为学等学科专注老龄人群语言能力蚀失及评估,为相关疾病家庭预判提供理论基础;临床医学、基础医学重点攻克老龄人群语言衰老机制,探索言语治疗与康复等如何延缓语言认知衰退等问题;心理学、护理学、社会学等学科为语言康复、长期照护等老年健康服务提供保障。

四是要推动适老语言服务与产品供给体系的市场化、产业化发展。目前,我国老龄产业与语言产业的交集还较小,适老语言服务与产品只作为附属项目出现在健康教育、康复护理等业态中,并未形成完善的适老语言产业业态。涉及语言的服务与产品种类单一、数量较少,仅有视听辅助用品、智能视听娱乐、交流辅助产品等,缺乏针对不同老龄人群,尤其是特殊老年人群等对语言有强烈需求的精细化语言服务与产品。适老语言服务与产品体系的构建,要以老龄产业与语言产业作为两极,前者引导老年人群的各类语言需求通过语言产品及服务得到满足,后者通过各类产品及服务扩大老年人语言内需,鼓励老年人语言消费。

总之,构建具有中国特色的适老语言服务与产品体系,要符合国家积极应对人口老龄化、推进健康中国建设的战略需求。适老语言服务与产品供给需要依托体系化的产业发展加以支持。人口是我国适老语言产业发展的一大优势。我国老龄人口基数大,适老语言服务与产品体系要面向全体老年人群,要不断扩大语言服务与产品的"内需",增加政府及机构的语言服务与产品购买,鼓励老年人群进行语言消费,从而推进老龄服务型社会建设,提高老年人健康水平,满足老年人对美好生活的向往。

第八章　中国特色老年语言学的构建与展望

中国有 14 亿人口,迄今为止,世界上还没有一个人口超过 10 亿的国家可以提供老龄化的成功经验。较早进入老龄社会的发达国家能够提供的经验都是小国模型,即便是美国,其总人口及老龄人口总数与中国相比也相差较大。

人类社会对老龄问题的普遍认识如果从 1982 年的联合国第一次世界老龄大会算起,至今不到 40 年,而人口老龄化问题是长周期现象,所带来的问题有一个逐步显现过程(党俊武,2015:359)。中国的人口及国情有着自己的特色,解决老龄化问题、发展中国特色老年语言学也必须实施基于自身国情的内生战略,探索中国特色的老年语言学发展之路。

8.1　中国特色老年语言学的发展规划

本书倡导在我国建立老年语言学,开展相关研究,并不是说此前没有研究者关注老年人语言现象。事实上,在此之前的语言学研究中,我国语言学者、心理学者、医学研究者已基于各自侧重,对部分老年人语言现象开展了初步探索,形成了一些体现汉语特点的研究成果。尤其在过去的十余年,我国学者在各自领域对认知老化与语言能力衰退之间的关系进行了不少有益探索。但是,相比国外日渐成熟的老年语言学发展现状,我国对老年人语言现象的研究整体上还停留在个别现象描述、部分规律总结层面,尚未形成独立、完整的研究体系,更未能建立一个相对独立、理论与应用并重且互补、范畴整合、规划科学并分步实施的"老年语言学"学科领域。应当认识到,建立老年语言学这一独立的研究领域,是老年人语言现象及其背后机制等相关科学问题开展系统化、细致化、规范化探索的保障,也是完善语言学及老龄科学等学科知识体系的必然趋势。

8.1.1　中国特色老年语言学的内涵及发展

我国是较早进入老龄化社会的发展中国家,老年人口基数巨大、老龄化趋势严峻,包括痴呆症老年人等特殊群体老年人的比例与总数均在世界前列。因此,建立独立的老年语言学研究领域,将其发展为成熟的语言学分支,具有相对性的资源优势及现实需求。

中国特色老年语言学的内涵至少包括以下三个方面:

一是中国学者应加强老年语言学学术思想、研究方法或技术的创新。这些可以通过对中国本土老年语言学问题的研究实现,也应当是中国学者对世界性问题的回应与研究。对于认知老化与语言衰老的关系问题、老年人语言障碍的补偿机制、认知障碍语言标志物提取及语言干预方法等核心领域,我国老年语言学研究者要力争有原创性的理论和技术突破,例如要特别关注汉语作为表意文字异于表音文字在认知老化上的独特性问题。

二是要率先集中精力解决中国老龄化进程加速背景下的各类实际问题。中国老龄化进程呈现出自己的特点,包括人口基数大、老龄化速度快、未富先老、老年人素质尚需提升、社会保障尚不完备等。目前人们对语言与身心健康的关系,以及运用语言资源服务个体积极老龄化、脑认知健康的认识还很不够。这些挑战也蕴含着我国老年语言学发展的特有空间和机遇,要求相关学者和从业人员要将理论发展与实践服务紧密结合起来,基于语言视角,利用语言资源来改善我国老年人口素质、满足积极老龄化的实际需求。

三是要加紧开展对母语是汉语或其他民族语言老年人语言问题的研究。这一层面的研究旨在发挥我国老龄人口数量多、汉语及其他民族语言独特等方面的优势,服务我国老龄事业发展及健康中国建设,同时也是中国老年语言学研究者为整个学科知识体系能够做出的独特贡献。

从学科建设的角度而言,我国进行老年语言学建设,彰显中国特色,服务国家发展,以有组织科研加快建构我国老年语言学的知识体系,尤其要在以下四个方面加强：

一是要加强基础研究。我国老年人口总数大，认知障碍老年人口总数世界第一，发展老年语言学，要充分利用老年人口的数量优势；要关注汉语作为表意形文字异于表音文字在认知加工上的独特性问题；进一步夯实对老年人在汉语及其他民族语言的语音、句法、语义等基础层面特有现象的研究等。

二是要突出问题导向。西方发达国家早已开展老年语言学研究，相比之下，我国学界要实现弯道超车、做出独特贡献，必须突出问题导向、紧盯若干问题持续用力，包括：率先攻克在老龄社会发展过程中急需解决的语言学问题（如基于语言标志物的老年痴呆及老年抑郁早期研判、老年语言认知康复效度的提高等）；主动服务"脑科学"等重大战略性科学攻关问题的研究。为实现这一目标，在学科人才培养上要加强以问题为导向的培养方式，注重发展解决实际问题的能力。

三是要注重产学研结合。在加强老年语言学基础学理探索的同时，要持续开展应用性研发。如面向中国老年人群的语言能力量表编制、神经退行性疾病语言标志物的进一步挖掘，以及充分利用人工智能及大数据技术研发语言认知障碍的筛查诊断系统。

四是要主动服务老龄社会。要基于老年语言学研究成果开展社区认知障碍筛查、科普；要参与老龄友好型社区构建、信息化建设等；要基于语用能力的考察维度，促进老年人言语交际能力改善、促进老年人社会交往等。

此外，我国发展老年语言学还应遵循新兴学科发展的客观规律，注重搭建学科交叉的研究平台、设立专门发表老年语言学研究成果的学术刊物、成立专门的学会组织；开设老年语言学专门课程、建设通论或引论式教材；积极扶持青年学者探索前沿问题，培养和组建跨学科研究队伍等。

目前，国内一些高校及部分学者已逐步认识到语言蚀失研究之于老龄事业的重要意义，开始以问题为导向、以交叉学科为依托、以培养研究队伍为支撑，进行相关研究。相关机构的任务包括：

一是普通老年人、独居老年人及罹患阿尔茨海默病等神经退行性疾病的特殊老年群体的言语交际、行为特征、认知方式及病理机制研究，需要对接国家脑计划，探究该类老年群体的语言蚀失过程、交际及认知特征、语言蚀失相关疾病的早期诊断与研判、治疗与看护、衰退机制及影响因素等问题，为老年人追求美好生活、建设健康中国而开展基础性研究。

二是利用大数据技术辅助阿尔茨海默病等神经退行性疾病的早期辅

助诊断、医疗数据库建设、患者病程管理以及大规模队列研究,联手国内一流技术团队,对认知健康老年人、轻度认知障碍及阿尔茨海默病老年人的日常言语交际过程、就医诊疗过程、认知训练及康复过程等进行大数据提取,依托人工智能技术,为相关疾病的辅助诊疗、认知训练、队列研究等研发应用系统。

三是老年人口(特别是特殊或患病老年人口)比例上升对城镇社区治理、高龄化城镇建设等方面产生的影响及其应对措施研究,包括积极老龄化社区建设(符合老年人认知及行为特征的社区建设、基于高龄社区开展的认知训练)、信息公平实现(符合老年人交际特征的社会信息传播方式)、社区治理方式(高龄社区的特殊治理机制)等问题,为实现社会治理创新及基层社区精细化管理提供决策咨询建议。

概而言之,老年人语言现象具有多维度与复杂性特征。从学理基础研究的角度说,老年语言学研究的一头连接着脑科学、心理学或认知神经科学等,探究老年人因正常生理及认知老化、罹患精神或神经退行性疾病等造成的语言蚀失或表达习惯变化等问题,研究其中的特征、规律及机制;另一头则面向应用研发,即利用各类技术开展语言认知障碍筛查与诊断、语言认知训练与康复,服务老龄友好型社会建设等。

目前,国内语言学界已经认识到老年语言学的重要意义,开始有组织地引导学者开展研究。老年人语言衰老作为人类生命周期中语言发展的必然阶段,相关基础研究与应用研发需要交叉学科的支撑。目前,国内已有不少综合院校或有学科特色的院校建立了专门语言研究机构,可协调多方资源,基于跨学科合作研究开展老年语言学研究与应用(黄立鹤,2015a:21)。我国要发展中国特色的老年语言学,应该形成从基础研究、临床应用到社区服务的发展路线图,以学科交叉、问题导向来开展健康老年人、痴呆症老年人等特殊群体老年人的言语行为特征、认知方式及病理机制等基础性研究,结合人工智能技术进行痴呆症早期辅助诊断、认知训练、病程管理、数据库建设等方面的研发工作,参与痴呆症筛查、老龄化社区建设等服务,为社会治理创新与精细化管理提供智库建议。

8.1.2 研究机构、发展任务与课程设置

从国内外成熟的研究团队及机构上看,老年语言学研究开展较早的一些大学或研究机构都成立了老年人语言研究中心,开展了持续深入、多

学科联手的研究。成立专门研究基地,有助于聚集多学科人才,以问题为导向、以交叉学科为依托、以培养研究队伍为支撑开展相关研究,在此基础上取得的高质量成果有助于服务老龄社会。

例如,同济大学老龄语言与看护研究中心(以下简称"中心")是一家瞄准中国人口老龄化问题及老龄科学发展前沿,以基于多模态数据的研究为特色,对老龄化及语言蚀失、脑神经疾病与语言障碍、老年心理与言语交际、老年就医与看护中的语言沟通等问题进行学术研究、人才培养及社会服务的专门机构。中心在语言学、医学、老年学、心理学、社会学等多学科交叉背景下,形成了从基础研究、临床应用到社区服务的发展路线图。相关研究机构要重视基础性研究,积极实现产学研合作与创新成果转化,还要联手合作单位培养青年人才,对接社区健康服务。同样以同济大学为例,"中心"成立了"拾忆"老龄公益社,定期在上海社区开展语言认知障碍的知识普及、评估筛查、认知康复、调查研究等社会实践;通过外语教学帮助老年人获得双语经验,提升语言能力,增加认知储备,延缓认知衰退;编撰发布《上海社区认知障碍公益科普手册》,研发"拾忆认知"微信线上小程序,编译出版国外最新老年人语言衰老的科普著作等。

培养一批对老年语言学感兴趣的研究生和青年科研及实践队伍是确保该研究领域持续发展的关键。在建立专门研究机构、明确发展任务之后,应当在条件成熟的高校开设老年语言学的系列课程。这类课程能引导学生关注老年语言衰老在老龄化过程中的规律和机制,了解语言衰老与积极老龄化之间的关系,掌握语言训练、延缓衰老的方法,努力培养学生对老龄化进程的认知、对社会的责任感。这一举措将带来一系列重要的临床意义和社会效益,因此具有良好的立德树人效益。目前,笔者所在团队已经开发了老龄化与老年语言学的通识类与专业类课程,并且正在制作网络课程,以充分利用网络平台开放课程资源。

在课程设计上,教师应该对老龄社会背景下的老年语言学研究范畴、研究议题、视角方法、实践应用进行全面、系统的讲授,旨在培养学生对老年语言能力变化的理论认识、研究方法认识、问题意识及实践服务能力。具体课程内容可以包括:人口老龄化与老年语言学的产生背景、老年人生理心理变化与语言能力、老年语言学的研究领域、老年语言学的研究视角与基本方法、老年语言学的临床及康复医学实践、老年语言学与老龄化社会治理、人工智能与老年语言学研究以及中国特色老年语言学的构建与展望。这些课程可以帮助学生理解中国特色老年语言学,初步具备分析老年语言问题及开展语言认知康复的能力。同时,课程可以协同社会资源(如养老院、医院、认知障碍训练机构等),开展老年人语言认知能力筛查及科普活动,提升学生的实践能力。

在教学手段上,该类课程可以充分融合理论讲授、学生讨论、社区实践与小型研究项目等线上与线下多种教学手段,丰富课程教学设计的维度。理论讲授主要涉及脑老化与老年语言学的核心知识体系;学生讨论是指学生对理论问题与实践过程的研讨;社区实践为学生提供参与老年人语言认知障碍筛查与科普的机会;小型研究项目是指在教师指导下,学生完成正常老年人语言现象数据的采集与研究设计、实现老年语言学研究项目的设计与开展。

8.1.3 老年语言学对我国老龄事业的意义

老年人语言衰老是全球人口老龄化背景下亟须关注的科学问题,也是伴随中国城镇化进程而凸显的现实问题。老龄化趋势要求学术界加强老龄科学研究。探究老龄化与语言衰老之间的关系,是老龄科学研究的重要内容之一。老年语言学秉持语言学基本理论、融合学科交叉视角,对老年人语言现象及其背后机制、老年语言沟通及社会认知等脑认知科学、老龄科学、语言学、心理学、社会学等多个学科领域共同关注的问题展开研究。相关研究有助于认清人类语言发展的重要一端,从而全面展现语言在大脑认知退化状态下的功能表现,为揭示大脑在生命周期中的变化过程提供观测数据。同时,该类研究还有重要的社会效益,包括增加痴呆症早期筛查的数据形式和检测维度,为高龄化城镇建设、健康城市建设提供基础性研究数据等。

老龄化与语言衰老问题是在世界老龄化程度不断加剧的背景下需要重点关注的方向之一,也是扎根中国大地、瞄准世界前沿的语言学问题。站在服务老龄事业高度的语言衰老及相关问题的研究既要考察阿尔茨海默病、帕金森病及其他老年常见病症人群的言语交际、行为特征、认知方式及病理机制,以及病程发展阶段与其之间的相关性,探究相关成果对早期诊断、预判、护理及高龄社区治理的影响与作用,又要研究成功老龄及常态老化老年人的言语表现,实现"积极老龄化",服务健康中国建设。这些具有学科交叉性质的基础及应用研究将有力提升人类对正常衰老及快速老化过程、机制及特征的认识,是发展我国老龄事业、实现积极老龄化的基石,也是服务健康中国战略的重要方面。同时,从实践层面看,中共中央、国务院印发的《国家积极应对人口老龄化中长期规划》提出,应打造高质量的为老服务和产品供给体系,积极推进健康中国建设。其中,老年语言康复产品及适老语言服务作为构建多渠道、多领域适老产品和服务供给体系中重要的一环,能够提升语言学界为国家战略及社会需求服务的能力。

8.2 我国台湾地区老年语言学发展概述

在我国,台湾地区是较早关注老年人语言现象、开展老年语言学研究的地区,其发展经验值得借鉴。我国台湾地区中幼年、青壮年人口持续下降,老年人口持续上升,老龄化与少子化现象并存。根据台湾地区的内政管理部门统计,早在 1993 年 9 月,该地区老年人口占总人口比率超过 7%,正式迈入高龄化社会①(Aging Society);截至 2018 年 3 月底,台湾 65 岁以上老年人口已超过 14%,正式进入高龄化社会,预估于 2025 年后将达到 20%,成为超高龄社会(Super Aged Society)②。从 7% 的高龄化社会迈入 14% 的高龄社会时间跨度为七年,与大陆相似。

随着老年人口的快速增长,慢性病与功能障碍流行率呈上升趋势。脑部自然衰老或疾病引起的认知能力下降、性格改变及人格退化,致使具有包括认知障碍等功能障碍或缺乏自我照顾能力者人数持续上升。因此,老龄化与语言蚀失及其认知机制等研究是老龄化程度不断加剧背景下需要重点关注的问题之一。

8.2.1 当前研究的整体现状

我国台湾地区重视老年人的相关研究,研究主要集中在对老年医疗、老年福利等方面的探讨,并已上升到"老年学"的学科高度,研究成果较为丰硕。台湾地区卫生、科技与教育主管部门等单位发布了诸多老年人相关研究计划,多个机构都是开展老龄科学研究的主要单位(Lin & Huang,2016:179),并设有台湾老年学暨老年医学会,学会发行了《台湾老年医

---

① 我国台湾地区使用"高龄化"一词来表示老龄化。
② 数据摘自台湾地区教育主管部门相关统计。

学暨老年学杂志》。在政策方面,台湾地区重视高龄化社会中社会福利、医疗照护等方面的政策支持,还出台了《老人教育政策相关文件》,认为高龄者教育的发展是高龄化社会对策的核心。同时,重视相关人才的培养。2010年,开设老年课程或系科的高等院校达34所,主要集中在医学、护理、管理等学科范围。同时各地区还有专门以老年学为学位授予的培养单位(蔡文辉、卢丰华、张家铭,2015)。

在老年学这一综合性学科的整体关照下,语言作为人脑的认知功能,成为老年人认知功能变化的重要研究内容。这里主要从现有研究布局、成果概览、研究特点与前瞻议题等角度来审视台湾老年人语言蚀失研究的概貌。

8.2.1.1 研究布局

语言能力与认知老化作为老龄化社会需要关注的重要议题,多年前就被台湾科技主管部门列为语言学专题计划的研究议题。主管部门发布的研究指南鼓励学者们在老年人口的语言特征与常模建立、非正常语言衰退的历程与指标、影响老年人口语言发展的认知与社会因素、老年人口多语发展历程、老年人语言与身份认同等方面开展一系列研究(黄立鹤,2015a: 22)。

中正大学研究团队是台湾研究老龄化与语言蚀失问题的典型代表。中正大学位于台湾老龄化指数①最高的区域嘉义县,学校于2008年设立高龄社会研究中心,由戴浩一教授负责推动;2016年成立"高龄研究基地",由当时新任副校长郝凤鸣担任总召集人,戴浩一教授担任共同召集人;2018年5月在中国台湾高等教育深耕计划资助下,成立了"高龄跨域创新研究中心",由郝凤鸣担任主任,戴浩一教授担任副主任,与心理学、脑神经科学、临床医学等领域的专家学者合作,围绕老年人的生理、心理、认知与运动健康促进等议题开展研究,特别探究了母语为汉语的老年人语言衰退问题,通过计算词汇量、平均语句长度、概念密度及语法复杂度等,验证这些维度对母语为汉语的老年人语言能力及蚀失测量的有效度,从而建立能够分析早期痴呆症的语言标记,并希冀通过语言训练延缓认知老化过程。团队同时培养了一批从事老年人语言研究的研究生。团队

---

① 老龄化指数是指同一人口总体中,老年人口数(65岁以上)与幼年人口数(0—14岁)的相对比值,指数越高说明老龄化程度越深。截至2018年2月,嘉义县老化指数为188.1。

成员还承担了包括"建造计算汉语高龄者语言能力流失的基准""汉语高龄者沟通能力研究""老化对手语与口语传达效率之影响"等多项科技主管部门的科研项目。

除部分语言学者从事的认知老化与语言蚀失等相关研究外,医学与神经认知科学是语言认知功能退化研究的重要阵地。例如,由台湾"中研院"曾志朗院士领衔成立的台湾联合大学系统"语言与人类复杂系统联合研究中心"、台湾大学医学院脑与心智科学研究所等单位均开展了认知老化对语言功能影响的相关研究;台湾"中研院"王士元院士及其团队也积极倡导从跨学科的视角研究认知老化对老年人语言能力的影响,提出要从整个生命周期的维度来看待这一问题(王士元,2018;W. Wang, 2018, 2019)。

8.2.1.2　成果概览

从宏观的研究图景上看,台湾地区的老年人语言研究是老龄科学研究的一部分。老龄科学以人类个体老龄化与人口老龄化为研究对象,具有多学科性质,范畴十分广泛,包括个体老龄化的衰老生物学、老年医学、老年心理学,以及人口老龄化相关的经济、社会、教育、法律等问题。相关研究也可从多个维度切入、依托多个学科进行,如神经认知维度、流行病学维度、医学康复维度等。

8.2.1.2.1　研究内容

从研究内容上看,台湾地区的老年人语言研究涉及多个研究方面,如语言认知研究、语用现象研究、语言蚀失研究等。

1. 老年人认知老化与言语感知及理解研究

从我国台湾学者在语言学范畴内部对老年人语言蚀失现象的研究视角来看,老年人认知老化与言语感知及理解的相关研究是语言蚀失研究的主要阵地,符合本书之前介绍的国际上老年语言学研究"一体"的主要内容。已有研究发现,并非所有认知加工均随年龄增加而衰退(黄立鹤,2015a:18),与词汇概念、言语理解有关的晶体智力保持不变(白学军等,2012)。在这一方面,台湾学者开展了一些研究。例如,陈奕秀(2008)基于脑事件相关电位实验对母语为闽南话的老年人进行了词汇语义相关度判断测验,他发现老年人随年龄渐长,语言经验愈加丰富,其中经常使用的语言连结就愈加稳固,语义高度相关的词汇得到更强连结,使得词汇连结速度更快,但对不常使用的词汇来说,连结则会变弱(如"低语义相关"

词汇）。这些相关语义网络的强弱会体现在 N400 的差异上。

2. 老年人听力感知实验与听力损伤检测

听力老化是老年人常见问题,会对老年人社交生活与情感表达造成影响,因此听力感知实验与老年人听力损伤检测也是较为常见的研究。陈慈薇(2014)通过对母语为闽南话的老年人及年轻人声调感知实验后发现,老年人即使听觉敏锐度在正常范围内,其声调感知范畴界限也和年轻人有显著不同,极有可能老年人在类别感知(categorical perception)层级上有感觉编码(sensory encoding)困难。齐凡翔等(2015)对 100 名 65 岁以上台北市联合医院和平院区耳鼻喉科就诊病患进行了纯音气导骨导检查及语音听力检查。研究发现,老年人由于年龄增加出现了一定程度的听力损伤,导致优耳气导阈值变差、优耳语音接收阈值变差。老年人一般率先出现高频听力下降的情况,造成其在噪音环境中无法清楚地了解谈话内容;之后发展为中频听力损伤,对听力环境的要求变得更为严格;加之年龄的增加,低频听力也渐渐受到损伤,造成社交与生活的不便,使老年人变得沉默寡言。Lin et al.(2007)调查发现,台湾地区老年人的总体听力障碍患病率高于西方老年人群,但造成此结果的原因可能是听障严重程度的定义差别、不同研究之间的性别分布差异等。

3. 老年人特别语用与话语现象

除上述听力感知问题外,探索老年人特别的语用与话语现象是中国台湾学者开展语言蚀失研究的另一重要研究内容。例如,高雄大学赖怡秀教授主持的"阿尔茨海默病患者于不同语用情境言谈运作之研究""阿尔茨海默病患者描述与叙述性言谈特征之研究",对阿尔茨海默病老年人的语用交际特征进行了探讨。研究发现,阿尔茨海默病老年人叙述话语中的填充停顿在时长上较健康老年人、成年人有显著不同(Lai,2017)。言谈特征可分为言谈帮助特征与言谈阻碍特征,阿尔茨海默病老年人口语表达呈现较少言谈帮助特征,较多言谈阻碍特征,后者能较为有效提示阿尔茨海默病失智程度(Lai,2014)。阿尔茨海默病患者在话语标记的流利度、多样性及功能使用等方面较健康老年人有损伤(Lai & Lin,2012)。之后,Lai & Lin(2013)及 Lai(2014)又通过范畴流畅测验、图形命名测验及日常访谈,认为语义及语用指标对痴呆严重程度具有预测意义。

除阿尔茨海默病患者外,部分学者也关注中老年失语症患者,尤其是其在功能性沟通方面的需求与表现。廖宥蓁和曾进兴(2008)对 40 名 45

岁以上的中老年失语症患者进行了量表调查,结果显示,失语症患者将"基本沟通""社交性沟通"与"使用电话"等功能性沟通需求排在前三名,而其他领域的沟通需求在生病之后都明显降低,因此,他们建议语言治疗师除了针对语言损伤程度为患者制订康复计划,也需考虑患者功能性沟通的需求。

4. 代际言语沟通

还有学者关注老年人同辈间及与年轻人代际间的言语沟通情况(C. H. Chen, 2017)。Lin & Zhang(2008)发现,在话题选择方面,中国台湾老年人与同龄人及年轻人沟通时倾向于选择与之匹配的话题,前者包括健康、锻炼及儿孙成就等,后者包括工作、婚恋等。同时,同辈与代际间沟通体现了老年人对自我身份的构建与管理。语言与文化差异是造成老年人与青年人沟通障碍的最主要原因(S. Y. Chen, 2018)。例如,在有关"花轿"话题的交谈中,老年人专注于自身结婚时曾乘坐花轿的经历以及花轿带给自己的个人意义与美好回忆,而年轻人则侧重强调花轿材料的坚固性,这便是代际文化差异造成的沟通交流障碍。

8.2.1.2.2 研究视角

目前我国台湾地区多从病理语言学视角与社会语言学视角对老年人的语言现象进行研究。

1. 病理语言学视角

病理语言学视角的相关研究多从流行病学维度与医学康复维度开展。

前文已述,戴浩一教授是较早与心理学、脑神经科学、临床医学等领域的专家学者合作开展研究的学者,特别探究了母语为汉语的老年人语言衰退问题;同时,高雄大学赖怡秀教授也是该研究视角的代表学者,她的团队从神经语言学、心理语言学等角度探讨了阿尔茨海默病等痴呆症老年人的语言特征,研究议题包括:阿尔茨海默病患者在不同语用情境中的言谈机制,双语、老化与痴呆症的关系,阿尔茨海默病患者的复诵表现与语音特征,早期阿尔茨海默病患者自传式言谈,等等。

老年人因年龄增长身体机能下降而造成部分语言功能的退化,听力损伤便是其中一项。Zhang & Zhou(2007)、Lin et al. (2007)、齐凡翔等(2015)等通过问卷调查、实验测试等方式分别对台北地区和台南地区老年人听力损伤人口比例进行统计分析。结果发现,台北地区老年人听力损伤占比高于世界卫生组织公布的 29.38%(齐凡翔等,2015),而台南地区远低于这一指标。医学康复也是病理语言学关注的重点。陈彤威(2012)针对"舌尖现象"设计了语言康复训练方案,并对 60 名有"舌尖现象"的老年人进行了康复训练,发现语音提示可以有效缓解老年人字词提取困难。廖宥蓁和曾进兴(2008)调查了中老年失语症患者的功能性沟通需求,发现沟通需求与语言损伤程度之间只有中低程度的相关性,因此,他们建议语言治疗师在拟定失语症患者语言复健计划及目标时,从功能角度入手,提升语言治疗的效益及患者满意度。

2. 社会语言学视角

相比之下,从社会语言学视角对老年人言语交际进行研究相对较少。有学者从老年患者就医过程中的医患互动入手,考察医生与老年患者、陪同子女间的汉语、闽南话转换,并基于互动社会语言学视角考察"三人行"老年门诊的联盟现象(Tsai,2005,2006,2007);陈锦慧等(Chen, Hong & Chen,2019)学者围绕老年人特定的生活与互动情境(包括陌生老年人和年轻人间的初次见面、乐龄学习情境下的师生沟通、居家长期照护情境下的居家保姆与老人服务个案沟通等),观察因为沟通情境的变化,老年人与周围人之间的语言互动会呈现何种动态与差异。例如,在台湾地区老年人和年轻人初次对话中,年轻人与陌生老人交际时的语言使用或沟通策略选择,往往容易受到所属社会文化中存在的老人刻板印象影响。在老年人的年龄叙事策略(age-telling strategy)中,存在表露痛苦经验(painful self-disclosure)、倚老卖老等情况,在凸显老年身份的同时,往往出现批判年轻族群所属世代的负面评价;对居家长期照护情境的研究显示,与老年人沟通交际所需要考虑的策略十分多元,相关因素也不只以年龄为出发点(如以老年失能与认知退化等为出发点),还可能衍生出更复杂的友谊、类亲属关系等。这些关系认知的转变背后是各类老年人在人际互动中的不同社会心理需求。

陈锦慧(2015)还基于英国社会语言学家 N. Coupland 和 J. Coupland结合社会心理学与人际语言与传播学所延伸出的语言、社会与老年的研究取向,将定性与定量结合,分析在乐龄学习的特定情境下,教师对于老年与老化的认知如何影响其与老年学员的语言沟通行为,以及老年学员的各种语言策略与情境特征。该项研究还从社会文化角度观察了老年歧视或刻板印象在情境对话中的体现,力图促进乐龄学习效果及高龄友好环境的构建,同时也揭示了教师与老年学员的关系定位的较高复杂性以及师生沟通存在的挑战。

蔡美慧和曹逢甫(2014)在针对医患对话的研究中明示,中国台湾早已迈入老龄化社会,老年人多以闽南话为主要语言,而年轻一代闽南话人口的严重流失造成医师与老年病人鸡同鸭讲的沟通局面,老年人就医发生困难。因此,有学者提出要基于"病人为主"的服务标准,提倡医疗人员用病人母语为病人服务,以示对基本人权的尊重。语言隔阂同样会阻碍"老年学"相关研究及老年照护。研究人员与老年人相比更为年轻,生活背景、常用语言大不相同,因此常常在搜集个案的过程中产生隔阂或误解。例如,老人告诉研究员他的媳妇"苦毒他"(意为"虐待他"),而研究员误解为家人"孤独他"(闽南话),语言上的隔阂常常导致沟通上的问题,为研究带来不便(陈素惠、梁雁秋、邵荣华,2017)。

8.2.1.2.3 研究方法

从研究方法上看,我国台湾地区老龄语言研究主要涉及基于个案研究法、受控实验法以及基于无创脑成像技术的研究。

1. 基于个案研究法的研究

个案研究法常用于医学康复维度的相关研究,医护人员根据与病人的交流经历总结病人的语言特点。陈美婷等(2013)采用此方法记录了照顾一位中老年男性急性脑卒中合并失语症患者的护理经验。在康复过程中,因个案有语言沟通障碍问题,看护人员需要首先协助创造友好的沟通环境,强化个案的沟通能力,以促进照护品质,加强个案的自我认同感与参与感。

2. 基于受控实验法的研究

受控实验法是研究老年人语言能力蚀失和语言障碍的重要范式。研究员通过控制相关变量来比较不同群体间的语言差异与认知差异。例如,本书5.1节,高雄大学赖怡秀教授基于受控实验法对以母语为汉语的中国台湾正常老年人与阿尔茨海默病老年人进行了一系列研究(Lai,2014,2017;Lai & Lin,2012等),分别探讨了这两类群体在话语停顿、言谈特征、话语标记语以及话语流畅性上的差异;邱倚璇、王静谊(2014)邀请老年人与年轻人参与开放性与参照主题叙述作业,结果发现,两组被试各自在两种叙述作业上表现相似,显示了个体内语言表达的稳定性。同时,老年人说话速度较慢,说话内容较少,离题概率较高以及命题重复概率较高,反映其在叙述主题时,未能有效规划而易词穷,内容重复较多。研究还发现,老年人语言表达同时受到认知、社会互动需求与沟通目的的影响。

3. 基于无创脑成像技术的研究

随着科学技术的发展,各种先进的无创脑成像技术开始被用于语言研究。例如,陈奕秀(2008)采用事件相关电位技术观察年轻人与老年人对词汇语义处理的方式,并对 N400 成分进行统计分析,以期找出年龄与语言衰退之间的关系,发现常用词汇间的连接随年龄增长而得到巩固,因此连接速度更快。但相比于个案研究法与受控实验法,语言学者基于无创脑成像技术的研究虽有开展,却数量不足。

8.2.2 研究特点与借鉴价值

纵观近年来我国台湾老龄化与语言蚀失研究之现状,可发现相关研究既有从语言学范畴内部对语言衰老现象进行的描写与归纳,也有综合运用神经、心理、认知等多个学科原理对老年人言语交际特征进行的解释。

8.2.2.1 注重共时描写、数据量较小

大多数语言学者对老年人语言蚀失现象的研究主要是现象描写与归纳,同时结合现有医学、神经科学及认知科学的成果略予阐释。但是,相关研究的数据量较小,且大多数研究属于共时研究,缺乏长期追踪,无法准确说明研究对象的语言能力随年龄或病程的变化情况。目前,我国台湾部分学者已经意识到该问题并着手开展历时研究,例如,中正大学戴浩一教授已开始对老年人进行五至七年的定期跟踪研究;在健康及生理机能等方面也有台湾学者开展了针对老年人的追踪队列研究(Hsu et al.,2017;Liu & Su,2017)。

8.2.2.2 结合语言治疗与认知干预

我国台湾部分学者在注重认知受损老年人语言蚀失问题基础性研究的同时,还开展了语言治疗与认知干预等方面的应用研究。例如,陈彤威(2012)对老年人字词提取能力下降的干预进行了初步探究,他发现,舌尖现象发生率随训练阶段推进存在下降趋势,图片命名表现在训练后也有显著进步,高龄者字词提取的能力有提高。

8.2.2.3 探索老年人在医患、照护互动中的话语特征

老年人语言研究作为老龄科学中的重要方面,涉及包括医患互动、照

护互动等多个议题。我国台湾学者已经注意到以闽南语为主要语言的老年人与以普通话为主要语言的医护人员存在沟通交流障碍,导致老年人就医不便,并提倡医护人员坚持"病人为主"的服务理念,解决与病人的沟通交流困难。我国台湾学者已经注意到此方面的问题,并已着手"老年人医患互动中的话语特征""失智症照料中老年人与照料者之间的互动规律"等相关课题的开展,大陆地区面临着严峻的老龄趋势及痴呆症发病率,急需开展与各种老年疾病相关的语言研究,因此台湾在这一方面的研究值得借鉴。

8.2.2.4　国际发表与合作

我国台湾地区老年语言学研究者具有较好的国际发表意识。近年来,台湾地区有关老龄科学与语言老化的相关研究多发表于 *Journal of Pragmatics*、*Journal of Neurolinguistics*、*International Journal of Audiology* 等国际期刊,构成了母语为汉语的老年人语言蚀失研究的主体;"中正大学研究团队""语言与人类复杂系统联合研究中心"等专业研究团队逐步成立,并积极与国际上的医学、心理学、认知神经科学等学科的专家合作,从事交叉学科研究,推进学科融合。

8.3　国际老年语言学研究对我国的启示

老龄化程度高的发达国家对老年人及老龄社会的语言问题研究较为深入、应用领域广泛,但我国的老年语言学发展尚存在三个明显的"不平衡":一是老龄社会语言问题的复杂性与老年语言学研究之间的不平衡;二是我国老年人改善语言生活质量的需求与研究成果应用范围及水平之间的不平衡;三是国外老年语言学发展水平与我国老年语言学现状之间的不平衡。

我国老年人口基数大、老龄化速度快;各类痴呆症的总体患病率为6.0%,据此估算,中国 60 岁以上人群中有 1,507 万人患有各类痴呆,约占全世界总病例数四分之一,总量全球第一,且以每年 30 万人的速度递增。在这样的背景下,开展老龄化与老年语言学研究迫在眉睫。本书前述的世界上老龄化程度高的国家或地区开展的老年语言学研究,既有各学科内部的侧重考察,又有多方联手的合作研究,揭示了不同语言衰老现象背后的多种因素,相关研究布局和成果值得借鉴。

总的来说,国际上主要从三个方面研究老年人语言衰老现象:一是从语言学范畴内部对语言衰老现象进行描写与归纳;二是从语言学范畴外部考察,运用神经、心理、认知等多个学科原理对这些现象进行解释;三是基于已有研究成果进行语言干预、康复等方面的服务与技术研发。

从研究团队上看,老年语言学研究成熟的许多大学或研究机构都成立了老年人语言研究中心,开展了持续深入、多学科联手的研究,有的研究团队设计的量表、采用的方法或范式被广泛使用,如始于1976年的美国波士顿大学的语言衰老研究项目就是典范之一,该团队开发的波士顿命名测验(Kaplan, Goodglass & Weintraub, 1983)成为研究命名困难或错误的经典测试方法。

在研究方法上,西方学者既有试验研究(前述的大部分研究),又有基于对自然情境言语互动观察的研究(如 Montepare, Steinburg & Rosenberg, 1992 等);既有定量研究,又有定性研究。

虽然对各种语言衰老现象的分析研究和机制探索仍需要进一步深入,但西方的过往研究为我国开展相关研究带来了诸多启示。

8.3.1 建立跨学科研究队伍及专门研究基地

老年人语言衰老现象作为人类生命周期中语言发展的必然阶段,是一个十分复杂的问题,不仅需要从认知神经、语言系统等角度研究,还需要从社会、文化、心理等其他角度加以考察。这是一个涉及多种学科和视角的研究课题,仅从语言学体系而言就包括神经语言学、心理语言学、语音学、词汇学、句法学、语义学、语用学、话语分析、社会语言学等各个方面。因此,老年语言学这一学科本身就具有明显的学科交叉特征。这就需要我们建立跨学科的研究团队,打破学科壁垒,以问题为导向进行研究。以波士顿大学的研究团队为例,其研究人员就有医学、神经学、语言学、言语与听力科学等诸多学科背景。

从研究人员学术背景上看,我国大陆和台湾地区有关语言老化的议题除由语言学者承担外,还由心理学、神经科学等相关学者承担。2018年国家社会科学基金项目申报指南设置了"老龄化与语言蚀失的大数据及临床研究"方向,在获批四个项目中,两位项目负责人均来自心理学专业。从相关成果发表上看,已有研究成果文章发表于语言学、医学、心理学、精神病学等学科所属的国际期刊。目前,国内已有不少综合院校或有学科特色的院校建立了语言研究院(所),这些机构可以联系多方资源,开展一系列跨学科合作研究。另外,在具有跨学科优势的院校开展老年人语言研究方向的人才培养,将是具有重要科学战略意义和良好社会效益的举措。只有持续推进学科、跨领域的深入研究,联合多种研究方法(参考吴国良等,2014)才能在语言蚀失机制的基础性研究与减缓语言认知衰退的临床应用研发上产出标志性成果。

另外,观察境外已有的老龄化与老年人语言研究队伍可以发现,很多高等院校或科研院所在地方相关机构的支持下,成立了专门研究基地,聚集多学科人才,以问题为导向、以交叉学科为依托、以培养研究队伍为支撑开展相关研究。这是由老龄化与老年人语言研究的性质决定的,因此,形成多学科、多领域背景的科研队伍,有利于围绕老年人语言现象的各个方面开展研究(黄立鹤,2018b),从而形成"老年语言学"学科增长点。作为我国首家以基于多模态数据的研究为特色,对老龄化及语言蚀失与相关问题进行研究的"同济大学老龄语言与看护研究中心"就是在这一背景下成立的。该研究中心不仅致力于研究老龄化及语言蚀失与相关问题,还与同济大学附属医院在临床上合作,积极为该领域的研究储备专业人才,推动老年语言学的学科发展。这种通过建立研究基地、实现多科学集成,围绕老年人语言现象研究的做法值得推广。

8.3.2　开展追踪研究并建立语言能力常模

研究者要扎实深入开展老龄化与语言蚀失研究,必须将横断面研究与长期跟踪研究相结合,并在此基础上建立母语为汉语的老年人语言能力常模。我国台湾学者已经意识到常模研究的重要性。例如,陈劲秀(2010)进行了台湾北部正常中老年人语义流畅度测验常模研究;杨心绵(2011)针对台湾北部地区正常老年人进行了简短式高级大脑皮质功能检查量表常模研究,以及相关人口学变量及信效度研究,为临床医师在诊断和追踪病人认知能力提供了一个客观有效的参考。我国应建立老年人语言能力常模,全面检测不同老年疾病对语言能力的影响,为医师诊断、治疗介入及看护照料提供参照。目前,笔者团队正在与北京外国语大学顾曰国教授开展国家社会科学基金项目重大项目"我国老年人语言能力的常模、评估及干预体系研究",构建以多维变量为依据的老年人队列,在建设老年多模态语料库的基础上,对我国老年人语言能力进行常模构建。

同时,笔者还建议相关团队参考国际通行做法(如美国卡内基梅隆大学牵头建设的 TalkBank 下属的痴呆症患者话语语料库 DementiaBank),构建一定体量的母语为汉语的健康及痴呆症老年人话语语料库。构建一定时间跨度的历时语料库有助于研究者开展长期追踪研究,对衰退起始时间、发展过程和背后机制进行探究,了解老年人语言变化全貌。在此基础上,可逐步建立起针对全人群的语言能力监测与评估体系,从语言维度实现对相关疾病的发现与预防。

8.3.3　加强母语为汉语的特殊老年群体研究

在特殊老年群体的语言现象研究中,母语为汉语的研究对象仍较为鲜见。Wu et al. (2015)通过手术中直接皮质电刺激成功绘制了中国人汉语脑语言分布图,在与英语概率分布图进行对比后发现,额中回后部是汉语语言处理的一个独特节点,可见英汉母语者进行语言加工时的脑区激活情况不同。探究母语为汉语的特殊老年群体的语言衰老与大脑认知老化之间的关系,是我国老年语言学发展的重要任务,具体包括以下三个方面:

神经退行性疾病或精神障碍导致的语言能力衰退或障碍的研究是国际上老年语言学研究的重点内容,但目前母语为汉语的老年患者语言研究相对鲜见。其中,阿尔茨海默病导致的汉语语言障碍研究更少。根据国际阿尔茨海默病协会发布的《2021 年世界阿尔茨海默病报告》的数据,全球有 5,500 多万人患有痴呆症,预计 2030 年将达到 7,800 万人。其中,中国患者全球最多。因此,我国语言学界携手其他学科共同研究这些老年患者的语言障碍及语言能力衰退具有很大的理论价值、临床意义和社会效益。

除此之外,还可以开展文盲与非文盲老年人语言理解、语言产出、言语策略等多方面的对比研究,这将有助于进一步研究文盲的语言加工特征,认识人类语言加工规律和相关脑机制,解释诸多语言现象(黄立鹤,2014),具有理论意义。另外,我国部分少数民族语言没有文字,这些少数民族老年人是宝贵的研究财富。

双语(多语)者的语言衰老问题也是值得探讨的课题,已有多项研究证实双语(多语)经验对老年人认知的正面影响较为明显,其背后原因主要是外语学习经验对大脑神经机制产生作用,包括促进中央执行功能、利于实现神经补偿、利于神经储备等(程凯文、邓颜蕙、尧德中,2014)。国外某些研究者(如 de Bot & Makoni, 2005; de Bot & Schrauf, 2009; Divita, 2014 等)已结合社会语言学、生命发展等视角考察了多语能力对于老年期生活的影响与意义。但外语熟练度、数目和种类、外语学习时间早晚对老年人认知能力保护特别是老年痴呆预防的影响如何尚待进一步研究。

8.3.4　基于多模态视角融合多种数据

目前研究多关注语言本体范畴(语音、词汇、句法、语义等)内的衰老现象(黄立鹤,2015a),但初步研究显示,面部表情、身体动作等多模态资源也在老年人信息传递、情感表达中占有重要地位,如脸部表情、手势、情感表现等,多模态语料库方法可以为研究者提供这些线索(参考顾曰国,2013;黄立鹤,2015b)。Perkins(2007)提出语用浮现模型,该模型将语用视为语言系统、认知系统以及感觉运动系统三者相互作用的结果。这里的语言系统指语音、韵律、形态、句法、语义、语篇等语言符号;认知系统包括记忆、推理能力、执行功能、情绪等基本认知功能;感觉运动系统强调信息的输入与输出。一般而言,信息的传入主要依靠视觉系统与听觉系统,信息的输出可以依赖语音、眼神、面部表情、身体姿态等行为动作。人们的语用交际就是在这三个系统之间进行选择的结果。顾曰国(2013)提出言思情貌整一原则,也强调思想、表情、体貌在语力表达中的重要作用。近年来,国际上虽有学者已从多模态视角开展对正常老年人或认知障碍患者语用互动问题的研究(Kontos, 2006; Hamilton, 2008a; Mikesell, 2016; Bolly & Boutet, 2018),但从该视角切入的系统性研究仍属鲜见,欠缺完整、深入、系统化的探讨。从多模态视角对痴呆症老年人言语交际进行研究具有较大的必要性和较广阔的拓展空间,值得研究者进一步深入探讨。

信息技术的发展与大数据概念的提出为老年人语言衰老研究提供了新的方法。虽然已有一些研究者运用语料库方法对特殊老年群体的语言特征进行了研究(如赵俊海,2012;Proença et al. , 2013;刘红艳,2014 等),但较多为幼儿语言发展语料库(包括多模态语料库),全球范围内尚未建立较多数量的大规模老年人语言衰老数据库。利用多模态语料库方法研究老年人语言衰老是目前较为前沿的领域。例如,欧洲由 Catherine T. Bolly 及 Dominique Boutet 等领衔的 CorpAGEst 项目(2013—2015)是该领域为数不多的典型。该研究旨在建设正常衰老老年人现场即席话语的多模态语料库,在此基础上考察老年人语用能力变化。目前,顾曰国(Gu & Xu,2013a,2013b)、黄立鹤、杨晶晶、刘卓娅(2021)等都正在运用多模态语料库方法开展对正常衰老老年人与老年痴呆患者之间多模态交互行为的对比研究。

同时,多模态视角的老年语言学研究还意味着应当多开展跨学科的、融合多种数据类型的研究,尤其是要注重诱导数据与自然数据的有机融合。基于诱导数据开展受控实验的研究与基于真实言语交际自然数据的研究结合,才能够更为全面地描述并阐释老年人各类语言现象的规律及其机制。例如,基于便携式脑电采集设备的老年人语用交际特征及其机制研究就是把脑电研究方法与传统语用学研究方法紧密结合,以更为深入地揭示老年人语用能力变化规律及其机制。另外,多模态视角的老年语言学研究还应构建融合多种数据类型的大型研究平台,提供脑影像、血液指标、脑电数据、音频数据、视频数据、认知评估分数等多种类型数据,为开展多学科融合研究提供充分的数据准备。

8.3.5 充分体现临床价值与社会关怀

语言问题与老年人的身心健康、生活能力和社会参与等均密切相关。老龄化与语言蚀失研究紧密结合医学临床与社区服务,回应了健康中国的国家战略。面对严峻的老龄化与较高的痴呆症患病率,国家着重强调"医养结合",加强老年疾病预防与早期干预,提高老年群体就医便捷性与可及性,着重发展老年长期照护服务。因此,相关研究既要瞄准普通老年人、独居老年人及阿尔茨海默病老年人等特殊群体老年人的言语交际、行为特征、认知方式及病理机制研究,也要结合医学临床,服务相关疾病的早期诊断分析(如优化认知障碍评估中的语言能力项目)、治疗看护(如结合言语治疗学与认知干预)、病程管理,还要提供老龄友好社区治理、高龄化城镇建设等方面的智库建议。

在老龄社会中,个人、家庭和社会需要合力解决老年人语言问题,满足相应的实际需求。总的来说,着重可从以下三个方面体现老年语言学研究的临床价值与社会关怀。

　　第一，充分利用语言活动促进个体实现积极老龄。语言是个体发展、人际交往及社会参与等极其重要的媒介。老年人家庭可充分利用语言活动帮助老年人建立积极老龄观，提高其步入老年阶段的自我认同，并促进其社会参与。已有研究表明，语言与衰老之间具有重要的交互关系，在整个生命历程中持续性地进行母语与外语的学习与互动、阅读与写作，可有效改善认知能力、延缓衰老。家庭、社区或机构可通过多种途径、整合各类资源，引导老年人进行口语交际、朗读背诵、立体阅读、书面写作等形式多样的语言活动，帮助老年人在维持或改善语言能力的同时，实现个体积极老龄。

　　第二，重视老年疾病语言标志物及相关语言干预。语言是多种老年疾病的早期临床标志物，促进语言沟通也是特殊老年群体照护过程中的现实需求。老年人自身和家庭成员要留意生活中的各类语言标志物。例如，阿尔茨海默病、帕金森病、脑卒中、抑郁症等疾病均有外显的语言表现。医疗康养机构、社区和社会组织等要重视通过老年人语言表现来进行某些疾病的早期筛查与评估，开展言语治疗等非药物干预方法，服务特殊老年群体的语言认知康复、延缓语言能力退化。另外，由于随着病程推进和认知衰退，罹患阿尔茨海默病等疾病的老年人会出现言语粗暴、少言缄默等情况，照护者存在与该老年群体进行日常沟通、情感交互等方面的现实需求，相关机构要帮助照护者提升与老年人的沟通效率，改善老年人的社会参与质量。

　　第三，满足老年人社会交际中的各类现实语言需求。老年人在各类涉老事项与生活场景中均会涉及语言问题，存在实际的语言需求，如健康医疗、养老照护、乐龄教育、社区活动等情景中的语言沟通与社会参与。在老龄社会中，社会各方的语言信息传播应当充分考虑老年人语言交际特点，包括老龄社区的信息公告、突发公共卫生事件中的信息传播及媒体话语中老年人广告的语言修辞等。社会各方要思考社会治理与老年人语言信息资源公平问题，构建多维度、精细化的适老语言服务与信息沟通形态。当前，最为突出的问题之一是我国老年群体使用智能技术困难，正遭遇"数字鸿沟"。家庭和社会要通过各种渠道和形式提升老年人语言信息素养，进行智能技术"适老化"改造。相关举措将有利于老年群体良好认知能力的保持、智慧社会参与度的提升、老年友好型社会语言信息体系的构建。

8.3.6 加强地区融合与寻求国际合作

国际上的老龄化与语言蚀失研究已经迈出坚实一步,呈现的特点包括：具有一定的研究布局与规划跨学科研究意识强、基础研究夯实等。国外研究者的探索为我国开展该领域的研究提供了重要启示,值得深入借鉴。

我国研究者需要加强全国各地区的学术交流与合作,以推进全国老龄化与语言蚀失研究,进而推动健康中国的国家战略。同时,我国研究者需进一步加强国际发表意识。研究者应基于中国老年人口基数大的资源优势,积极寻求国际合作与联合研究;要重视在我国乡村振兴战略下农村地区老年人的语言能力及语言交际研究;应与港澳台地区进行学术合作,提升母语为汉语老年人语言研究的国际地位,从而真正巩固老年语言学的建立与发展。

另外,我国研究者应加强数据库建设的意识。本书在 5.5.1 节中已述,国际上已有诸多数据类型丰富的老年语言学研究语料库,但语料库中汉语数据极为有限。这就需要我国研究者注重数据采集、加工与建设,脚踏实地地开展基础性工作,才能与国际相关领域学者开展平等对话,做出独特的中国贡献。

8.4 未来展望：基于人工智能技术的老年语言学研究

我国要实现老年语言学发展的弯道超车,应该搭上目前快速发展的人工智能技术及相应产业,实现人工智能技术与老年语言学发展的融合。

半个多世纪以来,国际学术界先后从大脑结构模拟、逻辑思维模拟、智能行为模拟三个侧面对智能问题进行研究,形成了人工智能研究的结构主义方法、功能主义方法、行为主义方法三大学派。在应用方面,专家系统、智能决策、智能机器人、自然语言理解等方面成就较大。

目前,人工智能及其相关研究包括了数据挖掘、模式识别、深度学习、虚拟现实、自然语言处理、类脑智能等技术与算法研究。这些技术与智慧医疗、智慧养老等密切相关,如语音识别、自然语言处理与门诊语音电子病历,知识图谱、医学本体知识库与专家系统,多模态数据挖掘与应用之于医学影像,人机交互系统之于智能养老环境构建,等等。

　　语言是人脑最重要的认知功能之一。在人口老龄化过程中,语言能力的衰退研究及减缓其衰退过程的干预应用涉及多个领域。首先,正常老年人及罹患神经退行性疾病老年人语言能力衰退的神经机制、疾病病理、治疗康复等问题,属于从分子、细胞及行为水平研究人脑机理的脑科学范畴。其次,语言与感知、记忆、思维、情感、意识等紧密相关,言语理解与产出研究及言语治疗等问题,属于认知科学范畴。最后,如何利用现代科技,对人脑的语言功能进行模仿、对语言能力衰退及其干预进行辅助,属于人工智能研究及应用范畴。在该范畴中,从脑科学角度,相关研发在"认识脑"的基础上通过计算机模拟达到"重建脑""模拟脑"之目的,结合脑认知衰老及重大疾病研究,实现相关疾病的风险预测、智能诊断、早期干预、远程医疗、个性化治疗方案与智能康复等,并开发类脑计算、脑机融合以及类脑智能技术。

　　以上这些问题的解答与方案的提供,需要研究者协同创新,有机结合语言学、医学、认知科学领域的新思想、新知识、新技术。目前,从世界范围看,基于人工智能技术的语言认知衰老研究及老龄服务技术研发尚处起步阶段,缺乏系统性、原创性的研究成果与技术。在我国,新时代老龄事业的发展要求研究者针对老年人现实生活中的实际问题,利用人工智能等技术,帮助老年人从健康老龄、积极老龄,再到活跃老龄的转变。因此,我国研究者应该抓住人工智能技术浪潮带来的机遇,积极运用人工智能技术助力老龄事业发展。

　　下文将简要介绍基于人工智能的老年语言学研究与老龄服务应用,主要包括三个方面,即智能老年语言学研究辅助、智能衰老与疾病检测及干预以及智能老龄语言认知康复。

8.4.1　老年语言学智能化研究辅助

　　本书第三章已详细论述,在典型及非典型老龄化过程中,老年人会发生语言蚀失,即在正常老龄或罹患疾病状态下因认知老化及大脑组织结构性改变而发生的语言能力退化。典型和非典型老龄化过程中的语言能力退化体现在言语链的各个层级,且与感官、记忆、认知加工等多个方面相关,研究范围大、产生数据多,包含了海量的结构化、半结构化及非结构化数据。大数据计算、模式识别等计算机技术可为老龄化与语言蚀失研究提供强大的计算基础。在目前的实际研究中,研究者已经开始采用声学、眼动、脑电、核磁、视频等多模态技术手段,采集不同年龄段典型与非典型老年人的大量多模态数据,进行言语行为的标注,以研究典型和非典型老人的言语蚀失机理和关键特征,并将其语言、语音和言语认知进行综合分析。

除老年人言语表现研究外,研究者还可对老年人日常行为、医学生理等其他方面进行数据提取与研究,挖掘语言学、医学、心理学、行为学等多维数据。这就涉及大规模多模态数据采集与加工,包括数据结构化、形式化表达、相关性挖掘、特征分析、跨模态检索与计算、语义挖掘等大数据处理及人工智能技术。从基础设施建设上看,研究者可以开展以神经退行性疾病及语言认知衰退为核心的生物医疗数据工程研究,建成包含多模态数据、可预测计算模型等可共享领域知识的网络平台数据库;结合临床研究来说,研究者可以在进行各种类型数据分析的基础上,基于多模态语料库技术与模式识别技术,综合人工智能专家意见条目遴选与基于模式识别的特征自动提取,以探索面向阿尔茨海默病等神经退行性疾病或精神疾病检测的语音预处理与声学特征、面部表情特征提取及识别方法,并基于分类模型生成最终特征值,集合人工智能专家意见确定常模的基本指标体系,最终构建正常老年人语言能力常模。常模的构建有利于临床进行老年人语言能力评估及预警,以及现有相关测试量表的改进。研究者还可将老年群体的语言数据与社会人口学特征、体质特征与生物学样本、脑影像学及脑电数据、神经心理评估分数、行为学特征进行相关性分析,并根据相关性结果构建回归模型,以明确影响老年人语言衰老及语言障碍的相关危险因素。同时,研究者可利用相关数据构建多维数据的机器学习神经网络,训练和检验人工智能算法,建立相关疾病的早期预警系统及辅助诊断系统模型,完成神经退行性疾病或精神疾病的早期预警及人工智能辅助诊断系统构建。

此外,研究者还可对老龄化与认知功能衰退、言语理解与产出进行计算模型构建,为脑老化的历时研究提供参照性的数据模型;进行以神经退行性疾病及语言认知衰退为核心的生物医疗数据工程研究,建成包含多模态数据、可共享的网络平台数据库;在此基础上建成脑神经损伤、语言认知衰退及老年疾病智能仿真系统(数字人)、数据采集及分析系统、决策支持系统,服务相关领域的临床研究与教学。

8.4.2　衰老与疾病智能化检测及干预

实现疾病的智能化检测与干预是智慧医疗的核心内容之一。在过去的几十年里,用于阿尔茨海默病等疾病的认知障碍诊断的生物标志物提取和开发取得了重大进展,如 β-淀粉样蛋白和磷酸化 tau 蛋白检测、神经影像技术和神经心理学测试等,均在临床中被广泛应用。但基于这些技术获取的指标在日常生活中有时不易获取,且存在侵入性强、成本高、诊断效率不高等问题。人工智能技术的发展为高效诊断包括阿尔茨海默病在内的认知障碍提供了新的可能。目前,该领域的人工智能技术运用主要有以下四种。

一是将现有的纸质认知能力检测方式自动化,在平板电脑上实现已有的认知检测量表半自动处理。例如,对被试检测过程中的多维数据进行采集,如时间停顿间隔、起始时间、声音、表情、身姿、手部轨迹等,以实现评估信息采集全面化,并基于自然语言处理技术进行简单题分数判定,从而提高筛选效率。在这一方面,科大讯飞与麻省理工学院已开发可记录被试多维度信息的画钟测验。

二是开发面向语言认知衰老队列研究的自动电话外呼及数据采集分析系统。该系统可基于自然语言处理技术,对通过电话采访进行的老年人话语进行初步分析与归类。这项技术可以大大提升面向大规模老年群体的认知筛查的效率,为相关科研提供高效简便的数据采集方法。

三是基于多模态数据优化现有认知能力检测量表,提升特异性、敏感性语言指标在认知评估中的地位。目前,机器学习等人工智能技术正越来越多地被生物医学科学研究所使用,医疗相关分类系统(classifier system)的使用更是愈加广泛。相关团队可基于国外现有文献及队列研究中的数据采集,进行语音、语法、语义、语用等多层次的语言特征提取,结合医学诊断,形成标签化的大数据库。在实际评估中,利用计算机数据采集系统,将诱导数据与自然话语结合,以言语表现为突破口,在阿尔茨海默病前期尽早实现阳性发现。

四是建设基于证据链的神经退行性疾病及老龄化知识库及专家系统。研究者开展基于脑成像的阿尔茨海默病早期预警与诊断方法的研究,包括基于 3D 卷积神经网络的影像建模与分类方法、单期影像输入的脑疾病诊断方法以及多期影像输入的特征与判决融合方法的研究等;采用循证医学准则,将罹患神经退行性疾病及其他老龄疾病的风险值评估作为决策的类别标识,结合脑神经损伤、语言认知衰退及老年疾病智能仿真系统(数字人),整合学科知识、医学影像、生化报告、病例档案、访谈记录等数据,建设本体知识库;在此基础上,通过数据增广与算法优化,增强其稳定性与鲁棒性,促使其成长为专家系统,协助医生给出可靠的诊断报告与治疗方案;基于人口学数据、队列研究及已有认知量表检测结果,进行某地区老年人认知功能衰退的计算机模拟预测。

整体上看,基于多模态深度学习模型的认知障碍筛查技术尚待开发,研究者要充分利用各类数据,特别要重视卷积神经网络在核磁共振成像和基于多模态数据的认知状态分类中的应用。例如,波士顿大学团队(Qiu et al.,2020)开发了一种新的深度学习框架,将全卷积网络(fully convolutional network,FCN)与传统的多层感知机(multilayer perception,MLP)联系起来,该研究选取来自阿尔茨海默病神经成像计划的数据集中正常及阿尔茨海默病被试的临床数据,并在其他三个独立队列上进行验证,最后从脑部核磁共振成像、认知能力评估分数、年龄、性别等的多模态数据中,划分出独特的阿尔茨海默病特征。研究表明,多模态输入模型的性能在各数据集之间是一致的,这种模型可以准确地预测其他多组数据中的患病情况。

图8.1为该研究的基本技术路线。该全卷积网络模型是使用基于分片(patch)的策略开发的,其中从T1加权全核磁共振成像[①]体积中随机选择的样本(大小为47×47×47个体素的子体)被传递给模型进行训练(步骤1)。对应的个体的阿尔茨海默病状态作为分类模型输出。鉴于全卷积网络的操作与输入数据大小无关,该模型最终生成特定于个体大脑的疾病概率图(步骤2)。从疾病概率图(possibilory map)中选出的高危体素,被传递给多层感知机进行疾病状态的二元分类(步骤3中的模型A;核磁共振成像模型)。作为进一步的对照,只使用非影像学特征,包括年龄、性别和简易精神状态量表得分,并开发了一个MLP模型,以分类阿尔茨海默病(AD)和那些健康的参与者(NC)(步骤3中的模型B;非影像学模型)。同时,该研究还开发了另一个模型,集成了多模式输入数据,包括选定的高危疾病概率图的体素,以及年龄、性别和简易精神状态量表得分。通过特征融合,网络对阿尔茨海默病状态进行二元分类(步骤3中的模型

[①] 该成像方法重点突出组织纵向弛豫差别,以尽量减少组织其他特性如横向弛豫等对图像的影响。

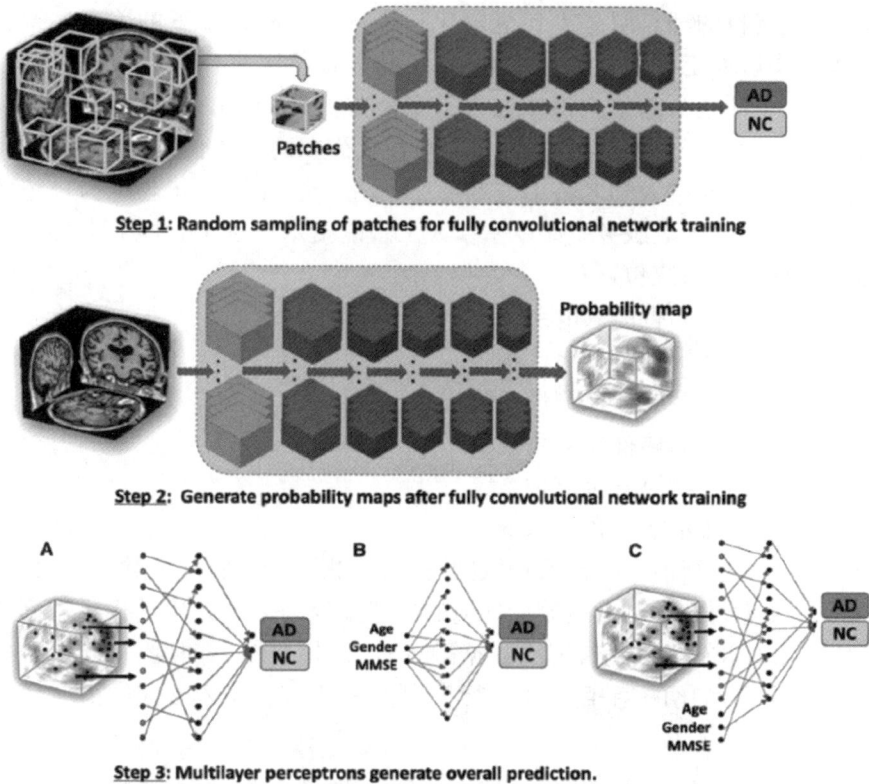

图 8.1　研究技术路线图(Qiu et al.，2020：1922)

C;融合模型)。该研究通过整合脑部核磁共振成像、认知障碍测试以及年龄和性别数据,显示出良好的预测性能,能够准确预测阿尔茨海默病的患病风险。

　　当然,除了多种脑成像和生化指标,研究者还应充分利用外显度高、日常易于获取的数据类型,如老年人语言产出数据。开发此类技术需要研究者在建立正常老年人语言能力常模时纳入多模态数据,同时加强开展多模态视角下的认知障碍老年人语言能力研究,为训练人工智能筛查提供基础数据库。

8.4.3　智慧老龄语言认知康复

　　无论是老龄化与语言蚀失的基础研究,还是智能检测与干预等应用研究,最终目的都是服务人口老龄化趋势日益严峻背景下的养老。智慧养老是指以人工智能相关技术为依托,结合智慧医疗技术和服务模式创新,智能灵活地为老年人提供在人身安全监护、物质保障及生活照料、医疗与康复、教育与社交等各方面符合个性化需求的养老服务。

例如,与同济大学老龄语言与看护研究中心合作的养老机构普陀区长寿西沙综合为老服务中心就基于人工智能技术实现了智能养老环境构建。这些智能系统包括:

1)语音控制智能家电系统

2)电子病历及远程会诊系统

3)可穿戴智能体征测量及分析系统

4)夜间生命体征监测系统

5)实时监测及安全监护系统

6)智能生活服务预约系统

以上这些智能系统涉及物联网、移动互联网、云储存、大数据、人机交互等各类重要技术。智能养老环境的构建不仅为老年人生活提供了高质量服务,在相关技术有效解决数据融合、挖掘相关性等问题后,还能为典型及非典型老化的老年人言语行为研究提供多源异构数据,拓展研究维度。

在养老康复领域,研究者可开发多种语言认知训练、老年医疗及健康决策支持程序。神经影像学证据表明,认知训练可诱导大脑高级网络发生神经功能链接的改变。同时,人脑对时间记忆较为模糊,但对空间、地点的记忆是自动的、精准的。对痴呆症老年人进行过往情景再现,促进环境和经验交互作用共同建构的认知神经表征,是认知干预的重要方面。在计算机技术的支持下,可以对老年人实施促进言语交际、记忆力训练等多模态认知干预方案。例如,基于人工智能虚拟现实及增强现实技术实现生活历程场景再现的语言认知训练系统,以便达到激活痴呆症老年人的失去记忆之目的。

另外,阿尔茨海默病属于慢性病,因此,研究者可开发个体化的慢病治疗与生活方式管理智能系统,用于患病老年人的生理及认知行为等数据的自我量化及远程传送,以及医疗建议的实时反馈,实现精准医疗。

目前,世界各国及科技公司巨头均在加紧研发智能医疗系统,服务老龄化社会。例如,国外有医疗人工智能领域的探路者系统 IBM Watson,以及 Google 下属的团队 DeepMind Health 研发的移动端应用程序 Streams

等。国内有科大讯飞公司开发的智能导诊导医系统"晓医",其中人工智能医学影像辅助诊断系统、门诊语音电子病历、口腔/超声语音助理等已逐步开始在临床得到应用,国内还有其他一些高校及研发机构,依托综合性、多学科优势,围绕老龄化与语言认知衰老的各个方面开展了研究。从老年语言学的学科角度,笔者认为今后应当在以下几个方面持续用力:典型及非典型老龄化的言语特征研究、老年人言语理解与产出的神经机制研究、老年患者就医会话互动研究、老年人言语障碍康复与治疗研究、基于人工智能的脑疾病早期预警机制研究等。此外,基于人工智能的老年语言学研究及老龄服务应用是一个需要语言学、医学、社会学、人工智能等多学科专家协同研发的领域,相关基础性研究及应用性研发将为老龄事业发展提供重要支撑。

8.4.4　基于语言标志物诊断认知障碍的人工智能技术

机器学习方法一直是人工智能技术辅助诊断认知障碍研究的核心。机器学习致力于利用已有数据,通过归纳统计,提取有用信息,从而预测未知数据并改善系统自身性能。使用人工智能和机器学习方法自动处理语音和语言的研究取得了长足进展。世界各国已加紧研发基于各类数据进行特征提取的认知障碍人工智能诊断技术。脑形态学异常表征在临床上被认为是阿尔茨海默病的重要潜在生物标志物,因此研发基于神经影像学的分类框架是主流,但有些框架也同时包括其他生化指标。但目前的学习算法对于阿尔茨海默病和轻度认知障碍的区分能力还有待提升。随着人们认识到语言标志物对于早期诊断认知障碍的重要性,国外开始了基于阿尔茨海默病患者语音等语言特征的认知障碍人工智能辅助识别研发工作。从 2010 年开始,相关团队的工作重点是提取定义阿尔茨海默病患者声音的特征,2013 年,团队开始通过语音信号分析识别阿尔茨海默病,此后相关研究逐步铺开。实践证明,自动语音分析可以检测患有轻度认知障碍和阿尔茨海默病等神经退行性疾病的老年人声音的细微变化,是一种高效、廉价且易于使用的工具,可以促进痴呆症的筛查(Martínez-Nicolás et al. , 2021:11 - 12)。因此,国内外基于人工智能技术对认知障碍老年人的初步筛查主要集中在语音层面,利用语音分析来检测包括阿尔茨海默病等神经退行性疾病的相关研究成果及临床应用案例,许多研究对于区分老年人健康衰老、轻度认知障碍和阿尔茨海默病的语音特征分析准确率已经很高。多数研究显示,语音分析技术对阿尔茨海默病的诊断准确率超过 88%,对轻度认知障碍的诊断准确率超过 80%。因此,在临床上语音分析已被认为是检测这些问题的一种经济有效且相对可靠的方法(Martínez-Nicolás et al.,2021)。

此后,研究人员逐渐把目光从声学数据维度拓展至语言学的多种维度上。例如,Fraser,Meltzer & Rudzicz(2016)使用 DementiaBank 语料库,基于相关系数的特征选择技术,从转写文本及音频中遴选出 35 个特征,并通过统计因素分析凸显的语言因素,试图从图片描述任务中的简短叙述话语中自动识别阿尔茨海默病,该识别达到了 81% 的准确率;有研究者基于"偷饼干图"图片描述任务的数据,通过自动评估帮助临床医生检测认知障碍和阿尔茨海默病的早期迹象(Hernández-Domínguez et al.,2018);Nasreen et al.(2021)基于北卡罗来纳州会话语料库的语料进行研究,统计分析显示,阿尔茨海默病组和健康对照组在几个非流利性特征(修补、逐字重复和替换)和交互特征(失误、间隔、沉默、每分钟话轮转换数、标准化发声时间和话轮长度)方面存在显著差异。该研究在流利性特征和交互特征上都实现了 83% 的预测准确度,支持向量机集合两个特征集的总体准确度达 90%。

国内研究者也开始对基于人工智能、利用言语特征进行阿尔茨海默病预测的技术进行优化,如笔者合作团队(郭志强、凌震华、李云霞,2018)基于言语分析与建模的阿尔茨海默病自动检测方法,从被试的连续语流中提取基频、倒谱、语言模型困惑度、词语修正与重复数等多维特征并进行特征选择,并利用支持向量机、决策树、逻辑回归等多种机器学习算法构建基于言语特征的阿尔茨海默病检测模型,在 DementiaBank 数据中获得了 84.6% 的平均检测准确率。

为了促进国际上基于语音及其他语言特征识别认知障碍的人工智能技术的发展,世界上最大的言语加工及应用技术会议 INTERSPEECH 自 2020 年起组织了"基于自发语音的阿尔茨海默病诊断挑战赛"(Alzheimer's Dementia Recognition through Spontaneous Speech,即 The ADReSS Challenge)。该比赛统一数据库是 DementiaBank,主要分为三个任务:1)阿尔茨海默病分类任务,即参赛者需要生成一个模型来预测阿尔茨海默病或非阿尔茨海默病的临床标签,可以直接使用语音数据(声学特征),或尝试将语音自动转换为文本并提取语言特征;2)简易精神状态量表分数回归任务,即参赛者创建模型,根据语音数据推断患者的简易精神状态量表分数;3）认知衰退（疾病进展程度）推理任务,即参赛者根据队列中某个既定被试的语音数据,创建用于预测认知状态变化过程的模型（Luz et al. , 2021）。

还有研究者将自动语音分析与研发判断认知障碍的移动应用程序结合起来。König et al. (2018)在定期咨询中执行多项简短的语音认知任务时,使用移动应用程序对 165 名被试（患有主观认知障碍、轻度认知障碍、阿尔茨海默病或混合型痴呆）的语音进行记录,语音内容包括语言流畅、图片描述、倒数和自由交谈等。在多项指标中,交谈流畅性和自由度两个维度对于区分阿尔茨海默病、混合型痴呆、轻度认知障碍和主观认知障碍准确度最高。研究表明,将语音分析与移动应用程序结合起来,对开发非侵入性、简单和低成本的认知评估方法具有重要意义。

需要指出的是,虽然基于语音及其他语言维度的认知障碍人工智能辅助诊断技术正不断优化,诊断的敏感性和特异性不断提升,但目前相关研究主要集中在轻度认知障碍、阿尔茨海默病等疾病的诊断上,如何将其应用到轻度认知障碍、阿尔茨海默病之外更多的神经退行性疾病诊断上,如通过包括语言在内的多种数据类型有效区分语义性痴呆、额颞叶变性（Pakhomov et al. , 2010）或帕金森病等相关疾病,仍是一个值得探索的问题。

参考文献

[1] Abdalla, M. , Rudzicz, F. , & Hirst, G. 2018. Rhetorical structure and Alzheimer's disease. *Aphasiology*, 32(1) , 41 – 60.

[2] Abdel-Khalek, A. M. 2004. The Arabic Scale of Death Anxiety (ASDA): Its development, validation, and results in three Arab countries. *Death Studies*, 28 (5) , 435 – 457.

[3] Abrams, L. , & Farrell, M. T. 2010. Language processing in normal aging. In J. Guendouzi, F. Loncke, & M. J. Williams (eds) , *The Handbook of Psycholinguistic and Cognitive Processes: Perspectives in Communication Disorder*. New York: Routledge.

[4] Abutalebi, J. , et al. 2012. Bilingualism tunes the anterior cingulate cortex for conflict monitoring. *Cerebral cortex*, 22(9) , 2076 – 2086.

[5] Abutalebi, J. , et al. 2015. Bilingualism provides a neural reserve for aging populations. *Neuropsychologia*, 69 , 201 – 210.

[6] Adachi, T. , et al. 2004. The metaphor and sarcasm scenario test: A new instrument to help differentiate high functioning pervasive developmental disorder from attention deficit/hyperactivity disorder. *Brain & Development*, 26(5) , 301 – 306.

[7] Adams, C. W. 1970. Human longevity. *Chest*, 57(4) , 308 – 309.

[8] Adelman, R. D. , et al. 1992. The content of physician and elderly patient interaction in the medical primary care encounter. *Communication Research*, 19(3) , 370 – 380.

[9] Adlam, A. L. , et al. 2006. Semantic knowledge in mild cognitive impairment and mild Alzheimer's disease. *Cortex*, 42(5) , 675 – 684.

[10] Adolphs, S. , & Carter, R. 2013. *Spoken Corpus Linguistics: From Monomodal to*

Multimodal. New York: Routledge.

[11] Adoni, H. , & Mane, S. 1984. Media and the social construction of reality toward an integration of theory and research. *Communication Research*, 11 (3) , 323 – 340.

[12] Aggio, N. M. , Ducatti, M. , & de Rose, J. C. 2018. Cognition and language in dementia patients: Contributions from behavior analysis. *Behavioral Interventions*, 33(3) , 322 – 335.

[13] Ahmed, S. , et al. 2008. Naming of objects, faces and buildings in mild cognitive impairment. *Cortex*, 44(6) , 746 – 752.

[14] Ahmed, S. , et al. 2012. Logopenic aphasia in Alzheimer's disease: Clinical variant or clinical feature? *Journal of Neurology, Neurosurgery and Psychiatry*, 83(11) , 1056 – 1062.

[15] Ahmed, S. , et al. 2013. Connected speech as a marker of disease progression in autopsy-proven Alzheimer's disease. *Brain*, 136(12) , 3727 – 3737.

[16] Ahmed, S. , et al. 2013. Semantic processing in connected speech at a uniformly early stage of autopsy-confirmed Alzheimer's disease. *Neuropsychology*, 27 (1) , 79 – 85.

[17] Aimone, J. B. , et al. 2014. Regulation and function of adult neurogenesis: From genes to cognition. *Physiological Reviews*, 94(4) , 991 – 1026.

[18] Aksan, N. , et al. 2015. Cognitive functioning differentially predicts different dimensions of older drivers' on-road safety. *Accid Anal Prev*, 75, 236 – 244.

[19] Ala, T. A. , et al. 1997. Hallucinations and signs of parkinsonism help distinguish patients with dementia and cortical lewy bodies from patients with Alzheimer's disease at presentation: A clinicopathological study. *Journal of Neurology Neurosurgery and Psychiatry*, 62(1) , 16 – 21.

[20] Alanen, R. A. 1992. Input enhancement and rule presentation in second language acquisition. Ph. D. dissertation. University of Hawai'i at Manoa.

[21] Albert, M. L. , et al. 2009. Effects of health status on word finding in aging. *Journal of the American Geriatrics Society*, 57(12) , 2300 – 2305.

[22] Albert, M. S. , Cohen, C. , & Koff, E. 1991. Perception of affect in patients with dementia of the Alzheimer type. *Archives of Neurology*, 48(8) , 791 – 795.

[23] Albert, T. , & Chadwick, S. 1992. How readable are practice leaflets? *British Medical Journal*, 305(6864) , 1266 – 1268.

[24] Alexander, M. , & Geschwind, N. 1984. Dementia in the elderly. In M. L. Albert (ed.) , *Clinical neurology of aging*. New York: Oxford University Press,

257 - 276.

[25] Alexander, M. , et al. 2015. Age-stratified prevalence of mild cognitive impairment and Dementia in european populations: A systematic review. *Journal of Alzheimer's disease*, 48(2), 355 - 359. https://doi. org/10. 3233/JAD-150168.

[26] Alladi, S. , et al. 2013. Bilingualism delays age at onset of dementia, independent of education and immigration status. *Neurology*, 81(22), 1938 - 1944.

[27] Alladi, S. , et al. 2016. Impact of bilingualism on cognitive outcome after stroke. *Stroke*, 47(1), 258 - 261.

[28] Alladi, S. , et al. 2017. Bilingualism delays the onset of behavioral but not aphasic forms of frontotemporal dementia. *Neuropsychologia*, 99, 207 - 212.

[29] Allen, P. A. , Kaut, K. P. , & Lord, R. R. 2008. Emotion and episodic memory. In E. Dere, A. Easton, L. Nadel & J. P. Huston (eds.), *Handbook of Episodic Memory*. Amsterdam: Elsevier, 115 - 132.

[30] Allen, R. , & Brosgole, L. 1993. Facial and auditory affect recognition in senile geriatrics, the normal elderly and young adults. *International Journal of Neuroscience*, 68(1 - 2), 33 - 42.

[31] Allman, J. , et al. 1999. Elderly women speak about their interactions with health care providers. In H. E. Hamilton (ed.), *Language and communication in old age: Multidisciplinary perspectives*. London: Garland, 319 - 350.

[32] Allwood, J. 2008. Multimodal corpora. In A. Lüdeling & M. Kytöl (eds.), *Corpus Linguistics: an International Handbook Vol. 1*. Berlin: Walter de Gruyter, 207 - 225.

[33] Allwood, J. , et al. 2003. Annotations and tools for an activity based spoken language corpus. In J. C. J. van Kuppevelt & R. W. Smith (eds.), *Current and New Directions in Discourse and Dialogue*. Dordrecht: Kluwer Academic Publishers, 1 - 18.

[34] Allwood, R. , et al. 2017. Should I stay or should I go? How healthcare professionals close encounters with people with dementia in the acute hospital setting. *Social Science & Medicine*, 191, 212 - 225.

[35] Almor, A. , et al. 1999. Why do Alzheimer patients have difficulty with pronouns? Working memory, semantics, and reference in comprehension and production in Alzheimer's disease. *Brain and Language*, 67(3), 202 - 227.

[36] Almor, A. , et al. 2001. Comprehension of long distance number agreement in probably Alzheimer's disease. *Language and Cognitive Processes*, 16(1), 35 - 63.

[37] Alosco, M. L. & Stern, R. A. 2019. *The Oxford Handbook of Adult Cognitive*

Disorder. Oxford: Oxford University Press.

[38] Alpass, F. , et al. 2004. Post-traumatic stress disorder, social support and cognitive status in community-based older veterans. *Australasian Journal on Ageing*, 23 (2), 97 – 99.

[39] Altmann, L. J. P. , & Troche, M. S. 2011. High-level language production in Parkinson's disease: A review. *Parkinson's Disease*, special issue, 1 – 12.

[40] Altmann, L. J. P. , Kempler, D. , & Andersen, E. S. 2001. Speech errors in Alzheimer's disease: Reevaluating morphosyntactic preservation. *Journal of Speech, Language, and Hearing Research*, 44(5), 1069 – 1082.

[41] Aluísio, S. , Cunha, A. , & Scarton, C. 2016. Evaluating Progression of Alzheimer's Disease by Regression and Classification Methods in a Narrative Language Test in Portuguese. In J. Silva, R. Ribeiro, P. Quaresma, A. Adami, A. Branco (eds.), Computational Processing of the Portuguese Language. PROPOR 2016. *Lecture Notes in Computer Science*, vol. 9727. Springer, Cham. Retrieved from https: //doi. org/10. 1007/978 – 3 – 319 – 41552 – 9_10.

[42] Alves de Morales, S. , Szklo, M. , Knopman, D. 2002. The relationship between temporal changes in blood pressure and changes in cognitive function: Atherosclerosis Risk in Communities (ARIC) study, *Prev Med*, 35(3), 258 – 263.

[43] Alzheimer's Disease International, McGill University. *World Alzheimer Report 2021*. September 2021. retrieved from https: //www. alzint. org/u/World-Alzheimer-Report-2021. pdf.

[44] American Psychiatric Association. 2000. *Diagnostic and statistical manual of mental disorders* (4th ed. , Text Rev.). Washington, DC.

[45] American Psychiatric Association. 2022. *Diagnostic and statistical manual of mental disorders* (5th ed. , Text Rev.). Washington, DC.

[46] Ande, R. , Finkel, D. , & Pedersen, N. L. 2015. Effects of preretirement work complexity and postretirement leisure activity on cognitive aging. *The Journals of Gerontology, Series B, Psychological Sciences and Social Sciences*, 71(5), 849 – 856.

[47] Anderson, N. D. , & Craik, F. I. M. 2000. Memory in the Aging Brain. In E. Tulving & F. I. M. Craik (ed.), *The Oxford Handbook of Memory*. New York: Oxford University Press, 411 – 425.

[48] Anderson, S. W. , et al. 1993. Acquired agraphia caused by focal brain damage. *Acta Psychologica*, 82(1 – 3), 193.

[49] Angwin, A. J. , et al. 2006. Self-paced reading and sentence comprehension in Parkinson's disease. *Journal of Neurolinguistics*, 19(3), 239 – 252.

[50] Angwin, A. J. , et al. 2009. Semantic activation in Parkinson's disease patient on and off levodopa. *Cortex*, 45(8), 950 – 959.

[51] Antelius, E. , Kiwi, M. , & Strandroos, L. 2017. Ethnographic methods for understanding practices around dementia among culturally and linguistically diverse people. In J. Keady, L. -C. Hydén, A. Johnson, C. Swarbrick (eds.), *Social Research Methods in Dementia Studies: Inclusion and Innovation*. London: Routledge, 121 – 139.

[52] Antonenko, D. , et al. 2013. Functional and structural syntax networks in aging. *NeuroImage*, 83, 513 – 523.

[53] Antoniou, M. 2019. The advantages of bilingualism debate. *Annual Review of Linguistics*, 5, 395 – 415.

[54] Antoniou, M. , Gunasekera, G. M. , & Wong, P. C. 2013. Foreign language training as cognitive therapy for age-related cognitive decline: A hypothesis for future research. *Neuroscience & Biobehavioral Reviews*, 37(10), 2689 – 2698.

[55] Apostolova, L. G. , & Cummings, J. L. 2008. Neuropsychiatric manifestations in mild cognitive impairment: A systematic review of the literature. *Dementia and Geriatric Cognitive Disorders*, 25(2), 115 – 126.

[56] Appell, J. , Kertesz, A. , & Fisman, M. 1982. A study of language functioning in Alzheimer patients. *Brain and Language*, 17(1), 73 – 91.

[57] Araujo, N. B. , et al. 2011. Verbal fluency in Alzheimer's disease, Parkinson's disease, and major depression. *Clinics*, 66(4), 623 – 627.

[58] Arbuckle, T. Y. , & Gold, D. P. 1993. Aging, inhibition, and verbosity. *The Journals of Gerontology*, 48(5), 225 – 232.

[59] Arbuckle, T. Y. , Nohara-LeClair, M. , & Pushkar, D. 2000. Effect of off-target verbosity on communication efficiency in a referential communication task. *Psychology and Aging*, 15(1), 65 – 77.

[60] Argyle, M. , Furnham, A. , & Graham, J. A. 1981. *Social Situations*. Cambridge: Cambridge University Press.

[61] Arkin, S. M. 2007. Language-enriched exercise plus socialization slows cognitive decline in Alzheimer's disease. *American Journal of Alzheimer's Disease & Other Dementias*, 22(1), 62 – 77.

[62] Aronoff, J. M. , et al. 2006. Information content versus relational knowledge: Semantic deficits in patients with Alzheimer's disease. *Neuropsychologia*, 44, 21 – 35.

[63] Arpino, B. , Gumà, J. , & Julià, A. 2017. The demography of grandparent-

hood: The role of family histories. *Research and Expertise Centre for Survey Methodology*. RECSM Working Paper Number 50.

[64] Arxer, S. L. , Ciriza, M. D. P. , & Shappeck, M. 2017. Late-life second language acquisition: Cognitive and psycholinguistic changes, challenges, and opportunities. In S. L. Arxer, Maria del Puy Ciriza, M. Shappeck (eds.), *Aging in a Second Language: A Case Study of Aging, Immigration, and an English Learner Speech Community*. New York: Springer, 47 – 67.

[65] Asgari, M. , Kay, J. , & Dodge, H. 2017. Predicting mild cognitive impairment from spontaneous spoken utterances. *Alzheimer's & Dementia: Translational Research & Clinical Interventions*, 3(2), 219 – 228.

[66] Ash, S. , et al. 2012a. The Organization and Anatomy of Narrative Comprehension and Expression in Lewy Body Spectrum Disorders. *Neuropsychology*, 26(3), 368 – 384.

[67] Ash, S. , et al. 2012b. Impairments of speech fluency in Lewy body spectrum disorder. *Brain and Language*, 120(3), 290 – 302.

[68] Ash, S. , & Grossman, M. 2015. Why study connected speech production. In R. M. Willems (ed.), *Cognitive neuroscience of natural language use*. Cambridge: Cambridge University Press, 29 – 58.

[69] Ashida, S. , & Schafer, E. J. 2018. Social networks, social relationships, and their effects on the aging mind and brain. In M. Rizzo, S. Anderson, & B. Fritzsch (eds.), *The Wiley Handbook on the Aging Mind and Brain*. New Jersey: John Wiley & Sons Ltd. ,19 – 36.

[70] Ashley, J. , Duggan, M. , & Sutcliffe, N. 2006. Speech, language, and swallowing disorders in the older adult. *Clinics in Geriatric Medicine*, 22(2), 291 – 310.

[71] Asplund, K. , Jansson, L. , & Norberg, A. 1995. Facial expressions of patients with dementia: A comparison of two methods of interpretation. *International psychogeriatrics*, 7(4), 527 – 534.

[72] Astell, A. J. & Trevor, T. A. 1998. Naming problems in dementia: Semantic or lexical?. *Aphasiology*, 12(4 – 5), 357 – 374.

[73] Astell, A. J. & Trevor, T. A. 2002. Accessing semantic knowledge in dementia: Evidence from a word definition task, 82(3), 312 – 326.

[74] Astle, A. T. , Webb, B. S. , & Mcgraw, P. V. 2011. Can perceptual learning be used to treat amblyopia beyond the critical period of visual development?. *Ophthalmic and Physiological Optics*, 31(6), 564 – 573.

[75] Auclair-Ouellet, N. , Lieberman, P. , & Monchi, O. 2017. Contribution of

language studies to the understanding of cognitive impairment and its progression over time in Parkinson's disease. *Neuroscience and Biobehavioral Reviews*, 80, 657 – 672

[76] Avison, W. R. , McLeod, J. D. , & Pescosolido, B. A. (eds.). 2007. *Mental health, social mirror*. New York: Springer.

[77] Awad, N. , Gagnon, M. , & Messier, C. 2004. The relationship between impaired glucose tolerance, type 2 diabetes, and cognitive function. *J Clin Exp Neuropsychol*, 26(8), 1044 – 1080.

[78] Axer, H. , Klingner, C. M. , & Prescher, A. 2013. Fiber anatomy of dorsal and ventral language streams. *Brain Lang*, 127(2), 192 – 204.

[79] Babbie, E. 2013. *The Practice of Social Research* (13th ed.). Belmont, CA: Wadsworth Cengage.

[80] Bachman, L. F. 1990. *Fundamental Considerations in Language Testing*. Oxford: Oxford University Press.

[81] Baddeley, A. D. 1979. Working memory and reading. In P. A. Kolers, M. E. Wrolstad, & H. Bouma (eds.), *Processing of Visible Language* (vol. 1). New York: Plenum Press.

[82] Baddeley, A. D. 1997. Human memory: Theory and practice. *Native Language and Foreign Language Acquisition*. Hove: Psychology Press.

[83] Baddeley, A. D. 2012. Working memory: Theories, models, and controversies. *Annual Review of Psychology*, 63, 1 – 29.

[84] Baddeley, A. D. , & Hitch, G. 1974. Working Memory. In G. H. Bower (ed.), *The Psychology of Learning and Motivation Advances in Research and Theory*. New York: Academic Press, 47 – 89.

[85] Bahar-Fuchs, A. , Clare, L. , & Woods, B. 2013. Cognitive training and cognitive rehabilitation for persons with mild to moderate dementia of the Alzheimer's or vascular type: A review. *Alzheimer's Research & Therapy*, 5, 35.

[86] Bak, T. H. , et al. 2014. Does bilingualism influence cognitive aging?. *Annals of Neurology*, 75(6), 959 – 963.

[87] Bak, T. H. , et al. 2016. Novelty, challenge, and practice: The impact of intensive language learning on attentional functions. *PloS One*, 11(4).

[88] Bakker, S. 2017. *Constructing the elderly: A Multimodal Critical Gerontology of Japanese Advertising*. Netherlands: Leiden University.

[89] Balota, D. A. , Dolan, P. O. , & Duchek, J. M. 2000. Memory changes in healthy older adults. In E. Tulving & F. I. M. Craik (ed.), *The Oxford Hand-*

book of Memory. Oxford: Oxford University Press, 395 – 410.

[90] Baltes, P. B. 1987. Theoretical propositions of life-span developmental psychology: On the dynamics between growth and decline. *Developmental Psychology*, 23 (5), 611 – 626.

[91] Baltes, P. B., & Smith, J. 2003. New frontiers in the future of aging: From successful aging of the young old to the dilemmas of the fourth age. *Gerontology*, 49(2), 123 – 135.

[92] Baltes, P. B., Dittmann-Kohli, F., & Dixon, R. A. 1984. New perspectives on the development of intelligence in adulthood: Toward a dual process conception and a model of selective optimization with compensation. In P. B. Baltes & O. G. J. Brim (eds.), *Life-span Development and Behavior*. New York: Academic Press, 33 – 76.

[93] Baltes, P. B., & Lindenberger, U. 1997. Emergence of a powerful connection between sensory and cognitive functions across the adult life span: A new window to the study of cognitive aging? *Psychology and Aging*, 12(1), 12 – 21.

[94] Baltes, P. B., Lindenberger, U., & Staudinger, U. 2006. Life-span theory in developmental psychology. In W. Damon & R. Lerner (eds.), *Handbook of Child Psychology* (6th ed.). New York: John Wiley & Son Inc, 569 – 664.

[95] Balthazar, M. L., Cendes, F., & Damasceno, B. P. 2008. Semantic error patterns on the Boston Naming Test in normal aging, amnestic mild cognitive impairment, and mild Alzheimer's disease: Is there semantic disruption? *Neuropsychology*, 22(6), 703 – 709.

[96] Balthazar, M. L., et al. 2007. Lexical semantic memory in amnestic mild cognitive impairment and mild Alzheimer's disease. *Arquivos De Neuro-Psiquitria*, 65 (3A), 619 – 622.

[97] Bang, Y. I., et al. 2013. Acoustic characteristics of vowel sounds in patients with Parkinson disease. *NeuroRehabilitation*, 32(3), 649 – 654.

[98] Bangerter, L. R., et al. 2017. Everyday support to aging parents: Links to middle-aged children's diurnal cortisol and daily mood. *The Gerontologist*, 58(4), 654 – 662.

[99] Barak, B. 1987. Cognitive age: A new multidimensional approach to measuring age identity. *International Journal of Aging & Human Development*, 25(2), 109 – 28.

[100] Barbizet, J., & Truscelli, D. 1965. L'histoire du lion (considérations sur la fabulation). *Semaine des Hôpitaux*, 28, 1688 – 1694.

[101] Barde, Y. A. 1994. Neurotrophins: A family of proteins supporting the survival of neurons. *Progress in Clinical and Biological Research*, 390, 45 – 56.

[102] Barker, V. , & Giles, H. 2003. Integrating the communicative predicament and enhancement of aging models: The case of older Native Americans. *Health Communication*, 15(3), 255 – 275.

[103] Baroncelli, L. , Braschi, C. , & Maffei, L. 2013. Visual depth perception in normal and deprived rats: Effects of environmental enrichment. *Neuroscience*, 236, 313 – 319.

[104] Baron-Cohen, S. 2000. Theory of mind and autism: A fifteen year review. In S. Baron-Cohen, H. Tager-Flusberg, & D. J. Cohen (eds.), *Understanding Other Minds: Perspectives from Developmental Cognitive Neuroscience*. New York: Oxford University Press, 3 – 20.

[105] Baron-Cohen, S. , Leslie, A. M. , & Frith, U. 1985. Does the autistic child have a "theory of mind"? *Cognition*, 21(1), 37 – 46.

[106] Barrera, M. Jr. 1986. Distinctions between social support concepts, measures, and models. *American Journal of Community Psychology*, 14(4), 413 – 445.

[107] Barth, S. , et al. 2005. Mild cognitive impairment and Alzheimer's disease: An investigation of the CERAD-NP test battery. Fortschr. Neurol. *Psychiatr.* 73, 568 – 576.

[108] Bartzokis, G. , et al. 2001. Age-related changes in frontal and temporal lobe volumes in men: A magnetic resonance imaging study. *Archives of General Psychiatry*, 58(5), 461 – 465.

[109] Basting, A. D. 2003. Looking back from loss: Views of the self in Alzheimer's disease. *Journal of Aging Studies*, 17(1), 87 – 99.

[110] Basting, A. D. 2006. Creative storytelling and self-expression among people with dementia. In A. Leibing & L. Cohen (eds.), *Thinking about Dementia: Culture, Loss, and the Anthropology of Senility*. New Brunswick, NJ: Rutgers University Press, 180 – 194.

[111] Bates, E. , et al. 1995. Production of complex syntax in normal aging and Alzheimer's disease. *Language and Cognitive Processes*, 10(5), 487 – 539.

[112] Bauer, L. , et al. 2012. A brief neuropsychological battery for use in the chronic heart failure population. *European Journal of Cardiovascular Nursing*, 11(2), 223 – 30.

[113] Baumgartner, C. A. , Sapir, S. , & Ramig, T. O. 2001. Voice quality changes following phonatory-respiratory effort treatment (LSVT) versus respiratory

effort treatment for individuals with Parkinson disease. *Journal of Voice*, 15(1), 105 - 114.

[114] Bayles, K. A. 1985. Communication in Dementia. In H. Ulatowska (ed.), *The Aging Brain: Communication in the Elderly*. Boston: College Hill Press.

[115] Bayles, K. A. 1987. *Communication and Cognition in Normal Aging and Dementia*. Boston: Little, Brown.

[116] Bayles, K. A. 1993. Pathology of language behaviour in dementia. In G. Blamken, et al. (eds.), *Linguistic Disorders and Pathologies*. Berlin/New York, NY: de Gruyter, 388 - 409.

[117] Bayles, K. A., & Boone, D. R. 1982. The potential of language tasks for identifying senile dementia. *J. Speech Hear Disord*, 47(2), 210 - 217. DOI: 10. 1044/jshd. 4702. 210.

[118] Bayles, K. A., & Tomoeda, C. K. 1991. Caregiver report of prevalence and appearance order of linguistic symptoms in Alzheimer's patients. *The Gerontologist*, 31(2), 210 - 216.

[119] Bayles, K. A., & Tomoeda, C. K. 1993. *Arizona Battery for Communication Disorders of Dementia*. Tucson, AZ: Canyonlands Publishing.

[120] Bayles, K. A., & Tomoeda, C. K. 1994. *Functional Linguistic Communication Inventory*, Tucson, AZ: Canyonlands Publishing.

[121] Bayles, K. A., et al. 1985. Verbal perseveration of dementia patients. *Brain and Language*, 25(1), 102 - 116.

[122] Bayles, K. A., Kaszniak, A. W., & Tomoeda, C. K. 1987. *Communication and Cognition in Normal Aging and Dementia*. Boston: College-Hill Press.

[123] Beauchamp, T. L., & Childress, J. F. 2001. *Principles of Biomedical Ethics* (5th ed.) New York City, NY: Oxford University Press.

[124] Beisecker, A. E. 1988. Aging and the desire for information and input in medical decisions. *Gerontologist*, 28(3), 330 - 335.

[125] Beisecker, A. E. 1989. The influence of a companion on the doctor-elderly patient interaction. *Health Communication*, 1(1), 55 - 70.

[126] Bekinschtein, P., et al. 2011. Effects of environmental enrichment and voluntary exercise on neurogenesis, learning and memory, and pattern separation: BDNF as a critical variable?. *Seminars in Cell and Developmental Biology*, 22(5), 536 - 542.

[127] Bell, E. E., & Chenery, H. J. 2001. Semantic priming in Alzheimer's Dementia: Evidence for dissociation of automatic and attentional processes. *Brain*

and Language, 76(2), 130 – 144.

[128] Bellingtier, J. A. , & Neupert, S. D. 2018. Negative aging attitudes predict greater reactivity to daily stressors in older adults. *The Journals of Gerontology*, *Series B*, 73(7), 1155 – 1159.

[129] Bellis, T. J. , Nicol, T. , & Kraus, N. 2000. Aging affects hemispheric asymmetry in the neural representation of speech sounds. *Journal of Neuroscience*, 20 (2), 791 – 797.

[130] Benke, T. , et al. 1990. Speech changes in dementia [in German]. *Fortschritte der Neurologie-Psychiatrie*, 58(6), 215 – 223.

[131] Bennett, E. L. , Rosenzweig, M. R. , & Diamond, M. C. 1969. Rat brain: Effects of environmental enrichment on wet and dry weights. *Science*, 163 (3869), 825 – 826.

[132] Berg, J. H. , & Derlega, V. J. 1987. Themes in the study of self-disclosure. In V. J. Derlega & J. H. Berg (eds.), *Self-Disclosure: Theory*, *Research*, *and Therapy*. New York: Springer US, 1 – 8.

[133] Berisha, V. , et al. 2015. Tracking discourse complexity preceding Alzheimer's disease diagnosis: A case study comparing the press conferences of presidents ronald reagan and george herbert walker bush. *Journal of Alzheimer's Disease*, 45(3), 959 – 963.

[134] Bernal, B. , & Altman, N. 2010. The connectivity of the superior longitudinal fasciculus: A tractography DTI study. *Magn. Reson. Imaging*, 28(2), 217 – 225.

[135] Bernard, C. 1999. Agraphia in Alzheimer's Disease. *Dement Geriatr Cogn Disord*, 10(3), 226 – 230.

[136] Bernsen, N. O. , & Dybkjær, L. 2007. Annotation Schemes for verbal and non-verbal communication: Some general issues. In A. Esposito, *et al.* (eds.), *Verbal and Nonverbal Communication Behaviours*. Berlin, Heidelberg: Springer-Verlag, 11 – 22.

[137] Berntsen, D. , & Rubin, D. C. 2012. *Understanding Autobiographical Memory: Theories and Approaches*. New York: Cambridge University Press.

[138] Bertman, S. L. 1991. *Facing death: Images*, *insights*, *and interventions*. New York: Taylor and Francis.

[139] Bialystok, E. , Craik, F. I. M. , & Freedman, M. 2007. Bilingualism as a protection against the onset of symptoms of dementia. *Neuropsychologia*, 45(2), 459 – 464.

[140] Bialystok, E., et al. 2004. Bilingualism, aging, and cognitive control: Evidence from the Simon task. *Psychology and aging*, 19(2), 290−303.

[141] Bialystok, E., et al. 2005. Effect of bilingualism on cognitive control in the Simon task: Evidence from MEG. *NeuroImage*, 24(1), 40−49.

[142] Bialystok, E., et al. 2014. Effects of bilingualism and aging on executive function and working memory. *Psychology and aging*, 29(3), 696−705.

[143] Biber, D. 1993. Representativeness in corpus design. *Literary and Linguistic Computing*, 8(4), 243−257.

[144] Bickel, C., et al. 2000. Syntactic comprehension deficits in Alzheimer's disease. *Brain and Language*, 71, 432−448.

[145] Bigelow, M., et al. 2006. Literacy and the processing of oral recasts in SLA. *TESOL Quarterly*, 40(4), 665−689.

[146] Birren, J. E. 1965. Age changes in speed of behavior: Its central nature and physiological correlates. In A. T. Welford, J. E. Birren, (eds.), *Behavior, Aging and the Nervous System*. Springfield, IL: Charles C Thomas Publisher, 191−216.

[147] Birren, J. E. et al. 2004. Aging and Biography: Explorations in Adult Development. New York: Springer Publishing Company.

[148] Blackford, R. C., & LaRue A. 1989. Criteria for diagnosing age associated memory impairment: Proposed improvements from the field. *Developmental Neuropsychology*, 5(4), 295−306.

[149] Blackmer E. R., & Mitton J. L. 1991. Theories of monitoring and the timing of repairs in spontaneous speech. *Cognition*, 39(3), 173−194.

[150] Blass, D. M., & Rabins, P. V. 2009. Depression in frontotemporal dementia. *Psychosomatics*, 50(3), 239−247.

[151] Blaxton, T. A., et al. 1996. Functional mapping of human memory using PET: Comparisons of conceptual and perceptual tasks. *Canadian Journal of Experimental Psychology*, 50(1), 42−56.

[152] Blonder, L. X., Gur, R. E., & Gur, R. C. 1989. The effects of right and left hemiparkinsonism on prosody. *Brain and Language*, 36(2), 193−207.

[153] Bloom, R. L., et al. 1993. Suppression and facilitation of pragmatic performance: Effects of emotional content on discourse following right and left brain damage. *Journal of Speech, Language, and Hearing Research*, 36(6), 1227−1235.

[154] Bluck, S. 2003. Autobiographical memory: Exploring its functions in everyday life. *Memory*, 11(2), 113−123.

[155] Bluck, S. , & Alea, N. 2002. Exploring the functions of autobiographical memory: Why do I remember the autumn? In J. D. Webster, B. K. Haight (eds.), *Critical Advances in Reminiscence: From Theory to Application*. New York: Springer.

[156] Bocanegra, Y. , et al. 2015. Syntax, action verbs, action semantics, and object semantics in Parkinson's disease: Dissociability, progression, and executive influences. *Cortex*, 69, 237 – 254.

[157] Boden, D. , & Bielby, D. D. 1986. The way it was: Topical organization in elderly conversation. *Language & Communication*, 6(1 – 2), 73 – 89.

[158] Bogush, M. , Heldt, N. A. , & Persidsky, Y. 2017. Blood brain barrier injury in diabetes: Unrecognized effects on brain and cognition. *Journal of Neuroimmune Pharmacology*, 12(4), 593 – 601.

[159] Bolly, C. , Gabarró-López, S. , & Meurant, L. 2016. Signing and gesturing in later life: How to adapt bodily talk in context?. International Gesture Conference, Paris, France, 2016. 7. 18 – 7. 22.

[160] Bolly, C. T. , & Boutet, D. 2018. The multimodal CorpAGEst corpus: Keeping an eye on pragmatic competence in later life. *Corpora*, 13(3), 279 – 317.

[161] Bonilla, J. L. , & Johnson, M. K. 1995. Semantic space in Alzheimer's disease patients. *Neuropsychology*, 9, 345 – 353.

[162] Bonnaud, V. , Gil, R. , & Ingrand, P. 2002. Metaphorical and non-metaphorical links: A behavioral and ERP study in young and elderly adults. *Clinical Neurophysiology*, 32(4), 258 – 268.

[163] Boschi, V. , et al. 2017. Connected speech in neurodegenerative language disorders: A review. *Frontiers in Psychology*, 8, 1 – 21.

[164] Botvin, G. J. & Sutton-Smith, B. 1977. The development of structural complexity in children's fantasy narratives. *Developmental Psychology*, 13(4), 377 – 388.

[165] Boulenger, V. , et al. 2008. Word processing in Parkinson's disease is impaired for action verbs but not for concrete nouns. *Neuropsychologia*, 46(2), 743 – 756.

[166] Bourgeois, M. , et al. 2001. Memory aids as an augmentative and alternative communication strategy for nursing home residents with dementia. *Augmentative and Alternative Communication*, 17(3), 196 – 210.

[167] Bourgeois, M. S. 1992. Evaluating memory wallets in conversations with persons with dementia. *Journal of Speech & Hearing Research*, 35(6), 1344 – 1357.

[168] Bourgeon, S. , Xerri, C. , & Coq, J. O. 2004. Abilities in tactile discrimination of textures in adult rats exposed to enriched or impoverished environments. *Behavioural Brain Research*, 153(1), 217 – 231.

[169] Bowie, C. R. , et al. 2004. A comprehensive analysis of verbal fluency deficit in geriatric schizophrenia. *Archives of Clinical Neuropsychology*, 19(2), 0 – 303.

[170] Braak, H. , & Braak, E. 1996. Evolution of the neuropathology of Alzheimer's disease. *Acta Neurologica Scandinavica*, 94(S165), 3 – 12.

[171] Brady, C. B. , Spiro, A, III. , & Gaziano, J. M. 2005. Effects of age and hypertension status on cognition: The Veterans Affairs Normative Aging Study. *Neuropsychology*, 19(6), 770 – 777.

[172] Brady, M. C. , et al. 2011. Dysarthria following stroke — the patient's perspective on management and rehabilitation. *Clinical Rehabilitation*, 25 (10), 935 – 952.

[173] Brady, N. C. , et al. 2015. Investigating a multimodal intervention for children with limited expressive vocabularies associated with autism. *American Journal of Speech-Language Pathology*, 24(3), 438 – 459.

[174] Brown, C. , et al. 2008. Automatic measurement of propositional idea density from part-of-speech tagging. *Behavior Research Methods*, 40(2), 540 – 545.

[175] Brown, S. M. , Peters, R. , & Lawrence, A. B. 2017. Up-regulation of IGF – 1 in the frontal cortex of piglets exposed to an environmentally enriched arena. *Physiology & Behavior*, 173, 285 – 292.

[176] Brussel, L. V. 2014. A discourse-theoretical approach to death and dying. In L. V. Brussel & N. Carpentier (eds.), *The Social Construction of Death: Interdisciplinary Perspectives*. England: Palgrave Macmillan, 13 – 33.

[177] Bryan, K. , et al. 2001. Development of a screening instrument for language in older people (Barnes Language Assessment). *Aging Ment Health*, 5, 371 – 378.

[178] Bryden, C. 2005. *Dancing with Dementia: My Story of Living Positively with Dementia*. London: Jessica Kingsley Publishers.

[179] Bschor, T. , Kühl, K. P. , & Reischies, F. M. 2001. Spontaneous speech of patients with Dementia of the Alzheimer type and mild cognitive impairment. *International Psychogeriatrics*, 13(3), 289 – 298.

[180] Bucks, R. S. , & Radford, S. A. 2004. Emotion processing in Alzheimer's disease. *Aging & Mental Health*, 8(3), 222 – 232.

[181] Bucks, R. S. , et al. 2000. Analysis of spontaneous, conversational speech in dementia of Alzheimer type: Evaluation of an objective technique for analysing

lexical performance. *Aphasiology*, 14(1), 71 – 91.

[182] Burbridge, J. A., Larsen, R. J., & Barch, D. M. 2005. Affective reactivity in language: The role of psychophysiological arousal. *Emotion*, 5(2), 145 – 153.

[183] Burgio, L. D., et al. 2001. Come talk with me: Improving communication between nursing assistants and nursing home residents during care routines. *The Gerontologist*, 41(4), 449 – 460.

[184] Burianová, J. S., & Syka, J. 2020. Postnatal exposure to an acoustically enriched environment alters the morphology of neurons in the adult rat auditory system. *Brain Structure and Function*, 225(2), 1979 – 1995.

[185] Burke, D. M., & MacKay, D. G. 1997. Memory, language, and ageing. Philosophical Transactions of the Royal Society of London. *Series B: Biological Sciences*, 352(1363), 1845 – 1856.

[186] Burke, D. M., MacKay, D. G., & James, L. E. 2000. Theoretical approaches to language and aging. In T. J. Perfect & E. A. Maylor (eds.), *Debates in Psychology. Models of Cognitive Aging*. Oxford: Oxford University Press, 204 – 237.

[187] Burke, D. M. & Shafto, M. A. 2004. Aging and language production. *Current Directions in Psychological Science*, 13(1), 21 – 24.

[188] Burke, D. M., et al. 1991. On the tip of the tongue: What causes word finding failures in young and older adults?. *Journal of Memory and Language*, 30(5), 542 – 579.

[189] Burke, S. N., & Barnes, C. A. 2006. Neural plasticity in the ageing brain. *Nature Reviews Neuroscience*, 7(1), 30 – 40.

[190] Butler, Robert. 1963. The life review: An interpretation of reminiscence in the aged. Psychiatry, 26, 65 – 76.

[191] Butterfield, D. A., Swomley, A. M., & Sultana, R. 2013. Amyloid β-peptide (1 – 42)-induced oxidative stress in Alzheimer disease: Importance in disease pathogenesis and progression. *Antioxidants & Redox Signaling*, 19(8), 823 – 835.

[192] Butters, M. A., et al. 2004. The nature and determinants of neuropsychological functioning in late-life depression. *Archives of General Psychiatry*, 61(6), 587 – 595.

[193] Button, G. 1987. Moving out of closings. In Button, G. & Lee, J. (eds.) *Talk and Social Organisation*. Clevedon: Multilingual Matters Ltd., 101 – 151.

[194] Cabeza, R. 2002. Hemispheric asymmetry reduction in older adults: The HAROLD model. *Psychology and Aging*, 17(1), 85 – 100.

[195] Cabeza, R., et al. 1997. Age-related differences in neural activity during memory encoding and retrieval: A positron emission tomography study. *Journal of Neuroscience*, 17(1), 391 – 400.

[196] Caekebeke, J. F. V., et al. 1991. The interpretation of dysprosody in patients with parkinsons-disease. *Journal of Neurology neurosurgery and psychiatry*, 54(2), 145 – 148.

[197] Cahana-Amitay, D., et al. 2013. Effects of hypertension and diabetes on sentence comprehension in aging. *The Journals of Gerontology*, *Series B*, *Psychological Sciences and Social Sciences*, 68(4), 513 – 521.

[198] Calder, A. J., et al. 2003. Facial expression recognition across the adult life span. *Neuropsychologia*, 41(2), 195 – 202.

[199] Calev, A., Nigal, D., & Chazan, S., 1989. Retrieval from semantic memory using meaningful and meaningless constructs by depressed, stable bipolar and manic patients. *British Journal of Clinical Psychology*, 28(1), 67 – 73.

[200] Calvo, N., et al. 2016. Bilingualism and cognitive reserve: A critical overview and a plea for methodological innovations. *Frontiers in Aging Neuroscience*, (7), 1 – 17.

[201] Cameron, D. 2001 *Working with Spoken Discourse*. London: Sage.

[202] Camp, C. J., & Schaller, J. R. 1989. Epilogue: Spaced-retrieval memory training in an adult day-care center. *Educational Gerontology: An International Quarterly*, 15(6), 641 – 648.

[203] Caplan, D., & Waters. G. 2003. On-line syntactic processing in aphasia: Studies with auditory moving window presentation. *Brain and Language*, 84(2), 222 – 249.

[204] Caplan, D., Alpert, N., & Waters, G. 1998. Effects of syntactic structure and propositional number on patterns of regional cerebral blood flow. *Journal of Cognitive Neuroscience*, 10(4), 541 – 552.

[205] Caplan, D., Hildebrandt, N. & Makris, N. 1996. Location of lesions in stroke patients with deficits in syntactic processing in sentence comprehension. *Brain*, 119(3), 933 – 949.

[206] Caramelli, P., Mansur, L. L., and Nitrini, R. 1998. Language and communication disorders in dementia of the Alzheimer type. In B. Stemmer & H. A. Whitaker (eds.), *Handbook of Neurolinguistics*. San Diego, CA: Academic

Press, 463 – 473.

[207] Cardebat, D. , Demonet, J. F. , & Doyon, B. 1993. Narrative discourse in dementia. *Narrative Discourse in Neurologically Impaired and Normal Aging Adults.* San Diego: Singular, 317 – 22.

[208] Cardona, J. F. , et al. Action-verb processing in Parkinson's disease: New pathways for motor-language coupling. *Brain Structure & Function*, 218(6), 1355 – 1373.

[209] Cardoso, S. , et al. 2014. Non-literal language deficits in mild cognitive impairment. *Psychogeriatr*, 14, 222 – 228.

[210] Carlomagno, S. , et al. 2005a. Referential communication in Alzheimer's type dementia. *Cortex*, 41(4), 520 – 534.

[211] Carlomagno, S. , et al. 2005b. Coverbal gestures in Alzheimer's type dementia. *Cortex*, 41(4), 535 – 546.

[212] Carmen, T. , & Medin, D. L. 2004. Protected values: No omission bias and no framing effects. *Psychonomic Bulletin & Review*, 11(1), 185 – 191.

[213] Carole, D. , Fuhrer, R. , & Alpérovitch, A. 2005. Subjective cognitive complaints and cognitive decline: Consequence or Predictor? The Epidemiology of Vascular Aging Study. *Journal of the American Geriatrics Society*, 53(4), 616 – 621.

[214] Carolina, M. , & Martins, I. P. 2019. May subjective language complaints predict future language decline in community-dwelling subjects? *Frontiers in Psychology*, 10, 1974. DOI: 10. 3389/fpsyg. 2019. 01974.

[215] Carozza, L. S. , & Noel, S. 2016. Perspectives on communication and aging. In S. C Linda (ed.), *Communication and Aging: Creative Approaches to Improving the Quality of Life.* New York: Plural Publishing, Inc, 13 – 24.

[216] Carpenter, P. , Miyake, A. , & Just, M. A. 1994. Working memory constraints in comprehension: Evidence from individual differences, aphasia, and aging. In M. A. Gernsbacher (ed.), *Handbook of psycholinguistics.* San Diego, CA: Academic Press.

[217] Carriot, J. , Jamali, M. , and Cullen, K. E. 2015. Rapid adaptation of multisensory integration in vestibular pathways. *Front. Syst. Neurosci*, 9, 59. DOI: 10. 3389/fnsys. 2015. 00059.

[218] Carstensen, L. L. , Derek M. I. , & Susan T. C. 1999. Taking time seriously. A theory of socioemotional selectivity. *American Psychologist*, 54(3), 165 – 181.

[219] Carstensen, L. L. , Fung, H. H. and Charles, S. T. 2003. Socioemotional

selectivity theory and the regulation of emotion in the second half of life. *Motivation and Emotion*, 27,103 − 123.

[220] Carstensen, L. L. , Mikels, J. A. , & Mather, M. 2006. Aging and the intersection of cognition, motivation, and emotion. In J. E. Birren & K. W. Schaire (eds.) , *Handbook of the Psychology of Aging*. Amsterdan: Elsevier, 343 − 362.

[221] Carstensen, L. L. , et al. 2000. Emotional experience in everyday life across the adult life span. *Journal of Personality and Social Psychology*, 79(4) , 644 − 655.

[222] Castelli, I. , et al. 2011. Mapping levels of theory of mind in Alzheimer's disease: A preliminary study. *Aging Ment Health*, 15(2) , 157 − 168.

[223] Castro, N. , & James, L. E. 2014. Differences between young and older adults' spoken language production in descriptions of negative versus neutral pictures. *Aging, Neuropsychology, and Cognition*, 21, 222 − 238.

[224] Cattell, R. B. 1963. Theory of fluid and crystallized intelligence: A critical experiment. *Journal of Educational Psychology*, 54(1) , 1 − 22.

[225] Cavicchio, F. & Poesio, M. 2009. Multimodal corpora annotation: Validation methods to assess coding scheme reliability. In M. Kipp, J. -C. Martin, P. Paggio & D. Heylen. (eds.) , *Multimodal Corpora: From Models of Natural Interaction to Systems and Applications*. Berlin, Heidelberg: Springer-Verlag, 109 − 121.

[226] Cerella, J. 1985. Information processing rates in the elderly. *Psychological Bulletin*, 98(1) , 67 − 83.

[227] Ceren, E. , et al. 2017. Antidiabetic effect of brain-derived neurotrophic factor and its association with inflammation in type 2 diabetes mellitus. *Journal of Diabetes Research*. Retrieve from https://doi. org/10. 1155/2017/2823671.

[228] Chalfont, G. , Milligan, C. , & Simpson, J. 2020. A mixed methods systematic review of multimodal non-pharmacological interventions to improve cognition for people with dementia. *Dementia*, 19(4) , 1086 − 1130.

[229] Chambers, J. K. 1995. *Sociolinguistic Theory: Linguistic Variation and Its Social Significance*. Oxford: Blackwell.

[230] Chang, H. P. , & Chou, P. 2007. Presbycusis among older Chinese people in Taipei, Taiwan: A community-based study. *International Journal of Audiology*, 46 (7) , 38 − 45.

[231] Chapman, S. B. , Highley, A. P. , & Thompson, J. L. 1998. Discourse in fluent aphasia and Alzheimer's disease: Linguistic and pragmatic considerations. *Journal of Neurol*, 11(1 − 2) , 55 − 78.

[232] Chapman, S. B. , et al. 2002. Discourse changes in early Alzheimer disease, mild cognitive impairment, and normal aging. *Alzheimer Disease & Associated Disorders*, 16(3) , 177 - 186.

[233] Charalambidou, A. 2011. Constructions of age identities in everyday conversations through painful self disclosures. In K. A. Dimadis (ed.) , *Identities in the Greek World (Form 1204 to the Present Day)* , vol. 3. Athens: European Society of Modern Greek Studies, 85 - 100.

[234] Charles, S. T. , Reynolds, C. A. , & Gatz, M. 2001. Age-related differences and change in positive and negative affect over 23 years. *Journal of Personality and Social Psychology*, 80(1) , 136 - 151.

[235] Charon, R. 2006. *Narrative Medicine: Honoring the Stories of Illness*. New York: Oxford University Press.

[236] Chemerinski, E. , et al. 2001. The specificity of depressive symptoms in patients with Alzheimer's disease. *American Journal of Psychiatry*, 158(1) , 68 - 72.

[237] Chen, C. H. 2017. First-encounter talks between younger and older adults in Taiwan: A conversation analysis approach. *International Journal of Society, Culture & Language*, 5(2) , 91 - 104.

[238] Chen, C. H. , Hong, Y. T. , & Chen, Y. J. 2019. Age-telling in intergenerational first-encounter talks between college students and older adults in Taiwan: A gerontological sociolinguistic study. *International Journal of Linguistics*, 11(2) , 1 - 19.

[239] Chen, K. H. , & Anderson, S. 2018. Emotional function during aging. In M. Rizzo, S. Anderson, & B. Fritzsch (eds.) , *The Wiley Handbook on the Aging Mind and Brain*. New Jersey: John Wiley & Sons Ltd. , 417 - 443.

[240] Chen, S. Y. 2018. Learning with active rural community-dwelling older adults: Comprehensive effects of intergenerational service-learning in Taiwan. *Journal of Intergenerational Relationships*, 16(3) , 287 - 301.

[241] Chen, T. , et al. 2016. Reversible Godot syndrome in an elderly patient with frontal lobe meningioma. *The American Journal of the Medical Sciences*, 351(2) , 215 - 216.

[242] Chen, Y. -R. R. , & Schulz, P. J. 2016. The effect of information communication technology interventions on reducing social isolation in the elderly: A systematic review. *Journal of Medical Internet Research*, 18 (1) , e18. DOI: 10. 2196/jmir. 4596.

[243] Chen, Y. , et al. 2019. Brain network connectivity mediates education-related

cognitive performance in healthy elderly adults. *Current Alzheimer Research*, 16 (1), 19 – 28.

[244] Cherney, L., et al. 2006. Article 16: Efficacy of cortical stimulation combined with intensive language therapy for patients with chronic Broca's aphasia. *Archives of Physical Medicine and Rehabilitation*, 87(10), e4 – e5.

[245] Cherry, K. E., Simmons, S. S., & Camp, C. J. 1999. Spaced retrieval enhances memory in older adults with probable Alzheimer's disease. *Journal of Clinical Geropsychology*, 5(3), 159 – 175.

[246] Chertkow, H., et al. 2010. Multilingualism (but not always bilingualism) delays the onset of Alzheimer disease: Evidence from a bilingual community. *Alzheimer Disease & Associated Disorders*, 24(2), 118 – 125.

[247] Cheung, K. S., & Lau, B. H. 2015. Successful aging among Chinese near-centenarians and centenarians in Hong Kong: A multidimensional and interdisciplinary approach. *Aging & Mental Health*, 20(12), 1314 – 1326.

[248] Chew, J., et al. 2015. Outcomes of a multimodal cognitive and physical rehabilitation program for persons with mild dementia and their caregivers: A goal-oriented approach. *Clinical Interventions in Aging*, 10, 1687 – 1694.

[249] Choi, H., & Smith, S. M. 2005. Incubation and the resolution of tip-of-the-tongue states. *The Journal of General Psychology*, 132(4), 365 – 376.

[250] Chow, N., & Bai, X. 2011. Modernization and its impact on Chinese older people's perception of their own image and status. *International Social Work*, 54 (6), 800 – 815.

[251] Chow, T. W., et al. 2009. Apathy symptom profile and behavioral associations in frontotemporal dementia vs dementia of Alzheimer type. *Archives of Neurology*, 66(7), 888 – 893.

[252] Chung, C. H., et al. 2009. Perceived quality of communication amongst outpatients in western and traditional Chinese medicine clinics in a Chinese population. *Health Policy*, 90 (1), 66 – 72.

[253] Clare, L., & Woods, R. T. 2004. Cognitive training and cognitive rehabilitation for people with early-stage Alzheimer's disease: A review. *Neuropsychological Rehabilitation*, 14(4), 385 – 401.

[254] Clare, L., et al. 2016. Bilingualism, executive control, and age at diagnosis among people with early-stage A lzheimer's disease in Wales. *Journal of neuropsychology*, 10(2), 163 – 185.

[255] Clark-Cotton, M. R., et al. 2007a. Item-level comparisons of Boston Naming

Test performance in older African American and White participants. Proceedings of the Aging and Speech Conference, October, Bloomington, IN, 7 - 10.

[256] Clark-Cotton, M. R., et al. 2007b. Language and Communication in Aging, *Encyclopedia of Gerontology*. San Diego, CA: Academic Press, 1 - 8.

[257] Clarke, C., & Wolverson, E. (eds.). 2016. *Positive Psychology Approaches to Dementia*. London: Jessica Kingsley Publishers.

[258] Clark-Mcghee, K., & Castro, M. 2013. A narrative analysis of poetry written from the words of people given a diagnosis of dementia. *Dementia*, 14(1), 1303 - 1333.

[259] Clemenson, G. D., & Stark, C. E. 2015. Virtual environmental enrichment through video games improves hippocampal-associated memory. *Journal of Neuroscience*, 35(49), 16116 - 16125.

[260] Clemenson, G. D., Gage, F. H., & Stark, C. E. 2018. Environmental enrichment and neuronal plasticity. In M. V. Chao (ed.), *The Oxford Handbook of Developmental Neural Plasticity*. New York: Oxford University Press, 1 - 42.

[261] Clift, R. 2016. *Conversation Analysis*. New York, NY: Cambridge University Press.

[262] Cluley, V., et al. 2021. Talking about frailty: The role of stigma and precarity in older people's constructions of frailty. *Journal of Aging Studies*, 58, 100951.

[263] Coelho, C. A. 1998. Analysis of conversation. In L. R. Cherney, B. B. Shadden, & C. A. Coelho (eds.), *Analyzing Discourse in Communicatively Impaired Adults*. Gaithersburg, MA: Aspen Publishers.

[264] Coelho, C. A., Sinotte, M. P., & Duffy, J. R. 2012. Schuell's stimulation approach to rehabilitation. In R. Chapey (ed.), *Language Intervention Strategies in Aphasia and Related Neurogenic Communication Disorders* (5th ed.). Philadelphia: Lippincott Williams & Wilkins: 403 - 449.

[265] Cohen, G. & Faulkner, D. 1989. Age differences in source forgetting: Effects on reality monitoring and eyewitness testimony. *Psychology and Aging*, 4(1), 10 - 17.

[266] Cohen, G. 1979. Language comprehension in old age. *Cognitive Psychology*, 11 (4), 412 - 429.

[267] Cohen, G. 1988. Age differences in memory for texts: Production deficiency or processing limitations?. In L. Light & D. Burke (eds.), *Language, Memory and Aging*. New York, NY: Cambridge University Press, 171 - 190.

[268] Cohen, J. 1988. *Statistical Power Analysis for the Behavioral Sciences* (2nd ed.).

老龄化与老年语言学引论

London: Routledge.

[269] Cohen, J. M. , et al. 2017. Studies of physician-patient communication with older patients: How often is hearing loss considered? A systematic literature review. *Journal of the American Geriatrics Society*, 65(8), 1642 – 1649.

[270] Colman, K. S. F. , & Bastiaanse, Y. R. M. 2011. Language problems in Parkinson's Disease patients without dementia. In J. Dushanova (ed.), *Diagnostics and Rehabilitation of Parkinson's Disease* (1st ed.). London: InTech, 165 – 188. Retrieve from http: //www. intechopen. com/articles/show/title/language-processing-in-parkinson-s-disease-patients-without-dementia.

[271] Connelly, S. L. , Hasher, L. , & Zacks, R. T. 1991. Age and reading: The impact of distraction. *Psychology and Aging*, 6(4), 533 – 541.

[272] Conner, P. S. , et al. 2011. Age-related differences in idiom production in adulthood. *Clinical Linguistics & Phonetics*, 25(10), 899 – 912.

[273] Connor, S. R. 2009. *Hospice and Palliative Care*. New York: Routledge.

[274] Consortium, T. B. 2017. Randomized trial on the effects of a combined physical/cognitive training in aged MCI subjects: The Train the Brain study. *Scientific Reports*, 7, 39471. DOI: 10. 1038/srep39471.

[275] Conway, M. A. 1995. Autobiographical knowledge and autobiographical memories. In D. C. Rubin (ed.), *Remembering Our Past: Studies in Autobiographical Memory*. Cambridge: Cambridge University Press, 67 – 93.

[276] Conway, M. A. 2008. Exploring episodic memory. In E. Dere, A. Easton, L. Nadel, & J. P. Huston. (eds.), *Handbook of Episodic Memory*. Amsterdam: Elsevier, 19 – 30.

[277] Cook, G. 1990. Transcribing infinity: Problems of context presentation. *Journal of Pragmatics*, 14(1), 1 – 24.

[278] Copland, D. A. , Chenery, H. J. , & Murdoch, B. E. 2000. Understanding ambiguous words in biased sentences: Evidence of transient contextual effects in individuals with nonthalamic subcortical lesions and Parkinson's disease. *Cortex*, 36, 601 – 622.

[279] Copland, D. A. , Chenery, H. J. , & Murdoch, B. E. 2001. Discourse priming of homophones in individuals with dominant nonthalamic subcortical lesions, cortical lesions and Parkinson's disease. *Journal of Clinical and Experimental Neuropsychology*, 23(4), 538 – 556.

[280] Copland, D. A. , et al. 2003. Brain activity during automatic semantic priming revealed by event-related functional magnetic resonance imaging. *Neuroimage*, 20

(1), 302 - 310.

[281] Corwin, A. I. 2018. Overcoming elderspeak: A qualitative study of three alternatives. *The Gerontologist*, 58(4), 724 - 729.

[282] Costa, P. T., & McCrae, R. R. 1992. Normal personality assessment in clinical practice: The NEO personality inventory. *Psychological Assessment*, 4, 5 - 13.

[283] Coupland, J. 2009. Discourse, identity and change in mid-to-late life: Interdisciplinary perspectives on language and ageing. *Ageing & Society*, 29(6), 849 - 861.

[284] Coupland, J., Coupland, N., & Grainger, K. 1991. Intergenerational discourse: Contextual versions of ageing and elderliness. *Ageing & Society*, 11(2), 189 - 208.

[285] Coupland, J., Robinson, J. D., & Coupland, N. 1994. Frame negotiation in doctor-elderly patient consultations. *Discourse & Society*, 5(1), 89 - 124.

[286] Coupland, J., et al. 1991. Formulating age: Dimensions of age identity in elderly talk. *Discourse Processes*, 14(1), 87 - 106.

[287] Coupland, N. (ed.). 1991. Sociolinguistic issues in ageing. *Special Issue of Ageing & Society*, 11(2), 99 - 102.

[288] Coupland, N. (ed.). 1993. Discourse, institutions and the elderly. *Special Issue of Journal of Aging Studies*, 7(3), 229 - 235.

[289] Coupland, N. 1997. Language, ageing and ageism: A project for applied linguistics?. *International Journal of Applied Linguistics*, 7(1), 26 - 48.

[290] Coupland, N., & Coupland, J. 1994. Age-identity and health-identity in geriatric medical discourse. In S. O. Lauritzen & L. Sacks (eds.), *Health Care Encounters and Culture: Interdisciplinary Perspectives*. Proceedings of the Botkyrka Seminar, 1992. Multicultural Centre, The Swedish Institute and Museum of Immigration, 89 - 128.

[291] Coupland, N., Coupland, J., & Giles, H. 1989. Telling age in later life: Identity and face implications. *Text Interdisciplinary Journal for the Study of Discourse*, 9(2), 129 - 152.

[292] Coupland, N., Coupland, J., & Giles, H. 1991. *Language, Society and the Elderly: Discourse, Identity and Ageing*. Oxford, UK: Basil Blackwell.

[293] Coupland, N., Nussbaum, J. F., & Grossman, A. 1993. Introduction: Discourse, self and the lifespan. In N. Coupland, & J. F. Nussbaum (eds.), *Discourse and Lifespan Identity*. Newbury Park, CA: Sage, xx - xxviii.

[294] Coupland, N., et al. 1988. Elderly self-disclosure: Interactional and intergroup

issues. *Language & Communication*, 8(2), 109 – 33.

[295] Couser, G. T. 1997. *Recovering Bodies: Illness, Disability, and Life Writing*. Madison: University of Wisconsin Press.

[296] Couser, G. T. 2011. Autopathography: Women, illness, and lifewriting. In M. L. Johnson & S. B. Mintz (eds.), *On the Literary Nonfiction of Nancy Mairs*. New York: Palgrave Macmillan, 133 – 144.

[297] Couser, G. T. 2016. Body language: Illness, disability, and life writing. *Life Writing*, 13(1), 3 – 10.

[298] Coyne, T., et al. 2006. Rapid subthalamic nucleus deep brain stimulation lead placement utilizing CT/MRI fusion, microelectrode recording and test stimulation. *Acta Neurochirurgica Supplementum*, 99, 49 – 50.

[299] Craik, F. I. M., & Bialystok, E. 2005. Intelligence and executive control: Evidence from aging and bilingualism. *Cortex*, 41(2), 222 – 224.

[300] Craik, F. I. M., Bialystok, E., & Freedman, M. 2010. Delaying the onset of Alzheimer disease: Bilingualism as a form of cognitive reserve. *Neurology*, 75 (19), 1726 – 1929.

[301] Craik, F. I. M., et al. 2017. Alpha span: A measure of working memory. *Canadian Journal of Experimental Psychology*, 72(3), 141 – 152.

[302] Creer, D. J., et al. 2010. Running enhances spatial pattern separation in mice. *Proceedings of the National Academy of Sciences*, 107(5), 2367 – 2372.

[303] Croisile B., et al. 1996. Comparative study of oral and written picture description in patients with Alzheimer's disease. *Brain and Language*, 53(1), 1 – 19.

[304] Crook, T., et al. 1986. Age associated memory impairment: Proposed diagnostic criteria and measures of clinical change-Report of a National Institute of Mental Health work group. *Developmental Neuropsychology*, 2, 261 – 276.

[305] Crooks, V. C., et al. 2008. Social network, cognitive function, and dementia incidence among elderly women. *American Journal of Public Health*, 98 (7), 1221 – 1227.

[306] Croot, K., et al. 2000. Phonological and articulatory impairment in Alzheimer's disease: A case series. *Brain Lang*, 75(2), 277 – 309.

[307] Crossley, S. A., & McNamara, D. S. 2011. Understanding expert ratings of essay quality: Coh-Metrix analyses of first and second language writing. *International Journal of Continuing Engineering Education and Life Long Learning*, 21(2 – 3), 170 – 191.

[308] Crossley, S. A., et al. 2011. What is lexical proficiency? Some answers from

computational models of speech data. *Tesol Quarterly*, 45(1), 182 – 193.

[309] Croy, I. , et al. 2014. Olfaction as a marker for depression in humans. *Journal of Affective Disorders*, 160, 80 – 86.

[310] Crystal, D. 1982. *Profiling Linguistic Disability*. London: Edward Arnold.

[311] Crystal, D. 1984. *Clinical Linguistics*. Vienna: Springer Verlag.

[312] Cuerva, A. G. , et al. 2001. Theory of mind and pragmatic abilities in Dementia. *Neuropsychiatry, Neuropsychology, and Behavioral Neurology*, 14(3), 153 – 158.

[313] Cuetos, F. , et al. 2007. Linguistic changes in verbal expression: A preclinical marker of Alzheimer's disease. *Journal of the International Neuropsychological Society*, 13(3), 433 – 439.

[314] Culpeper, J. , & Haugh, M. 2014. *Pragmatics and the English Language*. UK: Palgrave Macmillan.

[315] Cummings, J. L. 1992. Depression and Parkinson's disease: A review. *American Journal of Psychiatry*, 149(4), 443 – 453.

[316] Cummings, L. 2008. *Clinical Linguistics*. Edinburgh: Edinburgh University Press.

[317] Cummings, L. 2009. *Clinical Pragmatics*, Cambridge: Cambridge University Press.

[318] Cummings, L. 2013. Clinical pragmatics and theory of mind. In A. Capone, et al. (eds.), *Perspectives on Linguistic Pragmatics (Perspectives in Pragmatics, Philosophy & Psychology 2)*. Switzerland: Springer International Publishing.

[319] Cummings, L. 2014a. Pragmatic disorders and theory of mind. In L. Cummings (ed.), *The Cambridge Handbook of Communication Disorders*. Cambridge: Cambridge university Press, 559 – 577.

[320] Cummings, L. 2014b. *Pragmatic Disorders*, Dordrecht: Springer.

[321] Cummings, L. (ed.) 2017. *Research in Clinical Pragmatics*. Cham, Switzerland: Springer International Publishing AG.

[322] Cummings, L. 2020. *Language in Dementia*. Cambridge: Cambridge University Press.

[323] Cummins, N. , et al. 2015. A review of depression and suicide risk assessment using speech analysis. *Speech Communication*, 71, 10 – 49.

[324] Cunha, A. L. V. 2015. Coh-Metrix-Dementia: Análise automática de distúrbios de linguagem nas demências utilizando Processamento de Línguas Naturais. Doctoral dissertation. Universidade de São Paulo.

[325] Curl, T. S. 2006. Offers of assistance: Constraints on syntactic design. *Journal of Pragmatics*, 38, 1257 – 1280.

[326] D'Hooge, R. , & de Deyn, P. P. 2011. Applications of the Morris water maze in the study of learning and memory. *Brain Research Reviews*, 36(1), 60 – 90.

[327] Damasio, A. R. 1989. Time-locked multiregional retroactivation: A systems-level proposal for the neural substrates of recall and recognition. *Cognition*, 33 (1 – 2), 25 – 62.

[328] Daneman, M. & Carpenter, P. 1980. Individual differences in working memory and reading. *Journal of Verbal Learning and Verbal Behavior*, 19(4), 450 – 466.

[329] Daneman, M. 1991. Working memory as a predictor of verbal fluency. *Journal of Psycholiinguisitc Research*, 20, 445 – 464.

[330] Danner, D. D. , Snowdon, D. A. , & Friesen, W. V. 2001. Positive emotions in early life and longevity: Findings from the nun study. *Journal of Personality and Social Psychology*, 80(5), 804 – 813.

[331] Darkins, A. W. , Fromkin, V. A. , & Benson, D. F. 1988. A characterization of the prosodic loss in parkinsons-disease. *Brain and language*, 34(2), 315 – 327.

[332] Darley, F. L. , Aronson, A. E. , & Brown, J. R. 1969a. Differential diagnostic patterns of dysarthria. *Journal of Speech and Hearing Research*, 12(2), 246 – 269.

[333] Darley, F. L. , Aronson, A. E. , & Brown, J. R. 1969b. Clusters of deviant speech dimensions in the dysarthrias. *Journal of Speech and Hearing Research*, 12 (3), 462 – 496.

[334] David, L. 1990. The Collett-Lester Fear of Death scale: The original version and a revision. *Death Studies*, 14(5), 451 – 468.

[335] Davies, B. , & Harré, R. 1990. Positioning: The discursive production of selves. *Journal for the Theory of Social Behaviour*, 20(1), 43 – 63.

[336] Davies, I. 1998. Cellular mechanisms of aging. In R. Tallis, H. Fillit, & J. C. Brocklehurst (eds), *Brocklehurst's Textbook of Geriatric Medicine and Gerontology*. Edinburgh: Churchill Livingstone, 51 – 83.

[337] Davis, B. H. 2005. So, You had two sisters, right? Functions for discourse markers in Alzheimer's talk. In B. Davis (ed.), *Alzheimer Talk, Text and Context*. UK: Palgrave Macmillan, 128 – 145.

[338] Davis, B. H. , & Margaret M. 2018. Represented speech in dementia discourse. *Journal of Pragmatics*, 130, 1 – 15.

[339] Davis, B. , & Maclagan, M. 2016. Sociolinguistics, Language and Aging. In H. Wright (ed.), *Cognition, Language and Aging*. NY: John Benjamins, 221 – 245.

[340] Davis, B. , & Maclagan, M. 2021. Neurocognitive disorder: Alzheimer's disease. In J. N. Lester & M. O'Reilly (eds.), *The Palgrave Encyclopedia of Critical Perspectives on Mental Health*. Cham: Springer International Publishing, 1 – 10.

[341] Davis, B. , & Pope, C. 2020. Challenges in collecting real-world Dementia discourse. In T. Stickle (ed.), *Learning from the Talk of Persons with Dementia: A Practical Guide to Interaction and Interactional Research*. England: Palgrave Macmillan, 31 – 46.

[342] Davis, B. , Maclagan, M. , & Cook, J. 2013. "Aw, So, how's your day going?": Ways that persons with Dementia keep their conversational partner involved. In B. Davis & J. Guendouzi, *Pragmatics in Dementia Discourse*. UK: Cambridge Scholars Publishing, 83 – 116.

[343] Davis, B. , Maclagan, M. , & Shenk, D. 2014. Exploring interactions between visitors and residents with dementia, with a focus on questions and the responses they evoke. In H. E. Hamilton & W. -y. S. Chou (eds.), *The Routledge Handbook of Language and Health Communication*. New York: Routledge, 344 – 361.

[344] Davis, B. H. , & Guendouzi, J. 2013. *Pragmatics in Dementia Discourse*. UK: Cambridge Scholars Publishing.

[345] Davis, B. H. , & Maclagan, M. 2018. Narrative and ageing: Exploring the range of narrative types in dementia conversation. *European Journal of English Studies*, 22(1), 76 – 90.

[346] De Bot, K. , & van der Hoeven, N. 2011. Language and ageing. In J. Simpson (ed.), *The Routledge Handbook of Applied Linguistics*. New York: Routledge, 124 – 137.

[347] De Baggio, T. 2002. *Losing My Mind: An Intimate Look at Life with Alzheimer's*. New York: Free Press/Simon & Schuster.

[348] De Bot, K. 2007. Dynamic systems theory, lifespan development and language attrition. In B. Köpke, M. S. Schmid, M. Keijzer & S. Dostert (eds.), *Language Attrition: Theoretical Perspectives*. Amsterdam: John Benjamins Publishing Company, 53 – 68.

[349] De Bot, K. , & Clyne, M. 1989. Language reversion revisited. *Studies in Second Language Acquisition*, 11(2), 167 – 177.

[350] De Bot, K. , & Makoni, S. 2005. *Language and Aging in Multilingual Contexts.* Clevedon: Multilingual Matters Ltd.

[351] De Bot, K. , & Schrauf, R. 2009. Introduction. In K. de Bot & R. Schrauf (eds.), *Language Development over the Lifespan.* New York: Routledge, 1 – 16.

[352] De Lacoste, M. C. , Kirkpatrick, J. B. , & Ross, E. D. 1985. Topography of the human corpus callosum. *Journal of Neuropathology and Experimental Neurology*, 44(6), 578 – 591.

[353] De Lira, J. O. , et al. 2019. Evaluation of macrolinguistic aspects of the oral discourse in patients with Alzheimer's Disease. *International Psychogeriatrics*, 31 (9), 1343 – 1353.

[354] De Santi, S. , et al. 1990. Discourse abilities and deficits in multilingual dementia. In Y. Joanette & H. H. Brownell (eds.), *Discourse Ability and Brain Damage: Theoretical and Empirical Perspectives.* New York: Springer, 224 – 235.

[355] De Vugt, M. , & Dröes, R. M. 2017. Social health in dementia. Towards a positive dementia discourse. *Aging & Mental Health*, 21(1), 1 – 3.

[356] Decoster, W. , & Debruyne, F. 2000. Longitudinal voice changes: Facts and interpretation. *Journal of Voice*, 14(2), 184 – 193.

[357] Dekhtyar, S. , et al. 2019. Genetic risk of dementia mitigated by cognitive reserve: A cohort study. *Annals of Neurology*, 86(1), 68 – 78.

[358] Dell, G. S. , Burger, L. K. , & Svec, W. R. 1997. Language production and serial order: A functional analysis and a model. *Psychological Review*, 104, 123 – 147.

[359] Dell, G. S. , Lisa K. B. , & William, R. S. 1997. Language production and serial order: A functional analysis and a model. *Psychological Review*, 104(1), 123 – 147.

[360] Dell, G. S. 1986. Spreading-activation theory of retrieval in sentence production. *Psychological Review*, 93(3), 283 – 321.

[361] Demakis, G. L. , et al. 2003. Qualitative analysis of verbal fluency before and after unilateral pallidotomy. *Clinical Neuropsychologist*, 17(3), 322 – 330.

[362] Dempster, F. N. 1991. Inhibitory processes: A neglected dimension of intelligence. *Intelligence*, 15(2), 157 – 174.

[363] Dempster, F. N. , & Corkill, A. J. Interference and inhibition in cognition and behavior: Unifying themes for educational psychology. *Educational Psychology Review*, 11, (1), 1 – 88.

[364] Dempster, F. N. 1992. The rise and fall of the inhibitory mechanism. Toward

a unified theory of cognitive development and aging. *Developmental Review*, 12 (1), 45–75.

[365] Denburg, N. L., Tranel, D., & Bechara, A. 2005. The ability to decide advantageously declines prematurely in some normal older persons. *Neuropsychologia*, 43(7), 1099–1106.

[366] Depp, C. A., & Jeste, D. V. 2006. Definitions and predictors of successful aging: A comprehensive review of larger quantitative studies. *American Journal of Geriatric Psychiatry*, 14(1), 6–20.

[367] Deppermann, A. & Haugh, M. (eds.). 2021. *Action Ascription in Interaction*. Cambridge: Cambridge University Press.

[368] Devita, M., et al. 2020. The importance of cognitive reserve in comprehensive geriatric assessment for dementia. *Aging-clinical Experimental Research*, 32(6), 1179–1181.

[369] Diamond, et al. 1964. The effects of an enriched environment on the histology of the rat cerebral cortex. *Journal of Comparative Neurology*, 123(1), 111–119.

[370] Dickey, L., et al. 2010. Incidence and profile of inpatient stroke-induced aphasia in Ontario, Canada. *Archives of Physical Medicine and Rehabilitation*, 91(2), 196–202.

[371] Dickinson, et al. 2011. Change in stress and social support as predictors of cognitive decline in older adults with and without depression. *International Journal of Geriatric Psychiatry*, 26(12), 1267–1274.

[372] Dickson, S., et al. 2008. Patients' experience of disruptions associated with post-stroke dysarthria. *International Journal of Language and Communication Disorders*, 43(2), 135–153.

[373] Dienstag, A. 2003. Lessons from the Lifelines Writing Group for people in the early stages of Alzheimer's disease: Forgetting that we don't remember. In J. L. Ronch & J. A. Goldfield (eds.), *Mental Wellness in Aging: Strengths-based Approaches*. Baltimore, MD: Health Professions Press, 343–352.

[374] Dieuleveult, A. L., et al. 2017. Effects of aging in multisensory Integration: A systematic review. *Frontiers in Aging Neuroscience*, 9, 80.

[375] Dijkstra, K., et al. 2002a. Effects of a communication intervention on the discourse of nursing home residents with dementia and their nursing assistants. *Journal of Medical Speech-Language Pathology*, 10(2), 143–157.

[376] Dijkstra, K., et al. 2002b. My recaller is on vacation: Discourse analysis of nursing-home residents with Dementia. *Discourse Processes*, 33(1), 53–76.

老龄化与老年语言学引论

[377] Dijkstra, K. , et al. 2004. Conversational coherence: Discourse analysis of older adults with and without Dementia. *Journal of Neurolinguistics*, 17(4), 263 – 283.

[378] Divita D. 2014. Multilingualism and later life: A sociolinguistic perspective on age and aging. *Journal of Aging Studies*, 30(8), 94 – 103.

[379] Dobbs, A. R. , & Rule, B. G. 1989. Adult age-differences in working memory. *Psychology and Aging*, 4(4), 500 – 503.

[380] Domaneschi, F. , & Di Paola, S. 2019. The aging factor in presupposition processing. *Journal of Pragmatics*, 140, 70 – 87.

[381] Donald, C. A. , et al. 1978. *Conceptualization and Measurement of Health for Adults in the Health Insurance Study Vol. IV, Social Health*. Santa Monica: The Rand Corporation.

[382] Dorthe, B. , & Rubin, D. C. (eds.). 2012. *Understanding Autobiographical Memory: Theories and Approaches*. Cambridge: Cambridge University Press.

[383] Dos Santos, V. , et al. 2011. Morphological cerebral correlates of CERAD test performance in mild cognitive impairment and Alzheimer's disease. *Journal of Alzheimers Disease*, 23, 411 – 420.

[384] Drew, P. 2013. Turn design. In J. Sidnell & T. Stivers (eds.), *The Handbook of Conversation Analysis*. Oxford: Wiley-Blackwell, 131 – 149.

[385] Dritschel, B. H. , et al. 1992. Autobiographical fluency: A method for the study of personal memory. *Memory & Cognition*, 20, 133 – 140.

[386] Drott, E. 2018. Aging bodies, minds and selves: Representations of senile dementia in Japanese film. *Journal of Aging Studies*, 47, 10 – 23.

[387] Drummond, C. , et al. 2015. Deficits in narrative discourse elicited by visual stimuli are already present in patients with Mild Cognitive Impairment. *Frontiers in Aging Neuroscience*, 7, 96.

[388] Duboisdindien, G. , et al. 2019. A multimodal corpus to check on pragmatic competence for Mild Cognitive Impaired aging people. *Corpus*, 19.

[389] Duchek, J. M. , Balota, D. A. , & Thessing, V. C. 1998. Inhibition of visual and conceptual information during reading in healthy aging and Alzheimer's disease. *Aging, Neuropsychology, and Cognition*, 5(3), 169 – 181.

[390] Dufouil, C. , Fuhrer, R. , & Alpérovitch, A. 2005. Subjective cognitive complaints and cognitive decline: Consequence or predictor?. *The Epidemiology of Vascular Aging Study. Journal of American Geriatrics Society*, 53, 616 – 621. DOI: 10. 1111/j. 1532 – 5415. 2005. 53209. x.

[391] Duong, A. , et al. 2006. The nature of lexico-semantic processing deficits in

mild cognitive impairment. *Neuropsychologia*, 44(10), 1928 – 1935.

[392] Duzel, E. , van Praag, H. , & Sendtner, M. 2016. Can physical exercise in old age improve memory and hippocampal function?. *Brain*, 139(3), 662 – 673.

[393] Dybkjær, L. & Bernsen, N. O. 2004. Recommendations for natural interactivity and multimodal annotation schemes. Proceedings of the LREC 2004 Workshop on Multimodal Corpora, Lisbon. 2014 – 12 – 01. Retrieve from http://www. nislab. dk/Publications/LREC'04-WORKSHOP-ANNOTATION-SCHEMES-21. 3. 04-F. pdf.

[394] Eckerström, M. , et al. 2013. Sahlgrenska academy self-reported cognitive impairment questionnaire (SASCI-Q) — a research tool discriminating between subjectively cognitively impaired patients and healthy controls. *International Psychogeriatrics*, 25(3), 420 – 30.

[395] Eckert, P. 1997. Age as a sociolinguistic variable. In F. Coulmas (ed.), *The Handbook of Sociolinguistics*. Oxford: Blackwell.

[396] Edwards, H. , & Noller, P. 1993. Perceptions of overaccommodation used by nurses in communication with the elderly. *Journal of Language and Social Psychology*, 12(3), 207 – 223.

[397] Edwards, J. A. 1992. Design principles in the transcription of spoken discourse. In J. Svartivik (ed.), *Directions in Corpus Linguistics: Proceedings of Nobel Symposium 82*. Berlin: Mouton de Gruyter: 129 – 144.

[398] Einmahl, J. J. , Einmahl, J. H. J. , & de Haan, L. 2019. Limits to human life span through extreme value theory. *Journal of the American Statistical Association*, 114(527), 1075 – 1080.

[399] Eisele, N. B. , et al. 2012. Viscoelasticity of thin biomolecular films: A case study on nucleoporin phenylalanine-glycine repeats grafted to a histidine-tag capturing QCM-D sensor. *Biomacromolecules*, 13, 2322 – 2332.

[400] El Haj, M. , et al. 2011. Directed forgetting of autobiographical memory in mild Alzheimer's disease. *Memory*, 19(8), 993 – 1003.

[401] El Haj, M. , et al. 2015. Self-defining memories during exposure to music in Alzheimer's disease. *International Psychogeriatrics*, 27(10), 1719 – 1730.

[402] El Haj, M. , et al. 2013. Effects of music on autobiographical verbal narration in Alzheimer's disease. *Journal of Neurolinguistics*, 26(6), 691 – 700.

[403] El Haj, M. , et al. 2019. Visual imagery: The past and future as seen by patients with Alzheimer's disease. *Consciousness and Cognition*, 68, 12 – 22.

[404] Elder, G. H. 1994. Time, human agency, and social change: Perspectives on

the life course. *Social Psychology Quarterly*, 57(1), 4 – 15.

[405] Elder, G. H. 1998. The life course as developmental theory. *Child Develop-ment*, 69(1), 1 – 12.

[406] Elder, G. H. 2003. The emergence and development of life course theory. In M. J. Mortimer & J. T. Shanahan (eds.), *Handbook of the Life Course*. New York: Kluwer Academic/Plenum, 3 – 19.

[407] Elder, G. H., & Shanahan, M. J. 2007. The life course and human develop-ment. In W. Damon, R. M. Lerner & R. M. Lerner (eds.), *Handbook of Child Psychology*. New Jersey: John Wiley & Sons, Inc. , 655 – 715.

[408] Elias, M. F., et al. 1998. A longitudinal study of blood pressure in relation to performance on the Wechsler Adult Intelligence Scale. *Health Psychol*, 17(6), 486 – 493.

[409] Elliott, R. , et al. 1997. Abnormal response to negative feedback in unipolar depression: Evidence for a diagnosis specific impairment. *Journal of Neurology Neurosurgery and Psychiatry*, 63(1), 74 – 82.

[410] Ellis, D. 1996. Coherence patterns in Alzheimer's discourse. *Communication Re-search*, 23(4), 472 – 495.

[411] Elsey, C. , et al. 2015. Towards diagnostic conversational profiles of patients presenting with dementia or functional memory disorders to memory clinics. *Pa-tient Education and Counseling*, 98(9), 1071 – 1077.

[412] Emandi, M. E. 2014. Seniors in commercials — A semio-stylistic approach. *Procedia-Social and Behavioral Sciences*, 142(14), 346 – 351.

[413] Emerson, R. M. , Fretz, R. I. , & Shaw, L. L. 2011. *Writing Ethnographic Fieldnotes* (2nd ed.). Chicago: University of Chicago Press.

[414] Emery, V. O. B. 2000. Language impairment in dementia of the Alzheimer type: A hierarchical decline? *The International Journal of Psychiatry in Medicine*, 30 (2), 145 – 164.

[415] Enderby, P. M. 2000. Assessment and treatment of functional communication in dysarthria. In L. E. Worrall & C. M. Frattali (eds.), *Neurogenic Communica-tion Disorders: A functional Approach*. New York, NY: Thieme Medical, 247 – 259.

[416] Enmarker, I. , Boman, E. , & Hygge, S. 2006. Structural equation models of memory performance across noise conditions and age groups. *Scandinavian Journal of Psychology*, 47 (6), 449 – 460.

[417] Erikson, E. H. 1982. *The Life Cycle Completed: A Review*. New York: Nor-

ton.

[418] Estanga, A. , et al. 2017. Beneficial effect of bilingualism on Alzheimer's disease CSF biomarkers and cognition. *Neurobiology of Aging*, 50, 144 – 151.

[419] Estevez-Gonzalez, A. , et al. 2004. Semantic knowledge of famous people in mild cognitive impairment and progression to Alzheimer's disease. *Dementia and Geriatric Cognitive Disorders*, 17(3), 188 – 195.

[420] Ethofer T, et al. 2006. Cerebral pathways in processing of affective prosody: A dynamic causal modeling study. *Neuroimage*. 30(2), 580 – 587.

[421] Evans, J. S. B. T. 2008. Dual-processing accounts of reasoning, judgment, and social cognition. *Annual Review of Psychology*, 59(1), 255 – 78.

[422] Fabel, K. , et al. 2009. Additive effects of physical exercise and environmental enrichment on adult hippocampal neurogenesis in mice. *Frontiers in Neuroscience*, 3, 50.

[423] Facal, D. , et al. 2012. Tip-of-the-tongue in aging: Influence of vocabulary, working memory and processing speed. *Aging Clinical and Experimental Research*, 24(6), 647 – 656.

[424] Farkas, E. , & Luiten, P. G. 2001. Cerebral microvascular pathology in aging and Alzheimer's disease. *Progress in Neurobiology*, 64(6), 575 – 611.

[425] Faust, M. E. , Gernsbacher, M. A. , & Smith, S. 1997. Inhibitory control during sentence comprehension in individuals with dementia of the Alzheimer tye. *Brain and Langugae*, 57(2), 225 – 253.

[426] Featherman, D. L. , & Lerner, R. M. 1985. Ontogenesis and sociogenesis: Problematics for theory and research about development and socialization across the lifespan. *American Sociological Review*, 50(5), 659 – 676.

[427] Federmeier, K. D. & Kutas, M. 2005. Aging in context: Age-related changes in context use during language comprehension. *Psychophysiology*, 42, 133 – 141.

[428] Federmeier, K. D. , Kutas, M. , & Schul, R. 2010. Age-related and individual differences in the use of prediction during language comprehension. *Brain and Language*, 115(3), 149 – 161.

[429] Federmeier, K. D. , et al. 2003. Sounds, words, sentences: Age-related changes across levels of language processing. *Psychology and Aging*, 18(4), 858 – 872.

[430] Felix-Brasdefer, J. C. 2010. Data collection methods in speech act performance: DCTs, role plays, and verbal reports. In A. Martiner-Flor & E. Uso-Juan (eds.), *Speech Act Performance: Theoretical, empirical and methodological issues*. Amsterdam/Philadelphia: John Benjamins Publishing Company, 41 – 56.

老龄化与老年语言学引论

[431] Feng, Y. , Meng, Y. , & Peng, G. 2019. The categorical perception of Mandarin tones in normal aging seniors and seniors with Mild Cognitive Impairment. In ICPhS 2019 – 19th *International Congress of Phonetic Sciences*, August 4 – 10, Melbourne, Australia, Proceedings. 909 – 913.

[432] Ferguson, C. A. 1964. Baby talk in six languages. *American Anthropologist*, 66 (6_PART2), 103 – 114.

[433] Fernandino, L. , et al. 2013. Parkinson's disease disrupts both automatic and controlled processing of action verbs. *Brain and language*, 127(1), 65 – 74. Retrieve from https://doi. org/10. 1016/j. bandl. 2012. 07. 008.

[434] Ferretti, L. , et al. 2001. Anxiety and Alzheimer's disease. *Journal of Geriatric Psychiatry and Neurology*, 14(1), 52 – 58.

[435] Ferris, S. , et al. 2009. Severe Impairment Battery Language Scale: A language-assessment tool for Alzheimer's disease patients. *Alzheimers Demen*, 5, 375 – 379.

[436] Ferrucci, L. , & Orini, S. 2018. Comprehensive geriatric assessment: An updated perspective. In Pilotto, A. , Martin, F. C. (Eds.), *Comprehensive Geriatric Assessment*. Berlin: Springer International Publishing, 1 – 10. Retrieve from https://doi. org/10. 1007/978 – 3 – 319 – 62503 – 4_1.

[437] Feyereisen, P. , & Seron, X. 1982. Novebal communication and aphasia: A review. *Brain and Language*, 16(2), 191 – 236.

[438] Ficker, L. J. , et al. 2002. Cognition and perceived social support among live-alone urban elders. *Journal of Applied Gerontology*, 21(4), 437 – 451.

[439] Fiebach, C. J. , Schlesewsky, M. , & Friederici, A. D. 2001. *Journal of Psycholinguistic Research*, 30(3), 321 – 338. DOI: 10. 1023/a: 1010447102554.

[440] Filippo, D. , & Paola, S. D. 2019. The aging factor in presupposition processing. *Journal of Pragmatics*, 140, 70 – 87.

[441] Filley, C. M. , et al. 2006. Primary progressive aphasia in a bilingual woman. *Neurocase*, 12(5), 296 – 299.

[442] Finch, C. E. 1990. *Longevity, Senescence, and the Genome*. Chicago: University of Chicago.

[443] Finkel, D. , Pedersen, N. L. 2000. Contribution of age, genes, and environment to the relationship between perceptual speed and cognitive ability. *Psychology and Aging*, 15(1), 56- 64.

[444] Firth, J. R. 1957. *Papers in Linguistics 1934 – 1951*. London: Oxford University Press.

[445] Fleischman, D. A. , et al. 1996. Word-stem completion priming for perceptu-

ally and conceptually encoded words in patients with Alzheimer's disease. *Neuropsychologia*, 35(1), 25 – 35.

[446] Flowers, K. A. , Robertson, C. , & Sheridan, M. R. 1995. Some characteristics of word fluency in Parkinson's disease. *Journal of Neurolinguistics*, 9(1), 33 – 46.

[447] Folstein, M. F. , Folstein, S. E. , & McHugh, P. R. 1975. "Mini-Mental State": A practical method for grading the cognitive state of patients for the clinician. *Psychiatr Res*, 12, 189 – 198.

[448] Forbes, K. E. , & Venneri, A. 2005. Detecting subtle spontaneous language decline in early Alzheimer's disease with a picture description task. *Neurological Science*, 26, 243 – 254.

[449] Forbes, K. E. , Venneri, A. , & Shanks, M. F. 2002. Distinct patterns of spontaneous speech deterioration: A mild predictor of Alzheimer's disease. *Brain and Cognition*, 48, 356 – 361.

[450] Forbes, K. E. , Shanks, M. F. , & Venneri, A. 2004. The evolution of dysgraphia in alzheimer's disease. *Brain Research Bulletin*, 63(1), 19 – 24.

[451] Forbes-McKay, K. E. & Venneri, A. 2005. Detecting subtle spontaneous language decline in early Alzheimer's disease with a picture description task. *Neurological Sciences*, 26(4), 243 – 254.

[452] Forbes-McKay, K. E. , Shanks, M. F. , Venneri, A. 2013. Profiling spontaneous speech decline in Alzheimer's disease: A longitudinal study. *Acta Neuropsychiatrica*, 25(6), 320 – 327. DOI: 10. 1017/neu. 2013. 16. PMID: 25287871.

[453] Forkkamp, M. 1999. Working memory ccapacity and aspects of L2 speech production. *Communication and Cognition*, 32(3 – 4), 259 – 296.

[454] Fossati, P. , et al. 2003. Qualitative analysis of verbal fluency in depression. *Psychiatry Research*, 117(1), 17 – 24.

[455] Foucault, M. 1971. The orders of discourse: An inaugural lecture delivered at the Collège de France. *Social Science Information*, (2), 15.

[456] Fouly, K. A. , Bachman, L. F. , & Cziko, G. A. 1990. The Divisibility of Language Competence-A Comfirmatory Approach. *Language Learning*, 40(1), 1 – 21.

[457] Frankenmolen, N. L. , et al. 2018. The influence of cognitive reserve and age on the use of memory strategies. *Experimental Aging Research*, 44(2), 117 – 134.

[458] Frantik, P. 2021. Refined discourse ethics and the social inclusion of people with Dementia. In V. Dubljević & F. Bottenberg (eds.), *Living with Dementia.*

老龄化与老年语言学引论

Switzerland: Springer Nature, 17－38.

[459] Fraser, K. C. , et al. 2014. Automated classification of primary progressive aphasia subtypes from narrative speech transcripts. *Cortex*, 5: 43－60.

[460] Fraser, K. C. , Meltzer, J. A. & Rudzicz, F. 2016. Linguistic features identify Alzheimer's disease in narrative speech. *Journal of Alzheimer's Disease*, 49(2), 407－422.

[461] Fraser, K. C. , Rudzicz, F. , & Hirst, G. 2016. Detecting late-life depression in Alzheimer's disease through analysis of speech and language. *Proceedings of the Third Workshop on Computational Linguistics and Clinical Psychology*, 1－16.

[462] Fratiglioni, L. , et al. 2000. Influence of social network on occurrence of dementia: A community-based longitudinal study. *Lancet*, 355(9212), 1315－1319.

[463] Freiherr, J. , et al. 2013. Multisensory integration mechanisms during aging. *Frontiers in Human Neuroscience*, 7, 863. DOI: 10.3389/fnhum.2013.00863.

[464] Friederici, A. D. 2002. Towards a neural basis of auditory sentence processing. *Trends in Cognitive Science*, 6, 78－84.

[465] Friederici, A. D. , et al. 2003. Syntactic comprehension in Parkinson's disease: Investigating early automatic and late integrational processes using event-related brain potentials. *Neuropsychology*, 17(1), 133－142.

[466] Friedland, D. , & Miller, N. 1999. Language mixing in bilingual speakers with Alzheimer's dementia: A conversation analysis approach. *Aphasiology*, 13, 427－444.

[467] Friedman, N. P. , et al. 2006. Not all executive functions are related to intelligence. *Psychilogical Science*, 17(2), 172－179.

[468] Fujimoto, N. , et al. 2019. Impaired comprehension of metaphorical expressions in very mild Alzheimer's disease. *Neuropsychiatric Disease and Treatment*, 15, 713－720.

[469] Fuller-Thomson, E. 2015. Emerging evidence contradicts the hypothesis that bilingualism delays dementia onset. A commentary on "Age of dementia diagnosis in community dwelling bilingual and monolingual Hispanic Americans" by Lawton et al. , 2015. *Cortex*, 66, 170－172.

[470] Furstenberg, A. L. 1989. Older people's age self-concept. *Social Casework*, 70(5), 268－275.

[471] Gallego-Matellán, M. M. , López-Romero, L. , & León-Mejía, A. C. 2019. Socioemotional development in children with callous-unemotional traits: A case

study of a multimodal intervention. *Revista de Psicología Clínica con Niños y Adolescentes*, 6(1), 57 – 63.

[472] Ganguli, M., et al. 2006. Depressive symptoms and cognitive decline in late life: A prospective epidemiological study. *Archives of General Psychiatry*, 63(2), 153 – 160.

[473] Garcia, L. J., & Joanette, Y. 1994. Conversational topic-shifting analysis in dementia. In L. Ronald, et al. (eds.), *Discourse Analysis and Applications: Studies in Adult Clinical Populations*. Hove: Psycholgy Press, 161 – 183.

[474] Garnham, A., et al. 1981. Slips of the tongue in the London-Lund corpus of spontaneous conversation. *Linguistics*, 19(7 – 8), 805 – 818.

[475] Garrard, P., et al. 2005a. Semantic feature knowledge and picture naming in dementia of Alzheimer's type: A new approach. *Brain and Language*, 93, 79 – 94.

[476] Garrard, P., et al. 2005b. The effects of very early Alzheimer's disease on the characteristics of writing by a renowned author. *Brain*, 128(2), 250 – 260.

[477] Garrard, P., et al. 2014. Machine learning approaches to diagnosis and laterality effects in semantic dementia discourse. *Cortex*, 55, 122 – 129.

[478] Garside, R., Leech, G., & McEnery, T. 1997. *Corpus Annotation*. London: Longman.

[479] Garstka, T. A., et al. 2004. How young and older adults differ in their responses to perceived age discrimination. *Psychology and Aging*, 19(2), 326 – 335.

[480] Garthe, A., Roeder, I., & Kempermann, G. 2016. Mice in an enriched environment learn more flexibly because of adult hippocampal neurogenesis. *Hippocampus*, 26(2), 261 – 271.

[481] Gasiorek, J., Fowler, C., & Giles, H. 2015. What does successful aging sound like? Profiling communication about aging. *Human Communication Research*, 41(4), 577 – 602.

[482] Geladó, S., Gómez-Ruiz, I., & Diéguez-Vide, F. 2022. Gestures analysis during a picture description task: Capacity to discriminate between healthy controls, mild cognitive impairment, and Alzheimer's disease. *Journal of Neurolinguistics*, 61, 101038.

[483] George, D. R. 2010. Overcoming the social death of dementia through language. *Lancet*, 376(9741), 586 – 587.

[484] Gernsbacher, M. A., & Faust, M. E. 1991. The role of suppression in sentence comprehension. In G. B. Simpson (ed.), *Understanding Word and Sen-*

tence. Amsterdam: North Holland, 97 – 128.

[485] Gernsbacher, M. A. & Robertson, R. R. W. 1995. Reading skill and suppression revisited. *Psychological Science*, 6, 165 – 169.

[486] Gernsbacher, M. A. , Keysar, B. & Robertson, R. R. W. 1995. The role of suppresion in metaphor interpretation. The 36th Annual Meeting of the Psychonomic Society. Los Angeles.

[487] Getzmann, S. , & Falkenstein, M. 2011. Understanding of spoken language under challenging listening conditions in younger and older listeners: A combined behavioral and electrophysiological study. *Brain Research*, 1415, 8 – 22.

[488] Gewolb, S. 2016. *Older Workers' Talk: Discursive Representations of Age*, *Work and Retirement Identities*. Cardiff: Cardiff University.

[489] Geyer, H. L. , & Grossman, M. 1994. Investigating the basis for the sentence comprehension deficit in parkinsons-disease. *Journal of Neurolinguistics*, 8 (3), 191 – 205

[490] Gibson, J. L. , & St Clair, M. C. 2020. Assessing pragmatic competence in developmental disorders. In K. P. Schneider & E. Ifantidou (eds.), *Developmental and Clinical Pragmatics*. Berlin: De Gruyter Mouton, 647 – 679.

[491] Giffard, B. , et al. 2002. The dynamic time course of semantic memory impairment in Alzheimer's disease: Clues from hyperpriming and hypopriming effects. *Brain*, 125, 2044 – 2057.

[492] Giles, H. , Coupland, N. , & Wiemann, J. M. 1990. *Communication*, *health and the elderly*. Manchester: Manchester University Press.

[493] Giles, H. , et al. 1992. Intergenerational talk and communication with older people. *International Journal of Aging & Human Development*, 34(4), 271 – 297.

[494] Giles, H. , et al. 2003. Intergenerational communication across cultures: Young people's perceptions of conversations with family elders, non-family elders and same-age peers. *Journal of Cross-Cultural Gerontology*, 18, 1 – 32.

[495] Gimson, A. , et al. 2018. Support for midlife anxiety diagnosis as an independent risk factor for dementia: A systematic review. *BMJ Open*, 8(4), e019399.

[496] Gitit, K. , & Avelet, D. 2018. Severity of Alzheimer's disease and language features in picture descriptions. *Aphasiology*, 32, 27 – 40.

[497] Givon, T. 1976. Topic, pronoun and grammatical agreement. In C. N. Li (ed.), *Subject and Topic*. New York: AcDATemic Press.

[498] Glachet, O. , et al. 2018. Effects of olfactory stimulation on autobiographical memory in Alzheimer's disease. *Geriatrie Et Psychologie Neuropsychiatrie Du Vieil-*

lissement, 16(3), 311 - 320.

[499] Glachet, O. , et al. 2019. Smell your memories: Positive effect of odor exposure on recent and remote autobiographical memories in Alzheimer's disease. *Journal of Clinical and Experimental Neuropsychology*, 41(6), 555 - 564.

[500] Glei, D. A. , et al. 2005. Participating in social activities helps preserve cognitive function: An analysis of a longitudinal, population-based study of the elderly. *International Journal of Epidemiology*, 34(4), 864 - 871.

[501] Glosser, G. , & Deser, T. 1991. Patterns of discourse production among neurological patients with fluent language disorders. *Brain and Language*, 40(1), 67 - 88.

[502] Glosser, G. , & Deser, T. 1992. A comparison of changes in macrolinguistic and microlinguistic aspects of discourse production in normal aging. *The Journals of Gerontology*, 47(4), 266 - 272.

[503] Glosser, G. , & Henderson, V. W. 2002. Writing Impairments in Alzheimer's Disease. In L. T. Connor & L. K. Obler (eds.), *Neurobehavior of Language and Cognition: Studies of Normal Aging and Brain Damage: Honoring Martin L. Albert*. New York: Kluwer Academic Publishers.

[504] Glosser, G. , Wiley, M. J. , & Barnoskir, E. J. 1998. Gestural communication in Alzheimer's disease. *Journal of Clinical and Experimental Neuropsychology*, 20(1), 1 - 13.

[505] Godefroy, O. , et al. Dysexecutive syndrome: Diagnostic criteria and validation sstudy. *Ann Neurol*, 2010, 68, 855 - 864.

[506] Gogolla, N. , et al. 2009. Wnt signaling mediates experience-related regulation of synapse numbers and mossy fiber connectivities in the adult hippocampus. *Neuron*, 62(4), 510 - 525.

[507] Gold, B. T. 2017. Bilingualism, cognitive reserve and Alzheimer's disease. *Growing Old with Two Languages: Effects of Bilingualism on Cognitive Aging*, 53, 185.

[508] Gold, B. T. , et al. 2013. Lifelong bilingualism maintains neural efficiency for cognitive control in aging. *The Journal of Neuroscience*, 33(2), 387 - 396.

[509] Goldsmith, T. 1994. Pragmatic communication disorders following stroke. *Topics in Stroke Rehabilitation*, 1(2), 52 - 64. DOI: 10. 1080/10749357. 1994. 11754019.

[510] Goldstein, M. 1987. Poetry: A tool to induce reminiscing and creativity with geriatrics. *Journal of Social Psychiatry*, 7(2), 117 - 121.

［511］ Gollan, T. H. , et al. 2011. Degree of bilingualism predicts age of diagnosis of Alzheimer's disease in low-education but not in highly educated Hispanics. *Neuropsychologia*, 49, 3826 − 3830.

［512］ Gomez-Pinilla, F. , & Hillman, C. 2013. The influence of exercise on cognitive abilities. *Comprehensive Physiology*, 3(1) , 403 − 428.

［513］ Gonçalves, J. T. , Schafer, S. T. , & Gage, F. H. 2016. Adult neurogenesis in the hippocampus: From stem cells to behavior. *Cell*, 167(4) , 897 − 914.

［514］ Goodglass, H. , & Kaplan, E. 1983. The assessment of aphasia and related disorders. *Philadel- phia: Lea and Febiger.*

［515］ Goodglass, H. , Kaplan, E. , & Barresi, B. 2000. Boston Diagnostic Aphasia Examination (3rd ed.). Austin, TX: Pro-Ed.

［516］ Goral, M. , et al. 2007. Change in lexical retrieval skills in adulthood. *Mental Lexicon*, 2, 215 − 240.

［517］ Gordon, P. C. , Grosz, B. J. , & Gilliom, L. 1993. Pronouns, names, and the centering of attention in discourse. *Cognitive Science*, 17(3) , 311 − 347.

［518］ Gorno-Tempini, M. L. , et al. 2011. Classification of primary progressive aphasia and its variants. *Neurology*, 76(11) , 1006 − 1014.

［519］ Gorno-Tempini, M. L. , et al. 2004. Cognition and anatomy in three variants of primary progressive Aphasia. *Annals of Neurology*, 55(3) , 335 − 346.

［520］ Gould, O. N. , Saum, C. , & Belter, J. 2002. Recall and subjective reactions to speaking styles: Does age matter?. *Experimental Aging Research*, 28, 199 − 213.

［521］ Grady, C. L. , et al. 1994. Age-related changes in cortical blood flow activation during visual processing of faces and location. *Journal of Neuroscience*, 14, 3PT2, 1450 − 1462.

［522］ Grady, D. 2006. Self-portraits chronicle a descent into Alzheimer's. *New York Times.* Retrieved October 13, 2014, from http: //www. nytimes. com/2006/ 10/24/health/24alzh. html?_r=0.

［523］ Graesser, A. C. , et al. 2014. Coh-Metrix measures text characteristics at multiple levels of language and discourse. *The Elementary School Journal*, 115, 210 − 229.

［524］ Graham, J. E. , et al. 1997. Prevalence and severity of cognitive impairment with and without dementia in an elderly population. *Lancet*, 349 (9068) , 1793 − 1796.

［525］ Graham, K. S. , & Hodges, J. R. 1997. Differentiating the roles of the hippocampus complex and the neocortex in long-term memory storage: Evidence from the study of semantic dementia and Alzheimer's disease. *Neuropsychology*, 11 (1), 77.

[526] Graham, K. S., Pratt, K. H., & Hodges, J. R. 1998. A reverse temporal gradient for public events in a single case of semantic dementia. *Neurocase*, 4 (6), 461 – 470.

[527] Grainger, K. 2004. Communication and the institutionalized elderly. In J. F. Nussbaum & J. Coupland (eds.), *Handbook of Communication and Aging Research* (2nd ed.). Mahwah & London: Erlbaum, 479 – 497.

[528] Granholm, E., & Butters, N. 1988. Associative encoding and retrieval in Alzheimer's and Huntington's disease. *Brain and Cognition*, 7, 335 – 347.

[529] Grant, A., Dennis, N. A., & Li, P. 2014. Cognitive control, cognitive reserve, and memory in the aging bilingual brain. *Frontiers in Psychology*, 5, 1401.

[530] Gray, J. D., Milner, T. A., & Mcewen, B. S. 2013. Dynamic plasticity: The role of glucocorticoids, brain-derived neurotrophic factor and other trophic factors. *Neuroscience*, 239, 214 – 227.

[531] Green, A. F., Rebok, G., & Lyketsos, C. G. 2008. Influence of social network characteristics on cognition and functional status with aging. *International Journal of Geriatric Psychiatry*, 23(9), 972 – 978.

[532] Green, C. S., & Bavelier, D. 2012. Learning, attentional control, and action video games. *Current Biology*, 22, 197 – 206.

[533] Greene, J., et al. 1996. Molecular cloning and characterization of human tissue inhibitor of metalloproteinase 4. *The Journal of Biological Chemistry*, 271, 30375 – 30380.

[534] Greene, J. D. W., Hodges, J. R., & Baddeley, A. D. 1995. Autobiographical memory and executive function in early dementia of alzheimer type. *Neuropsychologia*, 33(12), 1647 – 1670.

[535] Greene, M. G., et al. 1986. Ageism in the medical encounter: An exploratory study of the doctor-elderly patient relationship. *Language & Communication*, 6, 113 – 124.

[536] Gregory, C., et al. 2002. Theory of mind in patients with frontal variant frontotemporal dementia and Alzheimer's disease: theoretical and practical implications. *Brain*, 125(4), 752 – 764.

[537] Grieve, S., et al. 2005. Preservation of limbic and paralimbic structures in aging. *Human Brain Mapping*, 25, 391 – 401.

[538] Grober, E. & Bang, S. 1995. Sentence comprehension in Alzheimer's disease. *Developmental Neuropsychology*, 11(1), 95 – 107.

[539] Groot, C., et al. 2016. The effect of physical activity on cognitive function in patients with dementia: A meta-analysis of randomized control trials. *Ageing Research Reviews*, 25, 13 – 23.

[540] Grossman, M., et al. 1994. Verb learning in Parkinson's disease. *Neuropsychology*, 8, 413 – 423.

[541] Gu, Y. G. 1996. Doctor-patient interaction as goal-directed discourse in Chinese sociocultural context. *Journal of Asian Pacific Communication*, 7(3 – 4), 156 – 176.

[542] Gu, Y. G. 1997. Five ways of handling a bedpan. *Text*, 17(4), 457 – 475.

[543] Gu, Y. G. 2002. Towards an understanding of workplace discourse: A pilot study for compiling a spoken Chinese corpus of situated discourse. In C. Candlin (ed.), *Research and Practice in Professional Discourse*. Hong Kong: City University of Hong Kong Press, 137 – 186.

[544] Gu, Y. G. 2006. Multimodal text analysis — A corpus linguistic approach to situated discourse. *Text and Talk*, 26(2): 127 – 167.

[545] Gu, Y. G. 2009a. From real-life situated discourse to video-stream data-mining. *International Journal of Corpus Linguistics*, 14(4), 433 – 466.

[546] Gu, Y. G. 2009b. Four-borne discourses: Towards language as a multi-dimensional city of history. In L. Wei and V. Cook, *Linguistics in the Real World*. London: Centinuum, 98 – 121.

[547] Gu, Y. G. 2012. Discourse geography. In J. P. Gee and M. Hanford (eds.), *The Routledge Handbook of Discourse Analysis*. London: Routledge, 541 – 557.

[548] Gu, Y. G. 2013. A conceptual model of Chinese illocution, emotion and prosody. In *Human Language Resources and Linguistic Typology*. Fourth International Conference on Sinology. Taipei: Academia Sinica, 309 – 362.

[549] Gu, Y. G., & Xu, X. F., 2013a. Alzheimer's disease patient discourse: A multimodal corpuslinguistics approach. Plenary speech delivered at the 5th Symposium on Functional Linguistics and Multimodality, Hong Kong.

[550] Gu, Y. G., & Xu, X. F. 2013b. Modeling the self of Alzheimber's disease patients: A multimodal corpus linguistics approach. Invited paper read at the 2nd Symposium on Healthcare Communication, Hong Kong.

[551] Gubrium, J. 1975. *Living and Dying at Murray Manor*. New York: St. Martin's

Press.

[552] Guendouzi, J. 2013. "So what's your name?": Relevence in Dementia. In B. Davis &J. Guendouzi (eds.), *Pragmatics in Dementia Discourse*. UK: Cambridge Scholars Publishing, 29 – 54.

[553] Guendouzi, J. , & Müller, N. 2002. Defining trouble-sources in dementia: Repair strategies and conversational satisfaction in interactions with an Alzheimer's Aatient. In F. Windor, M. L. Kelly &N. Hewlett (eds.), *Investigations in clinical phonetics and linguistics*. Mahwah, NJ: Lawrence Erlbaum Associates, 15 – 30.

[554] Guendouzi, J. , & Savage, M. 2017. Alzheimer's dementia. *Research in Clinical Pragmatics*. Cham: Springer, 323 – 346.

[555] Guendouzi, J. , Davis, B. H. , & Maclagan, M. 2015. Expanding expectations for narrative styles in the context of Dementia. *Topics in Language Disorders*, 35 (5), 237 – 257.

[556] Guendouzi, J. , & Müller, N. 2006. *Approaches to Discourse in Dementia*. Mahwah, NJ: Lawrence Erlbaum.

[557] Guergova, S. , & Dufour, A. 2011. Thermal sensitivity in the elderly: A review. *Aging Res Rev*, 10, 80 – 92.

[558] Guillem F. , Rougier A. , & Claverie B. 1999. Short- and long- delay intracranial ERP repetition effects dissociate memory systems in the human brain. *Journal of Cognitive Neuroscience*, 11(4), 437 – 458.

[559] Guinn, C. , Singer, B. , & Habash, A. 2015. A comparison of syntax, semantics, and pragmatics in spoken language among residents with Alzheimer's disease in managed-care facilities. 2014 IEEE Symposium on Computational Intelligence in Healthcare and E-health (CICARE), Orlando, FL, USA.

[560] Guralnik, J. M. , & Kaplan, G. A. 1989. Predictors of healthy aging: Prospective evidence from the Alameda County study. *American Journal of Public Health*, 79(6), 703 – 708.

[561] Gurd, J. M. & Ward, C. D. 1989. Retrieval from semantic and letter-initial categories in patients with parkinsons-disease. *Neuropsychologia*, 27 (5), 743 – 746.

[562] Habermas, J. 1991. *The Theory of Communicative Action: The Critique of Functionalist Reason* (vol. 2). Cambridge: Polity Press.

[563] Habermas, J. 1995. Individuation through socialization: George Herbert Mead's theory of subjectivity. In J. Habermas (ed.), *Postmetapysical Thinking*. Cam-

bridge: Polity Press, 149 – 204.

[564] Habermas, J. 1998. *On the Pragmatics of Communication*. Massachusetts: The MIT Press.

[565] Hack, E. E., et al. 2019. Multilingualism and dementia risk: Longitudinal analysis of the nun study. *Journal of Alzheimer's Disease*, 71(1), 1 – 12.

[566] Halbwachs, M., & Coser, L. A. 1992. *On Collective Memory*. Chicago: The University of Chicago Press.

[567] Hallgrimsson, B., & Hall, B. K. 2011. *Epigenetics: Linking Genotype and Phenotype in Development and Evolution*. California: University of California Press.

[568] Hamilton, H. E. 1988. Causes and Consequences of Communicative Breakdown: The Case of Alzheimer's Disease. *Linguistische Berichte*, 113, 53 – 63.

[569] Hamilton, H. E. 1994. *Conversations with an Alzheimer's Patient: An Interactional Sociolinguistic Study*. Cambridge: Cambridge University Press.

[570] Hamilton, H. E. (ed.). 1999. *Language and Communication in Old Age*. New York: Garland.

[571] Hamilton, H. E. 2008a. Language and dementia: Sociolinguistic aspects. *Annual Review of Applied Linguistics*, 28, 91 – 110.

[572] Hamilton, H. E. 2008b. Narrative as Snapshot: Glimpses into the Past in Alzheimer's Discourse. *Narrative Inquiry*, 18. 1, 53 – 82.

[573] Hamilton, H. E. 2018. Discourse and Aging. In D. Tannen, H. E. Hamilton & D. Schiffrin (eds.), *The Handbook of Discourse Analysis* (2nd ed). Oxford Wiley-Blackwell, 568 – 589.

[574] Harasty, J. A., et al. 1999. Specific temporoparietal gyral atrophy reflects the pattern of language dissolution in Alzheimer's disease. *Brain*, 122(4), 675 – 686.

[575] Harman, D. 1956. Aging: A theory based on free radical and radiation chemistry. *Journal of Gerontology*, 11(3), 298 – 300.

[576] Harnish, S. M., & Neils-Strunjas, J. 2008. In search of meaning: Reading and writing in Alzheimer's disease. *Seminars in Speech and Language*, 29(1), 44 – 59.

[577] Harnsberger, J. D., et al. 2008. Speaking rate and fundamental frequency as speech cues to perceived age. *Journal of Voice*, 22(1), 58 – 69.

[578] Harrington, J., Palethorpe, S., & Watson, C. I., 2007. Age-related changes in fundamental frequency and formants: A longitudinal study of four speakers. INTERSPEECH-2007, 8th Annual Conference of the International speech Communication Association Antwerp, Belgium, 2753 – 2756.

[579] Hartelius, L. , & Svensson, P. 1994. Speech and swallowing symptoms associated with Parkinson's disease and multiple sclerosis: A survey. *Folia Phoniatrica et Logopaedica*, 46(1), 9 - 17.

[580] Hartelius, L. , et al. 2008. Living with dysarthria: Evaluation of a self-report questionnaire. *Folia Phoniatrica et Logopaedica*, 60(1), 11 - 19.

[581] Harwood, J. 2007. *Understanding Communication and Aging: Developing Knowledge and Awareness*. London: SAGE Publications Inc.

[582] Harwood, J. , & Anderson, K. 2002. The presence and portrayal of social groups in prime-time television. *Communication Reports*, 15, 81 - 97.

[583] Hasher, L. , & Zacks, R. T. 1988. Working memory, comprehension, and aging: A review and a new view. *Psychology of Learning and Motivation*, 22, 193 - 225.

[584] Hasher, L. , Zacks, R. T. , & May, C. P. 1999. Inhibitory control, circadian arousal, and age. In D. Gopher & A. Koriat (eds.), *Attention and Performance XVII: Cognitive Regulation of Performance: Interaction of Theor and Application*. Massachusetts: The MIT Press, 653 - 675.

[585] Haug, M. , & Lavin, B. 1983. *Consumerism in Medicine: Challenging Physician Authority*, Beverly Hills: Sage.

[586] Haugrud, N. , Crossley, M. , & Vrbancic, M. 2011. Clustering and switching strategies during verbal fluency performance differentiate alzheimer's disease and healthy aging. *Journal of the International Neuropsychological Society*, 17 (06), 1153 - 1157.

[587] Havighurst, R. J. 1961. Successful aging. *The Gerontologist*, 1, 8 - 13.

[588] Havighurst, R. J. 1963. Successful aging. *Processes of Aging: Social and Psychological Perspectives*, 1, 299 - 320.

[589] Hayashi, A. , et al. 2011. Neural substrates for writing impairments in Japanese patients with mild Alzheimer's disease: A SPECT study. *Neuropsychologia*, 49 (7), 1962 - 1968.

[590] Hayflick L. 2007. Biological aging is no longer an unsolved problem. *Annals of the New York Academy of Sciences*, 1100, 1 - 13.

[591] Hayflick, L. 1983. Theories of aging. In R. D. T. Cape, R. M. Coe & I. Rossman (eds), *Fundamentals of Geriatric Medicine*, 43 - 50. New York: Raven Press.

[592] Hayflick, L. , & Moorhead, P. S. 1961. The serial cultivation of human diploid cell strains. *Experimental Cell Research*, 25(3), 585 - 621.

[593] Hedman, A. M. , et al. 2012. Human brain changes across the life span: A review of 56 longitudinal magnetic resonance imaging studies. *Human Brain Mapping*, 33, 1987 – 2002. DOI: 10. 1002/hbm. 21334.

[594] Heine, M. K. , Ober, B. A. , & Shenaut, G. K. 1999. Naturally occurring and experimentally induced tip-of-the-tongue experiences in three adult age groups. *Psychology and Aging*, 14, 445 – 457.

[595] Helkala, E. L. , et al. 1996. Memory functions in human subjects with different apolipoprotein E phenotypes during a 3-year population-based follow-up study. *Neuroscience Letters*, 204(3), 177 – 180.

[596] Helm-Estabrooks, N. 2001. *The Cognitive Linguistic Quick Test*. San Antonio, TX: The Psychological Corporation.

[597] Henderson, C. S. 1998. *Partial View: An Alzheimer's Journal*. Dallas: Southern Methodist University Press.

[598] Henderson, L. W. , et al. 1998. Race, gender, and educational level effects on Boston Naming Test scores. *Aphasiology*, 12, 901 – 911.

[599] Henry, J. D. , Crawford, J. R. , & Phillips, L. H. 2004. Verbal fluency performance in dementia of the Alzheimer's type: A meta-analysis. *Neuropsychologia*, 42(9), 1212 – 1222.

[600] Henry, J. D. , Phillips, L. H. , & von Hippel, C. 2014. A meta-analytic review of theory of mind difficulties in behavioural-variant frontotemporal dementia. *Neuropsychologia*, 56(1), 53 – 62.

[601] Henry, J. D. , & Crawford, J. R. 2004. Verbal fluency deficits in Parkinson's disease: A meta-analysis. *Journal of the International Neuropsychological Society*, 10 (4), 608 – 622.

[602] Heritage, J. 1989. Current Developments in Conversation Analysis. In D. Roger & P. Bull (eds.), *Conversation: An Interdisciplinary Perspective*. Avon: Multilingual Matters, 21 – 47.

[603] Hernández-Domínguez, L. , et al. 2016. Detection of Alzheimer's disease based on automatic analysis of common objects descriptions. Proceedings of the 7th Workshop on Cognitive Aspects of Computational Language Learning, Association for Computational Linguistics, Berlin, 10 – 15.

[604] Hernández-Domínguez, L. , et al. 2018. Computer-based evaluation of Alzheimer's disease and Mild Cognitive Impairment patients during a Picture Description Task. *Alzheimer's & Dementia: Diagnosis, Assessment & Disease Monitoring*, 10(1), 260 – 268.

[605] Hernández-Dominguez, L. , et al. 2016. Conversing with the elderly in Latin America: A new cohort for multimodal, multilingual longitudinal studies on aging. Proceedings of the 7th Workshop on Cognitive Aspects of Computational Language Learning, Berlin, Germany, August 11, 2016, 16 - 21.

[606] Hess, T. M. , et al. 2003. The impact of stereotype threat on age differences in memory performance. *Journal of Gerontology: Psychological Sciences*, 58, 33 - 11.

[607] Hier, D. B. , Hagenlocker, D. , & Schindler, A. G. 1985. Language disintegration in dementia: Effects of etiology and severity. *Brain and Language*, 25 (1), 117 - 133.

[608] Hirni, D. I. , et al. 2013. Distinct neuroanatomical bases of episodic and semantic memory performance in Alzheimer's disease. *Neuropsychologia*, 51, 930 - 937.

[609] Hirono, N. , et al. 1999. Distinctive neurobehavioral features among neurodegenerative dementias. *Journal of Neuropsychiatry and Clinical Neurosciences*, 11(4), 498 - 503.

[610] Hitchcock, C. , et al. 2017. Autobiographical episodic memory-based training for the treatment of mood, anxiety and stress-related disorders: A systematic review and meta-analysis. *Clinical Psychology Review*, 52, 92 - 107.

[611] Hodges, J. R. 2000. Memory in the Dementias. In E. Tulving & F. I. M. Craik(eds.), *The Oxford Handbook of Memory*. Oxford: Oxford University Press, 441 - 459.

[612] Hochstadt, J. , et al. 2006. The roles of sequencing and verbal working memory in sentence comprehension deficits in Parkinson's disease. *Brain and Language*, 97(3), 243 - 257.

[613] Hodges, J. R. , Erzinclioglu, S. , & Patterson, K. 2006. Evolution of cognitive deficits and conversion to dementia in patients with mild cognitive impairment: A very-long-term follow-up study. *Dementia and Geriatric Cognitive Disorders*, 21(5 - 6), 380 - 391.

[614] Hodges, J. R. , Salmon, D. P. , & Butters, N. 1992. Semantic memory impairment in Alzheimer's disease: Failure of access or degraded knowledge?. *Neuropsychologia*, 30, 301 - 314.

[615] Hodges, J. R. , et al. 2008. Repeat and Point: Differentiating semantic dementia from progressive non-fluent aphasia. *Cortex*, 44, 1265 - 1270.

[616] Hoerster, L. , Hickey, E. M. , & Bourgeois, M. S. 2001. Effects of memory aids on conversations between nursing home residents with dementia and nursing

assistants. *Neuropsychological Rehabilitation*, 11(3 - 4), 399 - 427.

[617] Hoffmann, I., et al. 2010. Temporal features of spontaneous speech in Alzheimer's disease. *International Journal of Speech-Language Pathology*, 12(1), 29 - 34.

[618] Holden, U. P., & Woods, R. T. 1995. Positive Approaches to Dementia Care (3rd ed.). Edinburgh: Churchill Livingstone.

[619] Holland, A., et al. 1985. The dissolution of language in Pick's disease with neurofibrillary tangles: A case study. *Brain and Language*, 24, 36 - 58.

[620] Holland, L. 1987. Life review and communication therapy for dementia patients. *Clinical Gerontologist: The Journal of Aging and Mental Health*, 6(3), 62 - 65.

[621] Hollien, H. 1980. Vocal indicators of psychological stress. *Annals of the New York Academy of Sciences*, 347(1), 47 - 72.

[622] Holmes, V. M. 1988. Hesitations and sentence planning. *Language and Cognitive Processes*, 3(4), 323 - 361.

[623] Holtgraves, T., & Cadle, C. 2016. Communication impairment in patients with Parkinson's disease: Challenges and solutions. *Journal of Parkinsonism and Restless Legs Syndrome*, 1, 45.

[624] Holtgraves, T., & Giordano, M. 2017. Parkinson's disease without dementia. *Perspectives in Pragmatics Philosophy and Psychology*, 11, 379 - 407.

[625] Holtgraves, T., & McNamara, P. 2010. Pragmatic comprehension deficit in Parkinson's disease. *Journal of Clinical and Experimental Neuropsychology*, 32(4), 388 - 397.

[626] Holtzman, R. E., et al. 2004. Social network characteristics and cognition in middle-aged and older adults. *The Journals of Gerontology*, Series B, *Psychological Sciences and Social Sciences*, 59(6), 278 - 284.

[627] Horley, K., Reid, A., & Burnham, D. 2010. Emotional prosody perception and production in dementia of the Alzheimer's type. *Journal of Speech, Language, and Hearing Research*, 53(5), 1132 - 1146.

[628] Horton, William S., et al. 2010. A Corpus Analysis of Patterns of Age-Related Change in Conversational Speech. *Psychology and Aging*, 25(3), 708 - 713.

[629] Horvath, S., & Kenneth, R. 2018. DNA methylation-based biomarkers and the epigenetic clock theory of ageing. *Nature Reviews Genetics*, (19), 371 - 384.

[630] Hosoda, C., et al. 2013. Dynamic neural network reorganization associated

with second language vocabulary acquisition: A multimodal imaging study. *Journal of Neuroscience*, 33(34), 13663 – 13672.

[631] House, A. , Rowe, D. , & Standen, P. J. 1987. Affective prosody in the reading voice of stroke patients. *Journal of Neurology*, *Neurosurgery and Psychiatry*, 50, 910 – 912.

[632] Hsieh, S. , et al. 2013. Validation of the Addenbrooke's Cognitive Examination III in frontotemporal dementia and Alzheimer's disease. *Dement Geriatr Cogn Disord*, 36, 242 – 250.

[633] Hsu, C. C. , et al. 2017. Cohort Profile: The Healthy Aging Longitudinal Study in Taiwan (HALST). *International Journal of Epidemiology*, 46(4), 1106 – 1106j.

[634] Huang, L. 2018. Issues on multimodal corpus of Chinese speech acts: A case in multimodal pragmatics. *Digital Scholarship in the Humanities*, 33(2), 316 – 326.

[635] Huang, L. , Zhu, Q. , & Zhou, D. 2022. Self-identity construction and pragmatic compensation in a Chinese DAT elder's discourse. *Applied Linguistics Review*. Retrieve from http://doi.org/10.1515/applirev-2021-0096.

[636] Hubbard, G. , et al. 2002. Beyond words: Older people with dementia using and interpreting nonverbal behaviour. *Journal of Aging Studies*, 16(2), 155 – 167.

[637] Hughes, C. , et al. 1982. A new clinical scale for the staging of Dementia. *British Journal of Psychiatry*, 140(6), 566 – 572. DOI: 10.1192/bjp.140.6. 566.

[638] Hull, R. , & Vaid, J. 2007. Bilingual language lateralization: A meta-analytic tale of two hemispheres. *Neuropsychologia*, 45(9), 1987 – 2008.

[639] Hulsegge, J. , & Verheul, A. 1987. *Snoezelen: Another World*. Chesterfield: Rompa.

[640] Hummert, M. L. 1994. Stereotypes of the elderly and patronizing speech. In M. L. Hummert, J. M. Wiemann & J. F. Nussbaum. (eds.), *Interpersonal Communication in Older Adulthood: Interdisciplinary Theory and Research*. Newbury Park, CA: Sage, 162 – 184.

[641] Hummert, M. L. 2009. The intersection of language, identity, communication, and stereotypes: *The challenges of aging*. Presented at the Annual Conference of the International Communication Association, Chicago, IL.

[642] Hummert, M. L. , & Nussbaum, J. F. 2001. *Aging, Communication, and Health: Linking Research and Practice for Successful Aging*. New York: Taylor &

Francis Group.

[643] Hummert, M. L. , & Nussbaum, J. F. 2015. *Aging, Communication, and Health: Linking Research and Practice for Successful Aging.* New York: Taylor & Francis Group.

[644] Hummert, M. L. , Mazloff, D. , & Henry, C. 1999. Vocal characteristics of older adults and stereotyping. *Journal of Nonverbal Behavior*, 23(2), 111 - 132.

[645] Hummert, M. L. , & Ryan, E. B. 1996. Toward understanding variations in patronizing talk addressed to older adults: Psycholinguistic features of care and control. *International Journal of Psycholinguistics*, 12, 149 - 169.

[646] Hummert, M. L. , & Ryan, E. B. 2001. Patronizing. In W. P. Robinson & H. Giles (eds.), *The New Handbook of Languages and Social Psychology* (2nd ed.). Chichester, England: Wiley, 253 - 269.

[647] Hummert, M. L. , et al. 1994. Stereotypes of the elderly held by young, middle-aged, and elderly Adults. *Journal of Gerontology: Psychological Sciences*, 49(5), 240 - 249.

[648] Hunt, K. W. 1965. *Grammatical Structures Written at Three Grade Levels* (Research Report No. 3). Champaign, IL: National Council of Teachers of English.

[649] Hutchby, I. , & Wooffit, R. 1998. *Conversation Analysis: Principles, Practices and Applications.* Cambridge: Polity Press.

[650] Hutchinson, J. , & Jensen, M. 1980. A pragmatic evaluation of discourse communication in normal and senile elderly in a nursing home. In L. Obler & M. Albert (eds.), *Language and Communication in the Elderly.* Lexington, MA: D. C. Heath and Company, 59 - 74.

[651] Hydén, L. -C. , & Örulv, L. 2009. Narrative and identity in Alzheimer's disease: A case study. *Journal of Aging Studies*, 23(4), 205 - 214.

[652] Hymes, D. H. 1962. The ethnography of speaking. In T. Gladwin & W. C. Sturtevant (eds.), *Anthropology and Human Behavior.* Washington, DC: Anthropological Society of Washington, 99 - 138.

[653] Hymes, D. H. 1972. Towards ethnographies of communication: The analysis of communicative events. In P. P. Giglioli (ed.), *Language and Social Context.* Harmondsworth, United Kingdom: Penguin, 21 - 44.

[654] Iacono, D. , et al. 2009. The nun study: Clinically silent AD, neuronal hypertrophy, and linguistic skills in early life. *Neurology*, 73(9), 665 - 673.

[655] Ibarria, M. , et al. 2016. Beneficial effects of an integrated psychostimulation

program in patients with Alzheimer's disease. *Journal of Alzheimer's Disease*, 50 (2), 559 – 566.

[656] Ibrahim, R. 2009. How do bilinguals handle interhemispheric integration? Evidence from a cross-language study. *Journal of Integrative Neuroscience*, 8 (04), 503 – 523.

[657] Illes, J. 1989. Neurolinguistic features of spontaneous language production dissociate three forms of neurodegenerative disease: Alzheimer's, Huntington's, and Parkinson's. *Brain and Language*, 37(4), 628 – 642.

[658] Illes, J., et al. 1988. Language production in Parkinson's disease: Acoustic and linguistic considerations. *Brain and Language*, 33(1), 146 – 160.

[659] Irigaray, L. 1973. *Le langage des déments*. The Hague: Mouton.

[660] Isaacowitz, D. M., Livingstone, K. M., & Castro, V. L. 2017. Aging and emotions: experience, regulation, and perception. *Current Opinion Psychology*. 17, 79 – 83. DOI: 10. 1016/j. copsyc. 2017. 06. 013.

[661] Isella, V., et al. 2002. Clinical, neuropsychological, and morphometric correlates of apathy in Parkinson's disease. *Movement Disorders*, 17(2), 366 – 371.

[662] Ivan, K., & Tricia, E. 2001. Age-related decline in perception of prosodic affect. *Applied Neuropsychology*, 8(4), 251 – 254.

[663] Jacobs, H., et al. 2011. Atrophy of the parietal lobe in preclinical dementia. *Brain and Cognition*, 75, 154 – 163.

[664] Jacoby, L. L. 1999. Deceiving the elderly: Effects of accessibility bias in cued-recall performance. *Cognitive Neuropsychology*, 16, 417 – 436.

[665] Jarrold, W., et al. 2014. Aided diagnosis of dementia type through computer-based analysis of spontaneous speech. Proceedings of the ACL Workshop on Computational Linguistics and Clinical Psychology, Baltimore: Association for Computational Linguistics.

[666] Jefferson, G. 2004. Glossary of transcript symbols with an introduction. In H. Lerner (ed.), *Conversation Analysis: Studies from the First Generation*. John Benjamins, 13 – 31.

[667] Jessen, F., et al. 2014. A conceptual framework for research on subjective cognitive decline in preclinical Alzheimer's disease. *Alzheimer's & Dementia*, 10(6), 844 – 852.

[668] Jessen, F., et al. 2020. The characterisation of subjective cognitive decline. *Lancet Neurology*, 19(3), 271 – 278.

[669] Jia, J., et al. 2018. Efficacy and safety of the compound Chinese medicine Sai-

LuoTong in vascular dementia: a randomized clinical trial. *Alzheimers Dement*, 4, 108 - 117.

[670] Jia, L. , et al. 2020a. Prevalence, risk factors, and management of dementia and mild cognitive impairment in adults aged 60 years or older in China: A cross-sectional study. " *Lancet Public Health*, 5(12), e661 - e671.

[671] Jia, L. , et al. 2020b. Dementia in China: Epidemiology, clinical management, and research advances. *Lancet Neurology*, 19(1), 81 - 92.

[672] Jin, Y. , & Tay, D. 2017. Comparing doctor — elderly patient communication between traditional Chinese medicine and Western medicine encounters: Data from China. *Communication & Medicine*, 14(2), 121 - 134.

[673] Johnson, C. O. et al. 2019. Global, regional, and national burden of stroke, 1990 - 2016: A systematic analysis for the Global Burden of Disease Study 2016. *Lancet Neurology*, 18(5), 439 - 458.

[674] Johnson, M. & Lin, F. 2014. Communication difficulty and relevant interventions in mild cognitive impairment: Implications for neuroplasticity. *Topics in Geriatric Rehabilitation*, 30(1), 18 - 34.

[675] Johnson, R. L. , et al. 2004a. Patient race/ethnicity and quality of patient-physician communication during medical visits. *American Journal of Public Health*, 94, 2084 - 2090.

[676] Johnson, R. L. , et al. 2004b. Racial and ethnic differences in patient perceptions of bias and cultural competence in health care. *Journal of General Internal Medicine*, 19, 101 - 110.

[677] Jolanki, O. , Jylhä, M. , & Hervonen, A. 2000. Old age as a choice and as a necessity: Two interpretative repertoires. *Journal of Aging Studies*, 14(4), 359 - 372.

[678] Jones, D. 2015. A family living with Alzheimer's disease: The communicative challenges. *Dementia (London, England)*, 14(5), 555 - 573.

[679] Jones, D. , et al. 2015. Conversational assessment in memory clinic encounters: Interactional profiling for differentiating dementia from functional memory disorders. *Aging & Mental Health*, 20(5), 500 - 509.

[680] Jose, J. P. , Cherayi, S. J. , & Sudhakar, S. 2021. Age identity and social exclusion of older persons: A psychosocial perspective. *Ageing International*, 1 - 19.

[681] Juncos-Rabadán, O. 1996. Narrative speech in the elderly: Effects of age and education on telling stories. *International Journal of Behavioral Development*, 19(3), 669 - 685.

[682] Juncos-Rabadán, O. , et al. 2010. Una revisión de la investigación sobre lenguaje en el deterioro cognitivo leve. *Revista de Logopedia, Foniatría y Audiología,* 30, 73 - 83.

[683] Jung, J. 2002. Issues in acquisitional pragmatics, *Applied Linguistics,* (3), 1 - 13.

[684] Kahneman, D. , & Tversky, A. 1973. On the psychology of prediction. *Psychological Review,* 80, 237 - 251.

[685] Kapgal, V. , et al. 2016. Long term exposure to combination paradigm of environmental enrichment, physical exercise and diet reverses the spatial memory deficits and restores hippocampal neurogenesis in ventral subicular lesioned rats. *Neurobiology of Learning & Memory,* 130, 61 - 70.

[686] Kaplan, E. , Goodglass, H. , & Weintraub, S. 1983. *Boston Naming Test.* Philadelphia: Lea & Febiger.

[687] Karmiloff, K. , & Karmiloff-Smith, A. 2001. *Pathways to Language: From Fetus to Adolescent.* Cambridge, MA: Harvard University Press.

[688] Kastenbaum, R. 1967. The mental life of dying patients. *The Gerontologist,* 7, 97 - 100.

[689] Kastenbaum, R. 2000. *The psychology of death* (3rd ed.). New York: Springer Publishing.

[690] Kathleen, P. M. & Harry, L. 2012. Speech comprehension training and auditory and cognitive processing in older adults. *American Journal of Audiology,* 21, 351 - 357.

[691] Katrien, C. , & Roelien, B. 2011. Language processing in Parkinson's disease patients without dementia. In J. Dushanova (ed.), *Diagnostics and Rehabilitation of Parkinson's Disease.* London: InTech, 165 - 188.

[692] Kavé, G. & Dassa, A. 2018. Severity of Alzheimer's disease and language features in picture descriptions. *Aphasiology,* 1, 27 - 40.

[693] Kavé, G. , & Levy, Y. 2003a. Sensitivity to gender, person, and tense inflection by persons with Alzheimer's disease. *Brain and Language,* 87(2), 267 - 277.

[694] Kavé, G. , & Levy, Y. 2003b. Morphology in picture descriptions provided by persons with Alzheimer's disease. *Journal of Speech Language and Hearing Research,* 46(2), 341 - 52.

[695] Kavé, G. , Gavrieli, R. , & Mashal, N. 2014. Stronger left-hemisphere lateralization in older versus younger adults while processing conventional metaphors.

Laterality, 19(6), 705 – 717.

[696] Kavé, G. , et al. 2008. Multilingualism and cognitive state in the oldest old. *Psychology and Aging*, 23(1), 70 – 78.

[697] Kay. J. , Lesser, R. , & Coltheart, M. 1992. Psycholinguistic assessment of language processing in Aphasia. Hove: Psychology Press.

[698] Keane, M. M. , et al. 1997. Intact and impaired conceptual memory process in amnesia. *Neuropsychology*, 11(1), 59 – 69.

[699] Keijzer, M. 2007. Last in first out? An investigation of the regression hypothesis in Dutch emigrants in anglophone Canada. Ph. D. dissertation. Free University, Amsterdam.

[700] Keller, Z. B. 2006. Ageing and Speech Prosody. Presented at the meeting of Speech Prosody 2006, Dresden, Germany.

[701] Kemmer, L. , et al. 2004. Syntactic processing with aging: An event-related potential study. *Psychophysiology*, 41(3), 372 – 384.

[702] Kemper, S. 1987. Life-span changes in syntactic complexity. *Journal of Gerontology*, 42(3), 323 – 328.

[703] Kemper, S. 1990. Adults' diaries: Changes made to written narratives across the life span, *Discourse Processes*, 13(2), 207 – 223.

[704] Kemper, S. 2015. Memory and executive function: Language production in late life. In A. Gerstenberg and A. Voeste (eds.), *Language Development: The Lifespan Perspective*. Amsterdam: John Benjamins, 59 – 76.

[705] Kemper, S. , & Edwards, L. 1986. Children's expression of causality and their construction of narratives. *Topics in Language Disorders*, 7, 11 – 20.

[706] Kemper, S. , & Harden, T. 1999. Experimentally disentangling what's beneficial about elderspeak from what's not. *Psychology and Aging*, 14(4), 656 – 670.

[707] Kemper, S. , & Kemtes, K. A. 1999. Limitations on syntactic processing. In S. Kemper & R. Kliegl (eds.), *Constraints on Language Aging, Grammar and Memory*. New York: Kluwer Academic Publishers, 79 – 106.

[708] Kemper, S. , & Rozek, E. 2013. Communication disorders and aging. In J. Wilmoth & K. Ferraro (eds.), *Gerontology: Perspectives and Issues* (4th ed.). New York, NY: Springer Publishing Company.

[709] Kemper, S. , & Sumner, A. 2001. The structure of verbal abilities in young and older adults. *Psychology and Aging*, 16(2), 312.

[710] Kemper, S. , Herman, R. E. , & Lian, C. 2003. Age differences in sentence production. *The Journals of Gerontology*, *Series B*, *Psychological Sciences and Social*

Sciences, 58(5), 260 - 268.

[711] Kemper, S. , Herman, R. E. & Liu, C. J. 2004. Sentence production by young and older adults in controlled contexts. *The Journals of Gerontology*, *Series B*, *Psychological Sciences and Social Sciences*, 59, 220 - 224.

[712] Kemper, S. , Thompson, M. , & Marquis, J. 2001. Longitudinal change in language production: Effects of aging and Dementia on grammatical complexity and semantic content. *Psychology and Aging*, 16 (4), 600 - 614.

[713] Kemper, S. , et al. 1989. Life-span changes to adults' language: Effects of memory and genre. *Applied Psycholinguistics*, 10, 49 - 66.

[714] Kemper, S. , et al. 1990. Telling stories: The structure of adults' narratives. *European Journal of Cognitive Psychology*, 2(3), 205 - 228.

[715] Kemper, S. , et al. 1993. On the preservation of syntax in Alzheimer's disease: Evidence from written sentences. *Archives of Neurology*, 50(1), 81 - 86.

[716] Kemper, S. , et al. 1994. Speech accommodations to dementia. *Journal of Gerontology*, 49(5), 223 - 229.

[717] Kemper, S. , et al. 2001. Language decline across the life span: Findings from the nun study. *Psychology and Aging*, 16(2), 227 - 239.

[718] Kempermann, G. 2019. Environmental enrichment, new neurons and the neurobiology of individuality. *Nature Reviews Neuroscience*, 20(4), 235 - 245.

[719] Kempler, D. 1995. Language changes in dementia of the Alzheimer type. In R. Lubinski (ed.), *Dementia and Communication*. Philadelphia: B. C. Decker, Inc. 98 - 114.

[720] Kempler, D. , & Goral, M. 2008. Language and dementia: Neuropsychological aspects. *Annual Review of Applied Linguistics*, 28, 73 - 90.

[721] Kempler, D. , & Zelinski, E. M. 1994. Language in dementia and normal aging. In F. A. Huppert, C. Brayne & D. W. O'Connor (eds.), *Dementia and Normal Aging*. Cambridge: Cambridge University Press, 331 - 365.

[722] Kempler, D. , et al. 1998. Sentence comprehension deficits in Alzheimers disease: A comparison of off-line vs. on-line sentence processing. *Brain and Language*, 64(3), 297 - 316.

[723] Kennedy, K. M. , & Raz, N. 2009. Aging white matter and cognition: Differential effects of regional variations in diffusion properties on memory, executive functions, and speed. *Neuropsychologia*, 47(3), 916 - 927.

[724] Kennedy, Q. , Mather, M. , & Carstensen, L. L. 2004. The role of motivation in the age-related positivity effect in autobiographical memory. *Psychological*

Science, 15(3), 208 – 214.

[725] Kentner, A. C. , et al. 2019. Editorial: Environmental enrichment: Enhancing neural plasticity, resilience, and repair. *Frontiers in Behavioral Neuroscience*, 13, 75.

[726] Kernot, D. , Bossomaier, T. , & Bradbury, R. 2017. The impact of depression and apathy on sensory language. *Open Journal of Modern Linguistics*, 7, 8 – 32.

[727] Kertesz A. 1982. *The Western Aphasia Battery*. New York, NY: Grune and Stratton.

[728] Kertesz A. 2006. *Western Aphasia Battery-Revised*. San Antonio, TX: Pearson Clinical.

[729] Kesner, R. P. 1986. Biological views of memory. In J. L. Martinez Jr. & R. P. Kesner (eds.), *Learning and Memory: A Biological View* (2nd ed.). San Diego: Academic Press, 499 – 547.

[730] Kesner, R. P. 1998. Neurobiological views of memory. In J. L. Martinez Jr. & R. P. Kesner (eds.), *Neurobiology of Learning and Memory* (1st ed.). San Diego: Academic Press, 361 – 416.

[731] Kesner, R. P. 2007. Neurobiological views of memory. In R. P. Kesner & J. L. Martinez Jr. (eds.), *Neurobiology of Learning and Memory* (2nd ed.). Amsterdam: Elsevier, 361 – 405.

[732] Kim, B. S. , Lee, S. M. , & Kim, H. H. 2015. Subjective language complaints: Are they reflected in objective language test performance?. *Communication Sciences and Disorders*, 20(2), 214 – 221.

[733] Kim, S. , et al. 2005. Framing effects in younger and older adults. *The Journals of Gerontology, Series B, Psychological Sciences and Social Sciences*, 60(4), 215 – 218.

[734] Kim, S. , et al. 2008. Art therapy outcomes in the rehabilitation treatment of a stroke patient: A case report. *Art Therapy: Journal of the American Art Therapy Association*, 25(3), 129 – 133.

[735] Kindell, J. , & Wilkinson, R. 2017. Video data and biographical music as a method to record and explore interaction in semantic dementia. In J. Keady, et al. (eds.), *Social Research Methods in Dementia Studies*. New York: Routledge, 77 – 95.

[736] Kindell, J. , et al. 2013. Adapting to conversation with semantic dementia: Using enactment as a compensatory strategy in everyday social interaction. *Inter-*

national Journal of Language & Communication Disorders, 48(5), 497 – 507.

[737] Kindell, J., et al. 2017. Everyday conversation in dementia: A review of the literature to inform research and practice. *International Journal of Communication & Language Disorders*, 52(4), 392 – 406.

[738] Kipp, M., et al. 2009. *Multimodal Corpora: From Models of Natural Interaction to Systems and Applications*. Berlin, Heidelberg: Springer-Verlag.

[739] Kirkwood, T. B. L. 2008. A systematic look at an old problem. *Nature*, 451, 644 – 647.

[740] Kisley, M. A., Wood, S., & Burrows, C. L. 2007. Looking at the sunny side of life: Age-related change in an event-related potential measure of the negativity bias. *Psychological Science*, 18(9), 838 – 843.

[741] Kitwood, T. 1990. The dialectics of dementia: With particular reference to Alzheimer's disease. *Ageing & Society*, 10(2), 177 – 196.

[742] Kitwood, T. 1997. *Dementia Reconsidered: The Person Comes First*. Buckingham: Open University Press.

[743] Kitzinger, C., & Jones, D. 2007. When may calls home: The opening moments of family telephone conversations with an Alzheimer's patient. *Feminism & Psychology*, 17(2), 184 – 202.

[744] Kliegl, R., et al. 1999. Testing age invariance in language process. *Constraints on Language Aging, Grammar and Memory*. New York: Kluwer Academic Publishers, 137 – 168.

[745] Klimova, B., et al. 2021. A comparative psycholinguistic study on the subjective feelings of well-being outcomes of foreign language learning in older adults from the Czech Republic and Poland. *Frontiers in Psychology*, 12, 226.

[746] Kljajevic, V., Vranes-Grujicic, M., & Raskovic, K., 2018. Comprehension of spatial metaphors after right hemisphere stroke: A case report. *Serbian Journal of Experimental and Clinical Research*, 19(1), 81 – 87.

[747] Knight, D. 2011. The future of multimodal corpora. *Brazilian Journal of Applied Linguistics*, 11(2), 391 – 415.

[748] Knight, D., et al. 2009. Head talk, hand talk and the corpus: Towards a framework for multi-modal, multi-media corpus development. *Corpora*, 4(1), 1 – 32.

[749] Knopman, D. S., et al. 2008. Development of methodology for conducting clinical trials in frontotemporal lobar degeneration. *Brain*, 131, 2957 – 2968.

[750] Köbe, T., et al. 2016. Combined omega-3 fatty acids, aerobic exercise and

cognitive stimulation prevents decline in gray matter volume of the frontal, parietal and cingulate cortex in patients with mild cognitive impairment. *Neuroimage*, 1(131), 226 – 238.

[751] Koenig, R. 1980. Dying vs. well-being. *Perspectives on Death and Dying*, 2, 922.

[752] Koester-Hegmann, C., et al. 2019. High-altitude cognitive impairment is prevented by enriched environment including exercise via VEGF signaling. *Frontiers in Cellular Neuroscience*, 12, 532.

[753] Kolb, B., & Whishaw, I. Q. 2005. *Fundamentals of Human Neuropsychology*. New York: Worth Publishers.

[754] König, A., et al. 2018. Use of Speech Analyses within a Mobile Application for the Assessment of Cognitive Impairment in Elderly People. *Current Alzheimer Research*, 15(2), 120 – 129.

[755] Kontos, P. C. 2006. Embodied selfhood: An ethnographic exploration of Alzheimer's disease. In A. Leibing & L. Cohen (eds.), *Thinking About Dementia: Culture, Loss, and the Anthropology of Senility*. New Brunswick, NJ: Rutgers University Press, 195 – 217.

[756] Kopelman, M. D., Wilson, B. A., & Baddeley, A. D. 1989. The autobiographical memory interview: A new assessment of autobiographical and personal semantic memory in amnesic patients. *Journal of Clinical and Experimental Neuropsychology*, 11(5), 724 – 744.

[757] Köpke, B. 2007. Language attrition at the crossroads of brain, mind, and society. In B. Köpke, et al. (eds.), *Language Attrition: Theoretical Perspectives*. Amsterdam: John Benjamins Publishing Company, 9 – 37.

[758] Köpke, B., & Schmid, M. S. 2004. First language attrition: The next phase. In Schmid, M. S., Schmid et al. (eds.), *First Language Attrition: Interdisciplinary Perspectives on Methodological Issues*. Amsterdam: John Benjamins, 1 – 43.

[759] Koppen, C., & Spence, C. 2007. Audiovisual asynchrony modulates the colavita visual dominance effect. *Brain Res*, 1186, 224 – 232.

[760] Kornell, N., & Metcalfe, J. 2006. Study efficacy and the region of proximal learning framework. *Journal of Experimental Psychology: Learning, Memory, and Cognition*, 32(3), 609 – 622.

[761] Korolija, N. 2000. Coherence-inducing strategies in conversations amongst the aged. *Journal of Pragmatics*, 32, 425 – 462.

[762] Korytkowska, M., & Obler, L. K. 2016. Speech-language pathologists (SLP)

treatment methods and approaches for Alzheimer's dementia. *Perspectives of the ASHA Special Interest Groups*, 1(2), 122 – 128.

[763] Kowoll, M. E. , et al. 2016. Bilingualism as a contributor to cognitive reserve? Evidence from cerebral glucose metabolism in mild cognitive impairment and Alzheimer's disease. *Frontiers in Psychiatry*, 7, 62.

[764] Kraepelin, E. , 1921. Manic depressive insanity and paranoia. *The Journal of Nervous and Mental Disease*, 53(4), 350.

[765] Kral, V. A. 1962. Senescent forgetfulness: Benign and malignant. *Journal of the Canadian Medical Association*, 86, 257 – 260.

[766] Kramer, D. A. , & Woodruff, D. S. 1984. Breadth of categorization and metaphoric processing: A study of young and older adults. *Research on Aging*, (6), 271 – 286.

[767] Kreifelts, B. , et al. 2007. Audiovisual integration of emotional signals in voice and face: An event-related fMRI study. *Neuroimage*. 37(4), 1445 – 1456.

[768] Krein, L. , et al. 2019. The assessment of language and communication in Dementia: A synthesis of evidence. *The American Journal of Geriatric Psychiatry: Official Journal of the American Association for Geriatric Psychiatry*, 27(4), 363 – 377.

[769] Kreuz, R. , & Roberts, R. 2019. *Changing Minds: How Aging Affects Language and How Language Affects Aging*. Massachusetts: The MIT Press.

[770] Kubler-Ross, E. 1969. *On Death and Dying*. New York: Macmillan.

[771] Kubler-Ross E. 1981. *Living with Death and Dying*. New York: Macmillan.

[772] Kubler-Ross, E. 1991. *On Life After Death*. Berkeley, CA: Celestial Arts.

[773] Kühn, S. , et al. 2014. Playing Super Mario induces structural brain plasticity: Gray matter changes resulting from training with a commercial video game. *Molecular Psychiatry*, 19(2), 265 – 271.

[774] Kunzmann, U. , & Richter, D. 2009. Emotional reactivity across the adult life span: The cognitive pragmatics make a difference. *Psychology and Aging*, 24(4), 879 – 889.

[775] Kuo, H. K. , et al. 2004. Effects of blood pressure on cognitive function in elderly persons. *The Journal of Gerontology: Series A*, 59(11), 1191 – 1194.

[776] Kuo, H. K. , et al. 2005. Effect of blood pressure and diabetes mellitus on cognitive and physical functions in older adults: A longitudinal analysis of the advanced cognitive training for independent and vital elderly cohort. *Journal of the American Geriatrics Society*, 53(7), 1154 – 1161.

[777] Kutas, M. , and Hillyard, S. 1980. Reading senseless sentences: Brain poten-

tials reflect semantic incongruity. *Science*, 207(4427), 203 – 205.

[778] Kynette, D., & Kemper, S. 1986. Aging and the loss of grammatical forms: A cross-sectional study of language performance. *Language & Communication*, 6(1 – 2), 65 – 72.

[779] La Rue, A., Felten, K., & Turkstra, L. 2015. Intervention of multi-modal activities for older adults with dementia translation to rural communities. *American Journal of Alzheimer's Disease & Other Dementias*, 30(5), 468 – 477.

[780] Labov, W. 1972. Some principles of linguistic methodology. *Language in Society*, 1(1), 97 – 120.

[781] Lacombe, J., et al. 2015. Neural changes associated with semantic processing in healthy aging despite intact behavioral performance. *Brain and Language*, 149, 118 – 127.

[782] Lai, Y. H. 2017. Language processing of seniors with Alzheimer's disease: From the perspective of temporal parameters. *International Journal of Cognitive and Language Sciences*, 11(7), 425 – 430.

[783] Lai, Y. H. L. 2014. Discourse features of Chinese-speaking seniors with and without Alzheimer's disease. *Language and Linguistics*, 15(3), 411 – 434.

[784] Lai, Y. H., & Lin, Y. T. 2012. Discourse markers produced by Chinese-speaking seniors with and without Alzheimer's disease. *Journal of Pragmatics*, 44, 1982 – 2003.

[785] Lai, Y. H., & Lin, Y. T. 2013. Factors in action–object semantic disorder for Chinese speaking persons with or without Alzheimer's disease. *Journal of Neurolinguistics*, 26, 298 – 311.

[786] Laine, M., et al. 1998. Coherence and informativeness of discourse in two dementia types. *Journal of Neurolinguistics*, 11(1), 79 – 87.

[787] Lamar, M., & Resnick, S. M. 2004. Aging and prefrontal functions: Dissociating orbitofrontal and dorsolateral abilities. *Neurobiology of Aging*, 25, 553 – 558.

[788] Lanceley, A. 1985. Use of controlling language in the rehabilitation of the elderly. *Journal of Advanced Nursing*, 10(2), 125 – 135.

[789] Lang, F. R., & Carstensen, L. L. 1994. Close emotional relationships in late life: Further support for proactive aging in the social domain. *Psychology and Aging*, 9, 315 – 324.

[790] Larson-Hall, J. 2010. *A Guide to Doing Statistics in Second Language Research Using SPSS*. New York: Routledge.

[791] Laske, C. et al. 2015. Innovative diagnostic tools for early detection of

Alzheimer's disease. *Alzheimers Dement.* 11, 561 – 578.

[792] Laws, K. R. , Duncan, A. , & Gale, T. M. 2010. "Normal" semantic-phonemic fluency discrepancy in Alzheimer's disease? A Meta-analytic study. *Cortex*, 46(5), 595 – 601.

[793] Lawton, D. M. , Gasquoine, P. G. , & Weimer, A. A. 2015. Age of dementia diagnosis in community dwelling bilingual and monolingual Hispanic Americans. *Cortex*, 66, 141 – 145.

[794] Lawton, M. P. , Van Haitsma, K. , & Klapper, J. 1996. Observed affect in nursing home residents with Alzheimer's disease. *Journal of Gerontology*, 51, 3 – 14.

[795] Le, X. et al. 2011. Longitudinal detection of dementia through lexical and syntactic changes in writing: A case study of three british novelists. *Literary and Linguistic Computing*, 26(4), 435 – 461.

[796] Lee, H. M. , Debra, M. , & Clark, H. 1999. Vocal characteristics of older adults and stereotyping. *Journal of Nonverbal Behavior*, 23(2), 111 – 132.

[797] Lee, J. 2003. *Just Love Me: My Life Turned Upside Down by Alzheimer's.* West Lafayette IN: Purdue University Press.

[798] Lee, S. B. , et al. 2009. Effects of spaced retrieval training (SRT) on cognitive function in Alzheimer's disease (AD) patients. *Archives of Gerontology and Geriatrics*, 49(2), 289 – 293.

[799] Leech, G. 1992. Corpus annotation schemes. *Literary and Linguistic Computing*, 8(4), 275 – 281.

[800] Leeuw, I. V. , & Mahieu, H. F. 2004. Vocal aging and the impact on daily life: A longitudinal study. *Journal of Voice*, 18(2), 193 – 202.

[801] Leibing, A. 2006. Divided gazes: Alzheimer's disease, the person within, and death in life. In A. Leibing & L. Cohen (eds.), *Thinking About Dementia: Culture, Loss, and the Anthropology of Senility.* New Brunswick, NJ: Rutgers University Press, 240 – 268.

[802] Leibing, A. , & Cohen, L. (eds.). 2006. *Thinking About Dementia: Culture, Loss, and the Anthropology of Senility.* New Brunswick, NJ: Rutgers University Press.

[803] Lenart, A. et al. 2021. The human longevity record may hold for decades: Jeanne Calment's extraordinary record is not evidence for an upper limit to human lifespan. In H. Maier, B. Jeune & J. W. Vaupel (eds.), *Exceptional Lifespans.* Cham: Springer, 49 – 55.

［804］Lenchuk, I. , & Swain, M. 2010 Alise's small stories: Indices of identity construction and of resistance to the discourse of cognitive impairment. *Lang Policy*, 2010, (9), 9 − 28.

［805］Lennon, P. 1990. Investigating fluency in EFL: A quantitative approach. *Language Learning*, 40(3), 387 − 417.

［806］Lester, D. 1990. The Collett-Lester Fear of Death scale: The original version and a revision. *Death Studies*, 14(5), 451 − 468.

［807］Levelt, W. J. M. 1983. Monitoring and self-repair in speech. *Cognition*, 4, 41 − 104.

［808］Levelt, W. J. M. 1989. *Speaking: From Intention to Articulation*. Cambridge, MA: The MIT Press.

［809］Levenson, R. W. et al. 1991. Emotion, physiology, and expression in old age. *Psychology and Aging*, 6(1), 28 − 35.

［810］Levenson, R. W. , et al. 2014. Emotional and behavioral symptoms in neurodegenerative disease: A model for studying the neural bases of psychopathology. *Annual Review of Clinical Psychology*, 10(1), 581 − 606.

［811］Levinson, S. C. 2006. On the human "interaction engine". In N. J. Enfield & S. C. Levinson (eds.), *Roots of Human Sociality: Culture, Cognition and Interaction*. New York: Routledge, 39 − 69.

［812］Levinson, S. C. 2013. Action formation and ascription. In J. Sidnell & T. Stivers (eds.), *The Handbook of Conversation Analysis*. Amster John Benjiamins, 103 − 130.

［813］Levy, B. R. 2003. Mind matters: Cognitive and physical effects of aging self-stereotypes. *The Journal of Gerontology*, 58(4), 203 − 211.

［814］Levy, B. R. , et al. 2002. Longevity increased by positive self-perceptions of aging. *Journal of Personality and Social Psychology*, 83, 261 − 270.

［815］Levy, B. R. , et al. 2009. Age stereotypes held earlier in life predict cardiovascular events in later life. *Psychological Science*, 20(3), 296 − 298.

［816］Levy, B. R. , Slade, M. D. , & Gill, T. M. 2006. Hearing decline predicted by elders' stereotypes. *Journal of Gerontology: Psychological Sciences*, 61, 82 − 87.

［817］Levy, B. R. , Slade, M. D. , & Kasl, S. V. 2002. Longitudinal benefit of positive self-perceptions of aging on functional health. *Journal of Gerontology: Psychological Sciences*, 57, 409 − 417.

［818］Levy, R. 1994. Aging-associated cognitive decline. Working party of the International Psychogeriatric Association in collaboration with the World Health Organization. *International Psychogeriatrics*, 6, 63 – 68.

[819] Lewis, T. 2016. Critical review: Exploring the use of discourse analysis in the early identification of Alzheimer's disease. Retrieve from https://www. uwo. ca/fhs/lwm/teaching/EBP/2015_16/Lewis. pdf.

[820] Li, R. W. et al. 2011. Video-game play induces plasticity in the visual system of adults with amblyopia. *PLoS Biology*, 9(8), e1001135.

[821] Liao, J. , & Scholes, S. 2016. Association of social support and cognitive aging modified by sex and relationship type: A prospective investigation in the English longitudinal Study of Ageing. *American Journal of Epidemiology*, 7, 787 – 795.

[822] Lieberman, P. , et al, 1992. Speech production, syntax comprehension, and cognitive deficits in parkinsons-disease. *Brain and Language*, 43(2), 169 – 189.

[823] Light, J. , Edelman, S. B. , & Alba, A. 2001. The dental prosthesis used for intraoral muscle therapy in the rehabilitation of the stroke patient. *New York State Dental Journal*, 67(5), 22 – 27.

[824] Light, L. L. 1993. Language changes in old age. In G. Blanken, et al. (eds.), *Linguistic Disorders and Pathologies*. New York: De Gruyter, 900 – 918.

[825] Liles, B. Z. , & Coelho, C. A. 1998. Cohesion analysis. In L. R. Cherney, B. B. Shadden, & C. A. Coelho (eds.), *Analyzing Discourse in Communicatively Impaired Adults*. Gaithersburg, MA: Aspen, 65 – 84.

[826] Lima, T. M. , et al. 2014. Alzheimer's disease: Cognition and picture-based narrative discourse. *Revista CEFAC*, 16(4), 1168 – 1176.

[827] Lin, C. Y. , et al. 2007. Prevalence of hearing impairment in an adult population in southern Taiwan. *International Journal of Audiology*, 46, 732 – 737.

[828] Lin, F. R. , et al. 2013. Health ABC Study Group. Hearing loss and cognitive decline in older adults. *JAMA Internal Medicine*, 173(4), 293 – 299.

[829] Lin, M. C. , & Zhang, Y. B. 2008. Taiwanese older adults' perceptions of aging and communication with peers and young adults. *Journal of Asian Pacific Communication*, 18(2), 135 – 156.

[830] Lin, Y. Y. , & Huang, C. S. 2016. Aging in Taiwan: Building a society for active aging and aging in place. *Gerontologist*, 56(2), 176 – 183.

[831] Lindholm, C. 2008. Laughter, communication problems and dementia. *Communication & medicine*, 5(1), 3 – 14.

[832] Linebaugh, C. W. , et al. 2006. Reapportionment of communicative burden in aphasia: A study of narrative interaction. *Aphasiology*, 20(1), 84 – 96.

[833] Linhart-Wegschaider, H. 2010. Foreign Language Learning and Advanced Age.

Doctoral dissertation. Universität Wien.

[834] Linville, S. E. 2001. *Vocal Aging.* San Diego: Singular Publishing Group.

[835] Linville, S. E. 2004. *The Aging Voice.* The American Speech-Language-Hearing Association (ASHA) Leader 12, 21.

[836] Linville, S. E., & Fisher, H. 1985. Acoustic characteristics of women's voices with advancing age. *Journal of Gerontology*, 40(3), 324 – 330.

[837] Lippmann, W. 1922. *Public Opinion*, New York: Harcourt, Brace & Co.

[838] Lister, J. J., et al. 2011. Auditory evoked response to gaps in noise: Older adults. *International Journal of Audiology*, 50(4), 211 – 225.

[839] Littlemore, J. 2001. Metaphoric competence: A language learning strength of students with a holistic cognitive style?. *TESOL Quarterly*, 35(3), 459 – 491.

[840] Liu, J., Zhao, J., & Bai, X. 2020. Syntactic impairments of Chinese Alzheimer's disease patients from a language dependency network perspective. *Journal of Quantitative Linguistics*, 28(3), 253 – 281.

[841] Liu, L. F., & Su, P. F. 2017. What factors influence healthy aging? A person-centered approach among older adults in Taiwan. *Geriatrics & Gerontology International*, 17(5), 697 – 707.

[842] Liu, W., et al. 2004. Behavioral disorders in the frontal and temporal variants of frontotemporal dementia. *Neurology*, 62(5), 742 – 748.

[843] Liu, Y. L., Wickens, C. D. 1992. Visual scanning with or without spatial uncertainty and divided and selective attention. *Acta Psychologica*, 79(2), 131 – 153.

[844] Lloyd, A. J. 1999. Comprehension of prosody in Parkinson's disease. *Cortex*. 35(3), 389 – 402.

[845] Loewy, J. V., Ard, J., & Mizutani, N. 2016. Music therapy in neurologic dysfunction to address self-expression, language, and communication: The impact of group singing on stroke survivors and caregivers. In L. S. Carozza (ed.), *Communication and Aging: Creative Approaches to Improving the Quality of Life*. New York: Plural Publishing, Inc., 269 – 299.

[846] Logo, C. 2012. Effect of cognitive reserve on mild cognitive impairment. Unpublished doctorial dissertation. University of Santiago de Compostela.

[847] London, J. 2009. *Connecting the Dots: Breakthroughs in Communication as Alzheimer's Advances*. Oakland, CA: New Harbinger Publications.

[848] López, O. L., Becker, J. T., & Sweet, R. A. 2005. Non-cognitive symptoms in mild cognitive impairment subjects. *Neurocase*, 11(1), 65 – 71.

[849] López-de-Ipiña, K. , et al. 2013. On the selection of non-invasive methods based on speech analysis oriented to automatic Alzheimer disease diagnosis. *Sensors*, 13(5), 6730 – 6745.

[850] López-Higes, R. , et al. 2018. Factors explaining language performance after training in elders with and without subjective cognitive decline. *Frontiers in Aging Neuroscience*, 10, 264.

[851] Lorch, M. P. , Borod, J. C. , & Koff, E. 1998. The role of emotion in the linguistic and pragmatic aspects of aphasic performance. *Journal of Neurolinguistics*, 11(1 – 2), 103 – 118.

[852] Lovelace, E. A. , & Twohig, P. T. 1990. Healthy older adults' perceptions of their memory functioning and use of mnemonics. *Bulletin of the Psychonomic Society*, 28(2), 115 – 118.

[853] Lubinski, R. 1995. State-of-the-art perspectives on communication in nursing homes. *Topics in Language Disorders*, 15(2), 1 – 19.

[854] Luppa, M. , et al. 2012. Age- and gender-specific prevalence of depression in latest-life — Systematic review and meta-analysis. *Journal of Affective Disorders*, 136 (3), 212 – 221.

[855] Lust, B. , et al. 2015. Reversing Ribot: Does regression hold in language of prodromal Alzheimer's disease?. *Brain and language*, 143, 1 – 10.

[856] Lütjen, H. P. 1978. Linguistics of ageing, linguistic Gerontology — Why?. *Aktuelle Gerontologie*, 8(6), 331 – 336.

[857] Luz, S. , et al. 2021. Detecting cognitive decline using speech only: The AD-ReSSO Challenge. *Proceedings of Interspeech*, 3780 – 3784.

[858] Lyketsos, C. , et al. 2000. Mental and behavioral disturbances in dementia: Findings from the Cache County Study on memory in aging. *The American Journal of Psychiatry*, 157, 708 – 714.

[859] Lyons, K. , et al. 1994. Oral language and Alzheimer's disease: A reduction in syntactic complexity. *Aging, Neuropsychology, and Cognition*, 1(4), 271 – 281.

[860] Ma, C. L. , et al. 2017. Physical exercise induces hippocampal neurogenesis and prevents cognitive decline. *Behavioural Brain Research*, 317, 332 – 339.

[861] MacDonald, M. C. , Just, M. A. , & Carpenter, P. A. 1992. Working memory constraints on the processing of syntactic ambiguity. *Cognitive Psychology*, 24, 56 – 98.

[862] Mackenzie C. 2011. Dysarthria in stroke: A narrative review of its description and the outcome of intervention. *International Journal of Speech-language Pathology*,

13(2), 125 – 136.

[863] Mackey, A. , Abbuhl, R. , & Gass, S. M. 2012. Interactionist approaches. In S. Gass & A. Mackey. (eds.), *The Routledge Handbook of Second Language Acquisition*. New York, NY: Routledge, 7 – 23.

[864] Maclay, H. , & Osgood, C. E. 1959. Hesitation phenomena in spontaneous English speech. *Word*, 15, 19 – 44.

[865] Macoir, J. , et al. 2017. Detection test for language impairments in adults and the aged — A new screening test for language impairment associated with neurodegenerative diseases: Validation and normative data. *American Journal of Alzheimer's Disease & Other Dementias*, 32(7), 382 – 392.

[866] Macoir, J. , Lafay, A. , & Hudon, C. 2019. Reduced lexical access to verbs in individuals with subjective cognitive decline. *American Journal of Alzheimer's Disease & Other Dementias*, 34(1), 5 – 15.

[867] MacWhinney, B. , et al. 2011. AphasiaBank: Methods for studying discourse. *Aphasiology*, 25(11), 1286 – 1307.

[868] Madden, D. J. , & Blumenthal, J. A. 1998. Interaction of hypertension and age in visual selective attention performance. *Health Psychology*, 17, 76 – 83.

[869] Madhavan, K. M. , et al. 2014. Superior longitudinal fasciculus and language functioning in healthy aging. *Brain Research*, 1562, 11 – 22.

[870] Maffei, L. , et al. 2017. Randomized trial on the effects of a combined physical/cognitive training in aged MCI subjects: The Train the Brain study. *Scientific Reports*, 7(1), 39471.

[871] Magai, C. , Cohen, C. , & Gomberg, D. 1996. Emotional expression during mid- to late-stage dementia. *International Psychogeriatrics*, 8(3), 383 – 395.

[872] Magai, C. , et al. 2011. Unheard emotions and unseen depression: Improving caregiver awareness of Dementia patients' affects. In M. J. Durkin (ed.), *From Infancy to the elderly: Communication Throughout the Ages*. New York: Nova Science Publisher, Inc. , 97 – 112.

[873] Mahboob, A. , et al. 2016. TESOL quarterly research guidelines. *TESOL Quarterly*, 50(1), 42 – 65.

[874] Mahl, G. F. 1956. Disturbances and silences in patient's speech in psychotherapy. *Journal of Abnormal Psychology*, 53(1), 1.

[875] Mahoney, J. R. , et al. 2011. Multisensory integration across the senses in young and old adults. *Brain Res*, 1426, 43 – 53.

[876] Mahoney, J. R. , et al. 2012. The effect of multisensory cues on attention in

aging. *Brain Res*, 1472, 63 – 73.

[877] Mainardi, M. , et al. 2010. A sensitive period for environmental regulation of eating behavior and leptin sensitivity. *Proceedings of the National Academy of Sciences of the United States of America*, 107, 16673 – 16678.

[878] Majlesi, A. R. , Nilsson, E. , & Ekström, A. 2017. Video data as a method to understand non-verbal communication in couples where one person is living with dementia. In J. Keady, et al. (eds.), *Social Research Methods in Dementia Studies*. New York: Routledge, 56 – 76.

[879] Maki, Y. , et al. 2013. Communicative competence in Alzheimer's disease: Metaphor and sarcasm comprehension. *American Journal of Alzheimer's Disease and Other Dementias*, 28(1), 69 – 74.

[880] Makoni, S. 1997. Gerontolinguistics in South Africa. *International Journal of Applied Linguistics*, 7(1), 57 – 65.

[881] Malatesta, C. Z. 1981. Affective development over the lifespan: Involution or growth?. *Merrill-Palmer Quarterly*, 27(2), 145 – 173.

[882] Malatesta, C. , et al. 1987. Emotion communication skills in young, middle-aged, and older women. *Psychology and Aging*, 2(2), 193 – 203.

[883] Manly, J. J. , et al. 2005. Cognitive decline and literacy among ethnically diverse elders. *Journal of Geriatric Psychiatry and Neurology*, 18, 213 – 217.

[884] Mann, W. C. , & Thompson, S. A. 1988. Rhetorical Structure Theory: Toward a functional theory of text organization. *Interdisciplinary Journal for the Study of Discourse*, 8, 243 – 281.

[885] Mantero, J. L. P. 2014. Interacción y predictividad: Los intercambios conversacionales con hablantes con demencia tipo alzhéimer. *Revista de investigación Lingüística*, 17, 97 – 118.

[886] March, E. G. , Wales, R. , & Pattison, P. 2006. The uses of nouns and deixis in discourse production in Alzheimer's disease. *Journal of Neurolinguistics*, 19(4), 311 – 340.

[887] Margolin, S. J. , & Abrams, L. 2007. Individual differences in young and older adults spelling: Do good spellers age better than poor spellers? *Aging, Neuropsychology, and Cognition*, 14, 529 – 544.

[888] Marpillat, N. L. , et al. 2013. Antihypertensive classes, cognitive decline and incidence of dementia: A network meta-analysis. *Journal of Hypertension*, 31(6).

[889] Marshuetz, C. , & Koeppe, R. A. 2000. Age differences in the frontal lateralization of verbal and spatial working memory revealed by PET. *Journal of Cogni-

tive Neuroscience, 12, 174 - 187.

[890] Marson, S. M. , & Powell, R. M. 2014. Goffman and the infantilization of elderly persons: A theory in development. *Journal of Sociology & Social Welfare*, 41 (4), 143 - 158.

[891] Mårtensson, J. , et al. 2012. Growth of language-related brain areas after foreign language learning. *NeuroImage*, 63(1), 240 - 244.

[892] Martin, C. 1997. *Voice and Aging: Aspects of the Speech Signal That are Perceived as Characteristic of the Older Voice*. London: The Central School of Speech and Drama.

[893] Martínez-Alcalá, C. I. , et al. 2016. Information and communication technologies in the care of the elderly: Systematic review of applications aimed at patients with dementia and caregivers. *JMIR Rehabilitation and Assistive Technologies*, 3 (1), e6.

[894] Martínez-Nicolás, I. , et al. 2021. Ten years of research on automatic voice and speech analysis of people with Alzheimer's disease and Mild Cognitive Impairment: A systematic review article. *Frontiers in Psychology*, 12, 620251.

[895] Martinez-Sanchez, F. , et al. 2013. Oral reading fluency analysis in patients with Alzheimer disease and asymptomatic control subjects. *Neurologia*, 28(6), 325 - 331.

[896] Martins, I. P. , Mares, I. , & Stilwell, P. A. 2012. How subjective are subjective language complaints. *European Journal of Neurology*, 19(5), 666 - 671.

[897] Martins, R. , Joanette, Y. , & Monchi, O. 2015. The implications of age-related neurofunctional compensatory mechanisms in executive function and language processing including the new temporal hypothesis for compensation. *Frontiers in Human Neuroscience*, 9, 221.

[898] Maruta, C. , & Martins, I. P. 2019. May subjective language complaints predict future language decline in community-dwelling subjects?. *Frontiers in Psychology*, 10, 1974.

[899] Mather, M. et al. 2004. Amygdala responses to emotionally valenced stimuli in older and younger adults. *Psychological Science*, 15(4), 259 - 263.

[900] Mather, M. , & Carstensen, L. L. 2003. Aging and attentional biases for emotional faces. *Psychological Science*, 14(5), 409 - 415.

[901] Mather, M. , Knight, M. , & McCaffrey, M. 2005. The allure of the alignable: Younger and older adults' false memories of choice features. *Journal of Experimental Psychology: General*, 134, 38 - 51

[902] Mayr, U. , & Kliegl, R. 2000. Complex semantic processing in old age: Does it stay or does it go?. *Psychology and Aging*, 15, 29 – 43.

[903] McDonald, Roger B. , 2014. *Biology of Aging*. New York: Garland Science.

[904] McGillivray, S. , Friedman, M. C. , & Castel, A. D. 2012. Impact of aging on thinking. In J. H. Keith & R. G. Morrison (eds.), *The Oxford Handbook of Thinking and Reasoning*. Oxford: Oxford University Press. pp. 650 – 672.

[905] Mckeith, I. G. , et al. 1996. Consensus guidelines for the clinical and pathologic diagnosis of dementia with lewy bodies (dlb): Report of the consortium on dlb international workshop. *Neurology*, 47(5), 1113 – 1124.

[906] McKenzie, S. C. 1980. *Aging and Old Age*. Glenview, IL: Scott, Foresman.

[907] McKinlay, A. , et al. 2009. The effect of attentional set-shifting, working memory, and processing speed on pragmatic language functioning in Parkinson's disease. *European Journal of Cognitive psychology*, 21 (2 – 3), Art. No. PII 905035268.

[908] McLean, A. H. 2006. Coherence without facticity in dementia: The case of Mrs. Fine. In A. Leibing & L. Cohen (eds.), *Thinking About Dementia: Culture, Loss, and the Anthropology of Senility*. New Brunswick, NJ: Rutgers University Press, 157 – 179.

[909] McNamara, P. , & Durso, R. 2003. Pragmatic communication skills in patients with Parkinson's disease. *Brain and Language*, 84(3), 414 – 423.

[910] Meilán, J. J. , et al. 2014. Speech in Alzheimer's disease: Can temporal and acoustic parameters discriminate dementia?. *Dementia and Geriatric Cognitive Disorders*, 37(5 – 6), 327 – 334.

[911] Meilan, J. J. G. , et al. 2012. Acoustic markers associated with impairment in language processing in Alzheimer's disease. *Spanish Journal of Psychology*, 15(2), 487 – 494.

[912] Meinzer, M. , et al. 2009. Neural signatures of semantic and phonemic fluency in young and old adults. *Journal of Cognitive Neuroscience*, 21(10), 2007 – 2018.

[913] Mejia, S. T. , et al. 2017. Successful aging as the intersection of individual resources, age, environment, and experiences of well-being in daily activities. *The Journals of Gerontology*, Series B, *Psychological Sciences and Social Sciences*, 72(2), 279 – 289.

[914] Mendez, M. F. , Saghafi, S. , & Clark, D. G. 2004. Semantic dementia in multilingual patients. *Journal of Neuropsychiatry and Clinical Neuroscience*, 16, 381.

[915] Mendez, M. F. , et al. 1999. Bilingualism and dementia. *Journal of Neuropsychi-*

atry and Clinical Neuroscience, 11, 411 – 412.

[916] Mendez, M. F., et al. 2006. Acquired extroversion associated with bitemporal variant of frontotemporal dementia. The *Journal of Neuropsychiatry and Clinical Neurosciences*, 18(1), 100 – 107.

[917] Meng, X., & D'Arcy, C. 2012. Education and dementia in the context of the cognitive reserve hypothesis: A systematic review with meta-analyses and qualitative analyses. *Plos One*, 7(6), e38268.

[918] Mentis, M., Briggs-Whitaker, J., & Gramigna, G. D. 1995. Discourse topic management in senile dementia of the Alzheimer's type. *Journal of Speech and Hearing Research*, 38, 1054 – 1066.

[919] Merleau-Ponty, M. An unpublished text by Maurice Merleau-Ponty: A prospectus of his work. In J. Edie. (ed.), *The Primacy of Perception*. Evanston: Northwestern University Press.

[920] Merrilees, J., et al. 2013. Characterization of apathy in persons with frontotemporal dementia and the impact on family care-givers. *Alzheimer Disease and Associated Disorders*, 27(1), 62 – 67.

[921] Mesulam, M., et al. 2008. Alzheimer and frontotemporal pathology in subsets of primary progressive aphasia. Ann. *Neurol*, 63, 709 – 719.

[922] Meter, E. J., & Hanson W. R. 1986. Clinical and acoustical variability in hypokinetic dysarthria. *Communication Disorder*, 19, 347.

[923] Meyer, C. F. 2002. *English Corpus Linguistics: An Introduction*. Cambridge: Cambridge University Press.

[924] Meyer, D. E., & Schvancvcldt, R. W. 1971. Facilitation in recognizing pairs of words: Evidence of dependence between retrieval operations. *Exp Psych*, 90 (2), 227 – 234.

[925] Mikels, J. A., et al. 2005. Divergent trajectories in the aging mind: Changes in workingmemory for affective versus visual information with age. *Psychologyand Aging*, 20, 542 – 553.

[926] Mikesell, L. 2016. Opposing orientations in interactions with individuals with frontotemporal dementia: Blurring the boundaries between conflict and collaboration. *Journal of Language Aggression and Conflict*, 4(1), 62 – 89.

[927] Miller, B. L., et al. 1997. Aggressive, socially disruptive and antisocial behaviour associated with fronto-temporal dementia. *British Journal of Psychiatry*, 170, 150 – 154.

[928] Miller, P. A., et al. 2004. Infusing a geriatric intern program with narrative

medicine: The Columbia cooperative aging program. *Journal of the American Geriatrics Society, Supplement, Annual Scientific Meeting Abstract Book*, 52, 115.

[929] Mirman, D., Dixon, J. A., & Magnuson, J. S. 2008. Statistical and computational models of the visual world paradigm: Growth curves and individual differences. *Journal of Memory & Language*. 59(4), 475 – 494.

[930] Mitchell, A., et al. 2014. Risk of dementia and mild cognitive impairment in older people with subjective memory complaints: meta-analysis. *Acta Psychiatric Scandinavia*, 130, 439 – 451.

[931] Mitchell, R. L. C. 2007. Age-related decline in the ability to decode emotional prosody: Primary or secondary phenomenon?. *Cognition and Emotion*, 21(7), 1435 – 1454.

[932] Mitchell, R. L. C., et al. 2003. The neural response to emotional prosody, as revealed by functional magnetic resonance imaging. *Neuropsychologia*, 41, 1410 – 1421.

[933] Mitchell, T. W., et al. 2002. Parahippocampal tau pathology in healthy aging, mild cognitive impairment, and early Alzheimer's disease. *Annals of Neurology*, 51(2), 182 – 189.

[934] Miyake, A., & Friedman, N. P. 1998. Individual differences in second language proficiency: Working memory as language aptitude. In A. F. Healy & L. E. Bourne (eds.), *Foreign Language Learning: Psycholinguistic Studies on Training and Retention*. Mahwah, NJ: Erlbaum, 339 – 364.

[935] Mobbs, C. V. 1996. Neuroendocrinology of aging. In E. L. Schneider & J. W. Rowe (eds.), *Handbook of the Biology of Aging*. San Diego, CA: Academic Press, 234 – 282.

[936] Monetta, L., & Pell, M. D. 2007. Effects of verbal working memory deficits on metaphor comprehension in patients with Parkinson's disease. *Brain and Language*, 101(1), 80 – 89.

[937] Monetta, L., Grindrod, C. M., & Pell, M. D. 2008. Effects of working memory capacity on inference generation during story comprehension in adults with Parkinson's disease. *Journal of Neurolinguistics*, 21(5), 400 – 417.

[938] Monetta, L., Ouellet-Plamondon, C., & Joanette, Y. 2007. Age-related changes in the processing of the metaphorical alternative meanings of words. *Journal of Neurolinguistics*, 20 (4), 277 – 284.

[939] Montemurro, S., et al. 2019. Pragmatic language disorder in Parkinson's disease and the potential effect of cognitive reserve. *Frontiers in Psychology*, 19, 10,

Art. No. 1220.

[940] Montenegro, J. M. F., Gkelias, A., & Argyriou, V. 2017. Emotion understanding using multimodal information based on autobiographical memories for Alzheimer's patients. In C. -S. Chen, J. Lu & K. -K. Ma (eds.), *Computer Vision — ACCV 2016 Workshops*. Springer International Publishing, 252 – 268.

[941] Montepare, J., et al. 1999. The use of body movements and gestures as cues to emotions in younger and older adults. *Journal of Nonverbal Behavior*, 23(2), 133 – 152.

[942] Montepare, J. M., Steinburg, J., & Rosenberg, B. 1992. Characteristics of vocal communication between young adults and their parents and grandparents. *Communication Research*, (19), 479 – 492.

[943] Monti, L. A., et al. 1996. Differential effects of aging and Alzheimer's disease conceptual implicit and explicit memory. *Neuropsychology*, 10, 101 – 112.

[944] Montoya-Murillo, G., et al. 2019. The impact of apathy on cognitive performance in the elderly. *International Journal of Geriatric Psychiatry*, 34(5), 657 – 665.

[945] Moody, H. R., & Sassar, J. R. 2015. *Aging: Concepts and Controversies*. London: SAGE Publications, Inc.

[946] Mora-Gallegos, A., et al. 2015. Age-dependent effects of environmental enrichment on spatial memory and neurochemistry. *Neurobiology of Learning & Memory*, 118, 96 – 104.

[947] Morello, A. N. C., Lima, T., M., & Brandão, L. 2017. Language and communication non-pharmacological interventions in patients with Alzheimer's disease: A systematic review. communication intervention in Alzheimer. *Dementia & Neuropsychologia*, 11(3), 227 – 241.

[948] Morris, J. S., Scott, S. K., & Dolan, R. J., 1999. Saying it with feeling: Neural responses to emotional vocalizations. *Neuropsychologia*, 37, 1155 – 1163.

[949] Morris, M. 2012. The contribution of research on autobiographical memory to past and present theories of memory consolidation. In D. Berntsen & D. C. Rubin (eds.), *Understanding Autobiographical Memory: Theories and approaches*. Cambridge: Cambridge University Press, 91 – 113.

[950] Mortensen, L. 1992. A transitivity analysis of discourse in dementia of the Alzheimer's type. *Journal of Neurolinguistics*, 7(4), 309 – 321.

[951] Moscovitch, M. 2012. Memory before and after H. M.: An impressionistic historical perspective. In A. Zeman, N. Kapur, M. Jones-Gotman (eds.),

Epilepsy and Memory. Published to Oxford Scholarship Online.

[952] Mota, M. B. 2003. Working memory capacity and fluency, accuracy, complexity, and lexical density in L2 speech production. *Fragmentors*, 24, 69 – 104.

[953] Mroczek, D. K. , & Kolarz, C. M. 1998. The effect of age on positive and negative affect: A developmental perspective on happiness. *Journal of Personality and Social Psychology*, 75 (5), 1333 – 1349.

[954] Mueller, K. D. , et al. 2015. Verbal fluency and early memory decline: Results from the Wisconsin Registry for Alzheimer's prevention. *Archives of Clinical Neuropsychology*, 30(5), 448 – 457.

[955] Mueller, K. D. , et al. 2016. Connected language in late middle-aged adults at risk for Alzheimer's disease. *Journal of Alzheimer's Disease*, 54(4), 1539 – 1550.

[956] Mueller, K. D. , et al. 2018. Connected speech and language in mild cognitive impairment and Alzheimer's disease: A review of picture description tasks. *Journal of Clinical and Experimental Neuropsychology*, 40 (9), 917 – 939.

[957] Mukadam, N. , Sommerlad, A. , & Livingston, G. 2017. The relationship of bilingualism compared to monolingualism to the risk of cognitive decline or dementia: A systematic review and meta-analysis. *Journal of Alzheimer's Disease*, 58 (1), 45 – 54.

[958] Müller, N. , & Ball, M. J. (eds.). 2013. *Research Methods in Clinical Linguistics and Phonetics: A Practical Guide*. Oxford: Wiley-Blackwell.

[959] Müller, N. , & Wilson, B. T. 2008. Collaborative role construction in a conversation with dementia: An application of systemic functional linguistics. *Clinical Linguistics & Phonetics*, 22(10 – 11), 767 – 774.

[960] Müller, N. , & Mok, Z. 2012. Applying systemic functional linguistics to conversations with dementia: The linguistic construction of relationships between participants. *Seminars in Speech and Language*, 33(1), 05 – 15.

[961] Mummery, C. J. , Shallice, T. , & Price, C. J. 1999. Dual — process model in semantic priming: A functional imaging perspective. *Neuroimage*, 9 (5), 516 – 525.

[962] Munk, T. , et al. 2020. A multimodal nutritional intervention after discharge improves quality of life and physical function in older patients. *Clinical Nutrition ESPEN*, 40, 425 – 426.

[963] Murphy, N. A. , & Isaacowitz, D. M. 2008. Preferences for emotional information in older and younger adults: A meta-analysis of memory and attention Tasks. *Psychology and Aging*, 23(2), 263 – 286.

[964] Murray, L. L. 2008. Language and Parkinson's disease. *Annual Review of Applied Linguistics*, 28, 113 – 127.

[965] Murray, L. L. 2000. Spoken language production in Huntington's and Parkinson's diseases. *Journal of Speech Language and Hearing Research*, 43(6), 1350 – 1366.

[966] Murray, L. L., & Rutledge, S. 2014. Reading Comprehension in Parkinson's Disease. *American Journal of Speech-Language Pathology*, 23(2), 246 – 258.

[967] Murray, L. L., & Stout, J. C. 1999. Discourse comprehension in Huntington's and Parkinson's diseases. *American Journal of Speech-Language Pathology*, 8(2), 137 – 148.

[968] Nagahama, Y., Okina, T., & Suzuki, N. 2015. Impaired imitation of gestures in mild dementia: Comparison of dementia with Lewy bodies, Alzheimer's disease and vascular dementia. *Journal of Neurology, Neurosurgery, and Psychiatry*, 86(11), 1248 – 1252.

[969] Nakagi, S., & Tada, T. 2014. Relationship between identity and attitude toward death in Japanese senior citizens. *The Journal of Medical Investigation*, 61, 103 – 117.

[970] Nascher I. L. 1909. Geriatrics. *The New York Medical Journal*, 90, 358 – 359.

[971] Nasreddine, Z. S., et al. 2005. The Montreal Cognitive Assessment, MoCA: a brief screening tool for mild cognitive impairment. *Journal of the American Geriatrics Society*, 53, 695 – 699.

[972] Nasreen, S., et al. 2021. Alzheimer's dementia recognition from spontaneous speech using disfluency and interactional features. *Frontiers of Computer Science*, 3, 640669.

[973] Neary, D., et al. 1998. Frontotemporal lobar degeneration: A consensus on clinical diagnostic criteria. *Neurology*, 51(6), 1546 – 1554.

[974] Nebes, R. D., Brady, C. B., & Huff, F. J. 1989. Automatic and attentional mechanisms of semantic priming in Alzheimer's disease. *Journal of Clinical and Experimental Neuropsychology*, 11(2), 219 – 230.

[975] Negrini, F., et al. 2020. Neuropsychological features of severe hospitalized COVID – 19 patients at clinical stability and clues for post-acute rehabilitation. *Archive of Physical Medicine and Rehabilitation*, 102(1), 155 – 158.

[976] Nerman, O. 2018. Discussion of "Human life is unlimited-but short" by H. Rootzen and D. Zholud. *Extremes*, 21(3), 411 – 413.

[977] Nichol, C., & James, L. E. 2013. Differences between young and older adults'

spoken language production in descriptions of negative versus neutral pictures. *Aging, Neuropsychology, and Cognition: A Journal on Normal and Dysfunctional Development*, 21(2), 222 – 238.

[978] Nicholas, M., et al. 1985. Empty speech in Alzheimer's disease and fluent aphasia. *Journal of Speech & Hearing Research*, 28(3), 405 – 410.

[979] Nicholas, M., et al. 1985. Lexical access in healthy aging. *Cortex*, 21(4), 595 – 606.

[980] Nicholas, M., et al. 1998. Aging, Language, and Language Disorders. In M. T. Sarno (ed.), *Acquired Aphasia* (3rd ed.). California: Academic Press, 413 – 449.

[981] Nikander, P. 2000. "Old" versus "little girl" a discursive approach to age categorization and morality. *Journal of Aging Studies*, 14(4), 335 – 358.

[982] Nikander, P. 2002. *Age in Action: Membership Work and Stage of Life Categories in Talk*. Helsinki: The Finnish Academy of Science and Letters.

[983] Nikander, P. 2009. Doing change and continuity: Age identity and the micro-macro divide. *Ageing & Society*, 29(6), 863 – 881.

[984] Nikolai, T., et al. 2018. Semantic verbal fluency impairment is detectable in patients with subjective cognitive decline. *Applied Neuropsychology*, 25(5), 448 – 457.

[985] Noels, K. A., et al. 2001. Intergenerational communication and psychological adjustment: A cross-cultural examination of Hong Kong and Australian adults. In M. L. Hummert & J. F. Nussbaum (eds.), *Communication, Aging, and Health*. Mahwah, NJ: Erlbaum, 249 – 278.

[986] Norberg, A., Melin, E., & Asplund, K. 1986. Reactions to music, touch and object presentation in the final stage of dementia: An exploratory study. *International Journal of Nursing Studies*, 40(5), 481 – 485.

[987] Notthoff, N., & Carstensen, L. L. 2014. Positive messaging promotes walking in older adults. *Psychol Aging*, 29(2), 329 – 341.

[988] Nussbaum, J. F., et al. 2000. *Communication and Aging* (2nd ed.). Mahwah: Lawrence Erlbaum Associates, Inc.

[989] Nussbaum, J., & Coupland, J. (eds.). 1995. *Handbook of Communication and Aging Research*. New York: Lawrence Erlbaum.

[990] Nutter-Upham, K. E., et al. 2008. Verbal fluency performance in amnestic MCI and older adults with cognitive complaints. *Archive of Clinical Neuropsychology*, 23(3), 229 – 241.

[991] Nyberg, L. et al. , 2003. Selective adult age differences in an age-invariant mul-tifactor model of declarative memory. *Psychology and Aging*, 18(1), 149 − 160.

[992] O'Hanlon, A. , & Coleman, P. 2004. Attitudes towards aging: Adaptation, development and growth into later years. In J. F. Nussbaum & J. Coupland (eds.), *Handbook of Communication and Aging Research* (2nd ed.). Mahwah: Lawrence Erlbaum Associates, Inc. , 31 − 63.

[993] Ober, B. A. , & Shenaut, G. K. 1999. Well-organized conceptual domains in Alzheimer's disease. *Journal of the International Neuropsychological Society*, 5, 676 − 684.

[994] Ober, B. A. 2002. RT & non-RT methodology for semantic priming research with Alzheimers disease patients: A critical review. *Journal of Clinical and Experi-mental Neuropsychology*, 24(7), 883 − 911.

[995] Obler, L. 1981. Review of *Le langage des déments* (by Lute Irigaray). *Brain and Language*, 12(2), 375 − 386.

[996] Oladipo, S. , & Akinmade, A. 2020. Aspects of the grammar of the spoken English of a yoruba stroke patient. Retrieve from https: //www. academia. edu/ 2673045/Aspects_of_the_Grammar_of_the_Spoken_English_of_a_Yoruba_ Stroke_Patient?auto =download.

[997] Olin, J. T. , et al. 2002. Provisional diagnostic criteria for depression of Alzhei-mer disease: Rationale and background. *The American Journal of Geriatric Psychia-try*, 10(2), 129 − 141.

[998] Olshansky, S. , Carnes, B. , & Cassel, C. 1990. In search of methuselah: Esti-mating the upper limits. to human longevity. *Science*, 250(4981), 634 − 640.

[999] Ono, T. , et al. 2005. Collaboration of a dentist and speech-language patholo-gist in the rehabilitation of a stroke patient with dysarthria: A case study. *Gerod-ontology*, 22(2), 116 − 119.

[1000] Onyike, C. U. , et al. 2007. Epidemiology of apathy in older adults: The cache county study. *The American Journal of Geriatric Psychiatry*, 15(5), 365 − 375.

[1001] Opdebeeck, C. , Martyr, A. , & Clare, L. 2016. Cognitive reserve and cog-nitive function in healthy older people: A meta-analysis. *Aging, Neuropsycholo-gy, and Cognition*, 23(1), 40 − 60.

[1002] Orange, J. B. 1991. Perspectives of family members regarding communication changes, In R. Lubinski & J. B. Orange (eds.), *Dementia and Communica-tion*. Mosby, Philadelphia, Pa, 168 − 186.

[1003] Orange, J. B. , et al. 1996. Conversational repair by individuals with dementia of the Alzheimer's type. *Journal of Sppech and Hearing Research*, 39(4), 881 – 895.

[1004] Orange, J. B. , Lubinski, R. B. , & Higginbotham, D. J. 1996. Conversational repair by individuals with dementia of the Alzheimer's type. *Journal of Speech, Language, and Hearing Research*, 39(4), 881 – 895.

[1005] Orbelo, D. M. , et al. 2005. Impaired comprehension of affective prosody in elderly subjects is not predicted by age-related hearing loss or age-related cognitive decline. *Journal of Geriatric Psychiatry and Neurology*, 18(1), 25 – 32.

[1006] Orimaye S. O. , et al. 2017. Predicting probable Alzheimer's disease using linguistic deficits and biomarkers. *BMC Bioinformatics*, 18(1), 34 – 46.

[1007] Orkaby, A. R. 2018. Preventing cardiovascular disease in older adults: One size does not fit all. *Cleveland Clinic Journal of Medicine*, 85(1), 55 – 64.

[1008] Ossher, L. , et al. 2013. The effect of bilingualism on amnestic mild cognitive impairment. *The Journals of Gerontology, Series B, Psychological Sciences and Social Sciences*, 68(1), 8 – 12.

[1009] Östberg, P. , et al. 2005. Impaired verb fluency: A sign of mild cognitive impairment. *Brain and Language*, 95(2), 273 – 279.

[1010] Osterhout, L. , & Holcomb, P. J. 1992. Event-related brain potentials elicited by syntactic anomaly. *Journal of memory and language*, 31(6), 785 – 806.

[1011] Oulhaj, A. , et al. 2009. Predicting the time of conversion to MCI in the elderly: Role of verbal expression and learning. *Neurology*, 73(18), 1436 – 1442.

[1012] Ousset, P. J. , et al. 2002. Lexical therapy and episodic word learning in dementia of the Alzheimer type. *Brain and Language*, 80(1), 14 – 20.

[1013] Owens, R. E. 1991. *Language Disorders: A Functional Approach to Assessment and Intervention*. Cham: Pearson Schweiz Ag.

[1014] Paap, K. R. , Hunter A. J. , & Oliver S. 2016. Should the search for bilingual advantages in executive functioning continue. *Cortex*, 74, 305 – 314.

[1015] Paek, E. J. , Sohn, Y. H. , & Kim, H. 2009. The effect of visual perception on confrontation naming performance: Alzheimer's disease versus Parkinson's disease with Dementia. *Communication Sciences & Disorders*, 16(1), 34 – 45.

[1016] Paillard-Borg, S. , et al. 2009. Leisure activities in late life in relation to dementia risk: Principal component analysis. *Dementia and Geriatric Cognitive Disorders*, 28(2), 136 – 144.

［1017］ Pakhomov, S. V. S. , et al. 2010. A computerized technique to assess language use patterns in patients with Frontotemporal Dementia. *Journal of Neurolinguistics*, 23(2), 127 – 144.

［1018］ Palmer, R. , & Enderby, P. 2007. Methods of speech therapy treatment for stable dysarthria: A review. *Advances in Speech-Language Pathology*, 9(2), 140 – 153.

［1019］ Palmore, E. 2003. Ageism comes of age: Review essay. *The Gerontologist*, 43(3), 418 – 420.

［1020］ Papagno, C. 2001. Comprehension of metaphors and idioms in patients with Alzheimer's disease: A longitudinal study. *Brain*, 124(7), 1450 – 1460.

［1021］ Paradis, M. , & Libben, G. 1987. *The Assessment of Bilingual Aphasia*. Hillsdale, NJ: Lawrence Erlbaum Associates,

［1022］ Pardo, J. V. , et al. 2007. Where the brain grows old: Decline in anterior cingulate and medial prefrontal function with normal aging. *NeuroImage*, 35(3), 1231 – 1237.

［1023］ Park, D. C. , & Reuter-Lorenz, P. 2009. The adaptive brain: Aging and neurocognitive scaffolding. *Annual Review of Psychology*, 60(1), 173 – 196.

［1024］ Patankar, T. F. , et al. 2005. Dilatation of the Virchow-Robin space is a sensitive indicator of cerebral microvascular disease: Study in elderly patients with dementia. *American Journal of Neuroradiology*, 26(6), 1512 – 1520.

［1025］ Patrick, M. , & Durso, R. 2003. Pragmatic communication skills in patients with Parkinson's disease. *Brain and Language*, 84(3), 414 – 423.

［1026］ Patterson, K. , Nestor, P. J. , & Rogers, T. T. 2007. Where do you know what you know? The representation of semantic knowledge in the human brain. *Neuroscience*, 8(12), 976 – 988.

［1027］ Paulino, A. , et al. 2018. Rhetorical relations in the speech of Alzheimer's patients and healthy elderly subjects: An approach from the RST. *Computación y Sistemas*, 22(3), 895 – 905.

［1028］ Paulmann, S. , Pell, M. D. , & Kotz, S. A. 2008. How aging affects the recognition of emotional speech. *Brain and Language*, 104(3), 262 – 269.

［1029］ Pearl, R. , & Pearl, R. D. 1934. *The Ancestry of the Long-lived*. Baltimore: Johns Hopkins Press.

［1030］ Pedersen, P. M. , et al. 2001. Manual and oral apraxia in acute stroke, frequency and influence on functional outcome: The Copenhagen stroke study. *American Journal of Physical Medicine and Rehabilitation*, 80, 685 – 692.

[1031] Peelle, J. E. et al. 2011. Hearing loss in older adults affects neural systems sup-
porting speech comprehension. *Journal of Neuroscience*, 31 (35), 12638 –
12643.

[1032] Pekkala, S. , et al. 2013. Lexical retrieval in discourse: An early indicator of
Alzheimer's dementia. *Clinical Linguistics & Phonetics*, 27(12), 905 – 921.

[1033] Pell, M. D. 1996. On the receptive prosodic loss in Parkinson's disease. *Cor-
tex*, 32(4), 693 – 704.

[1034] Pennebaker, J. W. , & Stone, L. D. 2003. Words of wisdom: Language use
over the lifespan. *Journal of Personality and Social Psychology*, 85(2), 291 – 301.

[1035] Pennebaker, J. W. , et al. 2007. The development and psychometric proper-
ties of LIWC2007. Austin, TX, LIWC. Net. Retrieved May 20th, 2020.

[1036] Peran, P. , et al. 2009. Object naming and action-verb generation in
Parkinson's disease: A fMRI study. *Cortex*, 45(8), 960 – 971.

[1037] Perani, D. 2017. The impact of bilingualism on brain reserve and metabolic
connectivity in Alzheimer's dementia. *Proceedings of the National Academy of Sci-
ences*, 114(7), 1690 – 1695.

[1038] Pereira, A. C. , et al. 2007. An in vivo correlate of exercise-induced neuro-
genesis in the adult dentate gyrus. *Proceedings of the National Academy of Sciences of
the United States of America*, 104(13), 5638 – 5643.

[1039] Perkins, I. , Whitworth, A. , & McKeith, I. 1996. Language patterns in de-
mentia with Lewy bodies (DLB) with and without Parkinson's disease. *Brain
and Language*, 55(1), 65 – 67.

[1040] Perkins, L. A. , Whitworth, A. , & Lesser, R. 1998. Conversing in demen-
tia: A conversation analytic approach, *Journal of Neurolinguistics*, 11(1 – 2),
33 – 53.

[1041] Perkins, M. 1995. Corpora of disordered spoken language. In G. Leech, G.
Myers & J. Thomas (eds.). *Spoken English on Computer: Transcription, Mark-
up and Application*. London: Longman, 128 – 134.

[1042] Perkins, M. 1998. Is pragmatics epiphenomenal? Evidence from communica-
tion disorders, *Journal of Pragmatics*, 29(3), 291 – 311.

[1043] Perkins, M. 2007. *Pragmatic Impairment*. Cambridge: Cambridge University
Press.

[1044] Perkins, M. 2011. Clinical linguistics: Its past, present and future. *Clinical
Linguistics & Phonetics*, 25(11 – 12), 922 – 927.

[1045] Perkins, M. , et al. 1999. Clinical computational corpus linguistics: A case

study. In B. Maassen & P. Groenen (eds.), *Pathologies of Speech and Language: Advances in Clinical Phonetics and Linguistics*. London: Whurr Publishers Ltd., 269 - 274.

[1046] Perneczky, R., et al. 2007. Non-fluent progressive aphasia: Cerebral metabolic patterns and brain reserve. *Brain Research*, 1133(1), 178 - 185.

[1047] Perner, J., & Wimmer, H. 1985. John thinks that Mary thinks that: Attribution of second-order beliefs by 5 to 10-year-old children. *Journal of Experimental Child Psychology*, 39, 437 - 471.

[1048] Perquin, M., et al. 2013. Lifelong exposure to multilingualism: new evidence to support cognitive reserve hypothesis. *PloS One*, 8(4), e62030.

[1049] Peters, C. A., Potter, J. F., & Scholer, S. G. 1988. Hearing impairment as a predictor of cognitive decline in dementia. *Journal of the American Geriatrics Society*, 36(11), 981 - 986.

[1050] Petersen, R. C., et al. 1999. Mild Cognitive Impairment: Clinical characterization and outcome. *Arch Neurol*, 56, 303 - 308

[1051] Piatt, A. L., et al. 1999. Lexical, semantic, and action verbal fluency in Parkinson's disease with and without dementia. *Journal of Clinical and Experimental Neuropsychology*, 21(4), 435 - 443.

[1052] Pilotto, A., & Martin, F. C. (eds.). 2018. *Comprehensive Geriatric Assessment*. Berlin: Springer International Publishing.

[1053] Polidori, M. C., & Nelles, G. 2014. Antioxidant clinical trials in mild cognitive impairment and Alzheimer's disease — challenges and perspectives. *Current Pharmaceutical Design*, 20(18), 3083 - 3092.

[1054] Pope, C., & Davis, B. H. 2011. Finding a balance: The Carolinas Conversation Collection. *Corpus Linguistics & Linguistic Theory*, 7(1), 143 - 161.

[1055] Posner, M. I. 1995. Interaction of arousal and selection in the posterior attention network. In A. Baddeley & L. Weiskrantz (eds.). *Attention: Selection, Awareness and Control*. London: Clarendon, 390 - 405.

[1056] Poulios, A. 2011. The construction of age identities in everyday talk: The case of the elderly. Ph. D. dissertation. Aristotle University of Thessaloniki.

[1057] Pourtois, G., et al. 2005. Perception of facial expressions and voices and of their combination in the human brain. *Cortex*, 41(1), 49 - 59.

[1058] Prado Lima, M. G., et al. 2018. Environmental enrichment and exercise are better than social enrichment to reduce memory deficits in amyloid beta neurotoxicity. *Proceedings of the National Academy of Sciences of the United States of Ameri-*

ca, 115(10), E2403 – E2409.

[1059] Price, C. 2004. Neurolinguistics: Structural plasticity in the bilingual brain. *Nature*, 431(7010), 757.

[1060] Proença, J., et al. 2013. Acoustic, Phonetic and Prosodic Features of Parkinson's disease Speech. *Proceedings of the 9th Brazilian Symposium in Information and Human Language Technology*, 205 – 209, Fortaleza, CE, Brazil, October 21 – 23.

[1061] Prutting, C. A., & Kirchner, D. M. 1987. A clinical appraisal of the pragmatic aspects of language. *Journal of Speech & Hearing Disorders*, 52(2), 105 – 119.

[1062] Puccioni, O., & Vallesi, A. 2012. High cognitive reserve is associated with a reduced age-related deficit in spatial conflict resolution. *Frontiers in Human Neuroscience*, 6, 327 – 336.

[1063] Qi, F., et al. 2017. Combined effect of BCG vaccination and enriched environment promote neurogenesis and spatial cognition via a shift in meningeal macrophage M2 polarization. *Journal of Neuroinflammation*, 14(1), 32.

[1064] Qiu, S., et al. 2020. Development and validation of an interpretable deep learning framework for Alzheimer's disease classification. *Brain*, 143(6), 1920 – 1933.

[1065] Rabin, L. A., et al. 2015. Subjective Cognitive Decline in older adults: An overview of self-report measures used across 19 international research studies. *Journal of Alzheimer's Disease*, 48, S63 – S86.

[1066] Radvansky, G. A. 1999. Aging, memory and comprehension. *Current Directions in Psychological Science*, 8(2) 49 – 53.

[1067] Radvansky, G. A., & Dijkstra, K. 2007. Aging and situation model processing. *Psychonomic Bulletin & Review*, 14(6), 1027 – 1042.

[1068] Radvansky, G. A., & Zacks, R. T. 1997. The retrieval of situation-specific information. In M. A. Conway (ed.), *Cognitive Models of Memory*. Cambridge, MA: The MIT Press.

[1069] Raimo, S., et al. 2019. Neural correlates of apathy in patients with neurodegenerative disorders: An activation likelihood estimation (ALE) meta-analysis. *Brain Imaging and Behavior*, 13(6), 1815 – 1834.

[1070] Raman, P., et al. 2006. Portrayals of age groups in U. S. and Indian magazine advertisements: A cross-cultural comparison. Unpublished manuscript, University of Arizona, Tucson.

[1071] Ramanathan, V. 1995. Schematic understanding: Evidence from Alzheimer's discourse. *Communication Theory*, 5(3), 224 – 247.

[1072] Ramanathan, V. 1997. *Alzheimer's Discourse: Some Sociolinguistic Dimensions.* Hillsdale, NJ: Erlbaum.

[1073] Ramanathan-Abbott, V. 1994. Interactional differences in Alzheimer's discourse: An examination of AD speech across two audiences. *Language in Society*, 23(1), 31 – 58.

[1074] Rami, L., et al. 2008. Naming is associated with left temporal pole metabolite levels in neurodegenerative diseases. *Dementia and Geriatric Cognitive Disorders*, 25(3), 212 – 217.

[1075] Rami, L., et al. 2014. The subjective cognitive decline questionnaire (SCD-Q): A validation study. *J Alzheimer Dis*, 41(2), 453- 466.

[1076] Ramig, L. O. 1998. Treatment of speech and voice problems associated with Parkinson's disease. *Topics in Geriatric Rehabilitation*, 14(2), 28 – 43.

[1077] Ramig, L., et al. 1994. Voice treatment for patients with Parkinson's disease: Development of an approach and preliminary efficacy data. *Journal of Medical Speech-Language Pathology*, 2(3), 191 – 209.

[1078] Rapp, A. M., & Wild, B. 2011. Nonliteral language in Alzheimer dementia: A review. *JINS*. 17, 207 – 218.

[1079] Rascovsky, K., et al. Diagnostic criteria for the behavioral variant of frontotemporal dementia (bvFTD): Current limitations and future directions. *Alzheimer Disease and Associated Disorders*, 21(4), S14 – S18.

[1080] Raskin, S. A., Sliwinski, M., & Borod, J. C. 1992. Clustering strategies on tasks of verbal fluency in parkinsons-disease. *Neuropsychologia*, 30(1), 95 – 99.

[1081] Raz, N., et al. 2005. Regional brain changes in aging healthy adults: General trends, individual differences and modifiers. *Cerebral Cortex*, 15(11), 1676 – 1689.

[1082] Raz, N., Rodrigue, K. M., & Acker, J. D. 2003. Hypertension and the brain: Vulnerability of the prefrontal regions and executive functions. *Behavioral Neuroscience*, 117(6), 1169 – 1180.

[1083] Reas, E. T., et al. 2017. Effects of sex and education on cognitive change over a 27-year period in older adults: The Rancho Bernardo Study. *The American Journal of Geriatric Psychiatry*, 25(8), 889 – 899.

[1084] Reifegerste, J., Elin, K., & Clahsen, H. 2018. Persistent differences between native speakers and late bilinguals: Evidence from inflectional and derivational processing in older speakers. *Bilingualism*, 22(3), 425 – 440.

[1085] Reisberg, B. , et al. 1982. The Global Deterioration Scale for assessment of primary degenerative dementia. *American Journal of Psychiatry*, 139(9), 1136 – 1139.

[1086] Reisberg, B. , et al. 1999. Retrogenesis: Clinical, physiologic, and pathologic mechanisms in brain aging, Alzheimer's, and other dementing processes. *European Archives of Psychiatry and Clinical Neuroscience*, 249(3), 111/28 – 111/36.

[1087] Reisberg, B. , et al. 2002. Evidence and mechanisms of retrogenesis in Alzheimer's and other dementias: Management and treatment import. *American Journal of Alzheimer's Disease and other Dementias*, 17(4), 202 – 212.

[1088] Rentz, D. M. , et al. 2017. Cognitive resilience in clinical and preclinical Alzheimer's disease: The Association of Amyloid and Tau Burden on cognitive performance. *Brain Imaging and Behavior*, 11(2), 383 – 390.

[1089] Reuber, M. , et al. 2009. Using Conversation Analysis to distinguish between epileptic and psychogenic non-epileptic seizures: A prospective blinded multirater study. *Epilepsy and Behavior*, 16, 139 – 144.

[1090] Reubold, U. , Harrington, J. , & Kleber, F. 2010. Vocal aging effects on F_0 and the first formant: A longitudinal analysis in adult speakers. *Speech Communication*, 52(7), 638 – 651.

[1091] Reuter-Lorenz, P. A. , et al. 2000. Age differences in the frontal lateralization of verbal and spatial working memory revealed by PET. *Cogn Neurosci*, 12(1): 174 – 187.

[1092] Reuter-Lorenz, P. A. , & Cappell, K. A. 2008. Neurocognitive Aging and the Compensation Hypothesis. *Current Directions in Psychological Science*, 17(3), 177 – 182.

[1093] Reuter-Lorenz, P. A. , & Cappell, K. 2008. Neurocognitive aging and the compensation hypothesis. *Current Directions in Psychological Science*, 17 (4), 177 – 182.

[1094] Reuter-Lorenz, P. A. , & Denise C. P. 2014. How does it STAC up? Revisiting the scaffolding theory of aging and cognition. *Neuropsychology Review*, 24(3), 355 – 370.

[1095] Reuter-Lorenz, P. A. , Stanczak, L. , & Miller, A. C. 1999. Neural recruitment and cognitive aging: Two hemispheres are better than one, especially as you age. *Psychological Science*, 10(6), 494 – 500.

［1096］ Ribeiro, F. , de Mendonca, A. , & Guerreiro, M. 2006. Mild cognitive impairment: Deficits in cognitive domains other than memory. *Dementia and Geriatric Cognitive Disorders*, 21(5 – 6), 284 – 290.

［1097］ Ribot, T. 2012. *Disease of the Memory: An Essay in the Positive Psychology*. New York: D. Appleton and Company.

［1098］ Riccardi, N. , et al. 2019. Dissociating action and abstract verb comprehension post-stroke. *Cortex*, 120, 131 – 146

［1099］ Richard, S. , & Timothy, S. 1999. *Adult Development and Aging: Myths and Emerging Realities* (3rd ed.). Prentice Hall.

［1100］ Richter, J. M. , Roberto, K. A. , & Bottenberg, D. J. 1995. Communicating with persons with Alzheimer's disease: Experiences of family and formal caregivers, *Archives of Psychiatric Nursing*, 9(5), 279 – 285.

［1101］ Riegel, K. F. 1968. Changes in psycholinguistic performance with age. In G. A. Talland (ed.), *Human Aging and Behavior*. New York: Academic Press.

［1102］ Riley, K. P. , et al. 2005. Early life linguistic ability, late life cognitive function, and neuropathology: Findings from the Nun Study. *Neurobiology of Aging*, 26(3), 341 – 347.

［1103］ Ripich, D. N. 1994. Functional communication with AD patient: A caregiver training program. *Alzheimer Disease & Associated Disorders*, 8, 95 – 109.

［1104］ Ripich, D. N. , Carpenter, B. D. , & Ziol, E. W. 2000. Conversational cohesion patterns in men and women with Alzheimer's disease: A longitudinal study. *International Journal of Language & Communication Disorders*, 35(1), 49 – 64.

［1105］ Ripich, D. N. , & Terrell, B. Y. 1988. Patterns of discourse cohesion and coherence in Alzheimer's disease. *Journal of Speech and Hearing Disorders*, 53(1), 8 – 15.

［1106］ Ripich, Danielle. N. , et al. 1991. Turn-taking and speech act patterns in the discourse of senile dementia of the Alzheimer's type patients. *Brain and Language*, 40(3), 330 – 343.

［1107］ Roalf, D. R. , et al. 2013. Comparative accuracies of two common screening instruments for classification of Alzheimer's disease, mild cognitive impairment, and healthy aging. *Alzheimer's & Dementia*, 9, 529 – 537.

［1108］ Roark, B. , et al. 2011. Spoken language derived measures for detecting mild cognitive impairment. *IEEE Transaction on Audio, Speech and Language Processing*, 19(7), 2081 – 2090.

[1109] Roberts, A. , & Orange, J. B. 2013. Discourse in Lewy Body Disorder. In B. H. Davis & J. Guendouzi (ed.) , *Pragmatics in Dementia Discourse*. Cambridge: Cambridge Scholars Publishing, 147 - 204.

[1110] Robinson, G. A. 2013. Primary progressive dynamic aphasia and Parkinsonism: Generation, selection and sequencing deficits. *Neuropsychologia*, 51(13) , 2534 - 2547.

[1111] Robinson, T. , & Anderson, C. 2006. Older characters in children's animated television programs: A content analysis of their portrayal. *The Journal of Broadcasting & Electronic Media*, 50(2) , 287 - 304.

[1112] Robitaille, A. , et al. 2018. Transitions across cognitive states and death among older adults in relation to education: A multistate survival model using data from six longitudinal studies. *Alzheimers Dement*, 14(4) , 462 - 472.

[1113] Rodrigues, I. T. , et al. 2015. Action verbal fluency in Parkinson's patients. *Arquivos de Neuro-psiquiatria*, 73(6) , 520 - 525. PMID: 26083889.

[1114] Roncero, C. , & de Almeida, R. G. 2014. The importance of being apt: Metaphor comprehension in Alzheimer's disease. *Frontiers in Human Neuroscience*, 8 , 973.

[1115] Ronnlund, M. , et al. 2005 Stability, growth, and decline in adult life span development of declarative memory: Cross-sectional and longitudinal data from a population-based study. *Psychology and Aging*, 20(1) , 3 - 18.

[1116] Ropper, A. H. 1987. Severe dysarthria with right hemisphere stroke. *Neurology*, 37(6) , 1061 - 1063.

[1117] Rose, L. 1996. *Show Me the Way to Go Home*. Forest Knolls, CA: Elder Books.

[1118] Rose, S. , Feldman, J. , & Jankoski, J. 2009. A cognitive approach to the development of early language. *Child Development*, 80(1) , 134 - 150.

[1119] Rosenzweig, M. R. , & Bennett, E. L. 1996. Psychobiology of plasticity: Effects of training and experience on brain and behavior. *Behavioural Brain Research*, 78(1) , 57 - 65.

[1120] Rosenzweig, M. R. , et al. 1962. Effects of environmental complexity and training on brain chemistry and anatomy: A replication and extension. *Journal of Comparative and Physiological Psychology*, 55(4) , 429 - 437.

[1121] Ross, E. D. , et al. 2000. Age-related changes in processing affective prosody. *Neurology*, 54(7) , A418 - A419.

[1122] Ross, T. P. , & Lichtenberg, P. A. 1998. Expanded normative data for the

老龄化与老年语言学引论

Boston Naming Test for use with urban, elderly medical patients. *Clinical Neuropsychology*, 12(4), 475 – 481.

[1123] Ross, T. P., Lichtenberg, P. A., & Christensen, B. K. 1995. Normative data on the Boston Naming Test for elderly adults in a demographically diverse medical sample. *Clinical Neuropsychology*, 9, 321 – 325.

[1124] Rossell, S. L., et al. 2001. Brain activation during automatic and controlled processing of semantic relations: A priming experiment using lexical-decision. *Neuropsychologia*, 39(11), 1167 – 1176.

[1125] Rossi, C., et al. 2006. Brain-derived neurotrophic factor (BDNF) is required for the enhancement of hippocampal neurogenesis following environmental enrichment. *European Journal of Neuroscience*, 24(7), 1850 – 1856.

[1126] Rostami, S., Haghparast, A., & Fayazmilani, R. 2021. The effect of combined training and play in an enriched environment during pre-pubertal period on hippocampal structure of adult rats. *Sport Physiology*, 13(49), 199 – 222.

[1127] Rousseaux, M., et al. 2001. *TLC: Test Lillois de communication*. Isbergues: Ortho Edition.

[1128] Rowe, J. W., & Kahn, R. L. 1987. Human aging: Usual and successful. *Science*, 237(4811), 143 – 149.

[1129] Rowe, J. W., & Kahn, R. L. 1997. Successful aging. *The Gerontologist*, 37(4), 433 – 440.

[1130] Rowe, J. W., & Kahn, R. L. 2015. Successful aging 2.0: Conceptual expansions for the 21st century. *Journals of Gerontology, Series B, Psychological Sciences and Social Sciences*, 70(4), 593 – 596.

[1131] Royle, P., et al. 2019. Aging and language: Maintenance of morphological representations in older adults. *Frontiers in Communication*, 4, 16.

[1132] Rubin, D. C. 1995. *Remembering Our Past: Studies in Autobiographical Memory*. Cambridge: Cambridge University Press.

[1133] Rude, S., Gortner, E. M., & Pennebaker, J. 2004. Language use of depressed and depression-vulnerable college students. *Cognition & Emotion*, 18(8), 1121 – 1133.

[1134] Rudinger, G., & Thomas, H. 2010. The Bonn Longitudinal Study of Aging: Coping, life adjustment, and life satisfaction. In P. B. Baltes & M. M. Baltes (eds.), *Successful Aging Perspectives from the Behavioral Sciences*. Cambridge: Cambridge University Press, 265 – 295.

[1135] Ruffman, T., et al. 2008. A meta-analytic review of emotion recognition and aging: Implications for neuropsychological models of aging. *Neuroscience and Behavioral Reviews*, 32(4), 863 – 881.

[1136] Rullkoetter, N., et al. 2009. Autobiographical memory and language use: Linguistic analyses of critical life event narratives in a non-clinical population. *Applied Cognitive Psychology*, 23(2), 278 – 287.

[1137] Rumalean, I., Laksono, K., & Yulianto, B. 2018. Gorom Language's Phonological Differences Viewed from Age and Occupation Factors: Socio-dialectology Study. In S. Anam & E. Rahmawati (eds.), Proceedings of the 2nd Social Sciences, *Humanities and Education Conference: Establishing Identities Through Language, Culture, and Education* (soshec 2018) 222, 370 – 374.

[1138] Ryan, E. B., Anas, A. P., & Friedman, D. 2006. Evaluations of older adult assertiveness in problematic clinical encounters. *Journal of Language and Social Psychology*, 26, 129 – 145.

[1139] Ryan, E. B., Bannister, K. A., & Anas, A. P. 2009. The dementia narrative: writing to reclaim social identity. *Journal of Aging Studies*, 23(3), 145 – 157.

[1140] Ryan, E. B., Bourhis, R. Y., & Knops, U. 1991. Evaluateive perceptions of patronizing speech addressed to elders. *Psychology and Aging*, 6, 442 – 450.

[1141] Ryan, E. B., Crispin, D., & Daigneault, M. 2014. "In my own words": Writing down life stories to promote conversation in Dementia. In R. W. Schrauf & N. Miller (eds.), *Dialogue and Dementia: Cognitive and Communicative Rescources for Engagement*. New York: Psychology Press.

[1142] Ryan, E. B., et al. 1986. Psycholinguistic and social psychological components of communication by and with the elderly. *Language & Communication*, 6 (1 – 2), 1 – 24.

[1143] Ryan, E. B., et al. 1995. Changing the way we talk with elders: Promoting health using the communication enhancement model. *International Journal of Aging & Human Development*, 41(2), 89 – 107.

[1144] Ryan, E. B., Hummert, M. L., & Boich, L. H. 1995. Communication predicaments of aging: Patronizing behavior toward older adults. *Journal of Language and Social Psychology*, 14(1 – 2), 144 – 166.

[1145] Ryan, M., Murray, J., & Ruffman, T. 2010. Aging and the perception of emotion: processing vocal expressions alone and with faces. *Experimental Aging Research*, 36(1), 1 – 22.

[1146] Rye, S. H. 2014. *Older Patient-Doctor Communication: Guidance, Strategy,*

Tips. New York: Nova Science Pub Inc.

[1147] Ryff, C. D. 1989. Beyond Ponce de Leon and life satisfaction: New directions in quest of successful ageing. *International Journal of Behavioral Development*, 12(1), 35 – 55.

[1148] Rypma, B. V., et al. 2001. Age differences in prefrontal corticcal activity in working memory. *Psychology and Aging*, 16(3), 371 – 384.

[1149] Sabat, S. R. 2008. Positioning and Conflict Involving a Person with Dementia: A Case Study. In F. M. Moghaddam, R. Harré & N. Lee (eds.), Global Conflict Resolution Through Positioning Analysis. New York: Springer-Verlag, 81 – 93.

[1150] Sacchett, C., et al. 1999. Drawing together: Evaluation of a therapy programme for severe aphasia. *International Journal of Language and Communication Disorders*, 34(3), 265 – 289.

[1151] Sachweh, S. 2000. "*Schätzle hinsitze!*" *Kommunikation in der Altenpflege* ["*Sit, darling:*" *Communication in Eldercare*]. Frankfurt: Lang.

[1152] Sacks, H. 1984. Notes on methodology. In M. Atkinson & J. Heritage (eds.), *Structures of Social Action: Studies in Conversation Analysis*. Cambridge: Cambridge University Press, 21 – 27.

[1153] Sacks, H. 1992. *Harvey Sacks: Lectures on conversation* (Volume I & II), Gail Jefferson & Emanuel A. Schegloff (eds.) Oxford: Wiley-Blackwell.

[1154] Sacks, H., Schegloff, E. A., & Jefferson, G. 1974. A simplest systematics for the organization of turn-taking for conversation. *Language*, 50(4), 696 – 735.

[1155] Sacks, O. 2007. *Musicophilia: Tales of Music and the Brain*. New York, NY: Knopf.

[1156] Sagar, H. J., et al. 1988. Remote memory function in Alzheimer's disease and Parkinson's disease. *Brain*, 111, 185 – 206.

[1157] Sagar, H. J., Sullivan, E. V., & Corkin, S. 1991. Autobio-graphical memory in normal ageing and dementia. *Behavioural Neurology*, 4, 235 – 248.

[1158] Saito, A., & Takeda, K. 2001. Semantic cueing effects on word retrieval in aphasic patients with lexical retrieval deficit. *Brain Lang*, 77(1), 1 – 9.

[1159] Sajjadi, S., et al. 2014. Abnormalities of connected speech in semantic dementia vs Alzheimer's disease. *Aphasiology*, 26(6), 847 – 866.

[1160] Sajjadi, S. A., et al. 2012. Abnormalities of connected speech in semantic dementia Vs Alzheimer's disease. *Aphasiology*, 26(6), 847 – 866.

[1161] Sajjadi, S. A., et al. 2014. Abnormalities of connected speech in semantic dementia vs Alzheimer's disease. *Aphasiology*, 26(6), 847 – 866.

[1162] Saldert, C., Ferm, U., & Bloch, S. 2014. Semantic trouble sources and their repair in conversations affected by Parkinson's disease. *International Journal of Language & Communication Disorders*, 49(6), 710 – 721.

[1163] Sale, A., Berardi, N., & Maffei, L. 2014. Environment and brain plasticity: Towards an endogenous pharmacotherapy. *Physiological Reviews*, 94(1), 189 – 234.

[1164] Salmon, D. P., & Galasko, D. 1996 Neuropsychological aspects of Lewy body dementia. In R. H. Perry, I. G. McKeith & E. K. Perry (eds.), *Dementia with Lewy Bodies*. New York: Cambridge University Press, 99 – 113.

[1165] Salthouse, T. A. 1985. *A Theory of Cognitive Aging*. Amsterdam: North-Holland.

[1166] Salthouse, T. A. 1987. The roe of representations in age differences in analogical reasoning. *Psychology and Aging*, 2, 357 – 367.

[1167] Salthouse, T. A. 1999. Theories of cognition. In V. Bengtson (ed.), *Handbook of Theories of Aging*. New York, NY: Springer Publishing Company, 196 – 208.

[1168] Salthouse, T. A. 2005. Effects of Aging on Reasoning. In K. J. Holyoak and R. G. Morrison (eds.), *The Cambridge Handbook of Thinking and Reasoning*. Cambridge: Cambridge University Press, 589 – 606.

[1169] Saltzman, J., et al. 2000. Theory of mind and executive functions in normal human aging and Parkinson's disease. *Journal of The International Neuropsychological Society*, 6(7), 781 – 788.

[1170] Sampedro-Piquero, P., et al. 2013. Age dependent effects of environmental enrichment on brain networks and spatial memory in Wistar rats. *Neuroscience*, 248, 43 – 53.

[1171] Sanders, A. E., et al. 2012. Non-native language use and risk of incident dementia in the elderly. *Journal of Alzheimer's Disease*, 29(1), 99 – 108.

[1172] Sandson, J., Obler, L. K., & Albert, M. L. 1987. Language changes in healthy aging and dementia. In S. Rosenberg (ed.), *Advances in Applied Psycholinguistics*. Cambridge: Cambridge University Press, 264 – 292.

[1173] Santangelo, G., et al. 2019. Cognitive reserve and neuropsychological performance in multiple sclerosis: A meta-analysis. *Neuropsychology*, 33(3), 379 – 390.

[1174] Santos, T. O. 2016. Cognitive Changes in Aging: Implications for Discourse

Processing. In: Linda S. Carozza (ed.), *Communication and Aging: Creative Approaches to Improving the Quality of Life*. New York: Plural Publishing, Inc., 25 – 66.

[1175] Santrock, J. W. 2019. *Life-span Development*. New York: McGraw-Hill Education.

[1176] Sapir, S., Ramig, L., & Fox, C. 2008. Speech and swallowing disorders in Parkinson disease. *Current Opinion in Otolaryngology & Head and Neck Surgery*, 16 (3), 205 – 210.

[1177] Sapir, S., Ramig, L. O., & Fox, C. M. 2011. Intensive voice treatment in Parkinson's disease: Lee Silverman Voice Treatment. *Expert Review of Neurotherapeutics*, 11(6), 815 – 830.

[1178] Saraceno, C., et al. 2013. Modeling Alzheimer's disease: From past to future. *Frontiers in Pharmacology*, 4, 77.

[1179] Satt, A., et al. 2014. Speech-based automatic and robust detection of very early dementia. Interspeech, Singapore.

[1180] Savage, S., et al. 2013. Distinguishing subtypes in primary progressive aphasia: Application of the Sydney Language Battery. *Dementia and Geriatric Cognitive Disorders*, 35, 208 – 218.

[1181] Savundranayagam, M. Y., & Ryan, E. B. 2008. Social psychological aspects of communication and aging. *Annual Review of Applied Linguistics*, 28, 51 – 72.

[1182] Savundranayagam, M. Y., Dilley, L. J., & Basting, A. 2011. StoryCorps' Memory Loss initiative: Enhancing personhood for storytellers with memory loss. *Dementia*, 10(3), 415 – 433.

[1183] Saxton, J., et al. 2004. Preclinical Alzheimer disease: Neuropsychological test performance 1. 5 to 8 years prior to onset. *Neurology*, 63(12), 2341 – 2347.

[1184] Scarmeas, N., et al. 2003. Association of life activities with cerebral blood flow in Alzheimer disease: Implications for the cognitive reserve hypothesis. *Archives of Neurology*, 60(3), 359 – 365.

[1185] Scarmeas, N., et al. 2006. Education and rates of cognitive decline in incident Alzheimer's disease. *Journal of Neurology, Neurosurgery and Psychiatry*, 77(3), 308 – 316.

[1186] Schacter, D. L., & Buckner, R. L. 1998. On the relations among priming, conscious recollection, and intentional retrieval: Evidence from neuroimaging research. *Neurobiology of Learning and Memory*, 70(1 – 2), 284 – 303.

[1187] Schaie, K. W. 1994. *Intellectual Development in Adulthood: The Seattle Longitudi-*

nal Study. New York: Cambridge University Press.

[1188] Schegloff, E. A. 1968. Sequencing in conversational openings. *American Anthropologist*, 70(6), 1075 – 1095.

[1189] Schegloff, E. A. 1996. Turn organization: One intersection of grammar and interaction. *Interaction and Grammar*, 52 – 133.

[1190] Schegloff, E. A. 2007. *Sequence Organization in Interaction: A Primer in Conversation Analysis*. Cambridge University Press.

[1191] Schegloff, E. A. , & Sacks, H. 1973. Opening up closings. *Semiotica*, 8, 289 – 327.

[1192] Schegloff, E. A. , Jefferson, G. , & Sacks, H. 1977. The preference for self-correction in the organization of repair in conversation. *Language*, 53(2), 361 – 382.

[1193] Schiaratura, L. T. , et al. 2015. Expression verbale et gestualité dans la maladie d'Alzheimer: Une étude en situation d'interaction sociale. *Gériatrie et Psychologie Neuropsychiatrie du Vieillissement*, 13(1), 97 – 105.

[1194] Schmand, B. , et al. 1996. Subjective memory complaints may announce dementia. *Neurology*, 46(1), 121 – 125.

[1195] Schmid, M. 2002. *First Language Attrition, Use and Maintenance: The Case of German Jews in Anglophone Countries*. Amsterdam and Philadephia: John Benjamins.

[1196] Schmidt, R. W. 1990. The role of consciousness in second languaue learning. *Applied Linguistis*, 11(2), 129 – 158.

[1197] Schneider, B. A. , & Pichora-Fuller, M. K. 2000. Implications of perceptual deterioration for cognitive aging research. In F. I. M. Craik & T. A. Salthouse (eds.), *Handbook of Aging and Cognition* (2nd ed.). Mahwah, NJ: Erlbaum, 155 – 220.

[1198] Schneider, K. P. , & Ifantidou, E. 2020. *Developmental and Clinical Pragmatics*. Berlin: De Gruyter Mouton.

[1199] Schrauf, R. W. , & Müller, N. (eds.). 2014. *Dialogue and Dementia: Cognitive and Communicative Resources for Engagement*. New York: Psychology Press.

[1200] Schuell, H. 1953. Aphasic difficulties understanding spoken language. *Neurology*, 3(3), 176 – 184.

[1201] Schulz, R. , & Salthouse, T. 1999. Adult development and aging: Myths and emerging realities. *Upper Saddle River*, NJ: Prentice-Hall.

[1202] Schumann, J. H. 1999. A neurobiological basis for decision making in language pragmatics. *Pragmatics & Cognition*, 7(2), 283 – 311.

[1203] Schwartz, B. L. 2002. *Tip-of-the-Tongue States*. New Jersey: Lawrence Erlbaum Associates, Publishers.

[1204] Schwartz, M. F., et al. 1994. Disordered speech production in aphasic and normal speakers. *Brain and Language*, 47, 52 – 88.

[1205] Schweizer, T. A., et al. 2012. Bilingualism as a contributor to cognitive reserve: Evidence from brain atrophy in Alzheimer's disease. *Cortex*, 48(8), 991 – 996.

[1206] Scollon, R., & Scollon, S. W. 2003. *Discourses in Place: Language in the Material World*. London: Routledge.

[1207] Scukanec, G., Petrosino, L., & Squibb, K. 1991. Formant frequency characteristics of children, young adult, and aged female speakers. *Perceptual and Motor Skills*, 73(1), 203 – 208.

[1208] Seale, C. 2002. Media and health. London: Sage.

[1209] Searle, J. 1969. *Speech Acts: An Essay in the Philosophy of Language*. London: Cambridge University Press.

[1210] Seddoh, A., et al. 2020. Prosodic perception in aging individuals: A focus on intonation. *Current Psychology*, 39(4), 1221 – 1233.

[1211] Seeman, T. E. 1996. Social ties and health: The benefits of social integration. *Annals of Epidemiology*, 6(5), 442 – 451.

[1212] Seifert, L. S. 2001. Customized art activities for individuals with Alzheimer-type dementia. *Activities, Adaptation & Aging*, 24(4), 65 – 74.

[1213] Semsei, I. 2000. On the nature of aging. *Mechanisms of Aging and Development*, 117(1), 93 – 108.

[1214] Seniów, J., Litwin, M., & Lesniak, M. 2009. The relationship between non-linguistic cognitive deficits and language recovery in patients with aphasia. *Journal of Neurological Science*, 283(1 – 2), 91 – 94.

[1215] Serdà i Ferrer, B. C., & del Valle, A. 2014. A rehabilitation program for Alzheimer's disease. *Journal of Nursing Research*, 22(3), 192 – 199.

[1216] Sexton, C. E., et al. 2012. Exploring the pattern and neural correlates of neuropsychological impairment in late-life depression. *Psychological Medicine*, 42(6), 1195 – 1202.

[1217] Shadden, B. B. 1998. Obtaining the discourse sample. In L. R. Cherney, B. B. Shadden & C. A. Coelho (eds.), *Analyzing Discourse in Communicatively Impaired Adults*. Gaithersburg, MA: Aspen, 9 – 34.

[1218] Shadden, B. B. 1998. Sentential/Surface-level analysis. In L. R. Cherney, B. B. Shadden & C. A. Coelho (eds.) , *Analyzing Discourse in Communicatively Impaired Adults*. Gaithersburg, MA: Aspen, 35 – 64.

[1219] Shafto, M. A. , & Tyler, L. K. 2014. Language in the aging brain: The network dynamics of cognitive decline and preservation. *Science*, 346, 583 – 587.

[1220] Shen, X. , et al. 2020. An enriched environment enhances angiogenesis surrounding the cingulum in ischaemic stroke rats. *Neural Plasticity*, 4, 1 – 12.

[1221] Sherman, S. R. 1994. Changes in age identity: Self perceptions in middle and late life. *Journal of Aging Studies*, 8(4) , 397 – 412.

[1222] Sherratt, S. , & Bryan, K. 2019. Textual cohesion in oral narrative and procedural discourse: the effects of ageing and cognitive skills. *International Journal of Language & Communication Disorders*, 54(1) , 95 – 109.

[1223] Shibata, D, et al. 2016. Detecting Japanese patients with Alzheimer's disease based on word category frequencies. *Proceedings of the Clinical Natural Language Processing Workshop*, 78 – 85.

[1224] Shirberg, E. 1994. Preliminaries to a Theory of Speech Disfluencies. Ph. D. dissertation. University of California, Berkeley.

[1225] Shulman, L. M. , et al. 2002. Non-recognition of depression and other non-motor symptoms in Parkinson's disease. *Parkinsonism Relat Disorder*, 8 (3) , 193 – 197.

[1226] Sidnell, J. 2010. *Conversation Analysis: An Introduction*. Oxford: Wiley-Blackwell.

[1227] Sidnell, J. , & Stivers, T. (eds.). 2013. *The Handbook of Conversation Analysis*. Oxford: Wiley-Blackwell.

[1228] Sidtis, D. van L. 2008. The relation of human language to human emotion. In B. Stemmer & H. A. Whitaker (eds.) , *Handbook of the Neuroscience of Language*. San Diego: Elsevier Ltd. , 199 – 208.

[1229] Siebert, J. S. , Wahl, H. W. & Schröder, J. 2016. The role of attitude toward own aging for fluid and crystallized functioning: 12-year evidence from the ILSE study. *Journals of Gerontology*, *Series B*, *Psychological Sciences and Social Sciences*, 73(5) , 836 – 845.

[1230] Sijuwade, P. O. 2009. Attitudes towards old age: A study of the self-image of aged. *Studies on Home and Community Science*, 3(1) , 1 – 5.

[1231] Silveri, M. C. , & Leggio, M. G. 1996. Influence of disorders of visual perception in word-to-picture matching tasks in patients with Alzheimer's disease.

Brain and Language, 54(2), 326 - 334.

[1232] Simmons, R. A. , Chambless, D. L. , & Gordon, P. C. 2008. How do hostile and emotionally overinvolved relatives view relationships? what relatives' pronoun use tells us. *Family Process*, 47(3), 405 - 419.

[1233] Simmons-Mackie, N. N. , & Damico, J. S. 1997. Reformulating the definition of compensatory strategies in aphasia. *Aphasiology*, 11(8), 761 - 781.

[1234] Simon, B. 2004. *Identity in Modern Society: A Social Psychological Perspective*. Oxford: Blackwell Publishing.

[1235] Sims, R. C. , et al. 2011. The influence of functional social support on executive functioning in middle-aged African Americans. *Aging, Neuropsychology, and Cognition*, 18(4), 414 - 431.

[1236] Sinanović, O. , et al. 2011. Post-stroke language disorders. *Acta Clinica Croatica*, 50(1), 79 - 94.

[1237] Singh-Manoux, A. , et al. 2011. Does cognitive reserve shape cognitive decline?. *Annals of Neurology*, 70(2), 296 - 304.

[1238] Sitek, E. J. , et al. 2015. Overlapping and distinguishing features of descriptive speech in Richardson variant of progressive supra-nuclear palsy and non-fluent progressive aphasia. *Postępy Psychiatrii i Neurologii*, 24(2).

[1239] Ska, B. , & Duong, A. 2005. Communication, discours et démence. Psychol. Neuropsychiatr. *Vieil*, 3(2), 125 - 33.

[1240] Skehan, P. 1998. *A Cofnitive Approach to Language Learning*. Oxford: Oxpfrd University Press.

[1241] Slegers, A. , et al. 2018. Connected speech features from picture description in Alzheimer's disease: A systematic review. *Journal of Alzheimer's Disease*, 65(2), 519 - 542.

[1242] Small, J. A. , & Gutman, G. 2002. Recommended and reported use of communication strategies in Alzheimer caregiving. *Alzheimer Disease & Associated Disorders*, 16(4), 270 - 278.

[1243] Small, J. A. , & Perry, J. A. 2005. Do you remember? How caregivers question their spouses who have Alzheimer's disease and the impact on communication. *Journal of Speech Language & Hearing Research*, 48(1), 125 - 136.

[1244] Small, J. A. , Kemper, S. , & Lyons, K. 1997. Sentence comprehension in Alzheimer's disease: Effects of grammatical complexity, speech rate, and repetition. *Psychology and Aging*, 12, 3 - 11.

[1245] Smith, B. L. , Wasowicz, J. , & Preston, J. 1987. Temporal characteristics of the speech of normal elderly adults. *Journal of Speech, Language, and Hearing Research*, 30(4), 522 – 529.

[1246] Smith, M. S., Mates, A. W., & Mikesell, L. 2010. *Language, Interaction and Frontotemporal Dementia*. London: Equinox Publishing Ltd.

[1247] Smith, S. R., Murdoch, B. E., & Chenery, H. J. 1989. Semantic abilities in dementia of the Alzheimer type 1: Lexical semantics. *Brain and Language*, 36 (2), 314 – 324.

[1248] Snitz, B. E., et al. 2009. Effects of age, gender, education and race on two tests of language ability in community-based older adults. *International Psychogeriatrics*, 21(6), 1051 – 1062.

[1249] Snowden, D. A., et al. 1999. Linguistic. ability in early life and longevity: Findings from the Nun Study, In J. M. Robine, et al. (eds.), *The Paradoxes of Longevity*. Berlin: Springer-Verlag, 103 – 113.

[1250] Snowdon, D. 2001. *Aging with Grace*. New York: Bantam.

[1251] Snowdon, D. A., et al. 1996a. Linguistic ability in early life and Alzheimer disease in late life. *Journal of the American Medical Association*, 275(24), 1879.

[1252] Snowdon, D. A., et al 1996b. Linguistic ability in early life and cognitive function and Alzheimer's disease in late life: Findings from the nun study. *The Journal of the American Medical Association*, 275(7), 528 – 532.

[1253] Snowdon, D. A., Greiner, L. H., & Markesbery, W. R. 2000. Linguistic ability in early life and the neuropathology of Alzheimer's disease and cerebrovascular disease: Findings from the Nun Study. *Annals of the New York Academy of Sciences*, 903(1), 34 – 38.

[1254] Snyder, L. 2006. Personhood and interpersonal communication in dementia. In J. C. Hughes, S. Louw & S. R. Sabat (eds.), *Dementia: Mind, Meaning and the Person*. Oxford: Oxford University Press.

[1255] Spalletta, G., et al. 2010. Neuropsychiatric symptoms and syndromes in a large cohort of newly diagnosed, untreated patients with Alzheimer disease. *American Journal of Geriatric Psychiatry*, 18(11), 1026 – 1035.

[1256] Sperling, R. A., Karlawish, J., & Johnson, K. A. 2013. Preclinical alzheimer disease — the challenges ahead. Nat. Rev. *Neurol*, 9(1), 54 – 58.

[1257] Srikanth, V., et al. 2020. Type 2 Diabetes and Cognitive Dysfunction — towards Effective Management of Both Comorbidities. *The Lancet Diabetes & Endocrinology*, 8(6), 535 – 545.

[1258] St. Jacques, P. L. 2012. Functional neuroimaging of autobiographical memory. In D. Berntsen & D. C. Rubin (eds.) , *Understanding Autobiographical Memory: Theories and Approaches.* Cambridge: Cambridge University Press, 114 – 138.

[1259] Standish, T. I. M. , et al. 2007. Do the ABCS 135 short cognitive screen and its subtests discriminate between normal cognition, mild cognitive impairment and dementia?. *International Journal of Geriatric Psychiatry*, 22(3) , 189 – 194.

[1260] Starkstein, S. E. , et al. 1992. Reliability, validity, and clinical correlates of apathy in Parkinson's disease. *The Journal of Neuropsychiatry and Clinical Neurosciences*, 4(2) , 134 – 139.

[1261] Starkstein, S. E. , et al. 2006. A prospective longitudinal study of apathy in Alzheimer's disease. *Journal of Neurology, Neurosurgery, and Psychiatry*, 77(1) , 8 – 11.

[1262] Steinhauer, K, et al. 2010. Prosody — syntax interactions in aging: Event-related potentials reveal dissociations between on-line and off-line measures. *Neuroscience Letters*, 472(2) , 133 – 138.

[1263] Steinmetz, D. 1993. Family physicians involvement with dying patients and their families. *The Journal of the American Medical Association*, 270, 1181.

[1264] Stephen E. N. , & Leslie J. G. R. 1992. Morphologic agrammatism following a right hemisphere stroke in a dextral patient. *Brain and Language*, 43(4) , 642 – 667.

[1265] Stephenson, R. C. 2016. Color my words: How art therapy creates new pathways of communication. In L. S. Carozza (ed.) , *Communication and Aging: Creative Approaches to Improving the Quality of Life.* New York: Plural Publishing, Inc. , 247 – 268.

[1266] Stern, Y. 2002. What is cognitive reserve? Theory and research application of the reserve. concept. *Journal of the International Neuropsychological Society*, 8(3) , 448 – 460.

[1267] Stern, Y. 2012. Cognitive reserve in ageing and Alzheimer's disease. *Lancet Neurology*, 11(11) , 1006 – 1012.

[1268] Stern, Y. , et al. 1994. Influence of education and occupation on the incidence of alzheimer's disease. *The Journal of the American Medical Association*, 271 (13) , 1004 – 1010.

[1269] Stevens J. C. , et al. 1998. A Multimodal Assessment of Sensory Thresholds in Aging. *Journals of Gerontology, Series B, Psychological Sciences and Social Sciences*, 53(4) , 263.

[1270] Stickle, T. (ed.). 2020. *Learning from the Talk of Persons with Dementia: A Practical Guide to Interaction and Interactional Research.* Switzerland: Palgrave Macmillan.

[1271] Stine, E. A. , & Wingfield, A. 1990. How much do working memory deficits contribute to age differences in discourse memory?. *European Journal of Cognitive Psychology*, 2(3), 289 – 304.

[1272] Stine-Morrow, E. A. L. , & Miller, L. M. S. 1999. Discourse Processing and Aging: Resource Allocation As a Limiting Factor. In S. Kemper & R. Kliegl (eds.), *Constraints on Language Aging, Grammar and Memory.* New York: Kluwer Academic Publishers, 53 – 76.

[1273] Stivers, T. , et al. 2009. Universals and cultural variation in turn-taking in conversation. *Proceedings of the National Academy of Sciences*, 106(26), 10587 – 10592.

[1274] Stowe, J. D. , & Cooney, T. M. 2014. Examining Rowe and Kahn's concept of successful aging: Importance of taking a life course perspective. *The Gerontologist*, 55(1), 43 – 50.

[1275] Strain, E. , et al. 1998. Word reading in Alzheimer's disease: Cross-sectional and longitudinal analyses of response time and accuracy data. *Neuropsychologia*, 36(2), 155 – 171.

[1276] Strawbridge, W. J. , et al. 1996. Successful aging: Predictors and associated activities. *American Journal of Epidemiology*, 144(2), 135 – 141.

[1277] Street Jr. , R. L. , & Wiemann, J. M. 1987. Patient satisfaction with physicians' interpersonal involvement, expressiveness, and dominance. *Annals of the International Communication Association*, 10(1), 591 – 612.

[1278] Strøm, B. S. , Šaltytė, B. J. , & Engedal, K. 2018. Impact of the Sonas Programme on communication over a period of 24 weeks in people with moderate-to-severe dementia. *Dementia and Geriatric Cognitive Disorders Extra*, 8 (2), 238 – 247.

[1279] Sturm, V. E. , et al. 2008. Diminished self-conscious emotional responding in frontotemporal lobar degeneration patients. *Emotion*, 8(6), 861 – 869.

[1280] Stuss, D. T. , et al. 2017. Age-related changes in cognitive functions from 20 to 80: Multiple slippery slopes. Manuscript in preparation.

[1281] Sue, S. , & Bryan, K. 2019. Textual cohesion in oral narrative and procedural discourse: The effects of ageing and cognitive skills. *International Journal of Language and Communication Disorders*, 54(1), 95 – 109.

［1282］ Sugatani, Y. 2008. Gerontolinguistics and care communication. Health Communication (의료 커 뮤 니 케 이 션, *The Official Journal of Korean Academy on Communication in Healthcare*), 3(2), 91－101.

［1283］ Sullivan, S. , & Ruffman, T. 2004. Emotion recognition deficits in the elderly. *International Journal of Neuroscience*, 114(3), 403－432.

［1284］ Sun, Y. , et al. 2015. Biochemical and neuroimaging studies in subjective cognitive decline: Progress and perspectives. *CNS Neuroscience & Therapeutics*, 21 (10), 768－775.

［1285］ Sundaray, S. , Marinis, T. , & Bose, A. 2018. Comprehending non-literal language: Effects of aging and bilingualism. *Frontiers in Psychology*, 92230.

［1286］ Sung, J. E. , et al. 2009. Verbal working memory and its relationship to sentence — level reading and listening comprehension in persons with aphasia. *Aphasiology*, 23(7－8), 1040－1052.

［1287］ Susan, L. , et al. 2001. Brain activation during automatic and controlled processing of semantic relations: A priming experiment using lexical decision. *Neuropsychologia*, 39(11), 1167－1176.

［1288］ Suzuki, H. , et al. 2014. Cognitive intervention through a training program for picture book reading in community-dwelling older adults: A randomized controlled trial. *BMC Geriatrics*, 14, 122.

［1289］ Swaffer, K. 2014. Dementia: Stigma, Language, and Dementia-friendly. *Dementia*, 13(6), 709－716.

［1290］ Swan, K. , et al. 2018. Speech-language pathologist interventions for communication in moderate-severe dementia: A systematic review. *American Journal of Speech-language Pathology*, 27(2), 836－852.

［1291］ Swanberg, M. M. , et al. 2004. *Executive Dysfunction in Alzheimer Disease*, 61 (4), 556－560.

［1292］ Swenor, B. K. , et al. 2013. The prevalence of concurrent hearing and vision impairment in the United States. *Journal of the American Medical Association*, 173 (4), 312－313.

［1293］ Swinburn, K. , Porter, G. , & Howard, D. 2005. *The Comprehensive Aphasia Test*. Hove, Psychology Press.

［1294］ Szatloczki, G. , et al. 2015. Speaking in Alzheimer's disease, is that an early sign? Importance of changes in language abilities in Alzheimer's disease. *Frontiers in Aging Neuroscience*, 7, 195－202.

［1295］ Taler, V. , & Phillips, N. A. 2008. Language performance in Alzheimer's disease and mild cognitive impairment: a comparative review. *Journal of Clinical and Experimental Neuropsychology*, 30, 501 – 556.

[1296] Talmy, L. 2007. Attention phenomena. In D. Geeraerts & H. Cuyckens (eds.), *The Oxford Handbook of Cognitive Linguistics*. Oxford: Oxford University Press, 264 – 293.

[1297] Tam, C., & Lam, L. 2012. Cognitive and functional impairment in Chinese elderly with late-onset depression. *East Asian Archives of Psychiatry*, 22(1), 25 – 30.

[1298] Tamplin, J., et al. 2013. "Stroke a chord": The effect of singing in a community choir on mood and social engagement for people living with aphasia following a stroke. *NeuroRehabilitation*, 32(4), 929 – 941.

[1299] Tapia-Rojas, C., et al. 2016. Voluntary running attenuates memory loss, decreases neuropathological changes and induces neurogenesis in a mouse model of Alzheimer's disease. *Brain Pathology*, 26(1), 62 – 74.

[1300] Tarafder, K. H., Datta, P. G., & Tariq, A. 2012. The Aging Voice. *Bangabandhu Sheikh Mujib Medical University Journal*, 5(1), 83 – 86.

[1301] Tarazona-Santabalbina, F. J., et al. 2016. A multicomponent exercise ontervention that reverses frailty and improves cognition, emotion, and social networking in the community-dwelling frail elderly: A randomized clinical trial. *Journal of the American Medical Directors Association*, 17(5), 426 – 433.

[1302] Tarbuck, A. F., & Paykel, E. S., 1995. Effects of major depression on the cognitive function of younger and older subjects. *Psychological Medicine*, 25(2), 285 – 296.

[1303] Taylor, B. C. 1992. Elderly identity in conversation. *Communication Research*, 19(4), 493 – 515.

[1304] Taylor, J. K., & Burke, D. M. 2002. Asymmetric aging effects on semantic and phonological processes: Naming in the picture-word interference task. *Psychology and Aging*, 17(4), 662 – 676.

[1305] Taylor, R. 2007. *Alzheimer's from the inside out*. Baltimore: Health Professions. Used by permission from publisher.

[1306] Teipel, S., et al. 2014. Structural connectivity changes underlying altered working memory networks in mild cognitive impairment: a three-way image fusion analysis. *Journal of Neuroimaging*, 25(4), 634 – 642.

[1307] Templer, D. I. 1970. The Construction and Validation of a Death Anxiety Scale. *The Journal of General Psychology*, 82, 165 – 177.

［1308］ The Gerontological Society of America. 2012. *Communicating With Older Adults: An Evidence-Based Review of What Really Works.*

［1309］ The Gerontological Society of America. 2016. *Communicating With Older Adults: Recognizing Hidden Traps in Health Care Decision Making.*

［1310］ Thomas, J. 1983. Cross-cultural Pragmatic Failure. *Applied Linguistics*, 4(2), 91－112.

［1311］ Thomasa, P. , Billonb, R. , & Hazif-Thomas, C. 2018. Narrative analysis in Alzheimer's disease. *Psychology in Russia: State of the Art*, 11(3), 145－151.

［1312］ Thompson, G. , & Foth, D. 2005. Cognitive-training programs for older adults: What are they and can they enhance mental fitness? *Educational Gerontology*, 31(8), 603－626.

［1313］ Thompson, P. 2010. Building a specialised audio-visual corpus. In A. O'Keeffe & M. McCarthy (eds.), *The Routledge Handbook of Corpus Linguistics*. New York: Routledge, 93－103.

［1314］ Thompson, T. L. , Robinson, J. D. , & Beisecker, A. E. 2004. The older patient — physician interaction. In J. F. Nussbaum & J. Coupland. (eds.), *Handbook of Communication and Aging Research* (2nd ed.). Hillsdale, NJ: Erlbaum, 451－477.

［1315］ Tierney, C. D. , et al. 2016. Bridging the gap between speech and language: Using multimodal treatment in a child with apraxia. *Pediatrics*, 138(3), e20160007.

［1316］ Toledo, C. M. , et al. 2017. Analysis of macrolinguistic aspects of narratives from individuals with alzheimer's disease, mild cognitive impairment, and no cognitive impairment. *Alzheimer's & Dementia Diagnosis Assessment & Disease Monitoring*, 10, 31－40.

［1317］ Tomoeda, C. K. , & Bayles, K. A. 1993. Longitudinal effects of Alzheimer disease on discourse production. *Alzheimer Disease & Associated Disorders*, 7(4), 223－236.

［1318］ Tomoeda, C. K. , et al. 1996. Cross-sectional analysis of Alzheimer disease effects on oral discourse in a picture description task. *Alzheimer Disease & Associated Disorders*, 10(4), 204－215.

［1319］ Towell, R. , Hawkins, R. , & Bazergui, N. 1996. The development of fluency in advanced learners of French. *Applied Linguistics*, 17(1), 84－119.

［1320］ Tripathi, M. , & Vibha, D. 2010. An approach to and the rationale for the pharmacological management of behavioral and psychological symptoms of dementia. *Annals of Indian Academy of Neurology*, 13(Suppl 2) , S94 – 98.

[1321] Troche, M. S. , & Altmann, L. J. P. 2012. Sentence production in Parkinson's disease: Effects of conceptual and task complexity. *Applied Psycholinguistics*, 33(2) , 225 – 251.

[1322] Troster, A. I. , Woods, S. P. , & Fields, J. A. 2003. Verbal fluency declines after pallidotomy: An interaction between task and lesion laterality. *Applied Neuropsychology*, 10(2) , 69 – 75.

[1323] Troster, A. I. , et al. 1998. Cortical and subcortical influences on clustering and switching in the performance of verbal fluency tasks. *Neuropsychologia*, 36 (4) , 295 – 304.

[1324] Troyer, A. K. , Moscovitch, M. , & Winocur, G. , 1997. Clustering and switching as two components of verbal fluency: Evidence from younger and older healthy adults. *Neuropsychology*, 11(1) , 138 – 146.

[1325] Troyer, A. K. , et al. 1998 Clustering and switching on verbal fluency tests in Alzheimer's and Parkinson's disease. *Journal of the International Neuropsychological society*, 4(2) , 137 – 143.

[1326] Trunk, D. L. , & Abrams, L. 2009. Do younger and older adults' communicative goals influence off-topic speech in autobiographical narratives?. *Psychology and Aging*, 24(2) , 324 – 337.

[1327] Truscott, M. 2004. Looks can be deceiving — dementia, the invisible disease. *Alzheimer's Care Quarterly*, 5(4) , 274 – 277.

[1328] Tsai, M. H. 2005. Opening stages in triadic medical encounters in Taiwan. *Communication and Medicine*, 2(1) , 53 – 68.

[1329] Tsai, M. H. 2006. *Opening Hearts and Minds: A Linguistic Framework for Analyzing Open Questions in Doctor-Patient Communication*. Taipei: Crane Publishing Co.

[1330] Tsai, M. H. 2007. Who gets to talk? An alternative framework evaluating companion effects in geriatric triads. *Communication and Medicine*, 37(4) , 37 – 49.

[1331] Tsai, M. H. 2017. "Have you heard of diabetes?" — The use of perspective-checking questions in creating knowledge needs in Taiwanese health education talks for elderly lay people. *Concentric: Studies in Linguistics*, 43(1) , 47 – 76.

[1332] Tsantali, E. , & Economidis, D. 2014. Implications of a longitudinal cognitive intervention program in mild Alzheimer's disease. *Archives of Psychiatric Nursing*, 28(2) , 128 – 134.

［1333］ Tsantali, E. , Economidis, D. , & Tsolaki, M. 2013. Could language deficits really differentiate mild cognitive impairment (MCI) from mild Alzheimer's disease. Arch. *Gerontol. Geriatr*, 57(3), 263 – 270.

［1334］ Tschanz, J. T. , et al. 2013. The cache county study on memory in aging: Factors affecting risk of Alzheimer's Disease and its progression after onset. *International Review of Psychiatry*, 25(6), 673 – 85.

［1335］ Tschirren, M. , et al. 2011. Language and syntactic impairment following stroke in late bilingual aphasics. *Brain and Language*, 119(3), 238 – 242.

［1336］ Tulving E. 1983. *Elements of Episodic Memory*. Oxford, UK: Clarendon.

［1337］ Tulving E. 2002. Episodic memory: from mind to brain. *Annual Review of Psychology*, 53, 1 – 25.

［1338］ Tulving, E. 1984. Relations among components and processes of memory. *Behavioral and Brain Science*, 7, 257 – 268.

［1339］ Tulving, E. 2001 Episodic memory and common sense: how far apart? *Philosophical Transactions of the Royal Society of London*, Series B, *Biological Science*, 356 (1413), 1505 – 1515.

［1340］ Turk, C. S. , Mather, M. , & Carstensen, L. L. 2003. Aging and emotional memory: The forgettable nature of negative images for older adults. *Journal of Experimental Psychology: General*, 132(2), 310 – 324.

［1341］ Uekermann, J. , Channon, S. , & Daum, I. 2006. Humor Processing, mentalizing, and executive function in normal aging. *Journal of The International Neuropsychological Society*, 12(2), 184 – 191.

［1342］ Ulatowska, H. K. & Chapman, S. B. 1991. Discourse studies. In R. Lubinski, et al. (eds.), *Dementia and Communication*. Philadelphia, Hamilton: B. C. Decker Inc. , 115 – 132.

［1343］ Ullman, M. T. 2001. The declarative/procedural model of lexicon and grammar. *Journal of Psycholinguistic Research*, 30, 37 – 69.

［1344］ Ullman, M. T. 2004. Contributions of memory circuits to language: The declarative/procedural model. *Cognition*, 92(1 – 2), 231 – 270.

［1345］ Ullman, M. T. , et al. 1997. A neural dissociation within language: Evidence that the mental dictionary is part of declarative memory, and that grammatical rules are processed by the procedural system. *Journal of Cognitive Neuroscience*, 9 (2), 266 – 276.

［1346］ Ulrich, M. , & Kliegl, R. 2000. Complex semantic processing in old age: Does it stay or does it go? *Psychology and Aging*, 15(1), 29 – 43.

[1347] UN DESA. 1956. *The Aging of Populations and Its Economic and Social Implications*. UN DESA, New York.

[1348] United Nations, *Department of Economic and Social Affairs*. 2019 World Population Prospects.

[1349] United Nations. 2002. *World Population Ageing: 1950 – 2050*.

[1350] Unsworth, N. , et al. 2009. Exploring the relations among executive functions, fluid intelligence, and personality. *Journal of Individual Differences*, 30(4), 194 – 200.

[1351] Unverzagt, F. W. , 1999. Clinical utility of CERAD neuropsychological battery in elderly Jamaicans. *Journal of the International Neuropsychological Society*, 5, 255 – 259.

[1352] Urban, P. O. , et al. 2006. Left hemispheric dominance for articulation: A prospective study on acute ischaemic dysarthria at different localizations. *Brain*, 129(Pt 3), 767 – 777.

[1353] Valenzuela, M. J. , & Sachdev, P. 2006. Brain reserve and dementia: A systematic review. *Psychological Medicine*, 36(4), 441 – 454.

[1354] Valery, L. , et al. 2018. Global, regional, and country-specific lifetime risks of stroke, 1990 and 2016. *The New England Journal of Medicine*, 379(25), 2429 – 2437.

[1355] Valis, M. , et al. 2019. Impact of learning a foreign language on the enhancement of cognitive functions among healthy older population. *Journal of Psycholinguistic Research*, 48(6), 1311 – 1318.

[1356] Van Buren, B. , et al. 2013. Changes in painting styles of two artists with Alzheimer's disease. Psychology of Aesthetics, *Creativity and the Arts*, 7(1), 89 – 94.

[1357] Van Lancker Sidtis, D. 2008. *The Relation of Human Language to Human Emotion. Handbook of the Neuroscience of Language*. Elsevier Ltd. , 199 – 208.

[1358] Varela Suárez, A. 2018. The question-answer adjacency pair in dementia discourse. *International Journal of Applied Linguistics*, 28(1), 86 – 101.

[1359] Velzen, M. , & Garrard, P. 2008. From hindsight to insight — Retrospective analysis of language written by a renowned Alzheimer's patient. *Interdisciplinary Science Reviews*, 33(4), 278 – 286.

[1360] Verdonck-de Leeuw, I. M. , & Mahieu, H. F. 2004. Vocal aging and the impact on daily life: A longitudinal study. *Journal of Voice*, 18(2), 193 – 202.

[1361] Verfaillie, S. C. J. , et al. 2019. High Amyloid Burden Is Associated with Fewer Specific Words during Spontaneous Speech in Individuals with Subjective Cognitive Decline. *Neuropsychologia*, 131: 184 – 192.

[1362] Vertesi, A. , et al. 2001. Standardized mini-mental state examination. Use and interpretation. *Canadian Family Physician*, 47, 2018 – 2023.

[1363] Vidovic, M. , et al. 2011. Incidence and types of speech disorders in stroke patients. *Acta Clinica Croatica*, 50(4) , 491 – 494.

[1364] Vijg, J. , & Le Bourg, E. 2017. Aging and the inevitable limit to human life span. *Gerontology*, 63(5) , 432 – 434.

[1365] Villa, M. A. 2018. The cognitive reserve of the baby boomers. *Inventio*, 31, 11 – 20.

[1366] Villarreal, A. E. , et al. 2016. Characterization of Alzheimer's disease and mild cognitive impairment in older adults in Panama. *Journal of Alzheimer's Disease*, 54(3) , 897 – 901.

[1367] Vinyoles, E. , de la Figuera, M. , & Gonzalez-Segura, D. 2008. Cognitive function and blood pressure control in hypertensive patients over 60 years of age: COGNIPRES study. *Current Medical Research and Opinion*, 24 (12) , 3331 – 3340.

[1368] Visch-Brink, E. G. , & Denes, G. 1993. A European base-line test for word-picture processing. In F. J. Stachowiak, et al. (eds.) , *Developments in the Assessment and Rehabilitation of Brain-Damaged Patients*. Tübingen: Gunter Narr Verlag.

[1369] Visch-Brink, E. G. , et al. 2004. Naming and semantic processing in Alzheimer dementia: A coherent picture? *Brain and Language*, 91(1) , 11 – 12.

[1370] Visch-Brink, E. G. , et al. 2009. Improvement of spontaneous speech in early stage Alzheimer's disease with rivastigmine. *The Journal of Nutrition Health and Aging*, 13(1) , 34 – 38.

[1371] Visser, M. 2020. Emotion recognition and aging: Comparing a labeling task with a categorization task using facial representations. *Frontiers in Psychology*, 11, 139.

[1372] Von Faber, M. , et al. 2001. Successful aging in the oldest old: Who can be characterized as successfully aged? *JAMA Internal Medicine*, 161 (22) , 2694 – 2700.

[1373] Vousden, J. I. , et al. 2000. Serial control of phonology in speech production: A hierarchica model. *Cognitive Psychology*, 41(2) , 101 – 175.

[1374] Vroman, K. G. , Arthanat, S. , & Lysack, C. 2015. Who over 65 is online?

Older adults' dispositions toward information communication technology. *Computers in Human Behavior*, 43, 156－166.

［1375］Vuorinen, E. , Laine, M. , & Rinne, J. 2000. Common pattern of language impairment in vascular dementia and in Alzheimer disease. *Alzheimer Disease and Associated Disorders*, 14(2), 81－86.

［1376］Wagnild, G. , & Manning, R. 1985. Convey respect during bathing procedures. *Journal of Gerontological Nursing*, 11(12), 6－10.

［1377］Waldstein, S. R. , et al. , 2005. Nonlinear relations of blood pressure to cognitive function: The Baltimore Longitudinal Study of Aging. *Hypertension*, 45 (3), 374－379.

［1378］Walsh, B. , & Smith, A. 2011. Linguistic complexity, speech production, and comprehension in Parkinson's disease: Behavioral and physiological indices. *Journal of Speech Language and Hearing Research*, 54(3), 787－802.

［1379］Walter, T. 1994. *The Revival of Death*. London: Routledge.

［1380］Wang, H. X. , et al. 2017. Association of lifelong exposure to cognitive reserve-enhancing factors with dementia risk: A community-based cohort study. *PLoS Medicine*, 14(3), e1002251.

［1381］Wang, Q. 2010. Doctor-patient communication and patient satisfaction: A cross-cultural comparative study between China and the US. Unpublished doctoral dissertation. Purdue University.

［1382］Wang, W. S. Y. 2018. Language and biological timelines. 中国语音学报, (10), 1－12.

［1383］Wang, W. S. Y. 2019. Language and the brain in the sunset years. In C. R. Huang, Z. Jing-Schmidt & B. Meisterernst (eds.), *The Routledge Handbook of Chinese Applied Linguistics*. New York: Routledge, 605－623.

［1384］Wang, Y. , Yang, X. , & Liu, C. 2017. Categorical perception of Mandarin Chinese tones 1－2 and tones 1－4: Effects of aging and signal duration. *Journal of Speech, Language, and Hearing Research*, 60(12), 3667－3677.

［1385］Ward, R. , et al. 2008. A different story: Exploring patterns of communication in residential dementia care. *Ageing & Society*, 28(05), 629－651.

［1386］Ware, C. , et al. 2017. Maintaining cognitive functioning in healthy seniors with a technology-based foreign language program: A pilot feasibility study. *Frontiers in Aging Neuroscience*, 9, 42.

［1387］Warmoth, K. , et al. 2016. "Thinking you're old and frail": A qualitative study of frailty in older adults. *Ageing & Society*, 36(7), 1483－1500.

[1388] Warren, D. E. , et al. 2018. Memory and language in aging: How their shared cognitive processes, neural correlates, and supporting mechanisms change with age. In M. Rizzo, S. Anderson & B. Fritzsch (eds.), *The Wiley Handbook on the Aging Mind and Brain*. London: John Wiley & Sons Ltd. , 270 – 295.

[1389] Wechsler, D. 1981. *WAIS-R Manual*. New York: Psychological Corporation.

[1390] Wei, R. , Hu, Y. , & Xiong, J. 2019. Effect size reporting practices in applied linguistics research: A study of one major journal. *Sage Open*, 9(2), 1 – 11.

[1391] Weierich, M. R. , et al. 2011. Older and Wiser? An affective science perspective on age-related challenges in financial decision making. *Social Cognitive and Affective Neuroscience*, 6(2), 195 – 206.

[1392] Weiner, M. F. , et al. 2008. Language in Alzheimer's disease. *Journal of Clinical Psychiatry*, 69(8), 1223 – 1227.

[1393] Weinstein, E. B. 2019. The cost of age-related hearing loss: To treat or not to treat? *Speech, Language and Hearing*, 22(1), 9 – 15.

[1394] Wen, M. C. , & Lee, S. H. 2009. Apathy is a syndrome of executive dysfunction that exists in patients with late-life depression. *International Psychogeriatrics*, 21(1), 205 – 206.

[1395] Wertz, R. T. 1978. Neuropathologies of speech and language: An introduction to patient management. In D. F. Johns (ed.), *Clinical Management of Neurogenic Communicative Disorders*. Boston: Little, Brown and Co. , 1 – 103.

[1396] Wetherick, N. E. 1965. Changing and established concepts: A comparison of young, middle-aged and old subjects. *Gerontologia*, 11(1), 82 – 95.

[1397] Whitaker, H. 1976. A case of isolation of the language function. In H. Whitaker & H. A. Whitaker (eds.), *Studies in Neurolinguistics*. New York: Academic Press.

[1398] Whitbourne, S. K. 2001. *Adult Development and Aging: Biopsychosocial Perspectives*. New York: Wiley.

[1399] WHO. 2021. *World Health Statistics*. Switzerland: WHO.

[1400] Wierzbicka, A. 1999. *Emotions Across Languages and Cultures*. Cambridge: Cambridge University Press.

[1401] Wight, S. , & Miller, N. 2015. Lee Silverman Voice Treatment for people with Parkinson's: Audit of outcomes in a routine clinic. *International Journal of*

Language & Communication Disorders, 50(2), 215 – 225.

[1402] Wijnen, F. 1992. Incidental word and sound errors in young speakers. *Journal of Memory and Language*, 31, 734 – 755.

[1403] Wilcox, J., & Davis, A. 2005. CAC Classics. *Aphasiology*, 19(7), 683 – 690.

[1404] Willander, J., Sikström, S., & Karlsson, K. 2015. Multimodal retrieval of autobiographical memories: Sensory information contributes differently to the recollection of events. *Frontiers in Psychology*, 6, 1681.

[1405] Williams, A., & Nussbaum, J. F. 2001. *Intergenerational Communication Across the Life Span*. New York: Routledge.

[1406] Williams, J. N., & Lovatt, P. 2003. Phonological memory and rule learning. *Language Learning*, 53(1), 67 – 121.

[1407] Williams, J. M. G., & Broadbent, K. 1986. Autobiographical memory in suicide attempters. *Journal of Abnormal Psychology*, 95(2), 144 – 149.

[1408] Williams, K. N. 2006. Improving outcomes of nursing home interactions. *Research in Nursing & Health*, 29(2), 121 – 133.

[1409] Williams, K., Kemper, S., & Hummert, M. L. 2003. Improving nursing home communication: An intervention to reduce elderspeak. *The Gerontologist*, 43(2), 242 – 247.

[1410] Williams, K. N. 2011. Elderspeak in institutional care for older adults. In P. Backhaus (ed.), *Communication in Elderly Care: Cross-cultural Perspectives*. London: Continuum, 1 – 19.

[1411] Williams, L. M., et al. 2006. The mellow years? neural basis of improving emotional stability over age. *The Journal of Neuroscience*, 26(24), 6422 – 6430.

[1412] Williams. K., Kemper, S. & Hummert, M. L. 2005. Enhancing communication with older adults: overcoming elderspeak. *Journal of Psychosocial Nursing and Mental Health Services*, 43(5), 12 – 16.

[1413] Williamsa, E., McAuliffea, M., & Theys, C. 2021. Language changes in Alzheimer's disease: A systematic review of verb processing. *Brain and Language*, 223, 105041.

[1414] Williamson, A., et al, 2005. Regional brain changes in aging healthy adults: General trends, individual differences and modifiers. *Cerebral Cortex*, 15(11), 1676 – 1689.

[1415] Williamson, G. M., & Schulz, R. 1993. Coping with specific stressors in Alzheimer's disease caregiving. *Gerontologist*, 33(6), 747 – 755.

［1416］ Wilson, B. A. 2002. Towards a comprehensive model of cognitive rehabilitation. *Neuropsychol Rehabil*, 12(2), 97 – 110.

［1417］ Wilson, D. & Sperber, D. 2002. Relevance Theory. In L. Horn & G. Ward (eds.), *Handbook of Pragmatics*. Oxford: Blackwell, 249 – 290.

［1418］ Wilson, R. S., et al. 2004. Premorbid proneness to distress and episodic memory impairment in Alzheimer's disease. *Journal of Neurology, Neurosurgery and Psychiatry*, 75(2), 191 – 195.

［1419］ Wingfield, A., & Grossman, M. 2006. Language and the aging brain: Patterns of neural compensation revealed by functional brain imaging. *Journal of Neurophysiology*, 96(6), 2830 – 2839.

［1420］ Wingfield, A., Lindfield, K., & Goodglass, H., 2000. Effects of age and hearing sensitivity on the use of prosodic information in spoken word recognition. *Journal of Speech, Language and Hearing Research*, 43(4), 915 – 925.

［1421］ Wittenburg, P. 2008. Preprocessing multimodal corpora. In A. Lüdeling & M. Kytöl (eds.), *Corpus Linguistics: An International Handbook* (Vol. 1). Berlin: Walter de Gruyter, 664 – 684.

［1422］ Wolff, L., et al. 2021. Apathy and actions — another consideration when theorizing about embodied nature of language in Parkinson's disease. *Journal of Communication Disorders*, 93, 106 – 144.

［1423］ Woll, B., & Wei, L. 2019. *Cognitive Benefits of Language Learning: Broadening Our Perspectives*. London: The British Academy.

［1424］ Wood, D. 2001. In search of fluency: What is it and how can we teach it. *Canadian Modern Language Review*, 57(4), 573 – 589.

［1425］ Woods, B., et al. 2012. Cognitive stimulation to improve cognitive functioning in people with dementia. *Cochrane Database of Systematic Reviews*, 15(2), CD005562.

［1426］ Woolhouse, C. 2017. Multimodal life history narrative: Embodied identity, discursive transitions and uncomfortable silences. *Narrative Inquiry*, 27 (1), 109 – 131.

［1427］ Woolley, J. D., et al. 2001. The diagnostic challenge of psychiatric symptoms in neurodegenerative disease: Rates of and risk factors for prior psychiatric diagnosis in patients with early neurodegenerative disease. *Journal of Clinical Psychiatry*, 72(2), 126 – 133.

［1428］ World Health Organization. 1993. *The ICD – 10 Classification of Mental and Behavioural Disorders*. World Health Organization.

[1429] World Health Organization. 2002. *Active Ageing: A Policy Framework*. Geneva: World Health Organiation. Retrieve from https://apps.who.int/iris/handle/10665/67215.

[1430] World Health Organization. 2017. *WHO estimates*. Geneva: World Health Organization. Retrieved from http://www.who.int/pbd/deafness/estimates/en/.

[1431] World Health Organization. 2021. *International Statistical Classification of Diseases and Related Health Problems* (11th ed.). Retrieve from https://icd.who.int/.

[1432] Woumans, E., et al. 2017. Bilingualism and cognitive decline: A story of pride and prejudice. *Journal of Alzheimer's Disease*, 60(4), 1237–1239.

[1433] Wray, A. 2017. The language of dementia science and the science of dementia language: Linguistic interpretations of an interdisciplinary research field. *Journal of Language and Social Psychology*, 36(1), 80–95.

[1434] Wray, A. 2020. *The Dynamics of Dementia Communication*. Oxford: Oxford University Press.

[1435] Wright, H. H., & Shisler, R. J., 2005. Working memory in aphasia: theory measure clinical implications. *American Journal of Speech-Language Pathology*, 14(2), 107–118.

[1436] Wu, J., et al. 2015. Direct evidence from intraoperative electrocortical stimulation indicates shared and distinct speech production center between Chinese and English languages. *Human Brain Mapping*, 36(12), 4972–4985.

[1437] Wu, Z. J., et al. 2014. Acupuncture combined with speech rehabilitation training for post-stroke spasmodic dysphonia: A multicenter randomized controlled trial. *World Journal of Acupuncture*, 24(4), 12–16.

[1438] Wutzler, A., et al. 2013. The anticipatory proportion as an indicator of language impairment in early-stage cognitive disorder in the elderly. *Dementia and Geriatric Cognitive Disorders*, 36, 300–309.

[1439] Xie, Y., et al. 2011. Changes in speech characters of patients with Parkinson's disease after bilateral subthalamic nucleus stimulation. *Journal of Voice*, 25(6), 751–758.

[1440] Xue, S. A., & Hao, G. J. 2003. Changes in the human vocal tract due to aging and the acoustic correlates of speech production: A pilot study. *Journal of Speech, Language, and Hearing Research*, 46(3), 689–701.

[1441] Yang, J., et al. 2014. VEGF ameliorates cognitive impairment in in vivo and in vitro ischemia via improving neuronal viability and function. *Neuromolecular*

Medicine, 16(2), 376 – 388.

[1442] Yang, X., et al. 2015. Aging effect on Mandarin Chinese vowel and tone identification. *The Journal of The Acoustical Society of America*, 138(4), 411 – 416.

[1443] Yang, Y., et al. 2014. White and grey matter changes in the language network during healthy aging. *Plos One*, 9(9), 1 – 8.

[1444] Ye, B. S., et al. 2013. Effects of education on the progression of early-versus late-stage mild cognitive impairment. *International Psychogeriatrics*, 25(4), 597 – 606.

[1445] Yea-Seal, K. 2014. The Comprehension of Speech Acts Ability in Alzheimer's disease and vascular dementia. *The Korean Journal of Rehabilitation Psychology*, 21 (3), 349 – 372.

[1446] Ylänne, V. (ed.). 2012. *Representing Ageing: Images and Identities*. Basingstoke: Palgrave Macmillan.

[1447] Yorgason, J. B., et al. 2018. Biological, psychological, and social predictors of longevity among Utah centenarians. *International Journal of Aging & Human Development*, 87(3), 225 – 243.

[1448] York, M. K., et al. 2003. Clustering and switching in phonemic fluency following pallidotomy for the treatment of Parkinson's disease. *Journal of Clinical and Experimental Neuropsychology*, 25(1), 110 – 121.

[1449] Young, J. A., Lind, C., & Steenbrugge, W. 2016. A conversation analytic study of patterns of overlapping talk in conversations between individuals with dementia and their frequent communication partners. *International Journal of Language & Communication Disorders*, 51(6), 745 – 756.

[1450] Yvonne, R., et al. 2010. Discourse coherence and cognition after stroke: A dual task study. *Journal of Communication Disorders*, 43(3), 212 – 224.

[1451] Zacks, R. T., & Hasher, L. 1994. Directed ignoring: Inhibitory regulation of working memory. In D. Dagenbach & T. H. Carr (eds.), *Inhibitory Processes in Attention, Memory, and Language*. San Diego, CA: Academic Press, 241 – 264.

[1452] Zahodne, L. B., et al. 2014. Bilingualism does not alter cognitive decline or dementia risk among Spanish-speaking immigrants. *Neuropsychology*, 28(2), 238 – 246.

[1453] Zamponi, H. P., et al. 2021. Olfactory dysfunction and chronic cognitive impairment following SARS-CoV-2 infection in a sample of older adults from the Andes mountains of Argentina [en línea]. *Alzheimer y dementia*. 17, S6, e057897.

[1454] Zanini, S., et al. 2003. Language recovery following subthalamic nucleus stimulation in Parkinson's disease. *NeuroReport*, 14(3), 511 – 516.

[1455] Zanini, S., Tavano, A., & Fabbro, F. 2010. Spontaneous language production in bilingual Parkinson's disease patients: Evidence of greater phonological, morphological and syntactic impairments in native language. *Brain and Language*, 113(2), 84 – 89.

[1456] Zgaljardic, D. J., et al. 2007. Relationship between self-reported apathy and executive dysfunction in nondemented patients with Parkinson disease. *Cognitive and Behavioral Neurology: Official Journal of the Society for Behavioral and Cognitive Neurology*, 20(3), 184 – 192.

[1457] Zhang, T. Y., et al. 2018. Environmental enrichment increases transcriptional and epigenetic differentiation between mouse dorsal and ventral dentate gyrus. *Nature Communications*, 9(1), 298.

[1458] Zhang, Y. B., & Agard, A. 2004. Cultural values presented in television commercials featuring older adults. *Hallym International Journal of Aging*, 6, 167 – 183.

[1459] Zhang, Y. H. 2007. Negotiating a path to efficacy at a clinic of traditional Chinese medicine. *Culture, Medicine and Psychiatry*, 31(1), 73 – 100.

[1460] Zhang, Y., et al. 2018. The short-term improvements of enriched environment in behaviors and pathological changes of APP/PS1 mice via regulating cytokines. *Human Vaccines and Immunotherapeutics*, 14(8), 2003 – 2011.

[1461] Zhang, Y. B., et al. 2006. Older adults in advertising: Multi-national perspectives. *Journal of Language and Social Psychology*, 25(3), 264 – 282.

[1462] Zhao, C., et al. 2014. Spine morphogenesis in newborn granule cells is differentially regulated in the outer and middle molecular layers. *Journal of Comparative Neurology*, 522(12), 2756 – 2766.

[1463] Zheng, J., et al. 2017. Adult hippocampal neurogenesis along the dorsoventral axis contributes differentially to environmental enrichment combined with voluntary exercise in alleviating chronic inflammatory pain in mice. *Journal of Neuroscience*, 37(15), 4145 – 4157.

[1464] Zhou, M. G., et al. 2019. Mortality, morbidity, and risk factors in China and its provinces, 1990 – 2017: A systematic analysis for the Global Burden of Disease Study 2017. *Lancet*, 394(10204), 1145 – 1158.

［1465］Zhou, Y, et al. 2021. Network medicine links SARS－CoV－2/COVID－19 infection to brain microvascular injury and neuroinflammation in dementia-like cognitive impairment. *Alzheimer's Research & Therapy*, 13(1), 110.

［1466］Zhu, L., & Huang, L. 2020. *Pathological Verbal Repetition by Chinese Elders with Dementia of Alzheimer's Type: Structural and Functional Perspectives*. Sheffield: East Asian Pragmatics.

［1467］Zhu, X. Y., et al. 2016. Multimodal (cognitive-physical-psychological) intervention to improve brain plasticity and cognition in older adults. *International Journal of Behavioral Medicine*, 23, S74－S75.

［1468］Zhu, X. Y., et al. 2017. Cognitive-physical-psychological intervention improves cognition and social support in older adults. *Innovation in Aging*, 1(S1), 329.

［1469］Zimmerer, V. C., Wibrow, M., & Varley, R. A. 2016. Formulaic language in people with probable Alzheimer's disease: A frequency-based approach. *Journal of Alzheimer's Disease*, 3, 1145－1160.

［1470］Zuelsdorff, M. L., et al. 2013. Stressful events, social support, and cognitive function in middle-aged adults with a family history of Alzheimer's disease. *Journal of Aging & Health*, 25(6), 944－959.

［1471］Zwirner, P., Murry, T., & Woodson, G. E. 1991. Phonatory function of neurologically impaired patients. *Journal of Communication Disorders*, 24(4), 287－300.

［1472］埃尔德. 2002.《大萧条的孩子们》. 南京：译林出版社.

［1473］艾格洛宁,马克·E.《阿尔茨海默病及其他类型痴呆临床实践指南》(王刚、任汝静主译). 上海：上海交通大学出版社.

［1474］巴克豪斯,彼得、张天伟. 2019. 日本护理沟通研究：文献综述.《语言战略研究》,4(06),55－64.

［1475］白学军等. 2012. 词切分对老年人阅读效率促进作用的眼动心理.《中国老年学杂志》,(32),1224－1226.

［1476］包蕾萍. 2005. 生命历程理论的时间观探析.《社会学研究》,20(4),120－245.

［1477］包蕾萍、桑标. 2006. 习俗还是发生？——生命历程理论视角下的毕生发展.《华东师范大学学报(教育科学版)》,(1),49－55+62.

［1478］卜晓晖、高一虹. 2019. 中文"生前预嘱"的语篇设计意图与使用反馈,《外国语言文学》,(1),60－72.

［1479］卜晓晖. 2017. 中英文生前预嘱语类分析——中文版"我的五个愿望"与

英文版"五个愿望"比较,《中国社会语言学》,(1),2-13.

[1480] 蔡晨.(2020).老年人在家庭代际冲突中的交际策略研究:基于人际关系管理理论.《浙江外国语学院学报》,(05),16-23.

[1481] 蔡美慧、曹逢甫.2014.推行医用台语教学:医疗专业素养与母语维护.《长庚人文社会学报》,7(2),295-325.

[1482] 蔡文辉、卢丰华、张家铭.2015.《老年学导论》.台北:五南图书出版股份有限公司.

[1483] 曹英娇.2001.运动性言语障碍.曾进兴(主编),《语言病理学基础(第二卷)》.台北:心理出版社.

[1484] 曾通刚、赵媛.2019.中国老年人口性别比时空演化及成因分析.《西北师范大学学报(自然科学版)》,55(01),95-101.

[1485] 陈宝国、胡琳.2012.加工速度对晚期第二语言学习者句法加工的影响.《心理科学》,35(05),1031-1038.

[1486] 陈慈薇.2014.年轻与年长者声调感知之研究.中正大学博士学位论文.

[1487] 陈方.2006.注意假设研究述评.《江苏外语教学研究》,1,19-23.

[1488] 陈浩.2013.第二语言口语非流利产出的重复现象研究.《解放军外国语学院学报》,36(01),72-77+106+128.

[1489] 陈红敬、饶克勤、钱军程.2014.澳大利亚应对人口老龄化的社会支持体系分析.《老龄科学研究》,2(05),74-80.

[1490] 陈娇等.2016.短暂性脑缺血发作和轻型卒中患者的认知功能损害研究.《中华行为医学与脑科学杂志》,25(4),338-342.

[1491] 陈锦慧.2015.老年社会语言学研究:乐龄学习情境下的老龄谈话及与老人之沟通策略探讨.《福祉科技与服务管理学刊》,3(1),21-34.

[1492] 陈劲秀.2010.台湾正常中老年人语意流畅度检验之北部地区常模研究.台湾大学心理学研究所.

[1493] 陈俊、张艳辉.2008.言语失误的实验研究与理论模型.《心理科学》,31(3),575-579.

[1494] 陈玟霖.2009.儿童、成人与老年人的口腔轮替运动特性.高雄师范大学硕士学位论文.

[1495] 陈美婷等.2013.照顾一位中年男性急性脑中风合并失语症患者的护理经验.《弘光学报》,71,1-11.

[1496] 陈素惠、梁雁秋、邵荣华.2017.台湾老人研究困境之分析——质性描述性研究.《长庚护理》,28(2),207-218.

[1497] 陈天勇、李德明.2003.执行功能与认知年老化研究的新进展.《中国老年学杂志》,10,710-712.

[1498] 陈天勇、李德明. 2006. 抑制和加工速度与液态智力的年老化.《心理学报》,05,734－742.

[1499] 陈天勇等. 2004. 认知年老化与执行衰退假说.《心理科学进展》,05,729－736.

[1500] 陈彤威. 2012. 以字词提取练习减缓年长者舌尖现象之成效初探. 成功大学硕士学位论文.

[1501] 陈卫. 2016. 国际视野下的中国人口老龄化.《北京大学学报(哲学社会科学版)》,53(06),82－92.

[1502] 陈向明. 2000.《质的研究方法与社会科学研究》. 北京:教育科学出版社.

[1503] 陈新仁. 2004. 论语用平衡.《外语学刊》,6,42－47+112.

[1504] 陈新仁. 2009a.《新编语用学教程》. 北京:外语教学与研究出版社.

[1505] 陈新仁. 2009b. 语用学研究的社会心理维度.《中国外语》,(5),46－52.

[1506] 陈新仁. 身份工作与礼貌评价. 2020.《解放军外国语学院学报》,43(02),1－10+159.

[1507] 陈姚静等. 2018. 优雅地老去——北京BABRI老年脑健康计划.《中国科学:生命科学》,48,721－734.

[1508] 陈奕秀. 2008. 年老与语言衰退的关系——台语词汇语义处理之脑事件相关电位研究. 新竹教育大学硕士学位论文.

[1509] 陈月华、兰云. 2010. 基于中国文化的老年群体媒介诉求分析.《现代传播(中国传媒大学学报)》,(9),16－20.

[1510] 陈卓铭(主编). 2019.《言语治疗》. 北京:电子工业出版社.

[1511] 程凯文、邓颜蕙、尧德中. 2014. 双语(或多语)是否有利抵御老年痴呆症?《心理科学进展》,22(11),1723－1732.

[1512] 程凯文、邓颜蕙、颜红梅. 2019. 第二语言学习与脑可塑性.《心理科学进展》,27(2),209－220.

[1513] 程士静、何文广. 2020. 语义认知的习得、发展和老化及其神经机制.《心理科学进展》.(7),1156－1163.

[1514] 崔贝迪. 2016. 全球化背景下"中国大妈"媒介形象研究. 武汉:华中科技大学硕士学位论文.

[1515] 崔刚、盛永梅. 2000. 语料库中语料的标注.《清华大学学报(哲学社会科学版)》,(1),89－94.

[1516] 戴浩一、黄立鹤. 2019. 台湾老龄化与语言蚀失研究一瞥.《语言战略研究》,4(5),74－75.

[1517] 戴蓉、刘晓加. 2005. 帕金森病的语言障碍.《中国行为医学科学》,(11),

95 - 96.

[1518] 单芳. 2020. 健康老龄化视角下我国的临终关怀服务：挑战、困境及对策. 顾曰国、黄立鹤,《老年语言学与多模态研究》. 上海：同济大学出版社.

[1519] 党俊武. 2014. 老龄问题研究的转向：从老年学到老龄科学.《老龄科学研究》,2,4 - 7.

[1520] 党俊武. 2015.《老龄社会的革命——人类的风险和前景》. 北京：人民出版社.

[1521] 党俊武. 2019. 老年学的拓升与老龄科学中国学派的建构.《老龄科学研究》,7(05),3 - 9.

[1522] 翟艳、冯红梅. 2014. 基于"看图说话"任务的汉语学习者口语流利性发展研究.《华文教学与研究》,04,1 - 7.

[1523] 翟艳. 2011. 口语流利性主观标准的客观化研究.《语言教学与研究》,05,79 - 86.

[1524] 翟振武. 2021. 新时代高质量发展的人口机遇和挑战：第七次全国人口普查公报解读.《经济日报》,2021 年 5 月 12 日.

[1525] 翟振武等. 2021.《中国老龄社会的数据、事实与分析》. 北京：科学出版社、龙门书局.

[1526] 杜慧颖、蔡金亭. 2013. 基于 Coh-Metrix 的中国英语学习者议论文写作质量预测模型研究.《现代外语》,3,77 - 84+115.

[1527] 杜鹏、伍小兰. 2008. 中国老年人身份认同的实证研究.《人口研究》,32(2),67 - 72.

[1528] 杜怡峰. 2019. 血管因素与老年认知功能减退.《中国药理学与毒理学杂志》,33(6),411.

[1529] 范宏振等. 2015. 加工速度、工作记忆以及推理能力的年龄组和受教育程度水平差别.《中国心理卫生杂志》,29(1),60 - 67.

[1530] 范娟娟. 2021. 在京老年流动人口语言调查.《语言战略研究》,6(03),55 - 67.

[1531] 范琳、孙莉、王震. 2021. 老年人语篇阅读推理认知老化研究：回顾与展望.《北京第二外国语学院学报》,43(03),116 - 133.

[1532] 范烨. 2009. 有关注意在二语习得中的作用研究综述.《外语界》,02,56 - 65.

[1533] 方小兵. 2019. 老龄化社会呼唤老年语言学的出场.《中国社会科学报》,2019 - 12 - 03.

[1534] 高春丽等. 2006. 帕金森病患者的发音和言语障碍及治疗学进展.《中华老年医学杂志》,25(9),712 - 715.

[1535] 高国栋等. 2003. 帕金森病患者的抑郁障碍和认知功能分析.《中国老年学》,23(012),829-830.

[1536] 高一虹. 2019a. 死亡话语类型与社会变迁探索.《外语研究》,36(2),3-8,114.

[1537] 高一虹. 2019b. 通往生命终点的对话.《外国语言文学》,(1),44.

[1538] 高莹、樊宇. 2011. 基于语料库的中美大学生口语叙述中停顿现象比较研究.《解放军外国语学院学报》,34(04),71-75+128.

[1539] 高玉华. 2017. 阅读香港:人口高龄化现象与老人长照书选.《全国新书资讯月刊》,224.

[1540] 高云鹏、胡军生、肖健. 2013.《老年心理学》. 北京:北京大学出版社.

[1541] 耿嘉宁. 2017. 基于人民网报道的老年群体媒介形象研究. 郑州大学硕士学位论文.

[1542] 顾曰国. 2002. 北京地区现场即席话语语料库的取样与代表性问题. 中国社会科学院世界经济研究中心. 全球化与21世纪. 北京:社会科学文献出版社.

[1543] 顾曰国、黄立鹤. 2020.《老年语言学与多模态研究》. 上海:同济大学出版社.

[1544] 顾曰国、黄立鹤、周德宇. 2020. 导言:人口老龄、老年学与老年语言学. 顾曰国、黄立鹤,《老年语言学与多模态研究》. 上海:同济大学出版社.

[1545] 顾曰国. 2013. 论言思情貌整一原则与鲜活话语研究——多模态语料库语言学方法.《当代修辞学》,(6),1-19.

[1546] 顾曰国. 2015. 多模态感官系统与语言研究.《当代语言学》,17(4),448-469.

[1547] 顾曰国. 2016. 当下亲历与认知、多模态感官系统与大数据研究模型——以新生婴儿亲历为例.《当代语言学》,18(4),475-513.

[1548] 顾曰国. 2019. 老年语言学发端.《语言战略研究》,4(5),12-33.

[1549] 顾曰国. 2020. 老年语言学引论. 顾曰国、黄立鹤,《老年语言学与多模态研究》. 上海:同济大学出版社.

[1550] 顾曰国. 1999. 使用者话语的语言学地位综述.《当代语言学》,(3),3-14.

[1551] 郭丽君等. 2019. "医养结合"养老模式的国际成功制度与政策分析.《中国老年学杂志》,39(04),975-981.

[1552] 郭莉萍. 2019. 什么是叙事医学.《浙江大学学报(医学版)》,48(5),467-473.

[1553] 郭连荣. 2019. 注意康复训练对脑卒中失语症患者语言功能和注意力水

平的影响.《护理实践与研究》,16(07),153－155.

[1554] 郭玲汝. 2014. 从平均语句长度探讨台湾高龄者闽南语叙述能力. 中正大学硕士学位论文.

[1555] 郭起浩、洪震. 2016.《神经心理评估(第二版)》. 上海：上海科学技术出版社.

[1556] 郭志强、凌震华、李云霞,2018. 基于言语分析建模的阿尔兹海默症自动检测方法.《中国语音学报》,10,111－117.

[1557] 郭子辉、金梦玉. 2014. 中国大陆媒体老人形象窘境及其影响.《新闻传播》,(11),51－52.

[1558] 国家卫生健康委员会. 2018.《中国卫生健康统计摘要》. 北京：中国协和医科大学出版社.

[1559] 国家自然科学基金委员会、中国科学院(编). 2011.《未来10年中国学科发展战略·脑与认知科学》. 北京：科学出版社.

[1560] 韩坤等. 2020. 基于多模态医学图像的Alzheimer病分类方法.《清华大学学报(自然科学版)》,60(8),664－671+682.

[1561] 韩礼德. 2010.《功能语法导论》. 北京：外语教学与研究出版社.

[1562] 韩启德. 2018. 对话韩启德：叙事医学的起点和终点.《叙事医学》创刊号.

[1563] 韩笑、梁丹丹. 2019. 正常老化脑的语言加工及其自适应机制.《当代语言学》,4,586－601.

[1564] 郝福庆、王谈凌、鲍文涵. 2019. 积极应对人口老龄化的战略思考和政策取向.《宏观经济管理》,(02),43－47+61.

[1565] 何洁莹、张清芳. 2017. 老年人书写产生中词汇频率和音节频率效应的时间进程：ERP研究.《心理学报》,49(12),1483－1493.

[1566] 何金彩. 2000. 视空间注意障碍对汉字认知的影响.《中华神经科杂志》,33(3),147－149.

[1567] 何天天. 2016.《人民日报》老年人媒介形象研究(2010—2014). 重庆大学硕士学位论文.

[1568] 何文广. 2017. 语言认知老化机制及其神经基础.《心理学科发展》,(9),1479－1491.

[1569] 何燕等. 2015. 认知储备的测量及其在认知老化中的应用.《心理科学进展》,23(3),430－438.

[1570] 何自然. 1988.《语用学概论》. 湖南：湖南教育出版社.

[1571] 赫利,史蒂芬·B. 等. 2017.《临床研究设计(第4版)》(彭晓霞、唐迅主译). 北京：北京大学医学出版.

［1572］赫琳、王安琪. 2019. 我国老年人语言能力问题及语言服务路径研究.《语言产业研究》,0,135－142.

［1573］侯孝朴、朱祖德. 2016. 句子语义与句法加工老化的事件相关电位研究. 中国心理学会,《第十九届全国心理学学术会议摘要集》.

［1574］胡壮麟. 2012. 超学科研究与学科发展.《中国外语》,9(6),16.

［1575］胡壮麟等. 2017.《系统功能语言学概论(第三版)》. 北京：北京大学出版社.

［1576］华安德、宋阳旨. 2014. 老龄化社会的社会保障问题——以澳大利亚和中国为例.《国外理论动态》,07,82－91.

［1577］黄芳. 2017. 国际期刊死亡话语研究文献计量分析——以 1992—2016 年的 SSCI 为基础.《中国社会语言学》,(1),26－39.

［1578］黄立鹤. 2014. 文盲的语言研究：综述、意义与后续考察.《南荣学报(中国台湾)》,(17),A3(1)－A3(13).

［1579］黄立鹤. 2015a. 近十年老年人语言衰老现象研究：回顾与前瞻.《北京第二外国语学院学报》,(10),17－24.

［1580］黄立鹤. 2015b. 语料库 4.0：多模态语料库建设及其应用.《解放军外国语学院学报》,(3),1－7+48.

［1581］黄立鹤. 2016. 现场即席话语与多模态研究：意义、理论与方法.《北京科技大学学报(社会科学版)》,(5),29－36.

［1582］黄立鹤. 2018a.《基于多模态语料库的语力研究：多模态语用学新探索》. 上海：上海外语教育出版社.

［1583］黄立鹤. 2018b. 研究语言蚀失、服务老龄事业.《中国社会科学报》,2018－3－20.

［1584］黄立鹤. 2019a. 充分利用人工智能推进老年语言学研究.《中国社会科学报》,2019－3－5.

［1585］黄立鹤. 2019b. 多模态语用学视域下的言语行为与情感因素：兼论在老年语言学中的应用.《当代修辞学》,(6),42－52.

［1586］黄立鹤. 2021. 当你老了,语言也会衰老吗——老龄社会的语言问题与我国老年语言学建设.《光明日报》,2021－3－21(5).

［1587］黄立鹤、曲惠宇、杨晶晶. 2022. 老年话语的计算机自动文本分析：进展与前景,《语言战略研究》,39(3)：88－96.

［1588］黄立鹤、王晶、李云霞. 2019. 阿尔茨海默病言语障碍表现及相关神经心理学量表编制问题.《语言战略研究》,4(5),34－45.

［1589］黄立鹤、王鹏. 2021. 老年人数字鸿沟问题亟待解决.《社会科学报》,2021－01－14(003).

［1590］黄立鹤、杨晶晶．2020．老年人语用话语研究现状与趋势分析,《解放军外国语学院学报》,43(6),18－25.

［1591］黄立鹤、杨晶晶．2022a．基于 Coh-Metrix 的汉语阿尔茨海默病患者语篇语用障碍分析.《语言文字应用》,(1)：134－143.

［1592］黄立鹤、杨晶晶．2022b．阿尔茨海默病老年人篇章语用障碍指标构建及测定问题,《外语教学》,43(2)：16－22.

［1593］黄立鹤、杨晶晶．2022c．汉语阿尔茨海默病患者口语非流利性研究,《当代语言学》,24(2)：192－207.

［1594］黄立鹤、杨晶晶、刘卓娅．2021．认知障碍老年人语用补偿研究.《语言战略研究》,(6)：24－35.

［1595］黄立鹤、张弛．2020a．构建中国特色适老语言服务与产品供给体系.《中国社会科学报》,2020－03－30(004).

［1596］黄立鹤、张弛．2020b．近十五年国内外老年人语言蚀失研究：领域、现状与启示.顾曰国、黄立鹤,《老年语言学与多模态研究》.上海：同济大学出版社.

［1597］黄立鹤、张德禄．2019．多核并行架构：多模态研究的范式、路径及领域问题之辨.《外语教学》,40(1),21－26.

［1598］黄立鹤、朱琦．2019．老年语言学研究的语用维度：视角、方法与议题.《华东师范大学学报(哲学社会科学版)》,(6),129－137＋179.

［1599］黄立鹤、朱琦．2020．我国老年形象符号的多模态构建及解析.《外国语言文学》,37(03),260－277.

［1600］季传峰．2015．积极老龄化视角下的中老年外语学习动机研究.《当代继续教育》,33(005),72－76.

［1601］贾建平．2008.《临床痴呆病学》.北京：北京大学医学出版社.

［1602］贾云竹、谭琳．2012．我国人口老龄化过程中的女性化趋势研究.《人口与经济》,3,1－7.

［1603］江进林．2016．Coh-Metrix 工具在外语教学与研究中的应用.《中国外语》,13(5),58－65.

［1604］江铭虎．2019.《语言的 ERP 脑电认知》.北京：清华大学出版社.

［1605］江涌．2006.《国际实现和谐社会的经验与启示》.北京：时事出版社.

［1606］姜孟、田真玲．2019．帕金森患者动作语义加工选择性缺陷研究.《语言战略研究》,4(5),46－57.

［1607］姜伟等．2001．老年人听觉功能特点分析.《听力学及言语疾病杂志》,9(1),5－8.

［1608］姜文斐、汤雅馨、潘卫东．2016．认知储备能与认知功能障碍的新进展.

《中国临床神经科学》,24(2),239－243.

[1609] 蒋索、邹泓、胡茜. 2008. 国外自我表露研究述评.《心理科学进展》,16(1),114－123.

[1610] 蒋燕、顾曰国. 2020. 老人上当受骗案:调查、语用和决策推理分析. 顾曰国、黄立鹤,《老年语言学与多模态研究》. 上海:同济大学出版社.

[1611] 蒋玉波、赵小妹、夏娟. 2020. 医患冲突话语语用学研究.《锦州医科大学学报(社会科学版)》,18(02),19－21.

[1612] 金霞. 2012. 工作记忆容量限制对二语学习者口语产出的影响.《外语教学与研究》,44(04),523－535+640.

[1613] 金哲. 1994. 论当代交叉学科.《上海社会科学院学术期刊》,3,14－19.

[1614] 凯默勒,戴维. 2017.《语言的认知神经科学》. 王穗苹、周晓林等译. 杭州:浙江教育出版社.

[1615] 康凯、海舰、王大鹏. 2018. 血管危险因素与老年认知功能障碍的研究进展.《中华老年多器官疾病杂志》,17(12),945－948.

[1616] 克里斯滕森,拉里等. 2018.《研究方法设计与分析》(赵迎春译). 北京:商务印书馆.

[1617] 库尔马斯,弗洛里安、阎喜、方小兵. 2019. 时间、人口和语言.《语言战略研究》,4(6),33－41.

[1618] 黎莹、关汉添、周钰. 2020. 轻度认知功能障碍患者的语义记忆损害与神经调控.《中国组织工程研究》,24(32),5236－5242.

[1619] 李德明等. 2004. 加工速度和工作记忆在认知毕生发展过程中的作用.《南京师大学报(社会科学版)》,01,81－87.

[1620] 李芳等. 2019. 倾听患者的声音:中国2型糖尿病患者疾病管理访谈分析.《中国医学伦理学》,(12),1553－1561.

[1621] 李峰等. 2011. 农村社区老年人自评状况、社会支持与老年痴呆症患病率的关系研究.《中华疾病控制杂志》,15(1),19－21.

[1622] 卡贝扎等. 2009.《脑老化认知神经科学》(李鹤译). 北京:北京师范大学出版社.

[1623] 李欢. 2018. 人生暮歌:我国老年题材纪录片中的老年形象建构. 华中师范大学硕士学位论文.

[1624] 李慧、孙东升. 2016. 欧洲4国养老制度改革对中国推进新农保建设的启示.《世界农业》,8,16－20.

[1625] 李建新、夏翠翠. 2019. 中国老年人口疾病转型:传统与现代.《人口与发展》,25(4),94－105.

[1626] 李晶. 2019. 老龄社会背景下的老龄社会学研究.《老龄科学研究》,7

（04），3 - 10.

[1627] 李钧鹏. 2011. 生命历程刍议.《华东理工大学学报（社会科学版）》，26（2），1 - 7.

[1628] 李俊、王红漫. 2018. 美国老年人口结构变化及健康养老制度演进对中国的启示.《中国老年学杂志》，38（17），4346 - 4349.

[1629] 李坤成. 2014. 阿尔茨海默病神经影像学研究进展.《中国现代神经疾病杂志》，14（3），176 - 180.

[1630] 李民、肖雁. 2012. 语用能力分析框架述评.《外语教学理论与实践》，3（03），50 - 56.

[1631] 李强、邓建伟、晓筝. 1999. 社会变迁与个人发展：生命历程研究的范式与方法.《社会学研究》，（6），1 - 18.

[1632] 李胜利、张庆苏. 2003. 构音障碍的发音、言语表现与治疗.《中国康复理论与实践》，9（1），62 - 64. DOI：10. 3969/j. issn. 1006 - 9771. 2003. 01. 023.

[1633] 李甦、杨玉芳. 2016. 为什么存在语言学习的关键期?.《科学通报》，61（25），2786 - 2792.

[1634] 李嵬. 2019. 人口语言学：理论与方法.《语言战略研究》，4（6），19 - 32.

[1635] 李雪艳、王慧莉. 2020. 言语幽默的认知老化及其神经基础. 顾曰国、黄立鹤，《老年语言学与多模态研究》. 上海：同济大学出版社.

[1636] 李妍等. 2019. 轻度阿尔茨海默病患者自发语言特点研究.《中华神经科杂志》，（03），177 - 183.

[1637] 李彦、王丽娟、张玉虎. 2016. 帕金森病执行功能障碍的研究进展.《中华老年心脑血管病杂志》，18（05），553 - 555.

[1638] 李咏雪等. 2020. 励-协夫曼言语治疗对中国帕金森病患者言语功能的影响.《中华物理医学与康复杂志》，42（3），245 - 248.

[1639] 李宇峰、朱娜. 2018. 老年人语码使用现状及其影响因素研究.《东北师大学报（哲学社会科学版）》，（6），77 - 81.

[1640] 李宇峰. 2016. 老年人言语交际障碍实证研究. 吉林大学博士学位论文.

[1641] 李宇明、王春辉. 2019. 论语言的功能分类.《当代语言学》，（1），1 - 22.

[1642] 李宇明. 2018. 语言学是一个学科群.《语言战略研究》，3（1），15 - 24.

[1643] 梁丹丹. 2012.《自然话语中的重复现象》. 北京：世界图书出版公司北京公司.

[1644] 梁津瑜、章军建. 2017. 认知储备的测量与研究进展.《中国临床神经科学》，25（3），337 - 341.

[1645] 廖宥蓁、曾进兴. 2008. 失语症患者功能性沟通的需求与表现.《台湾复健

医学杂志》,36(2),75-87.

[1646] 林宝. 2018. 人口老龄化城乡倒置：普遍性与阶段性.《人口研究》,42(03),38-50.

[1647] 林崇德、杨治良、黄希庭. 2003.《心理学大辞典》. 上海：上海教育出版社.

[1648] 林正坤等. 2015. 旋律语调疗法及其不同成分对非流畅性失语症的作用机制.《中国康复医学杂志》,30(11),1184-1187.

[1649] 林忠永、万鹏宇、杨鑫国. 2018. 孤独感与老年人形象的关系：焦虑和感知社会支持的链式中介作用研究.《中国全科医学》,(20),90-94.

[1650] 刘楚群. 2015. 老年人口语填塞性"这个/那个"调查研究.《南开语言学刊》,(2),104-111.

[1651] 刘楚群. 2016a. 老年人话语缺损现象研究.《语言规划学研究》,(1),46-57.

[1652] 刘楚群. 2016b. 老年人口语非流利性词内重复研究.《汉语学报》.(2),66-74.

[1653] 刘楚群. 2018. 老年人口语冗余性词语重复现象研究.《华中学术》,(1),144-155.

[1654] 刘楚群. 2020a. 老年人口语"呃"类填塞语研究.《语言战略研究》,5(1),78-89.

[1655] 刘楚群. 2020b. 口语非流利产出与衰老关联度研究.《井冈山大学学报（社会科学版）》,41(05),108-114.

[1656] 刘楚群. 2021.《老年人口语非流利现象研究》. 北京：光明日报出版社.

[1657] 刘红艳. 2014. 基于语料库的老年性痴呆患者找词困难研究.《解放军外国语学院学报》,37(1),42-52.

[1658] 刘红艳. 2020. 阿尔茨海默症患者语言障碍研究现状和进展——基于病理语言学的实验研究综述.《外语电化教学》,(5),72-78+11.

[1659] 刘红艳等. 2020. 双语经验与认知健康老化研究综述. 顾曰国、黄立鹤,《老年语言学与多模态研究》,上海：同济大学出版社.

[1660] 刘佳等. 2019. 血脂异常与老年2型糖尿病患者轻度认知功能障碍的相关性.《中华老年多器官疾病杂志》,18(12),881-884.

[1661] 刘建鹏、赵俊海、杜惠芳. 2017. 基于语料挖掘的阿尔茨海默症患者话语深层正式度研究.《解放军外国语学院学报》,40(3),36-44.

[1662] 刘建鹏. 2019. 阿尔茨海默症患者话语的非名词性资源蚀失.《当代语言学》,21(4),602-617.

[1663] 刘军国. 2020. 日本老龄化问题加剧. 取自 http：//health. people. com. cn/

n1/2020/0421/c14739 – 31681472. html,2020 – 4 – 21.

[1664] 刘琳等. 2011. 帕金森病患者的言语功能障碍.《中华老年医学杂志》,(08),693 – 695.

[1665] 刘露奇等. 2013. 双语经验对老年者工作记忆广度的影响.《社会心理科学》,(12),48 – 50.

[1666] 刘民. 2018.《医学科研方法学》. 北京:人民卫生出版社.

[1667] 刘世铸、侯杰. 2006. 计算机辅助语篇分析及其应用前景.《外语电化教学》,(5),28 – 32.

[1668] 刘世铸、张征. 2003. 修辞结构理论与 RST 工具.《外语电化教学》,(4),23 – 26.

[1669] 刘思耘、江帆. 2014.《认知心理学经典实验范式》. 武汉:华中师范大学出版社.

[1670] 刘婷、余晶波. 2019. 国内外医养结合养老模式的经验和启示.《现代实用医学》,31(12),1567 – 1569+1572.

[1671] 刘文宇、李珂. 2017. 报刊和微博中老年人身份建构差异研究.《外语与外语教学》,(6),71 – 80+147.

[1672] 刘雪萍等. 2018. 成功老化内涵及影响因素分析.《心理发展与教育》,34(2),249 – 256.

[1673] 刘亚秋. 2019. 社会记忆中的性别话语——以女知青与农民婚姻的两类叙事为例.《青年研究》,(3),82 – 93+96.

[1674] 刘义等. 2014. 中医古代主心说的发展与思考.《中华中医药杂志》,29(11),3388 – 3390.

[1675] 刘玉娟. 2019. 执行功能与儿童早期语言能力发展的研究综述.《中国特殊教育》,09,91 – 96.

[1676] 刘远立等. 2018.《中国老年健康研究报告》. 北京:社会科学文献出版社.

[1677] 刘远文等. 2018. 中国台湾护理之家发展概况及对中国大陆养老服务的启示.《中国老年学杂志》,38(21),5355 – 5357.

[1678] 刘振彩等. 2017. 老年广泛性脑萎缩患者并发认知功能障碍的临床特点.《中国老年学杂志》,37(06),1482 – 1483.

[1679] 刘志扬. 2006. 西藏农民在就医行为选择上的文化观念.《开放时代》,(4),111.

[1680] 柳四新等. 2001. 原发性震颤与特发性帕金森病言语功能障碍的研究.《临床神经病学杂志》,14(5),275 – 276.

[1681] 楼苏萍、王佃利. 2016. 老龄化背景下东亚家庭主义的变迁——以日韩老

年人福利政策为例.《公共行政评论》,9(04),88 - 103+207 - 208.

[1682] 鲁广秀、杨爱兰、贺维亚. 2001. 老年人单纯构音障碍的康复治疗.《现代康复》,5(17),67.

[1683] 陆镜光. 2020. 会话分析和汉语话语研究——新方法、新语料、新发现.《汉语国际教育学报》,6(1),3 - 25.

[1684] 陆前、刘海涛. 2016. 人类语言中交叉与距离关系的计量分析.《山西大学学报(哲学社会科学版)》,39(4),49 - 56.

[1685] 罗倩、彭聃龄. 2001. 痴呆症的语言研究.《当代语言学》,3(2),108 - 118.

[1686] 罗婷、焦书兰. 2002. 认知加工速度研究中常用的实验和统计方法.《心理科学进展》,(1),21 - 28.

[1687] 吕明臣、李宇峰. 2016. 老年人常见言语交际习惯调查分析.《社会科学战线》,(3),279 - 282.

[1688] 马冬梅. 2012. 口语非流利产出分类体系研究.《外语与外语教学》,(04),30 - 34+52.

[1689] 马永兴、俞卓伟. 2008.《现代衰老学》. 北京:科学技术文献出版社.

[1690] 马媛媛等. 2020. 老年糖尿病患者低血糖与认知功能障碍的研究进展.《医学综述》,26(2),351 - 355.

[1691] 毛晓飞等. 2019. 舌尖现象老化的认知机制.《心理技术与应用》,7(6),378 - 387.

[1692] 莫书亮、孙葵、周宗奎. 2012. 老年人日常人际问题解决中的悲伤情绪体验和情绪调节策略:年龄和人格特质的作用.《心理科学》,35(1),111 - 116.

[1693] 缪海燕. 2009. 第二语言口语非流利产出的停顿研究.《解放军外国语学院学报》,32(4),56 - 60.

[1694] 穆光宗. 2014. 加拿大人口老龄化的挑战与应对.《中国社会报》,2014 - 01 - 06(004).

[1695] 潘荣华、杨芳. 2002. 人文医学和医学人文学引论.《中华医院管理杂志》,(10),38 - 40.

[1696] 潘文静、温芳芳、佐斌. 2018. 老年刻板印象威胁及其研究操纵.《心理科学进展》,(9),1670 - 1679.

[1697] 裴倩、张通、宋鲁平. 2015. 注意训练对卒中后非流畅性失语症患者汉字加工能力的影响.《中国康复理论与实践》,31(03),296 - 302.

[1698] 彭华茂、申继亮、王大华. 2006. 认知老化过程中视觉功能、加工速度和工作记忆的关系.《中国老年学杂志》,(1),1 - 3.

[1699] 齐凡翔等. 2015. 年长者听障问卷——筛检版得分与纯音及语音听力检查结果之相关性.《台湾耳鼻喉头颈外科杂志》,50(4),257-265.

[1700] 钱红、郝又国. 2016. 音乐疗法结合言语训练在脑卒中失语症康复中的应用研究.《中国康复》,31(005),349-351.

[1701] 乔尚奎等. 2014. 加拿大养老保障制度运行实践与经验借鉴.《重庆社会科学》,(06),5-15.

[1702] 乔文达. 2006. 间隔提取法在阿尔茨海默病认知康复中的应用.《中国康复理论与实践》,12(12),1073-1075.

[1703] 乔园等. 2014. 阿尔茨海默病的语言障碍研究进展.《诊断学理论与实践》,13(4),433-436.

[1704] 秦朝霞、顾琦一. 2011. 写作话题熟悉度与国内习作者书面语语篇衔接手段运用:基于一种自动测量方法的对比研究.《西安外国语大学学报》,19(1),95-98.

[1705] 秦晓晴. 2009.《外语教学问卷调查法》. 北京:外语教学与研究出版社.

[1706] 邱倚璇、王静谊. 2014. 台湾年长者语言产生特性.《辅仁社会研究》,(4),85-127.

[1707] 裘晨晖. 2015. 国内应用语言学研究中民族志方法使用述评.《语言教育》,(2),74-78,封三.

[1708] 冉永平、李欣芳. 2017. 临床语用学视角下语用障碍的交叉研究.《外国语》. 40(2),28-38.

[1709] 桑助来. 2016. 德国应对人口老龄化挑战的对策及启示.《中国人力资源社会保障》,(12),48-49.

[1710] 盛建华、高之旭. 2000. 情景记忆.《上海精神医学》,(4),244.

[1711] 史瑞芬. 2008.《医疗沟通技能》. 北京:人民军医出版社.

[1712] 宋娟、吕勇. 2006. 语义启动效应的脑机制研究综述.《心理与行为研究》,4(1),75-80.

[1713] 宋叶华等. 2011. 阿尔茨海默病的书写障碍研究.《中华脑血管病杂志(电子版)》,5(1),55-59.

[1714] 苏丹等. 2012. 我国农村与城镇空巢老人抑郁状况与社会支持的比较.《中国老年学杂志》,(002),359-360.

[1715] 苏玲、陈俊. 2011. 为什么会出现"舌尖现象"?——TOT 现象发生机制之争.《心理科学》,34(1),77-81.

[1716] 孙飞凤、黄立鹤. 2019.《医患互动机制研究:从语言本体到多模态》. 北京:北京交通大学出版社.

[1717] 孙厚亮等. 2006. 阿尔茨海默病患者的执行功能障碍.《中华神经科杂

志》,(02),84-88.

[1718] 唐木得等. 2008. 多感官治疗技术介绍.《第三届全国儿童康复学术会第十届全国小儿脑瘫学术研讨会论文汇编》.

[1719] 唐毅. 2017. 阿尔茨海默病诊断标准:从临床诊断到病理生理诊断.《山东大学学报(医学版)》,(10),14-20.

[1720] 唐颖. 2010. 综合应用电刺激结合康复训练治疗脑卒中构音障碍.《中国康复》,25(2),98-99.

[1721] 陶短房. 2018. 加拿大养老制度的启示.《同舟共进》,(01),31-33.

[1722] 陶源、姜占好. 2012. 语用能力培养的认知观.《外语学刊》,(03),96-99.

[1723] 田金洲. 2012.《中国痴呆诊疗指南》. 北京:人民卫生出版社.

[1724] 万勤. 2016.《言语科学基础》. 上海:华东师范大学出版社.

[1725] 汪然. 2015. 德国应对人口老龄化的政策.《中国社会报》,(05),52-53.

[1726] 汪涛. 2017.《实验、测量与科学》. 北京:东方出版社.

[1727] 王冰飞等. 2018. 主观认知下降的概念及评估工具研究进展.《中国老年学杂志》,38(22),5626-5629.

[1728] 王成. 2015. 汉语书写产生中正字法信息提取的认知机制. 中国科学院大学博士学位论文.

[1729] 王刚. 2014.《痴呆及认知障碍神经心理测评量表手册》. 北京:科学出版社.

[1730] 王海英、梁波. 2014. 老龄化与养老服务:香港的经验与启示.《中国人力资源开发》,(16),85-90,97.

[1731] 王红、陈卓铭. 2006. 脑卒中后遗构音障碍的诊断与治疗.《新医学》,37(11),717-719+738. DOI:10.3969/j.issn.0253-9802.2006.11.008.

[1732] 王建武. 2018. 加拿大老年保障制度对我国应对老龄化社会的启示.《中国社会工作》,(05),54-57.

[1733] 王君、陈天勇. 2012. 抑制控制与高级认知功能的关系.《心理科学进展》,20(11),1768-1778.

[1734] 王丽红等. 2010. 老年人汉语阅读时知觉广度的眼动变化.《中国老年学杂志》,30(1),240-243.

[1735] 王丽红等. 2012. 词频和语境预测性在老年人阅读中的作用:眼动研究.《中国老年学杂志》,32(16),3503-3507.

[1736] 王陇德等. 2022.《中国脑卒中防治报告2020》概要.《中国脑血管病杂志》,19(02),136-144.

[1737] 王沛、胡林成. 2002. 社会信息加工领域中的情境模型理论.《心理科学进

展》,10(3),285-289.

[1738] 王沛. 1998. 自传体记忆研究述评.《西北师大学报(社会科学版)》, (05),13-18+115.

[1739] 王鹏. 2014. 香港人口政策新变化及其启示.《南方论刊》,(11),32-33+37.

[1740] 王鹏云、李娟. 2009. 轻度认知损伤的语义记忆研究述评.《心理科学进展》,(17),931-937.

[1741] 王士元. 2018. 语言和生命时程.《政大中文学报》,(30),5-36.

[1742] 王硕. 2011. 西藏城市老年人社会交往评价及其结构的研究. 中央民族大学硕士学位论文.

[1743] 王希竹、金晓艳. 2020. 汉语二语学习者口语非流利填充型停顿研究.《东北师大学报(哲学社会科学版)》,(02),84-92.

[1744] 王希竹、彭爽. 2017. 汉语二语学习者口语非流利产出分类体系探析.《延边大学学报(社会科学版)》,50(05),100-105+143.

[1745] 王小潞、汪运起. 2010. 口误的意识性探究.《自然辩证法通讯》,(5),21-25.

[1746] 王晓妮等. 2015. 遗忘型轻度认知障碍患者脑白质网络拓扑特性的改变. 《中华神经科杂志》,48(9),740-747. DOI：10. 3760/cma. j. issn. 1006-7876. 2015. 09. 002.

[1747] 王艳华等. 2016. 首次发作年龄对老年抑郁症患者认知功能的影响.《中国神经精神疾病杂志》,42(3),145-149.

[1748] 王育新、张本恕. 2007. 脑卒中失语症和阿尔茨海默病的语义记忆损害的研究.《中风与神经疾病杂志》,24(4),466-468.

[1749] 霍耶,威廉·J.、路丁,保罗·A. 2008.《成人发展与老龄化(第五版)》(黄辛隐等译). 南京：凤凰出版传媒集团、江苏教育出版社.

[1750] 魏日宁、李昕宇. 2022. 老年人语码使用现状调查研究：以江苏省为例. 黄立鹤(编著),《老年语言学研究新进展》. 上海：同济大学出版社.

[1751] 魏日宁. 2012. 再谈外语定量研究中的效应幅度.《现代外语》,35(04),416-422+438.

[1752] 温颖茜、滴石. 2019. 基于叙事医学理论的老病死叙事话语探析.《语言战略研究》,4(5),58-70.

[1753] 文婧. 2020. 日本的养老服务模式及其经验教训.《特区经济》,01,86-89.

[1754] 邬沧萍等(编). 1999.《社会老年学》. 北京：中国人民大学出版社.

[1755] 吴国良等. 2014. 痴呆症(智退症)临床语言使用障碍研究概述.《当代语

言学》,16(4),452 – 465.

[1756] 吴翰林等. 2020. 语言能力的老化机制：语言特异性与非特异性因素的共同作用.《心理学报》,52(5),541 – 561.

[1757] 吴明隆. 2000.《SPSS 统计应用实务》. 中国铁道出版社.

[1758] 吴瑕、钟希莘、姜云鹏. 2022. 不同搜索情境下老化对自上而下注意加工的影响.《心理发展与教育》,38(01),26 – 34.

[1759] 伍麟、邢小莉. 2009. 注意与记忆中的"积极效应"——"老化悖论"与社会情绪选择理论的视角.《心理科学进展》,17(2),362 – 369.

[1760] 夏玉琼. 2014. 医患会话中冲突性话语的顺应性研究.《开封大学学报》,28(04),57 – 61.

[1761] 向运华、王晓慧. 2019. 人工智能时代老年健康管理研究.《新疆师范大学学报（哲学社会科学版）》,40(04),98 – 107.

[1762] 肖容、梁丹丹、李善鹏. 汉语普通话声调感知的老年化效应：来自 ERP 的证据.《心理学报》,52(1),1 – 11.

[1763] 谢立黎、黄洁瑜. 2014. 中国老年人身份认同变化及其影响因素研究.《人口与经济》,(1),55 – 66.

[1764] 徐继菊、高一虹. 2020. 死亡态度主题叙事的话语特征——基于西南地区 15 位老人的访谈[J].《云南师范大学学报（哲学社会科学版）》,52(04),52 – 59.

[1765] 徐兴仁. 2018.《年龄因素的及物性研究：以中国老年人叙述为例》. 天津：南开大学出版社.

[1766] 徐兴文. 2019. 东亚人口老龄化危机下老年社会福利制度的挑战与展望——以中国、日本和韩国为例.《贵州师范大学学报（社会科学版）》,(01),15 – 23.

[1767] 许颖等. 2015. 成人听力言语康复系统在老年脑卒中构音障碍患者中的临床应用研究.《老年医学与保健》,21(3),141 – 143.

[1768] 许颖等. 2017. 成人听力言语康复系统用于脑卒中后构音障碍患者言语训练的效果观察.《现代医学》,45(10),1446 – 1449.

[1769] 阎瑾、王世军. 2018. 新媒体语境下我国老年人形象污名化探析——以"大爷""大妈"为例.《传媒》,(17),79 – 81.

[1770] 杨红升. 2004. 自传体记忆研究的若干新进展.《北京大学学报（自然科学版）》,40(6),1001 – 1010.

[1771] 杨军. 2004. 口语非流利产出研究述评.《外语教学与研究》,(04),278 – 284+321.

[1772] 杨晶晶、周德宇、黄立鹤. 2022. 认知老化与老年人隐喻能力研究的视野

与方向.《外语学刊》,(5).

[1773] 杨群、张清芳. 2015. 口语产生中词频效应、音节频率效应和语音促进效应的认知年老化.《心理科学》,38(6),1303 - 1310.

[1774] 杨晓辉. 2017.《儿童执行功能发展与促进》. 西安:陕西师范大学出版社.

[1775] 杨晓霖、易雅琴、凌志海. 2021. 叙事老年学语境下的老年叙事闭锁.《医学与哲学》,42(20), 51 - 55.

[1776] 杨心绵. 2011. 台湾北部地区正常中老年人简短式高级大脑皮质功能检查量表常模研究. 台湾大学理学院心理学研究所.

[1777] 杨延宁. 2014.《应用语言学的质性研究方法》. 北京:商务印书馆.

[1778] 杨亦鸣、刘涛. 2010. 中国神经语言学研究回顾与展望.《语言文字应用》,(2),12 - 25.

[1779] 杨玉芳,2017.《心理语言学》. 北京:科学出版社.

[1780] 杨展等. 2017. 中国城乡老年人抑郁症状及其影响因素差异的分析.《中华流行病学杂志》,38(8),1088 - 1093.

[1781] 杨郑、孙颖. 2017. 老年心血管病与认知功能障碍的相关性.《中华老年心脑血管病杂志》,19(1):97 - 99.

[1782] 殷洁、彭仲仁. 2017. 积极老龄化:美国活跃退休社区对中国养老社区建设的启示.《国际城市规划》,32(06),125 - 131.

[1783] 殷文. 2008. 广告与老年群体的话语"增权"——以广告中的老年形象为例.《兰州学刊》,(10),102 - 105.

[1784] 尹述飞、彭华茂. 2013. 偏题言语及其老化机制.《心理科学进展》,21(3),487 - 494.

[1785] 尤志珺等. 2004. 脑卒中后汉语语法缺失与脑损害区域的关系.《中华物理医学与康复杂志》,26(6),354 - 357. DOI:10. 3760/j:issn:0254 - 1424. 2004. 06. 013.

[1786] 于恩彦. 2021.《中国老年期痴呆防治指南(2021)》. 北京:人民卫生出版社.

[1787] 于涵静. 2020. 中国学习者英语口语流利性动态发展研究——兼论复杂性、准确性和流利性的互动关系.《外语界》,(2),81 - 89.

[1788] 于增志等. 2012. 老年患者脑卒中后失语症应用 Loewenstein 认知评定量表的临床研究.《中华老年心脑血管病杂志》,14(3),243 - 246.

[1789] 余林. 2014.《认知老化的心理学研究》. 北京:科学出版社.

[1790] 俞敏萱等. 1997. 健康老年人单音、图像、汉字结构识别的事件相关电位研究.《临床神经病学杂志》,(1),33 - 36.

[1791] 袁杰等. 2011. 社区老人抑郁障碍流行病学调查及其防治对策.《中国老年学杂志》,(22),4435 – 4437.

[1792] 袁荣珊. 2008. 增权理论的内容及其产生的政治思想基础.《法制与社会》,(17),234.

[1793] 袁亚运. 2016. 健康状况、社会性因素与老年人身份认同——基于中国老年社会追踪调查 2012 年调查数据.《人口与社会》,(3),106 – 116.

[1794] 战菊、朴玉. 2010. 老龄化社会背景下语言资源分配中的伦理关怀.《南京社会科学》,(11),134 – 139.

[1795] 张德禄. 2005. 语篇衔接中的形式与意义.《外国语(上海外国语大学学报)》,(05),32 – 38.

[1796] 张改云. 2011. 老年人血液生化指标特点分析.《临床合理用药》,4(9B),96.

[1797] 张红蕾等. 2019. 老年人听力损失及言语识别能力调查及高危影响因素分析.《中华耳鼻咽喉头颈外科杂志》,54(2),116 – 120.

[1798] 张宏宇、许燕. 2011. 自传体记忆测验(AMT)中线索词的标准化评定.《心理学探新》,(6),24 – 28.

[1799] 张慧敏. 2012. 欧洲国家应对老龄化社会危机的经验与启示.《内蒙古农业大学学报(社会科学版)》,14(01),250 – 251.

[1800] 张积家、陆爱桃. 2007. 语音回路和视空间模板对音位流畅性和语义流畅性的影响.《心理学报》,39(6),1012 – 1024.

[1801] 张洁、王琼、曹宏伟. 2021. 老年糖尿病患者低血糖与认知功能障碍的相关性.《中华全科医学》,19(10),1677 – 1679. DOI:10.16766/j.cnki.issn.1674 – 4152.002140.

[1802] 张晶等. 2020. 慢性心力衰竭相关认知功能障碍研究进展[J].《临床荟萃》,35(07),657 – 661.

[1803] 张兰兰、闫国利、王丽红. 2011. 老年人汉语阅读中预视效益的眼动研究.《应用心理学》,17(4),318 – 324.

[1804] 张丽丽. 2016. 中国 EFL 学习者句法复杂度自动测量研究——以 L2SCA 和 D – Level Analyzer 为工具.《广西师范大学学报(哲学社会科学版)》,(2),128 – 135.

[1805] 张孟强、任姗姗. 2019. 美国养老服务发展经验与启示.《中国民政》,(03),54 – 55.

[1806] 张清芳. 2019.《语言产生:心理语言学的视角》. 上海:华东师范大学出版社.

[1807] 张涛等. 2011. 基于元音分类度的帕金森病语音特征分析.《中国生物医

学工程学报》,30(03),476-480.

[1808] 张天齐等. 2020. 澳门回归 20 年老龄健康服务策略分析. 卫生经济研究,
37(1),11-14,17.

[1809] 张文忠、吴旭东. 2001. 第二语言口语流利性发展定量研究.《现代外
语》,(04),342-351+341.

[1810] 张文忠. 1999. 第二语言口语流利性发展的理论模式.《现代外语》,
(02),205-217.

[1811] 张文忠. 2000. 第二语言口语流利性发展的定性研究.《现代外语》,
(03),274-282+273.

[1812] 张闻宇等. 2020. 不同抑郁程度的老年抑郁症患者认知功能损害比较.
《临床精神医学杂志》,30(1),18-20.

[1813] 张新军. 2011. 叙事医学——医学人文新视角.《医学与哲学(人文社会
医学版)》,(9),8-10.

[1814] 张信勇. 2015. LIWC:一种基于语词计量的文本分析工具.《西南民族大
学学报》,36(4),101-104.

[1815] 张永伟、顾曰国. 2018. 基于大规模语料库的情感与修辞互动研究.《当代
修辞学》,207(3),42-58.

[1816] 张占军. 2018.《中国老年脑健康报告 2018》. 北京:人民卫生出版社.

[1817] 张志杰、黄希庭. 2003. 自传体记忆的研究.《心理科学》,26(1),34-36.

[1818] 赵宝华. 2016.《谁也绕不开的问题》. 北京:国家行政学院出版社.

[1819] 赵丹、余林. 2016. 社会交往对老年人认知功能的影响.《心理科学进
展》,24(1),46-54.

[1820] 赵俊海. 2012. 阿尔茨海默病患者话语的系统功能语言学研究. 西南大学
博士学位论文.

[1821] 赵俊海. 2014. 阿尔茨海默症语言功能失调的类型及特征评述.《学术探
索》,(8),129-134.

[1822] 赵曼丽、宋彦. 2017. 美国 CCRC 模式对我国社区养老模式的启示——
基于 Carol Woods 的实地调研.《现代商贸工业》,38(29),128-130.

[1823] 赵倩华等. 2007. 言语流畅性测验在痴呆识别和鉴别诊断中的应用.《中
国临床心理学杂志》,15(3),15-17+23.

[1824] 赵微. 2004. 汉语阅读困难学生语音意识与视觉空间认知的实验研究. 华
东师范大学博士论文.

[1825] 真樹菅沼. 1997. 老年期の自己開示と自尊感情. 日本教育心理学会,
(45),378-387.

[1826] 郑红娥、王伟. 2014. 中国乡村基督徒疾病观与就医行为:以山东某村庄

为例.《世界宗教文化》,(1),98-101.

[1827] 郑作彧、胡珊. 2018. 生命历程的制度化：欧陆生命历程研究的范式与方法.《社会学研究》,33(2),214-241+246.

[1828] 中华医学会精神医学分会老年精神医学组. 2017. 神经认知障碍精神行为症状群临床诊疗专家共识.《中华精神科杂志》,50(5),335-339.

[1829] 中华医学会神经病学分会、中华医学会神经病学分会神经康复学组、中华医学会神经病学分会脑血管病学组. 2017. 中国脑卒中早期康复治疗指南.《中华神经科杂志》,50(6),405-412.

[1830] 周爱洁、张弛. 2006. COOL EDIT PRO 软件在英语口语流利性测量中的应用.《外语电化教学》,(02),67-70.

[1831] 周德宇、黄立鹤、杨晶晶. 2020. 老年语言学研究的时间维度：毕生发展与生命历程.《浙江外国语学院学报》,(5),2-15.

[1832] 周亮等. 2009. 青年人和老年人不同联想强度词汇语义启动效应研究.《中国康复医学杂志》,24(01),41-44.

[1833] 周倩、廖小根、姜孟. 2020. 帕金森病患者动作语言选择性受损研究进展.《中国康复医学杂志》,35(12),1547-1551.

[1834] 周珊珊等. 2006. 老年人和青年人注意网络的研究.《国际神经病学神经外科学杂志》,(2),115-118.

[1835] 周晓林等. 1999. 非语义性命名障碍——一个认知神经心理学的个案研究.《心理科学》,(4),289-292+309-381.

[1836] 周鑫宇. 2016. 定位理论视角下的外交演讲与国家形象构建.《中国外语》,(6),19-23.

[1837] 周治金、陈永明、杨丽霞. 2002. 语言理解中抑制机制的研究概况.《心理科学进展》,(04),375-381.

[1838] 朱建勋. 2019. 叙事医学干预对老年病患者心理健康的影响.《中国医学伦理学》,32(2),173-176.

[1839] 朱明伟、王鲁宁. 2014. 脑老化及相关神经疾病新进展.《中国现代神经疾病杂志》,14(03),161-169.

[1840] 朱志明等. 1986. 长寿和遗传关系的若干问题.《遗传与疾病》,8(1),54-57.

后　记

如果把 2001 年罗倩、彭聃龄发表在《当代语言学》上的《痴呆症的语言研究》一文①视为我国语言学学术期刊关注老年人语言障碍所做的首次尝试,至今已有 20 年。在这 20 年中,虽然我国医学界、心理学界和神经科学界对老年人临床语言障碍现象与机制有着持续关注,研究成果逐渐增多,但实事求是地说,除个别学者坚持研究外,我国语言学界并没有表现出对老年人语言问题的很大兴趣②。然而,国际语言学界在该领域的研究可以说已是遍地开花。

2021 年 11 月,《中共中央 国务院关于加强新时代老龄工作的意见》发布。该文件明确要求,要强化老龄问题的科学研究。中国已进入人口老龄化迅速发展期,探究语言与衰老之间的关系,兼具拓展老龄科学研究与服务老年人认知健康等方面的理论和实践意义,这是在世界老龄化程度不断加剧的背景下需要重点关注的方向之一,也是扎根中国大地、瞄准世界前沿的语言学问题。我国学者虽已对部分老年人及老龄社会的语言问题开始了探索,但相关研究存在三个明显的"不平衡":一是

---

① 需要注意的是,罗倩、彭聃龄两位作者也是心理学领域的学者。

② 如果从系统性研究来看,以国内博士或博士后论文研究为例,这 20 年中先后完成老年语言学相关研究的国内青年学者是:刘红艳(2006 年博士毕业,师从顾曰国教授,博士论文题为《老年性痴呆患者与正常老年人现场即席话语能力比较研究》)、赵俊海(2012 年博士毕业,师从杨炳均教授,博士论文题为《阿尔茨海默症患者话语的系统功能语言学研究》)、刘楚群(2015年博士后出站,师从李宇明教授,博士后出站报告题为《老年人口语非流利现象研究》)、李宇峰(2016 年博士毕业,师从吕明臣教授,博士论文题为《老年人言语交际障碍实证研究》)、宋璐(2022 年博士毕业,师从姜占好教授,博士论文题为《中国大陆中重度认知障碍老人日常对话语用标记研究》)。

老龄社会语言问题的复杂性与老年语言学研究之间的不平衡;二是我国老年人改善语言生活质量的需求与研究成果应用范围及水平之间的不平衡;三是国外老年语言学发展水平与我国老年语言学现状之间的不平衡。

近年来,笔者一直从事老年语言学研究,与顾曰国教授一起领衔国内首家以老龄化与语言衰老研究为己任的专门机构"同济大学老龄语言与看护研究中心"①的建设,主持了相关国家和省部级课题,产出了系列研究成果,还翻译了国外有关衰老与老年人语言能力变化的科普读物②,积极倡导重视利用语言资源促进个体积极老龄化,希望引起学者和民众对这一兼具理论、临床与社会意义的议题的重视。2020 年,笔者与顾曰国教授一起出版了《老年语言学与多模态研究》,集中反映了国内老年语言研究的成果,该书除了报告同济团队的研究成果,还梳理了国内在老年语言学研究领域具有一定代表性学者的作品。2022 年,由笔者编著的姊妹篇《老年语言学研究新进展》出版。这两本书主要目的是向读者介绍国内在该领域的研究现状。笔者在编著它们时,推动国内老龄化与老年语言学研究发展的使命感油然而生,认识到国内必须要有一本专著系统介绍国际上相对成熟的老年语言学知识体系。于是,本书应运而生。书名之所以使用"引论"二字,一是因为笔者限于学识与精力,不可能对老年语言学研究的所有议题都进行深入讲解;二是本书的初衷是希望各位读者能够找到自己感兴趣的话题与领域,结合擅长方法与已有基础,围绕老年人和老龄社会的语言问题开展研究。这是这两年我在各个场合与同仁进行交流时感触最深的一个问题:不少师生都觉得,老年语言学研究确实有理论和应用价值,但似乎与他们无关,或者说,他们不知如何"下手"。事实上,仔细阅读本书就会发现,老年人语言现象研究涉及面很广,各师生结合自己的擅长和兴趣,不仅能够找到可"下手"的研究议题,还可以找到立足语言学服务老龄社会的路径。

本书系统构建了老年语言学的学科体系、研究范畴、研究方法等,梳理了国际上老年语言学研究的经典及前沿领域,同时对未来应该加强的研究领域做了前瞻性的规划,设置了若干兼具理论和实践意义的学术议

---

① 中心官方网站: ageing. tongji. edu. cn。
② 罗杰·克鲁兹、理查德·罗伯茨. 2021.《变化的头脑:语言如何延缓衰老》(*Changing Minds: How Aging Affects Language and How Language Affects Aging*),黄立鹤译,上海:上海教育出版社.

题。书中还对常用的老年语言学研究方法进行了介绍,方便读者基于自己熟悉或感兴趣的话题开展研究。另外,本书还对构建中国特色老年语言学的方向及如何基于我国老龄化趋势、将老年人口基数转化为发展老年语言学的优势等问题进行了讨论。

正如笔者在书里指出的那样,老年语言学的兴起,与语言学学科的自身完善、脑认知学科等相关学科的发展、临床诊断与康复的实际需要以及老龄化的社会背景等诸多原因密切相关。老年语言学中的"学"指的是展开研究的领域或范围。借用 Kuhn《科学革命的结构》中的"范式"概念,老年语言学涉及多个研究范式,也有各自的理论和方法,但都围绕描写、解释老年人语言问题或进行相应研发等内容展开。建立"老年语言学"这一独立的研究领域,是老年人语言现象及其机制等相关知识体系精致化、系统化、规范化、可持续性发展的保障。面对老年语言学在我国仍然处于襁褓阶段的客观现实,与其争论是否应该或如何接纳这个语言学研究的"新面孔"(事实上,正如本书指出的那样,老龄化程度高的国家在 20 世纪 70 年代就已经使用了 Gerontolinguistics 的表述),不如脚踏实地地做一些实际的研究,逐步为这个领域在我国的发展提供良好的基础。

我国是较早进入老龄化社会的发展中国家,老年人口基数巨大、老龄化趋势严峻,第七次全国人口普查结果显示人口老龄化程度进一步加深,包括痴呆症老年人等特殊群体老年人的比例与总数均在世界前列。因此,建立独立的老年语言学研究领域,将其发展为成熟的语言学分支,具有我们自己的资源优势及现实需求。我国发展老年语言学,尤其要在加强基础研究、突出问题导向、注重产学研结合、主动服务老龄社会等方面持续用力。同时,还应当注重搭建学科交叉的研究平台、专门发表老年语言学研究成果的学术刊物平台;尽快开设老年语言学专门课程,启动通论或引论式教材建设;培养和组建跨学科研究队伍;条件成熟时建立专门的学会组织;等等。目前,国内语言学同仁已感受到发展老年语言学的使命感和紧迫感,认识到基于语言视角研究老龄化问题,利用语言资源促进积极老龄化,具有重要的理论价值和社会效益。各界同仁只有胸怀老年语言学中理论与应用、基础与研发并存的学科图景,才能更好地描写老年人语言现象,揭示语言蚀失机制并服务临床应用,切实提高老龄人口生活质量,体现新时代语言文字工作服务老龄事业发展和健康中国建设的历史担当。

　　笔者开始撰写本书主体部分时,正值 2020 年我国抗击新型冠状病毒肺炎疫情的关键时刻。校对这本书时,则逢 2022 年上海吹响疫情防控攻坚战的号角。这是中华人民共和国成立以来在我国发生的传播速度最快、感染范围最广、防控难度最大的一次重大突发公共卫生事件。在举国众志成城抗击疫情之时,笔者内心时常会对白衣天使表达真挚的赞美。笔者从小立志学医,高考前原打算报考医学院,但因家庭等原因未能如愿,从此走上了语言教学与研究之路,但心中的"医学梦"从未消失,对医生的敬佩与仰慕长存于心。因为从事老年语言学研究的关系,笔者学习了一些生物医学知识,也算间接"接近"了自己的"医学梦"。回顾自己的成长经历,笔者想对立志于从事老年语言学研究的青年学者说几句话。在夯实基础的前提下,做人为学不能局限于眼前的"一亩三分地",不仅要"脚踏实地",更要"仰望星空",要有"知行合一"的价值观念和"同济天下"的精神追求。目标站位要高,知识视野要宽,学术格局要大,这不仅是恩师顾曰国教授的身体力行和谆谆教导,更是母校同济大学作为著名综合性高校对笔者最为深刻的影响之一!

　　最后,要衷心感谢在此书写作过程中给予支持的师生,他们或撰写了部分内容的初稿,或对笔者的初稿进行修订,他们是:同济大学老龄语言与看护研究中心张惟研究员(5.6 节),西安外国语大学宋璐博士(5.12 节),西交利物浦大学魏日宁副教授、王婧博士(5.9 节),上海理工大学倪晓姗博士(1.1.1.1 节),日本樱美林大学孙杰博士(1.1.1.5 节),平安科技公司陈闽川先生(8.4 节),同济大学周德宇博士(5.5.1.2 节)、杨晶晶博士(2.3 节、5.1 节部分内容)以及张弛硕士(4.3.2.1 节)、曲惠宇硕士(2.1 节、2.2 节、2.4.2 节、2.4.3 节、6.3.1 节)、刘淑莉硕士(5.2 节)、阿迪娜·阿力木硕士(4.4.4.1 节),课题组其他成员(毛欣越硕士、王鹏硕士等)对部分内容的资料搜集、初稿撰写亦有贡献。另外,本书一小部分内容转载自笔者在过往期刊或其他文集中已发表的文章;5.8.4 节有关多模态语料库建设的内容,转载自笔者之前的专著且有修订。

　　在本书出版过程中,笔者要特别感谢上海外语教育出版社的孙静老师和编辑王叶涵老师。受笔者自身的学科背景、知识水平及老年语言学发展阶段等因素的限制,本书对某些问题的阐释仍显薄弱,对未来研究的发展规划与预测还不够精准细致,希望学界同仁批评指正。

　　过往皆序章。中国的老年语言学才刚起步,此时最需要学界同仁具有"功成不必在我"的精神境界和"功成必定有我"的使命担当,保持战略定力和耐心,"致广大而尽精微"。笔者坚信,这是一个方向正确、前途光明的语言学领域。

黄立鹤

2022 年 5 月于中国上海